Max Weber (1864-1920), après des études de droit, se spécialise dans la sociologie des religions. S'émancipant de l'influence de Marx, ses travaux s'appuient sur une méthode compréhensive qui situe l'expérience singulière dans le cadre des grandes tendances historiques. *Économie et société*, publié après sa mort, est son œuvre capitale ; décrivant l'organisation et les puissances de la société dans leur rapport avec l'économie, elle éclaire d'un jour nouveau nos civilisations.

AGORA
LES CLASSIQUES

Collection dirigée par François Laurent

Max WEBER

LE JUDAÏSME ANTIQUE

PLON

TITRE ORIGINAL DE L'OUVRAGE :

Gesammelte Aufsätze zur Religionssoziologie, Band III

(Tübingen, Mohr, 1920)

Traduit de l'allemand par
Freddy Raphaël

Le judaïsme antique est le troisième tome de l'édition française des *Études de sociologie de la religion* de Max Weber. Le premier tome *L'Éthique protestante et l'esprit du capitalisme* a également été publié dans cette collection.

ISBN 978-2-266-17958-4

PRÉFACE AU TOME TROISIÈME

L'auteur avait pu remanier les essais rassemblés dans le premier volume de cette série d'ouvrages et développer considérablement son étude sur les diverses formes de la religion chinoise.

En revanche les essais contenus dans le deuxième et le troisième volume n'ont subi pratiquement aucun changement et sont conformes à la première version. Il n'a pas été donné à l'auteur d'achever son œuvre. Il se proposait de compléter *Le judaïsme antique* par l'analyse des Psaumes et du Livre de Job, et d'étudier ensuite le judaïsme talmudique. Parmi les papiers qu'il a laissés à sa mort se trouvait une étude complète sur le pharisaïsme qui a été incluse dans le présent ouvrage. Cette série de travaux devait s'achever par une présentation du christianisme primitif et de l'islam. Les recherches préparatoires avaient été entreprises de longue date.

Un détachement souverain et une impassibilité sereine de son propre destin caractérisaient au plus haut point Max Weber. Peut-être dirait-il encore aujourd'hui, comme il en avait l'habitude : « Ce que je ne puis faire, d'autres le feront. »

Munich, octobre 1920

Marianne WEBER

À Else Jaffe-Richthofen

INTRODUCTION

LE PROBLÈME SOCIOLOGIQUE DE L'HISTOIRE RELIGIEUSE JUIVE

[1] C'est par référence au système des castes hindoues que nous arrivons le mieux à comprendre ce qu'il y a de spécifique dans le judaïsme antique [1], [2] tant sur le plan de l'histoire religieuse que de la sociologie. Car qu'étaient donc les juifs, sociologiquement parlant ? Tout simplement un peuple paria [3], autrement dit, comme nous le montre l'Inde, un peuple-hôte [*Gastvolk*], vivant dans un environnement étranger dont il est séparé rituellement, formellement ou effectivement [4]. De cette condition découlent tous les traits essentiels de son attitude à l'égard de son environnement, et plus particulièrement [5] son ghetto volontaire qui a précédé

1. Il faudrait plus d'une vie d'homme pour parvenir à une connaissance exhaustive de la littérature consacrée à la religion d'Israël et au judaïsme, surtout parce qu'il s'agit d'une littérature de qualité. Pour la religion de l'Israël antique ce sont les travaux de savants protestants allemands qui font autorité. Pour le judaïsme talmudique la supériorité des travaux juifs est incontestable. Il nous faut prendre conscience dès le départ que, dans notre tentative pour analyser les principaux aspects de l'évolution du judaïsme, nous ne pourrons guère prétendre apporter des éléments nouveaux et importants à l'étude de ce problème. Tout au plus grouperons-nous différemment certains éléments contenus dans les sources dont nous disposons afin de mettre en lumière certains aspects restés jusque-là dans l'ombre. De même les questions sur lesquelles nous nous interrogerons seront parfois différentes [2] de celles qui ont légitimement préoccupé les spécialistes de l'Ancien Testament. On a beaucoup nui à la recherche purement historique en introduisant dans l'analyse strictement objective des jugements de valeur. Une discipline purement empirique, historique ou sociologique ne saurait apporter de réponse satisfaisante à des questions du genre de celle-ci : la conception mosaïque de Dieu ou l'éthique mosaïque (ceci suppose d'ailleurs que l'on puisse connaître avec certitude leur contenu) sont-elles supérieures à celles des

peuples avoisinants ? Ce type de questions ne saurait être évoqué qu'à partir de certaines prémisses religieuses. Des présupposés de cet ordre ont profondément influencé la méthodologie de nombreux travaux purement empiriques consacrés à l'histoire de la religion israélite. On peut certes se demander si en comparaison avec les conceptions qui avaient cours dans le monde environnant, certaines conceptions israélites étaient *(a)* plus ou moins anciennes ; *(b)* plus ou moins intellectualisées et rationalisées (dans le sens d'une élimination des représentations magiques) ; *(c)* plus ou moins orientées dans le sens éthique de la conviction. On peut comparer par exemple les exigences de l'éthique du Décalogue avec celles de certains systèmes similaires et, dans la mesure où elles suivent des voies parallèles, analyser les exigences qui sont présentes dans l'un des codes et absentes dans l'autre. De la même façon il est possible d'analyser la conception de Dieu, le degré d'universalisme dans les relations avec celui-ci, l'élimination de traits anthropomorphiques dans un système, et de les comparer avec la cohérence et l'orientation éthique de l'autre. Il apparaît alors immédiatement que la conception israélite de Dieu est moins universaliste et moins anthropomorphique que celle de l'Inde antique. Cette comparaison révèle également que les principales exigences éthiques du Décalogue sont plus modestes que celles de l'hindouisme (notamment le jaïnisme), du zoroastrisme et même de la religion égyptienne. Enfin certains problèmes d'une importance capitale, tel celui de la théodicée, n'apparaissent que sous une forme relativement « primitive » dans la religion israélite et notamment dans le prophétisme. Cependant un juif (ou un chrétien) croyant serait absolument fondé à s'opposer à ce qu'on en tire la moindre conclusion quant à la « valeur » religieuse de ces différentes conceptions. Toute analyse purement empirique se doit d'étudier les documents et les sources concernant l'évolution de la religion israélite, juive et chrétienne avec la même impartialité que s'il s'agissait d'une autre religion ; elle se doit d'interpréter ces documents et d'expliquer les faits en se fondant sur les mêmes principes que s'il s'agissait d'une autre religion ; il ne saurait donc être question, pas plus dans un cas que dans l'autre, de « miracles » ou de « révélations ». Mais il est absolument exclu que celui qui entreprend, lorsque les sources le permettent, une analyse purement empirique des faits interdise à quiconque d'y voir des « révélations ».

Toute étude vétéro-testamentaire doit de nos jours se fonder sur les travaux remarquables de J. WELLHAUSEN, *Prolegomena zur Geschichte Israels, israelitischen und jüdischen Geschichte*, et parmi ses autres travaux essentiellement *Die Komposition des Hexateuchs*, quelles que soient par ailleurs ses divergences avec les vues de l'auteur. Wellhausen a su utiliser avec beaucoup d'intelligence et porter à leur perfection les méthodes introduites par De Wette, Vatke, Graf et développées par Dillmann, Reuss et d'autres. On pourrait qualifier judicieusement sa conception de l'évolution de la religion juive comme « immanente » [3] et « évolutionniste ». Les tendances internes et spécifiques de la religion yahviste déterminent, en subissant certes l'influence du destin général du peuple, le cours de son évolution. La passion et l'énergie avec lesquelles Wellhausen défendit sa thèse contre les très brillants travaux d'Eduard MEYER, *Die Entstehung des Judentums* (Halle, 1896), bien que ce savant ait reconnu les mérites de son œuvre, s'expliquent par les présupposés de Wellhausen qui en fin de compte sont d'ordre religieux. Car il est normal qu'un historien universel de l'Antiquité tel que Meyer privilégie le destin purement historique et l'événement concret comme facteurs déterminants (telle par exemple une certaine orientation de la politique perse) et penche en faveur d'une interprétation « épigénétique ». Sur ce point qui oppose Wellhausen et Meyer, il semble bien d'après l'avis général que ce dernier avait raison. Une interprétation « évolutionniste » de l'histoire de la religion israélite a tendance à recourir à des présuppositions partiales si elle dogmatise (ce qui n'est pas le cas de Wellhausen) les résultats de l'ethnographie moderne et de l'étude comparative des religions et les applique sans aucune discrimination à l'évolution de la religion israélite. Cet évolutionnisme dogmatique admet que les représentations magiques et animistes que l'on peut observer dans tous les groupements « primitifs » de l'univers ont dû nécessairement exister à l'origine de l'évolution religieuse d'Israël et ne s'effacer que progressivement au profit de conceptions plus « nobles ». Les travaux de ROBERTSON SMITH, *The religion of the Semites*, ainsi que des œuvres parfois brillantes de certains spécialistes de l'Ancien Testament ont mis en valeur — comme l'on pouvait s'y attendre — les analogies qui existent entre les commandements rituels, les mythes et les légendes d'Israël d'une part et de nombreuses représentations magiques et animistes d'autre part (c'est à juste titre que Meyer s'est moqué de ceux qui voulaient à tout prix trouver des traces de totémisme en Israël). On a parfois oublié qu'Israël est entré dans l'histoire comme une confédération de paysans mais — et ce fut également le cas de la Suisse — dans un environnement où la culture littéraire, l'organisation urbaine, le commerce maritime et caravanier, la bureaucratie, l'enseignement sacerdotal, les observations astronomiques et les spéculations cosmologiques connaissaient un haut degré de développement. L'évolutionnisme ethnographique est donc radicalement contesté par l'universalisme de l'histoire culturelle des assyriologues, notamment par ceux que l'on désigne comme les « panbabyloniens ». Les représentants de ce courant sont des spécialistes comme Eberhard SCHRADER, *Die Keilinschriften und das Alte Testament* et H. WINCKLER, *Geschichte Israels in Einzeldarstellungen*, 2 vol., ainsi que JENSEN qui a des vues encore plus extrêmes et A. JEREMIAS qui est bien plus modéré mais qui adhère aux « principes » de ce courant, *Handbuch der altorientalischen Geisteskultur* (1913), et surtout *Das Alte Testament im Lichte des alten Orients* (2e éd., 1916). Il y a eu maintes tentatives pour démontrer l'origine astrologique de la plupart des récits du Pentateuque ou pour affirmer que les prophètes adhéraient à un parti sacerdotal international du Proche-Orient.

Les conférences et les écrits de F. Delitsch ont vulgarisé ce qu'on a appelé « le conflit de Babel et de la Bible ». De nos jours les spécialistes sérieux ne se hasardent plus guère à faire découler la religion israélite [4] de cultes astraux babyloniens et d'une science occulte des prêtres babyloniens. On peut invoquer ici certains excès analogues dans le domaine de l'égyptologie, telle la tentative malencontreuse de D. VÖLTER, *Aegyten und die Bibel* (Leyde, 1905), qu'il faut comparer avec les travaux très prudents de W. Max MÜLLER, notamment *Asien und Europa* et la littérature spécialisée que nous citerons ultérieurement. Si dans la suite de cette étude il n'est plus fait mention qu'occasionnellement de certains résultats indiscutables des travaux « panbabyloniens », il ne faut y voir aucun mépris de notre part ; en effet ce qui nous intéresse au premier chef c'est l'éthique pratique d'Israël ; de plus les importantes relations d'ordre historique et culturel qui retiennent l'attention des panbabyloniens ne concernent que secondairement notre problème. Mais leurs thèses ont eu une influence décisive sur la recherche dans ce domaine. Ils firent de la religion israélite une variante des religions des civilisations avoisinantes, ce qui eut des conséquences sur les problèmes étudiés par les spécialistes de l'Ancien Testament. Comme il est impossible de nier la forte influence que les civilisations babylonienne et égyptienne ont exercé sur la Palestine, la recherche vétéro-testamentaire, sous l'impulsion de Gunkel, apporta de sérieuses corrections au schéma évolutif de Wellhausen. On mit en pleine lumière le fait que la religion israélite était imprégnée de représentations magiques et animistes et on souligna la relation avec les cercles cultivés du monde environnant. La question essentielle qui apparut alors fut la suivante : compte tenu des analogies avec certains traits culturels qui étaient soit communément diffusés soit déterminés par la situation historique, en quoi résidait donc la spécificité indiscutable de l'évolution religieuse d'Israël ? quelles avaient été les causes déterminantes de cette spécificité ? Cependant les jugements de valeur déterminés par des options religieuses reparurent rapidement. Une partie des spécialistes défendirent la spécificité de la Bible comme une création absolument unique, ce qui aboutit à la thèse suivante : l'œuvre de Moïse surpasse dans son contenu religieux et éthique tous les systèmes du monde environnant (c'est ce qui se trouve notamment dans certains travaux de Baentsch, qui ont par ailleurs de grands mérites et qui furent combattus par Budde). Si la recherche a parfois été détournée de ses efforts purement empiriques en vue d'établir la réalité historique des faits par des jugements de valeur, les résultats obtenus par les brillants travaux des spécialistes de l'Ancien Testament concernant la critique de la tradition ont été d'une valeur telle qu'ils se sont également imposés aux érudits conservateurs. Un non-philologue a beaucoup de mal à établir des faits positifs irrécusables car il ne peut prendre parti dans les discussions qui concernent des textes qui ont été endommagés et dont les passages les plus importants ont été corrigés, notamment par l'interpolation de nouveaux versets. L'interprétation définitive dépend parfois du degré plus ou moins grand du doute au sujet de l'authenticité des faits relatés, que les rédacteurs sacerdotaux pourraient avoir eu intérêt à falsifier. Le non-spécialiste se devra d'examiner d'abord tous les faits relatés que les philologues les plus éminents s'accordent à reconnaître pour authentiques soit pour des raisons linguistiques, soit à cause de la nature même de ces faits, et à se demander s'ils peuvent être [5] d'une utilité quelconque pour la compréhension historique. Le recours à ce qu'on pourrait appeler une utilisation « conservatrice » des sources varie grandement d'un spécialiste à l'autre, mais récemment, en réaction contre un scepticisme extrême, cet usage a pris des proportions quelque peu exagérées. C'est ainsi que l'ouvrage, par ailleurs excellent et fort détaillé, de KITTEL, *Geschichte des Volkes Israels*, adopte un point de vue ultra-conservateur. Entre autres ouvrages modernes il faut signaler la brève introduction de H. GUTHE, *Geschichte des Volkes Israels* (2e éd., 1904), l'esquisse remarquable de VALETON dans l'ouvrage de CHANTEPIE DE LA SAUSSAYE, *Lehrbuch der vergleichenden Religionsgeschichte* (1897), et enfin l'ouvrage de C. F. LEHMANN-HAUPT, *Israel. Seine Entwicklung im Rahmen der Weltgeschichte* (Tübingen, 1911), qui analyse très lucidement le développement de la politique extérieure. On utilisera, en plus de l'ouvrage de KAYSER MARTI, la *Religionsgeschichte* de SMEND. Malgré toutes les critiques que l'on peut formuler, il est indispensable de consulter l'ouvrage d'Ed. MEYER (avec des *addenda* de Luther), *Die Israeliten und ihre Nachbarstämme* (Halle, 1906). En ce qui concerne la situation interne et la de loin la réclusion qui lui a été imposée ; de là résulte également le dualisme qui caractérise sa morale, différente selon qu'elle est tournée vers son propre groupe ou vers l'extérieur. La différence entre le judaïsme et les tribus parias de l'Inde est liée à trois circonstances importantes :

1) Le judaïsme était, ou plutôt devint, un peuple paria dans un monde ignorant les castes.

2) Les promesses de salut, dont était inséparable la singularité rituelle du judaïsme, diffèrent absolument de celles des castes indiennes. Pour les parias de l'Inde, la récompense d'une conduite rituellement correcte — c'est-à-dire conforme à la hiérarchie des castes — signifiait l'ascension, à la suite d'une réincarnation, dans la hiérarchie des castes constituant l'univers que l'on considérait comme éternelle et inchangeable. Le maintien immuable de cette hiérarchie, la persistance de l'individu à sa place dans sa caste, [6] et la persistance de chaque caste à sa place par rapport aux autres,

culture, on aura avantage à utiliser, en plus des *compendia* d'archéologie hébraïque de BENZINGER (1893) et de NOWACK (1894), l'ouvrage de Frantz BUHL, *Die sozialen Verhältnisse der Israeliten*. En ce qui concerne l'histoire de la religion il y a lieu de prendre en considération l'ouvrage de B. STADE, *Biblische Theologie des Alten Testaments* (tome 1, 1905 ; tome 2 édité par Bertholet en 1911), qui est critiquable sur maint point de détail mais dont le contenu est extrêmement dense. Il convient d'ajouter l'œuvre posthume d'E. KAUTZSCH, *Die biblische Theologie des Alten Testaments* (1911), dont la formulation est à la fois concise et précise. Je n'ai pu malheureusement disposer durant la révision de mon manuscrit de la collection d'histoire comparée des religions de GRESSMANN en collaboration avec UNGNAD et RANKE, *Altorientalische Texte und Bilder zum Alten Testament* (1909). Le non-spécialiste pourra avoir recours au commentaire élaboré par K. Marti en collaboration avec Benzinger, Bertholet, Budde, Duhm, Holzinger et Wildeboer. La traduction moderne et annotée des *Schriften des Alten Testaments*, de GRESSMANN, GUNKEL, HALLER, H. SCHMIDT, STARK et VOLZ est très réussie et parfois même excellente ; elle est faite pour un public très large, ce qui explique qu'elle soit parfois trop libre et incomplète et qu'elle n'établisse pas avec assez de rigueur les sources, les faits et la chronologie. D'autres ouvrages seront cités tout au long de cette étude. La littérature [6] concernant ce domaine, qui est parfois d'un niveau remarquable, est si vaste que nous ne l'évoquerons que lorsque cela sera absolument nécessaire. J'ai estimé qu'il n'y avait guère de danger qu'une omission de cet ordre puisse faire croire que je prétende présenter des vues et des faits nouveaux. Il n'en est pas question. Dans une certaine mesure, seule une certaine façon d'envisager et d'interpréter les faits selon une méthode sociologique est originale dans ce travail.

voilà le comportement social, éminemment conservateur, qui était la condition de tout salut ; car « le monde était éternel et n'avait pas d'histoire ». Pour les juifs, la promesse était exactement l'inverse : l'ordre social de l'univers est l'opposé de l'ordre vrai qui sera rétabli à la fin des temps, et un jour, à la suite d'un nouveau retournement, l'ordre réel remplacé par cet ordre spirituel, les juifs retrouveront leur position de peuple supérieur [*Herrenvolk*]. Le monde n'était ni éternel ni immuable, mais il avait été créé, et l'ordre présent était le produit des actes des hommes, des juifs principalement, et de la réponse de leur Dieu à ces actes. Le monde était donc un produit « historique », destiné à céder à nouveau la place à l'état de choses réellement voulu par Dieu. Tout le comportement des anciens juifs dans la vie était déterminé par cette conception d'une révolution future d'ordre politique et social, sous la conduite de Dieu.

3) Cette révolution devait prendre une direction bien précise. Car la stricte observance des rites, et la ségrégation par rapport au milieu social ambiant qui en résultait, n'étaient qu'un aspect des commandements qui avaient été prescrits aux juifs. Il s'y ajoutait une éthique religieuse du comportement social, éthique hautement rationnelle, c'est-à-dire libre de toute magie comme de toute quête irrationnelle du salut, donc sans rapport aucun avec les quêtes de salut caractérisant les religions de la délivrance asiastiques. Dans une large mesure, cette éthique sert encore de fondement à l'éthique religieuse actuelle des civilisations de l'Europe et de l'Asie Mineure. Et c'est de cette façon que le judaïsme apporte sa contribution à l'histoire mondiale.

L'importance du développement religieux du judaïsme pour l'histoire mondiale est fondée avant tout sur la création de l'Ancien Testament. Car l'un des apports spirituels les plus importants de la mission paulinienne a été d'avoir préservé ce livre sacré des juifs et de l'avoir transmis au christianisme en tant que livre sacré. Et pourtant elle éliminait les traits particuliers de l'éthique de l'Ancien Testament, notamment ceux qui, en insistant sur les rites, [7] déterminaient la position spécifique des juifs comme peuple paria. Ces obligations éthiques et rituelles ne concernaient plus le christianisme, puisque le Christ rédempteur en avait suspendu l'application. Pour mesurer la portée d'un tel acte, il suffit d'imaginer ce qui se serait passé s'il n'en avait pas été ainsi. Sans l'adoption de l'Ancien Testament comme livre sacré par la chrétienté, il y aurait bien eu sur le sol de l'hellénisme des sectes « pneumatiques » et des communautés célébrant les mystères de *Kyrios Christos*, mais en aucun cas une Église chrétienne ni une éthique chrétienne de la vie quotidienne, car celles-ci n'auraient eu alors aucun fondement. En revanche, si elle ne s'était pas émancipée des prescriptions rituelles de la Thora qui établissaient pour les juifs une ségrégation pareille à celle des castes, la communauté chrétienne serait demeurée une petite secte du peuple paria des juifs, comparable aux esséniens et aux thérapeutes. Mais justement, en ayant pour base la doctrine chrétienne du salut, l'enseignement paulinien, tout en se libérant du ghetto que les juifs avaient eux-mêmes créé, se rattachait à un enseignement juif quelque peu tombé en désuétude il est vrai, mais qui était né de l'expérience religieuse du peuple exilé. Il s'agit des promesses tout à fait uniques du grand écrivain inconnu de l'exil, qui rédigea la théodicée prophétique de la souffrance (*Is.* XL, LV), et plus spécialement la doctrine du Serviteur de Yahvé qui enseigne et, sans avoir péché, souffre volontairement et meurt dans un sacrifice expiatoire. Malgré la doctrine ésotérique ultérieure du Fils de l'homme, sans cet enseignement le développement de la doctrine chrétienne de la mort vicariante du rédempteur divin ne serait pas pensable dans sa singularité par rapport aux autres religions à mystères, semblables dans leur aspect extérieur. D'autre part, le judaïsme est devenu, d'une façon très prononcée, l'instigateur et partiellement le modèle de la prophétie de Mahomet. Ainsi, lorsque nous considérons les conditions de l'évolution du judaïsme, et même en laissant de côté l'importance de sa condition de peuple paria dans l'économie du Moyen Âge européen et des temps modernes, nous nous trouvons, eu égard au rôle essentiel joué par cette religion dans l'histoire universelle, à un tournant de tout le développement culturel de l'Occident et du Moyen-Orient. Pour ce qui est de son importance dans l'histoire universelle, seules peuvent lui être comparés la civilisation grecque, le développement de sa culture et, en Europe occidentale, l'histoire du droit romain et de l'Église catholique romaine, qui s'appuya sur le concept romain du ministère ; dans la suite l'ordre hiérarchique de la société médiévale, et finalement le protestantisme qui, tout en faisant éclater cette société, continua d'en développer les institutions sur le plan religieux, peuvent paraître d'égale importance.

[8] Le problème est donc le suivant : comment les juifs sont-ils devenus un peuple paria avec une spécificité aussi prononcée ?

CHAPITRE PREMIER

LA CONFÉDÉRATION ISRAÉLITE ET YAHVÉ

1. LES CONDITIONS HISTORIQUES ET CLIMATIQUES

[8] La région montagneuse de la Syrie et de la Palestine a été soumise alternativement à des influences mésopotamiennes et égyptiennes. Les premières résultaient de la communauté tribale des Amorréens qui, dans les temps anciens, étaient les maîtres aussi bien de la Syrie que de la Mésopotamie, ainsi que de l'ascension politique et de la puissance grandissante de Babylone à la fin du troisième millénaire ; à cela s'ajoutait l'importance commerciale de cette cité, berceau des premières formes de capitalisme. Les influences égyptiennes reposaient en premier lieu sur les relations commerciales entre l'ancien royaume et la côte phénicienne, sur les travaux miniers que les Égyptiens effectuaient dans la péninsule du Sinaï, et aussi, tout simplement, sur la proximité géographique. Jusqu'au XVIIe siècle avant Jésus-Christ, toute conquête politique durable, par l'un ou l'autre grand centre de civilisation, était impossible, à cause de la technique militaire et administrative de l'époque. Le cheval qui n'était pas complètement inconnu, du moins en Mésopotamie, n'était pourtant pas encore devenu l'instrument d'une véritable technique militaire. Cela ne se produisit qu'avec les migrations des peuples, qui furent à l'origine du règne des Hyksôs en Égypte et de la domination des Kassites en Mésopotamie. C'est alors seulement qu'apparurent la technique du combat de chars et, avec elle, la possibilité ainsi que le désir de mener de grandes expéditions de conquête dans de lointaines

contrées. En Palestine, les Égyptiens recherchèrent d'abord du butin. La dix-huitième dynastie ne se contenta pas de libérer le pays des Hyksôs — où le nom de « Jacob » semble être apparu pour la première fois —, mais elle étendit sa conquête jusqu'à l'Euphrate. Ses gouverneurs et ses vassaux restèrent en Palestine, même lorsque, pour des raisons de politique intérieure, la poussée expansionniste s'affaiblit. Par la suite, la dynastie des Ramsès dut reprendre le combat pour la Palestine car, entre-temps le puissant empire des Hittites d'Asie Mineure s'était avancé vers le sud et menaçait l'Égypte. Sous Ramsès II, un compromis décida du partage de la Syrie ; la Palestine, elle, resta aux mains des Égyptiens et le demeura nominalement jusqu'à la fin du règne des Ramsès, c'est-à-dire pendant une grande partie de l'époque que les Israélites désignent comme le temps des Juges. En fait, la puissance des empires égyptien et hittite avait tant décliné, surtout pour des raisons de politique intérieure, que la Syrie et la Palestine furent pratiquement abandonnées à elles-mêmes [9] du XIIIe jusqu'au IXe siècle, lorsque la puissance militaire des Assyriens qui s'était alors reconstituée fit sentir son influence. Au VIIe siècle, les Babyloniens et les Égyptiens, qui avaient déjà tenté une brusque avancée au Xe siècle, revinrent à la charge. À partir du dernier tiers du VIIIe siècle, l'indépendance territoriale de la Palestine s'effrita peu à peu au profit des Assyriens et également des Égyptiens à une certaine époque, et finalement le pays tomba entre les mains des grands monarques babyloniens, dont l'héritage revint aux souverains perses. Ce n'est que dans l'intervalle, à une époque de vaste déclin de toutes les relations politiques et commerciales internationales, qui en Grèce était lié à la migration dorienne, que la Palestine put aussi se développer librement, sans ingérence des grandes puissances étrangères. Les plus redoutables voisins de la Palestine durant la période de déclin de l'Égypte furent, d'un côté, les cités phéniciennes et les Philistins venant de la mer et, de l'autre, les tribus bédouines du désert, puis au Xe et au IXe siècle, le royaume araméen de Damas. Pour faire face à cette dernière puissance, le roi israélite fit appel aux Assyriens. C'est durant cette période intermédiaire que se situe, sinon l'origine, du moins l'apogée militaire de la Confédération israélite, du royaume de David, puis des royaumes d'Israël et de Juda.

Si la puissance politique des grands centres de civilisation sur l'Euphrate et le Nil était peu importante à cette époque, il faut pourtant bien se garder de croire que la Palestine était primitive et barbare. Non seulement les relations diplomatiques et commerciales subsistèrent, quoique rendues un peu plus difficiles, mais l'influence intellectuelle des aires culturelles continua à se faire sentir. Par la langue et l'écriture, la Palestine était restée en liaison avec la région de l'Euphrate, géographiquement très éloignée, même durant la domination égyptienne. En fait l'influence de la Mésopotamie est indéniable, non seulement dans le domaine légal, mais aussi dans celui des mythes et des représentations cosmiques. L'influence égyptienne sur la culture palestinienne paraît extrêmement réduite, eu égard à la proximité géographique. Cela était dû principalement à la spécificité de la culture égyptienne dont les représentants, prébendiers des temples et des offices, s'opposaient à tout prosélytisme. Il est vraisemblable cependant que sur certains poins extrêmement importants, l'Égypte influença profondément le développement culturel de la Palestine ; [10] cette influence s'exerça tantôt par l'intermédiaire de la Phénicie, tantôt comme un ferment de développement difficile à saisir, et le plus souvent essentiellement négatif. Car, en dehors de raisons linguistiques, si cette influence directe fut apparemment faible, cela résultait de profondes différences dans les conditions naturelles de vie et dans l'ordre social qui en découle. L'État égyptien, reposant sur un système de corvées que les procédés d'irrigation et les grands travaux entrepris par les rois rendaient nécessaires, apparaissait comme quelque chose de profondément étranger aux habitants de la Palestine, dont le mode de vie était très différent ; ils comparaient l'Égypte à une « maison d'esclavage », à un « creuset de fer » qui leur inspiraient une profonde horreur. Les Égyptiens, de leur côté, traitaient de barbares tous leurs voisins qui ne jouissaient pas de ces présents divins, les inondations du Nil et l'administration royale des scribes. En Palestine, les couches sociales les plus influentes sur le plan religieux rejetaient par-dessus tout le culte des morts, principal fondement du pouvoir des prêtres égyptiens, parce qu'il mettait en cause leur propre intérêt pour les choses d'ici-bas ; cette attitude est typiquement celle d'un peuple qui n'est pas soumis à une organisation hiérocratique, et elle est comparable aux tentatives, épisodiques et vaines, de la dynastie égyptienne sous Aménophis IV pour se libérer de la puissance des prêtres, qui était alors déjà bien établie. En dernier lieu, et bien qu'à l'intérieur même de la Palestine les conditions de vie et les relations sociales aient été très diverses, l'opposition entre les deux royaumes reposait sur d'importantes différences d'ordre naturel et social.

En ce qui concerne les possibilités économiques, la Palestine présente d'importants contrastes déterminés par son climat [1]. Dans les plaines, notamment des régions du centre et du Nord, on trouvait déjà couramment, à l'époque des premières relations historiques, non seulement l'élevage du gros bétail et la culture des céréales, mais aussi celle des fruits, des figues, de la vigne et des oliviers. On cultivait également les dattes dans les oasis du désert avoisinant et sur le territoire de Jéricho, la ville des palmes. L'irrigation à partir de puissantes sources ainsi que la pluie dans les plaines rendaient possible l'agriculture. Le désert stérile du Sud et de l'Est était et est encore, pour les paysans comme pour les bergers, un lieu d'effroi et la [11] demeure des démons. Seules les régions marginales, les steppes, périodiquement arrosées par les pluies, pouvaient et peuvent encore servir de pâturages pour les chameaux et le menu bétail, et parfois, dans les années favorables, comme terres à céréales pour les nomades. On trouvait et on trouve encore toutes sortes de positions intermédiaires jusqu'à la possibilité d'une culture régulière et sédentaire [2]. La façon d'utiliser des pâturages était et est

1. Sur les conditions naturelles de la Palestine, il y a lieu de consulter les nombreuses publications de la *Zeitschrift* et des *Mitteilungen und Nachrichten des Deutschen Palästina-Vereins*. Au sujet du climat à l'époque talmudique, H. Klein, *Zeitschrift*..., XXXVII (1914), pp. 127 sqq.

2. Dans le livre de Josué (xv, 19), Caleb à qui avait été attribué Hébron donne en dot à sa fille la terre du sud (*Erets ha-Negev*) à laquelle il ajoute, à sa requête, les « sources supérieures » et les « sources inférieures ». La terre cultivable est appelée, en opposition à la steppe, *sadé*.

encore particulièrement variée. Parfois une colonie se sert d'une étendue d'herbage rigoureusement délimitée pour le menu bétail, voire pour le gros bétail. Mais le plus souvent, étant donné l'alternance saisonnière d'une période de pluie en hiver et d'une période sèche en été, il faut changer de pâturages [1]. Pour cela, les éleveurs de bétail utilisent et abandonnent tour à tour des villages d'été et des villages d'hiver, ces derniers étant situés sur les pentes des montagnes, tout comme le font parfois certains cultivateurs dont les champs sont très éloignés les uns des autres et n'ont pas la même période de germination. Ou bien il arrive que les secteurs de pâturage pour les différentes saisons de l'année soient si éloignés les uns des autres ou aient des rendements si peu comparables qu'il ne peut y avoir de colonies sédentaires. Les éleveurs de petit bétail, car eux seuls sont dans ce cas, vivent alors sous la tente comme les gardiens de chameaux du désert, et, changeant périodiquement de pâturages, conduisent leurs troupeaux sur de longues distances d'est en ouest ou du nord au sud, comme cela se fait encore dans le sud de l'Italie, en Espagne, dans la péninsule des Balkans et en Afrique du Nord [2]. Durant les changements de pacages, lorsque cela est possible, ils combinent le pâturage ordinaire et le pâturage sur les terres en jachère et sur les chaumes après la moisson ; ou encore, ils alternent les périodes de séjour au village et celles de vie nomade ou de la recherche d'un travail à l'extérieur : certains paysans, établis dans les villages des monts de Judée, vivent sous la tente durant la moitié de l'année. L'occupation pleinement sédentaire du sol d'une part, le nomadisme sous la tente de l'autre sont reliés par de nombreuses formes intermédiaires très instables. Tout comme dans l'Antiquité, [12] il se produit actuellement des passages du nomadisme à l'agriculture, par suite de l'accroissement de la population et par là même du manque de pain, et inversement des passages de l'état de fellah à celui

1. Voir les observations de SCHUMACHER dans son récit de voyage en Transjordanie, *MNDP* (1904).

2. Voir l'excellent travail de R. LEONHARD, *Die Transhumanz im Mittelmeergebiet. Festschrift für Lujo Brentano* (Münich, 1916).

de nomade à la suite d'ensablement. À l'exception des terres très peu nombreuses qu'irriguent les sources, tout le sort de l'année dépend du volume et de la répartition des pluies [1]. Il y a deux sortes de pluies. L'une qu'apporte le sirocco du sud, avec des orages parfois extrêmement violents et des trombes d'eau. Pour les fellahs et les Bédouins, un grand éclair annonce une forte pluie. S'il ne pleut pas, c'est, de nos jours comme dans l'Antiquité, que « Dieu est loin », et on y voit, comme jadis, une conséquence des péchés, plus particulièrement de ceux des cheiks [2]. Souvent fatales pour la terre arable, notamment en Transjordanie, ces averses remplissent les citernes de la steppe et sont bien accueillies par les éleveurs de chameaux du désert, pour qui le dieu qui dispense la pluie était et est resté le dieu irascible de l'orage. Ces fortes pluies ne sont pas nuisibles aux palmiers-dattiers et aux arbres en général, elles sont même utiles lorsqu'elles ne sont pas trop abondantes. Par contre la pluie fine et continue, qui convient à la terre arable et aux pâturages de la montagne, est apportée par ce vent du sud-ouest et de l'ouest qu'Élie, sur le mont Carmel, attendait de la mer. C'est aussi ce vent que l'agriculteur désire le plus lorsque le dieu qui dispense la pluie s'approche, non pas dans le fracas de l'orage ou de la tempête — qui le précèdent bien souvent —, mais dans un « bruissement doux et silencieux ».

De nos jours comme de tout temps dans le désert de Judée, cette région de la Palestine où les montagnes de la mer Morte s'abaissent, il n'y a presque pas de colonie stable. Par contre, dans les montagnes du centre et du nord d'Israël, il tombe en hiver (de novembre à mars) autant de pluie que durant toute une année en Europe centrale. Si bien que dans les années favorables, c'est-à-dire lorsqu'il y a de fortes pluies précoces (dans l'Antiquité, souvent dès la Fête des Tabernacles) et d'importantes pluies tardives (jusqu'en mai), on peut escompter de bonnes récoltes de céréales dans les vallées et beaucoup de fleurs et d'herbe sur les pentes des montagnes ;

1. La meilleure étude météorologique : F. EXNER, *ZDPV*, XXXIII (1910).

2. « Fellachensprichwörter und Gebete » réunis par le Dr CANAAN, *ZDPV*, XXXVI (1913), pp. 285 et 291.

tandis que si les pluies précoces et les pluies tardives viennent à manquer, la sécheresse absolue de l'été qui laisse toute l'herbe se faner [13] peut se prolonger pendant plus des deux tiers de l'année et les bergers qui gardent les moutons en sont réduits à acheter des céréales à l'étranger, en Égypte dans l'Antiquité, ou bien à émigrer. Pour des raisons météorologiques, l'existence de ces bergers est précaire, et c'est uniquement dans les années favorables que la Palestine est un pays « où coulent le lait et le miel » — il s'agit évidemment du miel de dattes, que les Bédouins connaissaient déjà au temps de la dynastie des Thoutmès, ou encore du miel de figues et du miel d'abeilles sauvages [1].

2. LES BÉDOUINS

Les contrastes des conditions économiques dues à la nature se traduisent toujours par des différences dans la structure économique et sociale.

À l'une des extrémités de l'échelle se trouvaient et se trouvent encore les Bédouins du désert. Le véritable Bédouin, qui

1. On n'a toujours pas établi avec certitude si la terre de Canaan méritait une telle désignation ni ce que celle-ci signifiait. KRAUS, *ZDPV*, XXXII, s'appuyant sur des sources talmudiques, interprète « couler » à la lettre comme un flot où le lait de chèvre se mêle au miel de dattes, de figues et de raisins. Par contre SIMONSON (*ibid.*, XXXIII, p. 44) pense avec raison qu'il s'agit là d'une expression symbolique. De même DALMAN, *MDPV* (1905), cite l'expression « Du gâteau doux comme le miel » ; conformément à l'opinion qui prévaut actuellement chez les juifs de Palestine, il estime que la Palestine a toujours été pauvre en bétail. L. Bauer au contraire prétend que le pays est encore riche en lait à l'heure actuelle (le lait et le miel constituent les aliments de base) et que le miel désigne du miel de raisins. Dalman montre que cette dernière interprétation est erronée pour l'Antiquité (*ibid.*, 1906, p. 81) où c'est le miel de dattes qui primait. Dans les *Lettres d'Amarna* (n° 55 de l'édition Knudtzon) la garnison égyptienne touche du miel en tant que prestation. La manne (*Ex.*, XVI, 31) a le goût « d'une galette de miel ». Isaïe (VII, 22 sqq.) prophétise que lorsque les Assyriens auront dévasté la Palestine et transformé les vignobles en buissons d'épines, les gens pieux qui auront survécu se nourriront comme jadis de crème et de miel. Emmanuel, l'enfant sauveur, mangera lui aussi de la crème et du miel (VII, 15). C'est pourquoi Gressmann insiste sur la dimension purement eschatologique de cette expression qui symbolise pour lui la nourriture des dieux, *Die Israelitische Eschatologie*, p. 207. Après tout la nourriture des dieux est la nourriture idéale de l'homme pour les riches de la steppe.

dans le nord de l'Arabie se différencie fortement de l'Arabe sédentaire, a toujours méprisé l'agriculture et dédaigné les maisons ainsi que les places fortifiées ; il vivait de lait de chameau et de dattes, ignorait le vin, n'avait besoin d'aucune forme d'organisation étatique et n'en tolérait aucune [14]. À l'époque épique, ainsi que Wellhausen [1], parmi d'autres, l'a décrit, c'est le chef du clan, le cheik, qui est la seule autorité régulière et permanente aux côtés du *mukhtar*, le chef de la famille (c'est-à-dire de la communauté qui partage la même tente). Le clan comprend l'ensemble des communautés vivant sous la tente qui, à juste titre ou non, savent qu'elles descendent d'un ancêtre commun et, pour cette raison, dressent leurs tentes côte à côte. Le clan, qui a pour obligation absolue de venger le sang versé, est le lien le plus solide et le plus étroit. Afin d'assurer leur commune défense, des communautés de plusieurs clans se forment après avoir fait route et campé ensemble. La « tribu » qui se crée ainsi comprend rarement plus de mille individus. Elle n'a de chef permanent que lorsqu'un homme s'est tellement distingué par ses exploits guerriers ou sa sagesse d'arbitre, que son charisme le fait accepter comme *saïd*. Considéré comme un charisme héréditaire, son prestige peut se transmettre aux différents cheiks de son clan, notamment lorsqu'il s'agit d'un clan fortuné. Mais le *saïd* lui aussi n'est que *primus inter pares*. Lors des palabres de la tribu (qui dans les petites tribus ont lieu presque chaque soir), c'est lui qui préside et qui tranche lorsque les avis sont partagés, qui fixe le moment où le camp doit être levé et le lieu où il doit être établi. Mais il lui manque, comme aux cheiks, tout pouvoir de coercition. Les clans ne suivent son exemple et ne se soumettent à ses décisions qu'aussi longtemps que son charisme fait ses preuves. De même, toute participation aux entreprises guerrières est volontaire, et seules la raillerie et l'humiliation peuvent indirectement faire pression. Chaque clan se lance dans l'aventure selon son bon plaisir. C'est aussi de sa propre autorité qu'il accorde sa protection à l'étranger. Ces deux actes peu-

1. J. WELLHAUSEN, *Ein Gemeinwesen ohne Obrigkeit* (Göttinger Kaiser-Geburtstagrede, 1900).

vent avoir des conséquences pour la collectivité, le premier par les représailles, le second par la vengeance pour la violation du droit d'asile. Mais la communauté elle-même n'intervient qu'exceptionnellement. Car toute association plus large que le clan reste très instable. Les différents clans peuvent se séparer de leur tribu présente pour se joindre à une nouvelle tribu lorsqu'ils en trouvent l'occasion. La différence entre une tribu faible et un clan important est très floue. Cependant, en certaines circonstances, l'organisation politique d'une tribu peut aussi se transformer, chez les Bédouins, en une structure relativement solide, notamment lorsqu'un prince charismatique réussit à établir pour lui-même et pour son clan [15] une suprématie militaire durable. Dans certains cas, cela n'est possible que lorsque le chef guerrier perçoit des revenus réguliers, sous forme de rentes et de tributs fonciers pour les oasis de culture intensive et de droits de douane et d'escorte pour les caravanes, qui lui permettent d'entretenir sa suite personnelle dans ses châteaux des montagnes [1]. Sinon, la suprématie d'un individu isolé demeure très précaire. En fin de compte, les notables n'ont que des « obligations », leur seule récompense est l'honneur social ; tout au plus jouissent-ils de certains avantages dans les procès. Toutefois l'inégalité sociale résultant du charisme qu'ils détiennent ou dont ils ont hérité peut être importante. Il existe d'autre part une obligation stricte de secourir son frère, d'abord à l'intérieur du clan, mais aussi, en certains cas, à l'intérieur de la tribu. Au contraire, celui qui est étranger au clan n'a aucun droit s'il n'est pas accepté dans l'alliance défensive après avoir été admis à partager la nourriture commune. Les terres de pâturage que la tribu, communauté plus lâche et plus instable, revendique et défend comme siennes, sont respectées par crainte de vengeance réciproque, mais elles changent de propriétaire lorsque la suprématie est compromise ; celle-ci est d'ailleurs mise à l'épreuve dans la lutte pour les puits qui sont d'une importance capitale. Il n'y a pas

1. C'est ainsi qu'un cheik, Retenu, de la région à l'est de Byblos qui possède des vignobles, des oliveraies et des figuiers, fait de Sinouhé, cet Égyptien fugitif, son vassal et lui donne un fief.

de propriété terrienne définitive. La guerre, le vol et surtout le brigandage de grand chemin qui, commis occasionnellement, apparaît comme une affaire d'honneur, caractérisent la conception bédouine de l'honneur. L'appartenance à une lignée renommée, la bravoure personnelle, la générosité sont les trois choses que l'on loue chez un individu. Pour l'Arabe préislamique, la considération due à la noblesse de sa famille et la préséance liée à la bonne réputation de sa propre renommée constituent des raisons déterminantes pour toutes ses actions.

Sur le plan économique, le Bédouin apparaît, de nos jours, comme un traditionaliste [1] sans imagination, guère enclin à s'adonner à une activité économique pacifique. Cette généralisation appelle pourtant des réserves, car les tribus établies sur les parcours des caravanes du désert s'employaient à tirer profit des gains importants que le commerce et le convoyage rapportaient aux intermédiaires partout où une telle activité existait. Le caractère hautement sacré du droit d'asile résulte en partie de cet intérêt pour le commerce itinérant. De même qu'en mer [16] le commerce maritime et la piraterie étaient associés, dans le désert le commerce d'intermédiaires et le brigandage allaient de pair, car le chameau est la plus remarquable de toutes les bêtes de somme [2]. Le commerçant étranger était et est encore exposé au brigandage, tant que les garnisons d'une puissance étrangère n'assuraient pas la protection militaire des pistes ou que les marchands ne concluaient pas de solides contrats de protection avec les tribus qui contrôlaient les pistes.

En ce qui concerne un authentique droit bédouin, il n'en existe aucune trace dans les collections d'anciennes lois israélites, et pour la tradition juive le Bédouin est l'ennemi juré d'Israël. Yahvé et ‘Amaleq se livrent un combat incessant. Dieu a condamné à l'errance, en tant que meurtrier, Caïn, l'ancêtre de la tribu des Qénites, marqué du « signe de Caïn » (le tatouage tribal), et son seul privilège c'est la dureté

1. J. HELL, *Die Kultur der Araber*, V, p. 161.

2. Ce sont des marchands « ismaélites », donc bédouins, qui achètent Joseph à ses frères (*Gen.*, XXXVII, 25).

impitoyable de la vengeance du sang. Par ailleurs il n'y a presque aucune référence aux Bédouins dans les coutumes israélites. Il n'en existe qu'une trace importante : en Arabie, on enduit communément de sang les linteaux des portes pour écarter l'ennemi. Dans le domaine militaire, on peut rapprocher historiquement la participation absolument volontaire des Bédouins aux entreprises guerrières d'une prescription du Deutéronome, que l'on considère généralement comme une construction purement utopique et théologique de l'époque des prophètes : l'obligation, lors de la mobilisation, d'exempter ou de renvoyer à la maison tous ceux qui « ont peur et manquent de courage ». Il ne s'agit pas pour autant d'un emprunt aux Bédouins ; ce sont plutôt des réminiscences de coutumes propres aux tribus d'éleveurs de bétail dont il nous faudra parler plus tard, et qui correspondent à coup sûr à celles des Bédouins.

3. LES VILLES ET LES *GIBBORIM*

À l'autre extrémité de l'échelle se dressait et se dresse encore la cité (*gir*). Il nous faut tenter de l'analyser de plus près. Il ne fait aucun doute que ses antécédents, en Palestine comme partout ailleurs, furent d'une part les châteaux que les chefs guerriers avaient établis pour eux-mêmes et leur suite personnelle, et d'autre part les lieux de refuge pour le bétail et les hommes dans des régions menacées, surtout en bordure du désert. La tradition ne nous livre aucun détail à ce sujet[1]. [17] La ville dont elle fait mention pouvait représenter, sous l'angle économique et politique, quelque chose de très différent. Elle ne pouvait être qu'une petite communauté agricole fortifiée, avec un marché. Il n'y avait alors entre elle et

1. Des inscriptions datant de l'époque de Sennachérib relatent que ce dernier a investi nombre de châteaux du roi Ézéchias. Les Chroniques citent aussi les châteaux du roi Ézéchias, ainsi que de nombreuses forteresses de la frontière construites par Roboam (II *Chr.* XI, 5-10). Les garnisons devaient avoir des châteaux comme fiefs. Une partie des cités évoquées par les *Lettres d'Amarna* étaient manifestement des châteaux de ce type. Les chefs charismatiques tels David et Abimélekh possédaient, à l'origine, de tels châteaux.

le village qu'une différence de degré. Par contre, la ville pleinement développée de l'ancien Orient était non seulement un lieu de marché, mais également une place fortifiée et, en tant que telle, le siège du groupement de défense, de la divinité locale et de ses prêtres ainsi que de l'autorité politique, qu'elle fût monarchique ou oligarchique. Cela correspond de toute évidence à ce qui se passe dans la *polis* des pays méditerranéens.

La constitution politique des villes de Syrie et de Palestine correspond en fait à un stade de développement qui se rapproche de la *polis* des *gentes* de la haute antiquité hellénique. Dans la période préisraélite déjà, les cités maritimes phéniciennes et les cités philistines étaient organisées en véritables villes. Des sources égyptiennes attestent l'existence de nombreuses cités-États en Palestine à l'époque de Thoutmès III, dont certaines étaient identiques à celles qui subsistèrent durant la période cananéenne d'Israël (par exemple Lakhich [1]). La correspondance de Tell-el-Amarna mentionne l'existence sous Aménophis IV (Akhenaton), dans les plus grandes villes telles Tyr et Byblos, de rois vassaux et de gouverneurs du Pharaon ainsi que de garnisons, d'entrepôts et d'arsenaux ; à côté d'eux apparaît une classe urbaine qui contrôle les affaires municipales, *bitu*, et poursuit une politique indépendante, souvent hostile à la domination égyptienne [2]. Cette classe, quelles qu'aient été par ailleurs ses autres caractéristiques, devait nécessairement représenter un patriciat apte à se défendre [3]. Ses relations avec les princes

1. Cf. W. Max MÜLLER, *JQRNS*, IV (1913-1914), p. 65.

2. Le *bitu* de Tyr se distingue (Knudtzon, n° 89) du *bitu* du régent institué par le Pharaon. Celui qui adresse la lettre au Pharaon fait remarquer à ce dernier que ce n'est pas le régent mais les cercles qui contrôlent les affaires municipales qui déterminent la politique de Tyr. Par la suite le régent sera assassiné.

3. Lorsque sont évoqués (Knudtzon, n° 129) les « grands » d'une cité, il ne peut être établi avec certitude s'il s'agit de ceux qui détiennent une charge officielle ou des Anciens qui sont à la tête des clans patriciens, mais il est certain que la population citadine influence la politique. Les gens de Dunip (n° 50) exigent du roi qu'il nomme un personnage bien défini à la tête de la cité. Les habitants de Byblos s'associent au frère renégat du régent qui est un Cananéen pour chasser ce dernier de la cité. Ailleurs les citadins font cause commune avec les envahisseurs étrangers : le régent se trouve en danger de mort. La ville est perdue lorsque la garnison se retire ou se révolte parce que les provisions tardent à arri-

vassaux [18] et les gouverneurs du Pharaon ressemblaient apparemment à celles qui existeront plus tard entre les clans israélites établis en ville et les chefs militaires, tel Abimélekh, le fils de Gédéon. De plus, on peut également établir sous un autre rapport des rapprochements évidents entre l'époque pré-israélite, l'époque israélite et même l'époque du bas judaïsme. Dans les sources talmudiques, on distingue plusieurs catégories de localités ; à chaque ville fortifiée principale sont rattachées politiquement un certain nombre de villes rurales, et de ces deux catégories dépendent à leur tour des villages. La même situation, ou du moins une situation semblable, apparaît déjà dans les *Lettres d'Amarna* [1] ainsi que dans le Livre de Josué [2], qui date de l'époque des Rois (*Jos.* XV, 45-47 ; XVII, II ; XIII, 23 ; [19] cf. *Jug.* XI, 26 et *Nbr.* XXI, 25). Il est évident que cette situation a également prévalu, pendant toute la durée de l'histoire que nous pouvons connaître, partout où

ver ou que la population refuse de faire les corvées sur le fief du régent. C'est ainsi qu'il faut comprendre les paragraphes 117, 37 ; 138 ; 77, 36 ; 81, 33 ; 74 et 125 ; il est peu probable que les gens qui se retirèrent à cause du manque de provisions aient été des paysans. La plupart des *makhimoï* du Pharaon détenaient de très petits fiefs et les *huubshtshi* mentionnés dans les documents étaient des prébendiers militaires ensaisinés de prestations liturgiques. Le champ alloué au régent est resté à l'abandon (n° 74) parce que les citadins ont refusé d'exécuter les corvées. Il est peu probable que les gens (n° 118, 36) qui ont livré la cité à l'ennemi aient été des paysans : comment y seraient-ils parvenus ? Ce sont les habitants de Byblos qui prônent la défection. De même je ne puis souscrire aux vues d'O. Weber selon lesquelles l'aristocratie était du côté de l'Égypte, tandis que le *démos* était hostile à la domination égyptienne. Même dans les plus grandes cités de l'époque il n'existait point de *démos* puissant. C'étaient les patriciens, c'est-à-dire les clans riches des citadins s'adonnant aux affaires, qui ployaient sous le poids des liturgies et des impôts institués par les dominateurs égyptiens. Les documents font état de sommes perçues extrêmement importantes.

1. Knudtzon n° 290. Une localité proche de Jérusalem a fait sécession. Au n° 288 on rapporte que le vice-roi de Jérusalem possédait jadis une flotte sur la mer. De quelle mer s'agit-il ? J'inclinerais à croire qu'il s'agit de la mer Morte. Les princes de Jérusalem ont toujours essayé de contrôler les pistes de caravanes aboutissant à la mer Morte. La domination de la ville s'étendait donc loin en avant dans le désert.

2. À part le Livre de Josué (XV, 45 sqq.) on ne mentionne comme dépendances des cités que des villages (*ḥatsérim*). Lorsqu'il est question de « filles » il s'agit d'une ville dépendante et non d'un village, SULZBERGER, *JQRNS* (1912-1913). Ce n'est pas par hasard que dans les tribus d'éleveurs de Transjordanie (Ruben) on évoquait constamment « les clans, les villes et les filles ». Au moment de la rédaction de la Bible l'organisation n'était pas encore complète.

l'organisation urbaine de défense a atteint son plein développement politique et économique. Les localités dépendantes avaient alors la condition de localités « périèques », c'est-à-dire qu'elles étaient privées de tout droit politique. Les clans supérieurs étaient établis en ville ou considérés comme tels. Dans le village d'où Jérémie est originaire, 'Anathoth, il n'y a que « des petites gens » qui ne peuvent pas comprendre sa prophétie (*Jér.* V, 4). Aussi se rend-il dans la cité de Jérusalem, où se trouvent « les grands », en espérant plus de succès. Toute l'influence politique est entre les mains de ces grands de la capitale. Qu'à l'époque de Sédécias, Nabuchodonosor ait ordonné que le pouvoir ne soit pas confié à eux mais à d'autres, apparaît comme une anomalie. Isaïe brandissait cette menace comme un juste châtiment pour la continuelle dépravation des grands, mais aussi comme un terrible malheur pour la communauté. Cependant les gens d''Anathoth n'étaient considérés ni comme des métèques ni comme une classe à part, mais simplement comme des Israélites ne faisant pas partie des « grands [1] ». Cette domination de la *polis* des *gentes* correspond tout à fait au type établi dans la très haute Antiquité : les localités périèques étaient privées de tout droit politique mais étaient cependant considérées comme libres.

L'importance du système des clans était tout aussi fondamentale dans les villes. Ce système conservait une importance primordiale pour l'organisation sociale des tribus bédouines, mais dans les villes la répartition de la propriété foncière apparut comme le fondement des droits, et c'est elle qui a finalement prévalu. Dans l'antiquité israélite, l'organisation sociale s'articule habituellement d'après les

1. La seule lacune dans l'excellente présentation d'Eduard MEYER (aussi bien dans *Die Israeliten und ihre Nachbarstämme* que dans *Die Entstehung des Judentums*) est de n'avoir pas souligné cette distinction qui avait cours depuis l'Antiquité la plus reculée jusqu'à l'institution de la démocratie. Dans les États antiques, notamment dans les cités-États, tous les hommes libres qui possédaient des terres n'étaient pas des citoyens actifs ; n'étaient qualifiés que ceux qui, comme les *gibboré ḥayil* en Israël, étaient aptes à porter les armes. Il y avait dans les cités-États israélites des possédants libres qui ne faisaient pas partie des *gibboré ḥayil* ; tout comme les *périèques* helléniques et la *plebs* romaine ils n'étaient pas des citoyens de plein droit.

« maisons » paternelles (*beth avoth*), c'est-à-dire les communautés familiales qui étaient considérées comme des subdivisions du clan (*michpaḥa*), celui-ci étant à son tour une partie de la tribu (*chévet*). [20] Mais comme nous l'avons vu, la tradition du Livre de Josué subdivise déjà la tribu en villes et villages et non plus en clans et familles. Chaque Israélite appartenait-il à un clan ? Certains rapprochements nous permettent d'en douter. Les sources semblent l'admettre, puisque chaque juif libre est apte à porter les armes. Mais une différenciation croissante se créa parmi cette catégorie. Il arrive que la tradition (à Gabaon, *Jos.* X, 2) assimile expressément tous les citoyens d'une ville (*anachim* et ailleurs *yochevim*) aux *gibborim*, les guerriers (les chevaliers). Mais ce n'est pas la règle. Par *gibborim*, on entend ordinairement les *bné ḥayil*, les « fils de la propriété », c'est-à-dire les possesseurs du patrimoine héréditaire, pour les différencier des hommes ordinaires (*'am* [1]) ; ceux d'entre eux qui ont reçu une formation militaire seront appelés plus tard les « hommes de guerre » (*'am ha-milḥama*) (*Jos.* VIII, II ; X, 7 ; II *Rois* XXV, 4). Dans le Livre de Ruth, Boaz est appelé *gibbor ḥayil*. On désigne également ainsi les grands propriétaires que le roi Menahem a contraints à verser un impôt de cinquante sicles chacun, afin de réunir le tribut assyrien (le passage de II *Rois* XV, 20 constitue la plus importante référence, et Eduard Meyer l'a justement cité en son temps). De même, il semble que c'est ainsi que, parfois, l'on désigne communément tous les guerriers. Mais le terme *bné ḥayil*, tout comme l'expression équivalente *hidalgo* [21] dans le vocabulaire espagnol,

1. *'Am* et *gibborim* apparaissent côte à côte dans le passage très amendé du Cantique de Débora (*Jug.* V, 13). La lecture de Kittel et de Gressmann qui à la fin lisent *ka-gibborim* suppose que ces deux catégories soient différentes, que les *gibborim* soient les chevaliers et que le *'am* soit constitué par les paysans israélites qui ont combattu « comme » les chevaliers. Par contre la cité de Méroz (verset 23) aurait dû envoyer des chevaliers *gibborim* au secours des confédérés ; le cantique de victoire maudit cette cité et non les clans paysans qui avaient pourtant eux aussi rompu l'alliance. Dans la Genèse (chap. VI) ou dans la liste des paladins de David, *gibbor* désigne le héros chevaleresque. Tous les combattants ne sont pas des *gibborim* dans cette acceptation du terme ; dans *Jér.* V, 16 il est dit des troupes étrangères qui s'approchent pour punir Juda qu'elles sont composées de *gibborim*, ce qui signifie de guerriers bien entraînés.

ne signifie pas tout possesseur d'une quelconque terre. Les *bné ḥayil* sont ceux qui, grâce aux biens dont ils ont hérité, sont capables de s'équiper entièrement ; ils sont économiquement qualifiés pour le service armé et aptes à subvenir aux charges de la défense ; aussi leurs clans jouissent-ils de tous les droits politiques. Ce sont ces clans qui de tout temps et en tout lieu ont détenu le pouvoir politique lorsqu'une formation et un armement onéreux étaient déterminants sur le plan militaire [1].

Dans la haute Antiquité, il arrivait souvent qu'un prince héréditairement « charismatique » se trouve à la tête de la cité ; il devait alors partager le pouvoir comme *primus inter pares* avec les anciens (*zeqénim*) de ces clans et aussi avec les chefs de famille (*raché beth avoth*) de son propre clan. Il en était de même ici. Le pouvoir de ces chefs pouvait être si grand, et en même temps la prédominance du clan princier sur tous les autres clans de la ville et les anciens si marquée, que la cité apparaissait comme une oligarchie de chefs de famille du clan princier ; c'est ce que l'on rencontre fréquemment dans l'histoire d'Israël. Pourtant là les choses sont tout autres. Dans les récits de la Genèse, Sichem est dominée par un clan riche, les *bné Ḥamor*, dont le chef porte le titre de *Nasi* (prince) et est désigné comme le « Père de Sichem » (*Jug.* IX, 28). Pour les affaires importantes, telle l'admission d'un étranger au sein du groupement des citoyens et des propriétaires terriens, le chef de la cité devait avoir l'assentiment des hommes liges (*anachim*) de Sichem. Après la guerre contre les Madianites, cet ancien clan qui dominait dut faire face à la concurrence d'un clan extrêmement puissant, celui de Gédéon, qui lors de la révolte contre Abimélekh, sera supplanté à nouveau par le clan des *bné Ḥamor*. De même que dans les premiers temps de la Grèce, les clans étaient souvent établis dans plusieurs localités : parfois un clan avait la suprématie dans plusieurs villes, généralement de faible importance. C'est ainsi qu'à Galaad,

1. Il est exclu que les « 40 000 » (*Jug.* V, 8) en Israël aient passé pour des *gibboré ḥayil* comme le pense Ed. Meyer. Dans le Cantique de Débora il est bien question de *gibborim*, mais c'est à propos de Méroz.

le clan de Yaïr détenait le pouvoir dans tout un groupe de villages de tentes qui, plus tard, furent désignés comme des « villes ». En règle générale, ce sont les anciens (*zeqénim*) qui détenaient le vrai pouvoir. Dans toutes les parties de la tradition où la constitution locale, celle de la cité, est fondamentale et principalement dans la loi du Deutéronome, ils apparaissent comme les *ziqné ha-'ir*, les autorités publiques permanentes ; ils siègent « à la porte », c'est-à-dire sur la place du marché à la porte de la ville, où ils rendent la justice et s'occupent de l'administration. Selon le Livre de Josué, [22] ils siégeaient aussi bien dans les villes de Canaan que dans celles d'Israël. Pour la ville de Yizré'el, il est fait mention de « nobles » (*ḥorim*) en plus des anciens. Ailleurs, ce sont les chefs des familles (*raché beth avoth*) qui apparaissent aux côtés des anciens, et on les retrouve à une époque plus tardive (Esdras) comme représentants des villes aux côtés des *zeqénim* et des magistrats de la cité, que l'on appelait différemment à l'époque, bien qu'ils se confondissent évidemment avec ces derniers. Dans le premier cas, il semble qu'il s'agisse d'une supériorité charismatique durable, accordée à une ou plusieurs familles qui constituent la magistrature de la cité, et dans le second cas, il s'agit des chefs de famille de tous les clans de la cité aptes à porter les armes. Des distinctions semblables apparaissent aussi dans les traditions les plus anciennes. Mais la tradition ne nous confirme pas, et rien ne le prouve avec certitude, que ces distinctions terminologiques correspondaient réellement à des organisations politiques différentes. La notabilité d'un clan dépendait avant tout de sa puissance politique, et elle était étroitement liée à sa richesse. La position des clans urbains qui possédaient des terres correspond en gros à celle de l'oligarchie de La Mecque, que nous connaissons par la description de Snouck Hurgronje. Les *gibboré ḥayil*, les héros guerriers possesseurs de biens, peuvent être comparés aux *adsidui* romains. La chevalerie philistine était, elle aussi, constituée de guerriers bien entraînés. De Goliath il est dit qu'il était « un guerrier depuis sa jeunesse » : cela suppose qu'il avait des biens. Par contre, dans l'Israël antique, les chefs qui se trouvaient à la tête des tribus montagnardes étaient parfois appelés « les porteurs de bâton », tout comme les princes homériques.

En comparant la situation à l'époque israélite avec celle de l'époque préisraélite et mésopotamienne, on remarque qu'à la place du roi unique de la cité de l'époque d'Amarna et des derniers Ramsès, et de l'unique ancien de chaque localité que signalent les documents babyloniens, il n'est jamais fait mention en Israël d'un seul mais toujours de plusieurs anciens [1] : cela constitue une preuve aussi valable de la domination des familles que la pluralité des suffètes et des consuls.

La situation était différente lorsqu'un prince guerrier charismatique réussissait, [23] comme chef de la cité, à se libérer de la tutelle de l'aristocratie des anciens : en s'attachant des partisans dévoués à sa personne ou en recrutant une garde personnelle de mercenaires, souvent d'origine étrangère mais qui, en tout état de cause, ne dépendent que de lui seul, en enrôlant des fonctionnaires (*sarim*) qui lui sont dévoués et qu'il a choisis parmi ses partisans ou encore parmi les esclaves, les affranchis ou dans les basses classes privées de droits politiques. Lorsqu'il fondait entièrement sa domination sur une telle puissance, naissait cette forme de principauté qui, plus tard, dans une perspective hostile, a été associée au concept de royauté. Pour les adversaires de la royauté, le prince légitime de jadis était porteur d'un charisme héréditaire et montait un âne. Aussi bien, est-ce sur cette monture de l'époque pré-salomonienne que le prince messianique de l'avenir devait revenir un jour. Un roi, au contraire, c'était pour eux un homme qui possède des chevaux et des chars à la façon du Pharaon. Grâce à son trésor, à ses entrepôts, à ses eunuques, et avant tout grâce à la garde qu'il entretient chez lui, il règne depuis ses châteaux sur la ville et la contrée qui en dépendent. Il place à leur tête des

1. L'opposition n'est pas absolue. Le mythe babylonien du déluge présuppose l'existence d'habitants et d'« anciens » d'une cité, GUNKEL, *Schöpfung und Chaos*, p. 424. Par ailleurs *Ḥamor* signifie le « père » de Sichem seulement en tant qu'éponyme d'un clan. Un ancien est déjà mentionné dans les textes primitifs d'Ur, N. DE GENOUILLAC, « Textes juridiques de l'époque d'Ur », *Revue d'Assyriologie*, VIII (1911).

gouverneurs, donne à ses partisans, ses officiers et ses fonctionnaires des fiefs, surtout des châteaux — tel celui que possédaient probablement les « hommes du château » de Millo à Sichem (*Jug*. IX, 6, 20) — et impose des corvées, augmentant par là même le revenu de ses terres. Le roi Abimélekh a établi à Sichem un bailli dans son château (*Jug*. IX, 26-30), devant qui l'ancienne autorité héréditaire et charismatique des *bné Ḥamor* a dû s'incliner. Pour la tradition de l'Israël antique, une telle puissance militaire personnelle n'appartenant qu'à un seul homme constitue une tyrannie. La parabole de la domination du buisson d'épines et de la malédiction qui montre que le feu du roi Abimélekh peut consumer les patriciens de Sichem, et inversement, caractérise l'opposition entre la tyrannie charismatique et le patriciat porteur d'un charisme héréditaire. Car le tyran, tout comme Pisistrate à Athènes, s'appuie sur de « pauvres gens » (*réqim*) qu'il a racolés et qui sont de la « racaille » (*phoḥazim*) ; il nous faudra encore revenir sur leur origine sociale. Mais en réalité, la transition entre la principauté et la royauté citadine était tout à fait fluide. Car durant toute l'antiquité israélite, les grands clans de propriétaires terriens et leurs anciens constituèrent une force politique que même les rois les plus puissants ne pouvaient longtemps ignorer. De même qu'à une époque plus reculée il n'est fait mention qu'exceptionnellement d'un « fils de prostituée » [24] ou d'un parvenu (Jephté) comme chef charismatique, à l'époque des rois la chose est tout aussi rare pour les fonctionnaires royaux. Dans le Royaume du Nord, il est vrai, plusieurs rois apparaissent sans que soit mentionné le nom de leur père et qui ne descendent pas de clans éminents ; 'Omri ne portait même pas un nom israélite. C'est pourquoi, dans le Deutéronome, la législation sacerdotale concernant la royauté se sent obligée de souligner que la pureté du sang est une condition préalable pour accéder à la royauté. Mais partout le roi doit compter avec les *gibboré ḥayil*, les propriétaires terriens aptes à porter les armes et les représentants des notables, les *zeqénim* des clans importants qui, aux yeux des rédacteurs de la véritable tradition politique dans le Deutéronome, sont les seuls représentants légitimes du peuple (chap. XXI, XXII, XXV en opposition avec XVI, 18 et XVII, 8, 9, passages marqués par l'influence théologique). Les rapports de force étaient précaires. Dans une situation d'urgence, le roi peut se risquer à imposer les *gibboré ḥayil*, comme Menahem le fit pour le tribut assyrien. Il faut également remarquer [1] que dans la période entre Salomon et Josias, contrairement aux autres époques, les anciens de la cité passent à l'arrière-plan dans les sources. Il est possible en fait que les baillis et les fonctionnaires du roi aient complètement supplanté les anciens en tant que juges, au moins dans les résidences royales qui étaient en fait des places fortes, et que ceux-ci n'aient conservé leurs anciennes prérogatives que dans les contrées rurales, comme il en advint dans presque toutes les monarchies d'Asie. Mais dès que la prééminence de la royauté déclinait (par exemple à la suite d'une révolution, comme sous Jéhu), puis d'une façon définitive après sa disparition totale à l'époque post-exilique, les anciens dans les villes recouvraient tout aussitôt leur position primitive. Mais ce qui était encore plus significatif, c'est que les esclaves et les eunuques royaux n'accédaient que très exceptionnellement à des charges et fonctions officielles. On trouve cependant des membres de la suite royale, des officiers et des fonctionnaires d'origine étrangère qui ont réussi à s'élever à partir de leur humble condition. Et cela surtout au début du règne d'un nouveau prince. Cependant, en temps normal, à l'exception peut-être de l'époque de David et de Salomon, les postes clefs, du moins chez les rois des cités du royaume de Juda, sont principalement aux mains des anciennes et riches familles du pays. Par exemple [25] le général de David, Joab, appartenait à l'une d'entre elles et la tradition (II *Sam.* III, 39) nous laisse entendre qu'étant donné la puissance de son clan, David ne pouvait se permettre de punir le coupable, et c'est pourquoi, sur son lit de mort, il enjoignit à Salomon de le venger. La haine des clans éminents de Jérusalem s'exprime dans

1. Cf. l'excellente dissertation présentée à Leipzig par SEESEMANN, *Die Aeltesten im Alten Testament*, 1891. L'opposition à l'intérieur du Deutéronome a été soulignée pour la première fois par PUUKKO, « Das Deuteronomium », *BWAT*, p. 237.

l'oracle d'Isaïe (XXII, 15) contre Chevna le maire du palais, d'origine étrangère. En temps normal, aucun roi n'a pu gouverner longtemps contre la volonté des clans. Comme l'indique le contexte, Jérémie tenait les *sarim* de Jérusalem et de « Juda » qu'il mentionne (XXXIV, 19) pour les représentants des plus riches familles du pays.

Si à son apogée la ville de l'Israël antique était une association de clans héréditairement charismatiques et économiquement aptes à porter les armes, tout comme la cité de la haute époque hellénique et du haut Moyen Âge, la structure d'une telle association était tout aussi instable. À l'époque préroyale, de nouveaux clans furent admis de plein droit dans la ville (*Jug.* IX, 26) et d'autres en furent exclus. La vengeance du sang, les querelles entre les clans urbains et les alliances de certains d'entre eux contre les clans du dehors n'étaient apparemment pas chose rare. Un clan unique pouvait, là également, accorder le droit d'asile à des étrangers, mais, d'après la tradition, celui-ci était souvent précaire.

Politiquement, cette situation n'est pas sans rappeler celle qui a dû prévaloir dans la cité hellénique des clans et à Rome, à l'époque où la *gens* Claudia fut acceptée dans l'association des citoyens. En Israël cependant, la cohésion était encore plus lâche. Un synœcisme formel n'apparaît pour la première fois qu'avec la création d'une cité par Esdras et Néhémie, avec la répartition bien définie des « liturgies » entre les clans qui s'engagent à s'installer à l'intérieur de la cité. Par contre, nous ignorons comment, dans les temps anciens, étaient réparties les charges communales et militaires. Par rapport aux organisations politiques plus larges, telles que la tribu ou la confédération, la cité était manifestement assimilée à un contingent de recrues, à un ensemble d'unités tactiques, de cinquante hommes chacune [1], formant souvent un groupement de mille hommes [2]. Quant aux autres relations

1. *Fünfzigern* signifie « recruter » (*Ex.* XIII, 18 ; *Jug.* VII, 11 ; *Jos.* I, 14 ; IV, 12) (cf. Ed. Meyer, *loc. cit.*).

2. Les unités de mille hommes sont censées former une localité, *Jug.* VI (Ophra).

entre la fédération des tribus et la ville, les sources les laissent entièrement dans l'ombre [1]. La « tribu » correspondait vraisemblablement [26] aux intérêts de ces clans qui, économiquement, étaient à même de porter les armes, et qui, traditionnellement, en faisaient partie. Par contre, les hommes libres de la plèbe ne relevaient probablement que de la localité où ils s'étaient établis ; ce dont témoigne la façon dont était organisée la plèbe durant le « synœcisme » après l'exil. L'évolution de la technique militaire a dû y contribuer. En tout cas, dans les organisations urbaines philistines et cananéennes, la suprématie militaire et politique du patriciat sur la contrée environnante et ses habitants reposait sur la levée de chars de fer parmi les clans de chevaliers ; il ne fait aucun doute qu'il en était de même dans les villes israélites.

Comme dans la *polis* de l'antiquité hellénique et italienne, les clans de patriciens établis en ville régnaient, non seulement politiquement mais aussi économiquement, sur les campagnes. Ils vivaient des revenus de leurs terres et de leurs propriétés, qu'ils faisaient cultiver par des esclaves condamnés au travail forcé ou à des redevances, par des serfs ou par des colons, des fermiers payant en nature ou des métayers qui, d'une façon typique dans l'Antiquité, se recrutaient surtout parmi les esclaves pour dettes dont le nombre croissait sans cesse par suite de l'exploitation usuraire des paysans libres. L'ancienne opposition de classes entre le patriciat des villes faisant fonction de créancier et les paysans établis au-dehors, qui constituaient les débiteurs, existait également dans les cités israélites. Il ne fait aucun doute que, là aussi, les clans urbains réussirent à exploiter usurairement la campagne, en partie grâce à leurs revenus commerciaux. En effet, aussi loin que l'on puisse remonter, la Palestine fut toujours, à l'époque historique, une région de passage pour le commerce entre l'Égypte et les régions de l'Oronte et de l'Euphrate, entre la mer Rouge et la Méditerranée. Dans le

1. Au sujet des *chevatim*, *michpaḥoth* et *alaphim*, voir SULZBERGER, « The polity of the ancient Hebrews », *JQRNS*, III, 1912-1913, qui avance certaines assertions discutables.

Cantique de Déborah, l'importance économique des pistes de caravanes apparaît au premier plan ; le Cantique souligne avec beaucoup d'insistance qu'elles sont désertes, que les voyageurs doivent se faufiler par des sentiers tortueux, à cause du conflit entre le patriciat cananéen et la confédération, et que les paysans ont cessé de travailler les champs. De plus, c'est essentiellement en vue de s'assurer la maîtrise des voies commerciales que les villes tentent d'assujettir les régions montagneuses ; de même, c'est essentiellement à cause des avantages substantiels que rapportait ce commerce, et pas uniquement en vue de l'hégémonie politique, que les clans puissants cherchèrent, comme dans toute la haute Antiquité, à se fixer dans les villes. Autrement ils s'engageaient eux-mêmes dans le commerce local, que ce soit le commerce maritime le long des côtes ou le commerce par caravanes à l'intérieur des terres, [27] notamment sous la forme de *commenda* ou autres formules légales de prêt de capital, telles que les définissait le droit de l'ancienne Babylone qu'Israël connaissait bien. Ils percevaient également des droits pour les entrepôts, pour le transit et l'accompagnement des marchandises et ils établissaient des taxes. Nous ne possédons guère de détails. Toujours est-il que ces revenus fournissaient une part non négligeable des moyens qui permettaient tout aussi bien d'accumuler des terres, de réduire à l'esclavage les paysans endettés par des prêts usuraires, que de s'équiper et de s'entraîner militairement. Ce sont là des phénomènes typiques de la *polis* de la haute Antiquité. Ce qui fut tout à fait décisif pour le patriciat urbain, c'est qu'en Palestine comme partout ailleurs, il sut promouvoir la technique militaire la plus développée de l'époque. Le patriciat urbain avait introduit en Palestine le noble art du combat de chars qui, depuis le milieu du second millénaire, s'était répandu sur toute la terre, de la Chine à l'Irlande, et que seuls les clans les plus fortunés, qui disposaient de ressources économiques propres pour faire face aux dépenses, pouvaient pratiquer. Car ce que nous savons de la *polis* des pays méditerranéens confirme aussi ce fait que les paysans des meilleures terres, celles dont on pouvait tirer des revenus, étaient aussi ceux dont les biens étaient les plus exposés à tomber entre les mains des patriciens qui s'employaient à les accumuler, et ils étaient les moins aptes à se défendre militairement. De même que dans l'Attique c'était la fertile Pedion qui était entre les mains des patriciens, seigneurs de la terre, en Palestine c'étaient les plaines. Et de même qu'en Attique c'étaient les « Diacriens » qui résidaient sur les hauteurs montagneuses, sur les terres sans revenus les moins vulnérables aux entreprises militaires de la noblesse, de même en Israël ce sont les clans de paysans libres et de bergers que le patriciat urbain tente, avec un succès variable, de soumettre à l'impôt.

4. LES PAYSANS ISRAÉLITES

Les sources ne nous apprennent absolument rien sur les paysans libres dont la plus grande partie, à une époque reculée de l'histoire d'Israël, vivait manifestement hors de toute communauté urbaine, pas plus que sur leur organisation sociale et politique. Ce phénomène est en lui-même révélateur. De même qu'à la suite du manque de sources détaillées concernant les paysans libres, on a pu croire que dans la haute antiquité romaine il n'y avait eu que des patriciens et leurs clients, et à une époque plus tardive que des grands propriétaires terriens et des esclaves, qu'il n'y avait eu en Égypte que des fonctionnaires du roi, des travailleurs et des paysans non libres travaillant sur les terres royales, de même que l'on a tendance à se représenter Sparte peuplée uniquement de Spartiates et d'ilotes, les paysans libres de l'Israël antique sont, eux, [28] relégués dans l'obscurité la plus épaisse par le silence des sources qui ne mentionnent rien à leur sujet, sinon leur existence et leur prééminence originelle. Ceci ressort avec éclat du Cantique de Déborah, qui célèbre le combat victorieux de la classe paysanne israélite, sous la conduite de Déborah et de Baraq, contre la ligue des cités cananéennes à la tête de laquelle se trouvait Sisera. Leurs conditions de vie demeurent cependant très obscures.

Mais surtout nous ignorons tout de leur organisation politique. Les divers titres anciens par lesquels ils désignaient leurs chefs, par exemple dans le livre de Déborah, ne nous apprennent rien sur la structure interne des groupements politiques, pas plus qu'ils ne nous renseignent sur la nature et l'étendue des différences sociales qui manifestement existaient aussi parmi les paysans des montagnes. Il semble qu'eux aussi organisaient l'armée en unités de mille hommes [1], c'est ce que suggère le chiffre rond de quarante mille hommes capables de porter les armes en Israël qui apparaît dans le Cantique de Déborah. Cependant nous ne savons rien de plus. Il en est de même pour les conditions économiques. Il n'y a pas de traces d'une communauté des terres. On a voulu voir dans certains passages une allusion à ce type d'exploitation du sol et on les a comparés à la situation actuelle, où il arrive que des propriétaires terriens, qui sont vraisemblablement d'anciens métayers ayant réussi socialement, entreprennent, dans certaines régions d'Israël, de distribuer des terres. Mais il s'agit là d'une entreprise qui s'explique par la politique du sultanat oriental et qui ne nous renseigne nullement sur la situation des paysans au début de l'histoire d'Israël. Pour étayer cette assertion, on a recours au passage où il est dit que Jérémie s'est rendu à la campagne afin de recevoir sa part parmi « les siens » (*'am* : *Jér*. XXXVII, 12). Or la signification de ce passage est peu sûre et l'on peut tout aussi bien le comprendre ainsi : en certaines circonstances, les clans importants disposaient de terres, soit que celles-ci constituassent le bien commun et inaliénable du clan et qu'elles fussent périodiquement redistribuées, soit qu'il s'agisse de la terre d'un membre du clan tombée en déshérence. En tout cas, Jérémie n'était pas un paysan. Le passage de Michée (II, 5),

1. Les unités de mille hommes existaient également chez les Édomites et en Jordanie orientale. Gédéon évoque ses unités de mille hommes tandis qu'Abimélekh et Saül mentionnent leur *michpaḥa*. Mais la légende de Gédéon a été profondément remaniée et il n'est pas certain que l'organisation militaire du royaume charismatique des Édomites ait constitué l'organisation primitive des nomades et des semi-nomades. Ed. Meyer relie les unités de mille hommes au *cleros* (*ḥelek*) qui constitue un phénomène urbain.

qui utilise le terme « *ḥével* » pour désigner la part des femmes dans la communauté, nous apprend [29] qu'elle était mesurée au cordeau uniquement lors du lotissement, mais ne prouve pas qu'il y ait eu une redistribution périodique des terres. Il nous faudra étudier plus loin si l'année sabbatique pouvait, d'une certaine manière, avoir quelque lien avec une mise en commun des terres dans le passé, mais il faut préciser dès maintenant que cela demeure hautement hypothétique. Au reste, la condition des paysans libres ne peut être perçue qu'indirectement. Que l'ancienne confédération israélite ait été principalement une ligue de paysans, c'est ce que révèle le Cantique de Déborah, qui oppose les chevaliers cananéens de la ligue des cités aux paysans et glorifie ceux-ci parce qu'ils ont combattu « comme des *gibborim* ». Il n'en est pas moins certain, par ailleurs, qu'au cours de l'ère historique, la confédération n'a jamais été exclusivement paysanne. Dans les armées à l'époque de la basse royauté il n'est plus question de paysans, ou du moins ce ne sont plus eux qui sont chargés d'assurer la défense du pays. Il est vraisemblable que les changements économiques ainsi que les changements de technique militaire ont joué ici le même rôle que partout ailleurs. La nécessité d'un équipement coûteux, alors que prévaut le principe selon lequel chaque membre de l'armée doit pourvoir à son propre équipement, exclut partout des troupes véritablement armées pour le combat les petits propriétaires terriens qui ne peuvent se permettre une telle dépense, d'autant plus que leur indépendance économique est déjà bien moins grande que celle des propriétaires terriens qui vivent de leurs revenus. Le fait que des *gibboré ḥayil* aient pu émerger de la masse des guerriers libres, le *'am*, est dû sans aucun doute à de telles circonstances, et l'on peut admettre, même sans pouvoir l'attester pleinement, que la fraction qui représentait en Israël la classe des guerriers économiquement qualifiés pour le service armé, et par là même jouissant de pleins droits politiques, a diminué progressivement au fur et à mesure qu'augmentait le prix de revient de l'équipement. Dans les Chroniques, rédigées dans la période postexilique, les *gibborim* et les *bné ḥayil* sont occasionnellement assimilés à tous les hommes qui « portent le bouclier et l'épée », qui « bandent l'arc [1] » ou simplement aux « archers [2] ». Mais les Chroniques sont politiquement orientées en faveur de la plèbe pieuse et leur récit arrangé en conséquence. D'après la tradition la plus ancienne, les *gibborim* avaient pour arme la lance, ils étaient équipés d'une cotte de mailles et combattaient montés sur leur char, à l'opposé de l'infanterie paysanne dont l'armement, d'après le Cantique de Déborah (*Jug.* V, 8), comprenait une lance et un bouclier mais parfois uniquement une fronde [30]. L'armement de l'infanterie était toujours bien plus léger, car il ne comportait pas de cotte de mailles [3]. Les guerriers de la tribu de Benjamin, qui était alors une tribu paysanne, sont appelés « porte-glaive » dans le Livre des Juges (XX, 35). Le véritable guerrier devait non seulement faire face aux frais d'un équipement de chevalier, mais il devait aussi être capable de subvenir économiquement aux dépenses de l'entraînement militaire. En Occident, des circonstances analogues entraînèrent une différenciation des classes sociales. En Israël, on assiste à une évolution semblable, après l'intégration des grandes villes cananéennes à la confédération. Bien sûr, les sources ne mentionnent à aucun moment une noblesse séculière en tant que classe particulière. Les clans qui jouissaient de pleins droits étaient égaux : le roi pouvait apparemment épouser n'importe quelle jeune fille juive libre. Cependant tous les clans libres n'étaient pas égaux sur le plan politique. Car il existait naturellement de grandes différences qui résultaient de la capacité, sur le plan économique, à porter les armes, celle-ci étant la condition préalable de tous les droits politiques ; ces différences étaient aussi la conséquence de la prééminence politique et sociale des clans princiers de certaines régions en vertu de leur charisme héréditaire. À l'époque préroyale, la tradition juge l'importance d'un

1. C'est le cas des tribus de Jordanie orientale qui avaient déjà disparu depuis longtemps (I *Chr.* V, 18).
2. C'est le cas de Benjamin (I *Chr.* VIII, 40).
3. David ne porte pas de cuirasse, à l'opposé de Goliath qui est un chevalier cuirassé.

clan d'après le nombre de ses membres qui montent des ânes. À l'époque du deuxième Livre des Rois, l'usage du terme *'am ha-arets* pour les gens politiquement importants autres que le roi, les prêtres et les fonctionnaires, est révélateur. Parfois ce terme désigne simplement « les gens de tout le pays » et pas uniquement « les gens de la campagne ». Par contre, dans d'autres passages, ce terme a une signification différente [1]. Il désigne un groupe de personnes [31] dont cer-

1. Je ne puis souscrire aux vues de KLAMROTH, « Die Jüdischen Exulanten in Babylonien », *BWAT*, X, 1912, selon lesquelles *'am ha-arets* aurait désigné à l'origine ceux qui s'étaient établis dans un lieu, ou encore d'une façon péjorative « les sujets » par opposition au roi, à la hiérarchie et à l'aristocratie, c'est-à-dire la « plèbe ». Il est exact qu'il s'agissait d'hommes liges qualifiés pour porter les armes. Mais les clans de propriétaires terriens, « l'aristocratie terrienne », faisaient partie du *'am ha-arets*. Ce sont eux — et non pas les paysans sans chef — qui s'opposèrent à la construction du Temple à Jérusalem (*Esdr.* IV, 4). La signification préexilique et exilique du terme n'est pas certaine, étant donné l'absence de précision terminologique des sources. Lorsque le Pharaon l'utilise dans ce que l'on peut à juste titre considérer comme une présentation yahviste de la sortie d'Égypte (*Ex.* V, 5), ce terme signifie simplement « le Peuple » (Israël). Jérémie et Ézéchiel l'emploient dans un sens péjoratif. Lorsque Yahvé interpelle Jérémie (I, 18) et fait de lui son prophète, il lui demande d'être un mur d'airain contre le roi, les fonctionnaires, les prêtres et le *'am ha-arets*. Selon Ézéchiel (XXII, 29) le *'am ha-arets* opprime les pauvres et les *gérim* ; il détient donc une certaine puissance sociale. Dans II *Rois* XXV, 19 il est question d'un officier de Sédécias qui doit entraîner des *'ammé ha-aratsoth* ; les Babyloniens en découvrent soixante dans la cité et les déportent à Babylone. Juste avant le siège de Jérusalem il est dit (II *Rois* XXV, 3) que le *'am ha-arets* n'a plus rien à manger (tout comme la garnison des *Lettres d'Amarna*) et par la suite que les *'am ha-milḥama*, c'est-à-dire les guerriers, ont fui la ville (XXV, 20). On est tenté de considérer l'*'am ha-arets* comme la milice recrutée dans la campagne puis formée, à l'opposé des mercenaires qui sont à la solde du roi. Ceci demeure pourtant hypothétique. Selon *Jér.* (XXXIV, 19) tout le *'am ha-arets* participe aux côtés des princes, des fonctionnaires royaux et des prêtres à l'alliance conclue sous Sédécias qui aboutit à l'émancipation des esclaves pour dettes ; il y avait donc parmi eux des possesseurs d'esclaves. Tout le *'am ha-arets* acclame le roi Joas (II *Rois* XI, 14) et détruit les autels des ba'al ; c'est encore le *'am ha-arets* qui tue les assassins d'Ammon (*ibid.*, XXI, 24) et qui après la mort de Josias place son fils Yoaḥaz sur le trône (XXIII, 30). Si la terminologie demeure très imprécise et que le *'am ha-arets* signifie parfois simplement le peuple, il est certain que ce mot ne désignait pas à l'origine « les sujets » ou la plèbe par opposition aux gens éminents ou encore les paysans manquant d'intelligence. Cette dernière catégorie est appelée *dallim* par Jérémie (V, 4). Isaïe (II, 9) désigne le paysan par le terme d'*adam* en opposition avec *ich*, l'homme au sens du combattant. Les *'ammé ha-aratsoth* sont des Israélites de plein droit ; il s'agit essentiellement de la milice rurale (on n'établit pas de différence entre eux et les propriétaires terriens installés en ville). Théoriquement ils assurent la défense du pays et détiennent donc des droits politiques.

taines (probablement un nombre peu important) recevaient une formation militaire qui était assurée par un officier royal : Nabuchodonosor trouve soixante de ces hommes à Jérusalem et les emmène avec lui. Ce sont les adversaires des derniers prophètes, ils s'opposent à la soumission à Babylone préconisée par Jérémie ; plus tard ce seront les adversaires de la communauté des exilés qui rentrent à Jérusalem. De la même façon, les *bné ḥayil* et leurs chefs, les *saré ha-ḥayalim* (II *Rois* XXV, 23), se dressent contre le gouverneur de Nabuchodonosor, Gedalya, qui avait été choisi dans le parti des prophètes, et le mettent à mort. Ces *'am ha-arets* n'ont rien à voir avec les simples « laboureurs » (II *Rois* XXV, 12) que l'on a abandonnés à Jérusalem. Il semble plutôt qu'ils aient appartenu au parti des *saré ha-ḥayalim*. Là où le terme *'am ha-arets* doit désigner la « plèbe », cela est précisé par un additif (II *Rois* XXIV, 14). À partir de ces renseignements au sujet de la formation militaire des *'am ha-arets*, on peut opter entre deux hypothèses : on peut admettre que le roi prélevait alors de force dans la plèbe privée de tous droits politiques des gens qu'il formait militairement, et qu'ainsi cette classe plébéienne était désignée par ce terme. Mais le fait que les *'am ha-arets* aient participé [32] à des plébiscites royaux par acclamation et à des contre-révolutions va à l'encontre d'une telle hypothèse. Ils apparaissent plutôt comme une sorte d'aristocratie terrienne attachée au pays et qui, avec l'appui des paysans, s'opposait aux puritains yahvistes de l'époque, alors ennemis des cultes ruraux ; et c'est bien ainsi qu'ils se présentent après l'exil.

Mais durant la période préexilique, ceux qui étaient pleinement qualifiés pour porter les armes, détenant par là même la puissance politique, faisaient partie avant tout des clans établis en ville. Les sources prophétiques parlent d'une façon si tranchée des « grands » en les opposant au « peuple » que ce terme doit désigner un cercle en fait bien délimité, même si légalement il n'était pas fermé. Les registres préexiliques des familles dont Jérémie paraît présupposer l'existence, au moins pour Jérusalem, ne comprennent apparemment que les clans de ce cercle et servaient évidemment aux clans séculiers de listes de recensement de ceux qui devaient servir dans l'armée comme *gibborim* : *ḥayil*, fortune, signifie aussi « armée » et capacité militaire. Les « grands » de l'époque des prophètes appartenaient également à ces clans, qui fournissaient des guerriers bien entraînés, entièrement équipés, vêtus de cottes de mailles, et qui décidaient de la politique de l'État parce que les tribunaux et les charges administratives étaient entre leurs mains. Il est manifeste qu'avec l'exclusion grandissante des paysans hors de l'armée, l'organisation de leurs clans elle-même s'effrita. Ainsi s'explique mieux le fait que lors du synœcisme d'Esdras il y eut tant de gens enregistrés non pas d'après leur famille, mais simplement d'après leur lieu de naissance : les registres des familles ne comprenaient que les clans pleinement qualifiés pour porter les armes, en latin : la *classis*. Les hommes libres n'appartenant pas à ces clans pleinement qualifiés sont assimilés maintenant par certains éminents savants, dont Eduard Meyer, aux *gérim* ou *tochavim* des sources : les étrangers, les métèques [1]. Mais précisément cette hypothèse [33] nous paraît des plus improbables. Car le paysan israélite de l'armée de Déborah, du ban et de l'arrière-ban convoqués par Saül, que les dimensions de sa terre rendaient incapable de servir dans la chevalerie, peut difficilement avoir occupé cette position rituelle spéciale qui, dans les temps anciens, revenait aux *gérim* qui n'étaient pas circoncis. Et chaque fois qu'il est question de « petites gens » par opposition aux « grands » (par exemple chez les prophètes, surtout chez Jérémie), ce sont précisément des frères israélites opprimés par les grands,

1. « Métèque » est la traduction du terme *tochav*, pour lequel Ed. Meyer a proposé la désignation de « client ». Mais « client » présuppose des liens avec un seul maître, ce que les sources n'attestent point. Dans les codes de lois le client d'une seule famille est appelé *ger* (*Ex.* XXIII, 12). Abraham est appelé à maintes reprises *ger tochav*, sans passer cependant pour le client d'une maison. Le *tochav* d'un prêtre n'est pas davantage autorisé à consommer de la nourriture consacrée que son ouvrier (*Lév.* XXII, 10) ; cette prescription rituelle le rapprocherait d'un client. Le *tochav* semble désigner ici quelqu'un qui n'appartient pas à une famille, de la même façon que le *sakkir*, le journalier libre, se distingue du *'eved*, le serviteur. Dans *Lév.* XXV, 47, le *tochav* est mentionné à côté du *ger*, le métèque libre qui s'est enrichi.

qui passent pour les garants d'une manière de vivre correcte et pieuse. Le paysan israélite libre qui, pour des raisons économiques, n'était pas pleinement qualifié pour porter les armes, occupe bien plutôt cette position qui, durant toute l'Antiquité, est dévolue aux campagnards, aux « périèques » et « plébéiens », et que nous connaissons avec assez de précision grâce à Hésiode. Libre de sa personne, il est privé légalement ou de fait de tout droit et de toute activité politiques, avant tout de la participation au pouvoir judiciaire. Ceci en effet donnait aux patriciens la possibilité d'exploiter usurairement les paysans, de les réduire en esclavage pour dettes, de les tyranniser en faisant violence à la loi ; c'est cela qui est dénoncé tout au long de l'Ancien Testament. Israël a partagé cette division des classes économiques avec les villes de toute la haute Antiquité. Les esclaves pour dettes, tout particulièrement, sont un phénomène typique. La tradition les fait apparaître comme mercenaires dans la garde personnelle de tous les chefs charismatiques, depuis Jephté (*Jug.* XI, 3), Saül (I *Sam.* XIII, 6 : Hébreux esclaves des Philistins) et avant tout David (I *Sam.* XXII, 2), jusqu'à Juda Maccabée (I *Mac.* III, 9). Jadis les paysans libres avaient constitué l'élite de l'armée de la confédération israélite engagée dans la lutte contre le patriciat urbain cananéen équipé de chars ; maintenant, à la suite de l'urbanisation croissante des grands clans israélites et de l'adoption de la technique du combat de chars, ils devinrent progressivement des plébéiens à l'intérieur de leur propre peuple.

Le métèque, *ger* ou *tochav*, par contre, était quelque chose de complètement différent [34]. Sa condition doit être définie en combinant des sources pré et postexiliques.

5. LES *GÉRIM* ET L'ÉTHIQUE DES PATRIARCHES

Une grande proportion d'artisans et de commerçants faisait partie des *gérim*, avant tout. Ceci était le cas aussi bien dans les villes qu'au dehors, chez les Bédouins du désert. À en juger d'après ce que nous savons du contexte arabe, l'organisation tribale des Bédouins ne les acceptait absolument pas comme membres. En particulier les forgerons, qui sont pour les Bédouins les artisans les plus importants, ont presque toujours eu un statut de travailleurs étrangers rituellement impurs ; ils étaient pour le moins exclus du *connubium* et de la commensalité. Les forgerons forment une caste de parias n'ayant droit qu'à une protection traditionnelle, généralement religieuse. Il en est de même des bardes et des musiciens, tout aussi indispensables pour les Bédouins. La Genèse (IV, 21-22) aussi considère Caïn comme l'ancêtre à la fois des forgerons et des musiciens, et comme le premier fondateur de villes (IV, 17). On peut en conclure qu'à l'époque où s'est constituée cette lignée, ces artisans formaient, en Palestine tout comme en Inde, un peuple étranger et toléré, tenu à l'écart, non seulement du groupement des *gibborim*, mais aussi de la communauté générale d'Israël. Par ailleurs, nous constatons que certains métiers hautement qualifiés sont considérés comme des arts charismatiques et libéraux. L'esprit de Yahvé emplit Betsalel (*Ex.* XXXI, 3), fils d'Uri, petit-fils d'Hur, de la tribu de Juda, homme pleinement libre donc, et lui apprend à travailler les métaux précieux, la pierre et le bois. À ses côtés apparaît un autre homme libre, de la tribu de Dan, qui sera son aide. Ils fabriquent des parements pour le culte, et il faut nous rappeler ici la condition rituellement privilégiée des artisans Kammalar en Inde, qui pratiquaient le même art. La similitude va encore plus loin. Les Kammalar du sud de l'Inde sont des artisans royaux privilégiés, qu'on a fait venir de l'extérieur. D'après la tradition, Dan est établi dans la région de Sidon, et dans le 1er Livre des Rois (VII, 14), il est dit du contremaître du Temple de Salomon, Hiram, qu'il était de Tyr ; mais selon la tradition, sa mère était de Nephtali, et c'est ainsi que Salomon avait fait venir à sa cour un homme de sang mêlé. Nous pouvons supposer que les professions importantes et nécessaires pour les constructions et les besoins militaires du roi étaient généralement organisées en corps de métiers royaux. Dans les Chroniques postexiliques, les tisserands de byssus, les potiers et les charpentiers [35] sont étrangers à la tribu, tout comme les artisans royaux de l'époque préexilique. Après la destruction de Jérusalem, Nabuchodonosor emmena avec lui, en plus des familles qualifiées pour porter les armes, les artisans et particulièrement les artisans royaux. Au retour de l'exil, lors de la reconstitution de la communauté par Esdras et Néhémie, les orfèvres, les boutiquiers et les marchands d'onguents se groupèrent en guildes en dehors des anciens groupements des familles. En effet, on cessa alors de les considérer comme étrangers à la tribu et on les accepta dans l'organisation confessionnelle de la communauté juive. Cependant, à l'époque de Jésus ben Sira, et probablement encore bien plus tard, les artisans étaient considérés comme inaptes à l'exercice de toute fonction politique, contrairement aux descendants des anciennes familles israélites. Ils constituèrent alors un « dème » spécifiquement urbain. Mais dans la cité-État postexilique, cette classe plébéienne ne comprenait pas seulement des artisans et des marchands, mais également, ainsi qu'Eduard Meyer l'a démontré de façon convaincante, d'autres groupes importants. Il y avait d'abord les nombreuses personnes qui sont énumérées dans la liste de ceux qui rentrèrent sous Cyrus, non pas d'après leur clan mais en tant qu'hommes (*anachim*) d'une certaine localité de la circonscription de Jérusalem ; il s'agissait de plébéiens qui résidaient dans une bourgade rurale sous la dépendance de la capitale. En second lieu, il y avait plusieurs milliers de personnes dont on ne mentionne pas la localité de résidence, qui furent classées dans la catégorie des « fils de la mal aimée » (*bné ha-senua*), que Michaelis et Eduard Meyer considèrent à juste titre comme des plébéiens établis dans la cité de Jérusalem. Ces deux groupes sont manifestement des plébéiens israélites qui n'étaient pas inscrits dans les anciens registres des familles de *gibborim*. Qu'ils aient été autrefois considérés comme des plébéiens israélites ou comme des métèques (c'était le cas pour la plupart des artisans), les membres de ces couches sociales, selon l'hypothèse solidement étayée d'Eduard Meyer, qui acceptaient de se soumettre à la loi, furent alors organisés en clans nommés d'après les parcelles de terre qui leur avaient été allouées, comme s'il s'agissait de leur lieu d'origine ; c'est ainsi qu'ils furent portés sur les nouveaux registres des citoyens. Certes, ce sont les anciens registres des lignées qui furent pris comme base pour le synœcisme qui paracheva la reconstitution de Jérusalem : les familles qui s'installèrent dans les maisons de la capitale furent considérées comme une représentation proportionnelle des anciens clans. Mais ces vestiges de l'ancienne organisation des clans [36] disparurent par la suite, apparemment parce que la nécessité d'une force armée n'existait pratiquement plus dans cette première cité-État « de clients » tout à fait non militaires. Conformément à l'optique officielle, les Chroniques postexiliques ne distinguent, à côté des Israélites entièrement libres, que des « castes » héréditaires qui interviennent dans le culte ; certaines d'entre elles, tels les prêtres et les lévites, étaient privilégiées, d'autres formaient le personnel inférieur du Temple, tels les *nethinim*, mais il ne s'agit jamais d'une distinction séculière. Même le clan de David, qui à l'époque du retour de l'exil compte encore parmi les clans existants, disparaît par la suite, car l'arbre généalogique des ancêtres de Jésus dans les Évangiles a été fabriqué conformément aux anciennes promesses. L'organisation par clans, qui théoriquement n'avait pas disparu, et l'organisation « liturgique », qui au début existait encore, voient leur importance complètement éclipsée par l'appartenance tout à fait personnelle au *qahal*, au *ḥéver ha-yehudim*, le groupement confessionnel juif ; pour y être admis, il fallait soit être d'origine juive et accomplir des obligations rituelles, soit y être accepté à titre personnel. Entre ces deux catégories, les anciens et les nouveaux juifs, ne subsistaient plus que des vestiges de différences de statut (particulièrement en ce qui concerne le *connubium* avec les prêtres). À part cela ils étaient égaux. Seul subsista le statut spécial des clans de prêtres qu'il nous faudra examiner plus loin. Que tous les artisans qui se réclamaient de Yahvé et qui demeuraient inaptes à l'exercice d'une charge politique soient eux aussi considérés désormais comme des juifs de plein droit, de même que les paysans propriétaires ou les petits métayers, cela signifie l'apparition d'un *démos* urbain dans le sens d'une différenciation typique des classes. Ce *démos* n'existait pas avant l'exil, car c'était le principe d'une séparation rituelle entre les tribus qui déterminait alors cette différence de statut. Cependant même après l'exil, les plébéiens ne constituèrent jamais un véritable *démos* au sens technique d'une organisation comparable à celle de l'ancienne *polis* de l'époque classique. Ils ne formèrent pas non plus un *popolo*, une « bourgeoisie » selon l'acceptation du Moyen Âge. Pour autant qu'on le sache, il n'y eut jamais dans l'Antiquité une assemblée de tous les citoyens résidents par *démos* ou « tribus » ou encore par sections locales du groupement politique responsable de la défense et jouant un rôle dans les élections. Il n'y eut jamais, comme au Moyen Âge, de confrérie unie par un serment ou une représentation des citoyens par des guildes [1]. Il manquait encore pour cela certaines conditions politiques préalables, [37], notamment une organisation militaire comme celle du corps des hoplites dans l'Antiquité ou celle des bourgeois médiévaux qui devint le fondement de la puissance politique des plébéiens occidentaux.

Malgré certains changements d'ordre juridique, la situation sociale et économique après l'exil demeura en principe identique à ce qu'elle était auparavant. La plupart des riches propriétaires terriens résidaient à Jérusalem et y dépensaient leurs revenus. Certes, il y avait alors de puissantes familles qui ne résidaient pas à Jérusalem même, mais généralement leurs membres étaient considérés comme des citoyens d'une ville. La lignée des hasmonéens passait pour la plus éminente de la ville de Modi'im (I *Mac.* II, 17), bien que son mauso-

1. On a été tenté de considérer le *'am ha-arets* juif comme une espèce d'ancien parlement hébraïque. SULZBERGER et surtout SLOUSH (*JQRNS* IV, 1913, « Representative government among the Hebrews and Phoenicians ») fondent leurs hypothèses sur l'analogie de l'*'am Tsor*, de l'*'am Tsidon* figurant sur les pièces de monnaie de Tyr, de Sidon et de Carthage, ainsi que sur les ères comptées à partir du commencement de la souveraineté du *'am*. Ces derniers sont dans ce cas les chefs des familles, essentiellement les représentants des clans patriciens de la cité. Tout comme les signataires du pacte religieux (*Néh.* X) à Jérusalem, ils formaient un cercle restreint et clos, ce qui permet de croire que l'*'am* constituait un groupement oligarchique de gens armés semblable à celui qui existait parfois dans les cités helléniques à l'époque prédémocratique.

lée s'élevât sur une montagne près de la côte. Les clans séculiers importants qui n'étaient pas établis à Jérusalem étaient, dans l'ensemble, des opposants à la communauté juive fidèle au rite, à l'exception justement des pieux hasmonéens qui revendiquaient une origine sacerdotale [1]. Dans les villes, et plus particulièrement à Jérusalem, les familles puissantes sur le plan économique et politique exploitaient les plébéiens par l'usure et en violant la loi, tout comme les « grands » jadis contre lesquels les prophètes d'avant l'exil s'étaient dressés. Le psalmiste lance de terribles appels à la vengeance et de violentes imprécations contre les riches ou contre ceux qu'il nomme, d'une façon significative, les « gras », dont le nom correspond ainsi parfaitement au *popolo grasso* de la terminologie italienne médiévale. Les opprimés et surtout les esclaves pour dettes qui, selon la tradition, s'étaient groupés jadis autour d'Abimélekh, puis de David, se pressent maintenant autour de Juda Maccabée, dont ils constituent la suite, et avec lui assassinent dans toutes les villes de Juda les sans-dieu [38], ceux que les Psaumes appellent « les gras » (I *Mac*. III, 8). La base économique de la stratification sociale ne variait donc point. Le seul phénomène nouveau, important, fut qu'au cours du développement postexilique du *démos* urbain, la petite bourgeoisie apparut de plus en plus comme le représentant de la véritable piété, comme « la communauté des Ḥasidim », et progressivement, avec la montée du parti des pharisiens, elle en vint à jouer un rôle décisif, bien que théoriquement ses droits politiques aient à peine changé. L'importance effective du *démos*, tout comme le fait qu'il soit légalement privé de tout droit, sont liés tous deux à la particularité théocratique de la cité-État du bas judaïsme qu'il nous faudra évoquer plus loin. Ce fondement confessionnel de l'organisation com-

1. Dès le début, les héros hasmonéens ne respectent guère le rite. À l'opposé des gens pieux (I *Mac*. II, 29) qui s'enfuient dans le désert et se laissent massacrer le jour du sabbat (verset 38), Matathias et sa suite décident de se battre le sabbat (verset 41). Peu de temps après la libération les gens pieux considérèrent les hasmonéens comme des hellénisants fort condamnables.

munautaire explique aussi que les anciens termes désignant les « métèques », maintenant que les artisans étrangers que l'on avait accueillis n'étaient plus considérés comme étrangers à Israël, perdirent leur signification ancienne et en prirent une toute nouvelle, celle de « prosélyte ». Mais avant d'en analyser les implications, il nous faut étudier de façon plus approfondie les anciennes significations du terme, celles d'avant l'exil. Car malgré la constance des fondements économiques, la position légale du *démos* préexilique était très différente.

Le métèque d'avant l'exil (*ger*) est entièrement dissocié du véritable étranger, le *nokhri*. Ce dernier n'a aucun droit. Le *ger*, bien qu'étranger à la tribu, est protégé par la loi. Un membre d'une tribu étrangère pouvait accéder de deux façons au statut de protégé : il pouvait être le protégé du chef d'une seule famille ; dans ce cas, il était placé sous la protection strictement personnelle de celui-ci, protection dont pouvait également jouir un *nokhri* tout à fait étranger, par exemple un hôte de passage. La protection contre l'arbitraire des autres membres de la tribu ne dépendait alors que de la puissance du protecteur. Que celle-ci vienne à faire défaut, seuls le courroux du dieu ou la vengeance des membres de sa propre tribu pouvaient protéger l'étranger : c'est ce qu'illustre le sort des hôtes divins de Lot à Sodome et du Lévite à Giv'a. De la même façon, un métèque accepté dans une tribu israélite n'avait aucun droit dans une autre tribu israélite ; c'est ce qu'illustre à nouveau l'exemple du Lévite dans le récit de la vilenie de Giv'a. Il en découle aussi qu'un membre de plein droit d'une tribu israélite qui s'établissait dans une autre tribu, [39] même étroitement liée à la sienne comme l'étaient Benjamin et Ephraïm, était pourtant considéré comme un métèque et non comme un associé à part entière. Il avait la possibilité d'acquérir une maison, comme l'Ephraïmite du récit de Giv'a que l'on désigne comme « un chef de maison ». Il n'est pas évident qu'il ait pu acquérir d'autres terres, et dans les temps plus reculés c'est même peu probable mais non point impossible ; à une époque plus récente c'est même certain : il est question de deux patriarches qui étaient considérés comme des *gérim* (une question demeure : quelle est l'organisation, le clan, le groupement local ou la tribu qui devait en décider et quels autres droits étaient rattachés à l'acquisition de la terre [1] ?). La norme (*Lév.* XXV, 35), qui date probablement de l'époque préexilique, décrète qu'un Israélite « appauvri », c'est-à-dire ne possédant plus de terre, doit être tenu pour un *ger* : il s'ensuit — et cela se comprend aisément — que le fait de ne pas posséder de terre était l'une des caractéristiques normales, sinon universelles, du *ger*. Mais celui que les sources désignent généralement comme un *ger*, ce n'est pas tant l'étranger résidant en Israël qui, quelle que soit sa situation par rapport au problème de la terre, est placé sous la protection privée d'un individu et protégé par le droit d'asile, d'origine religieuse, que l'hôte dont la situation légale est définie et garantie par l'organisation politique en tant que telle. Ce statut juridique est désigné par le terme *ger acher bi-ch'arékha* dans les anciens codes : « le métèque à l'intérieur de tes portes », c'est-à-dire le métèque qui relève en tant que tel de la juridiction de la ville et qui est placé légalement sous sa protection [2]. Ainsi, le métèque ne jouit pas seulement du droit d'asile temporaire, purement individuel, dont le *nokhri* peut également bénéficier, ou de la protection plus durable accordée à la clientèle personnelle d'un maître. Selon les sources, il semble qualifié pour paraître en justice, car on met en garde ceux qui seraient tentés de faire pression sur lui ; peut-être devait-il, lors d'un procès, avoir recours à un patron. La recommandation énergique du droit sacré pour que dans tous les domaines on applique la même loi à l'Israélite et au *ger* apparaît comme une innovation : [40] l'assimilation confessionnelle des *gérim* était en cours et même certaines catégories d'entre eux appartenaient, comme nous le verrons,

1. Dans la mesure où il s'agit des terres des paysans et non pas des parcelles allouées aux guerriers, il se peut que l'on ait considéré que cela relevait de chaque village en particulier. On se rappellera que la famille d'Hésiode vint s'installer comme étrangère en Béotie, ce qui n'empêcha pas le poète d'y devenir un propriétaire terrien, un *périèque*.

2. La place dévolue à la tribu sacerdotale de Lévi, dans les cités réservées à ses membres, montre clairement l'idée que la tradition se faisait de la condition normale du métèque.

aux principaux tenants du yahvisme. À l'origine cependant, des non-Israélites, tout aussi bien que des Israélites d'une autre tribu, pouvaient se trouver dans la situation légale d'un *ger* selon cette définition. En règle générale, il s'agit pourtant d'un non-Israélite, car primitivement les prescriptions rituelles des Israélites entièrement libres ne s'appliquaient pas au *ger*. L'obéissance à ces prescriptions incombait certes à toute la « maison », mais elles s'appliquaient exclusivement à ce cercle de gens unis par une vie commune à l'intérieur d'une même demeure et qui partageaient le repas rituel. Dans les codes de lois les plus anciens, seul le repos sabbatique s'appliquait aussi au *ger*, probablement pour éviter que son travail n'entrât en compétition avec celui de l'Israélite [1]. Il n'en était pas de même pour la circoncision qui, selon le droit le plus ancien, était facultative pour le *ger* (*Ex.* XII, 48) mais obligatoire, dès cette époque, pour l'esclave. C'est pourquoi l'esclave pouvait prendre part au repas de Pesaḥ. À vrai dire, cette situation avait dû se modifier considérablement déjà bien avant l'exil. Car si la législation sacerdotale (*Lév.* XVII, 10 ; *Nbr.* IX, 14 ; XV, 15, 16) a établi le principe selon lequel, pour les Israélites comme pour les métèques, il ne devait y avoir qu'une seule loi et les mêmes obligations rituelles, cela résultait sans aucun doute du fait que dans l'intervalle étaient apparus beaucoup de *gérim* circoncis qui menaient une vie rituellement correcte. Par contre, d'après la loi prédeutéronomique, l'esclave ne semble pas avoir été soumis à l'obligation du repos sabbatique (II *Rois* IV, 22 ; ce récit a pour origine les légendes prophétiques de l'époque de la dynastie de Jéhu).

Les commandements d'ordre éthique et juridique des Écritures Saintes présentent ordinairement le *ger* comme un individu isolé. Mais comme le laisse entrevoir la tradition, cela ne correspond guère à la situation de la cité-État à son apo-

1. La justification avancée pour le sabbat à l'époque de Néhémie indique que l'interdiction du marché et de ses multiples activités constituait la chose essentielle ; cette disposition avait à coup sûr pour but de protéger les Israélites contre la concurrence déloyale des non-juifs. À l'époque plus ancienne où l'arrêt du travail agricole et le repos constituaient la raison fondamentale du commandement du sabbat, tout cela était probablement fort différent.

gée, et en aucun cas à celle de la haute Antiquité. À cette époque les éléments de la population qui en tant que *gérim* ne font pas partie des tribus israélites, ainsi que les paysans israélites qui ne jouissent pas de tous les droits politiques, sont toujours considérés comme des groupements organisés. Les paysans sont groupés en villages, certains *gérim* en associations locales [41] d'autres en clans et tribus. De même la structure tribale subsiste, lorsqu'une tribu israélite doit s'intégrer à un groupement politique étranger. Le fait que dans le Cantique de Déborah, des Danites servent sur des bateaux phéniciens ne constitue pas une preuve du contraire, car il ne s'agit que d'hommes isolés qui se sont engagés individuellement comme ouvriers salariés. Mais Issachar, dans la Bénédiction de Jacob, est désigné tout normalement comme un « serviteur corvéable ». Apparemment la tribu d'Issachar s'était affiliée à une cité-État étrangère qui dominait alors, en abdiquant ses droits politiques mais en conservant son organisation tribale. Par ailleurs dans la tradition, les Gabaonites cananéens apparaissent comme des sujets d'Israël à qui ils devaient verser des « liturgies » mais qui demeurent autonomes, grâce à une alliance conclue entre chefs militaires lors de l'arrivée des Israélites dans le pays. Il faut évidemment distinguer cette situation du statut social qui, d'après le récit de la nouvelle constitution de Jérusalem sous Esdras et Néhémie, était le lot des gardiens des portes, des chantres, des serviteurs du Temple (*nethinim*) et aussi des « serviteurs de Salomon ». Car ceux-ci étaient des groupes héréditaires de juifs organisés en clans et devant verser des prestations, mais non pas de *gérim*. Les *bné Qoraḥ*, dont l'ancêtre a déjà joué un rôle dans la tradition de Moïse en se révoltant contre les prêtres, et les *bné Asaph*, qui connaissaient tous deux l'art des psaumes, étaient des clans de chantres qui avaient été jadis des *gérim* et qui étaient devenus des juifs de plein droit. Il en était tout autrement des *gérim* de l'Israël antique. À la différence des artistes israélites charismatiques et pleinement libres qui apparaissent dans le récit de la construction du tabernacle et qui sont désignés d'après leur clan et leur tribu, et contrairement à l'artisan royal d'origine étrangère qui apparaît dans le récit de la construction du Temple et dont on ne mentionne pas le clan, les artisans du fer et les musiciens étaient considérés dans la Genèse comme des clans étrangers à Israël, ayant un éponyme. De même parmi les artisans royaux qui avaient une fonction liturgique, les tisserands de byssus [1], les potiers [2] et probablement les charpentiers [3] étaient considérés comme des *gérim*. [42] Il en est de même pour les bergers, dont il nous faudra reparler bientôt et qui, dans la généalogie de la Genèse (IV, 20), sont classés aux côtés des artisans du fer et des musiciens, parmi les descendants de Caïn. Ce dernier nous est présenté dans la légende du fratricide comme un paysan, à l'opposé d'Abel le berger, puis, après la malédiction, comme un Bédouin (IV, 12) ; selon cette généalogie, il est manifestement le père de toutes les tribus étrangères qui sont les hôtes d'Israël, tandis que son frère Seth est l'ancêtre tribal de l'Israël sédentaire qui cultive la vigne et que Noé représente. Lors de la division des tribus en trois groupes à l'époque de Noé, Canaan est considéré comme une tribu non libre qui doit des corvées à la fois à Sem, l'ancêtre tribal des peuples supérieurs du continent, y compris des Hébreux, et à Japhet, l'ancêtre tribal des peuples des côtes et des îles du Nord et de l'Ouest. Japhet, de son côté, « habite dans les tentes de Sem », ce qui laisse supposer que c'était un métèque libre et vraisemblablement un marchand. La légende a dû naître à une époque de fort antagonisme envers le reste des Cananéens, alors que les relations avec les Phéniciens étaient plus amicales. La tradition (I *Rois* IX, 21)

1. I *Chr.* IV, 21, « les familles des tisserands de byssus ». Ils forment des clans et sont considérés comme les descendants d'un fils de Juda ; mais curieusement ils n'ont pas leur propre éponyme. Cette filiation pourrait donc bien être une interpolation postexilique.

2. I *Chr.* IV, 22-23. Joas et Saraph étaient des chefs de famille (*be'alim*) à Moab et selon une ancienne tradition ils auraient vécu à Leḥem. « C'étaient des potiers habitant dans des jardins, des enclos, près du roi et adonnés à son ouvrage. »

3. Yoav, fils de Seraya, est appelé dans I *Chr.* IV, 14 « le père du vallon des charpentiers », un quartier de Jérusalem. Les charpentiers apparaissent ici comme des colons installés sur des terres qui appartenaient à Yoav. Ou bien, et c'est plus vraisemblable, Yoav est leur « patron » en vertu d'une prébende royale. Ils ne paraissent pas s'être organisés en clans.

fait remonter à Salomon l'obligation, pour tous les Cananéens établis dans le pays, de payer un tribut [1]. Il semble donc qu'il y ait eu différentes sortes de *gérim* : des hommes libres et des serfs, dont le statut juridique ne saurait être défini avec précision [2]. Peu importe ce qu'était en réalité cette condition qui s'exprime dans la tradition ou qui y a laissé des traces, il n'en demeure pas moins vrai que les *gérim* n'étaient pas comptés au nombre des *bné Israel* astreints aux obligations militaires, [43] et on ne faisait appel à eux ni comme *gibborim* ni comme *'am ha-milḥama*. Ils étaient considérés comme des étrangers, et organisés soit en tribus « clientes » sédentaires, soit en tribus et en clans nomades hôtes d'Israël. À l'origine, ils étaient rituellement séparés des Israélites et par là même exclus du *connubium* avec quelqu'un de même condition, comme l'indique le récit de Sichem et de Dina. Grâce à l'Inde, nous connaissons d'ailleurs en détail ce phénomène de la ségrégation rituelle à l'égard de tribus étrangères et tolérées. Les deux catégories de *gérim* les plus importantes pour nous, celles qui ressortent le plus clairement de la tradition, sont les bergers qui élèvent du petit bétail et les lévites assurant des fonctions sacerdotales. Or elles appartiennent toutes deux à ce type d'une tribu hôte qui n'est fixée sur aucune terre qui lui appartienne en propre. Ces deux groupes présentent dans la tradition une même particularité : il leur est interdit de posséder de la terre, car elle est réservée aux groupements armés qui jouissent de pleins droits politiques. Tous deux cependant, comme tous les

1. Cette tradition est peu sûre. Le verset (I *Rois* IX, 22) selon lequel Salomon ne réduisit à l'esclavage aucun fils d'Israël mais en fit des guerriers, des officiers ou des fonctionnaires royaux est tendancieux et répond aux intérêts de la plèbe israélite. Ainsi que l'atteste I *Rois* V, 13, des sujets nés libres étaient également astreints aux corvées puisque Salomon n'hésite pas à lever trente mille ouvriers. Le verset 22 indique en tout cas qu'à cette époque les hommes qui n'étaient pas qualifiés pour le service armé et pour posséder des terrains étaient non pas des Israélites mais des *gérim*.

2. Selon I *Chr.* XXIII, 1, David aurait recruté des tailleurs de pierres pour la construction du Temple parmi les *gérim* de son royaume. Il est probable qu'inversement c'étaient les tailleurs de pierres qui étaient des artisans royaux et, en conséquence de quoi, des *gérim*.

gérim, avaient un statut légal solidement établi que leur garantissait la population sédentaire. À aucun de ces deux groupes on n'avait accordé de terres cultivables dans le territoire tribal d'Israël, mais on leur avait attribué des terrains à bâtir — la plupart, il est vrai, hors des portes de la ville — et le droit de pâture pour leur bétail. Pour des raisons d'histoire religieuse, il nous faut encore examiner de plus près ces deux catégories. Les bergers parce que, selon la tradition, les patriarches appartenaient à ce groupe qui a d'ailleurs joué un rôle considérable dans la formation de la religion prophétique de Yahvé. Quant aux lévites, ils ont été les protagonistes du culte de Yahvé.

L'importance du territoire sur lequel s'étendait l'organisation urbaine précédemment décrite dépendait des rapports de force sur le plan politique, et tout particulièrement de l'étendue des territoires où les Bédouins pouvaient être tenus sous contrôle. C'est ainsi qu'à l'époque de l'Empire Romain, elle avait été adoptée loin dans le territoire du Sud, pour être à nouveau anéantie par l'invasion islamique, du moins en Jordanie orientale qui, à l'inverse de la région occidentale, fut occupée par les Bédouins. L'assaut des Bédouins contre les communautés urbaines se poursuivit tout au long de l'histoire de la Palestine. Dans les *Lettres d'Amarna* les guerriers, désignés par l'idéogramme *Sa Gaz*, dont on n'a pas jusqu'ici découvert la prononciation, apparaissent en règle générale comme des ennemis que les vassaux et les gouverneurs égyptiens devaient combattre, mais parfois aussi comme des mercenaires au service des vassaux [1]. La correspondance d'Hammourabi présente les Sa Gaz comme des nomades à la frontière occidentale [44] de la Mésopotamie, où ils dépendent d'un prévôt royal. Les Sa Gaz qui envahissent la Syrie et la Palestine septentrionale mettent à feu et à sang les cités conquises [2]. Parfois ils incitent la population locale à tuer les vassaux égyptiens, à faire cause commune avec eux et à être « comme des Sa Gaz [3] ». Ou bien ils conquièrent des villes

1. Knudtzon, n° 196.
2. *Ibid.* n° 185.
3. *Ibid.* n° 74.

sans les détruire, prennent ouvertement la place des vassaux égyptiens et de leurs partisans, et deviennent des seigneurs féodaux régnant sur la campagne. Mais une question subsiste : ces Sa Gaz [1] étaient-ils véritablement des Bédouins, c'est-à-dire des éleveurs de chameaux du désert, ou bien appartenaient-ils à une catégorie tout à fait différente ?

Il y avait donc d'une part une population autochtone, constituée par le patriciat urbain et par les paysans sédentaires ; parmi ces derniers certains étaient libres, d'autres corvéables ou tenus de verser un tribut et des droits de fermage ; ils cultivaient des céréales, des fruits et de la vigne et élevaient des bovins. Il y avait d'autre part les Bédouins libres qui élevaient des chameaux. Entre ces deux catégories il en existait une autre qui a caractérisé, jusqu'à une époque récente, tous les pays méditerranéens, à savoir les semi-nomades éleveurs de petit bétail, de moutons et de chèvres [2]. Le genre de vie de cette catégorie sociale est déterminé dans toute l'aire méditerranéenne par la nécessité de disposer pour le menu bétail, contrairement aux bovins, de larges possibilités pour changer de pâturage tout en parcourant de grandes distances : par-delà les Abruzzes vers l'Apulie ou à travers la moitié de l'Espagne, et tout aussi loin en Afrique du Nord et dans les Balkans. Ce qu'on appelle en Espagne la transhumance [3] se caractérise par deux phénomènes : d'abord une migration commune périodique, ce qui suppose à l'intérieur, contrairement à l'association lâche des Bédouins, une communauté bien structurée, et d'autre part, vers l'extérieur, des relations bien réglementées avec les propriétaires terriens des régions traversées. Il faut convenir des droits de pâture sur les champs en jachère ou sur les chaumes ainsi que des voies de migration, si l'on veut éviter que les rapports avec l'entourage, qui sont fréquemment violents, ne dégénèrent en

1. Les récentes découvertes de Bhogazkoï attestent d'une façon irréfutable que les Ḥabiru faisaient partie des *Sa Gaz*.

2. La signification « des nomades gardiens de moutons » pour le culte de Yahvé est discutée par Ed. MEYER, *Die Israeliten und ihre Nachbarstämme*.

3. La transhumance a été étudiée très intelligemment par R. LEONHARD, « Die Transhumanz im Mittelmeergebiet », in *Festschrift für Brentano*.

querelles permanentes [45]. Car partout ces bergers sont tentés de transgresser les droits de passage et de pâturage qui leur ont été accordés, de laisser leurs troupeaux envahir prématurément les champs ou dévaster les terres cultivées le long des routes de migration, comme Jérémie (XII, 10) le rapporte au sujet de son vignoble ou de son champ [1]. L'existence ainsi que l'importance considérable de cet élevage transhumant sont établies solidement pour toutes les époques de l'histoire de la Palestine. Il est pratiqué de nos jours par les éleveurs de chameaux qui conduisent leurs troupeaux de Jordanie orientale vers les terres en jachère et les chaumes de Galilée. Mais ce n'est pas là ce qu'il y avait de plus caractéristique. Les représentants classiques des éleveurs de menu bétail, dans la haute Antiquité palestinienne, étaient des rékhavites, une confrérie qui a dû parcourir presque tout le pays du nord au sud. Car ils appartenaient à la tribu des Qénites qui était voisine des Amalécites du désert méridional et parfois leur allié, mais qui dans le Cantique de Déborah se trouve dans le nord du pays. À l'époque de Jérémie, la principale région de pâturage des rékhavites se situait dans les monts de Judée d'où, en cas de guerre, ils ramenaient leurs troupeaux à l'abri des murailles de Jérusalem. Deux siècles et demi auparavant, ils avaient joué un rôle décisif dans la révolte de Jéhu dans le Royaume du Nord. C'étaient des éleveurs de petit bétail. Comme les Bédouins, ils dédaignaient les maisons, refusaient de s'établir à un endroit fixe, condamnaient l'agriculture sédentaire et ne buvaient pas de vin (*Jér.* XXXV). Ils tenaient cela pour un commandement divin que leur avait transmis le fondateur du groupe, le prophète de Yahvé, Yonadav ben Rékhav. D'autres groupements d'éleveurs de petit bétail se déplaçaient aussi loin qu'eux. Selon la tradition, l'ancienne tribu de Siméon, qui disparut par la suite, avait d'une part entamé des négociations contractuelles pour obtenir le droit de pâture dans la région de Sichem, et d'autre part s'était établie dans la partie méridionale du désert de Juda. À côté de ce type pur, tel qu'il était représenté par les rékha-

1. Dans *Jér.* VI, 3, les ennemis dont il prophétise la venue sont comparés à des bergers qui plantent leurs tentes alentour et s'emparent des pacages.

vites, il y avait évidemment de nombreuses formes intermédiaires. Souvent aussi des bergers itinérants s'adonnaient, pour leurs besoins personnels, à une agriculture plus ou moins stable qui variait selon l'espace disponible et l'endroit [1]. La transition vers la condition de paysan sédentaire était donc graduelle. Seulement, comme le pays était avant tout une terre à pâturages, ils ne pouvaient pas s'approprier tout le sol, et leur bétail constituait l'essentiel de leurs biens [46]. La mobilité plus lente du menu bétail entravait leur liberté de mouvement par rapport aux Bédouins, si bien qu'ils étaient exposés au pillage de la part de ces derniers. Ils étaient les alliés naturels des paysans sédentaires, encore plus menacés qu'eux par ces Bédouins : il y avait une « hostilité éternelle entre Yahvé et 'Amaleq ». Caïn, ce Bédouin tatoué opposé au berger Abel, était condamné à une errance perpétuelle. Mais il arrivait aussi que des alliances soient conclues entre des éleveurs de bétail (les Qénites) et des Bédouins ; la parenté avec les Édomites était fortement ressentie. Naturellement il n'y avait pas de frontière bien délimitée entre la condition de Bédouin et celle d'éleveur semi-nomade ; les patriarches élevaient différentes sortes de bétail, tout comme Job par exemple qui possédait des moutons, des ânes, des bêtes à cornes et des chameaux, habitait dans une maison et buvait du vin. Caïn, qui apparaît d'abord comme un Bédouin du désert, a pour descendants les Qénites [2] ; à l'époque historique, ceux-ci constituent une tribu d'éleveurs de bétail, extrêmement pieuse, comme en témoigne la généalogie de la Genèse. Il est certain qu'à l'époque de Gédéon, les Madianites n'élevaient pas que des chameaux. Il en était de même pour les Édomites et assurément aussi pour le cheik chez qui l'Égyptien fugitif Sinouhé trouva refuge à l'époque de Sésostris.

Les relations entre les éleveurs de petit bétail et la population agricole des campagnes ainsi que la population des villes reposaient normalement sur le droit de passage et de

1. Le héros de la Jordanie orientale, Yerubba'al-Gédéon, bat le blé (*Jug.* VI, 11).
2. Voir *Nbr.* XXIV, 21-22 au sujet de cette identification parfois abusivement contestée.

pâturage, solidement fixé par contrat : c'étaient des *gérim*. Ces relations pouvaient très facilement entraîner l'implantation en ville et l'accession à la pleine citoyenneté des clans les plus actifs sur le plan économique, à la suite d'un traité ou de violents conflits. D'après la tradition, les Danites n'eurent pas, pendant longtemps, de territoire fixe en Israël (*Jug.* XVIII, I), c'est-à-dire qu'ils étaient des bergers itinérants sur le territoire judaïque jusqu'à ce qu'ils s'emparent de la cité de Layich, qui était en territoire sidonite.

Mais généralement les groupements de bergers itinérants se développaient suivant des lois qui leur étaient propres. Les périodes de paix, de croissance démographique et d'accumulation de biens entraînaient toujours [47] une diminution des surfaces réservées au pâturage par suite de leur utilisation croissante comme terres de culture, et nécessitaient par là même une exploitation de plus en plus intensive des pâturages restants. Ces deux phénomènes contraignirent les bergers à se cantonner progressivement dans de petits pacages bien délimités, ce qui eut pour conséquence une réduction inévitable de l'importance de leurs groupements sociaux. Il s'ensuivit que ceux-ci perdirent leur stabilité. L'organisation sociale des éleveurs de petit bétail ressemblait normalement à celle des Bédouins : la famille élargie formait une communauté économique, le clan garantissait la sauvegarde personnelle par l'obligation de venger le sang versé, tandis que la tribu, qui était une confédération de clans, assurait la protection des pâturages. Étant donné les circonstances évoquées précédemment, ces associations d'éleveurs de petit bétail n'étaient guère plus durables que celles des Bédouins. Il semble que très souvent la tribu se soit constituée autour de chefs charismatiques. Tel fut probablement le cas de la tribu de Makhir qui disparut par la suite, de la tribu de Manassé et probablement de celle des « Benjaminites », qui se répandirent depuis les monts d'Ephraïm sur les pâturages des montagnes de l'est et du sud. En temps normal ces chefs ne pouvaient donner une assise stable à leur puissance. Une tribu constituée uniquement d'éleveurs de petit bétail est, à cause de la nature même de ses conditions de vie, plus exposée aux risques de la désintégration qu'une communauté bédouine qui fonde la stabilité économique de son hégémonie tribale sur la domination des oasis ou des voies de passage des caravanes. On trouve un exemple de l'instabilité et du caractère purement charismatique de l'hégémonie militaire des tribus constituées uniquement d'éleveurs de bétail dans la position que, selon la tradition, occupe Jephté. À ce héros guerrier de Jordanie orientale, les anciens de la tribu de Galaad n'offrent à l'origine, pour la durée de la guerre de libération contre les Ammonites (*Jug.* XI, 6), que la dignité de *qatsin*, de chef des armées, ce qui correspond à l'allemand *Herzog* (duc). Il refuse et l'armée (*ha'am*, les hommes) lui confère alors, sur proposition des anciens, la dignité à vie, mais non héréditaire, de *roch* (chef, prince, colonel, *Jug.* XI, II). C'est à ce même type précisément qu'appartiennent les nombreux juges éphémères (*chophetim*) de la haute antiquité israélite dont certains n'étaient que des chefs guerriers charismatiques, alors que d'autres étaient peut-être pourvus du charisme de la sagesse [48] qui permet de juger équitablement. Leur puissance demeura purement personnelle. Le héros de Jordanie orientale, Yerubba'al-Gédéon, qui s'engagea dans la guerre contre les Madianites avec une suite composée uniquement de volontaires, refusa, selon la tradition, le pouvoir de chef héréditaire que lui offraient « certains en Israël » (*Jug.* VIII, 23) et se contenta de sa part de butin dont il fit une fondation religieuse qui devait probablement lui rapporter, ainsi qu'à ses descendants, des bénéfices substantiels lors des pèlerinages. Les organisations politiques stables étaient établies la plupart du temps dans les territoires situés juste entre le désert qu'occupaient les Bédouins et les pâturages des monts palestiniens de l'est et du sud. Tels le royaume des Moabites à l'époque d'Achab qui nous a légué des inscriptions, ou encore celui des Ammonites à l'époque de Jephté, et plus particulièrement le royaume des Édomites qui en toutes circonstances s'est rangé aux côtés de Juda et qui, jusqu'au moment où il s'est rendu à David, a eu à sa tête dix souverains successifs. Le fait que ces rois édomites ne se succèdent pas héréditairement paraît indiquer le caractère purement personnel et charismatique de leur souveraineté. Chez les éleveurs de petit bétail par contre, les groupements purement politiques étaient très instables. La menace des Bédouins ou inversement la possibilité d'agrandir par la guerre les étendues de pâturage les amenaient à s'unir plus étroitement en une organisation plus large, sous la conduite d'un chef guerrier. En temps de paix, au contraire, on assistait surtout, ainsi que nous l'avons déjà mentionné, à la sécession de certains clans et à la dislocation des tribus. Déjà dans le récit du combat de Déborah, le mari de l'héroïne, Ye'el, un Qénite, apparaît comme un éleveur de bétail qui s'est séparé de sa tribu et qui, grâce à un traité d'amitié, a planté ses tentes comme *ger* sur le territoire du roi d'une cité cananéenne [1]. À l'époque de la composition de la Bénédiction de Jacob, les anciennes tribus de Siméon et de Lévi sont « divisées et dispersées », et plus tard, dans la Bénédiction de Moïse (*Dt.* XXXIII), il n'est plus fait mention de Siméon tandis que Lévi n'est plus qu'une confrérie de prêtres professionnels. Les Chroniques postexiliques mentionnent (I *Chr.* IV, 42-43) quelques familles siméonites installées à Sé'ir parmi les Édomites, alors que les autres ont reçu leur « part en Juda », c'est-à-dire ont été absorbées par cette tribu. Dans la Bénédiction de Jacob la tribu de Ruben [49] qui détenait jadis l'hégémonie sur la confédération a perdu de sa puissance, si bien que dans la Bénédiction de Moïse on prie pour qu'elle ne disparaisse pas tout à fait, et que plus tard il ne soit plus du tout question d'elle. La tribu de Joseph se scinde en différents clans d'éleveurs de bétail ; le Cantique de Déborah mentionne une tribu, Makhir, qui disparaît par la suite, et la tribu de Manassé qui à son tour se subdivisera. La destruction des tribus de Siméon et de Lévi est mise en relation avec une trahison et une lutte violente contre les Sichémites. En réalité, les pertes de bétail dues à la guerre ou à une épidémie ont pu entraîner la dissolution brutale d'une tribu composée uniquement d'éleveurs de bétail, ou contraindre ses membres à devenir les serfs des tribus voisines qui possèdent des biens. Mais la pression qu'exerce la sédentarisation qui se développe au détriment des pâturages œuvre déjà,

1. *Jug.* IV, 17. La fin du verset paraît bien être une interpolation ; elle témoigne néanmoins des conditions qui prévalaient à l'époque de cette insertion.

à elle seule, dans cette même direction. Le passage graduel, sous l'effet de cette pression, d'une vie semi-bédouine à l'élevage du petit bétail, puis à une vie sédentaire, et par la suite à l'urbanisation, se reflète aussi bien dans les légendes que dans la tradition historique. Selon la légende, Abraham, en plus de ses moutons, possède des chameaux, et comme il ne boit pas de vin, il offre du lait aux trois hommes de l'épiphanie divine. Il se déplace d'un lieu à un autre comme un *ger*, en contractant des droits de pâture, et ce n'est qu'à la fin de sa vie qu'il acquiert à Hébron, à l'issue de longues tractations, une terre de sépulture héréditaire (*Gen.* XXIII, 16). À la faveur d'un contrat, Isaac campe sur le territoire de Gerar où il creuse des puits, mais il doit sans cesse s'installer ailleurs. À l'opposé d'Ésaü le paysan, Jacob apparaît essentiellement comme un éleveur de bétail séjournant sous la tente, mais il s'installe comme *ger* à Sichem et y achète de la terre (*Gen.* XXXIII, 19). C'est par ruse qu'à la fin de sa vie il se présente au Pharaon comme un simple éleveur de petit bétail, afin de pouvoir vivre comme un *ger* rituellement séparé qui ne se mélange pas aux Égyptiens. Il cultive la terre et a besoin de céréales pour sa subsistance. Tous les patriarches apparaissent comme des propriétaires de gros bétail. Joseph enfin, en tant que vizir d'Égypte, y réglemente l'impôt foncier.

Ces changements révèlent une profonde évolution dans l'organisation politique ainsi que dans le domaine militaire.

La tradition historique relate les diverses étapes franchies par chaque tribu israélite pour passer d'un genre de vie semi-bédouine à l'élevage semi-nomade du petit bétail, et ensuite du stade intermédiaire de l'agriculture occasionnelle (*Gen.* XXVI, 12 à propos d'Isaac) [50] à l'existence sédentaire des clans urbains dirigeants et des paysans établis sur leurs terres, qu'ils soient libres ou corvéables [1]. L'évolution pratique-

1. Selon la tradition (*Jug.* XVII, 11), pendant longtemps Dan n'était pas établi dans un lieu fixe en Israël. Dans le Cantique de Déborah, les Danites se louent aux Phéniciens comme rameurs. Cette tribu est souvent désignée comme un simple clan. Dans la Bénédiction de Jacob, Dan apparaît comme une tribu de voleurs qui « tel un serpent surveille la piste des caravanes et mord le talon des chevaux » ; dans la Bénédiction de Moïse, Dan est présenté comme « un lion qui bondit à

ment universelle qui aboutit à l'urbanisation paraît alors achevée dans la géographie politique de la Palestine, telle que nous la décrit le Livre de Josué. Josué voit ses services récompensés par l'attribution d'une ville qui devient son fief (*Jos.* XIX, 50), et toutes les tribus, même celle de Juda [51], possèdent des villes dont dépendent des villages (*Jos.* XV) ; le pays tout entier semble divisé en de telles circonscriptions. Mais déjà à l'époque où ce passage a été composé, cela n'existait en fait que sur un plan théorique. Car à l'époque historique encore, les tribus judaïques du Sud, tout comme les Bédouins, étaient divisées sur le plan politique principalement en clans, tandis que les tribus septentrionales étaient organisées administrativement en unités de mille et de cinquante hommes, tout comme dans les États mésopotamiens.

Bachan ». À l'époque de la première avancée des Philistins, encore avant la bataille de Déborah, les Danites qui n'avaient que six cents guerriers ne purent maintenir leur camp de tentes sur le territoire de Juda ; leurs ennemis étaient probablement les Philistins contre lesquels le héros danite, Samson, se battit. Ils se déplacèrent vers le nord et s'établirent dans la cité de Lakhich, située dans la montagne, après que les Sidonites eurent été anéantis. Dan se limitera plus tard à cette cité et la tribu n'aura plus qu'une existence fictive. Le fait que la cité de Dan ait été considérée comme particulièrement respectueuse des commandements religieux nous fait penser que la tradition concernant la vie nomade est exacte. Car elle suppose que toutes les anciennes tribus de bergers observaient strictement les rites. La seconde Bénédiction de Jacob a permis de conclure que Dan a été momentanément privé de son indépendance politique. De la même façon il est dit d'Issachar, que la Bénédiction de Moïse mentionne brièvement comme une tribu vivant sous la tente, qu'à la suite de sa sédentarisation « il voit que le repos est bon et que le pays est agréable, il tend son dos pour porter et s'assujettit à la corvée » (*Gen.* IL, 15) ; Issachar devient donc une tribu de paysans sédentaires, installée en partie dans la plaine fertile de Yizré'el. La tribu de Nephtali qui apparaît dans la Bénédiction de Jacob comme « une biche en liberté » était probablement une tribu semi-bédouine. Selon le Cantique de Déborah, elle s'était établie dans les montagnes tandis que d'après la Bénédiction de Moïse, elle est installée le long de la mer. De même la tribu d'Acher, qui est établie elle aussi le long de la côte, et dont la richesse due à la fabrication d'huile est proverbiale, apparaît dans la Bénédiction de Jacob comme inféodée au prince d'une cité phénicienne. La Bénédiction de Moïse, par contre, célèbre ses fortifications et sa puissante armée. La tribu de Zabulon a dû changer de résidence puisque dans la Bénédiction de Jacob elle est établie le long de la mer et dépend de Sidon, tandis que le Cantique de Déborah en fait une tribu guerrière des montagnes. Dans la Bénédiction de Jacob, Benjamin apparaît comme une tribu de voleurs, « un loup qui déchire. Le matin il mange la proie, le soir il répartit le butin ». Il semble que la tribu de Gad ait été une tribu moabite à l'époque de Mécha et d'Achab, dont le nom était probablement celui d'une divinité de la bonne fortune.

Cette division en contingents de mille hommes qui constituaient des unités pour les levées pouvait également s'appliquer aux tribus d'éleveurs de bétail. On pouvait assimiler une tribu ou une partie de tribu à une ou plusieurs unités de mille et s'en remettre à la tribu pour l'exécution de la levée. Mais cela prenait des formes très diverses. Le Cantique de Déborah utilise différents termes pour désigner les chefs des contingents des tribus, ce qui nous permet de conclure à l'existence d'une structure militaire extrêmement différenciée. La royauté s'efforcera tout naturellement de parvenir à plus d'homogénéité. Plus tard, l'expression « former des cinquantaines » en vint à désigner, du point de vue technique, à la fois la levée et le recrutement ; dans la tradition, les commandants des unités de mille et de cinquante hommes passaient tout naturellement pour des personnes qui, en temps de paix, détenaient dans leurs districts de recrutement le privilège de la juridiction. Ces mesures sont sans aucun doute un produit de l'époque royale mais même alors elles n'étaient ni uniformément ni durablement appliquées. Parmi les tribus d'éleveurs de la Jordanie orientale organisées selon le mode gentilice et aussi dans la tribu de Juda, d'autres conditions prévalaient certainement : il semble qu'en temps de paix elles reconnaissaient pour seules autorités non pas les officiers mais leurs anciens.

La convocation du ban de l'armée fédérale organisée en unités de cinquante ou de mille hommes ne constitue pas l'unique type d'organisation militaire ni le plus ancien qui soit cité dans les sources. Il en existe deux autres. Pour la tribu de Benjamin établie entre les tribus du Nord et celle de Juda, le récit (*Jug.* XXI, 21) des événements qui suivirent le combat provoqué par le forfait de Giv'a — une légende étiologique expliquant le mariage par enlèvement largement répandu chez les Benjaminites — laisse entendre que cette tribu de voleurs avait à l'origine une organisation extrêmement stricte et non familiale des jeunes gens, à la manière de « la maison des hommes » : c'est sur elle qu'a dû reposer [52], malgré l'exiguïté du territoire de la tribu, son occasionnelle et redoutable suprématie. Par ailleurs nous avons vu qu'en règle générale les tribus d'éleveurs proprement dits avaient adopté face à la guerre une attitude qui était typiquement celle des Bédouins : participation absolument volontaire, donc pur charisme. Telle est pour le Deutéronome la forme véritablement classique de la guerre. Dans la tradition, Gédéon inspecte par deux fois ses recrues : quiconque est lâche est autorisé à rentrer à la maison. Ensuite, il renvoie également chez eux tous ceux qui, en étanchant leur soif près d'un gué, avaient oublié leur dignité de héros et avaient lapé l'eau comme des chiens (*Jug*. VII, 5). Le premier épisode est un paradigme de ce qui est élaboré par le Deutéronome (XX), conformément à un « idéal nomade » tendancieux qu'il nous faudra examiner par la suite ; ces dispositions stipulent que devront rester chez eux, non seulement les jeunes mariés ou ceux qui viennent d'installer une ferme, de planter un champ ou une vigne, mais tous ceux qui ont peur : car — et tel est le fondement théologique — la confiance en Yahvé suffit à elle seule à assurer la victoire. Lors de la levée d'hommes par Juda Maccabée, ce paradigme est répété. Il n'est pas certain, comme l'a prétendu Schwally, que ces commandements n'aient pas une justification théologique et découlent d'anciennes représentations magiques. Par contre, nous rencontrerons plus loin dans la « consécration » volontaire de celui qui combat pour la foi (*nazir*) certains modes de formation religieuse de l'armée auxquels on pourrait rattacher de telles vues. Mais à leur origine, il y a surtout des coutumes bédouines.

Considérée sous l'angle pratique, cette forme de guerre n'était qu'un conflit entre deux suites de partisans. En fait, durant la période des Juges, presque tous les combats revêtirent ce caractère. En trois occasions seulement, la tradition signale avec certitude la levée en masse de toute l'armée confédérée : lors de la guerre de Déborah, lors de l'expédition punitive (probablement légendaire) contre Benjamin et lors de la guerre de libération de Saül. Ces trois exemples appartiennent tous au type de la « guerre sainte » dont il nous faudra parler plus tard. Certes, selon la tradition sacerdotale, le roi que Dieu préfère c'est David. Cependant sa façon de conquérir son rang et de mener ses premiers combats est, dans l'histoire israélite, le dernier exemple d'une guerre de partisans et d'une principauté charismatique, exemple qui assure déjà la transition vers des temps nouveaux.

[53] La tradition relative aux premiers rois illustre aussi la dualité entre les paysans et les bergers. Saül y apparaît comme un paysan, David comme un berger. Saül entreprend la libération du territoire par une levée en masse de l'armée nationale, David par une guérilla de partisans. Malgré le caractère tendancieux de la tradition actuelle, on peut encore reconnaître certaines différences dans la structure de ces deux modes de domination. La puissance de Saül se fonde sur son propre clan et sur l'appui des guerriers de la tribu de Benjamin. C'est aux Benjaminites qu'il confie les postes clefs. Cependant parmi les guerriers, il y a des héros venus de tribus étrangères et qui font partie de sa suite personnelle. David s'appuie (I *Sam.* XXII, 1-2) d'abord sur une suite purement personnelle qui, selon la tradition, se composait premièrement de membres de son clan, deuxièmement d'« opprimés », surtout d'esclaves pour dettes, *desperados* [*katilinarisch*], et troisièmement de mercenaires crétois et philistins qu'il avait embauchés (Keréthi et Peléthi, II *Sam.* VIII, 18 et *infra*). Mais à côté de ces éléments apparurent dans l'armée de David, d'une façon bien plus décisive que chez Saül et ses héritiers, une suite de compagnons strictement personnelle, un cercle de paladins et de chevaliers que la tradition royale connaît individuellement par leur nom et dont elle relate les exploits. Cette suite personnelle comprend d'abord des membres de clans judaïques dont certains sont très puissants (Joab). À leurs côtés apparurent aussi, à la suite de la désertion des paladins de Saül (Abner), des chevaliers non judaïques et même par la suite un certain nombre de chevaliers non israélites : un nombre considérable d'« hétaïres » purement personnels. À l'époque où David se sépara des Philistins, la tribu de Juda était encore soumise à ces derniers et elle ne se rangea collectivement derrière David que plus tard. Le nord du pays ne se rallia à David qu'après l'extermination du clan de Saül, et notamment grâce à un pacte spécial (*berith*) entre lui et les anciens de la tribu. Un traité, c'est-à-dire une alliance, scella alors pour la première fois l'unité nationale des douze futures tribus d'Israël,

avec à leur tête un roi national. Selon la tradition, ce n'est que par un tel traité qu'un chef militaire charismatique peut devenir un monarque légitime habilité à lever une armée. En face de l'armée nationale et légitime du roi, instituée par la *berith*, il y a la garde et les mercenaires princiers. Le royaume que David fonda en Judée au milieu des éleveurs de bétail, [54] en s'appuyant sur une suite personnelle et sur la puissance des grands clans judaïques, devint dès la conquête de Jérusalem une cité-royaume. Après que les révoltes des partisans de Saül, puis celles d'Absalom, d'Adoniya et de Jéroboam eurent ranimé la vieille opposition des tribus paysannes à la domination de la ville jusqu'à ce que le royaume ait finalement éclaté, celui du Nord connut exactement le même sort avec la fondation de Chomron (Samarie) sous les Omrides, et la révolte de Jéhu ne put rien y changer. Par contre, depuis la sécession des tribus du Nord, le Royaume du Sud se confondait presque avec l'enceinte de Jérusalem, tout comme la *polis* théocratique après l'exil.

C'est essentiellement cette évolution politique qui, en plus du déclin relativement important du nombre d'éleveurs de petit bétail semi-nomades, entraîna la désintégration de leurs tribus à la suite du rétrécissement des pâturages. La conséquence la plus importante fut la démilitarisation des bergers. Leurs clans dispersés qui devaient désormais faire face aux paysans sédentaires et surtout au patriciat armé des villes étaient extrêmement faibles et à peine tolérés. La tradition qui nous a été transmise présente Abraham comme un métèque sans droits politiques chez les Hittites à Hébron et dans les autres villes sur le territoire desquelles il séjourne, puisqu'à Chalem il doit verser la dîme au prêtre-roi de l'endroit. Après avoir acheté de la terre à Sichem, Jacob habite comme tous les *gérim* à l'extérieur des portes de la ville (*Gen.* XXXIII, 18). À l'époque de la rédaction de ce texte, la plupart des éleveurs de petit bétail encore existants se trouvaient probablement dans cette situation. Pourtant dans la tradition, les Patriarches apparaissent comme des hommes très riches et il en sera de même plus tard pour Job. Mais généralement ce n'est plus le cas, à une époque plus avancée, pour les éleveurs de bétail. Car dans l'ensemble, la condition des éleveurs nomades est telle qu'ils s'appauvrissent ; selon Jérémie, les rékhavites ne possèdent pas de grands troupeaux mais sont de petites gens qui, tel Amos de Teqo'a de la tribu de Juda, vivent des fruits du sycomore et de leur bétail. Il en était de même dans tout le bassin méditerranéen, à l'exception de quelques magnats isolés qui possédaient parfois de très grands troupeaux.

Ces faits sont peut-être importants lorsqu'il s'agit de savoir à quelle catégories économiques font allusion les sources légales, [55] les prophètes et les psalmistes lorsqu'ils parlent des « pauvres » (*evyonim*), comme c'est très souvent le cas. Ce n'est qu'à l'époque postexilique que ce terme peut désigner — ou inclure — un *démos* urbain de petits commerçants, d'artisans, de travailleurs libres sous contrat. Avant l'exil, cette catégorie comprend avant tout les paysans de la campagne, opprimés par le patriciat usurier. Mais à leurs côtés il y a aussi, et peut-être en plus grand nombre que ne l'indiquent les sources, les éleveurs de petit bétail. Il n'est pas invraisemblable qu'un certain nombre de prescriptions sociales et éthiques au profit des pauvres, qui font l'objet de discussions passionnées dans la casuistique rabbinique du bas judaïsme, aient été initialement en rapport avec cette situation. Il s'agit notamment du droit de glaner et plus tard de ce que l'on a appelé « le coin du pauvre ». La charité israélite prescrit au propriétaire du champ de ne pas glaner sur les chaumes et de ne pas récolter jusqu'au dernier épi, mais de laisser subsister quelque chose pour les nécessiteux. Dans l'ancienne formulation, que conserve le Deutéronome (XXIV, 19), les gerbes oubliées ne doivent pas être ramassées par la suite, mais abandonnées aux *gérim*, aux veuves et aux orphelins. La formulation plus récente (*Lév.* XIX, 9) ritualise ceci selon la manière typique de la version sacerdotale : il faut intentionnellement ne pas récolter complètement ce qui pousse dans les champs et les vignobles, de sorte qu'il reste quelque chose aux bords des champs pour les *gérim* et les pauvres. L'ancienne formulation de cette prescription est d'origine superstitieuse : les *numina* de la terre cultivée réclament leur part de fruits, ce qui a été abandonné leur appartient en fait. Mais l'interprétation apparemment plus tardive en faveur des « pauvres » nous amène à poser la question de savoir ce que ce terme désignait originellement. Dans le Livre de Ruth, le *locus classicus* de cette pratique, c'est à la veuve d'un Israélite, mais qui est étrangère à la tribu, que revient le produit du glanage. Telle est probablement la signification originelle de l'affirmation selon laquelle elle travaillait sans être reconnue sur le champ de son parent par alliance le *gibbor* Bo'az. Il semble donc que les colons et les ouvriers agricoles du patriciat aient été les premiers concernés [1]. Mais il est légitime de penser qu'en pratique, cette prescription [56] s'appliquait de façon typique aux éleveurs de petit bétail sans terre, avec qui l'on entretenait des relations fraternelles et qui, en tant que métèques, dépendaient du pâturage sur les chaumes et du glanage, de même qu'en Arabie, où elle est encore largement répandue aujourd'hui, elle concerne les classes qui ne possèdent pas de terre. De plus, il faut au moins examiner s'il n'y avait pas quelque lien entre les droits des éleveurs de petit bétail et cette prescription à la fois sociale, éthique et religieuse qui caractérise Israël et dont on a tant parlé : le repos de la terre palestinienne durant une année, « l'année sabbatique ». Dans sa formulation actuelle, cette prescription enjoint de laisser entièrement en friche tous les sept ans les champs, les vergers et les vignobles pour que les fruits qui y pousseront à l'état sauvage reviennent aux pauvres et éventuellement aux animaux. Cette prescription se trouve sous cette forme extrême dans le recueil de lois et d'ordonnances coutumières le plus ancien, qu'on appelle le Livre de l'Alliance (*Ex.* XXIII, 10, 11). Il faut remarquer que cette prescription n'est pas érigée en loi, et il est aisé de constater qu'elle ne se trouve pas dans la partie du recueil qui réglemente, dans un ordre passablement systématique, des faits ayant une portée juridique précise, mais qu'elle est placée parmi les injonctions qui manifestement découlent de la parénèse religieuse. C'est une prescrip-

1. GALL, « Die Entstehung der humanitären Forderungen des Gesetzes », *ZAW*, XXX (1910), qui souligne exclusivement l'origine superstitieuse. Une question demeure pourtant : pourquoi cette stipulation qui a disparu dans les autres aires culturelles subsista-t-elle en Israël ?

tion morale et non une ordonnance légale. Il est néanmoins certain que cette institution n'a pas eu seulement une importance théorique dans le judaïsme, mais aussi des conséquences pratiques, comme le prouvent clairement les nombreuses « réponses » des rabbins au sujet de ce qu'il fallait faire des céréales cultivées malgré l'interdiction, ainsi que d'autres faits qui nous sont relatés, et elle a encore joué un rôle en Palestine dans les tentatives de colonisation des sionistes contemporains [1]. Le recueil le plus tardif, la législation sacerdotale (*Lév.* XXV, 4-7), contient la prescription et un commentaire détaillé sous la forme suivante : il ne faut pas travailler la terre mais utiliser les fruits qui poussent librement comme nourriture « pour le propriétaire, son serviteur (*'eved*), son journalier (*sakhir*), son métèque (*tochav*), ses hôtes », et l'on a ajouté « pour le bétail et les animaux de son pays ». La signification est ici quelque peu différente de celle du Livre de l'Alliance : c'est aux personnes placées [57] sous la protection personnelle du propriétaire que doit profiter la prescription. On peut en conclure qu'il s'agissait initialement d'une année de rémission du fermage et des corvées au profit des colons. Ceci concorde bien avec la façon dont la résolution jurée par la communauté de ceux qui rentraient sous Esdras mentionne la septième année : nous voulons renoncer au revenu de la septième année (*Néh.* X, 32). Le recueil du Deutéronome qui date de l'époque des rois et qui, bien qu'interpolé, nous a cependant été transmis dans une version acceptable, ne connaît finalement pas le repos sabbatique de la terre — et ceci est important si l'on considère le caractère de cet ouvrage légal qui est un abrégé de l'éthique religieuse — mais mentionne une tout autre institution : la rémission des dettes lors de la septième année. Il est donc bien possible que l'année sabbatique ait été interpolée dans le Livre de l'Alliance, car il est peu probable que les paysans

1. Les rabbins de Jérusalem s'étaient prononcés en faveur de l'application du commandement. Les instances juives allemandes, si je m'en souviens bien, avaient agi de même. Par contre les rabbins d'Europe orientale ont, paraît-il, déclaré que la colonisation du pays était si agréable à Dieu que l'application de l'ancienne prescription n'était plus nécessaire.

d'avant l'exil aient effectivement obéi aux prescriptions qui leur avaient été données. Si néanmoins cette prescription remonte à d'anciennes coutumes, elle peut avoir pour fondement soit une institution de l'agriculture intermittente des bergers nomades, soit un vestige d'anciennes limites temporelles dans l'appropriation des terres ; en quelque sorte une mise en commun des terres. Ou bien il peut s'agir de quelque disposition typique concernant les droits de pâturage des bergers nomades sur les terres en jachère des tribus sédentaires. Il ne fait pas de doute que la volonté de parvenir à plus de cohérence, qui répondait à une exigence théologique et à l'impulsion de l'ordonnance fixant la rémission des dettes dans le Deutéronome, ainsi que l'importance grandissante, dans l'exil, de l'idée de sabbat contribuèrent au développement de cette prescription. C'est vraisemblablement à cette époque-là que la communauté en exil à Babylone ritualisa cette institution du bas judaïsme comme bien d'autres, et qu'elle fut incluse dans le Livre de l'Alliance. En fin de compte, l'on ne saurait affirmer avec certitude que les bergers itinérants jouèrent un rôle dans l'élaboration de ces prescriptions.

Ce qui importe ce n'est pas la possibilité, d'ailleurs peu sûre, d'une interprétation économique d'institutions sociales et éthiques spécifiques, mais la conception générale que la tradition populaire de l'époque des rois se faisait de la condition des éleveurs de petit bétail, et qui s'est traduite par la manière dont elle se représente les Patriarches. Cette conception, qui résulte elle aussi d'une situation particulière, fut riche de conséquences pour le judaïsme [58]. La légende présente les Patriarches comme des pacifistes convaincus [1]. Leur Dieu est le Dieu de ceux qui recherchent la paix. Ils apparaissent comme des chefs de famille isolés. On ne les mentionne pas en relation avec un groupement politique. Ce

1. GRESSMANN, « Sage und Geschichte in der Patriarchenerzählungen », *ZAW*, XXX (1910) à propos des légendes des Patriarches, et en opposition avec Ed. Meyer, les considère pour la plupart comme des contes. En tenant compte des anciens lieux de culte auxquels elles sont rattachées, cette hypothèse paraît bien trop outrée. Mais il a parfaitement raison de dénoncer l'affirmation selon laquelle leurs noms étaient nécessairement ceux de certains héros ou de certaines tribus.

sont des métèques que l'on tolère. Leur situation est celle de bergers qui, par familles, s'assurent à l'aide d'un contrat pacifique de pâturages auprès de la population sédentaire et qui, en cas de nécessité, comme Abraham et Lot, les partagent pacifiquement entre eux. Ils sont dépourvus de tout trait d'héroïsme personnel. Ce qui les caractérise c'est leur humilité, leur bonté de cœur, leur confiance et leur soumission à la volonté divine, à quoi s'ajoutent la ruse et l'ingéniosité que leur Dieu encourage. Les narrateurs s'attendent à ce que leur public trouve normal que les Patriarches, plutôt que de défendre l'honneur de leurs belles et désirables épouses, préfèrent les faire passer pour leurs sœurs et n'hésitent pas à les abandonner à leur protecteur du moment [1], s'en remettant à Dieu pour les libérer du harem en châtiant son propriétaire. La conduite des Patriarches, qui sont prêts à livrer leur propre fille plutôt que leur hôte afin de ne pas violer la sainteté du droit d'asile, leur paraît digne d'éloge. Leur morale commerciale est discutable. Pendant des années, Jacob et son beau-père se livrent à un jeu amusant où ils essayent de se duper l'un l'autre ; ils marchandent aussi bien pour les femmes désirées que pour le bétail que le gendre a gagné en servant son beau-père. Finalement, l'ancêtre de la tribu d'Israël s'enfuit furtivement de chez son maître et beau-père en emportant l'idole domestique, afin que celle-ci ne révèle pas sa route. L'étymologie même de son nom est adaptée à ses qualités, et il semble que la « ruse de Jacob » ait été une tournure proverbiale à l'époque des prophètes. Bien plus, la légende ne s'offusque nullement que le héros, qui est expressément présenté comme un berger, dérobe en échange d'un peu de nourriture le droit d'aînesse à son frère [2] qui rentre affamé et qui, par contraste, apparaît comme un paysan [3] [59] et un chasseur fruste, qu'il lui ravisse par ruse, avec l'aide de sa mère, la bénédiction paternelle, qu'avant de

1. À trois reprises, *Gen.* XII 13 ; XX, 2 ; XXVI, 7.

2. De même qu'Abel avait été opposé à Caïn, le paysan, Jacob le pacifique est opposé comme « un berger pieux séjournant sous la tente » à Ésaü, le paysan velu. Et de même que Caïn devint un Bédouin, Ésaü, lui, devint un chasseur vorace.

3. Il faut traduire *ich sadé* (« un homme des champs », *Gen.* XXV, 27) par « paysan » et non par « le vagabond de la steppe ».

le rencontrer plus tard il adresse à son Dieu une prière terrifiée des plus pitoyables (*Gen.* XXXII, 10) et qu'il échappe par ruse à la vengeance redoutée, en s'abaissant d'une manière indigne d'un héros guerrier. Ce qui caractérise Joseph, le héros préféré de la légende, c'est une vertu intraitable jointe à une générosité touchante envers ses frères qui, pleins d'envie, voulaient l'assassiner et le vendirent en esclavage parce qu'il avait rêvé qu'il était leur maître. Ses aptitudes financières pour exploiter la détresse des sujets du Pharaon le qualifient pour devenir son vizir, ce qui ne l'empêche pas de recommander à sa famille de ne donner à son maître que des renseignements à moitié vrais sur sa mission. La morale de pirate et de marchand aventurier d'Ulysse, renommé pour son habileté, et les supplications souvent démesurées que dans sa détresse il élève vers Athéna pour qu'elle le protège nous paraissent indignes de la grandeur d'un héros. Mais on ne lui attribue pas d'actes comparables à ceux que nous avons mentionnés plus haut. Ces traits caractérisent l'éthique d'un peuple paria, et il ne faut pas sous-estimer leur influence sur la morale des juifs envers leur entourage lorsqu'ils furent dispersés parmi les nations ; de plus, en se combinant avec une obéissance et une foi extrêmement prononcées, ils donnent la première image d'ensemble de l'attitude profonde de cette catégorie d'hommes telle que la tradition l'a transfigurée. Il s'agissait indiscutablement d'une couche sociale d'éleveurs de petit bétail, considérés par les citoyens armés au milieu desquels ils séjournaient comme des métèques impuissants.

L'analyse contemporaine, qui pour l'histoire des religions a précisément attaché de plus en plus d'importance à cette couche sociale, est portée à voir dans le caractère pacifiste des semi-nomades une particularité que leur impose la nature. Mais ceci n'est absolument pas le cas [1]. Il résulte

1. Que l'on ne se méprenne pas sur ce qui va suivre. Les différentes légendes concernant les Patriarches ont une origine très ancienne. Certaines ont dû apparaître sous la domination des Cheta dans les steppes entre la Syrie et la Mésopotamie, d'autres sous la domination des Égyptiens dans les steppes de la Judée méridionale. Il y a eu certes de tout temps des éleveurs de bétail pacifistes et faibles. Mais ce qui importe c'est que leurs relations avec les fondateurs des tri-

bien plutôt de la dispersion [60], par suite du développement de la sédentarisation, des éleveurs de petit bétail sans défense. Ce pacifisme est absent partout où ceux-ci étaient organisés en puissants groupements politiques. Dans l'esprit des Israélites, il est tout à fait exclu que les Patriarches aient toujours occupé la place que leur attribue la rédaction actuelle de la Thora. Plus précisément, l'ancienne prophétie ne connaît pas Abraham et Isaac en tant que personnes. Isaac, Jacob, Joseph sont pour Amos des noms d'ethnies (VII, 9, 16 ; III, 13 ; VI, 8 ; VII, 2 ; V, 6, 15). Abraham apparaît chez Michée comme celui qui, avec Jacob, recueille les promesses de Yahvé (VII, 20) ; il n'est présenté comme le premier possesseur légitime de la terre de Canaan que chez Ézéchiel (XXXIII, 24). Ce sont les cercles théologiques de littérateurs, particulièrement les « élohistes » de l'école deutéronomique, qui semblent avoir mis l'accent sur les Patriarches comme le fait la version actuelle. Leur personnalité a par là même subi d'importants changements, qui sont justement liés à la déchéance sociale et à la démilitarisation des bergers. Dans l'ancien ordre hiérarchique tel que l'exprime la succession des Patriarches, Ruben, Siméon, Lévi et Juda ont la préséance ; ce sont essentiellement des tribus semi-nomades, mais en même temps guerrières et réputées pour leur violence ; les trois premières seront dispersées par la suite tandis que Juda s'organisera en cité-royaume après avoir conquis l'hégémonie de haute lutte. Des tribus d'éleveurs si puissantes ne sauraient avoir été dans la condition de métèques tolérés. La tradition guerrière les tient pour les maîtres du pays et considère les villes qui dépendent d'eux soit comme des cités-clientes tenues à des obligations « litur-

bus de la confédération yahviste sont nécessairement tardives car elles sont absolument inconciliables avec les événements historiques des temps reculés (il suffit de se reporter à la conquête de Canaan par Israël). Maintes légendes patriarcales font des présuppositions anachroniques, telles que les chameaux offerts à Abraham par le Pharaon puisqu'à l'époque le chameau n'était pas encore introduit en Égypte. Ce n'est qu'après l'unification du royaume, c'est-à-dire après David, que les Patriarches devinrent les ancêtres tribaux de l'ensemble d'Israël. Les liens entre les légendes patriarcales et certains sanctuaires bien précis soulignent le caractère local de l'origine de telles légendes.

giques », telle Gabaon, ou obligées de fournir des troupes, telle Méroz dans le Cantique de Déborah. Il en est de même dans la légende des Patriarches : par l'accroissement de ses richesses et de sa clientèle, Isaac devint trop puissant pour la ville de Gerar dont il était un métèque (*Gen.* XXVI, 14, 16). Jacob lui aussi, dans la tradition originale, est un héros puissant qui triomphe d'un Dieu au cours d'une lutte nocturne. Il lègue en héritage préférentiel à la tribu dominatrice le lopin de terre qu'il avait conquis par « l'épée et l'arc », selon la Bénédiction de Joseph (*Gen.* XLVIII, 22) : il s'agit de Sichem, [61] le futur siège d'Ephraïm. Mais il est remarquable que dans la tradition pacifiste (*Gen.* XXXIII, 19) qui s'est développée ultérieurement, il ne s'empare pas de ce coin de terre par la force, mais l'achète pacifiquement [1]. Finalement le chapitre XIV de la Genèse [2], dont on a tant débattu, présente Abraham comme un héros guerrier qui se lance au combat avec une suite de plusieurs centaines d'hommes, et qui reconquiert victorieusement le butin dont la coalition des rois de Mésopotamie, Hammourabi y compris, s'était emparée en affrontant les rois des cités cananéennes. Le contraste entre le sens de l'honneur guerrier et le pacifisme utilitaire des bergers apparaît avec force dans les attitudes diamétralement opposées du Patriarche pacifiste Jacob et de ses fils belliqueux, Siméon et Lévi, lors du viol de Dina par Sichem (*Gen.* XXXIV, 30, 31). Ce n'est que bien plus tard que les tendances si différentes contenues dans ces fragments reculèrent devant une option pacifiste qui correspondait aux conditions nouvelles [3]. Pour la tradition pacifiste apparue ou acceptée dans ces conditions, Jacob est pieux surtout parce qu'il reste sous ses tentes, tout comme Abel le bon berger qui recherche

1. Une tradition juive tardive a cru pouvoir identifier cette parcelle de terre (*Gen.* XLVIII, 22) avec un village près de Samarie (*Jean* IV, 5). La version actuelle de la tradition ignore tout des conquêtes de Jacob.

2. Ce chapitre qui dans sa version actuelle est très tardif construit à partir d'anciennes réminiscences une fable historique ; mais il est exclu qu'il s'agisse là d'une fiction élaborée à Babylone pour des motifs politiques.

3. Au sujet des Patriarches et de l'immigration cf. WEINHEIMER in *ZDMG* (1912), notamment l'étude du passage du nomadisme d'Abraham à la sédentarisation du paysan Jacob.

la paix, tandis que son meurtrier Caïn est à la fois le paysan sédentaire et violent dont Dieu a dédaigné le sacrifice sans viande, le Bédouin maudit condamné à l'errance et, finalement, le constructeur de villes : ce sont là les trois adversaires typiques des éleveurs de petit bétail qui, impuissants maintenant, sont enserrés parmi eux[1].

[62] Mais paysans et bergers étaient également opposés au patriciat urbain et aux Bédouins, et une communauté d'intérêts se développa entre eux. Les tables d'Amarna et le Cantique de Déborah, la sentence par laquelle Jacob bénit Ephraïm ainsi que la tradition au sujet de Gédéon, Jephté et Samuel soulignent sans cesse, sous des formes diverses, cette communauté d'intérêts ; à l'époque des deux premiers rois, la situation est encore la même et ses conséquences politiques sont indéniables.

Il subsistait de grandes différences dans la composition sociale des diverses tribus. Acher et Dan semblent avoir été les premiers à se fixer en ville, tandis qu'Ephraïm, Issachar, Zabulon et Nephtali paraissent avoir été les tribus qui comprenaient le plus de paysans sédentaires propriétaires de leurs terres. Ces tribus étaient donc menacées surtout par le patriciat urbain phénicien, philistin et cananéen, aussi bien dans leur indépendance économique que politique ; Issachar avait bien auparavant déjà renoncé à une telle indépendance. Les tribus d'éleveurs de Jordanie orientale, par contre, étaient surtout exposées aux raids des Bédouins du désert, des Madianites et des Amalécites, dont les attaques les obligeaient à se réfugier dans les cavernes comme à l'époque de Gédéon. Parmi les tribus de Jordanie occidentale, c'est essentiellement Ephraïm qui était en butte aux expéditions de ces « archers ». La milice paysanne de Saül livrait encore la moitié de ses

1. Luther (*in* Ed. MEYER, *Die Israeliten und ihre Nachbarstämme*) prétend que c'est le Yahviste qui le premier a fait des Patriarches, qui étaient originellement des cultivateurs sédentaires, des semi-nomades, en conformité avec ce que Budde désigne comme « l'idéal nomade » de l'époque des prophètes. Cela est invraisemblable car beaucoup de traits caractéristiques de ces récits, notamment l'éthique qu'ils proposent, n'ont pu apparaître que chez des bergers encore assez frustes. Les terres cultivées d'Isaac, à Gerar, sont comparées aux cultures « selon le mode des nomades ».

guerres contre les Bédouins amalécites. Ce n'est que le roi David qui, après avoir conquis Édom et s'être assuré par là la mainmise sur les pistes de caravanes jusqu'à la mer Rouge, parvint à établir pour un certain temps la supériorité des populations maintenant sédentaires sur les tribus du désert. Dans l'ensemble, le patriciat urbain, les paysans et les bergers étaient également intéressés à la pacification du désert. Mais par ailleurs une divergence d'intérêts souvent très accusée subsistait, d'abord entre les paysans et les éleveurs. On mentionne de violents conflits entre les tribus d'éleveurs israélites à l'est du Jourdain et les Ephraïmites. [63] La tradition cite notamment une guerre d'Ephraïm contre Gédéon le victorieux (*Jug.* VIII, I) et un accord qui devait mettre fin à de tels antagonismes. Que les tribus de Makhir et de Manassé se soient détachées pour aller vers l'est par-delà le Jourdain et qu'Ephraïm se soit battu pour l'hégémonie d'abord avec Galaad, puis avec Manassé, ainsi qu'en témoigne la légende de la Bénédiction d'Ephraïm et de Manassé par Jacob, que Benjamin, « le plus jeune frère », se soit dirigé vers le sud et que, selon des légendes tardives, Ephraïm ait combattu Benjamin, cette tribu de voleurs, tout cela signifie tantôt que les paysans avaient brusquement envahi les régions montagneuses les plus facilement cultivables où séjournaient alors les éleveurs de bétail, et tantôt que les tribus d'éleveurs avaient contre-attaqué et fait des incursions dans le territoire des paysans. Les combats de Juda contre Benjamin, tout comme auparavant déjà l'expansion territoriale de Juda sur un domaine qui jusque-là était celui des Benjaminites et des Danites, étaient de brusques avancées de cette tribu d'éleveurs de bétail nouvellement constituée, contre les anciennes tribus israélites du Nord. Cet antagonisme entre les paysans et les éleveurs de bétail s'exprime tout au long de la tradition israélite la plus ancienne, de même que dans l'attitude politique des tribus face à l'extérieur.

L'ennemi commun contre lequel les paysans déjà sédentaires, surtout ceux des montagnes, et les bergers seminomades de Jordanie occidentale devaient se défendre, c'était le patriciat urbain portant les armes, établi dans les plaines fertiles et sur la côte. Par la guerre, les patriciens des villes cherchaient à gagner des esclaves hommes et femmes, à s'assurer des corvées et des services et à prélever un tribut, notamment, comme l'indique le Cantique de Déborah, de la belle toile tissée à la maison. De plus, ils luttaient pour le contrôle des pistes qu'empruntaient les caravanes. Quant aux paysans libres et aux bergers des montagnes, ce n'est pas seulement pour maintenir leur domination sur ces pistes et les revenus qui en résultaient qu'ils combattaient, mais pour sauvegarder leur indépendance et ne pas devoir des corvées et un tribut au patriciat urbain ; aussi cherchaient-ils de leur côté à s'emparer des villes quand cela leur était possible, soit pour les détruire, soit pour s'y établir solidement eux-mêmes comme seigneurs. Cet antagonisme ressemble fondamentalement, autant que de tels rapprochements ont un sens, aux combats que les cantons primitifs de la Suisse, situés le long de la voie du Saint-Gothard, livraient contre Zurich, les Samnites contre Rome, les Étoliens contre les confédérations des villes helléniques et les rois de Macédoine. En généralisant quelque peu [64], l'on peut dire que c'était la lutte des gens de la montagne contre ceux de la plaine. Cet antagonisme naturel ne prit fin qu'à l'époque du royaume de Juda. Auparavant il domine et traverse toute l'histoire de la Palestine telle que nous la connaissons. Déjà à l'époque d'Amarna, les ennemis venus « des montagnes », Sa Gaz et Ḥabiri, menacent les villes de la plaine. Lors des combats pour la conquête de Canaan que mentionne la tradition, ce sont les villes possédant des chars de fer qui résistent aux Israélites. Tous les héros israélites de la période que l'on appelle l'époque des juges sont des membres des clans ruraux qui se déplacent sur des ânes, montures des régions escarpées, et non pas à cheval ; l'on évalue la richesse et la puissance d'un clan au nombre de ses membres qui montent des ânes. Saül réside dans un village d'une vallée montagnarde ; Joab, le commandant de l'armée de David, ne sait que faire des chevaux qui font partie du butin et ordonne qu'on entrave leurs paturons. Cependant, l'antagonisme qui opposait les paysans et les éleveurs aux villes n'avait pas la même intensité. Les paysans sédentaires, les plus exposés à la servitude de la corvée, étaient les principaux champions de la lutte contre le patriciat urbain. La guerre de Déborah se déroule essentiellement comme une guerre de paysans. Que la piétaille non entraînée des montagnes ait combattu et triomphé comme des chevaliers (*gibborim*), c'est là son titre de gloire dans le Cantique. Mais les tribus d'éleveurs de Jordanie orientale, Ruben et Galaad, qui n'avaient nul intérêt à cette guerre, la cité confédérée de Méroz ainsi que, d'une façon tout à fait caractéristique, la tribu d'Acher établie depuis longtemps dans les villes de la côte et la tribu de Dan également fixée dans les villes du territoire de Sidon ne participent point à la guerre. C'est seulement plus tard que les paysans israélites du Nord et les bergers des monts de Judée firent cause commune contre les Philistins, car au début les bergers ne prirent aucune part à la lutte et restèrent fidèles aux Philistins. C'est pourquoi la tradition oppose d'abord à la chevalerie philistine Saül, le paysan benjaminite qui abandonne la charrue pour la royauté, puis son favori, David, le berger de Judée, armé seulement d'une fronde ; elle voit en eux les représentants typiques des deux catégories d'Israélites. Mais en vérité, à ses débuts, David était un montagnard, chef de bande du type *desperado* [*katilinarisch*], et vassal des Philistins dont il ne se rendit indépendant que lorsqu'il devint prince de la cité de Jérusalem : [65] le combat de l'un de ses vaillants guerriers contre Goliath n'eut lieu que lorsqu'il était déjà roi.

L'établissement d'une monarchie militaire unifiée pouvant lever des chevaliers qui combattaient avec des chars décida alors du sort de la milice des paysans libres et des bergers d'Israël. La domination de Benjamin était essentiellement une hégémonie de tribu rurale, bien que selon la tradition Saül ait entretenu une suite personnelle composée en partie d'étrangers à la tribu. Mais l'âne demeura la monture caractéristique de Saül. Les vieilles régions agricoles du nord d'Israël se révoltèrent sans cesse contre la cité-royaume de David. Sous Salomon, on équipa les forces royales de chevaux et de chars qu'il importa (si le texte n'est pas tronqué) d'Égypte, pays auquel il était lié par son mariage. Aussitôt se constitua une opposition — qu'il nous faudra étudier de plus près par la suite — qui devait porter sur Salomon, jusqu'à l'époque rabbinique, un jugement des plus ambigus. Après sa mort, les tribus qui n'étaient pas encore urbanisées se dressèrent contre sa cité-royaume et finalement, après quelques générations, elles réussirent à leur tour avec la création de Chomron (Samarie) à constituer une cité-royaume ; cette dernière dut à son tour faire face aux menaces constantes des usurpateurs ruraux ; la tradition, tout comme les inscriptions assyriennes, mentionnent les nombreux chars de la dynastie des Omrides. Les formations sociales jusque-là essentiellement séparées et juxtaposées, les tribus d'éleveurs de bétail, les tribus de paysans et les villes fusionnèrent alors, et c'est à la capitale et aux clans de seigneurs qui y résidaient que revint le pouvoir politique. À l'époque de Salomon par contre, le véritable noyau de l'ancienne confédération était constitué d'une part des paysans des montagnes, dont la supériorité numérique allait en augmentant, d'autre part des éleveurs des steppes dont l'importance relative décroissait lentement ; à quoi s'ajoutèrent quelques bourgs de marché et quelques villes rurales dans les vallées arrosées par les fleuves des montagnes, ainsi que certaines places fortes le long des cols dont l'influence, d'abord secondaire, allait en s'accroissant. L'adjonction sous David du vaste territoire judaïque doit avoir eu pour conséquence une forte augmentation à la fois des éleveurs et de la population urbaine. Politiquement et socialement, cela ne fit qu'accroître la puissance du patriciat qui devint dès lors prépondérante. Mais à l'intérieur des couches plébéiennes, le vieil antagonisme entre les paysans sédentaires qui prédominaient dans le Nord [66] et les éleveurs de petit bétail dans le Sud se poursuivit, ayant également, comme nous le verrons par la suite, des conséquences sur l'évolution religieuse. L'ancienne stratification d'Israël, qui comprenait d'une part des clans armés de paysans propriétaires de leurs terres et de bergers, d'autre part des clans d'étrangers placés sous leur protection (artisans, journaliers, musiciens), fut graduellement remplacée par une organisation toute différente : il y eut d'un côté un patriciat urbain possesseur de la terre qui détenait le monopole de la formation guerrière des chevaliers, et de l'autre des Israélites endettés ne possédant aucune terre qui se prolétarisèrent, ainsi que des métèques convertis à la religion de Yahvé qui, aux yeux des prêtres, formaient maintenant face au patriciat une classe homogène de pauvres. Ils ne formaient pas une classe homogène sur le plan social ou économique, mais groupaient tous ceux qui n'appartenaient pas aux clans habilités à porter les armes.

Cette structure de la société israélite, très complexe et très instable, qui s'oriente graduellement vers la domination de la campagne par le patriciat urbain, se reflète à nouveau d'une façon particulière dans les collections de lois des temps préexiliques qui nous ont été transmises. L'environnement social se révèle plus dans certaines caractéristiques et dans l'esprit de ces compilations, dans l'attitude qu'elles adoptent en face des antagonismes typiques que dans leur spécificité formelle et dans leur contenu. Car elles sont influencées d'une façon déterminante par l'environnement social : dès l'origine, la Palestine était une région où se pratiquait un commerce des plus actifs, un territoire où s'élevaient d'assez nombreuses cités, qui était fortement exposé à l'influence des grandes aires culturelles et où l'économie avait déjà connu un long développement. L'antagonisme entre les paysans endettés et les créanciers des villes existait dès le début. Ceci apparaît déjà dans l'ancienne collection de lois connue sous le nom de « Livre de l'Alliance » (*Ex.* XXI et XXII), dont l'âge ne peut être déterminé mais qui remonte certainement au-delà de la première époque royale et qui présente, en un agencement systématique, un contenu surtout légal, avec des annexes aux accents parénétiques qui concernent l'éthique commerciale [1]. Le droit bédouin en est tout aussi absent que des autres codes que nous avons conservés. [67] Ni les règlements concernant les puits ni ceux qui se rapportent aux chameaux ou aux palmiers-dattiers n'y sont évoqués comme objets de jurisprudence. Les citernes n'apparaissent dans le Livre de l'Alliance (*Ex.* XXI, 33) que parce que le bétail pouvait se blesser en y tombant. Mais la législation du Livre

1. Cf. l'étude célèbre de BAENTSCH sur le Livre de l'Alliance, ainsi que l'œuvre de vulgarisation d'Adalbert MERX, *Religionsgeschichtliche Volksbücher*.

de l'Alliance n'est pas celle des semi-nomades ni même celle des éleveurs de bétail. Certes le bétail est fréquemment mentionné comme le principal bien meuble, mais il s'agit surtout des bovins, les moutons passant au second plan. Évidemment, il paraît tout à fait archaïque de lapider le bœuf qui donne des coups de corne en le tenant lui-même pour responsable [1]. Mais en fait, c'est manifestement ici pour permettre aux paysans de posséder du bétail et les protéger contre le bétail d'autrui. On se préoccupe des dégâts que le bétail a causé aux champs et aux vignobles (XXII, 5), mais le propriétaire présumé de la bête qui a occasionné ce dommage est un propriétaire terrien sédentaire et non un semi-nomade. Le cheval n'est pas mentionné. Les bovins et les moutons constituent le bétail. La loi se préoccupe presque exclusivement des intérêts des cultivateurs établis dans les villages et les villes. Il y est question de la pénétration par effraction dans les maisons (XXII, 7), et on précise la responsabilité du propriétaire envers son locataire (XXII, 8). Sur le plan formel aussi, le droit n'est nullement primitif. Car le principe du talion qui existait également à Babylone, et qui en soi n'est absolument pas primitif, n'intervient, d'après le Livre de l'Alliance (*Ex.* XXI et XXII) [2], que pour un dommage résultant d'une rixe et non, ce qu'on omet souvent, pour les autres dommages corporels ni pour le crime en général. La vengeance du sang subsiste, mais à ses côtés apparaît un système assez développé de « prix du sang » et d'amendes ainsi qu'un véritable code pénal qui fait la distinction entre le meurtre et l'homicide, entre la préméditation et l'acte involontaire, avec en plus des principes assez rationnels de répartition des risques. Tout cela constitue un net progrès sur la loi salique. Qu'il s'agisse là d'une culture fortement influencée par Babylone et que le droit ait lui aussi profondément subi cette influence, c'est ce que révèlent non seulement les paral-

1. Des survivances de conception analogue apparaissent dans l'*actio de paupere* de l'ancien droit romain.

2. Il en est autrement dans les collections de lois tardives qui dévient de cette ligne de façon caractéristique.

lèles manifestes avec le Code d'Hammourabi [1], [68] mais avant tout l'existence d'une économie monétaire bien développée [2]. À côté des prêts en nature (XXII, 14) et des *commenda* pour le bétail (XXII, 10) apparaissent le prêt d'argent (XXII, 25) et le dépôt d'argent (XXII, 7). Le paiement du prix du sang et des amendes se faisait en argent. Les gages, l'achat d'esclaves, ainsi que la vente de ses propres enfants et aussi de soi-même [3] comme esclave pour dettes subsistaient (XXI, 1). De même l'ordonnance des fêtes (XXIII, 14), qui était rattachée aux lois juridiques proprement dites et qui relevait de la parénèse, était typiquement celle d'une population paysanne sédentaire. La grande fête des éleveurs de moutons, Pesaḥ (la pâque juive), qui devait par la suite prendre une extension universelle, n'y est pas mentionnée. Par contre, la fête du pain non levé plus tard rattachée à Pesaḥ y est signalée en tant que fête paysanne. Toutes les autres fêtes se rattachaient elles aussi à l'agriculture et à la moisson.

Les ordonnances réglementant les procès sont caractéristiques de « l'esprit » de cette compilation. Ces sections du code, tout comme les annexes parénétiques, peuvent être judicieusement rapprochées des lois établies dans ce même domaine par les *aisymnètes* helléniques et les décemvirs romains pour mettre fin aux conflits entre le patriciat et la plèbe ; on peut également les rapprocher des lois qui furent promulguées par les souverains mésopotamiens qui, sous

1. La formulation de la loi du talion (Hammourabi § 196), du danger auquel est exposée une femme enceinte (§ 210) et particulièrement le traitement réservé à une bête ayant donné des coups de corne est identique chez Hammourabi ; il ne peut pas s'agir d'un hasard. De même le sort réservé à la concubine que l'épouse sans enfants procure à son mari (§ 145), correspond point par point à l'histoire d'Agar.

2. À l'encontre de la thèse de Baentsch il faut remarquer qu'il n'est pas question de monnaie frappée dans le Livre de l'Alliance. On pesait l'argent. Mais contrairement à ce que soutient Procksch il n'y a jamais eu de condition primitive, car déjà bien avant que l'on ait frappé de la monnaie il existait des contrats commerciaux entre Rome et des cités étrangères. Carthage qui était une grande cité commerciale n'adopta les pièces frappées que lorsqu'il lui fallut recruter une armée de mercenaires étrangers. Toute l'expansion du commerce phénicien s'est faite sans monnaie frappée.

3. C'est ce qui est stipulé dans *Ex.* XXI, 1 sqq., car autrement la prescription aurait pu être contournée par une revente.

l'influence des prêtres, pratiquaient une politique de prospérité. Les prescriptions qui vont le plus loin dans leur exigence relèvent évidemment de la parénèse. Les juges ne doivent pas accepter de présents (XXIII, 8), ils ne doivent pas violer le droit du pauvre (*evyon*) au profit du notable (XXIII, 6) ni — et ceci est stipulé en premier — enfreindre une juste loi (XXIII, 2) pour satisfaire aux désirs de la foule. Cela n'est évidemment possible [69] que si la foule (*rabbim*) était une *plebs* d'hommes qui, tout en ne détenant aucune charge, étaient cependant entièrement libres. Le métèque (*ger*) ne devait pas être exploité (XXIII, 21) ni traité injustement lors d'un procès (XXIII, 9). Le sabbat, qui n'aurait pas eu de véritable signification économique pour de purs éleveurs de bétail, était expressément justifié comme un jour de repos pour les animaux de trait, les esclaves (« fils de la servante [1] ») et les métèques (XXIII, 12). Il faut admettre que par métèques l'on désigne ici des colons exclus de la communauté urbaine et qui travaillent dans les champs. Il était déjà question de l'année sabbatique [2] qui, dans sa formulation actuelle, a dû être intercalée ; il se peut aussi que sa signification ait été modifiée. Mais c'est la législation des endettés et des esclaves qui, indissolublement liée à celle du créancier, était la plus draconienne. Car l'esclave dont on se préoccupe c'est avant tout l'esclave pour dettes, qu'il se soit vendu lui-même ou bien qu'il ait été vendu par ses parents dans le besoin (pour les Romains : qu'ils l'aient donné *in mancipium*). Certes l'exhortation morale qui limitait la saisie (interdiction de la saisie des vêtements, XXII, 26) n'allait pas aussi loin dans le code israélite que dans celui d'Hammourabi qui interdisait la saisie des animaux de trait. Par contre le droit

1. Cette définition est très correctement formulée d'un point de vue juridique car c'est la filiation matrilinéaire qui est déterminante.

2. Les dispositions concernant l'année sabbatique dans la version actuelle, contrairement à celles se rapportant au sabbat, traitent les pauvres d'Israël (*evyoné 'am*, ce terme désigne dans les sources plus anciennes les hommes armés) qui ont droit aux produits de la terre de façon beaucoup plus abstraite. Ce fait, ajouté à la doctrine selon laquelle les bêtes sauvages devaient éventuellement dévorer les fruits, nous amène à penser qu'il s'agit d'une élaboration théologique tardive.

babylonien ignore totalement cette prescription extrêmement importante de la parénèse, qui interdit de ruiner un concitoyen pauvre par un prêt usuraire ou même d'exiger de lui des intérêts [1] (*nechekh*) (XXII, 25) — ce qui constituait la source de la distinction de la morale interne et de la morale extérieure du judaïsme. Cette interdiction a pour principale origine l'ancienne éthique de fraternité qui était celle des groupements de voisins, et qui enjoint de porter secours sans exiger d'intérêts. La formulation à la fois générale et imprécise de cette prescription exclut l'hypothèse selon laquelle elle serait issue de la pratique légale. Il s'agit là d'un commandement religieux qui constitue le complément parénétique [70] des ordonnances légales placées, par suite de leur importance pour l'orientation de l'ensemble du code, en tête des règlements. Tout d'abord (XXI, 2) un serviteur hébreu, c'est-à-dire un esclave pour dettes, doit être libéré après six années de servitude, à moins qu'il n'ait pris pour femme quelqu'un de la maison du maître et que, pour la garder, il accepte volontairement de demeurer esclave à vie, ce dont il doit témoigner lors d'une cérémonie religieuse au cours de laquelle on lui perce l'oreille devant les idoles de la maison. En second lieu, une esclave hébraïque pour dettes sera libérée si son maître ne la prend pas pour femme ou ne la donne pas pour femme à son fils, ou encore si, dans le premier cas, elle se trouve lésée en ce qui concerne la nourriture, l'habillement et les relations sexuelles par rapport aux femmes qu'il a épousées par la suite. Ces prescriptions extrêmement précises étaient indubitablement d'anciennes dispositions juridiques pratiques. La première stipulation dont nous avons fait mention se trouve également dans le Code d'Hammourabi avec une marge de temps encore plus réduite (trois ans), dans le cas où le père de famille endetté ne s'était pas vendu lui-même mais avait vendu son épouse ou ses enfants. De

1. Le terme de *ribbith* qui sera utilisé très couramment par la suite pour désigner l'intérêt a été emprunté à Babylone. Il était passé là-bas de la sphère de l'impôt ou du tribut que devaient verser les sujets, à celle du droit privé, probablement parce qu'à l'origine l'intérêt privé n'était pas un intérêt défini mais une partie de la récolte ou du gain. Dans *Lév.* XXV, 36-37, *marbith* signifie l'usure.

toute façon la loi israélite ne connaît pas la vente d'une épouse. À l'opposé du droit babylonien, elle contient des clauses assurant la protection de la personne de l'esclave : de graves blessures corporelles causées par le maître permettent de revendiquer la mise en liberté (XXI, 26, 27) ; l'homicide (le meurtre) entraîne une peine criminelle en cas de mort instantanée (XXI, 20) ; si l'esclave ne meurt pas tout de suite, un autre principe entre en jeu considérant que le maître n'avait fait qu'endommager le capital qu'il exploite, et que l'esclave n'avait pas de droits (XXI, 21). Dans le Code d'Hammourabi (§ 116) par contre, il y a des clauses qui protègent l'esclave pour dettes — il s'agit toujours ici du fils ou du serviteur du débiteur — et qui interdisent au créancier de le laisser mourir par un mauvais traitement ou des privations.

En fin de compte, cette collection de lois porte l'empreinte d'une situation qui résulte des conditions économiques propres aux petites villes. Celles-ci sont à la fois plus limitées et plus misérables que celles qui apparaissent dans l'ancien code babylonien, mais n'en diffèrent pourtant pas fondamentalement. On trouve cependant d'importants contrastes : le berger du code babylonien est au service du roi ou d'un grand propriétaire de troupeaux (comme Jacob dans la légende) ; celui du Livre de l'Alliance est un paysan. La possession individuelle de la terre (XXII, 5) est admise comme allant de soi, [71] et du reste la question du droit foncier n'y est point débattue. À Babylone, le paysan c'est généralement le colon, le serviteur pour dettes, l'esclave, le fermier et, très souvent, le métayer d'un grand propriétaire terrien habitant la ville. Il y avait aussi des colons en Palestine. Mais la loi ne se préoccupe pas d'eux : ce sont des *gérim*. Par contre, le propriétaire terrien du Livre de l'Alliance, à l'inverse du propriétaire foncier babylonien, ne gère pas sa terre par l'intermédiaire d'intendants ; c'est un agriculteur qui habite un bourg ou un fermier de moyenne importance qui cultive lui-même sa propriété en se faisant aider par quelques serviteurs et servantes, éventuellement aussi par quelques esclaves pour dettes ou des colons sans droits politiques. Sont également absents le grand commerçant et le grand prêteur d'argent babyloniens. En effet les marchands sont considérés soit comme des étrangers, soit comme des métèques ; le code ne les mentionne pas. La situation était tout autre qu'à l'époque du Cantique de Déborah, dans la mesure surtout où les paysans libres étaient devenus des plébéiens bien inférieurs au patriciat urbain alors en plein développement. Ce sont précisément ces antagonismes à l'intérieur même d'Israël qui firent sentir la nécessité d'une telle codification. La situation des tribus de Jordanie orientale et des tribus du Sud, qui à l'époque de cette codification ne faisaient peut-être pas encore partie d'Israël, n'est absolument pas évoquée. Ce code pourrait très bien être apparu en terre ephraïmite, par exemple à Sichem. Le terme de *nasi* qui désigne les princes et qu'il était interdit de maudire (XXII, 27) — il s'agit là de la seule parénèse politique —, tout comme l'usage d'« Élohim » pour la divinité, concordent bien avec la situation générale vers le début de la royauté.

La nouvelle version du Livre de l'Alliance qui fut incorporée dans le « traité » du Deutéronome (spécialement XII-XXVI) et qui date de l'époque où le royaume de Juda se confondait déjà en fait avec la *polis* de Jérusalem et les petites villes et villages qui en dépendaient politiquement, présuppose des changements considérables. Nous ne saurions établir ici dans quelle mesure cette compilation, qui est composée d'au moins deux éléments différents (XII-XIX et XX-XXV), a fait originellement partie du *sepher ha-tora* attribué à Moïse [1], celui-ci avait été découvert par les prêtres sous Josias (en 621) et le roi, sur leur recommandation, l'avait imposé en décrétant que ses prescriptions étaient obligatoires. [72] Le droit pratique sous une forme amendée, la théologie didactique et l'utopie morale ont été fondus dans ce code comme dans la plupart des codes d'Israël qui nous sont parvenus. Mais la relation d'une loi vivante avec l'environne-

1. Cf. A. F. PUUKKO, « Das Deuteronomium », *BWAT*, qui voudrait précisément exclure ces passages. Je crois quant à moi que cette assertion, en ce qui concerne certaines dispositions légales, notamment le droit royal, est erronée et cela pour des motifs politiques. Pour une raison analogue, d'autres parties de la même section me paraissent appartenir au *sepher ha-tora* de Josias. WELLHAUSEN considère précisément, *Komposition des Hexateuchs*, les chapitres XII à XXVI comme le noyau originel du Deutéronome.

ment réel est ici plus sensible que dans les lois purement sacerdotales qui datent d'une époque plus tardive, celle de l'exil. Tout comme dans les temps plus anciens, la possession du bétail (bovins et ovins) joue un rôle primordial ; ni les chameaux ni les chevaux — ces derniers n'entrant en ligne de compte que comme montures royales de guerre — ne sont mentionnés en tant qu'objets du commerce privé. La richesse consiste essentiellement en une abondance de céréales, de moût, d'huile, de figues, de grenades, de miel, de bétail (*Dt.* VII, 13 ; VIII, 8), mais aussi d'argent et d'or (VIII, 13). L'exploitation du minerai est mentionnée comme l'un des avantages du pays (VIII, 9). Les puits ont beaucoup d'importance, bien sûr, dans les monts de Judée (VII, 11), mais on souligne surtout une différence très importante avec l'Égypte, qui est également significative sur le plan des relations avec Dieu : là-bas l'homme doit ensemencer et irriguer lui-même la terre « comme un jardin potager » (XI, 10), tandis que dans les monts et les prairies de Palestine, c'est la pluie envoyée par Dieu qui donne la récolte (XI, 11). L'importance grandissante de la propriété terrienne se manifeste dans la terrible malédiction lancée contre la violation des frontières (XXVII, 17, cf. XIX, 14) ; le déclin de l'ancienne prééminence patriarcale du chef de famille, comme de la cohésion et de la solidarité des clans face à l'extérieur, se marque d'une part dans l'interdiction de porter atteinte à la part qui est le privilège du fils aîné (XXI, 16), et d'autre part dans la suppression de la responsabilité des membres d'une famille pour le crime commis par l'un d'eux (XXIV, 16). En cela le code est relativement moderne, et d'ailleurs la pratique de cette disposition était déjà attribuée, selon une tradition probablement deutéronomique, au roi Amatsia (II *Rois* XIV, 6). La vengeance du sang continue d'exister (*Dt.* XIX, 6) ; cependant la jurisprudence qui comprend les prescriptions du témoignage a été relativement rationalisée, notamment parce que deux témoins sont requis ; la même procédure intervient dans les procès canoniques intentés au criminel.

[73] La prescription éthique d'entraide fraternelle dont il est question à maintes reprises en termes quelque peu généraux (si bien que de nombreux savants y voient des interpo-

lations) dans le Livre de l'Alliance et dans les exhortations parénétiques est étendue par d'importantes mesures de protection sociale aux veuves, aux orphelins, aux serviteurs, aux ouvriers, aux métèques et aux malades. Sont maudits les juges qui prévariquent (XXVII, 25) tout comme ceux qui violent le droit des personnes mentionnées précédemment qui ont besoin de leur protection (XXVII, 19), de même que sont maudits ceux qui les oppriment de quelque façon que ce soit et ceux qui égarent les aveugles (XXVII, 18). On insiste sur l'ancien commandement qui ordonne de restituer le bétail égaré du voisin (XXII, 1, 3). Nul gage ne devait être exigé de la veuve (XXIV, 17) et des gages très modérés du pauvre (XXIV, 10, 12). On ne doit pas harasser le serviteur (XXIII, 17) et — stipulation aux conséquences très importantes — un ouvrier qui s'est enfui de chez son maître ne doit pas lui être livré (XXIII, 16). L'ouvrier — et aussi le métèque qui est un ouvrier — doit toucher son salaire le jour même (XXIV, 14-15). L'importance grandissante des journaliers libres apparaît dans toutes ces ordonnances. Désormais, dans l'intérêt même du paysan le sabbat est également considéré (V, 14) comme un jour de repos. Certes il y aura toujours des pauvres dans le pays (XV, 11), mais il ne devrait pas y avoir de mendiant israélite (XV, 4). C'est sur ce fondement que reposent les prescriptions sociales, qui dans l'ensemble sont fort imprécises, car elles proviennent de la parénèse religieuse et non de la pratique du droit.

L'année de jachère des champs est ignorée par le code, comme nous l'avons remarqué plus haut : c'est là une preuve très solide de son interpolation tardive dans le Livre de l'Alliance, sur lequel d'ailleurs le Deutéronome s'appuie ordinairement. Par contre, dans l'intérêt des veuves, des orphelins et des métèques, il est interdit de glaner sur son champ, son vignoble, son oliveraie (XXIV, 19), et il est permis d'apaiser sa faim (XXIII, 25-26) avec les fruits du champ et du vignoble d'autrui. Ce sont là des vestiges de l'ancien droit de voisinage entre les propriétaires du sol et les serfs, et peut-être aussi un reflet des relations habituelles entre les paysans devenus sédentaires et les éleveurs de petit bétail non sédentaires.

Ce que nous venons de mentionner indique déjà que la réglementation du prêt sur gage [74] et la législation des dettes relèvent encore davantage de ce code social que du Livre de l'Alliance. À la place de l'année de jachère, le Deutéronome connaît une réglementation draconienne des dettes, encore ignorée jusque-là. Non seulement elle insiste à maintes reprises sur la limite de six années de servitude pour le débiteur hébreu, que stipulait déjà le Livre de l'Alliance (XV, 2), mais elle institue l'obligation de donner un viatique en nature à l'esclave pour dettes que l'on congédie lorsqu'il a produit une « plus-value ». Elle insiste par-dessus tout sur l'annulation de toutes les dettes d'un compatriote — à l'opposé de celles d'un étranger — dans « l'année de rémission » (*chenath chemitta*, ou plus exactement *chemittah kesaphim*). S'il existe des preuves que l'année sabbatique (*chemittath qarqa'oth*) a été effectivement pratiquée à l'époque israélite tardive, par contre, malgré les menaces très énergiques de la loi contre toutes les tentatives pour la contourner et malgré son renforcement lors du renouvellement de l'alliance à l'époque de Néhémie (X, 32), on eut recours déjà très tôt à un contrat, appelé *prosbol*, qu'Hillel rendit définitif et qui permettait de suspendre les ordonnances de l'année de rémission. On ne trouve nulle part de trace certaine de la pratique de cette année de rémission. Elle avait pour origine la parénèse et resta utopique. Mais la libération des esclaves pour dettes, décrétée non par la parénèse mais par la loi et que le Livre de l'Alliance connaissait tout autant que le droit babylonien, n'a même pas été appliquée sous Sédécias ; dans la crise politique d'alors (*Jér.* XXXIV, 8), on s'était pourtant engagé très solennellement (par une *berith*) à respecter cette ordonnance (le non-respect de cet engagement amena Jérémie à proférer ses plus graves menaces de malheur). On peut également se demander si les prescriptions qui réglementaient les dettes et tout particulièrement l'année de rémission, ont été appliquées à l'origine et quelle a été leur portée ; il ne paraît pas invraisemblable que la rémission des dettes ait eu pour fondement une mesure occasionnelle que les rédacteurs théologiens ont alors institutionnalisée et mise en relation avec l'idée du sabbat, dont l'importance croissait sans cesse à l'époque de l'exil. Car en fait il s'agit d'une *seisachthéie* telle que nous la rencontrons dans les anciennes cités méditerranéennes et telle qu'elle apparaît dans la résolution prise sous Sédécias. Qu'avec l'accumulation croissante de fonds pécuniers dus au commerce, un véritable antagonisme de classe entre le patriciat urbain et la paysannerie qu'il exploitait usurairement se soit développé, c'est ce dont témoigne très clairement cette promesse fameuse du Deutéronome [75] qui suit immédiatement l'ordonnance de la rémission (XV, 6) : « Tu prêteras à beaucoup de nations et tu n'emprunteras à personne », et aussi cette autre promesse qui va dans le même sens : « Tu régneras sur beaucoup de nations et personne ne régnera sur toi. » Que la rémission générale elle-même qui a lieu tous les sept ans et que les passages qui s'y rapportent soient des interpolations théologiques de l'époque de l'exil, c'est ce que rend vraisemblable l'existence d'une double formulation dans la rédaction actuelle. Après la répétition de la promesse (XXVIII, 12), la menace qui lui correspond exactement (XXVIII, 43-44) est brandie comme une conséquence de l'abandon de Yahvé : « Le *ger* qui séjourne chez toi s'élèvera bien au-dessus de toi et sera en haut tandis que toi tu descendras et tu seras en bas à jamais ; c'est lui qui te prêtera et toi tu lui emprunteras, il sera la tête, toi tu seras la queue. » Ce sont là des avertissements que nous rencontrerons à nouveau chez les prophètes. Ces paragraphes datent manifestement d'avant l'exil — c'est ce que révèle la manière dont il y est fait mention du *ger* — et en même temps ils laissent apparaître très clairement qu'ils sont fondés sur un antagonisme de classe. Ce qu'annonçait la promesse de salut, ce n'était certainement pas le prêt usuraire d'argent ni le prêt sur gages du Moyen Âge et de l'époque moderne, qui ne sont que la réalisation caricaturale d'une telle promesse. Non, elle devait signifier qu'Israël s'établirait à Jérusalem et deviendrait le patriciat du monde, tandis que les autres nations lui seraient politiquement soumises comme les paysans endettés devant les portes, et qu'Israël entretiendrait avec les peuples exactement les mêmes rapports que ceux qui prévalaient entre les citadins et les campagnards dans chaque *polis* typique de la haute Antiquité à partir de l'époque sumérienne-akkadienne. À l'époque talmudique encore, l'on présuppose une situation qui est, elle aussi, typique de toute l'Antiquité : le paysan endetté qui a dû céder sa terre héréditaire à un créancier reste, en tant que fermier, c'est-à-dire comme colon, sur la terre qui lui avait jadis appartenu. Mais tels ne doivent pas être les rapports entre les frères des tribus israélites. C'est la leçon de la législation sociale concernant ceux qui se sont endettés, et de la parénèse qui s'y rattache. Qu'à l'origine le marchand ait toujours été un métèque, et qu'il le soit encore très souvent à cette époque, c'est ce qu'indique la façon dont le *ger* apparaît dans la menace de malheur brandie dans le Deutéronome. Mais le développement de l'urbanisation avait déjà eu une influence si profonde sur les Israélites que, désormais, le statut social du patriciat urbain [76] apparaît tout naturellement comme sa promesse d'avenir [1]. Des marchands israélites résidant à l'étranger (Damas) sont mentionnés pour la première fois dans le contrat d'Achab avec Ben Hadad (I *Rois* XX, 34). Dans les cités israélites, il y en avait bien sûr depuis fort longtemps. De nos jours encore, le commerce des céréales en Palestine est la source d'une grande exploitation usuraire des fellahs. Que le Deutéronome se préoccupe exclusivement des formes de vie urbaines, c'est ce qu'indiquent les autres stipulations de la loi, telles les ordonnances qui prescrivent d'assurer par une balustrade la sécurité du toit de la maison afin que personne ne tombe (XXII, 8), d'établir des cités-asiles pour les meurtriers (XIX, 3), des tribunaux aux portes de la ville (XVI, 18), et qui exigent que l'on se serve de poids et de mesures justes (XXV, 14-15). Il est interdit d'exploiter usurairement son frère pauvre (XXIII, 20) et l'on doit s'empresser de lui accorder un prêt (XV, 8) : c'est là une survivance de l'ancienne obligation de secourir celui qui est dans le besoin, typique de la morale de voisinage. Même lorsque cela n'est pas précisé, ce frère pauvre est toujours un homme installé en ville (XV, 7), c'est-à-dire la plupart du temps un petit paysan israélite établi dans une circonscription

1. Selon la prophétie d'Isaïe, Israël deviendra une cité de l'équité.

urbaine (celle-ci étant maintenant considérée tout naturellement comme une entité politique).

6. LA LOI SOCIALE DANS LES CODES ISRAÉLITES

Les normes légales de la version actuelle du Deutéronome paraissent remonter à l'époque de la cité-royaume préexilique, mais elles ont certainement été révisées par des théologiens durant l'exil. Il est probable qu'il en est de même pour le code que l'on a dénommé la « Loi de Sainteté [1] », avec cette différence pourtant que la part que les théologiens ont prise à sa rédaction est considérablement plus importante. Il y a une controverse au sujet de l'ancienneté et de l'application effective des prescriptions sociales contenues dans cette collection ainsi que dans ce qu'on a appelé la « Loi sacerdotale [2] ». Ce code a été entièrement forgé dans l'exil et constitue la matière essentielle des troisième et quatrième Livres de Moïse sous leur forme actuelle, et en partie celle du deuxième. Ce sont les théologiens qui, dans leur effort pour être plus conséquents, l'ont institué en s'inspirant de réminiscences du passé afin de constituer [77] « le peuple saint de Yahvé », un peuple de « métèques de Yahvé » sur une terre sainte et avec l'espoir que Yahvé les y ramènerait. Ce code contient essentiellement, en plus de l'interdiction de l'usure et de l'ordonnance de l'année sabbatique, qui apparaît probablement ici pour la première fois sous sa forme actuelle, avant d'être interpolée dans le Livre de l'Alliance, une modification des normes de l'esclavage pour dettes. On

1. C'est Klostermann qui a désigné ainsi la collection de lois de *Lév.* XVII-XXVI. Elle paraît avoir une origine préexilique parce qu'elle n'établit pas de différence entre les prêtres et les lévites ; elle fut remaniée après l'exil puisqu'elle fait allusion (*Lév.* XXI) à l'existence du grand prêtre qui est soumis à certaines règles particulières de pureté. De plus il est fait allusion à plusieurs reprises à une petite communauté cultuelle (cf. PUUKKO, *Das Deuteronomium*, p. 49).

2. La « Loi sacerdotale » présente certaines similarités indéniables avec Ézéchiel. Cependant ce sont les aaronites et non pas les tsadoqites qui se sont faits les champions de cette loi. Ce qui prouve qu'elle remonte à une époque antérieure et qu'elle est plus proche d'Esdras que de la prophétie d'Ézéchiel.

doit traiter un esclave israélite pour dettes (*Lév.* XXV, 39-46) non pas comme un serf mais comme un journalier libre, et l'on répète à son sujet (*Deu.* XIX, 13) la prescription deutéronomique sur le paiement du salaire. Un Israélite ne peut posséder comme serfs que des païens ou des métèques (XXV, 44-45), car tous les Israélites sont des serfs de Dieu (XXV, 42). Si un Israélite a été contraint de se vendre à un métèque, il faut qu'il puisse être racheté à tout moment par son clan ou par lui-même (XXV, 48). Mais de plus, tous les esclaves israélites pour dettes doivent être libérés à la fin de chaque quarante-neuvième année, lors du jubilé. Dans cette année de libération proclamée au son des trompettes, chaque parcelle de terre qui a été vendue, évidemment par nécessité (XXV, 25), doit être rendue gratuitement à celui qui a dû la vendre (XXV, 13), dans le cas où son plus proche parent ne l'a pas encore rachetée (XXV, 25) comme il en a le droit à tout moment. Nulle vente de terre à perpétuité ne peut être tolérée car la terre appartient à Dieu, et les Israélites qui y sont établis ne sont que les métèques de Dieu : ceci constitue un témoignage supplémentaire prouvant que l'absence du droit à la terre était considérée comme une caractéristique des métèques. Seules des maisons à l'intérieur des murs de la ville peuvent être vendues définitivement et ne sont rachetables que pendant une année (XXV, 29). Une casuistique très poussée fixe les annuités qui doivent être établies jusqu'au jubilé. Il a été établi que l'année jubilaire elle-même était une construction théologique de l'époque de l'exil, qui n'a jamais été appliquée, et l'on peut présumer, d'après les motivations que l'on avance pour les autres prescriptions, qu'elles ont subi le même sort. Il n'en demeure pas moins que dans la pratique légale effective, il a pu y avoir certains points de départ pour de telles prescriptions. En premier lieu, le récit de la libération des esclaves sous Sédécias (*Jér.* XXXIV, 8), mis en relation avec la prophétie de l'« année de grâce (*chenath ratson*) de Yahvé » dans le Trito Isaïe (LXI, 2), laisse apparaître que l'annonce publique d'une « année de libération » pour tous les esclaves pour dettes [78] n'était manifestement pas un événement unique du règne de Sédécias, mais constituait un phénomène typique, probablement en cas de guerre, lorsqu'on avait besoin de tous ceux qui étaient aptes à se battre ; ceci se retrouve sous une forme semblable chez les Hellènes. Mais dans ce retour au clan de la propriété terrienne, il peut aussi y avoir une réminiscence d'une ancienne loi. Car il est frappant que ce soit seulement dans ce passage des collections de lois qu'il soit fait mention d'achat et de vente de biens-fonds, tandis que le Livre de l'Alliance tout comme le Deutéronome n'en soufflent mot. Il faut donc se demander si une aliénation permanente de la terre était possible dans l'Israël antique et à quelle conditions. Dans la législation babylonienne, l'ancien droit de rétractation que revendiquaient les clans a été progressivement dépassé. Par les oracles de Jérémie, nous apprenons que celui qui avait l'intention d'aliéner une terre héréditaire devait au moins, selon la coutume, donner une option préférentielle à l'un des membres de son clan ; l'acquisition du champ, afin que celui-ci ne tombât pas entre des mains étrangères, constituait pour l'ayant-droit un point d'honneur auquel il était difficile de se dérober. Dans la tradition, Naboth réplique au roi Achab qui lui propose d'acheter sa terre : « que le ciel me préserve de vendre mon patrimoine héréditaire ». Ceci montre qu'à l'époque de la rédaction de ce récit, la vente de la terre sans que le clan soit consulté était légalement possible — ce dont témoignent d'ailleurs les nombreux passages où les prophètes dénoncent avec véhémence l'accumulation des terres par les riches ; mais il apparaît aussi que la coutume réprouvait un tel acte lorsqu'il s'agissait de la terre héréditaire. La loi sacerdotale est aussi, à l'exception d'un passage du Deutéronome déjà mentionné, la seule source légale où se trouve stipulé le droit à hériter de la terre. À vrai dire, celui-ci a joué indirectement un rôle dans l'ancienne institution qu'on appelle le lévirat. Car le droit et l'obligation d'épouser la veuve sans enfants du frère afin de « lui donner une postérité » entraînaient le droit et l'obligation de prendre possession des biens fonciers ; en cas de refus du survivant le plus proche, les terres revenaient au parent plus éloigné qui acceptait d'épouser la veuve. Inversement, selon la tradition (*Ruth* IV, 5), un membre du clan qui voulait avoir la terre du défunt sans enfants devait épouser sa veuve. Il ressort de l'ensemble de la tradition qu'à l'époque où la légende des Patriarches fut rédigée, il était d'usage que le chef de famille, avant sa mort ou encore lorsqu'il se retirait, procède avec une latitude assez considérable (comme le signale le Siracide) [79] au partage de ses biens entre ses enfants, conférant par des bénédictions et des malédictions solennelles plus de poids à ses décisions. Il va sans dire qu'ici comme dans toutes les sociétés militaires de l'Antiquité, seuls les fils entraient en ligne de compte pour l'héritage de la terre. Le Deutéronome cherchait, comme nous l'avons déjà mentionné, à protéger la part préférentielle du fils aîné contre toute atteinte à ses droits, car le père, sous l'influence d'une épouse favorite, était facilement enclin à traiter injustement les enfants, comme en témoignent les récits égyptiens. La loi sacerdotale renforce ces limitations. Elle stipule qu'après les fils (*Nbr.* XXVII, 8-10), ce sont les filles qui sont aptes à hériter des biens-fonds, et dans le même esprit décide que de telles héritières ne doivent se marier qu'à l'intérieur de la tribu pour que la terre ne lui soit point enlevée. Aussi les filles pour lesquelles, selon la légende, Moïse promulgue cette ordonnance, épousent-elles des cousins, c'est-à-dire des membres du même clan. On ne faisait pas toujours une distinction très nette entre le clan et la tribu, mais l'on peut facilement admettre qu'il s'agissait ici du clan et non de la tribu. Car selon le droit ancien du moins, celui qui était étranger à la tribu était généralement considéré comme un *ger*, et par là-même ne pouvait acquérir une terre [1].

Il se pourrait aussi qu'en plus des anciens liens de clan, d'autres forces soient entrées en jeu dans la formation de la propriété foncière et que ces prescriptions en soient les survivances [2]. Dans les cités helléniques, nous voyons que le *klèros* était limité en partie par les revendications des clans

1. D'après *Ruth* IV, 3, à l'époque où cette légende fut élaborée, une mère pouvait hériter les biens de son fils lorsque celui-ci n'avait pas d'enfants.

2. Sulzberger est le seul à ma connaissance qui établisse de semblables rapprochements. Mais il a le tort de surestimer le pouvoir interne de la confédération israélite, car elle n'intervenait qu'occasionnellement et n'avait aucun organisme central.

et en partie par les restrictions militaires apportées à l'aliénation. Le droit des filles à l'héritage, durant la haute époque hellénique, a pour origine, sinon exclusive du moins partielle, des intérêts militaires. Au terme grec *klèros* correspond, comme Eduard Meyer l'a judicieusement remarqué, le terme israélite *héleq*, qui signifie une part de terre et qui a pour sens secondaire une « part de butin » ; ce terme n'est donc pas issu d'un communisme agraire ou de l'organisation clanique, mais d'une origine militaire [1] : [80] partout où la puissance armée dépendait de propriétaires fonciers libres qui assuraient leur propre équipement, la possession de la terre était fonction de l'aptitude à porter les armes. Le désir de sauvegarder le « nom » de clan en Israël, qui était déterminant pour le lévirat et les autres institutions du même ordre, avait non seulement des fondements religieux dont il nous faudra reparler plus tard, mais également des fondements militaires : le registre des familles des clans économiquement aptes à porter les armes constituait la base de la levée. Il ressort du Cantique de Déborah que l'effectif théorique de l'armée confédérée (40 000 hommes) était établi en chiffres ronds de milliers, ce qui correspond au rôle ultérieur d'unités d'un millier d'hommes en tant que contingent normal. Le récit de la levée contre la tribu de Benjamin nous apprend que l'on enrôlait par quotas cet effectif théorique ; lors de cet épisode, on prit par exemple un homme sur dix (*Jug.* XX, 10). Comme il ne fait pas de doute que ces unités de mille hommes se répartissaient d'une façon fixe entre les différentes tribus de la confédération, celles-ci étaient tenues à fournir un contingent ; elles étaient concernées non seulement par leur propre puissance militaire, mais étant donné la structure de l'armée fédérée, par leur intérêt à préserver les parts de terre de leurs combattants. Il est également possible que les tribus aient eu

1. Les dérivés du verbe *nahol* qui signifie « hériter », « entrer en possession », et le *hiph'il* de ce verbe qui signifie « faire de quelqu'un son légataire », « partager son héritage », « donner des biens », sont utilisés en référence aux terres cananéennes ; l'héritage tout comme la possession de biens sont désignés par le terme *naḥala*.

recours à des mesures comparables à celles qui avaient cours dans les cités helléniques, où il est notoire qu'on est bien en peine de déterminer, parmi les vestiges des restrictions du *klèros* dont nous sommes informés, celles qui sont issues d'anciens droits claniques et celles qui répondaient davantage aux intérêts de l'organisation militaire. Des mesures de cet ordre, répondant à des objectifs militaires, pourraient constituer une des sources de certaines institutions, dont la tradition nous livre parfois des vestiges rudimentaires ; ces institutions, qui ont subi à maintes reprises une altération théologique, vont des prescriptions tout à fait obscures pour nous de l'année sabbatique et de la *seisachthéie* jusqu'au lévirat, au droit des filles héritières, à la part préférentielle de l'aîné (comme héritier du *klèros*) et aux survivances de la rétractation du clan à propos de biens héréditaires. C'est aux mêmes sources que l'on pourrait rattacher la disposition qui apparaît dans le récit d'Abraham (*Gen.* XV, 2-3) selon laquelle, en cas d'absence d'héritier naturel, c'est au premier serviteur (et même dans ce cas précis à un esclave acheté, originaire de Damas) que revient l'héritage : dans cette optique, ce qui importe c'est qu'il y ait un héritier pour le *klèros* et non la personnalité de cet héritier. Par ailleurs celui qui s'est appauvri, [81] c'est-à-dire celui qui, par nécessité, a dû céder sa terre, perd la qualité d'Israélite de plein droit et doit — selon la loi sacerdotale (*Lév.* XXV, 35) — être considéré comme un *ger*. Ces diverses institutions avaient pour but d'éviter qu'un clan, qui jusque-là était compté comme économiquement apte à porter les armes, ne sombre dans la masse de ceux qui n'étaient pas à même de faire face au montant de l'équipement (en termes romains : les *proletarii*, les descendants) ou de ceux qui ne possédaient aucune terre (les *gérim*). Par la suite, en examinant le naziréat, il nous faudra encore considérer quelques autres hypothèses en relation avec de telles possibilités. Pourtant tout cela demeure problématique. Et en tout cas, il est fort peu probable que cela ait eu universellement cours, d'abord parce que l'organisation de l'armée confédérée dans le Cantique de Déborah et dans la littérature historique de l'Israël du Nord ne nécessitait pas absolument de telles institutions. La levée du contingent était probablement l'affaire interne de chaque tribu particulière, et pour ce faire chacune pouvait peut-être agir différemment.

7. LA *BERITH*

Prise comme un tout, la suite de ces collections de lois donne l'impression d'une théologisation croissante du droit [1]. Avant de poursuivre l'examen plus approfondi de la source et de la spécificité de ce processus, il faut nous familiariser avec les formes extérieures qu'emprunta cette théocratisation de l'ordre social israélite ainsi qu'avec les forces qui la favorisèrent. Le nom même du plus ancien code légal : *sepher haberith*, le Livre de l'Alliance, révèle déjà une particularité de l'ordre social israélite. Ce qui nous intéresse c'est le concept important de la *berith* [2].

Les *Lettres d'Amarna* aussi mentionnent une « conjuration » des opposants à la domination égyptienne. Le nom de « Ḥabiru » apparaît dans les tables d'Amarna [3] où il désigne les ennemis des gouverneurs égyptiens. [82] On a voulu rapprocher ce terme d'Ivri (les Hébreux), mais à la suite de certaines difficultés linguistiques, il a été récemment mis en rapport avec l'expression juive « *haver* » (compagnon), qui après l'exil désigne « les juifs de plein droit et de stricte observance », tout comme *héver* (confrérie), qui sur les pièces de monnaie des Maccabées [4] désigne la communauté des juifs de plein droit, est parfois utilisé dans la tradition la plus ancienne (par ex. *Jug.* XX, 11) pour l'armée confédérée

1. Il est étonnant qu'un savant aussi éminent que Procksch ait cru pouvoir soutenir l'inverse.

2. Cf. KRAETZSCHMAR, *Die Bundesvorstellung im Alten Testament* (Marbourg, 1896) ; cette œuvre qui diffère sensiblement de la mienne ne m'était pas accessible pendant que je concluais mon travail. Stade prétend que l'idée d'une alliance n'est apparue que tardivement et que la *berith* de Moïse n'avait pas la forme d'une législation — ce qui est certainement exact.

3. Knudtzon, n° 67.

4. L'inscription sur la monnaie des princes Maccabées est la suivante : *ha-Kohen ha-gadol we-ḥever ha-Yehudim*, « Grand prêtre et confédération des juifs ».

(dans le passage cité, il s'agit d'une guerre sainte à la suite d'un sacrilège religieux [1]). À vrai dire, il demeure fort peu probable que Ḥabiru dérive de ce mot [2].

Que des confréries extrêmement diverses placées sous la protection divine aient existé tout au long de l'histoire d'Israël, cela n'a rien de spécifique en soi. Dans l'Antiquité, chaque alliance politique et aussi presque chaque contrat privé était ordinairement renforcé par un serment qui appelait la malédiction sur les contractants en cas de violation de cette alliance. Mais ce qu'il faut tout particulièrement remarquer, c'est l'extension considérable de la *berith* religieuse comme fondement véritable (ou du moins comme prétendu fondement) des relations légales et morales les plus variées. Tout d'abord Israël lui-même, en tant que communauté politique, était une confédération. Un Israélite ou un membre d'une autre tribu qui par rapport aux personnes qu'il interpelle est dans la situation du *ger*, s'adresse pourtant aux Israélites comme à « des frères » (*ahim*), de même que tout orateur suisse doit, lors des cérémonies officielles, s'adresser à ses compatriotes suisses comme à des « confédérés ». Et si, d'après la tradition officielle, David devint roi légitime par une *berith*, [83] les anciens des tribus du Nord, selon cette même tradition, négocient avec son petit-fils Roboam sa reconnaissance et exigent en contrepartie qu'il s'engage par des promesses. L'intégration de clans d'éleveurs de bétail parmi les citoyens d'une ville cananéenne ou, inversement, l'affiliation des Gabaonites à Israël en tant que communauté

1. Dans la guerre contre Benjamin à cause du forfait de Giv'a. Le même terme désigne chez Isaïe (XLVII, 9-12) la confédération des magiciens et des voleurs, chez Osée (VI, 9) la confédération des prêtres, dans les Proverbes (XXI, 9 et XXV, 24) la communauté des membres d'une même maison, dans les Psaumes (CXIX), la communauté de ceux qui partagent la même foi. Ce terme fut alors utilisé comme un synonyme du mot qui dans l'ancienne tradition désigne l'ami, le prochain, *ré'a* ; ce dernier est dérivé de « paître » (dont le pied *rao* signifie « choisir un compagnon »), il est donc probablement emprunté à la communauté et au campement des Bédouins et des clans d'éleveurs de bétail.

2. Cf. BÖHL, « Kanaanäer und Hebräer », *BWAT*, IX (1911), p. 85. Il est possible d'identifier les Ḥabiru avec les Ivrim. Quoi qu'il en soit, le concept de « frère partageant la même foi » existait dès avant l'époque préisraélite ainsi qu'en témoigne une lettre d'un Cananéen du XVe siècle.

corvéable, sont toujours conclues par un serment d'association fraternelle appelé *berith*. C'est une *berith* qui garantit les droits de tous les *gérim*, y compris des patriarches [1]. Selon la tradition, ces alliances fraternelles et jurées étaient consacrées rituellement par l'institution de repas communs pour ceux qui s'étaient ainsi associés (*Gen.* XXVI, 30, cf. *Jos.* IX, 14). La collection de lois promulguées par Moïse à l'instigation de Dieu (*Ex.* XXIV, 7) est dénommée « Livre de l'Alliance [2] » (*sepher ha-berith*), [84] et les prescriptions religieuses que Dieu ordonne d'inscrire sur deux Tables (*Ex.* XXXIV, 28) sont, elles aussi, désignées comme les « Paroles de l'Alliance » (*divré ha-berith*). De même le *sepher ha-tora* deutéronomique, le « Livre de l'Enseignement », qui apparaît pour

1. Par la *berith*, Abraham devint un *ger* à Beer-Chéva (*Gen.* XXI, 31-34) ; Isaac conclut une alliance avec Abimélekh de Gerar (*Gen.* XXVI, 28). Quoique le verset 31 insiste sur la réciprocité des obligations, c'est surtout Abimélekh qui paraît sceller la *berith* (XXVI, 8) tout comme Yahvé le fera plus tard avec Israël : dans les deux cas l'autre contractant est à la fois le plus faible et ne jouit que de droits moindres (Israël est le *ger* de Yahvé). Dans la tradition de Déborah, l'époux de Ye'el fixe ses tentes sur le territoire royal de Canaan grâce à un contrat. Achab et son prisonnier Ben Hadad (I *Rois* XV, 19) concluent une *berith*, tout comme David, Jonathan (I *Sam.* XVIII, 3 ; XX, 8) et Abner (II *Sam.* III, 12). Dans tous ces exemples il s'agit comme dans l'alliance entre Yahvé et Israël d'un *foedus iniquum* entre partenaires inégaux ; par contre l'alliance entre Jacob et Laban est un *foedus aequum* (*Gen.* XXXI, 44). Le droit international mentionné à propos de Tyr est appelé (*Am.* I, 9) « l'alliance des frères » (*berith ahim*). Il ressort de tout cela que c'est à juste titre que l'on traduit *berith* par « alliance » et que Kautzsch a absolument tort de ne pas reconnaître cette signification qui a une importance primordiale pour toute la religion de l'Israël antique. La traduction de *berith* par *diathèkè* au lieu de *sunthèkè* dans la Septante reflète les conceptions de son époque et non pas celles de l'histoire antique. Pour l'eschatologie il existe également une *berith* avec les animaux (*Os.* II, 20). *Berith* n'a le sens de « privilège » que dans *Nbr.* XVIII, 19 et celui de « prescription » que dans *Lév.* II, 13 (la *berith* du sel). Selon *Is.* XXIV, 5 Israël a rompu « l'alliance éternelle », *berith 'olam*. L'expression *karath berith* correspond à l'expression « *foedus icere* » des Romains et des Hellènes. Néhémie n'emploie plus le terme de *berith* mais celui d'*amana* (X, 1).

2. La collection de lois évoquée précédemment et que l'on désigne maintenant comme le Livre de l'Alliance n'est jamais désignée ainsi dans le texte même ; par contre les prescriptions rituelles de l'Exode (XXXIV) sont désignées expressément comme une *berith* et de plus, par le caractère réciproque des engagements, elles correspondent mieux à une alliance que les collections de prescriptions (*michpatim*) unilatérales. Les Paroles de l'Alliance (*Ex.* XXXIV, 28) seront confondues par la suite avec le Décalogue. Mais à l'origine l'expression correspondait surtout aux prescriptions rituelles (cf. BAENTSCH).

la première fois dans II *Rois* XXII, est appelé « Livre de l'Alliance » et son contenu « Paroles de l'Alliance », dans le récit qui relate son acceptation comme loi sous Josias (II *Rois* XXIII, 2). Dans le Livre de Josué est préservée une tradition selon laquelle Josué, après avoir conquis tout le pays, aurait conclu une alliance (*berith*) avec le peuple et inscrit les clauses du pacte dans le « Livre de la Thora de Dieu ». On ne peut déterminer avec certitude quel est, parmi les différentes collections, le code de lois auquel il est fait allusion ici. Par contre, on nous rapporte (*Jug.* IX, 4) qu'il existait à Sichem, à l'époque d'Abimélekh, une « maison » d'un « *Ba'al* de l'alliance » (*Ba'al berith*) et que le trésor de son temple servait également de trésor de la cité. Dans la tradition deutéronomique (principalement *Dt.* XXVII, 14) [1], il existe une cérémonie solennelle qui était supposée avoir eu lieu pour la première fois lors de la conquête du pays ; selon une conception plus tardive, des représentants de six tribus se tenaient sur le mont Garizim tandis que des représentants de six autres tribus se trouvaient sur le mont 'Ebal (Sichem se trouve entre ces deux montagnes). Les quatre ou cinq variantes du récit donnent l'image suivante : en direction du mont Garizim ou sur le mont lui-même, les prêtres bénirent solennellement ceux qui observaient les saints commandements ; en direction du mont 'Ebal ou sur le mont lui-même, ils maudirent solennellement ceux qui les violaient. [85] Il est également mentionné que ces commandements étaient tracés sur des pierres enduites de chaux (*Dt.* XXVII, 2) (ce qui prouve en tout cas que l'écriture cunéiforme n'avait déjà plus cours ; leur âge néanmoins demeure problématique). Plusieurs passages de la tradition font également allusion à cette cérémonie (*Dt.* XI, 26 ; *Jos.* VIII, 30). Bien que nous ne possédions qu'une tradition tardive (deutéronomique), cette cérémonie devait déjà exister dans ses grandes lignes, sous

1. Le chap. XXVII du Deutéronome passe pour une compilation récente et une interpolation. Mais le matériel originel ne peut être d'origine récente. C'est au rédacteur que sont imputables les contradictions du récit ainsi que le fait de représenter chacune des douze tribus par un seul homme. On considère à juste titre que ce fragment a une origine élohiste.

cette forme ou sous une forme similaire, à une époque plus ancienne, car le rédacteur éprouvait peu de sympathie pour de tels sanctuaires dans les montagnes. En effet, selon diverses traditions, dans ces sanctuaires se dressaient des monuments de pierre (coutume que les puritains réprouvaient), ainsi que de vieux térébinthes où étaient délivrés des oracles (ce qui était également critiquable), et c'est là aussi que reposaient les restes de Joseph (culte funéraire) et qu'étaient enterrées (selon un rite qui paraît être babylonien) les images de certaines divinités. La formule de malédiction qui nous a été transmise (*Dt.* XXVII, 15), ce qu'on a appelé le « décalogue sexuel », énumère douze péchés bien définis : l'idolâtrie, le fait de maudire ses parents, de déplacer les bornes, d'égarer un aveugle, la violation du droit des métèques, des orphelins et des veuves, les péchés sexuels (l'inceste et la bestialité), le meurtre (l'assassinat en secret) et la corruption des juges. Même si l'on ne peut dater avec certitude ce décalogue, étant donné que les péchés énumérés correspondent aux prescriptions du Livre de l'Alliance, il est fort probable que le « *Ba'al* de l'alliance » ait été cette divinité fonctionnelle qui, à l'aide de malédictions régulièrement répétées, protégeait ces préceptes que le peuple avait solennellement acceptés [1]. Mais une tradition, certes très déformée, affirme que son culte a été introduit à Sichem à la suite d'une querelle, puis d'un accord, entre Gédéon et les tribus de Jordanie orientale avec Ephraïm (*Jug.* VIII, 1 ; VIII, 33) durant la guerre contre Midyan ; il s'ensuit que le « *Ba'al* de l'alliance » était probablement [86] garant d'une des alliances fédérales par lesquelles Israël fut reconstitué.

1. La difficulté résultant du fait que le *Ba'al* confédéral avait un temple tandis que la cérémonie partait du bosquet de Mor (ou l'arbre divin) n'est pas insurmontable. Le lien avec le culte célébré dans les bosquets ou sur des montagnes souligne l'ancienneté et l'importance de la cérémonie. Il est possible que la signification de celle-ci ait été modifiée par la suite, conformément à l'esprit du Deutéronome. À l'origine il s'agissait probablement d'une malédiction solennelle brandie contre les démons et de prières pour obtenir la bénédiction divine. Ultérieurement cette malédiction solennelle paraît avoir eu pour but de transférer la responsabilité collective du peuple pour les péchés sur les seuls pécheurs.

8. LA CONFÉDÉRATION DE YAHVÉ ET SES ORGANES

Dans la tradition historique, nous voyons l'histoire politique intérieure d'Israël se développer par la conclusion d'alliances rituelles sans cesse répétées : l'établissement à Jérusalem sous Joas du culte exclusif de Yahvé et plus tard l'acceptation sous Josias de la loi deutéronomique, résultent, d'après la tradition, d'une *berith* [1], tout comme la résolution sous Sédécias d'affranchir les esclaves pour dettes (*Jér.* XXXIV, 8) conformément à la loi ; il en fut de même sous Néhémie lors de l'institution solennelle de la communauté. Au cours de cette cérémonie comme lors de celle de la malédiction, nombre de lois particulièrement importantes furent adoptées, et les chefs du synœcisme des clans, selon la manière maintenant usuelle d'homologuer les actes, les paraphèrent et les scellèrent solennellement (*Néh.* X). Mais ce qui demeure extrêmement important, c'est le fait suivant : les anciennes *berith* d'avant l'exil avaient institué des lois pour la totalité du peuple d'Israël qui, contrairement aux alliances passées entre des particuliers ou avec des métèques, n'étaient pas uniquement des contrats et des associations fraternelles entre les partis intéressés qui se plaçaient sous la protection de Dieu comme témoin et vengeur du parjure. Mais précisément selon l'ancienne conception, représentée principalement par ceux que l'on a nommés les « yahvistes », ces *berith* représentaient des alliances contractées avec Dieu lui-même ; en vengeant la violation des engagements, celui-ci défendait ses propres droits contractuels qui avaient été lésés et pas seulement les revendications du parti fidèle au contrat qui s'était placé sous sa protection [2]. Cette conception très importante a profondément influencé le développement de la reli-

1. Il s'agit de *berith* conclues « devant » Yahvé et non point « avec » Yahvé. Ceci ressort clairement de la fiction selon laquelle il n'est question ici que d'un renouvellement de l'engagement pris par l'un des contractants, à savoir le peuple, de respecter l'ancienne alliance conclue avec Dieu.

2. Le serment unilatéral du peuple sous Néhémie (X, 1) n'est pas appelé *berith* mais *amana*.

gion israélite. Le Dieu des prophètes fonde ses terribles menaces de malheur sur la rupture du pacte qui avait été conclu, sous serment, avec lui personnellement et où il était lui-même le partenaire contractant ; on rappelle également à Dieu les engagements qu'il a contractés envers les ancêtres d'Israël ainsi que le serment qu'il a prêté (*Mic.* VII, 20). Dès l'origine, selon l'interprétation tardive fixée par les prêtres de l'exil, les relations entre les ancêtres légendaires d'Israël et Dieu [87] se sont traduites par des alliances sans cesse renouvelées : c'est l'alliance avec Noé, puis celle avec Abraham, Isaac, Jacob et finalement celle du Sinaï. Il est vrai que, pendant ce temps, l'idée de Dieu avait évolué, la conception anthropomorphique d'un pacte bilatéral avait presque disparu et seule subsistait l'idée d'un décret divin garanti par un engagement spécial ; cependant l'espoir de Jérémie en l'avenir consiste finalement en cette nouvelle alliance que Yahvé conclura avec son peuple, en lui imposant toutefois des conditions moins rigoureuses que celles qui furent imposées aux ancêtres. D'où vient cette conception israélite si particulière ? Certains aspects de la situation politique générale et un événement exceptionnel dans l'histoire religieuse se conjuguèrent pour la faire naître.

L'importance du concept d'« alliance » pour Israël résulte de ce que l'ancienne structure sociale de ce peuple reposait presque exclusivement sur une relation permanente définie par contrat entre les clans guerriers qui possédaient les terres et les tribus de métèques qui étaient leurs hôtes et que protégeait la loi ; il s'agissait de bergers nomades, d'artisans, de marchands et de prêtres. La structure sociale et économique était, comme nous l'avons vu, dominée par tout un réseau de semblables associations fraternelles. Mais si l'alliance avec le Dieu Yahvé lui-même est devenue une conception fondamentale qui permet à Israël d'évaluer sa place parmi les nations, cela est dû aux circonstances suivantes.

Nous avons déjà mentionné plus haut la très grande instabilité de toutes les associations politiques des Bédouins et des éleveurs de bétail qui avait sa source dans leurs conditions de vie, et la tendance continuelle de ces organisations tribales à éclater en clans pour à nouveau s'agglomérer ailleurs. C'est ce qu'illustre le destin des tribus de Ruben, Siméon, Lévi, Makhir d'une part et de Juda de l'autre. À cette instabilité s'oppose d'une façon éclatante l'extraordinaire stabilité d'un certain type de groupement qui se rencontre précisément chez les catégories sociales qui ne sont pas complètement sédentaires : à savoir l'ordre religieux ou l'association cultuelle de type similaire. Apparemment seul un groupement religieux semblable était susceptible d'offrir une base solide pour une organisation politique et militaire durable. Les rékhavites constituaient un tel groupement : durant des siècles, depuis l'époque de Jéhu jusqu'à Jérémie, nous les voyons se perpétuer et prendre part activement [88] à la vie politique et religieuse ; dans la chronique de Néhémie, il est fait mention d'un rékhavite et au Moyen Âge encore, Benjamin de Tudèle prétend les avoir rencontrés sous la conduite d'un *nasi* dans le désert babylonien ; d'autres voyageurs ont même cru trouver leur trace au XIXe siècle près de La Mecque. C'est aussi essentiellement un lien religieux qui semble avoir assuré la cohésion de la tribu strictement yahviste des Qénites [1] dont les rékhavites faisaient partie. Car Stade a montré qu'il était fort probable que le « signe de Caïn », c'est-à-dire le tatouage tribal qénite, ait été non seulement le sceau de la tribu mais essentiellement le signe d'une communauté cultuelle [2] : les marques des sectes hindoues représentent un phénomène analogue. L'exemple le plus éclatant d'une association constituée comme un ordre et qui, dans son principe, est absolument semblable, c'est bien sûr l'islam et les ordres guerriers s'en réclamant qui, dans la même aire géographique, ont su créer de nombreux États islamiques particulièrement durables. En tout état de cause, ce ne sont pas les conditions de vie des Bédouins et des semi-nomades qui ont engendré à elles seules un ordre qui est, en quelque sorte, « l'exposant idéologique » de leurs conditions économiques.

1. On ignore l'ancienneté de la piété yahviste des Qénites. KÖNIG, *ZDMG*, LXIX (1915), fait remarquer que le premier nom yahviste attribué à un Qénite est celui de Yonadav ben Rékhav. Il se peut que ce prophète ait joué parmi les Qénites le même rôle que Moïse.

2. « Le signe de Caïn », *ZAW*, XIV (1894), p. 250.

Cette interprétation matérialiste de l'histoire est, ici comme ailleurs, inexacte. Il s'agit en fait du phénomène suivant : une fois qu'un tel ordre avait pris corps, il avait toutes les chances, étant donné les conditions de vie de ces couches sociales, de triompher dans la lutte sélective pour la survie qui l'opposait aux autres organisations politiques plus instables. Mais son apparition même dépendait de circonstances historiques et religieuses tout à fait précises et parfois des vicissitudes du destin de certains individus. Lorsque la confrérie religieuse s'était révélée efficace comme instrument de puissance sur le plan politique et économique et était reconnue comme telle, sa diffusion s'accélérait. Le message de Mahomet tout comme celui de Yonadav ben Rékhav ne peuvent « s'expliquer » si l'on fait d'eux le produit de phénomènes démographiques ou de conditions économiques, bien que leur contenu ait été fortement codéterminé par ceux-ci. Ils sont par contre l'expression d'expériences et de desseins personnels. [89] Mais les moyens intellectuels et sociaux qu'ils utilisèrent, et le fait que ce soit précisément ce type de création qui rencontra un tel succès, ne peuvent se comprendre qu'en fonction de ces conditions de vie. Il en est de même pour l'Israël antique.

De même que les rékhavites devaient leur importance à leur solide organisation en tant qu'ordre, la tribu de Juda devait probablement sa cohésion à la structure politiquement puissante de l'organisation fraternelle née d'une alliance particulière avec Yahvé. Cette tribu n'apparaît que tardivement dans l'histoire. Le Cantique de Déborah l'ignore. Les sources la désignent parfois comme un clan, terme typique des éleveurs de bétail. À l'époque de la Bénédiction de Moïse, Juda était dans une situation politique désastreuse, et à l'époque de Saül, il était tributaire des Philistins. Par contre, la Bénédiction de Jacob reconnaît son hégémonie sur Israël et le présente comme un paysan vigneron ; dans la légende des Patriarches, issue des cercles d'éleveurs de bétail, Abraham, qui s'est pourtant fixé dans la localité judaïque d'Hébron renommée pour ses vins, n'offre pas cette boisson à ses hôtes célestes. Cependant la tribu — même s'il est peu probable, comme l'admet Guthe, que ce soit David qui ait présidé à sa formation — a étendu son territoire sous le règne de ce souverain, et s'est finalement sédentarisée après s'être mélangée aux Cananéens. Les clans, que les décomptes et les généalogies officiels ont par la suite considérés comme membres de la tribu de Juda, sont en partie d'origine cananéenne et en partie d'origine bédouine, tels les Qénites qui sont les alliés temporaires d''Amaleq. La tribu de Siméon s'est partiellement intégrée à Juda, mais une fraction s'est installée parmi les Édomites. La première fois qu'il est fait mention d'un Lévite, il est présenté comme membre de Juda : il apparaît donc que la tribu de Lévi a été elle aussi absorbée par Juda. Cette situation particulière qui était encore celle de la tribu sous le règne de Saül se prolongea sous une autre forme avec la dynastie davidique : lors du règne de Salomon, la plus grande partie de son territoire ne faisait pas partie des provinces de l'empire, mais constituait un domaine privé de la maison royale. En tout cas, son territoire n'a acquis ses dimensions définitives que grâce au principat militaire de David, et vraisemblablement à la suite de l'adoption du culte exclusif de Yahvé. La position privilégiée du prêtre dans la procédure judiciaire (il délivrait des oracles lors des procès) qui, selon Luther, constitue l'une des particularités de ce culte, permet de conclure que la constitution d'un groupement fraternel spécifiquement religieux fut le fondement de sa très forte cohésion tribale. [90] La tribu aurait donc été constituée par des fragments ayant une origine ethnique différente, unifiés par un culte et des prêtres communs. Cette assertion serait extrêmement plausible si le nom de « Yehuda » pouvait être considéré comme un dérivé de Yahvé.

Finalement en ce qui concerne la confédération israélite elle-même, c'était, selon une tradition non équivoque, une association guerrière sous la direction de Yahvé ; en tant que Dieu des armées de la confédération, celui-ci intervenait comme garant de son ordre social et comme créateur de la prospérité matérielle des confédérés, en particulier de la pluie qui était indispensable. C'est ce qu'exprime le nom d'« Israël », qui devait soit désigner directement « le peuple du dieu qui lutte », soit, mais c'est fort peu probable, être prononcé à l'origine « Yesorel » et désigner le dieu « en qui on met sa confiance ». « Israël » n'était en aucun cas le nom d'une tribu mais celui d'un groupement, et plus précisément celui d'une ligue cultuelle [1]. C'est seulement l'élaboration théologique des légendes du héros Jacob qui fit d'« Israël » un éponyme, d'où le caractère vague de cette personnification. Il nous faut maintenant examiner de plus près la structure de la confédération.

Son importance a été variable. Israël devait déjà constituer une fédération en Palestine à l'époque du roi Ménephta, celui qu'on suppose être le Pharaon de l'exode, car une inscription célèbre de ce temps [2] mentionne que les attaques de l'armée royale ont décimé les hommes et les biens d'Israël. De la façon dont cela est évoqué, il apparaît qu'Israël, à l'encontre des petites cités-royaumes et aussi des plus grandes, passait pour un groupement qui n'était pas constitué en cité. Lors de la guerre de Déborah, les paysans qui partaient à pied au combat et leurs princes montés sur des ânes blancs formaient le noyau de l'armée qui luttait contre les troupes des cités royales, constituées de chevaliers montés sur des chars. Le Cantique de Déborah reconnaît comme membres de la confédération non seulement les tribus montagnardes engagées dans la guerre, tels Ephraïm et les deux groupes qui sont issus de lui, Makhir et Benjamin, ainsi que Zabulon, Nephtali et Issachar, mais également les tribus d'Acher et de Dan établies près de la mer ; le Cantique mentionne également parmi les membres de la confédération les tribus d'éleveurs, Ruben et Galaad, [91] établies à l'est du Jourdain qui ont refusé de contribuer à l'aide fédérale, et rapporte que la cité de Méroz a violé le pacte. Dans les deux collections de Bénédictions apparaît le chiffre habituel de douze tribus : Makhir est remplacé par Manassé, Galaad par Gad, Juda et Siméon sont ajoutés, et selon que Lévi est inclus ou compté à part en tant que tribu sacerdotale comme dans la Bénédiction de Moïse, Ephraïm et Manassé sont considérés comme

1. Selon le mythe Jacob reçoit le nom d'Israël après son alliance avec Dieu (*Gen.* XXXV, 10).

2. SPIEGELBERG in *Berichte der Berliner Akademie der Wissenschaften* (1896). STEINDORFF, in *ZAW*, XVI.

deux tribus ou comme une seule, la « maison de Joseph ». Mais il ne fait aucun doute qu'à l'époque du Cantique de Déborah, ni Juda ni Siméon ni Lévi n'étaient considérés comme des tribus membres de la confédération. En ce temps-là et plus tard encore, la tribu d'Ephraïm ou de Joseph apparaissait comme le noyau de la confédération, ainsi qu'en témoignent la place prééminente qu'elle occupe dans le Cantique, le fait qu'elle soit issue de l'épouse favorite de Jacob et que Joseph soit présenté comme son fils favori (ou Ephraïm comme son petit-fils favori). Dans le Cantique de Déborah, la tribu se souvient de ses combats avec les Bédouins, et la Bénédiction de Jacob évoque ces « archers » ennemis. Conformément à une ancienne tradition, la Bénédiction de Moïse établit précisément une relation entre cette tribu et l'épiphanie mosaïque du buisson ardent. De même Ephraïm a certainement pris part aux événements qui eurent pour conséquence l'adoption de Yahvé comme Dieu des armées d'Israël. Josué, qui dans la tradition est le premier chef de l'armée de la confédération à porter un nom yahviste, est un Ephraïmite, et il a été enterré sur le territoire de cette tribu. Yahvé s'approche dans la tempête depuis Sé'ir en Édom pour détruire les Cananéens, et le Cantique de Déborah le loue comme le Dieu des armées de la confédération placée sous l'hégémonie d'Ephraïm. Parmi les sanctuaires de Yahvé sur le territoire d'Ephraïm, il y avait avant tout Sichem où se trouvait le « *Ba'al* de l'alliance ». Mais il semble que le sanctuaire lui-même ait été situé hors de cette ville que la tradition a longtemps considérée comme cananéenne. Jusqu'à la fondation de Chomron (Samarie), la capitale du Royaume du Nord, Ephraïm est resté essentiellement un groupement de grands propriétaires terriens et de paysans libres des montagnes ; la puissance d'Israël était alors tellement liée à la force guerrière de ces derniers que, par la suite, le nom de la tribu en vint tout naturellement à désigner le Royaume du Nord tout entier. Cependant selon une ancienne réminiscence, ce sont Ruben, Siméon, Lévi qui ont la préséance dans les collections de Bénédictions, et qui en tant que descendants de Léa la sœur aînée constituent le noyau de la fédération. Par contre, Juda n'émerge que dans les bénédictions relativement tardives et il ne conquiert sa suprématie que sous David. [92] Pour Abner, le général de Saül, les Judéens sont encore des « têtes de chiens ».

Pour autant qu'on peut le savoir, cette confédération israélite instable ne disposait, jusqu'à l'époque royale, d'aucun organisme politique permanent. Il arrivait même que les tribus se combattent. Il est probable que le droit international, qui interdisait par exemple d'abattre les arbres fruitiers, intervenait précisément — pour autant qu'il s'agit effectivement d'un droit ancien — dans de semblables querelles à l'intérieur de la confédération. Dans le Cantique de Déborah, certains membres de la fédération refusent leur aide. De temps à autre mais pas toujours, il en résulte une malédiction pour ceux qui ont violé le serment et on proclame contre eux la guerre sainte. L'indigénat n'existait pas au niveau de la confédération, mais uniquement au niveau de la tribu. Dans certaines circonstances, la confédération vengeait une grave violation des droits du métèque dont tout Israélite jouissait dans toutes les autres tribus. Il est certain qu'il n'existait en temps de paix ni un tribunal commun, ni une quelconque autorité administrative commune. L'unité de la fédération se manifestait dans le fait qu'un héros, ou un prophète, guerrier reconnu par Yahvé, étendait régulièrement son autorité au-delà des limites de sa tribu. Les gens venaient le trouver de très loin pour qu'il arbitre leurs différends juridiques ou qu'il leur enseigne leurs obligations rituelles et morales. C'est là ce qu'on nous rapporte au sujet de Déborah (*Jug.* IV, 5) et la version actuelle de la tradition a fait de tous les héros guerriers charismatiques de l'ancienne confédération des *chophetim*, des « juges » d'Israël qui se seraient succédé en une chaîne ininterrompue et dont l'autorité légale se serait étendue sur tout Israël. Le dernier d'entre eux, Samuel, serait allé chaque année de sa judicature à Béthel, à Gilgal et à Mitspa pour y « rendre justice » (I *Sam.* VII, 15-16) ; après l'élection du roi, il aurait accepté d'être déchargé de ses responsabilités et se serait solennellement démis de ses fonctions, tout comme un fonctionnaire de la *polis* romaine ou hellénique, afin de rendre publiquement des comptes et d'engager ceux qui se sentaient lésés à venir témoigner contre lui (I *Sam.* XII). La tradition concernant Samuel est incontestablement une construction deutéronomique hostile à la royauté, qui oppose comme un paradigme la conduite du prince idéal agréé par Yahvé à celle des souverains des temps présents. Mais quel était le véritable rôle des *chophetim* ? [93] Stade émet l'opinion [1] que la tradition tardive a simplement transformé par la suite les anciens héros guerriers de Yahvé en « juges » pacifiques ; Klostermann par contre établit avec une grande finesse un parallèle entre les « juges » d'Israël et les « diseurs de lois » (*lögsögumadr*) de la pratique juridique des pays nordiques, de l'Islande en particulier, ces porteurs de la tradition juridique orale qui furent les précurseurs de la fixation du droit écrit [2]. De cette façon, il essaie notamment d'expliquer l'origine et les particularités littéraires des recueils de droit préexiliques, qui seraient précisément issus de l'enseignement juridique public de ces diseurs de lois. Cette hypothèse, qui a été combattue avec force arguments notamment par Puukko, conserve cependant une certaine valeur d'après de nombreuses analogies sociologiques et légales. Partout le droit a commencé à se développer à partir d'oracles juridiques, de coutumes, de précédents faisant jurisprudence, de réponses apportées par les détenteurs charismatiquement qualifiés de la sagesse juridique. Pourtant ceux-ci n'occupent pas partout la position très particulière des diseurs de lois nordiques, dont la profession — car c'en était une — était liée très étroitement à l'organisation de la communauté judiciaire germanique. Il apparaît clairement que ceux qui dans la version actuelle de la tradition sont appelés les « Juges », avaient les uns et les autres une personnalité très différente, mais que dans l'ensemble ils étaient loin d'être les véritables détenteurs de la sagesse juridique. D'après la tradition, c'est aux *zeqénim* (les anciens) qu'il revenait normalement de formuler les lois. Par ailleurs, l'ordalie et l'oracle qui avaient cours

1. STADE, *Biblische Theologie des Alten Testaments* (1905), p. 285.

2. KLOSTERMANN, *Der Pentateuch* (1907), ainsi que la critique pénétrante de cet ouvrage par PUUKKO, *Das Deuteronomium*, pp. 176-202. L'hypothèse de Klostermann a pour but d'éclairer le caractère littéraire spécifique du Deutéronome. Il s'agit pour lui d'un exposé parénétique des commandements religieux.

habituellement dans les procès étaient l'affaire des prêtres ; à une époque reculée l'oracle était rendu par des moyens tout à fait mécaniques (le sort). De plus, la tradition mentionne différents types de dignitaires qui, à l'intérieur de chaque tribu, détenaient l'autorité. Il ne pouvait donc y avoir de place pour une procédure judiciaire charismatique que surajoutée à toutes ces institutions traditionnelles qui établissent le droit. Les *chophetim*, qui apparaissent dans la version actuelle de ce qu'on appelle le Livre des Juges, ont des personnalités très différentes. [94] Si nous écartons ceux dont on ne mentionne que l'existence (Yaïr, Ivtsan, Elon, 'Avdon), Samson se présente comme un héros purement individuel qui règle ses différends par les armes ; de même Ehud, à cette différence près qu'il tue l'oppresseur d'Israël, tandis qu' 'Othniel, Chamgar, Gédéon, Jephté et probablement Tola' sont des chefs de guerre victorieux au service d'Israël, mais surtout au service de leur propre tribu et des tribus voisines. D'une partie d'entre eux seulement, il est dit (et encore d'une façon tout à fait générale) qu'ils ont été « juges » en Israël en temps de paix. Mais on met plutôt l'accent sur leurs exploits de « sauveurs », parce que lors des guerres ils ont tiré Israël de graves périls. Par ailleurs, lors d'une expédition punitive fédérale qui est présentée comme une « guerre sainte » (*Jug.* XX, 28), un prêtre de la famille d' 'Eli (Pinḥas) délivre des oracles pour l'armée. 'Eli est exclusivement un prêtre. Ses fils sont présentés comme des prêtres, mais aussi comme des chefs qui ont pour mission de mener le ban de l'armée au combat contre les Philistins. Ces traditions que nous venons de citer au sujet de la lignée d' 'Eli sont extrêmement suspectes et tardives, mais l'on ne peut accorder absolument crédit à la tradition qui présente Samuel tantôt comme un *navi*, tantôt comme un voyant, comme un prédicateur (I *Sam.* IV, 1) ou comme un *nazir*, parfois comme un prêtre et finalement comme un général. À l'époque où furent rédigés les portraits de ces personnages, on ne savait visiblement plus rien de précis sur la véritable situation au temps de la fédération. D'après la source la plus sûre, le Cantique de Déborah, la prophétesse apparaît aux côtés du héros guerrier Baraq de la tribu de Nephtali, qui, en tant que chef de l'armée, est entouré d'un nombre important de dignitaires des tribus alliées. Ce n'est qu'au sujet de Déborah et de Samuel que la tradition signale expressément qu'ils ont régulièrement « dit la loi », c'est-à-dire délivré des oracles pour les procès lorsqu'on les consultait. C'est ce que signale aussi la version actuelle de l'hexateuque de Moïse. On attribue la création de normes légales, « objectives », ayant une valeur permanente ainsi que leur mise par écrit à Moïse, à Josué et même à Samuel dans une circonstance unique qui est certainement légendaire, et où il s'agissait de définir les prérogatives royales après l'élection de Saül. Il n'y a pas de place en tout cas, à l'époque des *chophetim*, pour des diseurs de loi qui seraient perpétuellement en fonction, comme ce fut le cas dans les pays nordiques et germaniques. C'étaient des oracles politiques et non juridiques que délivraient les « prophètes » comme Déborah, tandis que la fonction spécifique des *chophetim* charismatiques était de formuler des décisions politico-militaires et non pas des sentences légales. Cependant il est tout à fait probable [95] que l'on avait recours, en temps de paix, à la fois aux prophètes éprouvés et aux héros guerriers éprouvés pour régler certains conflits ; il est fort possible également que les héros guerriers séculiers aient, comme partout ailleurs, pris ces choses en main, estimant qu'elles relevaient de leurs prérogatives, lorsqu'ils avaient réussi à établir leur domination aussi solidement qu'Abimélekh par exemple. Toutefois même les premiers rois ne passaient pas essentiellement pour les détenteurs ou les créateurs du droit, mais pour des chefs de guerre. La tradition suppose que le roi David (II *Sam.* XIV, 2) intervint lors d'une rixe mortelle. Mais Salomon fut apparemment le premier à prendre en main, de façon systématique, l'administration de la justice (I *Rois* III, 16) : on mentionne la construction sous son règne d'un palais de justice. C'est probablement à cause de cette innovation que la postérité fit de lui le créateur de la sagesse juridique. Mais au début, on ne mentionne pas que la royauté se soit officiellement préoccupée de l'unification du droit ; sous Achab encore, la cour parvenait à violer la loi en influençant un juge [1],

1. Michée (VII, 3) dénonce la soumission des juges à l'arbitraire des princes.

alors que le roi, lui, n'apparaissait pas comme juge. C'est dans Jérémie que pour la première fois (XXI, 12) le roi siège le matin pour rendre la justice. Cependant la cour qui examine le cas du prophète lui-même (*Jér.* XXVI) est composée de fonctionnaires (*sarim*) et d'anciens (*zeqénim*), assistés des hommes liges (*qehal ha-'am*).

La tradition ne serait pas simplement ce qu'elle est si la formulation des lois avait été l'attribut principal des *chophetim*, et des rois qui leur ont succédé au pouvoir, ou si elle avait été la source des collections de lois que nous possédons actuellement. Les indications ambiguës de la tradition, que nous avons mentionnées précédemment, ont visiblement été interpolées à une époque où l'on opposait le « bon droit ancien » et le prince idéal, pacifiste, à la corruption des temps présents. Les collections de lois elles-mêmes seraient également différentes si elles résultaient d'un code légal originellement unifié et officiellement réglementé en Israël. Il faudrait alors aussi que soit attestée leur validité pratique et permanente. Or c'est exactement l'inverse qui est vrai, du moins en ce qui concerne les droits de l'esclave pour dettes, [96] c'est-à-dire pour la partie qui est pratiquement la plus importante de tout le droit social.

En Israël comme partout ailleurs, le droit pouvait se développer à partir de la pratique juridique qui avait cours dans les différents tribunaux. Quand une sentence avait été prononcée, elle constituait un précédent dont on n'aimait pas s'écarter. Il semble que *ḥoq* [1] ait été l'ancienne expression typique pour désigner la coutume contraignante et l'usage juridique issu d'un précédent (*Jug.* XI, 39). Le chef (dans le Cantique de Déborah, également le chef guerrier) qui délivrait des sentences en s'appuyant sur la coutume ainsi établie s'appelait *ḥoqeq* [2] dans l'Israël antique. Dans les sources tardives,

1. *Ḥoq* (ainsi que *Ḥuq*) désigne, en plus du droit et des coutumes traditionnels, la loi de la nature (dans le Livre de Job et chez Jérémie). Le langage sacerdotal utilise ce terme surtout dans le Lévitique et les Nombres pour l'ordre divin, avec des adjectifs qui lui confèrent une dimension d'« éternité », d'« immuabilité ». Amos (II, 4) et Isaïe (XXIV, 5) emploient côte à côte les deux termes de *Ḥoq* et de Thora.

2. Le *ḥoqeq* rend de faux jugements (*Jér.* X, 1).

on utilise parfois *Thora*, *'eda*, *michpat* comme synonymes. Toutefois, comme nous le verrons aussi, *Thora* signifiait plus précisément l'oracle et l'enseignement pastoral des Lévites, et *'eda* une ordonnance établie par une décision de l'armée rassemblée. *Michpat* enfin désignait aussi bien un jugement que la norme du droit, et par là même il ne fait pas de doute que de tous ces termes, c'était le plus spécifiquement juridique. Lorsqu'il s'agit de normes, il semble que l'on ait particulièrement utilisé ce terme pour désigner une loi formulée rationnellement, à l'opposé de *ḥoq* [1]. Les normes du Livre de l'Alliance marquées par l'influence babylonienne sont des *michpatim* et non pas des *ḥuqim* [2]. Mais ces deux sources légales avaient en commun le fait qu'elles n'utilisaient ou ne fixaient que des lois déjà en usage, ou présumées telles, ou encore des lois auxquelles l'on conférait une validité fictive. S'agissait-il de créer délibérément des lois nouvelles en Israël, c'est essentiellement l'oracle verbal (*davar* Yahvé ou *davar* Élohim) qui entrait en considération. À une époque plus tardive, les théologiens donnèrent à leurs injonctions sociales et éthiques cette même forme catégorique et impérative « Tu dois ». La seconde forme de création délibérée de lois nouvelles propre à Israël était la *berith* solennelle qui suivait toujours un oracle. [97] On ne l'utilisait bien sûr que pour des cas exceptionnels, qu'il s'agisse de prendre des mesures isolées, comme l'affranchissement des esclaves sous Sédécias, ou d'adopter des normes permanentes comme ce fut le cas, selon la tradition, lors de l'acceptation du code deutéronomique. D'après le contenu actuel de ce code tel qu'il a été modifié par des interpolations extrêmement contradictoires, ce qui en constitue le noyau authentique n'est en aucun cas l'œuvre de ceux qui disaient publiquement la loi ou des juristes qui connaissaient la loi. Mais il constitue plutôt, ainsi que l'indique également la tradition, le produit du tra-

1. Cette signification subsiste dans le langage prophétique d'avant l'exil (*Am.* VI, II et encore à maintes reprises par la suite).

2. Parfois apparaît à côté de *michpat* et de *ḥoq* le terme de *michméreth* (*Gen.* XXVI, 5). À l'origine ce terme désignait « la fonction » dans le sens de la tâche assignée et de l'ordre ; il est donc issu de conceptions bureaucratiques.

vail d'une école théologique particulière qu'il n'y a pas lieu d'étudier pour l'instant. Il est difficile de savoir avec certitude le nombre de *michpatim* du code (chap. XII à XXVI) empruntés à la tradition légale, qui faisaient partie à l'origine du compendium publié. Ce qui est certain, c'est qu'ils sont éclos sur le sol des cités-États, qu'ils renferment de nombreux théologoumènes et qu'ils témoignent d'une évolution théologique très accentuée des normes juridiques contenues dans le Livre de l'Alliance. Cependant même les *michpatim* de ce Livre n'ont pu représenter qu'une très petite partie de la loi commune d'Israël ; ils ne conviennent absolument pas à des communautés d'éleveurs de bétail, ne constituent nullement un droit paysan spécifique, et pourtant, si l'on écarte les théologoumènes probablement interpolés, ils apparaissent comme un compromis entre divers intérêts, ce qui suppose le développement des antagonismes de classe propres à l'Antiquité. Selon l'analyse judicieuse de Baentsch et d'Holzinger, la structure formelle est précisément celle d'un code de *michpatim* (*Ex.* XXI et XXII) ordonné d'une façon assez systématique et auquel sont rattachés sans ordre aucun des *devarim* isolés de caractère juridique, moral ou cultuel. Pour ce qui est du contenu, il ne fait pas de doute que les *michpatim* ont subi une influence babylonienne qui remonte à un passé très lointain. La technique formelle et la précision juridique des *michpatim* purement profanes sont considérables, alors qu'elles font parfois défaut aux *devarim.* On peut conclure que la rédaction des parties juridiques a dû être confiée à des praticiens du droit chevronnés ; étant donné que ni le roi ni ses fonctionnaires n'entraient en ligne de compte, l'on ne peut rechercher ceux-ci que dans les cercles de *zeqénim* qui s'employaient à formuler le droit dans l'Israël du Nord, important parce qu'on y rendait la justice et très fréquenté par ceux qui cherchaient des conseils juridiques, tel Sichem par exemple. Il est certain en tout cas que le contenu des normes juridiques proprement dit [98] — à l'opposé de la parénèse qui y a été rattachée — ne relève pas de l'entreprise sacerdotale pour établir le droit. Il est absolument impossible de déterminer dans quelle mesure les revendications des prêtres dans le Deutéronome, qui voulaient être associés à la recherche du droit et pouvoir trancher les cas douteux, correspondaient au droit en vigueur durant la période préexilique. Il est fort probable qu'à l'époque de la royauté l'ancien oracle juridique avait perdu de son importance, comme on le constate également en Babylonie [1]. La revendication deutéronomique correspond à la législation en vigueur en Égypte pendant la domination des prêtres d'Ammon. La part manifeste qu'y joue la réflexion sur la nature équitable de la loi qui devait entrer en vigueur et le fait qu'elle agrée à Dieu, ainsi que l'addition des *devarim*, témoignent de ce que le Deutéronome était un « recueil de droit coutumier » ; il faut entendre par là une œuvre privée, ne faisant pas formellement autorité, mais qui était devenue populaire à la façon du *Sachsenspiegel* ou de la collection de Manou, et qui s'était constituée sous l'influence de cercles d'orientation théologique pour être ensuite élargie par des éléments ajoutés. Malgré tout cela, il n'y avait pas en Israël, au temps de l'ancienne fédération, un lieu de justice commun faisant autorité. Il n'y avait que la puissance intermittente et fluctuante des héros guerriers charismatiques et le prestige des oracles éprouvés et des anciens sanctuaires, où l'on célébrait le dieu de la guerre, de la fédération (tout particulièrement Silo) ; à cela s'ajoutaient peut-être (mais ce n'est pas certain) quelques actes rituels périodiques et amphictyoniques, telles par exemple la cérémonie sichémite de la bénédiction et de la malédiction et la fête annuelle de Yahvé à Silo que l'on mentionne à plusieurs reprises (*Jug.* XXI, 19 et I *Sam.* I, 3). Sur le plan formel la fédération ne devenait effective que lors d'une guerre fédérale. C'est alors en effet que la *'eda* — on désignait ainsi plus particulièrement le rassemblement de toute l'armée d'Israël — exerçait la justice contre ceux qui violaient le droit de la guerre ou les commandements rituels et sociaux de Yahvé. Le fait que le terme *'eda* signifiait également un « règlement » révèle que cette assemblée pouvait aussi promulguer des décrets généraux. Dans les deux cas, l'armée participait elle-

1. La justice civile dans la Babylone antique s'était développée à partir de la justice rendue au temple. Cf. É. CUQ, « Essai sur l'organisation judiciaire de la Chaldée », in *Revue d'assyriologie*, VII (1910).

même aux prises de décisions, et comme c'est l'usage en de telles occasions, elle acclamait les motions proposées par les chefs de guerre que le prince avait choisis parmi les anciens des contingents et qui portaient peut-être le titre d'« anciens d'Israël ». [99] De leur côté, ceux-ci avaient certainement, au préalable, consulté un oracle.

9. LA GUERRE SAINTE, LA CIRCONCISION, LES *NEZIRIM* ET LES *NEVIIM*

Le partage du butin, notamment la part dévolue aux non-combattants, aurait été fixé selon des principes bien établis (*Nbr.* XXXI, 27) ; néanmoins dans le récit du partage du butin par David (I *Sam.* XXX, 26), il est présenté comme une innovation introduite par ce roi. Le *casus foederis* d'une guerre fédérale, le chef de l'armée et le but de la guerre étaient toujours déterminés charismatiquement et prophétiquement à l'aide d'oracles et en faisant appel à l'inspiration de Yahvé en tant que chef suprême des armées fédérales. C'est Yahvé lui-même qui était tenu pour le véritable chef de guerre de l'armée fédérale. C'est à lui personnellement et pas seulement aux fédérés, qu'ils refusaient leur aide ceux qui, telle la ville de Yabech, violaient le serment et méritaient par là même l'anéantissement. Une guerre fédérale était ainsi une guerre sainte [1] ou encore pouvait à tout moment le devenir ; en cas de péril grave on proclamait toujours la guerre sainte. La *'eda*, l'armée rassemblée, est désignée dans le Cantique de Déborah (*Jug.* V, 11) et lors de la guerre sainte contre Benjamin (*Jug.* XX) tout simplement comme le regroupement des « hommes liges de Dieu » (*'am Yahvé* et *'am ha-Élohim*). Cela avait tout d'abord des conséquences rituelles. À l'époque des Philistins on introduisait dans le camp, selon la tradition de Samuel, l'autel portatif, « l'arche de l'alliance », et

1. En ce qui concerne les différents événements qui sont en relation avec ce phénomène, il y a lieu de se reporter à l'étude très perspicace de SCHWALLY, *Semitische Kriegsaltertümer*, t. I : *Der heilige Krieg im alten Israel* (Leipzig, 1901).

à l'aide d'une formule conservée dans la tradition sacerdotale, on demandait rituellement au Dieu de se lever de l'arche qui le renfermait, ou encore qui était le siège de son trône, pour se mettre à la tête de l'armée ; de même après le combat, on le priait de regagner l'arche. L'éphod, qui sera plus tard un vêtement sacerdotal, apparaît parfois dans le camp (I *Sam.* XIV, 3 ; XXIII, 6, 9 ; XXX, 7). À l'aide des malédictions proférées contre l'ennemi, des oracles et des vœux avant la bataille, et des bénédictions magiques durant celle-ci, on essayait de provoquer l'intervention de Yahvé. Parmi les moyens auxquels on avait recours, du moins à une époque de détresse où la guerre faisait rage, il y avait également les sacrifices humains comme ceux encore offerts en dernier lieu par le roi Manassé. Mais en plus de ces vœux particuliers dont l'usage s'est répandu dans tout l'univers, l'armée, dans une guerre sainte, devait pratiquer l'ascétisme prescrit, tout particulièrement le jeûne et l'abstinence sexuelle. D'après la tradition, David et sa suite ne pouvaient manger du pain sacré [100] que lorsqu'ils s'étaient abstenus de toute relation sexuelle alors qu'ils combattaient. C'est en vain que David, quand les conséquences de son adultère avec Bethsabée devinrent apparentes, fait revenir du champ de bataille le mari de celle-ci, Urie, pour qu'il ait lui-même des relations avec son épouse afin de brouiller les pistes : fidèle à la discipline militaire, Urie se refuse à toute relation sexuelle. Qu'un seul guerrier enfreigne ces règles d'ascétisme, particulièrement le jeûne, et cela suffit pour que tous soient menacés du courroux de Yahvé, rendant ainsi nécessaire la mort du transgresseur : ce n'est qu'en sacrifiant quelqu'un d'autre à sa place que l'armée sauva d'un tel sort Jonathan, le fils de Saül.

Une tradition a également établi un lien entre la circoncision générale et la préparation de l'invasion de Canaan sous Josué. Les Israélites avaient cette pratique en commun avec les peuples qui les entouraient (à l'exception des Philistins qui avaient immigré d'au-delà des mers) et particulièrement avec les Égyptiens à qui, selon Hérodote, les Syriens et les Phéniciens l'avaient empruntée. La circoncision est peut-être le seul élément du rite israélite emprunté à l'Égypte. Sa signification originelle est, comme chacun sait, l'objet d'une controverse qui n'est pas encore réglée. À l'origine elle ne concernait peut-être pas l'ensemble des Égyptiens mais uniquement les couches supérieures [1], de sorte qu'elle était en relation avec l'initiation des jeunes guerriers ou la consécration des novices qui se destinaient à la prêtrise. Ce n'est probablement que bien plus tard que ce rite fut pratiqué au moment de l'enfance. Abraham circoncit Ismaël dans sa treizième année [2]. D'autre part, la légende étiologique de Moïse et de Tsippora dans l'Exode montre que la circoncision était censée écarter l'influence des démons lors des rapports sexuels. Il n'est pas certain que la relation que la tradition rabbinique établit à maintes reprises entre la circoncision et la promesse d'une nombreuse descendance soit ancienne. Il apparaît par contre que dans la période de paix postexilique, elle n'était pas absolument obligatoire pour les prosélytes. Il faut également remarquer qu'à l'époque préexilique, les *gérim* qui n'étaient pas tenus de porter les armes, [101] c'est-à-dire toute la population non sédentaire du pays, n'étaient pas non plus soumis à la circoncision. Ceci pourrait servir d'argument majeur pour faire remonter son origine à l'ascétisme guerrier, ce qui est d'ailleurs extrêmement probable. Par contre, chaque membre de la « maison », et selon une prescription dont on ignore l'ancienneté [3], même l'esclave, devaient être circoncis ; c'était là (*Ex.* XII, 48) une condition prérequise pour la participation au repas familial de Pesaḥ. Les traces de son origine demeurent donc quelque peu ambiguës. On ne peut pas non plus tirer de conclusion définitive

1. GUNKEL a pris récemment le contre-pied de Reitzenstein en avançant de bons arguments en faveur de l'universalité de la circoncision en Égypte, *Archiv für Papyrus Forschung*, t. II, Section 1. Le commentaire tardif d'Origène selon lequel les prêtres n'auraient été autorisés à enseigner les hiéroglyphes qu'à des circoncis n'est guère digne de foi. *Jos.* V, 8 révèle clairement que l'auteur considérait la circoncision comme l'affaire de l'armée : c'est pour échapper à l'opprobre d'Égypte que Josué a fait circoncire les Israélites.

2. D'après les monuments égyptiens on ne pratiquait pas la circoncision durant l'enfance mais durant l'adolescence.

3. La circoncision des esclaves était certainement une innovation ; ceci ressort du récit tardif de l'alliance avec Abraham (*Gen.*, XVII, 12).

de ce que l'incirconcis (*'arel*) était admis dans un *hadès* particulier [1] (*Éz.* XXXI, 18 ; XXXII, 18). En tout cas l'étranger incirconcis était spécifiquement considéré comme un barbare rituel et les prépuces des ennemis passaient, ainsi qu'en Égypte, pour des trophées, à la façon des scalps indiens. En fin de compte, ce qui paraît le plus vraisemblable, c'est que primitivement la circoncision était d'une quelconque façon en relation avec l'ascétisme guerrier et les rites d'initiation des jeunes gens. Qu'elle ait été également liée à quelque orgiasme phallique très répandu dans son lieu d'origine, c'est là une hypothèse qui demeurera toujours obscure [2]. Ce qui est certain, c'est que des interprétations hygiéniques et rationalistes comme celles qui ont encore cours sont, ici comme partout ailleurs, dénuées de tout fondement.

À ces mesures destinées à sanctifier l'armée s'ajouta, lors de la guerre sainte, le tabou rituel du butin. Lorsque la fédération se transforma après l'exil en une communauté confessionnelle pacifique, la consécration du butin au Dieu des armées de l'alliance, le *ḥérem*, survécut sous la forme d'excommunication à l'encontre de ceux de ses membres qui ne menaient pas une vie correcte. Il semble aussi qu'on ait encore continué çà et là en Israël à déclarer tabou des objets privés. Mais l'usage de rendre tabou et de sacrifier au dieu l'ensemble ou une part du butin vivant ou mort [102] était très largement répandu, notamment en Égypte où le roi, en vertu de sa fonction rituelle, mettait à mort les captifs. Dans un pays comme dans l'autre, les ennemis passaient pour des sans-dieu et l'on ne trouve nulle trace de sentiment chevaleresque. Lors d'une guerre, le *ḥérem* pouvait prendre plus ou

1. Dans la légende pacifiste des Patriarches un ordre de Dieu à Abraham introduit la circoncision sans aucune motivation, simplement comme un signe de l'alliance qui doit être scellée dès l'enfance.

2. Rien ne permet d'affirmer avec certitude que Pesaḥ ait été, à l'origine, une orgie de viande des guerriers bédouins. Il est naturellement concevable que la transformation de Pesaḥ en une fête familiale résulte de l'éparpillement des tribus d'éleveurs de bétail et de leur sédentarisation progressive (E. MEYER, *Die Israeliten*, p. 38). Mais l'interdiction de consommer du sang ainsi que le fait d'en barbouiller les linteaux des portes montrent que, si jamais l'orgie de viande a existé, elle était déjà condamnée à une époque fort ancienne.

moins d'ampleur, et les règles qui présidaient au partage du butin montrent en tout cas que, généralement, on ne rendait pas tabou l'ensemble du butin constitué d'hommes, de femmes, de bétail, de maisons et de mobilier. Parfois, il s'agissait seulement des hommes adultes, « tous ceux qui pissent contre le mur », ou encore seuls les princes et les notables étaient immolés, lors d'un sacrifice. Si l'on fait exception de la guerre sainte, le code guerrier de l'Israël antique établissait, comme l'islam, une distinction entre les ennemis qui avaient accepté de se rendre, à qui on laissait la vie sauve (*Dt.* XX, 11), et ceux qui s'obstinaient à combattre. Telle était la manière d'agir aussi bien à l'intérieur qu'à l'extérieur du territoire cananéen. Seule la théorie influencée par la prophétie qui proclamait la sainteté spécifique de la terre promise par Dieu, et qui apparut pour la première fois à l'époque d'Élie, exigea que le territoire fût purifié de toute présence idolâtre (*Dt.* VII, 23). Et seule la théorie de la prophétie guerrière, puis celle de l'exil, ainsi que la transformation du judaïsme en une confession, tendaient vers ce principe fanatique qui exigeait l'extermination totale des ennemis [1]. Mais il s'en fallait de beaucoup que toutes les guerres soient reconnues saintes ; cela était vrai uniquement des guerres de la confédération en tant que telle, et encore pas toujours ; le refus opposé par Saül aux demandes que la tradition place dans la bouche de Samuel montre que les conséquences ultimes du *ḥérem* sont relativement récentes. Celles-ci furent également développées avec une rigueur inconsidérée, lorsque la tradition se constitua ; ce code guerrier sanguinaire, essentiellement théorique, produisit cette combinaison toute particulière d'une vision paraissant trouver une certaine jouissance dans l'atrocité, et de commandements de bienveillance à l'égard des faibles et des métèques, qui constitue l'originalité de maintes parties des textes sacrés.

1. Ceci n'est pas en contradiction avec les dispositions humanitaires en faveur des étrangers stipulées dans l'ancienne collection de lois, car celles-ci concernaient le *ger* et non pas celui qui était complètement étranger. Il ne devait plus y avoir de métèques rituellement séparés.

En relation avec l'ascétisme guerrier en général, on rencontre également dans les guerres menées par les Israélites des phénomènes d'extase guerrière [103] de deux sortes qui sont déjà répandus ailleurs. Soit l'extase collective que produit la danse guerrière ou l'orgie de viande et d'alcool des guerriers ; il en subsiste quelques traces dans la tradition, notamment les cris de guerre poussés par les Israélites (*teru'a*, I *Sam.* IV, 5) à l'arrivée dans le camp de l'arche de Yahvé, qui terrifièrent les Philistins (il s'agit probablement d'une danse guerrière autour de l'arche), et les repas de viande crue et de sang (donc à l'encontre du rite normal) qu'on mentionne parfois après un combat victorieux (I *Sam.* XIV, 32). Soit l'extase individuelle du héros charismatique, telle qu'elle apparaît universellement chez les héros du type de Tydée, de Cúchulainn ou des *amoks*, et telle qu'on la trouve d'une façon typique chez les *berserk* nordiques, qui dans leur extase plongent au milieu des ennemis avec une fureur meurtrière, et qui, assoiffés de sang et à demi-inconscients, massacrent tout ce qui se trouve autour d'eux [1]. Le Samson de la légende est un véritable *berserk* de ce type, qu'il soit né ou non d'un mythe solaire comme son nom (*chamach*) le suggère. Lorsque l'esprit de Yahvé s'empare de lui, il déchiquette des lions, met le feu aux champs, démolit des maisons, abat avec n'importe quel instrument n'importe quelle masse d'hommes et accomplit d'autres actes que lui inspire sa fureur guerrière. Pour la tradition il représente certainement un type. À mi-chemin entre le héros individuel qui agit tel un *bersek* en extase et l'extase collective et aiguë de la danse guerrière, il y a l'entraînement ascétique d'une caste de guerriers professionnels pour parvenir à l'extase guerrière. Celle-ci existe sous une forme rudimentaire chez les *nazirs*, « ceux qui se sont séparés [2] », qui à l'origine étaient certainement des guerriers extatiques ayant reçu une formation ascétique et qui

1. On entretenait encore à Constantinople à une époque récente quelques sauvages du Nord, un peu comme on avait autrefois des éléphants entraînés pour la guerre.

2. Le Talmud indique que pour les gens de cette époque, la *neziruth* était identique à la *perichuth*.

— c'est là la seule tradition sûre — ne se coupaient pas les cheveux, s'abstenaient de boire de l'alcool et, à l'origine, de toute relation sexuelle [1]. Samson aussi passait pour l'un d'eux et, dans la légende originelle, il alla à sa perte [104] en se laissant séduire et en violant le tabou sexuel. Dans la mesure où ils constituaient le noyau de l'armée, les *nazirs* étaient concernés par la Bénédiction de Moïse sur Joseph qui est indiscutablement ancienne (*Dt.* XXXIII, 16). Au début du Cantique de Débora, il est fait mention de la « longue chevelure flottante » des hommes liges (*'am*) qui se consacraient (*hithnadev*) à la guerre. Dans l'évolution pacifiste ultérieure, le naziréat s'est transformé en un ascétisme de mortification pour ceux qui faisaient vœu de mener une vie rituellement exemplaire, essentiellement en évitant toute souillure, alors qu'initialement il en était autrement, puisque le Samson de la légende touche la charogne du lion tout en étant considéré comme un *nazir*. Le rituel du naziréat qui nous a été transmis (*Nbr.* VI) présente déjà ce caractère ascétique. Primitivement, ces prescriptions avaient pour but non seulement de préparer magiquement à l'extase, mais aussi de préserver une pleine force physique. L'hypothèse du comte Baudissin selon laquelle l'ancienne exigence de Yahvé qu'on lui consacre tous les premiers-nés humains, qui dans les livres de lois a été remplacée par l'obligation du rachat, signifiait que les confédérés devaient lui consacrer comme *nazir* et guerrier professionnel l'aîné de leurs enfants. À cela l'on pourrait ajouter la prescription qui enjoint de donner à l'aîné une double part de l'héritage, afin de le rendre plus indépendant sur le plan économique. Cette hypothèse demeure une supposition attrayante mais difficile à démontrer, en faveur de laquelle pourrait surtout témoigner le rapprochement étroit, dans la Bénédiction de Moïse sur Joseph, entre les *nazirs* et les « premiers-nés » (*Dt.* XXXIII, 16, 17). En tout cas, le fait que les *nazirs* soient mentionnés dans les deux formules de Bénédictions au sujet de Joseph permet de conclure qu'il existait probable-

1. Il n'est pas certain, contrairement à ce qu'affirme Kautzsch, que le fait de se laisser pousser les cheveux et de s'abstenir de tout alcool relevait de l'ascèse guerrière.

ment dans cette tribu, à l'époque de ces Bénédictions, un noyau de gens qui combattaient pour la foi yahviste, une sorte d'ordre guerrier, c'est-à-dire (si l'on peut se permettre cette expression) de détenteurs de la puissance militaire. Il nous est impossible d'obtenir des détails plus précis. De même nous n'avons que des informations très vagues quant aux relations qui existaient entre l'ancien naziréat et un autre phénomène qui date de l'époque de l'ancienne armée paysanne : les *neviim*[1]. [105] Ces deux phénomènes étaient étroitement liés. Dans la tradition, les parents de Samuel le consacrent au service de Yahvé à la façon du naziréat, et une tradition certes douteuse en fait un héros dans la guerre contre les Philistins. Par ailleurs, il apparaît également comme un *navi* et dirige une école de *neviim*. Il ne fait pas de doute que le *nazir*, le guerrier extatique, était, quel que soit le crédit que l'on puisse accorder à cette tradition, proche du *navi* extatique qui avait recours à la magie. Que le *nazir* et le *navi* aient eu de nombreux points communs, cela correspond parfaitement à ce que l'on sait par ailleurs des autres organisations de défenseurs de la foi.

Les *neviim* ne sont en aucune façon un phénomène propre à Israël ou au Proche-Orient. Si l'existence de telles formes d'extase n'est attestée ni en Égypte (avant l'époque des Ptolémée) ni en Mésopotamie mais uniquement en Phénicie, cela est certainement dû au discrédit qui frappait les cultes orgiaques, ainsi qu'à la réglementation bureaucratique de la mantique qui était déjà une prébende à la haute époque des grands royaumes, tel celui de Chine. En Égypte, ceux qu'on appelle les prophètes étaient simplement les bénéficiaires de certaines prébendes des temples. Mais en Israël comme en Phénicie, en Hellade et en Inde, l'extase prophétique demeura, en l'absence de toute bureaucratisation, une force agissante,

1. Pour l'étymologie on cite généralement le verbe arabe *naba'*, annoncer, et le nom babylonien Nabu, le scribe, celui qui annonce les décisions du conseil des dieux. (Cf. la signification du mont Nebo, dont le nom est probablement en relation avec Nabu ; c'est de cette montagne ou des alentours que Moïse et Élie ont été enlevés.) En ce qui concerne les prophéties de l'époque qui a précédé celle des prophètes scripturaires, voir SELLIN, *Der alttestamentliche Prophetismus* (Leipzig, 1912), p. 197 et G. HÖLSCHER, *Die Propheten* (1914), 2e partie.

notamment à l'époque de la guerre de libération, où elle fut liée en tant qu'extase des masses au mouvement national. Apparemment les prophètes d'Israël ne différaient pas essentiellement de ces professionnels de l'extase bien entraînés, qui étaient alors répandus dans tout l'univers. Leur recrutement dépendait de leur charisme personnel et, comme en témoigne le dédain avec lequel la tradition plus tardive les traite, il s'agissait surtout de plébéiens. Apparemment ils se tatouaient (I *Rois* XX, 41) au front comme les mendiants indiens et portaient un costume comprenant surtout un manteau d'un genre particulier ; il semble que le chef de l'école (le « père ») désignait ses disciples ou ses successeurs en les couvrant de ce manteau qui avait une influence magique. Ils pratiquaient leurs exercices en commun dans des demeures spéciales, parfois sur des montagnes (comme le Carmel) ; mais on mentionne également la présence de *neviim* dans certaines localités israélites comme Giv'a, Rama, Gilgal, Jéricho. La tradition ne dit pas s'ils ont pratiqué un ascétisme permanent ou s'ils sont restés célibataires (II *Rois* IV, 1). Chez eux également la musique et la danse [106] étaient des moyens de provoquer l'extase (II *Rois* III, 15). Les *neviim* du Ba'al phénicien qui s'introduisirent dans l'Israël du Nord sous la dynastie des Omrides dansaient à cloche-pied autour de l'autel et, au cours d'orgies, se mutilaient pour faire magiquement tomber la pluie. Bien que nous n'ayons pas de détails plus précis, il est certain que les *neviim* de Yahvé pratiquaient l'automutilation ainsi que des mutilations réciproques (I *Rois* XX, 35), et qu'ils s'efforçaient d'atteindre un état cataleptique où les paroles s'échappaient, libérées de tout contrôle. Leur but était d'acquérir des forces magiques. Les miracles que rapporte Élisée, le dernier maître de la corporation (II *Rois*, IV, VI et VIII), portent la marque typique de la magie professionnelle que l'on rencontre dans les légendes des magiciens de l'Inde et d'autres pays. D'après ce que révèlent ces récits magiques (y compris ceux transmis par Élie), on faisait appel aux *neviim* comme à tous les sorciers extatiques, tantôt comme médecins, tantôt comme faiseurs de pluie ; parfois aussi, tels les *naga* indiens et les derviches avec lesquels on peut judicieusement les comparer, ils faisaient fonction d'aumôniers de l'armée et probablement aussi de combattants de la foi. Au début des guerres nationales, qui étaient en fait des guerres de religion, apparurent comme prophètes de guerre dans l'Israël du Nord les *neviim* de Yahvé, surtout lors des combats de libération contre les Philistins incirconcis. C'est alors aussi que la prophétie extatique fit son apparition ; cela n'était pas la première fois puisqu'elle était déjà intervenue dans toutes les véritables guerres de libération, dont celle de Déborah fut la première. Cette prophétie n'avait rien de commun avec une quelconque « prédiction » (à l'époque de Gédéon, l'oracle était uniquement un oracle par les sorts), mais sa tâche était, comme pour Déborah la « mère d'Israël », d'appeler au combat pour la foi, de promettre la victoire et de contribuer à sa réalisation en ayant recours à la magie extatique. Il n'y a pas à vrai dire de preuve certaine qu'il ait existé un lien direct entre cette prophétie extatique et guerrière d'individus isolés et l'extase des écoles ultérieures de *neviim* : le Cantique de Déborah et le Livre des Juges ignorent cette dernière.

Il est cependant certain qu'il existait entre elles un rapport quelconque. Car l'extase guerrière ne se réduisait nullement à l'extase individuelle des *berserk* charismatiques et des prophètes guerriers des temps anciens, ni à l'extase collective des bandes de derviches qui étaient apparues à une période plus tardive de l'armée des paysans. Mais on peut trouver de nombreux éléments de rapprochement. Une part considérable, sinon l'ensemble, des chefs guerriers charismatiques [107] de ce qu'on appelle la judicature, étaient en fait des guerriers extatiques ; et comme le rapporte expressément la tradition à propos des relations avec les *neviim*, ce fut aussi le cas du premier roi d'Israël. Selon une tradition qui ne comprenait plus la situation antérieure, Saül, après l'onction qui l'investissait de « l'esprit de Yahvé » et juste avant d'apparaître officiellement comme roi, se serait trouvé « accidentellement » au milieu d'un groupe de *neviim* et serait lui aussi entré en extase (I *Sam.* X). Et plus tard encore, au cours de sa lutte contre David (I *Sam.* XIX, 24) et lors d'une visite apparemment tout aussi « accidentelle » aux écoles de *neviim* de Samuel, l'extase s'empare de lui si bien qu'il erre nu, dit des paroles insensées et demeure évanoui pendant une journée entière. Dans un accès de fureur sainte suscité par Yahvé, il dépèce un bœuf lorsqu'il apprend que Yabech a engagé des pourparlers en vue de capituler, et tout en brandissant une malédiction contre les hésitants, il appelle tout Israël au combat pour la libération. La tradition davidique voit dans ses accès de fureur contre David la conséquence d'un esprit mauvais, mais lui aussi issu de Yahvé, Saül était manifestement un guerrier extatique comme Mahomet. Mais David, tout comme lui, fréquente les demeures des *neviim* de Samuel. Lorsqu'on ramène triomphalement l'arche de l'alliance, il danse devant elle. De telles informations ne permettent plus d'établir avec précision ce que furent ces rapports dans leurs détails, mais ils ont assurément existé.

Tout comme elle le fit pour l'extase de Saül, la tradition tardive justifie avec quelque ménagement celle de David, tout en affirmant pourtant que c'est là une conduite indigne d'un roi. Mikhal, l'épouse de David, déclare ouvertement qu'un roi ne doit pas se conduire « comme un plébéien », et le proverbe « que vient faire Saül parmi les *neviim* ? quel est leur père ? » exprime de façon tout à fait similaire le mépris pour cette plèbe abjecte. Cela signifie d'une part que l'influence des classes cultivées de la basse royauté s'est renforcée face aux anciens prophètes extatiques. D'autre part, cela révèle la modification intervenue entre-temps dans la situation de ces derviches, après la transformation totale de la structure du royaume, une fois que David eut établi sa résidence en ville et que Salomon s'y fut définitivement installé. Avant de devenir roi d'une cité, David était un prince charismatique au sens ancien du terme, que seul le succès légitimait comme oint de Dieu. [108] Si bien que lorsque les Amalécites eurent volé les troupeaux et les femmes de sa suite, il fut en grand danger d'être tenu pour responsable et mis à mort par ses partisans sans autre forme de procès. Tout cela se modifia considérablement avec l'établissement définitif d'une monarchie héréditaire et charismatique installée en ville, et la transformation de l'organisation de l'armée qui en résulta. Salomon importa d'Égypte des chevaux et des chars et constitua de la sorte une armée de chevaliers. Les gardes du corps ainsi qu'une partie, sinon l'ensemble, de la cavalerie (I *Rois* X, 26), qui sous Salomon était cantonnée dans « des cités réservées aux chars », étaient à la charge de la maison royale. C'est probablement à partir de ce moment que la tradition désigna « l'armée », par exemple les chars de Pharaon, comme son « bien » (*ḥayil*), et l'officier royal qui en était responsable fut appelé le *sar ha-ḥayalim*. À cela s'ajoutaient des artisans royaux redevables de liturgies et des sujets soumis à la corvée qui étaient employés à la construction de fortifications, de temples, de palais et aussi à l'exploitation du domaine royal en pleine expansion ; il y avait également des fonctionnaires royaux auxquels on avait accordé des prébendes et des terres en location et qui faisaient fonction d'officiers et de juges ; un instructeur royal s'occupait de l'entraînement des forces armées. Le trésor royal constituait l'instrument de la puissance et permettait de récompenser les serviteurs fidèles ; pour alimenter ce trésor, l'on faisait appel au commerce privé du roi sur la mer Rouge, aux tributs des pays étrangers assujettis, et également aux impôts réguliers en nature que versaient les sujets répartis à l'intérieur de douze circonscriptions qui, à tour de rôle, approvisionnaient chaque mois la table royale ; finalement, il existait aussi des corvées semblables à celles qui avaient été fixées en Égypte. Un véritable harem, des liens de parenté et des alliances avec les souverains des grandes puissances, principalement d'Égypte et de Phénicie, afin de pouvoir mener une politique mondiale, telles furent les conséquences immédiates de l'établissement d'un pouvoir royal. Le résultat de tout cela fut l'introduction de cultes étrangers, parfois seulement sous forme de chapelles de cour pour les princesses étrangères, mais parfois aussi par l'intégration de divinités étrangères dans le culte national. La royauté acquit ainsi les traits caractéristiques des grandes puissances militaires de l'Orient. Les scribes royaux, le chancelier, le majordome, le maître des comptes et le titre hiérarchique d'« ami du roi » (*re'é ha-mélekh*) firent leur apparition. Des prêtres ou des fils de prêtres remplirent également en tant que scribes expérimentés (I *Rois* IV, 1) des offices séculiers, ce qui témoigne ici, comme partout ailleurs, de l'essor de la puissance des prêtres de formation au détriment de celle des extatiques charismatiques. [109] De plus, Salomon entreprit par tous les moyens de transformer la confédération lâche des paysans, des clans de bergers et des petites villes montagnardes en une organisation politique fortement structurée. L'administration royale découpa le territoire en douze circonscriptions qui remplacèrent les tribus et qui étaient unies par l'alliance qu'elles avaient contractée avec Yahvé. Les tribus se transformèrent en *phylè*, comme il en existait dans toutes les cités-États antiques pour la répartition des impôts publics. La plus grande partie de la tribu de Juda, qui détenait alors la suprématie, semble avoir été exemptée d'impôts en tant que propriété privée de la couronne, comme c'est le cas dans la plupart des États de structure monarchique. Pour le reste, l'organisation se basait la plupart du temps sur les frontières des anciennes tribus. La division de Joseph en Ephraïm et les deux Manassé est peut-être en rapport avec cela. C'est à cette époque seulement que les efforts pour stéréotyper les douze tribus d'Israël ont dû aboutir. La défection répétée des tribus du Nord, après la fondation de Samarie, ne put empêcher les deux royaumes de conserver ce caractère. À la suite de cela et surtout avec l'importance grandissante des chars, l'ancien charisme des héros extatiques tout comme l'ancien ban de l'armée confédérée perdirent de leur influence. L'armée permanente, les gardes du corps et les mercenaires royaux prirent de l'importance au détriment de l'ancienne levée paysanne. Les anciens *gibborim* devaient encore représenter la *classis* (au sens romain du terme) de l'armée fédérée, capable de s'équiper elle-même. Mais désormais, avec le prix de plus en plus élevé de l'équipement, ils constituèrent une chevalerie dont l'importance éclipsa peu à peu celle de la levée de citoyens autonomes. Les entrepôts et les arsenaux constituèrent progressivement la base de la puissance militaire royale, comme c'est le cas pour Ézéchias (II *Chr.* XXXII, 28). Ceci entraîna la démilitarisation des couches paysannes que nous avons déjà mentionnée. Les rapports entre la situation nouvelle née des progrès de l'urbanisation et celle de l'ancienne fédération israélite étaient quelque peu comparables à ceux qui existaient entre l'hégémonie des *Großmächtigen Herren von Bern* et la ligue paysanne originelle des anciens cantons suisses. Mais en Israël, la situation était considérablement aggravée du fait qu'il s'y ajoutait la domination d'une royauté à base de corvées. On savait très bien que l'ancienne fédération et son armée s'étaient présentées différemment sur le plan social, et l'on accueillit avec amertume l'introduction d'impôts et de corvées royales.

[110] Les anciens champions de la liberté, les *neviim*, furent profondément affectés par le changement de la situation. Ils avaient été les guides spirituels de l'ancienne armée des paysans. Miryam, Déborah et aussi, selon une tradition tardive (douteuse), Samuel, les anciens héros *berserk* et les bandes de derviches en vinrent à représenter, dans la mémoire populaire, les champions de l'héroïsme et de la piété véritables, ceux qu'inspirait « l'esprit » du Dieu des armées de l'alliance. Ce sont des chevaliers montés sur leurs chars — Égyptiens, Cananéens et Philistins — qui avaient été les ennemis, et c'est contre eux que Yahvé, suscitant l'extase héroïque et prophétique, avait mené à la victoire l'armée des paysans. Et voilà que maintenant l'armée de leur propre roi devenait elle aussi une troupe de chevaliers bien entraînés, montés sur des chars, et de mercenaires d'origine étrangère, une armée dans laquelle il n'y avait plus de place pour les *neviim* et les *nazirs*. L'extase du *navi* et l'ascétisme du *nazir* cessèrent de jouer un rôle militaire ; ce changement caractéristique dû à l'évolution de la politique intérieure fut extrêmement important pour l'histoire des religions. Nous avons déjà vu comment certains propos de Mikhal exprimaient le dégoût des gens de la cour devant la danse extatique de David. Un officier de Jéhu traite de « fou » ce *navi* que le chef des *neviim* de Yahvé, Élisée, a envoyé au général en chef pour lui offrir l'onction et en faire un contre-roi. Lors des révoltes yahvistes de Jéhu, soutenu par les rékhavites, contre la dynastie des Omrides, les *neviim* extatiques sous le commandement d'Élisée intervinrent encore une fois en tant que facteur politique. Mais il est remarquable que dans les récits concernant les *neviim* d'Élisée, les phénomènes extatiques semblent considérablement plus tempérés que ceux de la tradition de Saül

et de Samuel : ceux qui en font l'expérience ne sont pas des bandes errantes en proie à un délire dionysiaque, mais des écoles sédentaires que la musique conduit à l'extase. Et de toute façon c'est la dernière fois qu'on leur attribue un tel rôle politique. La référence suivante est négative : sous Jéroboam II, le prophète Amos se défend d'être un *navi*. On entendait évidemment par là un professionnel de l'extase, celui qui en faisait un métier. Car dans d'autres passages, Amos utilise le terme de *navi* comme titre honorifique. Mais les prophètes scripturaires dénoncent sans cesse l'imposture mensongère et la corruption des *neviim*. On entend toujours par là des professionnels de l'extase.

[111] Les sources montrent clairement que l'extase professionnelle des *neviim* n'avait qu'en partie une orientation politique, et que pour le reste elle était simplement une bonne affaire pour les magiciens. Il est évident que ces *neviim* libres n'avaient pas un caractère spécifiquement national et israélite. Selon les circonstances, ils offrent tout aussi bien leurs services aux non-israélites. Élisée se rend à Damas et l'ennemi d'Achab, le roi Ben-Hadad, le fait consulter. Il donne aussi une potion magique à son capitaine atteint de lèpre, ce qui a pour effet de convertir celui-ci en un zélateur de Yahvé. Il prédit au général du roi de Damas, Hazaël, qui sera plus tard l'ennemi juré d'Israël, son accession à la couronne de l'empire araméen. De même, à la demande de son propre roi, il se met à la disposition de celui-ci en tant que magicien extatique durant la guerre contre les Moabites. Cependant il n'entre pas définitivement à son service : pour la tradition, il est le chef d'une communauté de *neviim* libres. En Phénicie, il y avait depuis fort longtemps des *neviim* au service du roi. Le roi Achab avait à son service les *neviim* de Ba'al de son épouse phénicienne, mais étant donné qu'il donna des noms yahvistes à ses enfants, il était certainement entouré aussi de *neviim* de Yahvé. En Syrie, selon un usage fort ancien, ces deux catégories étaient des prébendiers qui se nourrissaient à la table royale. Il semble qu'il existait déjà à cette époque une catégorie de *neviim* qui abhorraient toute exploitation du charisme extatique pour un quelconque profit. On attribue peut-être à tort cette manière de voir à Éli-

sée : il frappe de lèpre le disciple qui accepte une récompense. Ceci concorde avec ce que les classes intellectuelles d'autres pays, y compris les philosophes grecs, considèrent comme un point d'honneur, et c'est parce qu'il partage cette optique qu'Amos refuse le titre de *navi*. Aussi bien les *neviim* royaux professionnels que les *neviim* libres qui se sentaient les gardiens de la pure tradition yahviste se virent contraints, maintenant que leur importance militaire directe en tant que combattants de la foi avait disparu avec l'introduction de la technique du combat de chars et qu'il ne restait plus aux premiers qu'une vague fonction d'aumôniers — un peu magiciens — de l'armée, de développer principalement leur autre don extatique le plus spécifique : la prédiction extatique.

La relation entre l'extase du *navi* et la prédiction est sans doute ancienne, comme le suggère le lien entre le terme (non hébraïque) de *navi* et le nom du dieu des oracles à Babylone. Qu'à l'époque des Ramessides déjà, les rois des cités phéniciennes [112] aient employé des extatiques en tant que prophètes et qu'ils aient agi selon leurs prédictions, tout comme les rois mésopotamiens s'étaient conformés aux oracles des prophètes du temple ; c'est ce dont témoigne le récit de voyage du scribe égyptien Ounamon, émissaire du prêtre d'Ammon, qui se rendit à Byblos vers l'époque du Cantique de Déborah. Dans son extase, un des prophètes du roi délivre un oracle recommandant de bien traiter l'hôte et ainsi fut fait. Quant aux anciens princes guerriers charismatiques d'Israël, ou bien ils imploraient directement leur Dieu ou bien ils faisaient dépendre leur décision d'un certain signe précis : selon la tradition, Gédéon agit ainsi par trois fois consécutives. Ou encore ce sont des *neviim* extatiques qui les appelaient à la guerre ; c'est ainsi que Déborah exhorta Baraq. C'est à propos de Saül que la tradition mentionne pour la première fois qu'un roi s'est adressé de lui-même à un « voyant » (*roé*), qui était en même temps un *navi* (Samuel), pour qu'il lui donne un oracle et qu'à l'aide d'une formule magique il bénisse son armée et maudisse l'armée ennemie. C'est alors que la légende des temps anciens attribua les mêmes exploits à un *roé*, Bile'am, qui par sa magie avait également joué un rôle politique et que des références quelque peu obscures

(*Nbr*. XXIV, 1) présentent comme un extatique de Moab ou de Midyan. D'après la légende, le roi ennemi l'a fait chercher mais Yahvé le contraint contre son gré à bénir Israël. Cette légende cependant relève de conceptions plus tardives au sujet de la nature de la vocation prophétique. Les bénédictions de Bile'am en faveur d'Israël et les menaces de désastres qu'il profère contre 'Amaleq, Caïn, Édom, correspondent aux prophéties de salut typiques qu'on rencontre partout ailleurs.

La situation, que ces formules attribuées à Bile'am présupposent, correspond à l'époque de la haute royauté ; aussi peut-on considérer ces prédictions comme la première prophétie de salut concernant tout Israël. Les reproches qui lui sont adressés par la suite (*Nbr.* XXXI, 16 ; XXV, 1) suscitent un rapprochement entre une telle figure et le type d'extatique qui est précisément celui de l'Israël du Nord. En remontant dans le temps on trouve certaines Bénédictions citées dans les collections qui annoncent cette forme de salut ; il convient de mentionner en premier lieu la Bénédiction formulée par Jacob pour la tribu de Joseph (*Gen.* XLIX, 22) et dont une version plus ancienne apparaît dans la Bénédiction de Moïse (*Dt.* XXXIII, 13). Cependant elle diffère de la prophétie de Bile'am en ce qu'elle ne vise manifestement pas à agir magiquement sur certains événements politiques précis. [113] Ce n'était pas une prophétie de salut, mais probablement un chant de louanges à la gloire de la terre fertile et belle de la tribu, que les bardes déclamaient lors des fêtes tribales en même temps qu'une prière implorant Yahvé qui réside dans le buisson d'épines, pour qu'il bénisse les vaillants *nazirs* et les premiers-nés de la tribu. De même la prière de Moïse pour Juda, qui est incontestablement plus tardive, appelle (*Dt.* XXXIII, 7) la bénédiction divine sur cette tribu qui, bien que harcelée par ses ennemis, semblait destinée à dominer la fédération. Cette prière paraît avoir un caractère essentiellement littéraire. Parmi les autres sentences concernant les tribus, certaines sont simplement des chants qui célèbrent les biens ou l'armée de la tribu ; d'autres au contraire sont des distiques pleins de raillerie et de critique ou encore comme chez Ruben, Siméon, Lévi, des justifications a posteriori du déclin de la tribu, mais aucune d'entre elles n'est animée par un véritable souffle prophétique. Seule la prière pour Juda dans la Bénédiction de Jacob (*Gen.* XLIX, 8) est marquée d'une autre empreinte. Non seulement elle célèbre la terre judaïque fertile en vignes, mais elle donne l'assurance que c'est la tribu de Juda qui détiendra le sceptre et que c'est d'elle que surgira le grand héros d'Israël. Cette sentence est à coup sûr un produit du développement prodigieux de la puissance de David et sans aucun doute une *vaticinatio ex eventu.* Mais elle en fait une prédiction de salut sous la forme d'une prophétie royale, et historiquement c'est probablement la plus ancienne de ce genre en Israël qui soit parvenue jusqu'à nous. On connaissait cette prophétie de salut dans toutes les cours orientales, notamment dans l'Égypte ancienne, et les prophètes royaux d'Israël la pratiquaient depuis David. Dans la Bénédiction de Juda, c'est à la tribu du roi que va cette promesse de salut puisque c'est elle qui détient l'hégémonie. Dans les prophéties royales typiques, c'est au roi qu'on prédit le salut. Pour ce dernier, il s'agissait avant tout d'assurer la continuité de sa dynastie à l'aide d'un oracle non équivoque et efficace. Que Yahvé en personne ait donné à David cette assurance c'est ce qu'affirme cette ancienne prophétie de salut (II *Sam.* XXIII, 1) de la dynastie davidique. Ici, le prophète royal place cette sentence en faveur de la dynastie dans la bouche même de son premier roi, celui que la tradition présente comme un extatique, inspiré par l'esprit de Yahvé alors qu'il occupe le trône. Cependant une tradition plus tardive favorable à Salomon et à son Temple cherchait à étayer sa légitimité quelque peu suspecte en faisant de Nathan, que la tradition prophétique présente ordinairement comme un « voyant », [114] un courtisan factieux, impliqué après la mort de David dans les intrigues de la cour et des prêtres. Par contre, elle fait annoncer par ce prophète (II *Sam.* VII, 8) une promesse de salut, favorable à Salomon et au trône de David, dont elle affirme la pérennité. Si l'on pouvait attribuer une grande ancienneté à cet oracle, ce serait la plus ancienne prophétie de salut de ce type que nous possédions. La tradition rapporte que parmi les rois de l'époque tardive, ce fut plus spécialement Achab qui utilisa les *neviim* de sa cour, apparemment assez nombreux, pour délivrer des oracles et tout naturellement aussi pour dispenser des promesses magiques de bonne fortune. Sous la dynastie strictement yahviste de Jéhu, on mentionne pour la première fois (I *Rois* XIV, 25) qu'un oracle de Jonas, fils d'Amittaï de Gath en Galilée, qui avait prédit — probablement durant la guerre difficile contre les Araméens — qu'un roi restaurerait les frontières de l'empire davidique, fut réalisé par les exploits guerriers de Jéroboam II, si bien que ce dernier incarna le roi annoncé par l'oracle. La prophétie du roi sauveur apparaît donc ici non seulement comme une forme littéraire — telle la prière pour Juda dans la Bénédiction de Jacob — mais bien comme un véritable oracle. Il ne fait pas de doute que là encore nous avons affaire à un prophète de salut au service du roi. On nous confirme ailleurs qu'il a été fait constamment appel à ces prophètes dans les deux demi-royaumes ; les paroles sévères que les prophètes scripturaires indépendants prononcèrent ultérieurement à l'encontre des prophètes de mensonge au service du roi en témoignent amplement.

Comme on a pu le voir par ce qui précède, la tradition, dans sa version actuelle, ne fait plus de différence entre le *navi* et le *roé*. Au contraire, elle prétend parfois expressément que *roé* n'était qu'une appellation plus ancienne pour *navi*, tandis que par *navi* elle désigne les prophètes scripturaires ultérieurs. Il ne fait cependant pas de doute que ceci est erroné. Si de nos jours des figures telles que Bile'am, Samuel, Nathan et Élie nous paraissent si floues, ce n'est pas uniquement parce qu'ici comme ailleurs la transition entre les types était fluide, mais bien plutôt parce que l'on s'est employé sciemment à estomper les anciens contrastes. Le récit de l'oracle de salut de Nathan que nous avons déjà cité révèle ce qu'était initialement le véritable *roé* : un homme qui rendait des oracles en se basant sur l'interprétation des rêves ; il interprétait donc avec succès ses propres rêves ou (comme Joseph dans la tradition narrative) [115] ceux des autres, ou bien encore — et c'était là l'essentiel — il avait des visions dans une extase apathique. Ce qui le différencie du *navi* de jadis, c'est avant tout le fait qu'il ne fasse pas appel à l'ivresse orgiaque ni à l'extase collective typiques des *neviim*. Il a ses visions dans la solitude et on vient chez lui pour le consulter. En règle générale mais non pas d'une façon absolue — c'est notamment le cas de Nathan — on lui attribue un pouvoir magique. C'est un tel *roé* pourvu d'un pouvoir magique qu'on qualifiait, semble-t-il, d'« homme de Dieu » (*ich ha-Élohim*). La place particulière que Samuel occupe dans la tradition historique s'explique peut-être à l'origine par le fait qu'il fut le premier, lors des guerres de libération, à utiliser en tant qu'oracles politiques le rêve et la claire vision des choses cachées, qui devinrent par la suite les formes classiques de la révélation de Yahvé. Nathan et Gad (II *Sam.* XXIV, 11) sous David, Ahiya de Silo sous Salomon et Jéroboam (I *Rois* XV, 29), Jéhu le fils d'Hanani sous Ba'cha, semblent avoir appartenu à ce type de prophètes. Ils furent par la suite logés à la même enseigne que les *neviim* libres ou les prophètes du roi. Mais apparemment la formulation d'oracles politiques ne fut pas l'activité première, ni l'activité principale permanente des « voyants ». D'autre part, les oracles officiels des prêtres de Yahvé, que l'on sollicitait, oracles politiques ou judiciaires, s'obtenaient par les sorts et non par des rêves ou des visions.

Il était également fait appel à l'extase du *roé* pour les problèmes privés. La tradition relate encore comment on venait soumettre au voyant des problèmes quotidiens de toutes sortes, par exemple la disparition d'une ânesse, et comment les oracles rendus à l'aide de visions étaient récompensés par des présents (I *Sam.* IX, 6-7). Pour la tradition ultérieure, bien sûr, l'homme de Dieu, le visionnaire, est avant tout celui qui révèle aux autorités compétentes : aux anciens, au roi ou à un héros dont il veut faire un chef de guerre charismatique la volonté du Dieu de l'Alliance. C'est ainsi que procèdent déjà Samuel et Nathan. Toutefois dans la version actuelle de la tradition qui est d'inspiration prophétique et plus particulièrement dans celle de l'école deutéronomique qui hissa Samuel sur le pavois, on a visiblement substitué au véritable « visionnaire » des temps anciens une autre figure entièrement différente. Il faut savoir que les types que nous avons étudiés jusqu'ici proviennent tous du territoire des tribus paysannes [116] et sédentaires du Nord. Ceci, comme nous le verrons plus tard, n'est pas un hasard. Cependant les tribus d'éleveurs de bétail et les tenants du yahvisme authentique connaissaient eux aussi — et là encore ce n'est pas un hasard — d'autres voies par lesquelles la divinité faisait connaître sa volonté. La plus ancienne est l'épiphanie. On la trouve chez tous les Patriarches, et dans la tradition historique elle se manifeste pour la première fois lors du rassemblement légendaire du peuple aux Bokhim (*Jug.* II, 11) et pour la dernière fois chez Gédéon. Yahvé lui-même s'est déjà transformé en messager divin. Dans la tradition tardive, seul Moïse a pu voir Yahvé face à face. Ce qui importe pourtant, c'est que celui qui est témoin de l'épiphanie entende la voix vivante de Yahvé ou de son messager et ne capte pas seulement une vision de rêve. Mais il s'agit là encore d'un autre type de prophétie. Ses représentants se prétendent supérieurs aux « rêveurs de rêves » dont les visions sont incertaines et incontrôlables. Pour ce type de prophétie, le critère demeura le suivant, jusqu'à l'époque tardive de la prophétie classique : il fallait avoir été en contact personnel avec le Dieu, avoir assisté à son « conseil » et avoir entendu personnellement la voix du Seigneur pour que l'oracle soit valable. La branche de la tradition qui a subi l'influence de ce courant considéra les oracles qui se fondaient sur l'interprétation des rêves comme non classiques et trompeurs, et tint pour suspects les voyants qui n'avaient recours qu'à cette forme de divination. L'interprétation des rêves, bien qu'elle ait été combattue avec violence, notamment par Jérémie, connut encore un regain de prestige à l'époque postexilique (*Joël* III, 1 ; *Dan.* II, 1) grâce à l'influence babylonienne ; si elle n'a jamais été complètement rejetée, il était exclu cependant que puisse se développer, du moins à l'époque préexilique, un enseignement sacerdotal de l'interprétation des rêves à la manière des clefs des songes mésopotamiennes. Des combinaisons de visions et de perceptions auditives se produisent parfois : Amos est appelé « Ḥozé » par ses ennemis, et ses expériences associent des visions [117] à des interprétations auditives de celles-ci par Yahvé. Ce sont pourtant de véritables visions éveillées. Mais chez Amos, les perceptions auditives l'emportent de beaucoup sur les visions, et cela suffit à le classer parmi ce type de prophète.

Le prophète qui a des perceptions auditives, qui est inspiré non par une vision de rêve ou une extase apathique mais qui est profondément bouleversé par les voix qu'il entend, est naturellement bien plus émotif et plus actif que le visionnaire onirique. C'est apparemment pour cette raison qu'on utilise également le nom de *navi*, pour ceux qui donnent ce genre d'oracles. Leur type de prophétie a profondément marqué la tradition. Depuis lors, aux yeux de la tradition, « l'homme de Dieu » c'est avant tout celui qui, soit parce qu'on le consulte comme la prophétesse Ḥulda sous Josias ou Jérémie sous Sédécias, soit au contraire et de plus en plus parce que précisément on ne le questionne pas, transmet la volonté du Dieu de l'Alliance aux tenants du pouvoir politique, que cet oracle leur plaise ou non. Samuel est le premier dans la tradition qui ait assez de prestige pour se permettre d'agir ainsi, et la conception traditionnelle ultérieure attache une telle importance au fait qu'un homme sans fonction et qui n'est même pas membre d'un clan sacerdotal puisse être saisi par l'esprit prophétique de Yahvé — ce qui a certainement dû être parfois contesté par les parties intéressées — qu'elle fit de l'épisode d'Eldad et de Medad (*Nbr.* XI, 26) un paradigme spécifiquement mosaïque pour un tel phénomène. Ce type de prophétie atteint son apogée avec la figure d'Élie en même temps qu'elle s'infléchit déjà partiellement vers un nouveau type, celui du prophète scripturaire de l'époque ultérieure. Ce dernier se différencie de l'ancien « homme de Dieu » du fait que ses oracles s'adressent, en partie du moins, à un « public » très large qui s'intéresse à la politique et non pas aux seules autorités, que ce soit le roi ou les anciens. Élie, que la tradition tendancieuse des *neviim* met en relation, tout au moins indirectement, avec l'école des prophètes d'Élisée qui conservait alors un caractère tout à fait traditionnel, est la première figure spécifiquement « cléricale » de l'histoire d'Israël. C'est la légende forgée par les épigones des anciens ainsi que leurs efforts en vue de se faire passer pour les héritiers d'Élie — efforts que la tradition elle-même dénonce comme une tentative ambitieuse — qui ont fait de ce dernier un magicien du type d'Élisée. Mais au contraire, si son attitude est tellement impressionnante, c'est justement parce qu'il refusait d'avoir recours à tout autre moyen que la simple supplique adressée à Yahvé, s'opposant ainsi à la magie extatique des *neviim* du Ba'al. [118] Ce n'est pas un hasard si la tradition fait d'Élisée un paysan sédentaire tandis qu'Élie, qui est originaire de Tichbé au-delà du Jourdain, c'est-à-dire d'un pays de steppes, parcourt en nomade tout le territoire où prévalait le culte de Yahvé jusqu'au Horeb ; il est menacé de mort par la reine du Royaume du Nord, alors qu'Élisée fait fonction de magicien de la guerre auprès d'Achab. C'est dans la solitude qu'Élie reçoit des ordres de Yahvé, et c'est lui-même en tant qu'envoyé de Dieu qui proclame son message conformément aux efforts déployés par la conception yahviste de son époque pour attribuer ce même rôle aux épiphanies des anges. C'est là-dessus ainsi que sur la brutalité jusque-là inouïe avec laquelle il se dresse contre les tenants du pouvoir politique que repose son incomparable prestige. Sur le plan historique il est important, parce qu'il est le premier prophète de malheur dont l'existence soit attestée historiquement avec quelque certitude, et par là même il apparaît comme le précurseur d'une série de grandes figures qui, d'après les sources littéraires dont nous disposons, commence avec Amos pour prendre fin avec Ézéchiel. Ces prophètes prirent la tête de l'opposition intellectuelle contre la royauté et contre toutes les innovations (effectives ou prétendues) dont elle s'était rendue coupable, depuis les cultes étrangers et cananéens abhorrés, jusqu'aux pressions sociales contre ceux qui s'étaient faits jadis les champions de la levée de l'armée confédérée. Tout comme pour les visionnaires oniriques qui, plongés dans une extase apathique, interprétaient les rêves, c'est essentiellement la solitude qui constitue le critère décisif, les opposant aux *neviim* qui participent à des extases orgiaques de masse. Il est vrai que sur le plan psychologique ils s'en séparent ainsi que nous l'avons déjà indiqué, et nous y reviendrons encore, pour de tout autres raisons. La première est d'ordre sociologique car la prophétie de malheur, à l'inverse de la prophétie de salut, ne pouvait devenir l'objet d'un enseignement professionnel ni être exploitée comme une source de profit : car on n'achetait pas un mauvais présage — et tout oracle de malheur en était un ; de plus, toutes les autorités et groupes sociaux évitaient le prophète de malheur ou bien bannissaient ce corrupteur du peuple qui avait fait échouer tous les bons présages. Ainsi la solitude du prophète de malheur aussi bien que son refus de toute rémunération pour ses oracles [1], que nous avions d'abord érigés en principes, étaient également déterminés par des conditions extérieures et ne résultaient que partiellement d'un libre choix. [119] Ce sont néanmoins ces aspects-là de la prophétie qui contribuèrent d'une façon décisive à faire de ces prophètes les grands idéologues du yahvisme puisque, en ne ménageant personne, ils réussirent dans les tâches gigantesques qui leur avaient été imparties. Le roi Achab qualifie Élie d'artisan de malheur et de corrupteur du peuple. En fait, par sa tournure d'esprit il appartient déjà au type des prophètes ultérieurs. Selon la tradition l'esprit irascible de Yahvé s'est emparé de lui et l'anime d'une passion démesurée ; après l'ordalie manifestant sa victoire triomphale sur ses concurrents, les prêtres de Ba'al, il se ceint les reins et court devant le char du roi depuis le mont Carmel jusqu'à la capitale. Mais la tradition présente également Élie comme un héros de la foi qui, tel Moïse, lutte avec son Dieu et se querelle avec lui ; ce dernier le juge digne d'une épiphanie, très proche de celle de Moïse ; il est également le dernier grand magicien et le seul parmi tous ceux que Yahvé a enlevés et amenés au ciel, à qui la version actuelle de la tradition concède un tel honneur, si bien que l'espoir de son retour a occupé l'imagination des croyants jusqu'à une époque très avancée. Mais à côté de ce personnage que la légende a haussé au rang de surhomme, on trouve également dans la tradition une autre figure, purement historique cette fois et dépourvue de toute dimension surnaturelle, mais qui correspond sur un point fondamental au type des prophètes ulté-

1. Michée III, 5 dénonce les prophètes qui annoncent le salut lorsqu'ils sont bien rétribués et le malheur lorsque leur salaire est trop bas. Il condamne d'ailleurs (III, 11) tous les prophètes qui se font rétribuer.

rieurs, si bien que les rédacteurs de la tradition en font un de leurs prototypes : il s'agit de Michée, fils de Yimla, qui avant l'expédition militaire se dresse contre les centaines de prophètes de salut au service d'Achab et prédit un désastre qui s'accomplit (I *Rois* XXII, 8). Cette menace de désastre politique, qui en même temps passait déjà pour de la magie et aussi pour un mauvais présage, apparut aux contemporains de Michée et de Jérémie (*Jér.* XXVI, 18) et à ceux d'Élie (I *Rois* XXI, 20) comme le critère caractéristique d'une forme particulière de prophétie. Elle était dangereuse sur le plan politique. Mais il paraissait encore plus dangereux de mettre la main sur ces prophètes de malheur inspirés par Yahvé. C'est alors qu'on projeta rétrospectivement ce critère d'une forme particulière de prophétie sur les figures à demi-légendaires des voyants du passé, faisant ainsi de Bile'am qui est supposé être moabite et d'Élisée des prophètes qui contre leur gré prédisent l'un le salut d'Israël et l'autre celui de Ḥazaël.

Ce n'est pas un hasard si la première apparition de ces voyants indépendants préoccupés de problèmes politiques, auxquels succédèrent les prophètes, coïncide à peu près exactement avec les grandes transformations de l'organisation politique et de la structure sociale d'Israël, [120] qui résultèrent du développement de la royauté sous David et sous Salomon. Les problèmes de la construction du Temple et de la succession du trône, les péchés privés du monarque, le culte, les décisions les plus diverses d'ordre politique ou personnel et, pour la première fois chez Élie, la politique sociale pleine d'injustice du roi, telles sont les préoccupations qui se manifestent dans leurs oracles, et leurs critiques sont d'autant plus vives qu'elles ne sont nullement sollicitées. Cette protestation est fondée dans la tradition sur un critère absolu : le « bon vieux droit » de l'ancienne confédération israélite tel que ces négateurs l'entendaient. Pour eux la source de tout le mal, c'était la transformation de l'État en un État qui imposait les liturgies, en une « maison d'esclavage égyptienne », ainsi que le combat de chars et une politique ayant des visées mondiales. Tout l'appareil bureaucratique était une abomination égyptienne, et les recensements provoquaient des épidémies de peste, même lorsqu'ils avaient lieu à l'instigation de Yahvé qui voulait punir les fautes. Par là même ils se faisaient les porte-parole de croyances populaires. Les paysans israélites savaient qu'ils avaient jadis combattu les chevaliers pour se libérer des corvées. Et maintenant ils prenaient conscience de la suprématie politique et économique du roi et des patriciens, alors qu'eux-mêmes étaient de plus en plus réduits à la condition d'esclaves pour dettes. Les voyants et les prophètes qui ne dépendaient pas du roi, les héritiers populaires des *neviim* guerriers mis à pied idéalisaient ainsi l'époque où Yahvé lui-même avait pris en tant que chef de guerre la tête de l'armée des paysans et où le prince monté sur un âne ne comptait pas sur des chevaux, des chars et des alliances, mais uniquement sur le secours du Dieu des armées de l'Alliance. C'est depuis lors que la religion israélite attache un si grand prix à la « foi » dans les promesses de Yahvé. Le titre de « Yahvé Tsevaoth », « Yahvé le dieu des armées [1] », qui est absent du Pentateuque et du Livre des Juges, devint alors le seul titre divin utilisé par les voyants et plus tard, à leur exemple, par les prophètes scripturaires, surtout (mais non pas exclusivement) par les prophètes de malheur. À l'origine les *tsevaoth* étaient les serviteurs célestes de Yahvé, essentiellement l'armée des esprits stellaires (*tsava*) qui dans le Cantique de Déborah déjà [121] avaient participé au combat aux côtés des anges. Mais dans la tradition séculière, comme le fait remarquer très justement Kautzsch, chaque fois que le mot *tsevaoth* apparaît sans qu'il soit mis en relation avec le nom de Dieu, il désigne toujours l'ancienne armée de conscription d'Israël. Dans ces cercles, c'est Yahvé qui était le Dieu de l'armée confédérée et c'est là ce qu'évoque le plus souvent cette désignation prophétique de Dieu. Ce titre a été également utilisé dans certains passages de la tradition plus récente à une époque qui, en ce qui concerne plus particulièrement la politique, fut pacifiste. Il s'agit justement d'une reconstruction tardive,

1. Wellhausen et après lui HEHN, *Die biblische und die babylonische Gottesidee*, interprètent le concept des armées célestes d'une façon relativement universaliste : Yahvé est le seigneur de tous les esprits qui sont dans l'univers.

idéale et tendancieuse, du passé de la confédération israélite. La prophétie de malheur yahviste n'utilisait pas seulement cette appellation parce que la prophétie du bon vieux temps avait été une prophétie guerrière ni parce qu'elle voulait affirmer que seul Yahvé était le prince légitime de l'armée d'Israël (cette affirmation se trouve pour la première fois chez *Is.* VI, 5 et XXIV, 21), mais parce que précisément les anciennes promesses de Dieu avaient pour principal objet, en plus du bien-être matériel d'Israël, son succès militaire ; la prophétie yahviste ne pouvait ni ne voulait y renoncer. Au caractère pacifiste des légendes des patriarches qui devait son origine au cercle des éleveurs de petit bétail démilitarisés et à l'idéalisation de l'ancien droit social, principalement de la législation des dettes dans la fédération yahviste, auquel les plébéiens démilitarisés tenaient tant, s'ajoutait maintenant la légende des prophètes qui combattaient au service de la foi. En fait ceux-ci étaient également démilitarisés, ne combattaient aux côtés de Yahvé que dans leur seule imagination et ne passaient plus pour des derviches guerriers, des thérapeutes et des faiseurs de pluie extatiques mais pour une classe d'idéologues politiques et de lettrés. D'après une remarque occasionnelle d'Amos (II, 11), il semble que la bureaucratie royale ait combattu tout à fait délibérément les *nazirs* et les *neviim*, ces démocrates gênants qui luttaient pour leur foi. À la lumière de toutes les analogies qui apparaissent dans d'autres passages cela paraît hautement probable et l'est d'autant plus que lorsque l'administration est puissante, les prophètes, eux, sont réduits au silence. Mais que cette puissance vienne à décliner ou que se profile à l'horizon la menace d'une invasion étrangère, aussitôt ressurgissent les anciens souvenirs démocratiques. L'imagination utopique de ceux qui partageaient cet idéal démocratique se repaissait d'autant plus des images sanglantes des exploits guerriers de Yahvé qu'eux-mêmes entre-temps avaient été progressivement démilitarisés ; [122] c'est ainsi qu'aujourd'hui encore dans tous les pays ce sont les classes de lettrés les plus éloignées des tranchées et par nature les moins combatives qui manifestent le plus haut degré de soif guerrière. Pour ces lettrés le véritable obstacle devait être la politique royale qui avait introduit toutes ces transformations dans l'ancien ordre militaire et social. Cette opposition aux transformations politiques et sociales regroupait à la fois les rékhavites et autres bergers soumis aux prêtres yahvistes, les paysans et les sectateurs de Yahvé d'une piété exemplaire sous le signe de l'idéalisation du bon vieux temps, celui de l'authentique piété et de la libre confédération yahviste. Si cette critique jouissait d'une telle indépendance vis-à-vis du roi c'est parce que la royauté n'était pas de nature hiérocratique. Le roi d'Israël n'avait pas de fonction sacerdotale bien que David ait tenté de jouer un tel rôle lorsqu'il s'est revêtu de l'« éphod ». Mais par ailleurs le roi avait le pouvoir d'engager et de renvoyer les prêtres des sanctuaires qui relevaient de la couronne [1], de les traiter en fait comme des fonctionnaires tout comme le faisaient les grands propriétaires terriens (Michée) dans leurs chapelles. À l'origine le roi pouvait offrir des sacrifices comme chaque Israélite. Mais il n'était pas qualifié pour donner des oracles, pour administrer des sacrements ou pour accorder la rémission des péchés. C'était là une prérogative réservée à ceux qui étaient charismatiquement qualifiés : les prophètes et plus tard les lévites qui avaient reçu une formation spécifique. Si le sacrifice collectif perdit quelque peu de son importance dans la religion yahviste, cela était dû à l'absence initiale d'une autorité fédérale permanente et à la nature même du lien qui existait entre Yahvé et la confédération ; ce déclin assura l'indépendance et la suprématie hiérocratique des *neviim* libres (de même que celle des maîtres ultérieurs de la Thora) vis-à-vis du roi.

La tradition plus tardive fait de Samuel qu'elle idéalise à la fois un *roé*, un *navi*, le défenseur de l'ancien droit et son porte-parole, pour dénoncer le contenu du nouveau droit royal qu'elle exècre. Puisque malgré tous les avertissements le peuple persiste à vouloir élire un roi, Samuel (I *Sam.* X, 25) aurait mis par écrit et, conformément à la conception de la *berith* qui prévalait en toutes choses, [123] aurait déposé dans

1. *Am.* VII, 10-13. Le prêtre de Béthel se plaint du prophète auprès de Jéroboam en l'accusant d'avoir incité le peuple à la révolte et de l'avoir chassé du « sanctuaire royal » (*miqdach melekh*) et de la « maison royale » (*beth mamlakha*).

les archives, comme une charte constitutionnelle, les dispositions suivantes (I *Sam.* VIII, 11) : le roi nommera les chefs de mille et de cinquante hommes ; il enrôlera de force les fils des Israélites comme conducteurs pour ses chars, comme armuriers et comme charrons, tandis que les filles devront préparer des onguents, faire la cuisine et le pain (pour sa table et pour les besoins de l'armée). Il exigera des champs, des vignobles et des oliveraies comme fiefs pour ses fonctionnaires, il instituera des corvées pour cultiver les champs et faire la moisson et exigera tout particulièrement le service forcé de serviteurs et de servantes, de gros bœufs et d'ânes pour le domaine royal ; il prélèvera la dîme du vin, de la récolte des champs et du menu bétail pour la solde de ses officiers et de ses soldats. Les Israélites libres deviendront ses « serviteurs », c'est-à-dire ses sujets et non plus des confédérés [1]. C'est pour dénoncer un tel état de choses qu'apparut la légende d'orientation politique qui modifia la tradition. Tandis que la véritable tradition sait (II *Sam.* XXI, 19) que l'un des chevaliers de David, Elhanan de Bethléem, a tué Goliath de Gath, c'est un jeune berger inconnu sans armes qui, dans la légende tendancieuse, le met à mort en se servant d'une pierre à la façon des paysans. Un nombre considérable de traits semblables ont été soit sélectionnés dans la véritable tradition alors que d'autres étaient passés sous silence, soit inventés. C'est probablement à la préférence affichée par cette tradition pour l'ancienne armée des paysans que nous devons la préservation du Cantique de Déborah, qui a été extrait des anciennes collections de chants, et c'est à elle que nous devons d'autre part la transformation en légendes de la conquête de Canaan et des guerres de l'époque des Juges. Mais on lui doit surtout l'idéalisation de l'égalité fraternelle et des mœurs simples des confédérés dans le désert, ce que Budde a appelé avec beaucoup de bonheur « l'idéal nomade ». Il est fort probable que cette nouvelle tendance ait déterminé le choix des prescriptions sociales et juridiques qui,

1. C'est sous l'effet de la colère (*Os.* XIII, 11) que Yahvé a donné un roi à Israël. Il ne fait pas de doute que ce sont les usurpateurs illégitimes de l'Israël du Nord qui sont visés ici.

parmi toutes les collections de lois édictées jadis, sont les seules à nous être parvenues, et qu'elle ait également suscité l'interpolation apparemment assez importante de théologoumènes utopiques.

Cette même tendance détermina les représentants de l'ancienne tradition à demander au roi de ne pas « retourner dans la maison d'esclavage égyptienne » (*Dt.* XVII, 16) pour s'y procurer des chevaux et des chars. Elle condamnait le faste et la splendeur de la cour et du Temple de Salomon [124] tout en glorifiant l'ancienne liberté des paysans ainsi que le culte sans ornements et l'autel de terre d'autrefois. Mais étant donné les intérêts importants qui se greffaient sur le culte royal célébré avec faste au Temple, ces exigences rencontraient des opposants jusque dans les cercles des pieux yahvistes. Si bien que, dans les sources, l'attitude face aux innovations hardies et à la royauté de Salomon est généralement équivoque. L'un des courants de la tradition reconnaît qu'à l'époque où il n'y avait pas de souverain régnaient le désordre et l'arbitraire ; il excuse ainsi tout ce qui, du point de vue de la rectitude rituelle et de l'éthique ultérieure, apparaît comme un sacrilège. Ce courant affirme que lorsqu'il n'y avait point de roi en Israël, chacun « faisait ce que bon lui semblait » (*Jug.* XVII, 6 ; XXI, 25 et également XVIII, 1 ; XIX, 1). L'éminente suprématie de David, mais aussi de Salomon le bâtisseur du Temple, œuvrait naturellement en faveur d'une idéalisation de ces rois au détriment de Saül, le prince paysan, et plus tard des princes des deux royaumes ennemis. À l'époque des grands succès militaires lors des guerres de libération et dans la période qui les suivait, la royauté jouissait d'un énorme prestige [1]. Le roi qui par l'onction était investi de l'« esprit » de Yahvé n'avait pas encore à ses côtés une puissance sacerdotale et cléricale capable de rivaliser avec lui de façon efficace et durable ; revêtu d'habits de prêtre, il offrait lui-même des sacrifices à Dieu (comme, selon la tradition, le fit David) et il disposait des postes sacerdotaux et des lieux de culte, presque aussi librement que certains

1. K. BUDDE, « Die Schätzung des Königtums im A. T. », in *Marburger Akademische Reden*, n° 8 (Marburg, 1903).

grands souverains mésopotamiens. Cette tradition considère le roi comme le « messie », l'« oint » de Yahvé (*ha-machiaḥ*), tout comme le grand-prêtre après l'exil. L'onction n'était apparemment pas requise lors d'une succession régulière sur le trône, mais elle était nécessaire lorsqu'il s'agissait de légitimer prophétiquement des usurpateurs (David, Jéhu, ainsi que, dans l'une des trois traditions, Saül) ; cette cérémonie, probablement empruntée à une ancienne coutume des princes de certaines cités telles que Jérusalem, prit alors une signification rituelle[1]. Cependant un autre courant de la tradition fut influencé [125] par le déclin tardif de la puissance du pays et par le prestige grandissant des prophètes. Ce courant n'ignorait pas qu'avant qu'Israël se soit donné un roi, c'était le Dieu de l'Alliance lui-même, et lui seul, sans aucun intermédiaire, qui avait été le souverain ; contrairement aux monarques actuels, Yahvé n'avait pas eu besoin de tout un appareil administratif, fiscal et coercitif ni de corvées, mais il avait toujours fait part de sa volonté à son peuple par l'intermédiaire des voyants et des héros du temps passé, et il l'avait toujours secouru lorsqu'il obéissait à ses commandements. Cette tendance paraît avoir prévalu davantage encore chez les paysans ephraïmites que dans le Royaume du Sud où intervenait la proximité de Jérusalem. Parmi les prophètes c'est Osée qui fut le premier porte-parole de cette tendance. Dans le Royaume du Sud il était pratiquement impossible de porter directement atteinte au prestige de la dynastie davidique, la seule qui avait su se maintenir durablement sur le trône. Il était également impossible de demander l'abolition de la royauté. C'est pourquoi on s'était donné pour tâche de supprimer les innovations que la royauté avait introduites. Tout d'abord sur le plan politique : on réclamait l'abolition du militarisme avec ses chevaux et ses chars, la suppression du trésor du trône, des princesses du harem et de leur culte, des favoris du roi qui se voyaient confier des postes administratifs, ainsi que des corvées pour les travaux de construction

1. Schwally fait dériver le mot *nadiv*, pour le prince, de « se consacrer », pour la guerre ; ceci demeure fort contestable. *Nadiv* désigne le prince en ce qu'il dispense des dons.

et la culture des terres. Le Deutéronome exige que le roi abandonne ses airs hautains de sultan, de « grand » monarque, et redevienne un *primus inter pares* charismatique, qu'il se débarrasse de ses chevaux et de ses chars pour apparaître comme un juge plein de sagesse, monté sur un âne, qui défend le droit des petites gens. Alors l'ancien Dieu de l'Alliance, Yahvé, sera de nouveau à ses côtés comme il avait été autrefois à la tête de l'armée des paysans, et cela quelle que soit la supériorité apparente des ennemis d'Israël, à la seule condition — mais elle détermine tout le reste — que le roi renonce à ses prétentions en matière de politique mondiale qui sont la cause de toutes ces innovations. Nous verrons encore comment les aspirations de puissance des prêtres et les idéologies des théologiens se regroupaient autour de ce programme, que la loi deutéronomique essaya effectivement de réaliser sous Josias, quelques décades avant la chute de Jérusalem.

En Israël la royauté n'était pas une monarchie patrimoniale, préoccupée du bien-être public, mais elle était liée à la puissance des *gibborim*. C'est pourquoi les représentants de l'ancienne tradition dirigeaient leurs attaques contre les deux à la fois. Ce courant s'exprime avec une grande violence dans les oracles des prophètes scripturaires d'avant l'exil. Il nous faudra par la suite étudier conjointement leur position politique et leur importance en général. Ils nous intéressent ici parce qu'ils sont les porte-parole de la réprobation et des critiques populaires à l'encontre de la situation sociale et politique. Ils dénoncent en premier lieu [126] la corruption des juges qui acceptent des présents et violent le droit (*Am.* II, 6 ; *Is.* I, 23 ; V, 23). À cause de ces pratiques le « droit est transformé en poison » (*Am.* VI, 12) ; on accepte le prix du sang, on répand du sang innocent (*Is.* I, 15 ; VII, 6) ; on écorche le peuple (*Mic.* III, 2-3) ; les jugements sont faussés au profit des impies et au détriment des pauvres, des veuves, des orphelins (*Is.* X, 2) et des justes (*Am.* V, 12) ; la violence (*Jér.* VII, 6 ; XXII, 3) et l'oppression (*Is.* V, 7) tiennent lieu de justice ; on accumule maison après maison, champ après champs (*Is.* V, 8 ; *Mic.* II, 1-2) ; on opprime les pauvres (*Am.* VIII, 4) et particulièrement ceux qui sont « près de la porte » (*Am.* V, 12), c'est-à-dire la population rurale écrasée sous le joug du patriciat urbain qui prélève de grandes quantités de blé (*Am.* v, 11) ; on chasse femmes et enfants de leurs maisons (*Mic.* II, 9), on est injuste envers les nécessiteux (*Am.* IV, 1) ; les riches mènent joyeuse vie avec le profit qu'ils tirent des vêtements qu'ils ont pris en gage contrairement à la loi qui interdit une telle saisie. Les riches sont arrogants (*Am.* VI, 4 ; *Is.* III, 16), les *gibborim* se saoulent (*Is.* v, 22 ; v, 11) et l'avarice est le vice cardinal. Ce sont là les reproches dont les couches plébéiennes — celles qui eurent Hésiode pour porte-parole dans l'Antiquité hellénique — accablent soit les fonctionnaires de la cour soit les clans patriciens des villes ; ceci est particulièrement vrai en Occident à l'époque précapitaliste c'est-à-dire durant l'Antiquité et le haut Moyen Âge. En Israël, comme nous l'avons vu, la royauté et les clans que leur richesse qualifiait pour porter les armes étaient en étroite collusion, et les fonctionnaires royaux étaient presque tous issus de la classe patricienne. Ces antagonismes qui sont typiquement des conflits de classe apparaissent très clairement dans la prophétie.

10. LE DIEU DES ARMÉES DE LA FÉDÉRATION SON ACCEPTATION - SA SIGNIFICATION

La tradition, hostile à la royauté et à la noblesse urbaine, se fonde sur l'ancienne alliance que Yahvé, par l'intermédiaire de Moïse, avait conclue jadis avec Israël, le distinguant ainsi parmi tous les autres peuples ; elle invoque également l'événement historique tout à fait unique qui est à la base de la conclusion non moins unique elle aussi de ce pacte. Il ne fait pas de doute en effet que la relation particulière qui existait entre Israël et son Dieu, le fait que le Dieu n'était pas le garant, mais le partenaire même de l'alliance, était effectivement le produit d'un événement concret [127] dans lequel la tradition israélite unanime voit l'origine de ce processus. Tous les prophètes interprètent la libération de l'esclavage d'Égypte et la destruction miraculeuse d'une armée égyptienne dans la mer Rouge comme un signe manifeste de la puissance du Dieu qui tient toujours ses promesses et de la dette de gratitude qu'Israël a contractée envers lui à tout jamais. Cet événement était d'autant plus exceptionnel que c'était un Dieu jusque-là inconnu en Israël qui avait accompli ce miracle ; par la suite une *berith* solennelle avait institué, sur l'initiative de Moïse, un culte de Yahvé et consacré celui-ci comme Dieu de l'Alliance. mais cette acceptation reposait sur des engagements mutuels négociés par le prophète Moïse qui servit d'intermédiaire entre les deux parties. C'est sur cet engagement du peuple que se fondaient les tâches particulières qu'il lui fallait sans cesse accomplir pour le Dieu tandis que les promesses de ce dernier faisaient de lui comme de nul autre dieu dans l'histoire du monde un Dieu de la promesse pour Israël. Telle est la conception sans équivoque de la tradition. Elle présuppose clairement le concept de « l'abandon » de Yahvé, qu'elle considère comme une abomination des plus funeste [1] ; ce concept ne se rencontre nulle part dans le monde environnant mais en revanche il est déjà présent dans le Cantique de Déborah. Et surtout cette conception est le fondement idéal et indispensable de l'importance tout à fait exceptionnelle que prirent la prophétie et les promesses de salut. Bien sûr, les prêtres et les mystagogues du monde entier ont promis depuis toujours aux adorateurs de leur dieu des richesses, une longue vie, une nombreuse descendance et un bon renom, alors que les rois demandaient de semblables promesses à leurs prophètes de cour. De même, on considérait comme normal que le dieu de la guerre d'une tribu ou d'un roi s'engage à leurs côtés contre leurs ennemis. Il en était ainsi en Israël. Une descendance nombreuse, pour que le peuple devienne comme le sable de la mer, la défaite de tous les ennemis, la pluie, des récoltes abondantes, des biens en sécurité, et finalement le nom des ancêtres légendaires et celui du peuple béni devenant lui-

1. C'est à juste titre que HEHN, *Die biblische und die babylonische Gottesidee*, fait remarquer que ce concept ne se retrouve dans aucune autre religion du Proche-Orient. Il ne se comprend que par référence aux relations déterminées par l'ancienne *berith*.

même source de bénédiction, voilà ce qu'on attendait du Dieu de l'Alliance qui passait pour tout-puissant. [128] Mais, comme les rapports avec Dieu étaient déterminés par une *berith*, cette espérance acquit une assise extrêmement solide et on considéra qu'elle reposait sur un engagement explicite, un serment de Dieu. À l'origine on ne concevait pas que les promesses puissent être liées à des conditions spécifiques, et selon les plus anciennes formulations de la tradition elles ne dépendaient pas d'une attitude ou d'un comportement éthique particuliers d'Israël. Par contre ces promesses dépendaient — et cela va de soi — d'une seule condition : que Yahvé soit effectivement le Dieu d'Israël et qu'il soit traité en tant que tel ; alors Yahvé sera aux côtés d'Israël contre vents et marées. Cela seul comptait, et c'est à cela que s'en tenaient les militants investis de l'« esprit » de Yahvé, les *nazirs* et les *neviim* qui combattaient pour la foi et l'inculquaient (déjà dans le Cantique de Déborah) à l'armée de conscription. Cette conception de l'« idolâtrie » comme abomination, qui était tout à fait étrangère aux autres religions antiques, acquit par là une importance primordiale. C'est son propre serment et absolument rien d'autre — ceci se trouve encore expressément formulé dans le Deutéronome (VII, 7) — qui amène Yahvé à favoriser Israël plus que tous les autres peuples, et non une quelconque supériorité morale d'Israël. Toujours est-il que ceci allait déjà à l'encontre des conceptions populaires. Comme chaque peuple, les Israélites savaient que d'autres nations leur étaient inférieures et que Dieu devait lui aussi les tenir pour telles. Et comme toujours, cette inégalité de valeur était fondée sur le fait qu'elles avaient d'autres habitudes de vie, qu'elles faisaient des choses qu'on « n'avait jamais faites en Israël ». La *berith* ayant fait du Dieu le garant contractuel des ordonnances rituelles et sociales de l'alliance, la raison pour laquelle Yahvé tenait les autres peuples pour inférieurs était simplement la suivante : ils ignoraient ou du moins ne respectaient pas ses ordonnances. Cette justification négative de la discrimination opérée par Yahvé apparaît également dans le Deutéronome où elle se combine avec la conception propre à ce Livre. Mais les conceptions des défenseurs de la religion avaient déjà beaucoup évolué. Dans tout l'univers les dieux protégeaient l'ordre social, punissaient ceux qui le violaient, récompensaient ceux qui le respectaient. Pour ceux qui concevaient les relations avec le Dieu de l'alliance en termes de *berith*, il fallait encore adhérer à ces vues avec une énergie toute particulière lorsque les gens étaient amenés à s'interroger sur les raisons de la conduite du Dieu. C'est ce qui advint lorsque déclina la suprématie politique d'Israël. [129] Il apparaît clairement que le souvenir de Moïse et de l'alliance ainsi que la signification même de l'idée d'alliance, qui sous l'influence de la suprématie éclatante de la royauté étaient passés à l'arrière-plan, connurent peu de temps avant l'exil, et durant la rédaction de la tradition sacerdotale pendant l'exil, un regain d'intérêt : c'était une conséquence tout à fait normale de la perte de prestige des autorités politiques et aussi de l'inquiétude quant aux causes de la décadence. L'ancien droit de la confédération et l'importance attachée au respect des commandements de Yahvé, comme condition nécessaire de sa clémence, s'imposèrent alors avec force et donnèrent leur empreinte aux espérances de l'avenir : celles-ci présupposaient nécessairement l'obéissance aux anciens commandements, si bien que l'idée d'« alliance » devint, plus que chez n'importe quel autre peuple, la force dynamique particulière qui animait les conceptions éthiques de la doctrine sacerdotale et de la prophétie. À l'époque où apparurent les prophètes scripturaires l'idée que les relations entre Israël et Yahvé étaient caractérisées par une alliance conclue avec Dieu lui-même était déjà communément admise. Les menaces de malheur proférées contre Israël, qui apparaissent dans les prophéties, sont encore absentes, il est vrai, de ces traditions que l'on considère comme authentiquement « yahvistes » et « élohistes ». Il est probable aussi que la plus ancienne des grandes promesses divines de salut, celle qui donne à Abraham (*Gen.* XV, 18-21) l'assurance qu'il sera le maître de la terre de Canaan (selon une précision ajoutée : de la frontière égyptienne jusqu'à l'Euphrate), ne figure que dans la version dénommée « yehoviste » par Wellhausen, qui date de l'époque des prophètes. Cette promesse figure elle aussi dans la *berith* formelle et rituelle que Dieu conclut avec le patriarche. L'engagement divin y apparaît comme la conséquence de la foi inconditionnelle d'Abraham, que Dieu lui « impute à justice » (*Gen.* XV, 6). Il s'agit vraisemblablement d'une formulation seconde, très abstraite, qui porte la marque de la rédaction exilique (*Gen.* XII, 2). Mais la conception de l'obéissance en tant que telle doit certainement être bien plus ancienne. ainsi le récit du sacrifice d'Isaac, en tant que paradigme de la foi authentique et inconditionnelle, semble avoir été rédigé à l'époque préprophétique (élohiste) bien que le renouvellement explicite du serment et de l'engagement du Dieu soit considéré comme une addition tardive. La formulation du contenu de la *berith* sous forme de promesse et de salaire [130] destiné à récompenser l'obéissance est aussi plus tardive dans les versions que nous possédons. mais dès le début de l'époque des prophètes scripturaires l'idée d'une *berith* était déjà si fermement implantée que l'un des premiers d'entre eux, Osée, put immédiatement concevoir la signification religieuse des rapports avec Dieu comme un mariage et chaque manquement d'Israël à ses engagements comme un adultère, une violation de la foi jurée à Yahvé. Ce fondement fort ancien a prévalu avec force jusqu'à une époque extrêmement tardive. C'est ce dont témoigne, d'une façon significative, le fait que les chants d'amour, en partie scabreux, de la collection intégrée en tant que Cantique des Cantiques dans le canon actuel, aient pu passer aux yeux de la postérité, déjà très sentimentalement « piétiste », comme une expression adéquate des rapports entre Yahvé et son peuple. C'est pourquoi chez tous les prophètes, depuis Osée jusqu'à Ézéchiel, la « jalousie » (*qina*) de Yahvé à l'égard des autres dieux demeure l'un des traits les plus saillants[1].

Des deux grandes collections de sources, celle que l'on a dénommée l'« élohiste » et qui dans ce cas est la plus

1. KÜCHLER, *ZAW*, XXVIII (1980), montre qu'après la destruction de Jérusalem la « jalousie » de Yahvé ne se porte plus sur les autres divinités, ou sur Israël qui les sert, mais est dirigée contre les ennemis d'Israël (cf. Ézéchiel).

ancienne, indique très clairement que Yahvé était un Dieu n'ayant été accepté que tout récemment par la confédération guerrière israélite, par l'intermédiaire du culte instauré par Moïse [1]. Selon cette tradition, qui est d'ailleurs également préservée dans la Bénédiction pour Ephraïm, Dieu se serait révélé à Moïse qui, lors d'une épiphanie imprévue dans la flamme d'un buisson au milieu du désert, près du Ḥoreb, apparaît comme un berger israélite au service des Madianites. À Moïse qui lui demandait son nom, le Dieu, selon cette version de la tradition, répondit évasivement par un jeu de mots étymologique « Je suis celui que je suis », tout en mentionnant parallèlement le nom de Yahvé qui ne semble pas d'origine israélite [131] [2]. Le Dieu des patriarches, auquel on l'identifiera par la suite, n'a pas encore, dans ces sources plus anciennes, le nom de Yahvé mais seulement celui de « *El* » ; parmi les différentes expressions composées celle d'« *El Chaddaï* », qui étymologiquement n'était pas non plus d'origine israélite, fut hautement prisée dans la tradition sacerdotale tardive. Moïse tout comme Pinḥas sont des noms égyptiens. Dans l'une des traditions Aaron et Miryam reprochent à Moïse d'avoir épousé une *kuchite* ; ce sont là des réminiscences d'anciennes querelles entre des clans sacerdotaux, réminiscences dans lesquelles on continue pourtant à se rappeler que longtemps encore Yahvé et ses prêtres avaient été considérés comme entièrement, ou partiellement, étrangers au pays. À une époque où l'hégémonie égyptienne s'étendait sur la Palestine et le désert du Sinaï, la présence de noms égyptiens n'atteste pas plus l'origine étrangère du fondateur de la fédération, ou encore de son Dieu, que les noms

1. BUDDE a beaucoup insisté là-dessus, « Das nomadische Ideal im Alten Testament », *Preußische Jahrbücher*, LXXXV (1896) et *Die altisraelitische Religion*.

2. L'étymologie du tétragramme YHWH est encore fort controversée ; est-il dérivé de Yah (qu'on trouve dans certains noms propres), de Yahu (ou Yao — le nom qui a cours dans la communauté juive d'Éléphantine au VIe siècle et qui apparaît dans certains noms propres théophores) ? A-t-il été complété par la suite ou au contraire Yahu et Yah sont-ils des formes abrégées de Yahvé ? Voir J. H. LEVY in *JQR*, XV. Il paraît impossible de souscrire à l'hypothèse de HEHN, *op. cit.*, qui fait de Yahvé un théologoumène de Moïse, « il est présent », car ce Dieu n'était pas adoré qu'en Israël.

babyloniens ou hellénistiques des juifs de la période tardive ne sont révélateurs de leur origine. Toujours est-il qu'on ne mentionna pas primitivement l'origine israélite de Moïse, contrairement à ce qui s'est passé pour Josué, et que celle-ci ne lui a été attribuée que tardivement grâce à un artifice ; quant à l'origine lévitique du clan sacerdotal (celui des élides) qui descend très probablement de lui, c'est également une construction tardive. Quoi qu'il en soit, l'ancienne tradition indique très clairement que le Dieu avait déjà été adoré hors d'Israël lorsqu'on l'y accueillit. Apparemment c'est dans les tribus bédouines et dans celles des oasis qui bordaient Israël dans le Sud qu'il avait été l'objet d'un culte organisé. À l'origine son siège était sur les montagnes, mais selon la tradition la plus ancienne l'oasis de Qadech dans le désert du Sinaï avait été son véritable sanctuaire ; c'est là qu'était localisée la tombe de la prophétesse Miryam et que se déroulèrent sans doute des événements décisifs pour la formation d'Israël. Les eaux de la discorde de Qadech (*Dt.* XXXIII, 8), c'est-à-dire la source de cette oasis où les prêtres de Yahvé donnaient des oracles judiciaires, étaient le lieu de culte officiel le plus important en ce qui concerne l'origine des lévites. Son prêtre Jéthro [1], que la tradition fait passer pour le beau-père de Moïse, [132] était considéré comme un Madianite. De même Bile'am, dont la figure a été quelque peu obscurcie par la légende, prophétise au nom de Dieu ; il passe pour un voyant étranger, tantôt moabite tantôt ammonite, ou encore selon l'interprétation exacte vraisemblablement édomite ou madianite, et plus tard les Israélites l'abattirent au cours d'une guerre. Il n'y a pas lieu d'examiner ici comment il est possible de faire concorder l'événement de Qadech avec le fait que le Dieu résidait en permanence sur le Sinaï et que, selon une tradition plus récente, l'alliance avait été conclue là-bas. À une époque fort ancienne les conquérants édomites se sont avancés vers la frontière égyptienne ; pour Jérémie et Obadia, Édom ainsi que les collines boisées de Sé'ir, où s'étaient établis Ésaü (*Gen.* XXXII, 4) le frère aîné de Jacob et

1. Jéthro fait des sacrifices à Yahvé dont il est le prêtre, tandis que Aaron et les Anciens d'Israël partagent sa table.

des clans de la tribu de Siméon très tôt disparue, demeuraient un ancien siège de la sagesse yahviste. Le clan lévitique des qorahites (*Ex.* VI, 21) semble (*Gen.* XXXVI, 5) remonter jusqu'à Ésaü et être, par là même, d'origine édomite. C'est de Sé'ir que Yahvé, dans le Cantique de Déborah, part pour la bataille ; c'est de là aussi que dans l'exil le poète du plus beau chant de garde, recueilli par hasard parmi les oracles d'Isaïe, entend cet appel : « Veilleur, où en est la nuit ? », et ce malgré l'hostilité violente qu'on éprouvait alors pour Édom. Les Qénites, qui devinrent plus tard des adorateurs particulièrement zélés de Yahvé, n'appartenaient pas, à l'origine, à la tribu de Juda et encore bien moins à Israël qui tenait Caïn, aussi bien dans la légende du meurtre que dans l'une des anciennes sentences de Bile'am, pour un damné. Nombreux sont encore ceux qui doutent que le Sinaï, plus tard identifié avec le mont Horeb, ait été un volcan de la côte nord-ouest de l'Arabie, près de la mer Rouge, faisant face à l'est à ce qu'on appelle aujourd'hui la péninsule du Sinaï. Mais la légende n'a jamais prétendu que le Sinaï ou Qadech aient fait partie du territoire d'Israël. Il est de même fermement établi que l'ancienne tradition ne tenait pas Yahvé pour le Dieu originel d'Israël, ni pour le Dieu du seul Israël, ni même pour un Dieu résidant en Israël. Ce n'est que pour la rédaction finale et tardive de l'Hexateuque, où Yahvé apparaît comme le Dieu de l'univers, qu'il ne fait pas de doute que les patriarches eux aussi aient jamais adoré d'autre dieu que lui. Dans l'ancienne tradition et la légende de Jephté il est encore un dieu parmi d'autres, simplement un dieu extrêmement puissant et majestueux. Cependant il est aussi le « Dieu d'Israël » et pour Jephté « mon Dieu », de même que Kemoch est le dieu du roi des Ammonites ; c'était toutefois un Dieu d'un genre très particulier. C'était — et cette conception sera lourde de conséquences — [133] un « Dieu du lointain » qui régnait du haut de sa résidence perdue sur une montagne proche du ciel et qui intervenait parfois en personne dans la marche des événements. Cet « éloignement » lui conférait de prime abord une singulière majesté. Certes l'une des plus vieilles traditions n'ignorait pas que les anciens avaient partagé sa table sur le Sinaï. Mais à une époque tardive la certitude prévalut que de tous les hommes, seul Moïse avait vu Dieu face à face (*Nbr.* XII, 7) et qu'après cela le visage de Moïse lui-même resplendissait d'un éclat tellement surnaturel qu'il avait dû le voiler devant le peuple : il se peut qu'il s'agisse là des anciens masques de *teraphim* sur lesquels il nous faudra revenir. En fait on tendait à croire (*Ex.* XXXIII, 20) que Moïse n'avait pu le voir passer qu'à reculons car quiconque avait vu son visage devait mourir. Ce n'était pas un dieu local ou tribal ancien et familier que la confédération israélite avait consacré, mais une figure étrangère et mystérieuse.

La destruction de l'armée égyptienne qui a été selon la tradition la cause déterminante du prestige éclatant de ce Dieu n'a pu s'effectuer qu'à la suite d'un soudain raz-de-marée de la mer Rouge causé par un jusant non moins soudain à l'est de la péninsule du Sinaï ; comme en témoignent l'apparition d'une colonne de feu, d'une colonne de nuées et d'un brasier sur la montagne, ceci était très probablement en relation avec certains phénomènes volcaniques. Des doutes ont été souvent formulés quant à l'existence de cette catastrophe de la mer Rouge ainsi qu'au sujet du séjour d'Israël en Égypte. Il n'est pourtant pas rare du tout dans les sources égyptiennes que des éleveurs de bétail des steppes à la suite d'une sécheresse ou lorsque celle-ci menaçait aient cherché refuge dans les régions égyptiennes avoisinantes où ils devinrent des métèques ; il va sans dire que de temps à autre les rois les soumettaient au travail forcé, et on conçoit aisément que dès qu'ils en avaient l'occasion ils tentaient d'échapper à cette corvée qui leur était imposée. Étant donné que les fortifications le long des frontières que les Israélites prétendent avoir aidé à édifier ont probablement été élevées sous Ramsès II mais qu'Israël est déjà mentionné en Palestine comme un ennemi sous son successeur Menephta, la chronologie de l'entrée en Égypte et de la sortie du pays demeure à vrai dire très complexe. Elle l'est davantage encore si l'on identifie les « Ḥabiru », qui apparaissent déjà comme des ennemis en Palestine à une époque bien antérieure, sous Aménophis III et IV, avec les Ivrim [134] c'est-à-dire « ceux de la rive opposée », probablement les gens de Jordanie orientale ; c'est ainsi que la tradition désigne les Israélites et les tribus qui passent pour leurs alliés [1] lorsqu'elle se place dans la perspective des peuples étrangers. Mais en dehors d'Abraham, qui apparaît comme un berger itinérant et qu'on appelle toujours « l'Hébreu », cette désignation ne se retrouve dans la bouche même des Israélites qu'une seule fois dans le Livre de l'Alliance [2] tandis qu'ailleurs elle est utilisée presque exclusivement lorsqu'il s'agit de relations avec des étrangers [3]. Il paraît solidement établi que les tribus, qui plus tard s'unirent en une fédération israélite, avaient envahi la Jordanie occidentale en vagues successives. La composition de la fédération elle-même a dû changer, des Cananéens d'une part et d'anciennes tribus bédouines d'autre part y ont été intégrés. Il semble tout aussi certain que toutes les futures tribus d'Israël ou leurs ancêtres ne séjournèrent pas en Égypte. Dans la tradition la plus sûre et la plus authentique la tribu de Juda, qui s'est constituée bien plus tard, a envahi le territoire qui lui était échu depuis le sud et non depuis l'est. Il n'a pas été clairement établi qu'à l'image des Phéniciens qui sont censés avoir immigré depuis le golfe Persique — mais cela ne paraît guère probable — et à l'image d'une partie des nomades Sa Gaz venus vraisemblablement depuis la frontière

1. Depuis les découvertes des WINCKLER à Bhogazkoï, *MDOG*, XXXV, 25, la plupart des savants ne mettent plus en doute l'identité des Sa Gaz et des Ḥabiru. Cela n'est certainement pas dû au hasard si les Ḥabiru attaquent au sud-est et les Sa Gaz au nord et au nord-est et si seuls ces derniers sont mentionnés en Mésopotamie.

2. Le Livre de l'Alliance désigne l'esclave pour dettes comme « l'esclave hébraïque » (*Ex.* XXI, 2 ; *Dt.* XV, 12, ainsi que lors de la rémission des dettes sous Sédécias, *Jér.* XXXIV, 9-14). Cette expression constitue peut-être une réminiscence des termes qui apparaissaient dans les anciens actes de rémission des dettes, conclus entre les nobles des villes et les paysans, à l'opposé du patriciat « non hébreu », c'est-à-dire installé dans les cités. C'est sur la même base que semble reposer la distinction frappante qui est faite entre les « Hébreux » au service des Philistins et les « Israélites » (I *Sam.* XIV, 21).

3. Ever est l'ancêtre tribal des tribus d'Arabie jusqu'au Yémen (*Gen.* X, 21-24). Les exemples où apparaît le terme Ivri, et qui remontent à une époque fort ancienne de la rédaction sacerdotale (*Gen.* XXXIX, 17 ; *Ex.* I, 15 ; II, 6 ; I *Sam.* IV, 6 ; XIII, 3 ; XIV, 11 ; XXIX, 3), se réfèrent toujours aux relations avec les Égyptiens ou les Philistins. Il est frappant que, dans la prophétie de Bile'am (*Nbr.* XXIV, 22), la malédiction soit annoncée conjointement à Ever et à Assur.

mésopotamienne, il y ait eu également des éléments israélites se réclamant de la tradition d'Abraham (ou Abram) qui auraient déjà immigré depuis la steppe mésopotamienne à l'époque d'Amarna. [135] Cela n'est pourtant pas impossible. Le nom d'Abiram est très répandu à Babylone. Par contre le sentiment religieux attribué à Abraham ne contient pas de traits spécifiquement babyloniens. Cependant la légende de Kedarla'omer est une particularité frappante. D'autres caractéristiques de la tradition suggèrent que la conquête du pays s'est faite par vagues successives. Mais pour les collections de Bénédictions, et pour la tradition sacerdotale, il ne fait pas de doute que c'est l'alliance que Moïse a conclue avec le Dieu afin d'assurer la conquête de la Jordanie occidentale, et le maintien dans le pays, qui a fait le miracle de la mer Rouge ; cette alliance constitue donc le cœur même de l'ancienne fédération israélite telle qu'elle apparaît dans le Cantique de Déborah. Il n'y a nulle raison de mettre en doute [1] l'historicité du personnage de Moïse [2]. La seule question est de savoir en quoi réside l'originalité de ses exploits.

1. Non seulement il est peu probable que la tradition ait inventé une figure purement humaine, mais de plus l'authenticité historique de Moïse se trouve renforcée par l'existence de certains traits très frappants qui apparaissent comme des résidus d'anciens antagonismes. Le nom Muchi se retrouve parmi certaines familles de Lévi (*Ex.* VI, 13 ; *Nbr.* XXVI, 58). Une ancienne tradition fait allusion aux enfants de Moïse (*Ex.* II, 22 ; IV, 20) mais la généalogie plus tardive qui est l'œuvre des prêtres lui dénie toute descendance. Selon *Ex.* XVIII, 2, Moïse envoie son épouse et ses enfants rejoindre son beau-père Jéthro et celui-ci les ramène par la suite lorsque les Israélites sont dans le désert. Mais dans les Chroniques (I *Chr.* VI, 1 ; VI, 35), Gerchom et Éléazar, qu'*Ex.* II, 22 avait désignés comme les fils de Moïse, apparaissent comme des fils de Lévi ou d'Aaron. Pour faire de Moïse un authentique lévite on prétendit que son père Amram épousa sa tante Yokhéved (*Ex.* VI, 20). On reprocha à Moïse d'avoir pris pour femme une Éthiopienne. Les tsadoqites et les saronites avaient intérêt à ce que Moïse ne puisse pas être considéré comme le fondateur d'une authentique lignée de lévites, absolument pure. Il existait des noms égyptiens, tout comme l'était celui de Moïse, chez leurs principaux concurrents, le clan des élides (Pinhas). Dans toute la tradition historique, chez les prophètes et dans les Chroniques, Moïse joue un rôle tout à fait mineur, ce qui s'explique peut-être par le fait que seules les tribus de l'Israël du Nord (Ephraïm) étaient concernées par l'épiphanie du buisson ardent.

2. Sur Moïse voir VOLZ, *Mose* (Tübingen), et GRESSMANN, *Mose und seine Zeit* (Göttingen, 1913). KÖNIG, *ZDMG*, LXVII (1913), s'élève contre l'hypothèse qui fait de lui un « sorcier guérisseur ».

Il paraît simplement impossible d'établir solidement le cours des événements historiques. L'opinion selon laquelle un code légal (tel le Livre de l'Alliance) ou un catalogue des obligations éthiques (tel le Décalogue) aurait constitué l'objet même de la *berith* repose sur une vue tout à fait contraire à l'histoire [136] sans compter les autres difficultés qu'on ne peut résoudre. Pour des raisons d'ordre pratique et d'après de nombreuses analogies y compris celle avec l'islam, il paraît vraisemblable que le groupement fraternel, qui ne fut peut-être pas le premier de ce genre, se soit constitué grâce à l'adoption de rites ayant cours dans les endroits où jusque-là l'on avait adoré Yahvé. Ces rites étaient apparemment très simples et en accord avec le monde environnant (un culte sans images, peut-être la circoncision et certainement l'oracle par les sorts). La *berith* consistait aussi en certaines dispositions sociales et fraternelles des plus rudimentaires qui convenaient à une armée conquérante de nomades des steppes et finalement il semble qu'elle ait assuré le prestige de la prophétie guerrière en tant que telle. La rigueur toute exceptionnelle avec laquelle le Dieu condamne le meurtre d'un compatriote et la violation du droit d'asile, ainsi que le tabou sévère du butin, concordent avec une telle hypothèse. Nous pouvons admettre sans trop nous aventurer que c'étaient là les engagements auxquels Israël avait souscrit expressément, ou de fait, en acceptant la *berith*. Ces engagements ne comportent en eux-mêmes aucun élément qui en des circonstances identiques n'intervienne sur le plan historique partout ailleurs. Et Yahvé ? Il était et demeura toujours un Dieu de la rédemption et de la promesse. Mais ce qui était important c'était que la rédemption, tout autant que la promesse, concernaient des problèmes politiques de l'heure et non pas le salut individuel. Ce que le Dieu offrait à Israël c'était de le délivrer de l'esclavage d'Égypte et non pas d'un monde menacé et absurde. Ce qu'il promettait c'était la domination sur Canaan qu'Israël voulait conquérir, c'était une existence heureuse ici-bas et non pas des bienfaits dans l'au-delà. C'est précisément ce naturalisme primitif qui ne s'est jamais démenti et ce particularisme rituel, découlant des conditions culturelles, matérielles et sociales, qui prirent de l'importance ; cela s'amorça tout particulièrement lorsque, peu après l'entrée dans le pays, s'opéra la fusion avec des éléments d'une culture rationnelle et intellectuellement différenciée qui avaient été diffusés partout. Ce phénomène est universel : en général l'acculturation suscite précisément des créations nouvelles et originales là où elle a la possibilité et se trouve même dans l'obligation de se fondre avec un ensemble de conceptions qui, de leur côté, ne sont pas encore sublimées ni stéréotypées et qui ne portent pas la marque d'une élaboration sacerdotale, administrative ou littéraire ; les anciennes structures rationalisées sont alors contraintes de s'adapter à des conditions entièrement nouvelles et relativement simples.

Les conceptions israélites, qui s'appuyaient uniquement sur un fondement mosaïque, placèrent les éléments culturels orientaux répandus en Canaan [137] devant cette nécessité. Mais qu'est-ce qui fut plus particulièrement à l'origine de ce processus ? Et tout d'abord quels sont les traits qui caractérisent ce Dieu que Moïse a, selon la tradition, introduit dans la confédération israélite (quelle que soit la manière dont celle-ci s'est constituée) ainsi que ses relations avec Israël ?

L'ancienne tradition attribue à Yahvé différentes qualités qui lui sont propres. Avec les dieux de la haute antiquité hellénique et les autres divinités des peuples guerriers, il a en commun un certain nombre de traits hautement anthropomorphiques [1] qui lui sont précisément attribués par la tradition la plus ancienne, celle qui vient du Sud (la tradition « yahviste »). Ce n'est pas en tous lieux certes, ni dès l'origine, mais très tôt apparemment, puis très régulièrement, qu'on lui associa un trait que l'on rencontre rarement avec une telle intensité : la proximité de Dieu et parfois celle des « hommes de Dieu » investis de son « esprit » (*ruah*) passèrent pour mystérieuses et dangereuses tandis que la vision de la divinité entraînait la mort. Ainsi qu'il est communément admis maintenant à la suite des analyses du comte Baudissin, le concept de sainteté qui caractérise spécifiquement Yahvé

1. Les différentes parties du corps de Yahvé telles que son nez, ses oreilles, ses lèvres, sa main, son cœur, son souffle, sont soit nommées, soit présupposées.

signifie essentiellement à l'origine qu'étant donné le danger de tout contact et de toute vision de Dieu, celui-ci se trouve isolé de tous les hommes et de tous les objets qui ne sont pas rituellement qualifiés pour supporter sa proximité ; Dieu ne saurait donc être approché. Cette caractéristique importante n'est pas sans rapport avec l'absence fort ancienne d'images dans son culte, ainsi qu'avec la nature particulière de ses manifestations, qu'il nous faut évoquer maintenant. Il ressemble au dieu hindou Indra car tout comme lui il est pour Israël d'abord et avant tout le Dieu des armées. Une variante d'un ancien récit (*Ex.* XV, 3) le désigne comme un « guerrier » (*ich milḥama*). C'est un dieu sanguinaire, assoiffé du sang des ennemis, des sacrifices et de ceux qui transgressent ses commandements. Sa passion ne connaît pas de limites. Dans son courroux il livre ses ennemis au feu qui les consume ou à la terre qui les engloutit, il les précipite dans la mer comme les chars égyptiens dans l'ancien distique du refrain de Miryam. Il intervient pour que les chars des ennemis, tels ceux des Cananéens dans la bataille de Déborah, s'embourbent dans la rivière grossie par les pluies afin que les paysans israélites puissent les massacrer ; [138] les chevaliers latins connurent le même sort en Grèce à la fin de la période des Croisades. Pour les prophètes encore son courroux redoutable et sa puissance guerrière sont ses traits les plus marquants. Mais si son courroux est grand sa miséricorde ne l'est pas moins car son cœur passionné est versatile. Il se repent d'avoir été bon envers les hommes, quand ceux-ci l'en récompensent mal, et ensuite il regrette à nouveau sa trop violente colère. Dans la tradition rabbinique tardive il prie lui-même pour que sa miséricorde l'emporte sur son ire. Il se précipite dans la tempête pour secourir l'armée. Pour aider ses amis il n'hésite pas, tout comme Athéna qui se porta au secours d'Ulysse, à avoir recours à la ruse et à la tromperie. Mais l'on n'est jamais sûr de ne pas déchaîner son courroux par quelque négligence involontaire ou de ne pas être assailli inopinément et sans aucune raison apparente par un *numen* du dieu, un esprit qui menace de vous foudroyer. « L'esprit » de Yahvé, la *ruah*, n'est à l'époque préprophétique ni une puissance éthique ni une disposition religieuse permanente, mais une force débridée à la fois démoniaque et surhumaine souvent extrêmement redoutable. Les héros guerriers, sauvages et charismatiques des tribus israélites, les *berserk* comme Samson, les *nazirs* et les prophètes extatiques savent que cette force s'est emparée d'eux et sentent qu'ils la suivent aveuglément. Toutes les prophétesses et tous les prophètes guerriers interviennent au nom de Yahvé ; même les porteurs d'un autre nom théophore (Ba'al) comme Yerubba'al changent de nom (Gédéon) lorsqu'ils deviennent des chefs guerriers.

Tout comme Indra, Yahvé se prêtait à la fonction de dieu de la guerre car à l'origine il était comme lui le dieu des grands cataclysmes naturels. Tremblements de terre (I *Sam.* XIV, 15 ; *Is.* II, 12), phénomènes volcaniques (*Gen.* XIX, 24 ; *Ex.* XIX, 16 ; *Ps.* XLVI, 7), feu souterrain (*Is.* XXX, 27) ou céleste, vent du désert soufflant du sud ou du sud-est (*Zach.* IX, 14), orages, telles sont les manifestations qui accompagnent son apparition ; chez les prophètes et les psalmistes les éclairs sont les flèches de Yahvé (*Ps.* XVIII, 15) comme ils étaient ceux d'Indra. En Palestine, on comptait également au nombre des calamités naturelles les insectes, et surtout les sauterelles, que le vent du sud-est amenait dans le pays. C'est pourquoi le Dieu persécute les ennemis de son peuple en les accablant de sauterelles, en envoyant des essaims de frelons pour les confondre, et pour punir son propre peuple il fait surgir des masses de serpents. [139] Finalement il y a les épidémies (*Os.* XIII, 14). Le Dieu frappe de peste les Égyptiens, les Philistins et les autres peuples qui ont osé s'emparer de l'arche sainte (I *Sam.* IV, 8 ; VI, 5 ; VI, 19). Le bâton en forme de serpent des prêtres du Temple de Jérusalem rappelle probablement que Yahvé était le dieu de la peste. En tant que « maître » des maladies il pouvait aussi préserver son peuple de tout mal, le guérir, comme c'était le cas ailleurs pour de semblables divinités. Tous les accidents effroyables de la nature dépendaient du Dieu qui unissait en lui les traits d'Indra et de Roudra. Mais déjà dans l'ancienne tradition, à côté de cette férocité guerrière et de cette violence mythique apparaissent certains traits plus bienveillants, car il est le maître de la pluie. Il insista beaucoup auprès de son peuple pour le rendre attentif au fait qu'en Israël, contrairement à ce qui se passe en Égypte, la récolte ne dépend pas de l'irrigation — c'est-à-dire qu'elle n'est pas l'œuvre de l'administration bureaucratique du roi terrestre et du travail personnel des paysans — mais de la pluie que lui, Yahvé, dispensait selon sa bonne grâce. Les fortes pluies d'orage, et particulièrement celles qui s'abattaient sur la steppe en bordure du désert, étaient son œuvre. Étant donné les intérêts économiques en jeu, la pluie créait immédiatement un lien entre Yahvé et chaque individu en particulier ; elle facilita par la suite la place grandissante que prirent dans la figure du Dieu les traits qui faisaient de celui-ci une divinité bienveillante de la nature et des cieux. C'est principalement sous l'influence des représentations des divinités célestes suprêmes qui avaient cours dans les aires culturelles environnantes et en Palestine même, que se développèrent la sublimation et la rationalisation des images du Dieu qui firent de celui-ci un guide éclairé de l'humanité. De plus, comme nous le verrons, la croyance en la providence, qui se développa chez les intellectuels israélites, œuvra dans le même sens. Mais jamais ne disparurent de son image les traits du dieu redoutable des catastrophes, issus de l'ancienne figure de Yahvé. Ces traits jouent un rôle décisif dans toutes les représentations d'origine mythique et confèrent aux discours des prophètes qui les évoquent leur incomparable grandeur. Jusqu'à une période très avancée de l'exil et de l'ère postexilique, les phénomènes de la nature que Yahvé dirige sont d'éclatantes preuves de sa puissance mais ne témoignent pas d'un ordre harmonieux. Ce qui assurait la cohésion et la permanence des qualités attribuées à Yahvé jusqu'après l'exil et qui faisait de lui un Dieu des effroyables catastrophes naturelles, et non pas de l'ordre immuable de la nature, ce n'était pas seulement l'analogie [140] communément admise entre ces phénomènes et la guerre, mais un fait purement historique : le Dieu avait manifesté son pouvoir d'abord dans la lutte contre les Égyptiens, puis lors de la bataille de Déborah contre les Cananéens et plus tard encore contre les ennemis d'Israël. C'est Yahvé

(I *Sam.* XIV, 15) qui suscite l'effroi divin (*ḥerdath élohim*), cette panique qui s'empare des ennemis à la suite de cataclysmes naturels, tels un tremblement de terre ou de violents orages (lors du combat de Déborah) ; et c'est à la suite d'une panique semblable des Égyptiens, provoquée par des manifestations volcaniques, qu'on s'était rallié à Yahvé. Cela ne fut pas oublié.

Cependant il est extrêmement important sur le plan pratique que malgré de tels attributs, Yahvé devint et resta, du moins pour l'Israël antique, un Dieu de l'organisation sociale quoique là encore dans une acception particulière. Il nous faut admettre que depuis Moïse il était le Dieu de l'Alliance de la confédération israélite et, conformément au but de cette dernière, essentiellement le Dieu des armées. Mais il l'est d'une façon très spéciale car il l'était devenu à la suite d'un pacte d'alliance. Et ce pacte avait été conclu non seulement entre les différents membres de la confédération, mais avec le Dieu lui-même, puisque celui-ci ne résidait pas au milieu du peuple qui ne le connaissait pas, qu'il avait été jusque-là un Dieu étranger et qu'il continuait d'être un « Dieu du lointain ». C'était là l'élément capital qui intervenait dans les relations avec Yahvé qui était un Dieu électif. C'est en concluant une *berith* avec lui que le peuple confédéré l'avait élu, de même que par une *berith* identique il se donnera plus tard un roi. Réciproquement c'est par une libre décision que Dieu a choisi ce peuple parmi tous les autres. Et cela, il ne cessera plus tard de le rappeler au peuple avec amertume dans la Thora sacerdotale et les oracles prophétiques : c'est par une grâce toute gratuite qu'il avait fait de ce peuple, et non d'un autre, son peuple, qu'il lui avait fait des promesses comme à nul autre et qu'il avait accepté en retour ses engagements. Aussi partout où le peuple confédéré concluait désormais une *berith* c'était lui, le Dieu, qui était le partenaire idéel. Toute violation des dispositions sacrées ne portait pas seulement atteinte à un ordre qu'il garantissait de même que les autres dieux en garantissaient un autre, mais constituait une violation des engagements contractuels les plus solennels passés avec lui. C'est lui personnellement, et non la seule fédération, que refusait de servir celui qui se dérobait à la conscription fédérale : « il a refusé de venir au secours de Yahvé ». Les soldats de l'armée fédérale sont appelés les « hommes liges de Dieu » (*'am ha-Élohim*) (*Jug.* XX, 2).

[141] C'est ainsi qu'il ne fut pas seulement le Dieu des armées de la confédération, mais qu'il devint également le partenaire contractuel garantissant le droit fédéral fixé par une *berith* et principalement les ordonnances sociales et légales. Étant donné que la confédération, en tant que telle, était primitivement une association de tribus dépourvue de toute organisation politique, il en résultait que de nouveaux statuts, qu'ils soient de nature cultuelle ou juridique, ne pouvaient en principe être promulgués qu'à la suite d'un nouvel accord (*berith*) fondé lui aussi, comme le pacte originel, sur un oracle. Si bien que tous ces statuts reposaient sur les mêmes fondements que les anciennes relations contractuelles qui existaient entre Yahvé et le peuple. Ainsi en tant que loi publique et précisément dans la période précédant la royauté, la *berith* n'était-elle pas purement théorique pas plus qu'elle ne l'était dans l'optique religieuse. Dans Jérémie (II, 5) Yahvé demande : « Quelle iniquité vos pères ont-ils trouvée en moi ? » tandis que Jérémie l'abjure de « ne pas rompre son alliance avec Israël » (XIV, 21).

En tant que partenaire contractuel, ce Dieu de l'alliance ne pouvait être considéré en Israël uniquement comme une divinité fonctionnelle régissant certains phénomènes naturels ou garantissant certaines institutions sociales, ni comme une divinité purement locale, telle qu'on en trouvait dans toutes les villes orientales, pas plus qu'il ne pouvait passer pour un simple Dieu « du pays ». Selon cette conception au contraire, la communauté des personnes qui constituaient l'armée israélite devait être considérée comme son peuple pour s'être liée à lui par une alliance réciproque. Telle était en réalité l'optique classique de la tradition. Le fait d'attribuer une dimension sacrée au territoire qu'Israël détient politiquement pour en faire une « terre sainte » n'est qu'une conception tardive, qui résulte probablement de représentations divines hétérogènes issues soit du culte de *Ba'al*, soit de la localisation de Yahvé en tant que Dieu de la résidence royale ;

cette conception se trouve attestée pour la première fois à l'époque des rois dans une tradition d'âge incertain concernant David, puis dans le Royaume du Nord lors de la conversion de Na'aman par Élisée.

En tant que garant des ordonnances fédérales, Yahvé est le défenseur des coutumes et des mœurs. Ce qui « ne s'est jamais entendu » en Israël constitue également pour lui une abomination. Si conformément à son caractère originel il était le garant du droit fédéral et des mœurs ce n'était pourtant pas à la façon de Varuna et des autres divinités : celles-ci étaient les gardiennes d'un ordre immuable et sacré, d'une loi ou d'une « justice » mesurables d'après des normes établies. C'est au contraire la *berith* positive conclue avec lui [142] qui institua la loi positive en Israël ; celle-ci n'avait pas toujours existé et il se pouvait qu'elle soit à nouveau modifiée par une nouvelle révélation et une nouvelle *berith* conclue avec le Dieu. Bien avant Paul déjà, il s'est trouvé, occasionnellement certes, des prophètes isolés tels Jérémie ou Ézéchiel pour penser que le Dieu avait imposé au peuple certains préceptes comme un joug pesant ou comme une punition, de même que d'après le mythe populaire il avait imposé à Adam les tourments du labeur et la mort. La loi n'était pas un *tao* ou un *dharma* immuables, mais une prescription divine positive dont Yahvé surveillait jalousement l'observation. Plus tard il est vrai, le rationalisme éthique de l'école deutéronomique présente parfois (*Dt.* IV, 2) la loi divine comme « éternelle » et loue la perfection éthique originelle des ordonnances équitables que le Dieu n'a accordées à aucun autre peuple (*Dt.* IV, 8). Cependant toutes ces argumentations parénétiques occasionnelles ne représentent pas les prises de position typiques qui découlent inévitablement du fait que la loi est par nature une *berith*. Les décrets du Dieu dépendent de lui seul et en tant que tels peuvent être modifiés. Il peut s'engager à les maintenir en concluant une *berith*, mais il s'agit alors du résultat d'une libre décision. La version sacerdotale est aussi la première à présenter des ordonnances immuables ; d'ailleurs celles-ci sont presque toutes des normes cultuelles ou concernant les droits des aaronites qui n'accédèrent au monopole du culte qu'à l'époque de l'exil ; c'est précisément parce que ces normes étaient des innovations qu'elles furent désignées pathétiquement par le terme de *ḥuqath'olam* (dans *Ex.* XXVII, 21 ; *Lév.* III, 17 ; XVI, 31 ; XXIII, 14, 31, 41 ; *Dt.* XII, 1, il s'agit d'ordonnances cultuelles ; dans *Lév.* VII, 36 ; XXIV, 3 ; *Nbr.* XVIII, 23, ce sont des ordonnances sacerdotales datant de l'exil ; dans *Gen.* IX, 16, *berith'olam* désigne les constructions théologiques de l'alliance *noaḥide*). La seule ordonnance séculière, « éternelle », est celle qui stipule qu'Israël et les *gérim* devront avoir éternellement les mêmes droits, et constitue elle aussi une innovation introduite par les prêtres à l'époque de l'exil. C'est précisément à l'utilisation du terme « éternel » que l'on reconnaît ces lois nouvellement introduites. Dans l'ancienne littérature d'Israël on n'a jamais prétendu que tel ordre social, et non pas tel autre, était éternel et immuable en vertu de sa perfection intrinsèque et par là même garanti par Yahvé. Il est hautement significatif que lorsque le Dieu, à la requête de Job qui lui demande raison de l'injustice [143] inhérente à la condition humaine, apparaît dans la tempête, il n'ait pas une seule parole pour justifier la sagesse avec laquelle il avait institué l'ordre des rapports entre les hommes, sagesse qui pour Confucius par exemple, ne saurait être mise en question ; il se contente d'affirmer sa puissance et sa grandeur souveraines dans les phénomènes de la nature. Jusqu'à l'époque où apparut la doctrine chrétienne primitive de la loi naturelle, cette particularité du Dieu d'origine purement historique demeura lourde de conséquences.

Depuis l'origine, certains traits du yahvisme avaient une portée qui dépassait Israël ; un certain universalisme était inhérent à la conception de Yahvé ou plus précisément à la relation particulière qui unissait pour des raisons strictement historiques la confédération israélite et ce Dieu. Il y a eu récemment une controverse pour savoir si c'était la monolâtrie (culte exclusif d'un seul, parmi de nombreux dieux), l'hénothéisme (qui considère que le dieu à qui il est fait appel est le seul puissant) ou le monothéisme (unité de Dieu érigée en principe), qui dominait l'ancienne représentation de Yahvé. Cette façon de poser la question est déjà en elle-même une erreur. Non seulement la conception que les Israélites se faisaient de Yahvé a évolué, mais à la même époque elle variait complètement selon les différents groupes sociaux. Il était clair pour le guerrier que le Dieu qu'il implorait était son Dieu et que par conséquent celui des ennemis ne pouvait être qu'une divinité différente ; c'est de cette façon que Yahvé et Kemoch [1] sont présentés dans le récit de Jephté du Livre des Juges (XI, 24) et dans celui de la guerre contre les Moabites du Livre des Rois (II *Rois* III). Pour le roi et les citadins, principalement pour les prêtres du temple et les patriciens mais également pour la masse de croyants fixés en ville, il ne faisait pas de doute que le Dieu était localisé dans le temple de la cité, qu'ailleurs résidaient aussi d'autres dieux et que l'existence même du Dieu était liée à celle de la ville ; il était évident que celui qui devait quitter la ville (ou la campagne qui lui était rattachée) ne pouvait plus servir son Dieu mais devait servir des dieux étrangers comme le fit David (I *Sam.* XXVI, 19), et qu'inversement celui qui arrivait d'un pays étranger se devait de servir le Dieu local car celui-ci aurait pu se venger (c'est ainsi que Yahvé s'était vengé des colons assyriens à Samarie, II *Rois* XVII, 25-26). Telle est la conception née de la civilisation urbaine. Pour les Israélites établis dans une ville où s'élevait un temple, et spécialement pour ceux de Jérusalem, Yahvé résidait dans le temple [144]. Tout naturellement l'arche de Yahvé favorisait depuis très longtemps une telle localisation. Le rituel qui nous a été transmis montre que lors d'une campagne les guerriers croyaient que leur Dieu était dans l'arche du camp. En revanche, le point de vue des tribus d'éleveurs semi-nomades était tout différent. Pour la tradition qui a subi leur influence, il va de soi que Dieu se trouve également aux côtés de l'Israélite lorsque celui-ci se rend à l'étranger (*Gen.* XVIII, 20). Ils savent fort bien que les tribus non israélites elles aussi adorent Yahvé, si bien que leurs légendes présupposent tout naturellement qu'il en est ainsi non seulement pour Laban (*Gen.* XXIV, 40 ; XXI, 49) qui après tout est un parent, mais

1. Il semble que Kemoch ait été lui aussi la divinité commune de plusieurs tribus.

aussi pour Abimélekh de Gerar (*Gen.* XX, 11 ; XXI, 23). Dans le récit de Joseph (*Gen.* XLI, 39) on peut même découvrir une conception qui appartenait spécifiquement aux peuples faisant du commerce international comme les Hellènes et les Romains de l'époque tardive, et qui consistait à assimiler certains dieux étrangers aux dieux propres : c'est là le sort que connurent dans le judaïsme postexilique le dieu de Nabuchodonosor (dans Daniel) et celui du roi des Perses. Dans l'ensemble, pourtant, cette façon de voir était étrangère à l'Israël antique, car par la *berith*, Yahvé était devenu son Dieu. Selon l'optique originelle, cela excluait pour le moins que Yahvé puisse être, comme Mardouk et Ahouramazda, le dieu tutélaire strictement personnel de rois étrangers au même titre qu'il était le protecteur d'Israël. Dans les temps anciens, les prophètes professionnels de Yahvé, les *neviim* et les voyants n'étaient visiblement pas convaincus du caractère unique de leur dieu ; ils ne pensaient pas non plus qu'il résidait exclusivement en Israël. Ils avaient en partie une clientèle internationale et il y a un passage où la tradition concernant Élie présuppose (I *Rois* XVII, 9) que la veuve, à Sidon, recevait elle aussi des ordres de Yahvé par l'intermédiaire du prophète. Du reste si leur Dieu n'était pas unique, il était naturellement le plus puissant de tous, et les autres en fin de compte ne comptaient guère. Tel était aussi le point de vue de l'ancienne tradition guerrière yahviste (*Jos.* II, 11). Ce qui lui importait avant tout, c'était la position privilégiée que la *berith* conférait à Israël. Pour elle il était bien établi que quand bien même d'autres peuples adoraient Yahvé, c'était Israël seul qu'il avait placé sous sa protection particulière. À ses yeux Yahvé n'était pas l'ennemi des peuples étrangers ; seuls le fanatisme national des prophètes de salut au service du roi et le fanatisme confessionnel des prêtres après l'exil ont parfois nourri de telles vues. Mais, comme nous le verrons par la suite, c'est uniquement d'Israël qu'il se préoccupait ; c'était là une tâche qui incombait tout normalement, et depuis toujours, à chaque dieu, à chaque saint et à chaque madone rattachés à un lieu fixe — [145] à cette différence près cependant que pour Yahvé les vues qui aboutissaient à un semblable résultat ne découlaient pas à l'origine de la localisation du Dieu mais bien de son universalisme (relatif) et de la *berith* particulière qu'il avait conclue avec Israël. Néanmoins les différentes conceptions de Yahvé coexistaient les unes à côté des autres sans même que l'on prenne généralement conscience de leur contradiction logique. Il faut en tout cas se garder de croire que la conception de Dieu la plus « particulariste » est nécessairement la plus ancienne. Dans une certaine mesure c'est l'inverse qui est vrai, et il en était nécessairement ainsi pour Yahvé. Dans un discours ancien plein de rythme (*Ex.* XIX, 5) Yahvé, avant de révéler le contenu de l'alliance qui doit être conclue pour faire d'Israël son bien, se présente directement comme le « maître de tout l'univers ». À l'époque préprophétique une telle conception se rencontrait parfois à côté d'autres. De la même façon les dieux des autres nations passent pour « universalistes », surtout les dieux des grands souverains qui trônent dans les capitales des empires mondiaux. En Égypte, à l'époque de la théocratie des derniers Ramessides, Ammon revendiqua le pouvoir de dispenser la grâce à l'échelle de l'univers [1]. En se souvenant du royaume de David, les conseillers du roi et les prophètes de cour israélites ont dû affirmer des choses semblables à propos de Yahvé [2]. D'un point de vue historique l'universalisme relatif propre à Yahvé ne reposait pas sur de tels fondements mais sur le fait que la confédération israélite l'ait accepté comme Dieu ; c'est qu'à la différence des autres dieux, Yahvé avait déjà existé et prouvé sa puissance avant qu'Israël ne lui ait offert des sacrifices. Il en résulta pour le culte d'importantes conséquences. Même si les sacrifices lui étaient agréables et s'avéraient par là comme des moyens susceptibles de gagner sa faveur, il n'était guère possible

1. Wen Ammon informe le roi de Byblos que les pharaons n'ont pu accomplir ce dont le dieu Ammon était capable, à savoir lui accorder une longue vie et la santé (ceci ne s'accorde guère avec le style de l'Ancien Empire). Le roi de Byblos « appartient » lui aussi à Ammon : en obéissant à ce dernier chaque homme œuvre pour son salut.

2. Les différentes divinités du monde environnant, et surtout de Mésopotamie, sont présentées d'une façon remarquable par HEHN, *Die biblische und die babylonische Gottesidee* (Leipzig, 1913).

que se développe en Israël cette conception si répandue ailleurs selon laquelle l'existence même du Dieu dépendait des sacrifices qu'on lui offrait [1]. Il siégeait au loin sur son trône [146] tout en haut de sa montagne, et même s'il prenait plaisir aux sacrifices il n'en avait pourtant nul besoin. À cela s'ajoutait encore, et il faut bien en prendre conscience, qu'à l'époque prémonarchique il n'existait en temps de paix aucune instance politique ou hiérocratique habilitée à offrir des sacrifices au nom de la confédération : nous n'en avons aucune trace et il paraît exclu qu'il ait pu en exister une. Précisément dans les temps anciens, il était tout à fait impossible que le sacrifice prenne dans les relations avec Yahvé l'importance qu'il revêtait ailleurs. Aussi les prophètes eurent-ils absolument raison de souligner plus tard que généralement non seulement à l'époque du désert, mais encore à celle de la confédération israélite, on ne servait point Dieu par des sacrifices. C'est la *berith* en effet qui constituait la forme spécifique par laquelle le peuple de l'alliance renouait sans cesse le contact avec lui ; aussi les Israélites furent-ils amenés à tenir l'accomplissement des commandements sanctifiés par la *berith* pour au moins aussi important, ou même pour plus important, que les sacrifices occasionnels offerts par les particuliers et plus tard par le roi et les prêtres du Temple ; c'est là ce que répétaient sans relâche certains adorateurs exigeants de Yahvé [2]. À l'époque tardive de la royauté, il y eut toujours en Israël un parti — dont se réclamaient précisément les prophètes scripturaires les plus influents tels Amos et Jérémie — qui maintenait vivace le souvenir de cet état de choses et qui affirmait qu'en fin de compte tous les sacrifices quels qu'ils soient laissaient Yahvé parfaitement indifférent. On comprend aisément que c'étaient justement les clans les moins sédentaires, ceux qui ne s'étaient pas installés en un

1. En Égypte au contraire les dieux, ainsi que les âmes mortes, avaient besoin pour se nourrir des sacrifices offerts par les humains. BISSING, *SMAW* n° 6 (1911).

2. Dans son cycle de conférences sur la religion de l'Israël antique, Budde a affirmé avec force que le caractère éthique de la religion d'Israël résultait de la spécificité de son Dieu qui était un Dieu de l'alliance.

lieu de culte fixe, c'est-à-dire essentiellement les éleveurs de petit bétail, qui adhéraient le plus à cette vue. En vérité, ce que le puissant chef de guerre céleste semblait exiger, c'était l'observance méticuleuse des rites spécifiques qu'il avait prescrits ainsi que l'obéissance aux commandements : il ne fait pas de doute que cette conception si lourde de conséquences — là encore pour des raisons politiques — n'a cessé de prévaloir en Israël, particulièrement chez les gardiens les plus zélés de l'ancienne tradition. Même si les commandements d'ordre éthique initialement imposés à la confédération de guerriers étaient primitifs et barbares (ce qui de nos jours ne saurait être affirmé avec certitude), [147] Yahvé n'en était pas moins d'une certaine façon un Dieu qui bien plus que les autres divinités exigeait « jalousement » l'observance de certains commandements rituels et de certaines règles sociales et éthiques concernant la vie quotidienne. Certes il n'était pas de ces dieux qui fixent une éthique valable pour tous les temps ou même qui peuvent être jugés selon les normes éthiques. Ceci n'apparut que progressivement et fut l'œuvre du rationalisme intellectuel. Bien au contraire, tel un roi terrestre, Yahvé se laissait emporter par la colère et la passion lorsque les obligations contractées envers lui dans la *berith* n'étaient pas remplies. C'étaient des obligations telles qu'un souverain élu en exige de ses sujets, des engagements tout à fait positifs dont personne à l'origine n'avait mis ni osé mettre en question la valeur éthique absolue. Ce que Yahvé exigeait essentiellement c'était que soit évité « ce qui ne s'était jamais vu en Israël » et que soient remplies les obligations positives fixées par la *berith*. Il tenait au moins autant à l'accomplissement de ces dernières et, selon une conception très largement répandue il y tenait même plus qu'à l'offrande de sacrifices. Déjà dans les traditions très anciennes, il se laisse emporter par une grande colère non seulement à la suite d'infractions rituelles mais également à la suite d'abominations d'ordre éthique. Et il paraît tout à fait normal qu'à la suite de manquements graves d'ordre éthique — à cause d'actes « qui ne s'étaient jamais vus en Israël » (*Jug.* XIX, 30) — la confédération puisse proclamer la guerre sainte contre l'un de ses membres. Mais ce qui en pareilles circonstances légitimait l'intervention de la confédération et justifiait donc une orientation essentiellement éthique de l'ancien droit fédéral israélite, c'était la responsabilité collective des membres de la confédération sur le plan religieux pour les abominations commises par l'un d'eux. Ce postulat, si important et si lourd de conséquences, affirmant la responsabilité collective de la communauté qui abritait, sciemment ou inconsciemment, en son sein un violateur de la loi paraissait tout à fait normal — conformément à l'esprit du droit de représailles qui prévaut encore de nos jours dans les relations internationales — pour la croyance religieuse d'un peuple qui, tel Israël, se présentait face à son Dieu dans un groupement de concitoyens libres. S'il est fait état dans les hymnes babyloniens de la responsabilité de chaque individu pour les péchés de ses ancêtres et de ses proches parents, on conçoit aisément que la responsabilité de tout un peuple pour chacun de ses membres, qui est le fondement de toutes les prédictions prophétiques de désastre, n'ait pas pu se développer dans un État purement bureaucratique. La structure politique a également joué ici un rôle déterminant. Si les membres d'une collectivité sont responsables les uns pour les autres, les descendants, eux, sont responsables [148] jusqu'à la dernière génération pour les fautes de leurs ancêtres. Il en était absolument de même pour la vengeance du sang et il n'y a là rien de surprenant. Avec le déclin de cet usage cela se modifia car la spéculation deutéronomique vit dans la responsabilité pour les fautes d'autrui, qu'il s'agisse d'un compatriote ou d'un ancêtre, une terrible épreuve ; toutefois elle ne réussit pas à abolir effectivement cette conception. Pour Israël elle résultait des rapports que la *berith* avait institués entre le peuple et Dieu lui-même.

Le fait que Yahvé ait été adopté après qu'il se fut engagé par un contrat spécial à être le garant du droit fédéral et le Dieu des armées de la confédération explique également une autre particularité de très grande portée : il était et demeura, malgré l'anthropomorphisme général, sans femme et par conséquent sans enfants. Même les *bné Élohim* du sixième chapitre de la Genèse n'étaient pas des *bné Yahvé*. Étant donné la particularité de sa situation il ne pouvait être question d'une contrepartie féminine. Celle-ci lui faisait défaut tout comme elle faisait défaut, et pour des raisons similaires, à certains dieux fonctionnels, garants de l'ordre social (Apollon, Varuna) et à certaines divinités importées (Dionysos). Mais pour Yahvé il ne fait pas de doute que cette situation particulière contribua d'une façon décisive à le faire apparaître dès le début, face aux autres divinités, comme quelque chose d'unique et de plus éloigné du monde ; mais surtout cela empêcha, comme nous le verrons, la création de véritables mythes qui aboutit toujours à une théogonie. Il est probable aussi que cette singularité si importante ait été déterminée par quelque particularité politique de l'apparition de son culte.

Cependant comme nous l'avons déjà vu, ces signes si éclatants de la prééminence du Dieu de l'alliance n'entraînèrent pas nécessairement une prétention à l'exclusivité ; c'est ce dont témoigne l'attitude des Israélites face aux dieux des autres peuples. Nous avons déjà vu ce qu'il en était. Pour Jephté par exemple, l'existence et la puissance de Kemoch, dieu ammonite et par la suite moabite, ne sauraient être mises en question. Cette conception prévaut encore sous Achab : par le sacrifice de son propre fils, le roi de Moab réussit à donner une telle force à Kemoch que son courroux triomphe d'Israël et de son Dieu. Cependant ce qui importe ici c'est qu'à l'intérieur même de la confédération israélite l'exclusivité de Yahvé n'est pas reconnue. Il est probable que pour les semi-Bédouins de la steppe, le grand Dieu des armées de l'alliance ait été dès le début le seul qui entrât en ligne de compte. Cette monolâtrie s'explique aisément du fait qu'il n'existait pas chez eux de culture différenciée capable d'engendrer des divinités fonctionnelles [149] et que le groupement politique avait pour unique tâche de guerroyer contre d'autres groupements afin de défendre ses pâturages et d'en conquérir de nouveaux. C'est pourquoi il est vraisemblable que dès l'origine, ce furent précisément ces tribus seminomades et principalement celles du Sud qui proclamèrent l'unicité de Yahvé dans le sens de la monolâtrie. Puis cette conception a dû se transmettre aux représentants professionnels d'une fonction qui depuis le début était particulière au culte de Yahvé : la prophétie guerrière. Le plus ancien document qui mentionne avec réprobation le culte de « nouveaux dieux » en Israël est le Cantique de Déborah (*Jug.* v, 8). Toutes les guerres contre le patriciat des villes qu'il soit cananéen ou philistin se firent au nom de Yahvé ; on conçoit aisément qu'en de telles occasions l'affirmation selon laquelle le culte exclusif de Yahvé, qui avait promis de secourir Israël dans les guerres, était une obligation de l'alliance connaissait un regain de faveur. Tous les chefs non séculiers mais prophétiques des guerres de libération, hommes ou femmes, étaient hostiles aux autres dieux ou le devinrent au cours des combats. Mais par ailleurs s'il existe un fait bien établi au sujet des Israélites sédentaires, c'est qu'ils avaient « d'autres dieux » que Yahvé. Et à l'origine cela était tout à fait légitime. Qu'il y ait eu d'autres dieux cela signifie simplement qu'il existait d'autres cultes que ceux qui étaient consacrés à Yahvé. La rédaction sacerdotale des Saintes Écritures n'a pu passer sous silence l'existence de tels cultes, indépendamment des *numina* importés de l'étranger [1].

11. LES CULTES NON YAHVISTES

La tradition mentionne d'abord des cultes claniques et des sanctuaires domestiques. David s'excuse de ne pouvoir prendre part aux festivités sacrificielles de Saül en alléguant une fête cultuelle de son clan que les ordonnances du culte yahviste ignoraient. Par ailleurs selon les stipulations du Livre de l'Alliance concernant la cérémonie de l'esclavage à perpétuité et d'après le récit de la fuite de David, il apparaît que non seulement Laban mais encore chaque Israélite membre de plein droit d'un clan avait à l'origine un sanctuaire

1. Dans la *Theologische Rundschau* (1908), STEUERNAGEL prend parti contre l'opinion très catégorique d'EERDMANS, *Die Alttestamentliche Studien* selon laquelle certaines parties de l'Ancien Testament ignorent Yahvé et sont franchement polythéistes.

dans sa demeure ainsi qu'une idole domestique. D'après les sources actuelles il est difficile de déterminer avec certitude ce qu'étaient véritablement ces *teraphim* et de savoir si l'on peut les assimiler aux masques ou aux poupées que le chef du clan ou de la famille [150] devait porter pour un mime orgiaque ; aussi n'examinerons-nous pas ce problème ici. Mais à la façon dont les versions tronquées passent sous silence ces *teraphim*, il ne fait pas de doute qu'ils n'avaient rien à faire avec un « culte domestique de Yahvé » (tout à fait improbable d'ailleurs) ni avec une fête de clan. À vrai dire tous les détails demeurent incertains.

De même l'on s'aventure sur un terrain extrêmement problématique lorsqu'on examine la question très importante de l'existence d'un culte des morts dans l'Israël antique ; on ignore sous quelle forme il a pu prévaloir et dans quelle mesure l'absence totale de tout culte des morts à une époque plus tardive était liée au déclin de l'importance sociale et cultuelle des clans.

Les constructions ingénieuses de Stade et Schwally démontrant l'existence d'un culte primitif des ancêtres en Israël n'ont pu résister à une critique pénétrante, comme celle de Grüneisen par exemple. Il semble toutefois que l'âme des morts ait joué à un certain moment un rôle tout à fait considérable dans la magie de l'ancienne Palestine. Mais à une époque plus tardive la représentation de l'âme devient très floue. Israël partage avec beaucoup d'autres peuples, tels les Égyptiens qui attribuent au roi une pluralité d'âmes, la conception selon laquelle « l'âme » n'est pas nécessairement unique. Mais Israël n'a pas adopté la conception unitaire du *Ka* qui prévalait déjà à une époque ancienne dans les spéculations égyptiennes et ne semble pas non plus avoir été influencé par elle. La conception tardive qui résulte de la fusion de représentations anciennes et hétérogènes, dont certaines sont propres à Israël et d'autres probablement empruntées, distingue trois parties en l'homme : 1) le corps (*basar*), 2) l'âme (*néphech*), qui résidant dans le sang [1], est le siège de

1. Le cœur est le siège de l'intelligence, les reins sont le siège des passions.

tous les phénomènes affectifs normaux, de l'« individuation » comme nous dirions aujourd'hui, et de toutes les manifestations habituelles de la vie, et 3) « l'esprit », le « souffle de vie » (*ruaḥ*). La *ruaḥ* est un souffle divin que Yahvé a insufflé en l'homme et dont la présence est seule capable de transformer en un être vivant le corps absolument inerte ou animé seulement d'une vie végétative ; dans la vision d'Ézéchiel, il suffit d'une parole magique du prophète pour que Yahvé fasse venir le souffle « des quatre vents » qui rend la vie aux ossements desséchés éparpillés sur le sol d'Israël. Mais en plus de cela la *ruaḥ* est essentiellement cette force divine particulière qui, [151] telle la *mana* ou l'*orenda*, se manifeste comme un charisme qui permet aux héros, aux prophètes, aux artistes d'accomplir des exploits extraordinaires, et inversement comme une possession démoniaque dans les passions graves ou les états psychiques exceptionnels. Les sources n'établissent pas toujours une distinction tranchée entre *néphech* et *ruaḥ*. Il semble que le dualisme opposant le souffle vivant de Dieu, l'« haleine divine », et le chaos inerte qui apparaît dans la version tardive des récits de la création (*Gen.* I) ait été une vue phénicienne empruntée par l'entremise des spéculations des intellectuels et qu'elle ait favorisé la conception d'un dualisme *ruaḥ-basar*. Ce dualisme rejoignait l'attitude des prêtres hostiles au culte des morts. Selon une conception plus tardive la *ruaḥ*, dont la substance est semblable au vent, rejoint avec le dernier soupir de l'homme le souffle céleste, perdant ainsi tout caractère individuel ; la possibilité d'un royaume des morts pour les âmes individuelles se trouve par là même complètement annihilée. Ceci ne concordait absolument pas avec les anciennes croyances populaires. Même si elle n'est pas toujours claire, la représentation originelle du destin de la *néphech* ne concevait pourtant pas que celle-ci puisse disparaître. On ne trouve qu'une seule fois, chez Jérémie, cette supposition exceptionnelle même pour l'Égypte ancienne selon laquelle l'âme séjourne dans la tombe. Mais ici cela concerne une héroïne (Rachel) et cette représentation repose indubitablement sur l'existence d'un ancien culte funéraire. Par contre il paraît impossible de démontrer qu'on ait cru à l'existence d'un « paradis ancestral » pour les membres du clan. Il existe même à une époque tardive des tombes claniques pour quelques familles éminentes comme celle des Maccabées, et, selon la tradition sacerdotale, pour les Patriarches. Il ne pouvait y avoir de telles tombes que chez des tribus sédentaires. En tout cas l'expression apparemment ancienne « être réuni avec ses pères » signifiait plutôt être enterré aux côtés des autres membres du clan qu'être accueilli dans un paradis particulier des ancêtres ; d'ailleurs cette expression alterne parfois avec une autre, « être réuni avec les siens » (*'am*), dont le dernier terme pouvait signifier aussi bien les membres du clan que les camarades de combat. De même on ne peut pas prouver historiquement l'existence d'une croyance en un paradis réservé aux guerriers. Selon la croyance populaire, Yahvé enlevait les héros religieux auxquels il accordait sa grâce : ils continuaient d'exister parmi ses cohortes célestes, c'est-à-dire (comme dans l'une des représentations égyptiennes) parmi l'armée radieuse des étoiles ou peut-être aussi dans son conseil céleste ; mais la conception correcte était probablement la suivante : [152] il les faisait expirer doucement entre ses bras comme Moïse. La *néphech* de toutes les autres créatures mène une existence d'ombre dans l'*hadès*, le *cheol*. Contrairement à ce qui s'est passé en Égypte, les Israélites n'en ont pas déduit l'existence d'un lieu où les élus pourraient mener une vie bienheureuse ni la possibilité d'une résurrection. Au contraire les ombres des morts sont plutôt, comme chez les Hellènes, dépourvues de tout ressort (*rephaim*). Mais bien sûr cela ne les empêche pas d'être dangereuses. La lapidation d'un homme ou d'un animal possédé par un esprit maléfique, un esprit en proie au *ḥérem*, a certainement pour but de barrer totalement la voie à son âme sans repos pour qu'elle ne puisse plus errer. Alors qu'en Égypte à partir des mêmes prémisses s'est développée la doctrine du *Ka* [1], en Israël la conception de l'âme est de-

1. En Égypte le *Ka* est le principe vital, « l'âme », et en même temps la nourriture dont l'âme a besoin pour exister. Elle correspond à la *néphech* dans la mesure où c'est elle qui va dans le royaume des morts (BISSING, *loc. cit.*).

meurée pleine de contradictions. Plus tard, dans le Deutéronome, les prêtres justifient parfois la prohibition rituelle, qui interdit sévèrement toute consommation de sang, en invoquant l'interdiction de manger l'âme d'un animal : il pourrait en résulter un sortilège maléfique et peut-être un phénomène de possession. Mais nulle doctrine concernant le destin de l'âme humaine ou animale ne prit corps. Dans l'Hadès, *néphech* n'avait qu'une existence d'ombre, elle n'était qu'un reflet de la vie car elle était dépourvue de sang et de souffle. De même selon la représentation des psalmistes, on n'y apprend rien des hauts faits de Yahvé et on ne peut y chanter sa louange : la mémoire est abolie. Tout comme Achille on souhaite que ce sort vous soit épargné aussi longtemps que possible et l'on ne ressent pas cette existence comme une continuation de « la vie dans l'au-delà ». De plus on ignore tout d'« une juste récompense dans l'au-delà » ; celle-ci apparaît en Égypte dans le jugement des morts qui s'est développé à partir des cultes chthoniens et qui constitue le fondement de l'influence que les prêtres exerçaient sur l'éthique. On trouve, il est vrai, chez les prophètes tardifs quelques tentatives isolées pour élaborer un Tartare destiné aux criminels, mais pas plus que chez les Hellènes ou les Babyloniens celles-ci ne connurent d'aboutissement. Le caractère imprécis de toutes ces représentations s'explique aisément par le fait que le *cheol* et la *néphech* étaient d'anciennes croyances de l'armée et du peuple et que les tenants du yahvisme les abandonnèrent l'une comme l'autre en faveur de l'idée de *ruaḥ* [1]. Il est probable qu'à l'origine ils empruntèrent ce concept [153] à la croyance animiste en une résurrection qui était le propre de l'ascétisme guerrier et que par la suite, l'ayant mis en relation avec le souffle cosmique divin, le vent de Yahvé, ils se refusèrent à reconnaître une survie de l'âme dans l'au-delà [2]. Selon eux par contre, c'était quelque chose de tout à fait différent qui survivait et devait survivre,

1. Cependant Yahvé jure sur sa *néphech*.
2. La trichotomie qui est apparue plus tard résulterait d'une fusion des deux conceptions dichotomiques.

à savoir le renom [1] du héros qui demeurait vivace parmi ses camarades et ses descendants. Le fait d'attacher une telle importance au renom appartient comme nous l'avons vu au système des valeurs typiquement bédouines. Mais une telle conception prédominait également en Égypte. De même on considérait en Israël que chaque nom participait à l'essence de la chose ou de la personne et devenait ainsi d'une certaine façon quelque chose de réel. Que Yahvé puisse effacer de son Livre le « nom » de celui qui a violé la loi, cela signifie qu'il menace de le faire disparaître à jamais (*Ex.* XXXII, 32-33). Cette conception se trouva probablement renforcée par la considération accordée au charisme personnel et au renom du héros guerrier en relation avec l'organisation clanique dominante et avec l'usage d'attribuer aux clans les plus éminents le nom d'un ancêtre éponyme. Le nom d'un homme qui a été visiblement gratifié de la bénédiction divine durant sa vie peut devenir une source de « bénédictions » et de lointaines générations l'utiliseront encore en tant que telle. Ce que Yahvé promet solennellement à Abraham c'est qu'il en sera ainsi de son nom ; dans l'unique version ancienne (yahviste) de ce terme (*Gen.* XII, 2-3) qui a été modifiée par la suite (*Gen.* XVIII, 18 ; XXII, 18 ; XXVI, 4 ; XXVIII, 14), il est dit que le nom d'Abraham deviendra une « bénédiction » et qu'un jour toutes les nations de la terre seront bénies en son nom. Cela signifiait simplement que lui-même et les siens mèneront une existence bénie et acquerront une renommée universelle. Mais cela n'implique aucune signification « messianique ». C'est à cause de cette valeur attachée au nom qu'on désirait une grande descendance afin que celui-ci ne disparaisse pas d'Israël (*Dt.* XXV, 6-7 ; *Ruth* IV, 5-10 ; I *Sam.* XXIV, 22 ; II *Sam.* XIV, 7) [2] et non pas pour des sacrifices funéraires [154],

1. GIESEBRECHT, *Die alttestamentliche Schätzung des Gottesnamens und ihre religionsgeschichtlichen Grundlagen* (Königsberg, 1901).

2. Lorsque Job espère que « celui qui doit venger son sang est en vie », il entend par là que Yahvé rétablira son renom qui a été atteint par les allégations de ses amis. Prenant le contre-pied de l'interdiction qui frappait autrefois les eunuques royaux, le Trito-Isaïe annonce à ces derniers qu'ils seront admis dans la communauté (LVI, 4-5) ; il leur laisse donc espérer une meilleure renommée s'ils obéissent aux commandements divins.

comme il y en avait ailleurs à la même époque [1]. On ne mentionne nulle part, du moins dans les sources qui nous sont accessibles, que les sacrifices aient eu une grande importance pour le sort du mort ou de celui qui offrait le sacrifice [2]. Contrairement à ce qu'on aurait pu croire, ce silence des sources n'est aucunement lié à une lutte délibérée des prêtres contre le pouvoir des clans qui reposait, originellement au moins, sur le culte des ancêtres. Certes il ne fait pas de doute qu'à une époque plus tardive la religion sacerdotale et la puissance clanique œuvrèrent, comme on le verra encore à maintes reprises, dans des directions opposées. Mais à cette époque il s'agissait essentiellement d'un conflit latent qui n'était en aucune façon à l'origine de l'attitude franchement hostile du yahvisme à l'égard de tout culte funéraire. Très souvent la puissance clanique et le culte funéraire vont de pair mais il n'en est pas nécessairement ainsi. En Égypte le culte des morts qu'on pratiquait plus intensivement que partout ailleurs n'a nullement entraîné [155] la formation de

1. En Égypte également c'est le renom du mort qui doit survivre et non pas ses descendants. Pour les gens fortunés le culte n'incombe point aux descendants mais aux prêtres des morts, qui jouissent de prébendes. La survie de la renommée détermine la survie de l'âme dans l'au-delà. Il y a une étroite parenté entre la conception du renom en Israël et celle qui avait cours en Égypte. L'usage abusif du nom de Yahvé a pour sanction la cécité ; or selon une inscription qui se trouve au British Museum, Ptah a sévi de la même façon contre ceux qui prononçaient son nom en vain (ERMAN, *SBAW*, 1911, p. 1098).

2. E. Meyer a souvent prétendu, avec une certaine partialité, que les sacrifices funéraires n'étaient pas offerts à cause de la puissance des morts mais au contraire à cause de leur faiblesse, car il leur était impossible de s'en passer. Il est exact dans l'ensemble que les divinités et les âmes des morts avaient besoin des sacrifices tout comme les ombres de l'Hadès avaient, selon Homère, besoin de sang. Mais les inscriptions de l'Ancien Empire égyptien mentionnent déjà le pouvoir des morts. Le mort se vengera de celui qui porte atteinte à son salut, il intercédera auprès de la grande divinité en faveur de celui qui lui offre des prières et des sacrifices. Tout le culte des ancêtres en Chine et particulièrement les rites funéraires, dont on a complètement oublié la signification, présupposent le pouvoir de l'âme du mort. Le rapport des forces est donc équilibré : le mort a besoin des sacrifices mais, tout comme les dieux, il a le pouvoir de pallier leur absence. Il est absolument exact que le culte des ancêtres ne constitue pas une étape universelle du développement de toute religion. Et cela déjà parce que, comme le montre l'exemple de l'Égypte, le culte des morts et le culte des ancêtres ne coïncident pas nécessairement.

groupements de clans unis par la magie ou par le culte [1] ; or ceux-ci faisaient bien plus défaut dans ce pays que dans tout autre parce que la bureaucratie patrimoniale d'un État fondé sur les corvées avait déjà brisé l'importance des clans avant que le culte des morts n'eût atteint sa pleine apogée et sa consécration suprême. D'autre part l'organisation clanique qui avait pris une telle extension dans l'Israël antique n'avait pas permis, cependant, la formation d'un véritable culte des ancêtres de type chinois ou hindou ou d'un culte des morts de type égyptien. Ces cultes auraient pourtant pu se développer facilement à partir du rôle de prêtre du foyer qui s'était vu confier au chef de famille et à partir du culte clanique et, une fois constitués, ils auraient considérablement rehaussé la puissance et le prestige rituel des clans et pu opposer par là même une sérieuse résistance à la diffusion de la pure croyance yahviste. L'institution des peuples-hôtes aurait dû donner naissance à un système de castes. C'est pourquoi il est extrêmement important que dès le début la croyance yahviste se soit fermement opposée à la constitution d'un culte des morts ou des ancêtres [2]. Il semble que les conditions propres à la constitution de tels cultes étaient alors réunies. On ne peut pas conclure avec certitude que les tribus célébraient le culte de leurs héros, mais le seul fait que les tombes de l'un ou l'autre d'entre eux soient mentionnées permet de conclure à l'existence probable d'un tel culte ; la version sacerdotale ultérieure lui a donné délibérément une autre signification. Plus encore que le prix que le Livre de Tobie (apocryphe) attache à la piété envers les cadavres qui est peut-être d'influence perse, les sacrifices funéraires et les coutumes de deuil mentionnés dans le Deutéronome (XXVI, 14) ainsi que

1. Selon les inscriptions des monuments funéraires, les morts de l'Ancien Empire demandent des prières et des sacrifices non pas à leurs descendants, mais à quiconque s'approchera de leur tombe ; ils promettent d'intercéder pour quiconque comblera leurs désirs.

2. Le rejet du culte funéraire égyptien ne fut nullement déterminé par le fait que les Israélites étaient des étrangers et que leur genre de vie était différent. Les Bédouins libyens, qui étaient également des étrangers, adoptèrent tout le cérémonial funéraire des Égyptiens. De même les Bédouins et les cheiks sémitiques se rendaient fréquemment en Égypte où ils apparaissaient même à la cour. On mentionne également la présence de Syriens porteurs de noms théophores.

la survivance des oracles funéraires montrent qu'on s'était engagé sur la voie d'un culte des morts. Bien plus que tous ces vestiges c'est précisément le refus catégorique et de toute évidence pleinement conscient que la religion yahviste oppose à toutes les prémices d'un tel culte, coupant court ainsi à toute velléité de développement, qui témoigne en faveur de son existence. [156] Que cette opposition ait un caractère tendancieux cela saute aux yeux. Non pas que l'impureté de tout ce qui est mort et de tout ce qui est en rapport avec la tombe, tel le pain de deuil, ait eu une importance décisive. Car le mort et tout ce qui le concernait étaient également « impurs », c'est-à-dire source de souillure magique, là où il était l'objet d'un culte comme par exemple en Égypte. L'interdiction absolue faite au prêtre de Yahvé de prendre part à un deuil si ce n'est celui d'un proche va bien au-delà de tout ce qu'une telle impureté pourrait impliquer. Il en est de même pour l'impureté rituelle absolue de toutes les provisions, même si une partie seulement a été utilisée pour un sacrifice funéraire ou mangée lors d'un repas funéraire : l'objet de la « confession négative des péchés » que l'individu devait faire lorsqu'il se présentait devant Yahvé consistait précisément à témoigner de la pureté rituelle de ce qui allait être sacrifié (*Dt.* XXVI, 14). L'horreur qu'on éprouvait à l'égard des oracles funéraires n'était pas moins vive car elle n'était point motivée, comme certaines autres pratiques divinatoires interdites, par le fait que c'étaient des oracles mensongers ; au contraire ceux-ci étaient condamnés malgré leur efficacité, dont témoigne par exemple l'exorcisme de Samuel, et malgré leur aptitude à dévoiler la vérité. Mais ils entraient en concurrence avec les oracles pratiqués par les prêtres de Yahvé, et les cultes qui en dérivaient, et représentaient de toute évidence pour ceux-ci une redoutable rivalité. Après les cultes chthoniens indigènes, c'est principalement contre le culte des morts égyptien qui par sa proximité immédiate apparaissait comme un ennemi dangereux qu'était dirigée l'interdiction de tout culte funéraire [1]. C'est un fait bien éta-

1. L'interdiction de se mutiler lors d'un deuil (*Lév.* XIX, 28) est dirigée contre l'extase et la magie extatique. Mais la technique de l'embaumement était connue en Israël (*Gen.* L, 2-3).

bli que les nombreux scarabées trouvés en Palestine assuraient au mort qui paraissait devant son juge une protection magique, et ceci donne à croire que le culte funéraire égyptien n'était probablement pas inconnu. Rien cependant ne témoigne plus clairement du profond malaise qu'éprouvait la religion yahviste à l'égard de tout ce qui concerne l'au-delà ainsi que de son opposition résolue à l'ésotérisme égyptien et aux mystères chthoniens, que la violence avec laquelle l'ensemble de la littérature vétéro-testamentaire, [157] y compris tous les prophètes, les psalmistes et les auteurs des légendes, rompt avec tout courant de pensée qui semble y mener inévitablement [1]. Pour les prophètes (*Is.* XXVIII, 15), toute alliance politique avec l'Égypte signifie un pacte avec le *cheol*, c'est-à-dire avec les dieux des morts : ceci explique leur hostilité obstinée contre tout appui égyptien.

Malgré cela on a quand même l'impression que la croyance en une résurrection, qui existait sous une forme ésotérique à Babylone où elle était déterminée par les mythes astraux et qui apparaît brusquement dans le Livre de Daniel comme un système élaboré, n'était pas tout à fait inconnue à l'époque préexilique [2]. Après les Maccabées, à l'époque des Pharisiens, cette croyance allait devenir très populaire. Bien sûr la religion babylonienne officielle ignore cette croyance, tout autant que la religion israélite. Pour elle la mort est une malédiction à laquelle l'humanité ne peut échapper. Car de méchants démons montent la garde autour de la plante de la vie qui est profondément enfouie dans le monde d'en bas et celui-ci n'est qu'un pur royaume des ombres. Tout comme en Israël, il n'y a que quelques rares mortels qui puissent échapper à la mort par la grâce des dieux et accéder à une existence bienheureuse. Mais on sent qu'en Israël il ne s'agit pas seulement d'ignorer la croyance en la résurrection mais en fait de la refuser. Tout ce qui concerne le royaume des morts et

1. Dans la vision des ossements desséchés d'Ézéchiel, leur résurrection par une parole magique est importante dans la mesure où elle témoigne du pouvoir de Yahvé.

2. Sur ce problème voir BEER qui l'a traité d'une façon exhaustive dans sa belle dissertation sur l'Hadès biblique, *Theologische Abhandlungen für H. Holtzmann* (1902).

le destin de l'âme restait inquiétant pour la religion sacerdotale et prophétique officielle, et jusqu'à l'époque des Pharisiens qui opérèrent un changement radical dans ce domaine, ses représentants les plus éminents n'utilisèrent jamais l'idée d'une compensation dans l'au-delà, familière aux religions égyptienne et zoroastrienne. Ils louaient hautement la piété filiale et condamnaient énergiquement ceux qui transgressaient ce commandement, mais il n'est nullement question d'une survie des ancêtres, si prestigieux soient-ils, dans l'au-delà. Toutefois les fidèles de Yahvé espéraient que leur Dieu leur accorderait une rétribution et une juste compensation ; de même la solidarité du clan établissant la responsabilité des enfants pour les péchés des pères n'avait point disparu. À une époque plus tardive, comme nous le verrons, les promesses des prophètes ont par leur caractère particulier contribué à écarter toute idée de compensation individuelle dans l'au-delà au profit d'espérances collectives pour ce monde-ci. Mais en des temps plus reculés ce refus de toute spéculation au sujet de l'au-delà qui caractérise aussi bien les collections de lois que les récits historiques, [158] principalement dans le voisinage de l'Égypte, n'est certainement pas dû au hasard. À vrai dire les adversaires les plus proches et les plus directs étaient probablement les cultes orgiaques des *numina* chthoniens et cananéens. L'énumération des coutumes de deuil abhorrées (incisions et blessures, tête rasée et usages similaires) chez les prophètes (Amos, Isaïe, Michée) et dans la Thora (*Lév.* XIX, 28 ; *Dt.* XIV, 1) présente des traits qui ne sont pas spécifiquement égyptiens mais chthoniens. Ces interdictions (*Dt.* XIV, 2) sont motivées par les relations avec Yahvé, c'est-à-dire qu'elles sont essentiellement d'ordre cultuel. Car pour autant qu'on le sache, à aucun moment Yahvé n'a eu les traits d'une divinité chthonienne. Il réside toujours sur les montagnes ou dans le temple mais jamais sous terre. Le *cheol* ou l'Hadès ne sont présentés nulle part comme son œuvre : de tous les dieux de l'univers c'est même le seul à propos duquel cela n'est point dit. À aucun moment il n'apparaît comme le dieu des morts ou d'un royaume des morts. En effet les cultes des dieux chthoniens et des divinités des morts ont partout des particularités spécifiques dont on ne peut découvrir aucune trace dans le culte de Yahvé. Jamais non plus il n'a été un dieu de la végétation ou des astres et son culte n'a pas suscité d'espoir de résurrection. Il ne fait pas de doute que cette opposition cultuelle fut déterminante dans l'attitude qu'adoptèrent les prêtres de Yahvé et les maîtres de la Thora. Et pourtant on connaissait également en Palestine certaines espérances de résurrection liées aux cultes des morts. Seulement les prêtres les ignoraient et tenaient à les ignorer car leurs propres pratiques rituelles étaient incompatibles aussi bien avec des cultes sidéraux qu'avec des cultes chthoniens. En plus de cette opposition contre les prêtres funéraires et les interprètes des oracles funéraires, ce qui déterminait leur attitude c'était probablement la crainte que toute concession à l'égard d'une quelconque spéculation relative à l'au-delà les amène à être dépassés par des cultes jouissant d'une immense popularité, comme le culte égyptien d'Osiris. Ils redoutaient d'être dépassés soit par le culte lui-même soit par un mystère ésotérique de la résurrection qui pourrait en découler. Il est probable aussi qu'ils se sentaient soutenus dans leur refus de tout culte des morts et des ancêtres par le fait que la sanctification de la sagesse ancestrale qui était fixée dans un recueil et répondait à la structure sociale de l'Égypte n'entrait pas en ligne de compte pour Israël. Ils étaient également encouragés par l'absence d'une véritable noblesse [159] avec un culte individuel des ancêtres. Même si ce n'est nullement un « culte des ancêtres » déjà institué qui a été à l'origine de l'hostilité des prêtres de Yahvé à l'encontre des coutumes de deuil, il n'en demeure pas moins vrai que la juxtaposition de l'interdiction des mortifications par mutilation corporelle avec l'interdiction du tatouage (*Lév.* XIX, 28) — il s'agit là sans aucun doute du signe clanique et tribal qui remonte à l'ancêtre de la tribu — montre qu'en pratique cette opposition était également dirigée contre l'importance cultuelle du clan. Le combat que les fidèles partisans de Yahvé livrèrent contre la formation d'associations cultuelles de clans empêcha de son côté l'apparition d'un culte des ancêtres, qui précisément aurait eu son assise dans les groupements de clans. Par la suite, les fêtes de clans elles aussi disparurent complètement.

12. LE SABBAT

Dans les régions agricoles de la Palestine cependant, le culte de Yahvé a dû tout d'abord s'accommoder de l'existence des divinités habituelles et des cultes voués aux dieux des astres et de la végétation. En plus des cultes phéniciens (principalement ceux de Moloch et d'Astarté) qui existaient auparavant ou qui avaient été importés et des autres cultes des divinités mésopotamiennes (Tammouz, et Sin, le dieu de la lune) que les prêtres de Yahvé ne reconnurent jamais, la légende de la fille de Jephté semble témoigner de l'existence de rites annuels de lamentations pour la mort d'une ancienne divinité féminine de la végétation. Mais ces dieux étrangers n'ont eu aucune importance décisive sur la formation de la religion yahviste et ne nous intéressent pas ici. Car si leur influence s'est faite sentir en de très nombreux points, elle ne s'exerça cependant pas sur les rites qui déterminèrent les formes fondamentales de la manière de vivre. À une exception près pourtant : il est patent que l'institution extrêmement importante du sabbat [1] est en relation avec le jour du « *chabattu* », ce culte lunaire qui prévalait aussi à Babylone. Comme en témoigne l'étymologie du mot hébraïque « jurer », « se mettre sous le signe du sept », le caractère sacré que les Babyloniens attribuaient au chiffre sept ainsi qu'à la divinité « septuple » devait être reconnu également en Palestine et ce depuis une époque reculée. Cependant le respect du sabbat qui prévaut dans les deux pays ne résulte certainement pas d'un emprunt mais bien plutôt d'une tradition commune. Des différences apparaissent déjà [160] lorsqu'il est fait mention pour la première fois du sabbat. En Mésopotamie, le jour

1. À propos du sabbat voir l'étude très précise de G. BEER, « Einleitung in die Uebersetzung des Mischna — Traktats Schabbath », in *Ausgewählte Mischnatraktaten*, P. Fiebig n° 5 (Tübingen, 1908). Voir également HEHN, « Siebenzahl und Sabbat bei den Babyloniern und im Alten Testament », *Leipziger Semitische Studien*, II, 5 (1907).

du *chabattu* était en étroite relation avec le cycle lunaire : nouvelle lune, pleine lune, et plus tard avec les jours du mois multiples de sept ainsi qu'avec le quarante-neuvième jour (sept fois sept). En Israël, chaque septième jour continuait à être un jour de fête sans que l'on tienne compte cependant des phases de la lune ; le caractère sacré de la néoménie y était pourtant fort ancien [1] et la lune y conservait apparemment son caractère sacré comme par le passé. Il se peut qu'à l'origine, ainsi que l'admet Beer, le terme de « *chabbat* » ait désigné le jour de la nouvelle lune et que ce n'est que plus tard qu'il ait été transféré au « septième jour » (*Ex.* XXIII, 12 ; XXXIV, 21). Israël n'avait en commun avec Babylone que le rôle dévolu au chiffre sept encore que son utilisation ait été différente dans les deux pays. De plus en Mésopotamie le *chabattu* devint à l'époque historique un jour de pénitence. En Israël, il est manifeste qu'à l'origine le septième jour était un jour pleinement faste où l'on se reposait de son travail, s'occupait d'autre chose que des tâches routinières, où l'on rendait notamment visite aux hommes de Dieu (II *Rois* IV, 23). Mais ainsi qu'en témoigne la Chronique de Néhémie (XIII, 15) le sabbat était principalement le jour où les paysans se rendaient en ville, au marché et à la foire [2], comme lors des « *nundines* » romaines ou en ce jour particulier de la semaine de cinq jours qui avait été instituée dans certains pays agricoles. L'accusation que le prophète Amos lance (VIII, 1) contre ces marchands de céréales qui trouvent le sabbat trop long parce qu'il dérange leurs affaires montre qu'à cette époque déjà l'arrêt du travail était effectif, du moins en ce qui concerne les marchands professionnels établis en ville. Cela était nécessaire à cause de la concurrence des *gérim* qui autrement auraient été favorisés (cf. l'analogie avec *Néh.* XIII, 16). D'après la légende prophétique qui date

1. Pour les premiers prophètes, la néoménie et le sabbat étaient des fêtes de Yahvé.

2. L'hypothèse de MEINHOLD in *ZAW*, XXIX (1909), selon laquelle le sabbat n'est devenu un jour de la semaine que durant l'exil ne tient pas. C'est précisément pour ceux qui étaient restés en Palestine que le sabbat représentait le jour du marché.

de l'époque de la dynastie de Jéhu (II *Rois* IV, 22), il semble qu'en ce temps-là les esclaves et le bétail n'étaient pas encore inclus dans l'obligation du repos et qu'ils n'y furent soumis qu'à l'époque deutéronomique. C'est seulement alors que la charité fut avancée comme la principale justification du sabbat ; [161] ce n'est qu'à l'époque de l'exil, à la suite des efforts des prêtres pour instituer des obligations confessionnelles absolument insurpassables qui devaient différencier Israël de tous les autres peuples que le sabbat fut finalement promu, avec la circoncision, au rang de critère absolu ; il était désormais interdit d'enfreindre les prescriptions rituelles, de s'adonner à d'autres activités que celles qui étaient permises. Comme le simple fait d'être circoncis ne pouvait témoigner à lui seul d'une manière de vivre conforme à la volonté divine, le respect du sabbat devint l'un des principaux commandements rituels d'Israël et il fut sans cesse répété avec des injonctions de plus en plus pathétiques ; il acquit ainsi une importance comparable à l'interdiction du meurtre, de l'idolâtrie et de la jouissance du sang. La version du mythe de la création en six jours lui conféra un arrière-plan cosmique. Pour la conception sacerdotale de l'époque la violation du repos sabbatique constituait un crime capital (*Ex.* XXXI, 14). Le sabbat n'est certainement pas apparu chez les éleveurs de bétail du désert ou de la steppe — qui ne pouvaient pas le respecter, pour qui il ne signifiait pas grand-chose et qui n'accordaient que peu d'importance aux phases de la lune —, mais il doit provenir d'une région agricole ; aussi lorsqu'on s'interroge pour savoir si le chiffre sept se rapportait au nombre des planètes ou à la division quaternaire du cycle lunaire, il paraît de plus en plus légitime de penser que c'est la dernière interprétation qui est exacte [1]. Mais à la différence de ce qui se passait en Babylonie, ce jour de repos devint (ou demeura) en Israël une institution permanente ; cela s'explique simplement par le fait qu'en Palestine ce

1. Budde se réfère à *Am.* V, 26 (les noms assyriens de Saturne). KÖNIG s'est inscrit en faux contre la théorie selon laquelle le culte de la lune aurait eu une grande importance pour la religion de Yahvé (*ZDMG*, LXIX).

sont les intérêts économiques et les coutumes des paysans concernés par le marché du bourg qui prévalurent, tandis que pour les Babyloniens c'étaient les connaissances astronomiques des prêtres éminents qui importaient. À Babylone, l'exactitude en matière astronomique était essentielle pour le rite alors que pour les Israélites, à l'époque de la fixation des coutumes sabbatiques, c'était l'intérêt que les paysans et les habitants des petites cités trouvaient dans l'institution d'un jour de marché régulier qui l'emportait. Il est probable que la périodicité régulière du sabbat ne fut instituée définitivement qu'avec le renforcement de l'économie de marché : la loi spécifique de la cité-État, le Deutéronome, ne mentionne plus les anciennes fêtes lunaires. Les Israélites n'étaient absolument pas capables de parvenir par leurs propres connaissances à un savoir exact en matière d'astrologie : il suffit de se rappeler [162] quelles difficultés les rabbins de l'époque tardive éprouvèrent pour analyser correctement maints phénomènes astronomiques qui pourtant n'étaient guère complexes.

Si le rite du sabbat a pu facilement rompre ses liens avec le culte lunaire pour être intégré à la religion de Yahvé jusqu'à devenir l'un de ses principaux commandements rituels, d'autres cultes rencontrèrent par la suite d'énormes difficultés ; il s'agit essentiellement de cultes agricoles que les Israélites de la confédération yahviste trouvèrent dans leur propre sein ou encore adoptèrent lorsqu'ils s'associèrent à des tribus sédentaires et qu'ils passèrent eux-mêmes à une vie sédentaire. De même que dans les tablettes d'Amarna les dieux des Ḥabiru sont désignés comme des « *ilani* », les divinités des Cananéens et des Israélites établis dans le Nord sont appelées « *élohim* » ; ce terme peut parfois être compris comme un pluriel — en effet son attribut est souvent au pluriel — même lorsqu'il est question de divinités israélites, mais dans la version actuelle de la tradition israélite il est toujours considéré comme un singulier. Il semble y avoir une exception à cela dans un passage du Livre de l'Alliance (*Ex.* XXII, 8) ; de plus les formes grammaticales utilisées par Abraham lorsqu'il s'adresse aux trois hommes de l'épiphanie divine semblent accréditer la possibilité selon laquelle le singulier du discours n'excluait pas une conception polythéiste à l'origine. L'utilisation du pluriel pour désigner un être suprême prééminent et abstrait à la fois trônant au loin dans le ciel était répandue dans la Phénicie voisine ainsi qu'en Palestine [1] ; dans le langage babylonien usuel le pluriel *ilani* désigne par la suite, tout comme *élohim* en Israël, la « divinité ». Il n'en est pas moins vraisemblable qu'un quelconque panthéon a dû être à l'origine de cette expression. Mais Hehn notamment a rendu plausible l'hypothèse selon laquelle les Israélites rencontrèrent cette désignation comme terme collectif pour la divinité ou le dieu suprême lors de leur conquête du pays. Naturellement pour les adorateurs de Yahvé, la suprématie du Dieu de l'Alliance était indiscutable. [163] Pour eux il était *élohim* tout simplement parce qu'il était leur divinité [2]. Ceci était comparable à la situation du dieu céleste le plus éminent à Babylone et dans l'aire soumise à son influence ; la lettre du Cananéen Aḥiyam (XVe siècle) désigne le dieu suprême comme « *bel ilanu* », « le seigneur des dieux ». Yahvé fut très facilement confondu avec des divinités célestes aussi éminentes. Dans certains passages relativement tardifs on le désigne encore comme le « Dieu des dieux ». On n'a pas oublié que ces dieux étaient jadis indépendants et opposés à Yahvé ; c'est ce dont témoignent non seulement les remarques courroucées d'Isaïe à l'encontre des « *élim* » mais aussi le nom de certains d'entre eux qui montre clairement que ces divinités ne furent assimilées que tardivement à Yahvé. Selon une tradition récente de la

1. BAUMGÄRTEL, dans « Elohim auserharlb des Pentateuch », *BWAT*, XIX (1914), a montré que l'emploi d'Élohim comme nom divin décroît lorsqu'on passe du Livre des Juges aux Livres de Samuel puis aux Livres des Rois. Il apparaît tout au long des deuxième et troisième compilations des Psaumes et de l'Ecclésiaste, mais n'est presque jamais utilisé par les prophètes. Les sentences de type proverbial où apparaît Élohim sont d'anciennes tournures cananéennes. L'usage d'Élohim dans les écrits tardifs s'explique naturellement par la crainte d'abuser du tétragramme.

2. HEHN, *op. cit.*, présente ceci de façon quelque peu différente ; son hypothèse me paraît assez discutable.

version actuelle, le « dieu suprême » *El 'elyon* est adoré à Jérusalem (?) à l'époque d'Abraham par le prêtre-roi Malkitsédeq, et Abraham utilise alors la même désignation pour Yahvé [1] ; mais selon d'autres informations il est probable qu'il s'agit là d'un nom phénicien pour le dieu céleste qui se trouve au sommet du panthéon. L'ancienne désignation *El chaddaï* qui, selon Delitzch, est en rapport avec *shadu* (le terme babylonien pour la montagne), signifie la même chose [2]. Dans la version plus tardive d'autres êtres célestes qui lui sont subordonnés sont présentés comme ses messagers et ses aides. Mais à l'origine ils étaient certainement eux aussi des dieux ; c'est ce que tend à prouver le traitement extrêmement flou des trois personnages de l'épiphanie chez Abraham à Mamré et la désignation personnelle « nous » qui apparaît souvent dans les décrets divins de la Genèse. Dans l'ancien mythe titanesque qui a été tronqué (*Gen.* VI), les « enfants des *élohim* » trouvent les filles des hommes à leur gré et engendrent avec elles les *nephilim* (*Nbr.* XIII, 33), les géants des grandes constellations célestes ; leurs descendants sont les enfants d'Anak (*Nbr. ibid.*) et certains preux (*gibborim*) de l'époque archaïque de Canaan à jamais disparue ; c'est contre eux que les ancêtres durent combattre et dans la version originelle le Dieu céleste les fait disparaître dans le déluge. [164] Nous avons vu que, dans le Cantique de Déborah, la multitude des étoiles dans l'Israël du Nord formait le noyau de cette suite céleste qui, jusque dans les visions prophétiques ultérieures, se presse autour de Yahvé. Des *numina* qui ne semblent pas identiques à Yahvé guettent le héros et c'est l'une de ces divinités que Jacob terrasse au cours d'une lutte. Il paraît tout à fait exclu que la religion du soleil d'Akhenaton ait eu une influence directe sur la religion

1. Dans les sources tardives telles que le Siracide, les Psaumes et le Livre de Daniel, le « dieu suprême » reparaît, probablement par égard à un environnement de prosélytes.

2. Dans *Job.* (V, 17 ; VIII, 5) la traduction en est *Pantokrator*. La version sacerdotale de la Genèse l'utilise afin d'assimiler l'ancien culte ephraïmite d'*El* avec le culte yahviste ultérieur.

yahviste, car la propagande, d'ailleurs risquée, en faveur de la première avait été peu intensive en Palestine [1], où elle s'était faite à une époque fort ancienne. Dans l'Israël du Nord par contre, la désignation abstraite du Dieu, *El* [2], correspondait à celle qui était en usage à Babylone ; l'adoration du Dieu suprême sur le Garizim et les autres montagnes doit être rapprochée des tentatives babyloniennes pour parvenir le plus près possible du Dieu céleste en l'adorant au sommet de gigantesques tours en terrasses.

Presque toutes ces divinités du Moyen-Orient avaient des caractéristiques astrales et végétales et se ressemblaient beaucoup [3]. Comme partout ailleurs, leur personnalité ne s'était constituée que progressivement : primitivement l'esprit des étoiles se confondait avec les étoiles elles-mêmes [4] et ce n'est qu'aux divinités fonctionnelles de la culture, tel Nabou, le dieu babylonien des scribes, qu'on attribua dès l'origine une personnalité propre. Mais la plupart d'entre elles ne purent se défaire d'une certaine propension à se fondre à nouveau dans l'impersonnel ; [165] ce sont précisément les dieux

1. Que le roi Akhenaton « ait placé son nom à tout jamais sur le pays » (*Les Tables d'Amarna*) ne signifie pas qu'il existait là-bas un monothéisme solaire mais bien qu'Akhenaton avait étendu sa souveraineté sur le pays.

2. Gressmann, *ZAW*, XXX, 1910, prétend que les *élim* étaient les dieux des tribus semi-nomades, à l'inverse des *ba'alim* qui étaient ceux des paysans sédentaires. Cette hypothèse peut être étayée par de nombreux arguments. Le nom de *ba'al* ne se trouve pas une seule fois dans les légendes des Patriarches de la Genèse ; les *ba'alim* apparaissent comme les « seigneurs des champs » et présentent des ressemblances indiscutables avec les *ba'alim* des villes côtières, notamment phéniciennes ; *El* au contraire évoque l'est et les territoires entre la Mésopotamie et la Syrie que les tribus nomades n'ont cessé de parcourir. Par contre le fait que les divinités des Ḥabiru soient désignées comme des *ilani* tend plutôt à infirmer l'hypothèse de Gressmann : la population sédentaire a donc dû connaître également le nom d'*El*. De même *el Elyon* est la divinité d'un peuple ayant une culture. Quoi qu'il en soit cette thèse mérite d'être étudiée et approfondie par les experts, ne serait-ce que parce qu'elle rendrait justice à l'affirmation du code sacerdotal quant à l'adoration de Dieu parmi les Patriarches (*el chaddaï*).

3. Luther (in Ed. Meyer, *Die Israeliten...*) affirme qu'à l'époque de David les cultes de *Ba'al* étaient des cultes paysans cananéens (donc orgiaques) tandis que les cultes d'*El* étaient liés aux arbres et aux bosquets et que le culte de Yahvé était celui du Dieu des armées à Gabaon et à Silo.

4. C'est aussi l'opinion de Hehn qui concorde avec celle de Dhorme, *La religion assyro-babylonienne*.

célestes les plus éminents (tel Anou à Babylone) qui demeurèrent toujours abstraits et étrangers au culte populaire. Partout les gens étaient attirés par le syncrétisme et avaient tendance à ériger le dieu du soleil en dieu suprême, puis finalement comme les intellectuels en dieu unique. Mais en Palestine il n'existe que des traces éparses d'une telle tendance, bien que l'abstraction *élohim* soit déjà une étape sur cette voie.

13. *BA'AL* ET YAHVÉ - LES IDOLES ET L'ARCHE

La divinité la plus importante qui entra en compétition avec Yahvé était principalement d'origine cananéenne tout en ayant subi une forte influence phénicienne ; elle appartenait à un type qui avait déjà subi de profondes modifications dans la religion babylonienne la plus évoluée : c'était le type du *Ba'al*. La conception originelle ou plus précisément celle qui prédominait à l'époque de l'occupation était que chaque dieu particulier régissait souverainement certains éléments, certains phénomènes bien déterminés de la nature ou de la vie sociale ; cette conception se retrouve sous une forme primitive chez toutes les peuplades archaïques : le « Seigneur de la prière » en Inde ou la divinité de la terre dans la Chine ancienne avaient un rôle similaire. Ces éléments ou ces phénomènes « appartenaient » à leur *Ba'al* respectif, tout comme une parcelle de terre, une tête de bétail ou une profession monopolisée appartiennent à un homme. Il en résultait qu'il y avait deux catégories de dieux. D'une part les dieux fonctionnels, comme le *Ba'al berith* ; ce « Seigneur de l'alliance » était compétent pour toutes les conclusions d'alliances, il en était le garant et vengeait leur violation. Ou encore le *Ba'al zevuv* d''Eqron, le « seigneur des mouches » qui répandent la peste ou bien le « seigneur des rêves » ou « du courroux ». Et d'autre part il y avait des dieux à qui appartenait le sol fertile : les « divinités locales » dans ce sens bien spécifique. Yahvé, la divinité israélite de l'Alliance, était le Dieu d'un peuple, d'une communauté de personnes, tout comme le Bel assyrien était celui d'une collectivité de guerriers, et il ressemblait plus encore à un prince à la tête de son armée ; au contraire le *Ba'al* palestinien d'un lieu était le seigneur du sol et de tous ses produits, tel un propriétaire terrien patrimonial, et par-là il était proche du Bel babylonien, le seigneur du sol fertile. Il nous faudra analyser plus tard la signification rituelle extrêmement importante du caractère chthonien des cultes de Ba'al les plus influents. À *Ba'al* sont dues les prémices de tous les produits du sol, du bétail et des hommes qui vivent sur ses terres : les prêtres en firent également une obligation du culte de Yahvé [166] alors que cela n'avait pas cours à l'origine. Le fondement religieux de l'interdiction de moissonner complètement un champ (*Lév.* XIX, 9-10 et XXIII, 22) est issu, comme en témoigne l'explication : « Je suis Yahvé, votre Dieu », de ce même courant d'idées. Ces deux conceptions qui tout en n'étant pas absolument opposées ont cependant une orientation différente, avec d'un côté le Dieu d'une communauté de personnes et de l'autre le dieu d'une association locale, ici un Dieu céleste et là un dieu terrestre, séparent la religion de Yahvé de celle de *Ba'al*. Cette dernière, qui était la conséquence directe de l'urbanisation et de la possession de la terre par les patriciens, était certainement très ancienne dans les territoires cananéens. Chaque cité avait des divinités locales de la même espèce. À l'époque d'Amarna, les gouverneurs se plaignirent auprès du roi que les dieux de la cité qui par leur bienveillance assuraient au Pharaon la maîtrise de celle-ci aient abandonné la ville qui était ainsi tombée aux mains des ennemis. Les Israélites semblent avoir conféré le nom de Ba'al à un grand nombre de divinités aux noms particuliers, tel Hadad qu'on adorait sous la forme d'un taureau, et Milk ou Melkart importé de Phénicie sous la dynastie des Omrides. Mais le concurrent le plus redoutable de Yahvé était certainement le *Ba'al* local qui, de par son rôle fonctionnel, était une figure tout à fait universelle ; il était le propriétaire de la terre d'un point de vue à la fois économique et politique. Lorsque Israël annexait une cité pacifiquement ou par la violence, le *Ba'al* conservait naturellement la possession de la ville et des sanctuaires. Selon la conception primitive, cela ne portait nullement préjudice au grand Dieu des armées de la confédération. Mais devant le prestige grandissant de Yahvé, il fallut bien que ses rapports avec les *Ba'alim* fussent régularisés d'une quelconque manière. Il pouvait en tant que Dieu céleste accéder au sommet d'un panthéon, et c'est bien l'écho de quelque chose de semblable qui apparaît dans la désignation *élohim*. Mais comme tous les dieux célestes suprêmes, il encourait alors le risque de voir sa gloire se ternir là où il n'y avait point de sanctuaire permanent pour les nécessités de la vie quotidienne. Les *Ba'alim* restaient alors les maîtres des cultes les plus fréquentés. Parfois on assimilait simplement Yahvé aux *Ba'alim* ou encore l'on s'arrangeait pour l'associer à eux dans le culte. Jusqu'à l'époque postexilique, les juifs adorèrent avec la plus grande ingénuité dans un seul et même temple aussi bien Yahvé que des divinités tout à fait étrangères[1]. [167] Lors de la fusion de Yahvé avec un dieu local, c'était tout naturellement le *Ba'al* qui prédominait dans cette divinité composite (ou dans la combinaison des cultes) en temps de paix et de prospérité, tandis que Yahvé passait au premier plan quand il y avait une guerre ou que les désastres paraissaient imminents[2]. Ceci explique que c'est précisément en temps de paix et de prospérité que les prophètes puritains de Yahvé, ceux qui plus tard vitupéreront contre *Ba'al*, rencontrèrent le plus de difficultés et qu'inversement chaque guerre nationale, chaque oppression et chaque menace étrangères profitait immédiatement à Yahvé, le Dieu qui jadis avait aidé son peuple à franchir la mer Rouge. On peut supposer qu'il y eut de longues périodes où les deux divinités coexistèrent pacifiquement et où les *Ba'alim* prédominaient, sans passer toutefois pour les adversaires de Yahvé. Parmi les héros célèbres de l'Israël du Nord

1. Selon les *papyri* c'était le cas pour la communauté juive de Syène qui, d'après la présence de nombreux noms ephraïmites, était certainement originaire de l'Israël du Nord (Bacher in *JQR*, XIX, 1907, et Margolis, *JQRNS*, II, 1911-1912).

2. Étant donné le caractère national de Yahvé tel qu'il est défini par la *berith*, c'est *Ba'al* qui a dû jouer le principal rôle dans la divinité mixte des étrangers. W. Max Müller a montré que *Ba'al* apparaît en Égypte comme un dieu guerrier étranger qui réside sur les montagnes, avec des traits qui ne correspondent donc pas à sa nature mais qui sont empruntés à Yahvé.

apparaissent également des noms de *Ba'al* comme par exemple *Yerubba'al*, qui lorsqu'il devint un héros guerrier de Yahvé reçut, et cela est hautement significatif, un nouveau nom (Gédéon) ; de la même façon une tradition plus récente a modifié le nom des fils de Saül, le champion de la cause yahviste.

Comme le culte de Yahvé était fréquemment assimilé à celui de *Ba'alim* locaux ou fonctionnels, il en adopta les attributs et principalement les images cultuelles. D'après les renseignements que livrent la tradition et les fouilles, il ne fait pas de doute qu'à l'origine le culte de la fédération israélite était dépourvu d'images ; c'est sous cette forme qu'il avait été institué. Cela ne résultait assurément pas du « niveau élevé » des spéculations concernant l'ancienne représentation de Dieu. Bien au contraire c'était là une conséquence de la nature primitive des instruments de culte qui, étant donné le caractère hautement sacré de l'ancien rituel guerrier de la fédération, furent définis à une époque très reculée d'une façon stricte et définitive. S'il n'y avait pas de représentation imagée du Dieu c'est tout simplement parce que à l'époque où celui-ci fut accepté le niveau matériel de la civilisation de la région qui l'accueillait ne permettait pas une telle représentation. C'est pour la même raison que les plus anciens codes de lois prescrivent la construction d'un simple autel de terre et de pierres non équarries, comme c'était alors la coutume là-bas. Le fait de préserver un culte dépourvu d'images même à une époque où l'activité artistique était en plein essor n'est pas propre au culte de Yahvé. [168] De multiples preuves attestent l'existence d'un culte identique durant la haute époque hellénique et dans la Grèce ancienne, ainsi que chez les Iraniens qui, tout comme les Israélites, étaient sous l'influence de Babylone. Il ne fait pas de doute que les formes mêmes de ce culte sans images jouèrent un rôle décisif pour son maintien dans quelques-uns des sanctuaires les plus importants, car elles remontaient à des temps très anciens et étaient considérées comme particulièrement saintes ; la crainte d'un maléfice en cas de changement rendait difficile l'introduction d'icônes. Ce qui caractérise le développement de la religion d'Israël c'est la rigueur avec laquelle cette interdiction fut appliquée ; on peut tout au plus établir une vague comparaison avec l'interdiction des images dans l'islam, sous l'influence d'Israël d'ailleurs, ainsi que dans le zoroastrisme. Ailleurs, cette condamnation des images se limitait à certains lieux de culte ou à certaines divinités spécifiques ; pour ce qui était du reste l'activité artistique pouvait s'exercer librement aussi bien à l'intérieur qu'à l'extérieur de la sphère religieuse. En Israël, Yahvé devint le Dieu unique et alors qu'ils réclamaient avec de plus en plus d'insistance l'institution d'une monolâtrie, les représentants de son culte exigèrent non seulement la condamnation de toute image de Yahvé comme une abomination, mais aussi la proscription de tout parement qui pouvait ressembler à une image ; finalement, comme en témoigne le second commandement dans sa formulation définitive, ils poussèrent si loin l'iconoclastie qu'ils allèrent jusqu'à s'opposer farouchement et par principe à toute pratique des arts plastiques. Ceci entraîna d'une façon déterminante dans le judaïsme tardif la suppression de toute activité artistique ainsi que l'étouffement de la sensibilité esthétique. Cette ultime tentative pour parvenir à plus de cohérence en matière de théologie était essentiellement le résultat de l'entreprise sacerdotale qui visait à établir des prescriptions rituelles extrêmement efficaces afin de « différencier » Israël. Elle n'est absolument pas présente dans les sources plus anciennes ; on ne peut même pas établir avec certitude si le puritanisme yahviste condamnait uniquement les images coulées dans du métal, qui étaient des produits de la culture urbaine, ou bien s'il condamnait également (et plus particulièrement) les images sculptées ou bien encore toutes les images ; les « trois décalogues » se contredisent en effet sur ce point. L'habileté artistique de l'artisan qui fabriquait des parements passait alors pour un charisme divin. Le refus de toute image ne prit une telle acuité qu'au cours de la lutte extrêmement violente que les représentants de l'ancien culte sans images durent livrer contre les images de Yahvé et autres parements du culte qui étaient apparus dans l'aire culturelle de Canaan. La tradition plus tardive est très obscure quant à la nature de ces parements. Le rôle de l'éphod notamment n'est pas clairement défini [1]. [169] De même pour les *teraphim*, il est impossible de savoir avec certitude ce qu'ils représentaient à l'origine. Il est bien difficile de trouver des preuves attestant le caractère phallique qu'on leur attribue parfois [2]. Certains renseignements pourraient nous faire croire qu'il s'agissait d'une image, d'autres d'un manteau avec une poche pour les tablettes oraculaires, d'autres enfin d'un vêtement. Il est fort probable que leur signification ait été modifiée sous l'influence de la conception plus tardive d'un culte sans images. Si l'éphod était à l'origine un parement en forme d'image, il était sans aucun doute étranger au culte primitif de Yahvé. Les indications qui plaident le plus en faveur d'une telle interprétation proviennent de l'Israël du Nord. Point n'est besoin ici d'examiner si le « tabernacle » a été autre chose qu'une construction théorique tardive, car « l'arche de Yahvé » transportable qui constituait un parement spécifique de son culte avait une bien plus grande importance.

On ne pourra probablement jamais établir avec certitude si cette arche était primitivement, comme semble l'admettre Eduard Meyer, un coffre à fétiches d'origine égyptienne ou si, selon l'hypothèse plus vraisemblable de Dibelius [3], c'était un trône céleste ayant l'apparence d'un coffre, d'origine pré-israélite et palestinienne ; peut-être s'agissait-il effectivement d'un coffre qui contenait initialement une pierre sacrée couverte de runes ou encore — comme l'affirme Schwally en se fondant sur une analogie avec un sanctuaire champêtre islamique (le *mahmal*) — était-ce un coffre vide dans lequel on avait magiquement retenu le Dieu. Quoi qu'il en soit Dibelius, s'appuyant sur les indications les plus anciennes (*Nbr.* X, 35-36 en relation avec I *Sam.* I, 9 et avec l'image de *Jér.* III, 16), a solidement étayé l'hypothèse selon laquelle il

1. Parmi les travaux plus récents, SELLIN, in *Die Nöldeke Festschrift* (1906).
2. FOOTZ, *Journal of Biblical Literature*, XXI (1902).
3. « Die Lade Jahwes », in *Forschungen zur Religion und Literatur des Alt-Testamentlichen Judentums* (Göttingen, 1906).

existait à l'époque des guerres de libération contre les Philistins un siège orné de chérubins sur lequel Yahvé trônait invisible et que l'on amenait dans le camp sur un char. Par une évocation pleine de rythme on exhortait Yahvé avant la bataille à se dresser contre l'ennemi, et après la victoire à regagner sa place (*Nbr. ibid.*). D'après la légende ultérieure de Samuel, Yahvé semble résider dans, ou plus probablement sur, l'arche à l'intérieur du sanctuaire. Ceci est peut-être le produit d'une conception plus tardive de l'époque de la pleine sédentarisation, bien qu'il arrive fréquemment que soient juxtaposées des représentations du dieu [170] qui paraissent logiquement incompatibles. La croyance selon laquelle durant une guerre Yahvé trône invisible sur l'arche n'est pas identique, mais peut-être pas absolument opposée à celle qui prévaut dans le Cantique de Déborah, où le Dieu s'approche dans une tempête depuis sa résidence des monts boisés de Sé'ir. En tout cas, ce n'est probablement pas un hasard si, ainsi que le rapporte Hérodote (VII, 40), les Perses — qui tout comme les Israélites étaient un peuple montagnard au voisinage de populations des plaines qui combattaient sur des chars — emmenaient à la guerre sur un char leur dieu invisible Ahouramazda [1]. Il est probable qu'à l'origine il s'agissait d'opposer aux chefs de guerre et aux idoles ennemis montés sur des chars le roi des cieux, lui aussi sur un char. Reichel a démontré qu'il existait également plusieurs trônes divins vides dans l'aire hellénique. Un Dieu dont le culte très ancien était dépourvu d'images devait nécessairement demeurer invisible et renforcer ainsi sa dignité et son inquiétant mystère. La forme de ce culte issue de contingences purement historiques fut également à l'origine de la spiritualisation du Dieu fédéral, qui non seulement a été rendue possible mais a encore été extrêmement favorisée par les qualités que nous venons d'énumérer. Dans la tradition, l'arche est rattachée à Silo et à son ancien clan sacerdotal, les élides ; elle appartient donc essentiellement à l'Israël du Nord. Elle est aussi très étroitement liée au rôle de

1. Les divinités babyloniennes suprêmes ne furent apparemment jamais placées sur leur trône sous forme d'idoles.

Yahvé comme Dieu des armées et prince des armées célestes (*tsevaoth*). Toutefois le Cantique de Déborah et les récits de guerre qui datent d'avant l'époque des Philistins ne font aucune mention de l'arche ; son apparition étant éphémère, on ne peut déterminer avec certitude la date ou l'occasion ou l'ampleur de son acception primitive en tant qu'ornement cultuel. C'est la théologie deutéronomique qui, après avoir rejeté la conception d'un Dieu lié à l'arche, localisé à l'intérieur de celle-ci ou sur elle, fit de cette dernière une « arche de l'alliance » renfermant les tables de la Loi. Quoi qu'il en soit l'importance prise par cette arche vide est symptomatique ; de plus elle favorisa probablement la relative spiritualisation de la représentation anthropomorphique du Dieu, qu'entraînait nécessairement l'existence d'un culte dépourvu de toute image. Le siège du Dieu de l'Alliance sur les monts boisés de Sé'ir ne comportait bien sûr ni temple ni image ; on n'en connaît aucune trace. Les Annales d'Ézéchias indiquent qu'un bâton en forme de serpent, appelé le « serpent d'airain », [171] faisait partie des ornements du culte hiérosolymite tardif qui — à l'opposé des luxueux instruments de culte de Salomon — remontaient à Moïse ; leur ancienneté était authentique puisqu'on n'en comprenait plus la signification et qu'on voyait en eux les supports de légendes étiologiques. La tradition présente aussi Moïse comme un faiseur de miracles, un thérapeute, et surtout comme celui qui protège de la peste. Cela semble concorder avec le fait que parmi les armes spécifiques dont se sert Yahvé pour combattre ses ennemis figuraient également les épidémies. Selon une hypothèse très proche de la légende étiologique, mais qui bien sûr ne peut être démontrée, le bâton en forme de serpent [1] aurait été l'emblème de certains prêtres de Yahvé qui faisaient fonction de guérisseurs et qui disparurent par la suite. Ainsi se trouve close la liste des parements véritablement anciens du culte de Yahvé.

Lorsque à la suite de la fusion intime de Yahvé et de *Ba'al*, l'idolâtrie de cette aire de civilisation eut envahi le culte

1. Eshmoun, le dieu phénicien qui apporte la guérison, a pour symbole un serpent.

yahviste de l'Israël du Nord, on représenta Yahvé essentiellement sous la forme d'un taureau, c'est-à-dire en tant que Dieu de la fertilité des agriculteurs. On porta au crédit du roi Jéroboam [1], dont le nom est yahviste et qui avait à ses côtés un prophète de Yahvé, le fait d'avoir tenté d'échapper à la tutelle de Jérusalem et d'avoir pour cela érigé des statues dorées de taureaux dans certains sanctuaires de l'Israël du Nord, notamment à Dan ; ce sanctuaire était considéré comme un lieu de culte des plus orthodoxes et était desservi par un clan sacerdotal que l'on faisait remonter à Moïse. Dans les discours des prophètes de l'Israël du Nord, Élie et Élisée, il n'est pas fait mention de la moindre protestation contre l'utilisation officielle de telles statues de Yahvé ; à l'époque des Omrides, ces derniers se révélèrent comme de farouches opposants des cultes de *Ba'al*, qui avaient connu une forte expansion sous l'influence phénicienne. Il ne fait pas de doute cependant que la lutte menée contre les idoles à l'intérieur même du yahvisme fut déterminée par la lutte alors engagée contre les cultes étrangers, qui étaient tous des cultes idolâtres importés par les princesses étrangères ou à la suite d'alliances. Cette lutte pouvait se développer à partir des sanctuaires du pays où l'on adorait Yahvé sans faire appel aux images, ainsi qu'à partir des anciens lieux de culte du désert hors d'Israël. [172] Les prêtres de ces sanctuaires avaient nécessairement tendance à ne tenir pour correcte que cette seule forme de culte ; la pression croissante des dangers extérieurs leur permit de mobiliser pour leur cause tous ceux qui étaient préoccupés par la pureté du culte de Yahvé, comme à l'époque des anciennes victoires d'Israël. Là où l'arche de Yahvé constituait l'objet cultuel le plus sacré, et tel fut le cas à Silo jusqu'au règne de David, il n'a jamais pu exister qu'un culte sans images. Il ne fait pas de doute non plus qu'après le transfert de l'arche à Jérusalem, le culte qu'on y célébrait était dépourvu d'images. Mais la tradition nous apprend qu'avant la fondation du sanctuaire de Jérusa-

1. La colère attribuée au prophète Ahiya (I *Rois* XIV) est une légende tardive. La véritable raison de l'opposition des lévites est révélée clairement par I *Rois* XII, 31 : ils s'opposaient à l'emploi de plébéiens comme prêtres.

lem par David, l'arche sainte avait été longtemps reléguée, à demi oubliée, dans une maison privée ; en effet les Philistins s'en étaient emparés au cours d'une bataille et avaient vraisemblablement détruit Silo. Le fait que David ait vu précisément dans ce culte sans images du Dieu des armées fédérales un symbole et qu'il l'ait adopté pour sa résidence royale a probablement amorcé un tournant décisif en faveur de la suprématie du culte sans images de Yahvé. En concluant une alliance avec les élides, ces prêtres chassés de Silo, David s'assura de leur soutien contre Saül qui, bien que yahviste, était en tant qu'Israélite du Nord favorable au culte combiné de Yahvé et de Ba'al. Saül fut ainsi amené à faire massacrer dans un bain de sang certains de ces prêtres, si bien que la tradition lui voua une haine féroce, encore vivace dans la version actuelle des Écritures. Le Sud devint alors le centre de la croyance pour qui était seul valable un culte dépourvu d'images. Le temple de Salomon constituait déjà en lui-même une défaite pour ce culte puritain. Car il semble qu'il était orné d'une inscription dédicatoire ; ceci permet de conclure à l'existence d'un culte solaire comme il y en avait dans de nombreuses dynasties à travers le monde, où il faisait fonction de culte royal ; plus tard on mentionne également un char solaire tiré par des chevaux ; de plus on y violait ouvertement l'ancienne prescription ordonnant d'adorer Yahvé sur un simple autel de terre sans pierres taillées. Il ne fait pas de doute que sur bien des points le Temple contrevenait à cette exigence plus tardive qui voulait que soient absolument bannis tous les ornements qui ressemblaient à des icônes. La chute du prêtre élide, Evyathar, paraît être en rapport avec les innovations introduites par une royauté qui avait institué des corvées et s'orientait vers l'Égypte et la Phénicie. Mais il est évident qu'à cette époque, ces innovations ne constituaient pas encore une préoccupation majeure. C'est bien plus tard seulement [173] qu'on entreprit de les combattre. Alors que l'on soupçonnait depuis fort longtemps les ornements les plus divers d'être des réminiscences de cultes étrangers, on ne manifestait pourtant point d'opposition de principe à l'encontre de toutes les images. Celle-ci ne fut déclenchée qu'à l'époque d'Osée et connut son premier succès sous Ézéchias. Elle n'épargna point le bâton en forme de serpent, cet ancien ornement que l'on faisait remonter à Moïse : le roi le brisa. Ce qui motivait une telle politique, c'était la préoccupation croissante d'éliminer tout ce qui aurait pu entraîner le courroux de l'ancien Dieu des armées de l'alliance, dont le culte était jadis dépourvu d'images. À cela s'ajoutait que dans l'intervalle le concept de Dieu s'était sublimé dans les cercles intellectuels qui attachaient précisément un grand prix au caractère invisible de la divinité ainsi qu'à l'absence de toute représentation imagée et qui opposaient maintenant avec mépris l'œuvre humaine des artisans au service des cultes idolâtres étrangers à la majesté surhumaine de Yahvé. On persécuta alors le culte de Ba'al dans lequel on voyait la source de l'abomination qui menaçait le culte de Yahvé. Cependant la violence croissante de cette lutte contre le culte de *Ba'al* était également en rapport avec des particularités très profondes du culte de Dieu ; si ces dernières étaient indissolublement liées au culte du *Ba'al* de l'ancien Canaan, elles étaient pourtant en contradiction absolue avec la véritable croyance yahviste. Pour comprendre cela il nous faut remonter quelque peu en arrière et nous intéresser d'abord à ceux qui organisaient le culte, c'est-à-dire aux prêtres.

14. SACRIFICE ET EXPIATION

On a établi avec suffisamment de preuves qu'il n'existait point à la haute époque israélite un corps fédéral de prêtres [1] reconnu par tous, à qui la confédération aurait conféré le monopole des sacrifices au Dieu de l'Alliance. Dans les relations entre la confédération israélite et Yahvé, le sacrifice n'avait pas encore l'importance qu'il acquit par la suite. Car ainsi que nous l'avons relevé, il n'existait pas avant la royauté d'instance fédérale compétente pour offrir des sacri-

1. Cf. l'ouvrage fondamental du comte BAUDISSIN, *Geschichte des alttestamentlichen Priestertums* (Leipzig, 1889). Certaines hypothèses, telle l'antériorité du code sacerdotal sur le Deutéronome, n'ont plus cours aujourd'hui.

fices réguliers en temps de paix. Ce n'est qu'en période de guerre que se réalisait l'unité de la confédération et alors, selon la tradition, c'était le fait de déclarer tabou une partie ou l'ensemble du butin qui constituait le moyen rituel spécifique [174] pour rendre au Dieu son dû. Bien mieux qu'un sacrifice préalable, une telle mesure pouvait convaincre le Dieu de son intérêt à assurer la victoire d'Israël. Il est probable qu'on ait offert de tout temps des sacrifices à Yahvé comme aux autres divinités afin de se concilier sa bienveillance ; durant une guerre c'était la confédération qui offrait les sacrifices, mais en temps de paix c'étaient des particuliers. D'après la tradition en effet, chaque repas, du moins chaque repas comprenant de la viande, était un « repas sacrificiel » selon une acception très large qui se basait sur le fait que le Dieu recevait sa part sous forme d'offrandes. Le prince et parfois aussi les chefs des clans offraient des sacrifices avant une bataille ou encore, dans les anciens lieux de culte, lorsqu'ils en ressentaient la nécessité. D'après une tradition sûre, seule l'aspersion de l'autel avec du sang était réservée à Moïse, c'est-à-dire à un prêtre professionnel. Mais rien ne prouve avec certitude que cette forme de culte ait été pratiquée hors de Silo, et l'on ne peut déterminer son ancienneté. Assurément la tradition sacerdotale tardive présente le sacrifice offert par Saül sans l'assistance de Samuel (qui apparaît ici en tant que prêtre) comme un paradigme de son ingérence dans un domaine qui relève de la compétence exclusive des prêtres et y voit la cause de sa perte. Mais ceci ne concorde nullement avec le droit alors en vigueur ni même avec celui qui prévaudra à une époque plus tardive. Dans le Livre de Samuel, David est revêtu d'un costume sacerdotal et donne la bénédiction. Selon la tradition royale qui a été profondément remaniée par les prêtres, un conflit identique à celui qui opposa Saül à Samuel se répéta sous le règne du roi Asa [1]. Il est certain cependant que les princes et les grands propriétaires terriens entretenaient des prêtres qui recevaient une formation rituelle. Mais à l'origine cela

1. Seul le chroniqueur postexilique (II *Chr.* XXVI) considère le sacrifice d'Uzia comme un grave péché.

dépendait entièrement de leur bon vouloir. Selon une tradition plus ancienne qui a été ultérieurement expurgée par les Chroniqueurs, David fait de ses deux fils des prêtres [1]. Dans le Livre des Juges un grand propriétaire terrien du Nord, Mikha, agit de la même façon. Les sanctuaires qui étaient entretenus par les princes et les particuliers étaient considérés comme leur bien privé. Ils y avaient les mêmes droits que dans leur maison ; c'est ainsi qu'agissaient les rois de l'Israël du Nord dans le sanctuaire institué par Jéroboam à Béthel (*Am.* VII, 13). Le prêtre était un fonctionnaire à leur service ; il exécutait tous leurs ordres même lorsqu'il s'agissait d'ériger à Jérusalem des autels selon des modèles étrangers (II *Rois* XVI, 10). [175] Une organisation commune des prêtres sacrificateurs était impossible déjà, à cause de la concurrence que se livraient les différents lieux de culte ; dans le Royaume du Nord, et cela se comprend aisément, les sanctuaires privés n'étaient pas aussi désavantagés par rapport aux fondations royales que dans la cité-État centralisée de Juda. Le prêtre suprême était désigné comme « le prêtre » (*ha-kohen*) ; ce n'est que plus tard qu'apparut à Jérusalem (II *Rois* XXV, 18) le titre de « prêtre en chef » (*kohen ha-roch*) ; il n'est pas certain qu'on ait utilisé le titre postexilique de « Grand Prêtre » (*Kohen ha-gadol*) (II *Rois* XXII, 4-8 et XXIII, 4 sont soupçonnés d'être une glose ; cf. II *Rois* XI, 9 où l'on qualifie Yehoyada' le grand prêtre du titre de *ha-kohen* [2]). Toujours est-il que les prêtres qui assurent le culte dans le temple royal sont considérés comme des fonctionnaires royaux (II *Sam.* VIII, 17 ; XX, 25) ; ils accompagnent le roi à la guerre et, à la seule exception de Yehoyada' sous le règne d'Athalie à l'époque prédeutéronomique, ils n'ont pas joué un rôle politique de quelque importance. Ils ne pouvaient absolument pas être les chefs d'une « communauté religieuse » pour la bonne raison que celle-ci n'existait pas.

1. II *Sam.* VIII, 18. Dans *Sam.* XX, 26 on mentionne la présence d'un *Yaïrite* aux côtés des prêtres Tsadoq et Evyathar. La chronique postexilique élimina par la suite les fils de David.

2. STRUCK, « Das Alttestamentliche Priestertum », in *Theologische Studien und Kritiken*, LXXXI (1908).

Dans les temps anciens c'est le ban de l'armée qui même sur le plan religieux constituait la communauté ; puis plus tard ce fut l'assemblée territoriale des Israélites de plein droit. Le tribunal qui jugea Jérémie était constitué par les *sarim* royaux et les *zéqénim* dont on ignore s'ils ont joué un rôle dans la formulation du verdict. Les *'am* (les hommes liges) constituaient les assesseurs de cette assemblée (*qahal*) et cour de justice, les prêtres étaient les accusateurs mais n'y siégeaient point. C'est le roi (Josias) et non le prêtre suprême (Ḥilqiya) qui convoque l'assemblée, même lorsqu'il s'agit d'une *berith* religieuse. Nous n'examinerons pas ici le problème de l'ancienne royauté sacerdotale à Jérusalem qui se trouve évoquée dans la tradition douteuse de *Gen.* XIV, et nous n'essaierons pas de savoir pourquoi cette version fut ainsi reprise. Toujours est-il que dans l'ancienne tradition le prince était lui aussi qualifié à la fois légitimement et rituellement pour offrir des sacrifices au nom de ses gens. De même il est certain qu'il existait de tout temps des sanctuaires qui attiraient des visiteurs venus de fort loin ; les clans de prêtres locaux héréditairement charismatiques étaient les seuls habilités à y organiser, selon des règles anciennes, des cérémonies particulièrement solennelles aussi bien pour les princes que pour les particuliers. C'était le rôle dévolu au clan des élides dans le sanctuaire de Silo que les prophètes (Jérémie) considéraient comme extrêmement ancien et authentiquement yahviste. La tradition concernant la pratique sacrificielle [176] qui était certainement très ancienne dans ce sanctuaire nous apprend que les personnes qui offraient un sacrifice joignaient aux prières individuelles pour la réalisation de certains vœux précis des offrandes de viande dont le prêtre prélevait une part ; de plus il n'était pas rare qu'il y eût des repas sacrificiels où les participants s'enivraient. Nous nous préoccuperons plus tard de la signification des repas sacrificiels et de toute façon nous n'examinerons pas ici l'histoire très complexe du sacrifice dans l'Israël antique [1]. Nous nous en tiendrons aux offrandes pour constater qu'en Israël

1. Une esquisse brève mais discutable de l'histoire du sacrifice dans l'Israël antique a été élaborée par Stade.

comme partout ailleurs celles-ci furent d'abord considérées comme des moyens appropriés pour conférer un certain poids aux supplications adressées au Dieu. Les plus anciennes ordonnances concernant le culte, telles qu'elles ont été préservées dans les appendices cultuels du Livre de l'Alliance, prescrivent uniquement à l'Israélite de se présenter trois fois par an devant Yahvé et jamais « avec les mains vides ». Il n'existe pas d'autres prescriptions dont l'ancienneté soit garantie et l'on ne peut déterminer avec certitude la portée pratique de ce commandement.

L'importance du sacrifice de dévotion se modifia d'abord quantitativement à la suite du prestige grandissant du Dieu des armées de la confédération dû à l'expansion et surtout de l'institution de la royauté. La dynastie de David et dans le Nord celle de Jéroboam instituèrent des sanctuaires royaux avec des sacrifices réguliers.

La modification de la signification même de l'offrande qu'entraînèrent les perspectives politiques de plus en plus sombres du pays sous la domination royale revêtit encore une bien plus grande importance. Car il y avait une question qu'on ne pouvait éluder : pourquoi la situation politique et militaire d'Israël avait-elle pris cette tournure défavorable ? À cela il ne pouvait y avoir qu'une seule réponse : le courroux de Dieu s'était enflammé contre son peuple. La conception israélite du péché partait de faits purement objectifs comme en témoignent les anciens termes désignant le péché qui, pour la plupart, sont dérivés du verbe « *ḥata* », transgresser. Une transgression, et il s'agit bien sûr d'une transgression rituelle, éveillait le courroux du Dieu. C'est donc la crainte qu'inspiraient les fautes rituelles et leurs conséquences qui étaient ici comme ailleurs à l'origine de la recherche de l'expiation. Mais Yahvé était aussi le partenaire contractuel d'Israël dans la *berith*, si bien que l'ancienne loi sociale fondée sur l'esprit de camaraderie et l'entraide fraternelle apparaissait comme une obligation contractée envers lui. Aussi le concept de péché devait nécessairement s'étendre à des commandements de portée « éthique », principalement des prescriptions d'éthique sociale. [177] C'est avant tout la critique yahviste des positions prises par la monarchie et des transformations sociales résultant de l'urbanisation qui, comme partout en semblables circonstances — c'est ce dont témoigne par exemple l'inscription sumérienne d'Urukaniga —, a fait passer le concept de péché du domaine du rite à celui de l'éthique sociale. Il ne faisait de doute pour personne que le puissant Dieu des armées faisait dépendre sa miséricorde de l'observance des commandements qui avaient été solennellement acceptés dans la *berith* de l'accomplissement des prescriptions rituelles [1] et tout spécialement de l'observance de l'ancienne loi fédérale qu'il avait garantie. Il était naturel qu'à la suite d'échecs et de difficultés politiques il y eût de plus en plus de gens qui essayèrent de savoir quelles transgressions d'ordre social avaient bien pu susciter le courroux du Dieu et comment celui-ci pourrait être apaisé. Mais à partir du IXe siècle les deux royaumes connurent d'une façon chronique une situation extrêmement difficile. Ainsi que l'indiquent clairement les sources, on insista sur l'importance du sacrifice en tant que moyen approprié pour expier les fautes et on alla jusqu'à lui attribuer un rôle décisif. Parmi les très nombreuses variétés de sacrifices expiatoires pratiquées dans les divers sanctuaires il n'en est que deux (*ḥattath* et *acham*) qui, probablement à la faveur de circonstances accidentelles, devinrent par la suite canoniques [2]. De ce fait la nécessité de pouvoir consulter des prêtres de Yahvé versés dans le rite et la loi afin d'interroger la volonté divine et de découvrir les

1. Il n'est absolument pas établi qu'il ait existé des rites valables pour tous à l'exception de la circoncision et des prescriptions auxquelles devaient se soumettre les guerriers (et tout particulièrement les *nezirim*).

2. *Ḥattath* et *acham* sont étroitement mêlés et pourtant considérés comme différents dans la version actuelle des Écritures. C'est Ézéchiel qui le premier les mentionne comme des institutions bien établies et communes à tout Israël. L'absence de toute référence à *ḥattath* et à *acham* dans *Deut.* XII montre très clairement que ces deux formes de sacrifices ne sont pas nées dans le culte du Temple. Mais ceci ne nous autorise nullement à conclure qu'ils ne sont apparus que durant l'exil ou peu de temps auparavant. Car le concept d'*acham* se trouve déjà dans la tradition de Samuel (l'expiation des Philistins). Ces deux formes de sacrifices étaient pratiquées par les lévites pour les besoins de leur clientèle privée ; or ceci n'intéressait guère le Deutéronome. D'après les prescriptions de la loi sacerdotale, *ḥattath* représentait le type de sacrifice le plus complet.

transgressions qu'il fallait expier s'accentua. La rationalisation croissante de la vie entraîna partout, même en Mésopotamie, une demande accrue de moyens pour découvrir et expier les péchés ; [178] sous la pression des événements politiques, ce besoin prit en Israël un relief tout particulier. L'importance grandissante que connurent le sacrifice expiatoire et l'enseignement concernant la volonté de Yahvé entraîna une demande accrue de personnes ayant une connaissance de Yahvé et de ses commandements. Quelle que fût l'importance attachée au respect des prescriptions rituelles, ce n'était pas tant du rite sacrificiel lui-même dont il fallait se préoccuper que de la connaissance de la volonté divine et des actes par lesquels les commandements avaient été transgressés. Les associations politiques et locales aussi bien que les particuliers devaient faire face à cette même exigence. Les principales préoccupations du groupement politique en tant que tel étaient d'infléchir le cours de la guerre et de faire tomber des pluies abondantes. L'une et l'autre sont associées dans les promesses d'intervention de Yahvé en échange d'une conduite droite et soumise. À cela s'ajoutait pour le particulier le besoin d'être secouru dans toutes sortes de difficultés personnelles. Selon la tradition Moïse et Élie accomplissent aussi bien des miracles politiques, plus particulièrement d'ordre militaire ou concernant la pluie et la nourriture, que des guérisons individuelles ; ils scrutent la volonté divine et dévoilent ce qui a pu l'offenser. Cette dernière tâche était et devint encore plus spécialement l'attribut des champions professionnels du yahvisme.

Ainsi que le révèlent les sources, presque tous les moyens dont se servait le monde culturel environnant pour interroger la volonté divine étaient également en usage en Palestine. Mais tous n'avaient pas la même légitimité aux yeux de la tradition israélite. La religion yahviste très stricte considéra par la suite comme correctes uniquement trois formes d'investigation : 1° les révélations que Yahvé faisait à un voyant ou à un prophète authentiques et pleinement habilités à parler en son nom ; il nous faudra examiner par la suite ce qui distingue le « vrai » prophète du « faux » ; 2° dans certains cas précis les sorts oraculaires donnés par des prêtres spécialisés qui utilisaient des tablettes (les *urim* et les *tummim*) et à l'origine peut-être des flèches ; 3° en dernier lieu les visions oniriques qui se heurteront d'ailleurs à des réserves croissantes. Selon un point de vue qui s'imposera progressivement, toutes les autres formes de divination, que ce soit en matière de procès ou pour toute autre question importante, spécialement lorsqu'il s'agit de connaître la volonté et les intentions divines, passent pour de la magie maudite et dans certaines circonstances méritent la peine capitale ; parfois encore on considère cela simplement comme de la supercherie. À l'époque deutéronomique on n'a recours à l'ordalie que dans quelques rares cas et notamment lorsqu'il s'agit d'éprouver la fidélité conjugale de l'épouse. [179] L'oracle par les sorts a continué d'exister jusqu'à la période préexilique tardive ; le caractère sacré qu'on lui attribuait depuis fort longtemps résulte, tout comme le refus de représenter Yahvé sous forme d'images, de la simplicité même de l'oracle en accord avec les conditions de vie primitives de la steppe ; cependant l'oracle par les sorts perdit de son importance en faveur des voyants, des prophètes et autres sages. D'après la tradition de l'exil les pratiques oraculaires auraient pris fin après la disparition des tablettes spécifiques. Bien qu'ils aient été condamnés comme une abomination, les oracles funéraires et toutes les autres formes de divination continuèrent naturellement d'exister. Mais de toute évidence ils perdaient de leur importance. La consultation croissante des voyants, des prophètes et des experts en matière de rite au détriment de l'oracle par les sorts et des autres formes irrationnelles de divination était une conséquence naturelle de la complexité accrue des questions posées ; on pouvait de moins en moins répondre à celles-ci par un oui ou par un non. À cela s'ajoutait, pour le yahvisme authentique, une autre raison qui avait son origine dans la nature particulière des relations avec Yahvé : quand celui-ci se mettait en colère et ne se portait pas au secours de la nation ou des particuliers, c'est qu'il y avait eu une faute et que la *berith* conclue avec lui avait été violée. Il en résultait que les instances officielles tout comme les particuliers devaient s'employer à découvrir quels commandements avaient été transgressés. Les moyens de divination irrationnels ne pouvaient répondre à une telle question ; seule la connaissance des commandements eux-mêmes et l'examen de conscience pouvaient y parvenir, si bien que la conception de la *berith* qui avait cours dans les cercles authentiquement yahvistes infléchissait tout examen de la volonté divine vers une formulation relativement rationnelle des questions et vers une tentative pour y répondre par des moyens tout aussi rationnels. C'est pourquoi la parénèse sacerdotale influencée par les couches intellectuelles s'élève avec violence contre les devins, les augures, contre ceux qui décident des jours favorables, qui interprètent les signes et conjurent les morts ; elle les dénonce comme des façons typiquement païennes de consulter la divinité [1]. Les prophètes scripturaires et les cercles strictement yahvistes qui les soutenaient mirent en question l'infaillibilité de l'interprétation des rêves, ce qui était en accord avec la nature même de la vocation particulière de ces prophètes ainsi qu'avec leur conception du caractère spécifique de Yahvé et des intentions divines. Le combat que leurs prédécesseurs avaient livré [180] contre les formes irrationnelles de la divination et contre la magie avait tout naturellement, en plus des motifs rationnels avancés, d'autres causes plus fortuites et qui étaient d'ordre purement historique ; il s'agissait du dénouement de la lutte acharnée que s'étaient livrée les différentes catégories de prêtres et de devins ainsi que du degré de perfectionnement technique qu'avait atteint l'art oraculaire chez les tenants de la forme qui triomphait à cette époque. Partout, en Chine, en Inde et dans les anciennes cités-États sumériennes, le « magicien » apparaît comme le concurrent hérétique et illégitime d'un clergé légitime qui, souvent, a émergé à la faveur de conjonctures purement fortuites ; cette condamnation s'applique également aux pratiques de sorcellerie. En lui-même, l'oracle par les sorts n'était certainement pas plus rationnel que l'examen du foie qu'on pratiquait à Babylone ; seulement, à la différence de celui-ci, il ne pouvait déboucher sur une spéculation cosmique. Ce n'est certes pas un hasard si ce sont les techniques précitées pour scruter les intentions

1. *Dt.* XVIII, 10, 11, 14 ; *Lév.* XIX, 26, 28, 31 ; *Nbr.* XXIII, 23.

divines qui ont été retenues, car ce qui importait c'était d'éliminer toutes les pratiques liées aux cultes chthoniens et à leur forme particulière d'extase [1]. Nous examinerons bientôt cet aspect de l'antagonisme.

Qui donc était qualifié pour consulter Yahvé ?

Nous avons déjà évoqué le rôle quelque peu instable des anciens voyants. Par la suite ils disparurent complètement. Alors que l'ancien yahvisme de la confédération guerrière avait permis la coexistence d'extatiques guerriers, de prophètes de guerre à la sensibilité très vive et de voyants extatiques et apathiques, il n'y avait point pourtant de culte officiel de la confédération. Aussi n'était-il pas possible aux prêtres — et cela est important — de revendiquer maintenant pour eux-mêmes le monopole de l'art oraculaire. Dès le début ils durent reconnaître — à contrecœur certes — que le don prophétique pouvait également exister et se développer hors de leur cercle. Néanmoins la tension subsista du moins avec tous les prophètes qui à la différence des prêtres des grandes résidences n'étaient pas au service du roi. Le fait que le culte était lié à la royauté discréditait le « sacrifice » en tant que tel aux yeux des cercles les plus défavorables à celle-ci. Les prêtres durent donc se contenter de combattre [181] toutes les pratiques qui étaient organisées par une association cultuelle sur le modèle d'une guilde et qui entraient par là même en concurrence directe avec eux. Ils s'employèrent à monopoliser l'organisation régulière du culte de Yahvé et toutes les pratiques qui s'y rapportaient. Mais eux-mêmes, qui étaient-ils ?

Il est difficile de déterminer avec certitude quelle était la véritable personnalité des prêtres dans les sanctuaires des temps anciens. Le clan sacerdotal des élides de Silo fut transplanté à Jérusalem par David, puis dégradé par Salomon. Selon une tradition fort vieille, un homme qui n'avait même pas un patronyme israélite, Tsadoq, devint grand prêtre à Jérusalem. C'est seulement par la suite qu'une tradition plus récente le pourvoira d'un arbre généalogique apparemment

1. La remarque de *Lév.* XX, 6 montre que l'opposition à la magie extatique jouait également un rôle ici.

respectable. Les rois décidaient à leur guise de la nomination de prêtres à ces offices, pourvoyaient selon leur bon vouloir à l'entretien matériel du clergé et ils revendiquèrent dès le début le droit de faire eux-mêmes des sacrifices. Joas entreprit une réorganisation, sous contrôle de l'État, des prébendes qui revenaient aux prêtres hiérosolomytains. Tout cela ne changea formellement qu'avec la réforme deutéronomique dans les derniers temps du Royaume de Juda. Les prêtres de Jérusalem se sentirent alors assez puissants pour étendre à l'ensemble du territoire d'Israël, c'est-à-dire au royaume judaïque, la dîme et tous les autres impôts fixés par la divinité ; jusque-là ceux-ci étaient probablement le privilège de certains sanctuaires dans une aire limitée et plus précisément du sanctuaire de Jérusalem, d'après ce que permet de conclure la tradition au sujet de Malkitsédeq ; en même temps ces prêtres réussirent, probablement à la suite d'un accroissement considérable de leur prestige, à renforcer énormément leur monopole cultuel. Le seul corps sacerdotal yahviste que le code deutéronomique considère comme légitime depuis tout temps est désigné par cette compilation comme celui des « prêtres de Lévi ».

15. LES LÉVITES ET LA THORA

Le nom de Lévi n'a pas une étymologie hébraïque [1]. Il est possible que des lévites aient également exercé leur fonction [182] en dehors d'Israël et qu'ils aient été au service du dieu tribal minéen Wadd [2]. On n'a pas pu établir avec précision à partir de quelle époque ces prêtres instruits déployèrent leur activité [3]. Ce qui paraît certain c'est qu'à l'origine ils étaient

1. SCHNEIDER, « Die Entwicklung der Jahwereligion und der Mosessegen », *Leipziger Semitische Studien*, I (1909), prétend faire dériver *lévi* de « serpent ».

2. Cf. Ed. Meyer. Il faut comparer cela avec l'inscription de D.H. MÜLLER in *Denkschrift der Kaiserlichen Akademie der Wissenschaften Wien*, XXXVII (1888).

3. Dans la Bénédiction de Jacob ne se trouve aucun prêtre lévitique. Les lévites apparaissent pour la première fois dans la Bénédiction de Moïse, notamment en tant que prêtres et maîtres de la Thora.

peu acclimatés dans l'Israël du Nord, qu'ils se répandirent dans le pays à la suite de migrations individuelles et que la dynastie de Jéroboam et probablement encore celles qui lui succédèrent ne les reconnurent pas comme le seul clergé légitime de Yahvé. Finalement tout semble indiquer qu'ils étaient originaires du Sud, de la steppe qui borde le désert depuis l'oasis de Qadech jusqu'à Sé'ir. Selon une tradition assez ancienne les lévites constituèrent d'abord la suite strictement personnelle de Moïse [1] qui fit appel à eux contre des opposants rebelles refusant de se soumettre ; ils assurèrent son autorité en exterminant dans un bain de sang certains membres des clans qui leur étaient les plus proches. Selon l'interprétation très explicite d'Eduard Meyer ce récit qui nous a été transmis ainsi que la Bénédiction de Moïse prouvent que cette branche de la tradition ne tenait pas les lévites pour une caste héréditaire : d'après la Bénédiction de Moïse au contraire il fallait renier père et frère pour être lévite. Ils apparaissent ainsi comme un groupe de professionnels ayant acquis une solide formation. Cela n'est nullement en contradiction avec le fait qu'ils constituèrent plus tard une tribu groupant des clans et que qualifiait un charisme héréditaire : on retrouve sans cesse cette même évolution aussi bien à l'extérieur qu'à l'intérieur d'Israël. Toutefois dans d'autres parties de la tradition apparaît une « tribu de Lévi [2] » non pas sacerdotale mais militaire, qui est une alliée politique des tribus d'Israël et plus précisément de Siméon et de Juda ; la Bénédiction de Jacob ignore tout à fait que des lévites aient constitué plus particulièrement une classe de prêtres ou même qu'il ait existé des prêtres lévites. Au contraire les sources narrent les actes de violence que la tribu de Lévi a perpétrés aux côtés de Siméon, et la Bénédiction de Jacob prédit que la tribu sera dispersée pour avoir commis un crime abominable : elle a exterminé des hommes et « estropié des

1. *Ich Ḥasidekha*, « l'homme de la piété », désigne le lévite dans la Bénédiction de Moïse (*Deut.* XXXIII, 8).

2. Également l'inscription de l'époque des Ramessides où « *Lui-El* » apparaît comme le nom d'une tribu.

taureaux ». Ses membres tout comme ceux de Siméon seront dispersés « parmi Jacob » et « parmi Israël ». Dans la tradition sacerdotale plus tardive, Moïse apparaît [183] comme membre de la tribu de Lévi. Il se peut que la tradition ancienne qui par la suite fut expurgée le considérât comme l'ancêtre de la tribu ou du moins comme l'archégète de ces clans de la tribu de Lévi qui étaient ou devinrent des lévites selon l'acception rituelle. Car il est absolument certain qu'à l'époque de la Bénédiction de Jacob il y avait des membres de la tribu de Lévi qui n'étaient pas des « lévites ». Il nous faut alors choisir entre deux hypothèses : ou bien des membres d'une tribu de Lévi qui s'étaient dispersés à la suite de péripéties politiques ou de catastrophes économiques se consacrèrent partiellement ou entièrement aux sacrifices et aux oracles de Yahvé et devinrent ainsi des prêtres de Yahvé [1]. Inversement on peut prétendre que les clans laïques de lévites primitivement dispersés dans le Sud parmi les différentes ethnies étaient considérés comme une tribu ou s'étaient effectivement constitués en tribu. À l'origine ce groupement professionnel était fondé sur la formation personnelle, puis par la suite sur un charisme héréditaire. La tribu de Lévi après s'être alliée à celle de Siméon se désintégra, tout comme cette dernière tribu. Il existait également chez les brahmanes de l'Inde un conflit entre la qualification qui repose sur la vocation et le charisme personnels d'une part et celle qui se fonde sur le charisme héréditaire et le statut que confère la naissance de l'autre. De même en Inde, tout brahmane de naissance ne pouvait pas prétendre à la qualification rituelle qui lui aurait permis d'accéder aux privilèges des brahmanes : offrir des sacrifices, enseigner les Veda, obtenir des prébendes. N'était qualifié que celui qui menait une vie conforme aux prescriptions rituelles et qui, après un enseignement approprié, avait reçu la consécration. Il existe en Inde des villages entiers qui sont habités uniquement par

1. Ed. MEYER, *Die Israeliten*, affirme qu'il est certain que la tribu de Lévi était établie à Meriva (« les eaux du procès ») et représentait une espèce de clan de *pandits* de type indien.

des brahmanes et qui constituent leur fief ; ces brahmanes ont abandonné en partie ou totalement l'enseignement des Veda. Peut-être en était-il ainsi chez les lévites. La façon dont les deux termes « lévites » et « prêtres » sont combinés dans le Deutéronome pourrait nous amener à croire qu'il existait également à cette époque des descendants de lévites qui n'étant pas rituellement purs et n'ayant pas reçu la formation requise n'étaient pas qualifiés pour exercer de telles fonctions ; ils ne pouvaient pas être des « prêtres ». Cette hypothèse paraît pratiquement irréfutable. On peut alors concevoir que l'existence errante [184] de ces « lévites laïques » qui, même à cette époque, ne pouvaient être rattachés à aucune autre tribu, a incité la tradition à les associer à Siméon dans l'abomination de Sichem.

À l'époque deutéronomique, les prêtres lévites qui étaient organisés en clans héréditairement charismatiques et qui constituaient un ordre séparé revendiquaient le monopole de certaines formes d'oracles, de l'enseignement et des charges sacerdotaux. Et ils réussirent à l'obtenir, du moins dans le Sud. Au Nord, on trouve deux mentions de prêtres lévites dans le Livre des Juges (chap. XVII pour les tribus de Dan et d'Ephraïm) ; il semble qu'à l'époque où ce passage dont l'ancienneté est incertaine fut rédigé, les lévites constituaient une couche sociale basée sur la profession et non sur la naissance. Par contre, les récits du désert et de la conquête du pays influencés par la tradition sacerdotale et le Deutéronome les présentent comme un groupe héréditaire. Cette tradition considère les lévites comme les prêtres de Yahvé tant par leur naissance que par leur formation. À cela s'ajoute que les lévites possèdent individuellement des biens privés, des maisons et des propriétés de toutes sortes. On leur reconnaît le monopole de l'exécution des sacrifices pourvu qu'ils soient assistés d'un prêtre ainsi que le droit exclusif de donner des oracles par les sorts et d'enseigner. Ils sont autorisés à percevoir des impôts et un casuel, comme rétribution pour leurs charges, et la version actuelle du Deutéronome leur accorde théoriquement le droit de prélever la dîme pour tous les produits de la terre.

Pour la tradition plus ancienne, les lévites sont également des *gérim* [1]. En fait ils représentent le type le plus achevé d'une tribu étrangère tolérée à l'intérieur de la communauté israélite. Ils ont conservé très nettement ce statut dans la version actuelle des Écritures. Dans le récit du forfait abominable de Giv'a apparaît un lévite qui est un métèque des Ephraïmites. Il vivait certainement du casuel qu'il percevait. Les lévites étaient exclus du groupement des propriétaires terriens aptes à porter les armes. Ils n'étaient pas astreints au service militaire (*Nbr.* I, 49 ; II, 33) et leur culte était considéré, ainsi que l'indique la désignation *'avoda*, comme une liturgie de métèques pour le compte de la communauté politique. Leur statut juridique fut défini de plus en plus strictement et leur organisation interne en « familles » (*Ex.* VI, 25 ; *Nbr.* III, 15) correspond aussi bien à celle d'une tribu hôte en Inde qu'à celle des tribus israélites de l'époque. La prescription par laquelle une des branches de la tradition (*Nbr.* XXXV, 2) [185] leur assigne des cités particulières [2] n'est pas fictive ; elle repose sur le fait que dans certaines villes on subvenait à leurs besoins en leur accordant des terrains à bâtir et des pâturages auxquels s'ajoutait une partie des impôts perçus dans quelques localités bien précises. On trouve quelque chose de similaire pour certains princes (tel Josué) et il existe en Inde de nombreuses analogies. Selon une autre tradition qui, il faut bien le reconnaître, est encore plus hypothétique (*Lév.* XXV, 32), les champs des lévites étaient absolument inaliénables — probablement à cause des charges liturgiques ; à l'inverse de celles des autres Israélites, leurs maisons ne pouvaient être vendues à perpétuité [3]. En tout cas il nous faut admettre que les avantages que leur concédaient les diverses localités étaient très variables [4].

On peut encore poursuivre sur certains points l'analogie avec les brahmanes. Cette situation des lévites comme tribu

1. Exactement comme tout Israélite sur le territoire d'une autre tribu israélite.

2. Y compris les cités-refuges.

3. Le bétail des lévites est désigné comme le « bétail de Yahvé » (*Nbr.* III, 41-45).

4. Comme tous les *gérim* ils habitent les faubourgs (*migrachim*). Ils n'ont aucun droit à la terre.

étrangère et tolérée avec un statut bien défini n'était pas l'unique forme ni probablement la forme originelle de leurs relations avec Israël. Ainsi que nous l'avons déjà mentionné la tradition fait cas de princes et de grands propriétaires terriens qui engagèrent comme prêtres pour leurs chapelles privées (*Eigenkirchen*, dans le sens où Stutz l'entendait) des individus d'humble origine — on en fait le reproche à Jéroboam (I *Rois* XII, 31) — ou encore leurs propres fils et leurs proches parents. C'est ce qu'une ancienne tradition danite mentionne au sujet du grand propriétaire terrien Mikha, de l'Israël du Nord. Elle rapporte également qu'il entra plus tard en relation avec un lévite venu de Juda, qu'il lui confia le service de son sanctuaire et fit de lui son « père » (à la façon du *gourou* indien) ; mais finalement, au cours de leur migration vers le Nord, les Danites dérobèrent la statue qui était dans le sanctuaire et emmenèrent le lévite pour lui conférer « jusqu'à ce jour » le sacerdoce héréditaire du temple de la cité nouvellement fondée sur le territoire de Sidon. Ceci correspond exactement à la façon dont les brahmanes se sont répandus à travers l'Inde. De même les lévites qui plus tard firent office de chapelains de la cour correspondaient exactement aux *purohita* brahmaniques. Les causes qui contribuèrent à l'expansion des lévites apparaissent ici clairement : [186] il s'agit essentiellement de leur formation supérieure en ce qui concerne les rites du sacrifice et plus particulièrement le « pastorat », c'est-à-dire de leur aptitude à conseiller les moyens appropriés pour se gagner la faveur de Yahvé et détourner son courroux. Les princes et les propriétaires terriens les engageaient non seulement parce qu'ils avaient personnellement besoin de tels conseils mais également pour augmenter leur prestige en tant que seigneurs d'un sanctuaire ainsi que pour s'assurer des revenus que procurait la renommée d'un sanctuaire desservi par un prêtre éminent : nous avons vu comment Gédéon avait utilisé sa part de butin pour l'érection d'une chapelle avec une statue. Plus tard il a dû y avoir aussi certaines communautés qui — à l'exemple des Danites — firent appel aux lévites et pourvurent à leur installation. Mais les lévites étaient libres d'avoir une activité annexe leur procurant d'autres ressources. De cette façon, ils parvinrent progressivement à s'assurer le monopole du culte, monopole qui leur fut reconnu à l'époque du Deutéronome, essentiellement sur le territoire judaïque. Le Deutéronome présuppose que dans chaque localité résidait un lévite qui entendait vivre des sacrifices. Ce regain d'activité n'alla pas sans rencontrer des résistances comme le révèle la malédiction que Moïse brandit contre ceux qui haïssent les lévites (*Dt.* XXXIII, 11). Ainsi qu'en témoigne la révolte qu'entreprirent plus tard les fils de Qoraḥ, apparemment des lévites déchus en collusion avec les descendants de Ruben contre la domination des prêtres, il existait à l'intérieur d'Israël un groupe puissant qui se souvenait qu'à l'origine on ne connaissait absolument pas une telle domination cléricale et surtout qu'il n'était pas question d'un monopole des oracles et des sacrifices aux mains d'une caste héréditaire. Yahvé avait révélé sa volonté par les prophètes et les voyants. C'est précisément Ruben, cette tribu des steppes qui avait détenu jadis l'hégémonie dans la confédération, qui semble-t-il ne voulait pas démordre de ce point de vue. Si bien qu'on pourrait être amené à voir dans l'absence d'une couche sacerdotale fortement structurée, celle-là même qui assurait la puissance de Juda, la cause de la dispersion de Ruben. La formation des lévites donneurs d'oracles et avant tout la protection croissante que leur assurait la royauté surent faire taire de telles protestations. Pour ce qui est de l'époque qui précéda la chute de l'Israël du Nord il est tout à fait impossible de déterminer avec certitude quelle était la puissance que les lévites et leurs oracles avaient acquise dans la lutte pour la suprématie.

16. LE DÉVELOPPEMENT DE LA PRÊTRISE ET LE MONOPOLE DU CULTE DÉTENU PAR JÉRUSALEM

Il semble que dès le début les lévites tout comme les brahmanes se soient séparés rituellement des « laïques » en observant certaines prescriptions de pureté. [187] Nous nous intéresserons ici à l'interdiction extrêmement sévère d'entrer en contact avec un cadavre et avec tout ce qui est en relation avec le culte funéraire : c'est manifestement ce clergé-là qui était à la pointe de l'opposition contre le culte des morts de l'Égypte voisine. La Bénédiction de Moïse (*Dt.* XXXIII, 8) nous renseigne très exactement sur les activités spécifiques des lévites à l'époque où ils étaient universellement reconnus. On n'y trouve pas la moindre mention d'une fonction thérapeutique bien qu'on prétende, comme nous l'avons vu, que Moïse lui-même ait exercé une magie thérapeutique et que le bâton en forme de serpent ait peut-être été une survivance d'une ancienne thérapie magique. Plus tard encore c'est aux prêtres qu'il appartient de diagnostiquer la lèpre. Mais il n'est nullement question d'une thérapie pratiquée par les lévites et si le lépreux relève de leur juridiction c'est essentiellement parce qu'il était rituellement impur (On ignore tout de l'évolution de la science médicale dans l'Israël antique. La manière dont le Siracide recommande le recours au médecin et aux médicaments reflète une situation qui est celle de l'époque hellénistique.). Il nous faut donc admettre qu'à l'époque historique la véritable thérapie magique n'était plus entre leurs mains. Seule la guérison de « l'âme » du malade relevait de leur compétence ; nous y reviendrons plus loin. Les lévites ne paraissent pas avoir utilisé des moyens thérapeutiques irrationnels. La Bénédiction de Moïse (*Dt.* XXXIII, 8) rappelle en premier lieu l'oracle par les sorts aux « eaux de la discorde » (la source de l'oracle des procès) à Qadech, puis en second lieu (*ibid.* X) l'obligation d'enseigner les *michpatim* et la Thora, et ce n'est qu'à la fin que sont mentionnés l'encens et l'holocauste. Selon *Dt.* XXXIII, 8, Moïse a arraché de haute lutte l'oracle à Yahvé : il s'agit de l'oracle des procès. La loi deutéronomique favorable aux lévites exhorte Israël « à venir devant Yahvé » pour lui soumettre ses litiges et d'après la tradition Moïse, sauf en certaines circonstances particulières où il fait fonction de magicien, passe sa journée à rendre justice jusqu'à ce que, sur les conseils de Jethro, ils transmette cette charge aux *sarim* de la période royale qui sont présentés comme ses subordonnés. Une tradition tardive propose encore des tribunaux mixtes de laïques et de prêtres (*Dt.* XVII, 8 ; XIX, 17). Ce sont là des indices d'une tension qui se retrouve également ailleurs, entre la justice séculière et la justice hiérocratique. À Babylone, la génération qui précéda Hammourabi élimina les prêtres des tribunaux au profit des laïques et réduisit leur rôle à l'exécution purement technique d'oracles dans les procès qu'instruisaient des juges laïques. Le Code d'Hammourabi [188] mentionne cette procédure dans le cas d'une femme soupçonnée de sorcellerie et d'adultère. En Israël, c'est seulement dans ce dernier cas que l'oracle intervient dans la décision du tribunal. Ce sont uniquement des juges laïques, c'est-à-dire des anciens ou des fonctionnaires royaux qui, du moins dans l'Israël du Nord, prononcent le jugement. L'importance prise par Qadech ainsi que le rôle de l'oracle des procès dans la Bénédiction de Moïse révèlent que dans le Sud le rôle des prêtres dans les procès devait être bien plus considérable. Ainsi que nous l'avons déjà indiqué et contrairement à ce qu'on affirme parfois, rien ne prouve que les prêtres aient jamais fait fonction de juges réguliers dans le Sud. Mais ils firent probablement office d'arbitres et de donneurs d'oracles à la fois pour les parties et pour les juges. Leur position plus forte dans le Sud s'explique aisément du fait que les groupements politiques des tribus semi-nomades ne maintenaient généralement leur stabilité qu'en concluant des alliances religieuses ; seul l'oracle sacerdotal détenait une autorité contraignante qui fût véritablement supra-individuelle, à l'inverse du pouvoir du cheik qui dépendait de son prestige personnel. Comme nous l'avons mentionné précédemment, les *michpatim* du Livre de l'Alliance issus de l'Israël du Nord et que l'on reconnaît à une formulation abstraite des faits sous forme d'hypothèses commençant par « si... » sont des survivances d'une ancienne jurisprudence laïque qui a subi l'influence du modèle babylonien. Occasionnellement des commandements purement profanes prennent la forme de *devarim :* « tu dois » ou « tu ne dois pas ». C'est le cas notamment — mais pas exclusivement — de prescriptions et de certaines interdictions rituelles, éthiques et religieuses, qui n'ont pas été élaborées par des juristes profanes mais qui sont issues soit d'oracles prophétiques, soit de commandements sacerdotaux. Il nous faudra encore revenir sur la nature et l'origine des prescriptions sacerdotales, c'est-à-dire non prophétiques. Il ne fait pas de doute que les lévites chargés par la Bénédiction de Moïse d'enseigner au peuple aussi bien les lois (*michpatim*) que les *toroth* prirent part à leur élaboration. Dans l'optique yahviste, les *michpatim* profanes (de *chathat* : juger) avaient également une importance religieuse dans la mesure où ils étaient considérés comme des éléments de la *berith* conclue avec Yahvé. Les lévites (*Dt.* XXXIII, 10-11) furent chargés d'enseigner les *ḥuqim*, les traditions rituelles.

En principe, le lévite devait s'occuper exclusivement de l'enseignement des prescriptions rituelles concernant la conduite de la vie. [189] Mais en Israël plus encore que dans tout autre système social hiérocratique, le *jus* ne pouvait être dissocié du *fas*. En fait, à l'époque de la Bénédiction de Moïse, il incombait au lévite d'intervenir précisément dans les litiges juridiques à l'aide de l'oracle par les sorts ainsi que l'indique le nom de Meriva. Après que la Thora fut devenue un enseignement religieux rationnel, la distinction entre le *jus* et le *fas* devint extrêmement floue. Car c'étaient les lévites qui décidaient, conformément à la Thora, de ce qu'il fallait considérer comme une partie intégrante des anciennes dispositions de l'alliance garanties par Yahvé. Mais initialement le terme « Thora » ne signifiait pas comme on le traduit parfois la « loi » mais l'« enseignement ». Bien sûr le concept relève également de l'ancien oracle par les sorts des lévites [1]. En règle générale il désigne dans les sources la totalité des prescriptions que les prêtres doivent enseigner. Dans la Bénédiction de Moïse qui établit une distinction entre *michpat* et Thora, celle-ci désigne tout particulièrement les commandements rituels, éthiques et sociaux du Dieu de l'alliance mais en aucun cas des ordonnances légales. Même si le verset 10 quelque peu boiteux de la Bénédiction de Moïse concernant la Thora (qui ne vient qu'après le verset 9 alors qu'il aurait dû être rattaché au verset 8) a été interpolé tardivement, il révèle très clairement cependant (si on le met en relation avec le verset 8 et le reste de la tradition) quels services rendus par

1. On fait dériver le mot « Thora » de « jeter les sorts » (cf. E. MEYER, *Die Israeliten...*, p. 95).

les lévites furent à l'origine de leur importance et de leur puissance grandissante : il s'agissait essentiellement de réponses apportées à des problèmes d'ordre non juridique que leur soumettait leur « clientèle ». De même c'est la délivrance d'oracles qui constitua, dès l'origine, la forme spécifique de leur activité en Israël. Mais pour les besoins des particuliers, il eût suffi de gens sans formation rituelle qui auraient appris la technique purement mécanique de l'examen des sorts ; et en fait dans les récits de Gédéon et de Jonathan nous voyons des non-lévites utiliser eux aussi les *omina* et les oracles par les flèches aussi bien pour connaître la volonté de Yahvé que pour établir des faits. Ce qui était décisif dans les consultations de Yahvé c'était la correction rituelle avec laquelle on procédait. Ce furent avant tout les instances officielles, légales et politiques, qui attribuèrent une si grande importance à la correction rituelle des consultations, et ceci explique qu'elles ne cessèrent d'attacher un grand prix à l'oracle par les sorts que pratiquaient les lévites. Cette forme primitive de consultation des oracles, [190] quel que soit le prestige qu'on lui reconnaissait officiellement (même à l'époque d'Esdras, alors qu'elle n'existait plus depuis longtemps), ne pouvait cependant satisfaire à la longue les besoins de la clientèle privée. La conjoncture sociale et par là même les questions posées devinrent plus complexes. Nous avons vu comment dans la tradition qui date d'une époque où les sanctuaires étaient florissants sur le territoire de Dan (*Jug*. XVII), le propriétaire terrien Mikha fait du lévite, un nouveau venu qui serait un descendant de Moïse, son « père » ; par là il le charge essentiellement, en plus du culte de la statue, du soin de lui enseigner, à lui le fondateur, ses obligations envers Yahvé ; en Inde la tâche du directeur de conscience brahmane était identique. Nous avons déjà mentionné l'importance grandissante que prenaient les sacrifices de *ḥattath* et d'*acham* au détriment des anciens sacrifices d'offrandes et d'imploration. L'importance croissante de la nécessité d'expier les péchés allait de pair avec la perte d'influence de l'oracle par les sorts purement mécanique qu'éclipsaient les réponses rationnelles apportées aux questions posées. C'est précisément aux oracles délivrés pour les particuliers que se rattachait cet enseignement rationnel en pleine expansion. L'attitude envers la prophétie et la prêtrise cultuelle était changeante. Certes Jérémie établit une nette distinction entre la Thora qui est l'affaire des prêtres et la *davar* de Dieu qui est l'affaire des prophètes. Mais chez Isaïe (I, 10 et VIII, 16, 20), la Thora désigne également l'« oracle » (ayant ainsi la même signification que la *davar* de Yahvé) ainsi que le rouleau de parchemin scellé contenant des oracles que le prophète transmet à ses disciples. Pour Jérémie les « maîtres de la Thora » (*Tophsé ha-Tora :* les personnes « qui s'occupent de la Thora ») ce ne sont pas seulement les prêtres mais également les *kohanim* qui assurent le culte au Temple de Jérusalem.

Toujours est-il que les lévites ne devaient pas leur prestige à la formation qu'ils avaient reçue en vue d'assurer le culte sacrificiel pour la communauté, mais à leur connaissance purement rationnelle des commandements de Yahvé et des moyens rituels pour réparer les transgressions, que ce soit *ḥattath, acham*, le jeûne ou encore d'autres moyens ; ils étaient ainsi à même de conjurer le malheur qui menaçait et de faire disparaître celui qui était arrivé. Ceci intéressait bien sûr le roi et la communauté mais surtout la clientèle privée. La situation politique devenant de plus en plus critique, le nombre des gens qui éprouvaient le besoin d'avoir recours aux lévites ne fit que s'accroître. La préoccupation majeure de la Thora des lévites fut désormais de satisfaire à ce besoin en instruisant la clientèle et cela moyennant salaire (*Mic.* III, 11). [191] Le coupable confesse ses fautes au lévite (*Nbr.* V, 6) et celui-ci le « réconcilie » avec Yahvé (*Lév.* IV, 20, 31 ; V, 10) ; telle est pour la clientèle privée la tâche essentielle du lévite. Le développement croissant de l'influence éducative et relativement rationnelle des lévites — quel qu'ait pu être par ailleurs le caractère primitif de son contenu — va de pair avec le déclin des anciens prophètes guerriers de l'armée paysanne ainsi que des *neviim* qui pratiquaient l'extase irrationnelle.

La technique toute particulière des moyens oraculaires auxquels elle avait recours contraignit également la Thora lévitique à s'engager sur la voie d'une méthodologie rationnelle. À l'opposé de l'examen des entrailles, de l'observation du vol des oiseaux ou du comportement d'autres animaux et surtout de la divination extatique, la façon primitive de répondre à des questions concrètes par « oui » ou par « non » à l'aide des sorts ne nécessitait qu'un minimum d'ésotérisme et d'irrationalisme émotionnel ou mystique. Rien ne favorisait l'apparition de théories semblables à celles que nous a livrées la littérature babylonienne des *omina*. Il en résulta au contraire quelque chose de tout à fait différent : étant donné que les faits pouvaient être établis simplement par les sorts et que la volonté divine pouvait être connue par la même voie, il fallait avant tout poser correctement la question. Tout reposait là-dessus et le lévite devait par conséquent élaborer une méthodologie rationnelle lui permettant de formuler les problèmes qui étaient soumis au Dieu de telle sorte qu'il puisse leur être répondu par « oui » ou par « non ». Cependant il y eut de plus en plus de questions qui ne pouvaient être résolues directement par les sorts et pour lesquelles la réponse ne pouvait se limiter à « oui » ou à « non ». Avant qu'on ne les soumette au Dieu, il fallait que soient résolues des questions préliminaires très complexes ; et dans bien des cas après cette opération il ne restait plus rien qui nécessitât le recours à l'oracle par les sorts. Et surtout une fois que l'interrogatoire avait permis d'établir quels étaient les péchés du client, c'est la tradition qui permettait de préciser quelle forme d'expiation était requise. Ce n'est que lorsqu'il y avait des doutes sur l'identité du pécheur que l'oracle par les sorts devait intervenir ainsi que l'illustre, en tant que paradigme, le récit d''Akhan. Pour les problèmes d'ordre privé l'oracle perdit nécessairement de son importance au profit d'une casuistique rationnelle concernant les péchés, jusqu'à ce que le rationalisme théologique du Deutéronome (XVIII, 9-15) discrédite d'une façon générale le tirage des sorts ou du moins n'en fasse plus mention ; [192] et pour les cas où il avait fallu jusque-là recourir à l'oracle — notamment pour ceux où la tradition des maîtres de la Thora n'était d'aucun secours — il ne restait qu'une seule solution : c'était d'aller consulter les prophètes.

Le prestige de la Thora lévitique a connu des fortunes diverses. Si l'on peut accorder un quelconque crédit aux réminiscences qui le concernent, il apparut dès l'époque de l'ancienne alliance, s'accrut inévitablement lorsque les tribus judaïques du Sud se joignirent à la confédération pour décliner ensuite lorsque les deux royaumes se séparèrent ; mais il connut un renouveau lorsque la gloire des rois du Nord fut discréditée et peu à peu il devint prépondérant dans le Royaume du Sud. L'Égypte ne semble pas avoir connu le sacrifice expiatoire. Ce sont des magiciens qui remplissaient le rôle dévolu aux lévites en Israël. Les prêtres d'Osiris y célébraient le culte des morts, le plus populaire de tous. C'est essentiellement ce culte qui, à une époque plus tardive, favorisa un enseignement rationnel des obligations éthiques. Par contre l'expiation des péchés à l'aide de sacrifices se pratiquait en Mésopotamie, notamment en cas de maladie dans laquelle on voyait une conséquence du courroux divin. Guidé par le prêtre, le pécheur devait réciter les anciens psaumes de pénitence (en partie prébabyloniens) pour se débarrasser de l'impureté rituelle (en assyrien : *mamitou*). Mais là comme en Égypte la nature même de l'entreprise relevait de la magie et non pas de l'éthique ou de la parénèse. Et bien qu'Ézéchiel mentionne à propos de Babylone l'oracle par les sorts (*Éz.* XXI, 26), celui-ci avait, pour autant qu'on le sache, disparu depuis longtemps de la technique sacerdotale. Il avait été remplacé non par une Thora rationnelle mais par la collection des *omina ;* des prêtres experts les avaient systématisés et en avaient donné une interprétation qui nous a été transmise par une littérature des plus monstrueuses [1]. Nous examinerons plus tard les causes qui furent à la base d'une évolution si radicalement différente.

Au fur et à mesure que les lévites se répandaient dans le pays ils s'adaptaient aux conditions existantes. Comme en témoigne l'exemple de Mikha, les anciens lévites s'étaient pliés sans aucun scrupule au culte des idoles dans le Royaume du Nord ; ils faisaient probablement partie de ceux

1. Cf. UNGNAD, *Die Deutung der Zukunft bei den Babyloniern und Assyrern* (Leipzig, 1909).

qui pensaient que ces idoles étaient précisément les idoles de Yahvé. [193] Mais lorsque éclata le conflit concernant les représentations imagées, les lévites, ces nouveaux venus d'origine incontestablement méridionale, furent amenés à faire progressivement pencher la balance en faveur des ennemis des représentations imagées. Il est hautement probable qu'une partie des lévites disqualifiés par la suite pour la fonction sacerdotale et réduits au rôle de serviteurs du Temple étaient issus de clans de lévites idolâtres ; une telle évolution présente des analogies avec celle du brahmanisme en Inde.

Comme pour les brahmanes, le prestige des lévites reposait essentiellement sur leur « connaissance » des prescriptions décisives de Yahvé. Mais étant donné que pour des raisons politiques le culte avait une importance moindre, qu'il était plus récent et qu'il n'existait pas non plus de livre saint comparable aux Veda, il s'agissait de la connaissance des commandements positifs d'ordre éthique et rituel ainsi que des moyens de se concilier la bienveillance divine en obéissant aux commandements de Dieu ou d'apaiser son courroux que les transgressions avaient éveillé. Il semble qu'il n'y ait eu en Inde que des *grihyasoustras* et des *dharmashastras* auxquels s'ajoutaient quelques très rares prescriptions rituelles extrêmement simples. C'est là que résidait l'énorme différence avec les brahmanes. De plus il n'y avait chez les lévites aucun ésotérisme dans l'acception indienne du terme. La vague qui envahit progressivement le pays depuis le Sud n'apporta avec elle ni science magique ni connaissance reposant sur un livre ni savoir ésotérique relevant de l'astrologie ou de la thérapeutique. La mystagogie ne pouvait se développer que sur le terrain de l'extase prophétique, et c'est bien ce qui advint comme le prouvent les miracles d'Élisée. À partir de la Genèse déjà (chap. XX, 7) puis en de très nombreuses occasions, la tradition montre que les « hommes de Dieu » qui inspiraient la crainte et l'épouvante, la vénération et la foi, intervenaient non seulement en magiciens lors de périls, mais aussi en intercesseurs auprès de Yahvé pour obtenir la rémission des péchés. Mais il n'en est pas résulté comme en Inde un culte anthropolâtrique de sauveurs vivants. La Thora lévitique a empêché cela. Ces hommes du Sud ainsi que les rékhavites et leurs autres alliés savaient une seule chose : c'était que le bon vieux droit de la confédération yahviste avait été établi par une alliance entre Yahvé et l'armée populaire d'Israël, que la loi avait été révélée par l'entremise de Moïse et que toute violation de ces préceptes devait provoquer nécessairement le courroux de Yahvé. Comme en témoigne le Deutéronome, [194] ils associaient à une pratique sacrificielle faite de simplicité et de sérieux le respect de commandements rituels peu complexes ainsi que l'enseignement rationnel de l'éthique individuelle et sociale.

Tout comme les brahmanes, les lévites ont dû intégrer à leur culte bien des usages anciens propres au clergé local. Mais par ailleurs il ne fait pas de doute que de violents conflits éclatèrent entre les clans sacerdotaux des différents sanctuaires. Des prêtres qui se livraient à des cultes que l'on réprouvait furent déclassés [1]. Il n'a pas été possible d'établir avec certitude ce que furent initialement les rapports entre les lévites venant du Sud et les clans sacerdotaux établis depuis longtemps dans le pays. Il est vrai qu'on considéra plus tard l'ancien clan sacerdotal des élides fixé à Silo qui, d'après le nom égyptien (Pinḥas) dont il est fait mention, remonte très certainement à Moïse, comme un clan de lévites ; il en fut de même pour le clan des prêtres danites. Mais à l'origine il ne semble pas que les élides aient été considérés comme des lévites. Les premiers rapports avec les tsadoqites et les aaronides, ces deux grands clans sacerdotaux qui jouèrent un rôle décisif, l'un à l'époque deutéronomique et préexilique, l'autre à l'époque postexilique, demeurent tout à fait obscurs. La généalogie lévitique tardive des deux clans est naturellement une falsification. Les tsadoqites étaient depuis Salomon le clan sacerdotal le plus éminent de Jérusalem. Le Deutéronome les considère comme des lévites. Il a donc dû leur paraître sage bien auparavant déjà de s'assimiler aux lévites, ce qui prouve que dès cette époque le prestige de ces derniers

1. Les *nethinim* et les « chantres » de l'époque postexilique avaient probablement participé à des cultes orgiaques.

était solidement établi et passait pour très ancien. Mais ce qui par contre demeure extrêmement problématique c'est la position initiale des aaronides et la figure même d'Aaron [1]. D'après les plus anciens renseignements de l'époque prédeutéronomique (*Ex.* XXIV, 1-9 ; XVIII, 12), Aaron apparaît comme le plus éminent des anciens d'Israël, mais non pas comme un prêtre. Dans les versions plus récentes, celles de l'exil surtout, il est d'abord un prêtre qui s'élève progressivement au rang de porte-parole de Moïse bien qu'il manquât d'éloquence ; il est présenté ensuite comme le frère de la prophétesse Miryam et enfin comme le frère aîné de Moïse lui-même. Finalement dans la version la plus tardive, il lui arrive de recevoir personnellement des [195] révélations directes concernant ses droits et ceux de son clan [2] (*Lév.* X, 8 ; *Nbr.* XVIII, 1-20). Les tsadoqites furent alors considérés comme une partie du clan des aaronides. Avec une audace étonnante on enleva à Moïse la descendance que lui reconnaît l'ancienne tradition et qui comptait, outre le clan sacerdotal des élides, celui des danites et on l'attribua à Aaron. Comme l'ancienne version yahviste semble ignorer totalement Aaron et comme ce dernier a été associé au culte du taureau, on en a conclu qu'il était originaire de l'Israël du Nord. Étant donné que selon la version aaronide de la légende d'Abraham (*Gen.* XVII) Dieu se présente à celui-ci comme *El chaddaï*, il est possible que les aaronides aient été un ancien clan sacerdotal d'El ; ceci permettrait d'expliquer pourquoi ils attachèrent une grande importance à ce que leur Dieu soit expressément identifié avec Yahvé qui, dans l'exil, fut promu au rang de Dieu unique de tout l'univers. La note dans le dernier verset du Livre de Josué pourrait suggérer l'existence de relations avec Benjamin, le fils préféré de Jacob, qui dans la version tardive de cette légende est nettement favorisé. Tout ceci demeure cependant hypothétique.

1. À propos d'Aaron, voir WESTPHAL, « Aaron und die Aaroniden », *ZAW*, XXVI (1906).

2. Schneider voudrait faire dériver les aaronides de l'arche de l'alliance ; cela paraît s'imposer. Mais contrairement à ce qu'il prétend ils n'ont rien à voir avec Silo.

La tradition reflète également les conflits violents qui opposèrent les clans sacerdotaux lorsqu'elle rapporte, malgré de nombreuses retouches apportées à leur formulation, les malédictions dont ils s'abreuvèrent réciproquement. À la bénédiction excessive et apparemment ancienne prodiguée à Pinḥas, l'ancêtre du clan sacerdotal des élides de Silo, s'oppose, après le déclin qu'ils connurent sous Salomon, la menace de malheur proférée contre eux dans le Livre de Samuel. La terre engloutit ceux qui, tels les fils de Qoraḥ, s'opposent à l'autorité sacerdotale : par la suite ils ne sont plus qu'un clan dégradé de chantres. Ainsi que l'attestent les témoignages qui subsistent dans les traditions révisées, il a dû y avoir une très forte résistance non seulement de la part du clergé yahviste d'orientation puritaine, mais encore de tous ceux qui desservaient les anciens sanctuaires du Nord et qui s'opposaient au temple édifié par Salomon ainsi qu'à la prééminence reconnue à ce sanctuaire. La sécession du Royaume du Nord a probablement été déterminée en grande partie par ces antagonismes qui opposaient les clans sacerdotaux et leurs ordonnances cultuelles ; c'est ce que révèlent les mesures que Jéroboam a prises au profit de Dan et de Béthel et surtout la façon dont le roi les a justifiées. Mais la violence de ces antagonismes est mise en évidence très clairement [196] dans les légendes tendancieuses réciproques, qui n'épargnèrent même pas les ancêtres tribaux du culte de Yahvé. D'après la légende élaborée par les prêtres aaronides, Aaron et la prophétesse Miryam n'hésitèrent pas à formuler de graves reproches à l'encontre de Moïse lui-même, critiquant notamment son mariage mixte. Pour la tradition, s'il n'a pu entrer en terre promise c'est à cause de ses péchés. Mais d'autre part, c'est à cause de cette médisance que selon la légende mosaïque Miryam a été frappée de la lèpre. La position d'Aaron lui-même demeure extrêmement floue car si on lui reproche certains errements, notamment sa participation au culte du taureau — ce qui apparaissait comme un péché capital à l'époque de la rédaction finale de cette tradition —, il n'en résulte cependant, selon la tradition, aucune conséquence fâcheuse pour lui.

La lutte que se livraient les clans a dû nécessairement s'accentuer lorsque le clergé hiérosolomytain (il s'agissait alors des tsadoqites), tirant les conséquences ultimes de l'anéantissement politique du Royaume du Nord, formula une revendication absolument inouïe qui s'opposait radicalement à l'ancienne tradition : dorénavant il ne devait y avoir qu'un Temple et qu'un sanctuaire rituellement valables, ceux de Jérusalem ; il fallait que cesse l'ancien culte de Yahvé célébré sur les hauteurs, sous les arbres, dans les anciens sanctuaires ruraux et provinciaux comme Béthel, Dan et Sichem. Cette exigence n'était probablement pas tout à fait nouvelle ; elle avait dû apparaître tout de suite après la destruction du Royaume du Nord. Il semble qu'Ézéchias, à la suite des désastres qu'entraînait la guerre contre Sennachérib, avait déjà fait un premier pas pour la satisfaire. Mais il s'était heurté à une résistance extrêmement vive de la part des paysans et des propriétaires terriens qui trouvaient un intérêt à la fois idéel et matériel à l'exigence de sanctuaires ruraux. Il n'en fut plus question sous Manassé qui en tant que vassal de l'Assyrie avait institué à Jérusalem le culte astral mésopotamien. Son successeur Ammon qui partageait ses idées connut le même sort que les Omrides dans le Royaume du Nord : il dut faire face à une révolte militaire fomentée certainement par le parti yahviste, et fut déposé. Mais le fait que la révolution ait été écrasée par ceux qui apparaissent ici pour la première fois en tant que parti, les *'am ha-arets*, les gens de la terre — un nom qui devait encore se manifester très souvent par la suite —, et qui étaient intéressés à la survie des sanctuaires ruraux, témoigne de la résistance acharnée à laquelle se heurta la prétention des prêtres. Cependant les prêtres alliés aux clans les plus éminents de l'aristocratie, [197] qui entretenait elle-même des liens d'amitié avec les partis yahvistes, réussirent à gagner de l'influence sur Josias qui était encore mineur. Et lorsque se prépara la grande coalition contre le royaume assyrien qui devait entraîner la chute de Josias, cette revendication réapparut. Ce fut également la revendication fondamentale du code deutéronomique qui était en fait une production littéraire de la classe intellectuelle groupée autour du clergé hiérosolomytain. On prétendit que des serviteurs du Temple y avaient « découvert » le code. C'est manifestement avec l'espoir insensé d'obtenir l'aide de Yahvé contre le pharaon Nechao s'avançant à travers la Palestine que le roi Josias entreprit d'obéir aux commandements contenus dans ce livre qui venait d'être découvert et qui était censé représenter l'ancien *sepher ha-tora* authentique de Moïse. Lors d'une *berith* solennelle il imposa cette loi au peuple, détruisit les anciens sanctuaires et les rendit rituellement impurs à l'aide d'ossements (en 621 avant J.-C.). Cependant la déroute et la mort du roi dans la bataille de Megiddo mirent fin à tous ces espoirs et représentèrent une défaite effroyable pour le parti des lévites au service de Yahvé. Par là même il ne fut plus possible pendant un certain temps de prétendre ouvertement que ce compendium remplaçait toutes les autres collections de lois. Mais cette prétention subsista en tant que revendication idéale du clergé de Jérusalem qui était alors le seul à être solidement organisé. D'une façon très habile les rédacteurs avaient associé à cette exigence d'un monopole d'autres demandes qui, tout en consolidant leur suprématie, étaient cependant extrêmement populaires. En premier lieu ils reprirent à leur compte l'ancienne dénonciation de la royauté de Salomon qui était basée sur des corvées. On n'avait jamais oublié que la dynastie de David, si prestigieuse et si éminente, avait accédé au trône par une *berith* conclue avec les anciens, et que le chef d'Israël avait été jadis un prince populaire et charismatique monté sur un âne, sans chars, sans trésor, sans harem, sans corvées, sans impôts et sans l'air hautain d'un maître du monde. C'était ce régime-là qu'il fallait définitivement restaurer. L'ancien oracle sacerdotal par les sorts devait décider de la valeur d'un souverain et le roi devait respecter le code mosaïque et deutéronomique dont il ferait chaque jour la lecture. On inséra alors dans les anciennes traditions des récits appropriés relatant comment Saül avait été fait roi par Samuel, et la légende célébrant la victoire du jeune berger David sur Goliath remplaça la version authentique. Dans la révision de la tradition concernant la royauté chaque roi fut jugé selon son attitude à l'égard des cultes idolâtres et des hauts lieux. [198] Pour des raisons similaires le nouveau compendium reprit l'ancien droit social du Livre de l'Alliance en lui faisant subir toutefois des modifications conformes à cette nouvelle optique. Comme le suzerain babylonien de Sédécias avait intérêt à affaiblir la puissance royale, il est fort probable que sous ce prince l'on tentât très sérieusement, pendant un certain temps, de mettre ces revendications à exécution.

La génération de l'exil adopta ce compendium comme le seul système théologique cohérent et complet, à l'inverse des autres collections de légendes et de traditions encore partielles et imparfaites. De toutes les exigences de la loi deutéronomique, celle qui était pratiquement la plus lourde de conséquences, c'était la revendication du monopole du culte pour Jérusalem et ses prêtres. C'est elle aussi qui souleva les pires difficultés. Même en ne tenant pas compte de la résistance des intérêts séculiers non hiérosolomytains, qu'adviendrait-il des lévites et autres prêtres qui avaient assuré jusque-là le culte dans d'autres sanctuaires ? La loi deutéronomique dans laquelle on introduira plus tard de nombreuses interpolations renfermait deux clauses contradictoires dans la version alors en vigueur. D'une part on exigeait de tous les Israélites qu'ils pourvoient à la nourriture des lévites « à l'intérieur de leurs portes » : ceux-ci devenaient alors des rentiers sans prérogatives culturelles et ne partageaient avec les prêtres que le droit d'enseigner la Loi. Mais d'autre part ces mêmes prêtres étaient autorisés à venir s'établir à Jérusalem pour y participer au culte. Assurément cette disposition ne fut pas introduite dans le code par les prêtres eux-mêmes, et lorsqu'on entreprit de l'appliquer effectivement on se heurta à l'opposition du clergé hiérosolomytain. Sur ce eut lieu l'exil qui vit la déportation de tous les clans sacerdotaux. Désormais les prêtres étaient contrains de s'entendre entre eux. Ézéchiel s'était encore fait l'avocat du monopole des tsadoqites hiérosolomytains et avait, conformément à la théorie deutéronomique, établi une différence entre ces derniers et les lévites qu'il tenait pour des prêtres de second ordre indignes d'offrir des sacrifices. Mais le monopole des tsadoqites ne pouvait assurément pas triompher. C'est probablement Esdras, le prêtre scribe, qui à l'époque perse trouva le compromis idéal ; celui-ci porte la marque des clans influents de la cour ; pour Esdras, les tsadoqites étaient une branche des aaronites et seuls ces derniers étaient qualifiés pour offrir des sacrifices à l'unique sanctuaire qui comptât, celui de Jérusalem ; tous les autres clans qui étaient reconnus comme lévites leur étaient subordonnés ; [199] dégradés et réduits au rang de fonctionnaires subalternes du culte ils servaient à tour de rôle ou encore étaient assimilés aux « esclaves liturgiques du Temple » (*nethinim*), aux chantres et aux gardiens des portes. La division de la hiérocratie en trois catégories : prêtres, lévites, *nethinim*, puis en deux après la disparition de ces derniers telle qu'elle subsiste encore dans les Évangiles résulte de cette réglementation. Pour la faire accepter on répartit les revenus matériels : toute la terre sainte fut soumise à la dîme et le produit de celle-ci ainsi que certains autres revenus furent distribués aux différents groupes hiérocratiques qui y avaient droit. La situation particulière dans laquelle se trouvait la communauté de l'exil tout comme la nature même des relations politiques avec la cour de Perse pesèrent d'un grand poids pour l'établissement des nouvelles dispositions et contribuèrent au règlement des anciens conflits. On légitima cet accord en interpolant un grand nombre de prescriptions et de traditions anciennes et en codifiant d'une façon nouvelle les ordonnances du code sacerdotal qu'Esdras avait imposé en engageant solennellement la communauté rassemblée. Nous ne poursuivrons pas plus avant l'examen détaillé de cette réglementation externe. Il est préférable de revenir encore une fois à l'époque préexilique pour examiner les conséquences internes ainsi que les forces agissantes de cette évolution particulière.

La monopolisation du culte à Jérusalem eut d'abord une conséquence très importante : l'abattage d'animaux et les repas de viande au domicile des particuliers qui étaient considérés jusque-là comme des « sacrifices » et des « repas sacrificiels » devinrent profanes. Étant donné qu'on ne pouvait plus offrir des sacrifices qu'à Jérusalem ils perdirent tout caractère sacré. Il ne subsista que cette restriction quelque peu ambiguë qui stipulait que parmi les Israélites redevables de la dîme, seuls ceux qui n'habitaient pas trop loin de Jérusalem devaient consommer eux-mêmes leur offrande lors d'un repas sacrificiel dans la ville sainte, les autres étant autorisés à convertir leurs offrandes en argent. Après la condamnation du culte des morts, cette sécularisation de tous les repas privés fut le dernier coup porté par le yahvisme à la tentative de conférer au clan un caractère sacré ; il ne pouvait plus y avoir de repas cultuels présidés par le chef du clan. Depuis longtemps le repas de Pesaḥ n'était plus un repas clanique mais une fête familiale et domestique. Le déclin rapide [200] de l'importance des clans à l'époque post-exilique n'est probablement pas sans rapport avec cette évolution. Les dispositions qui devaient aboutir à un tel résultat n'avaient certainement pas été conçues comme une mesure dirigée délibérément contre les clans : elles ne furent qu'une conséquence secondaire de la monopolisation du culte comme en témoignent les demi-mesures réglementant la consommation des offrandes. Avant l'exil déjà, le repas sacrificiel en tant que tel avait perdu lentement mais inéluctablement sa signification originelle. Il nous faut maintenant analyser l'évolution de cette dernière en relation étroite avec le progrès des lévites. Car là réside le caractère particulier et très profond de la religion de Yahvé et de son puritanisme ; seules les prises de position de ses représentants face aux autres cultes pourront nous éclairer.

17. LA LUTTE DU YAHVISME CONTRE L'ORGIASME

C'est à Eduard Meyer que revient le mérite de nous avoir rendus attentifs à l'opposition significative dans la *berith* israélite entre le rite du principal sanctuaire de l'Israël du Nord, Sichem, d'une part, et celui de Jérusalem d'autre part. D'après le Livre de Josué, l'alliance à Sichem se caractérisait par un repas cultuel et donc par une communauté de table, une *koinonia* avec le dieu. La commensalité est également mentionnée dans un ancien récit de l'Israël du Nord à propos de l'alliance au Sinaï ; les soixante-dix anciens sont les hôtes de la table de Yahvé et ce dernier participe à son tour en tant qu'hôte aux repas sacrificiels des membres du culte. Tout autre est le rite en Judée qui est décrit d'une façon particulièrement détaillée à propos de la *berith* passée sous Sédécias ; la légende présuppose d'ailleurs que l'alliance conclue entre Dieu et Abraham était du même type. On dépèce l'animal sacrificiel et ceux qui s'engagent dans l'alliance, le roi, le prêtre et selon les cas les anciens du clan ou les hommes liges s'avancent tous entre les parties de la bête. Dans cette légende l'alliance avec Yahvé est conclue durant la nuit. Il n'y eut donc pas de *koinonia* sacramentelle avec le Dieu. Cette mise en pièces d'un animal sacrificiel se retrouve encore dans une autre cérémonie. Le héros ou le prophète qui veut appeler Israël à la guerre sainte contre un peuple étranger ou contre les membres de la fédération qui ont violé l'alliance dépèce un animal et envoie les morceaux aux quatre coins du pays, ceci afin de rappeler chacun à son devoir qui est de prêter main-forte à Yahvé dans la guerre. Cette forme de *berith* n'est mentionnée que deux fois mais précisément pour les tribus du Nord, Éphraïm et Benjamin. Si l'on admet une certaine relation avec la forme judaïque de la *berith*, ce qui après tout est hautement probable, [201] le Nord a dû connaître lui aussi ce type d'alliance. Il faudrait alors admettre que la *koinonia* si fréquente chez la population solidement établie à Sichem ait été l'ancienne voie cananéenne pour établir un lien avec le Dieu pacifique. Par contre les paysans bien moins sédentarisés et les bergers des montagnes auraient eu recours à une autre forme d'alliance, celle qui était propre au Dieu des armées de la confédération et servait à rapprocher fraternellement les combattants. Cette hypothèse paraît fondée parce que le dépècement de l'animal sacrificiel est sans nul doute un vestige rituel de l'ancienne mise en pièces d'un animal sacrificiel — chez les Bédouins d'Afrique il s'agit d'un mouton — au cours d'une cérémonie orgiaque ; elle se pratiquait chez les peuplades des montagnes et des steppes et il semble qu'elle ait eu cours chez les Iraniens jusqu'à ce que Zoroastre, probablement sous l'influence de la culture mésopotamienne, l'ait extirpée. Il n'est sans doute pas erroné d'admettre que dans les tribus judaïques on vint à bout des orgies de viande semblables à celles qui existaient dans le culte dionysiaque en leur livrant une lutte systématique. L'interdiction rituelle de consommer du sang à l'époque tardive constituait peut-être une étape sur cette voie, et si tel était le cas, la motivation tout aussi tardive qui interdisait de « manger le sang de la bête » devait encore conserver des traces de l'ancienne signification animiste. Car ainsi que nous l'avons vu incidemment, il semble qu'à l'origine cette interdiction ne s'appliquât pas à l'armée au combat. On pourrait alors envisager son évolution de la façon suivante : la consommation du sang qui à l'origine n'était interdite qu'en période normale, à l'exception toutefois de l'orgie de viande consacrée au dieu de la guerre, fut supprimée définitivement sous l'influence du processus de démilitarisation que nous avons déjà étudié et de l'interdiction des orgies. Cette hypothèse demeure pourtant incertaine. Dans la tradition (*Ex.* XXIV, 6-8) il existe finalement encore une troisième façon de conclure une *berith*, notamment en aspergeant à la fois la communauté de Yahvé et l'autel du sang de la victime. Elle suppose la participation du prêtre car lui seul peut accomplir un tel acte. Comme cette forme de *berith* est insérée dans le récit très ancien du repas pris en commun par Yahvé et les anciens — cette commensalité ne fait que suivre la conclusion d'une *berith* et n'institue pas une *koinonia* religieuse —, il se peut qu'elle soit très ancienne elle aussi et par là même originaire du Sud. [202] Cela aussi demeure très hypothétique. Ce qui nous importe c'est qu'à l'époque historique les tribus du Sud ne connaissaient pas de cérémonie qui instituât une *koinonia* sacramentelle avec le Dieu. Nous touchons là un point important puisqu'il fut à l'origine de la coupure décisive entre le yahvisme authentique du Sud et les fusions avec les cultes de *Ba'al* ou d'autres divinité agricoles du même ordre qui se produisirent dans l'Israël du Nord. Ce contraste apparaît encore dans l'opposition plus formelle entre les différentes *berith*.

Comme la plupart des anciens cultes agricoles, les cultes de *Ba'al* furent et demeurèrent jusqu'au bout des cultes orgiaques où intervenaient notamment la débauche sexuelle et l'enivrement par l'alcool. La copulation rituelle dans les champs en tant que rite homéopathique de fertilité, l'orgie d'alcool accompagnée de danses et la promiscuité sexuelle qui s'y rattachait inévitablement se tempérèrent quelque peu par la suite pour se transformer en repas sacrificiels, en chants et en danses, et en prostitution sacrée. Toutes ces manifestations peuvent être considérées elles aussi, sans le moindre doute, comme les éléments originels du culte agricole israélite. Il en subsiste des vestiges patents. La « danse autour du veau d'or » qui dans la tradition suscite le courroux de Moïse, la « fornication » que dénoncèrent les prophètes, les danses cultuelles dont il subsiste de nombreuses traces, les hiérodules (*qadech*) dont l'existence est attestée sans aucune ambiguïté à la fois par les collections de lois, les légendes (*Tamar*) et les prophètes, témoignent du caractère sexuel et orgiaque des anciens cultes de *Ba'al* pleins de réjouissances. Cet orgiasme est apparent aussi dans les indications explicites que livrent les sources. De même que les dieux de la fertilité en Inde étaient pourvus d'une compagne, les *Ba'alim*, eux, avaient la *Ba'alat*. Elle se confondait avec Astarté qui était identique à Istar, la divinité babylonienne de la sexualité. Lorsque les cultes de *Ba'al* fusionnèrent avec ceux de Yahvé, l'orgiasme sexuel envahit ces derniers. L'existence de hiérodules est attestée jusque dans le Temple de Jérusalem.

Les tenants du pur yahvisme luttèrent alors avec acharnement contre l'orgiasme, l'abus d'alcool, la débauche sexuelle des cultes de Ba'al et contre leur influence dans le domaine religieux. La lutte des rékhavites contre le vin n'avait pas seulement pour but de conserver les anciennes habitudes de la steppe mais surtout de réduire et de combattre l'orgiasme à base d'alcool que pratiquait la population sédentaire. Cette profonde opposition se manifeste principalement dans les rites et l'éthique yahvistes concernant la vie sexuelle. [203] Servir les *Ba'alim* cela signifie définitivement « se prostituer » à eux. Cette lutte contre les cultes orgiaques a marqué d'une empreinte indélébile toute la réglementation de la sphère sexuelle dans le judaïsme. Lorsqu'un tabou religieux condamne comme une abomination passible de la peine capitale la violation du mariage d'autrui, il s'agit certes d'un phénomène qui se retrouve dans toutes les religions soumises à une réglementation prophétique ou sacerdotale et qui ne se singularise que par l'extrême sévérité de la peine. La justification du mariage par la nécessité d'assurer à la fois une descendance et la sécurité économique de la mère, ainsi que la manière très crue de concevoir les relations sexuelles n'étaient absolument pas spécifiques d'Israël mais avaient cours universellement. Les règles de continence relevant de l'ascèse cultuelle ou guerrière, les prescriptions et les tabous concernant la femme durant ses menstrues, etc., étaient à vrai dire très répandus eux aussi quoique sous des formes différentes. Ils n'étaient que l'expression d'une conception de la sphère sexuelle comme un domaine régenté par les démons, conception que l'orgiasme sexuel précisément faisait naître chez tous les tenants des religions et des cultes plus rationnels. Mais l'intensité avec laquelle le rituel et les légendes israélites se préoccupent de cette sphère, l'importance qu'ils lui accordent surtout lorsqu'ils s'inspirent d'un yahvisme authentique témoignent assurément d'un extrémisme très marqué qui ne peut s'expliquer que par les préjugés et les antagonismes qui opposaient Israël à l'orgiasme des cultes de *Ba'al* ; nous avions tenté de la même façon d'expliquer le refus de toute spéculation relative à l'au-delà par des préventions à l'encontre du culte égyptien des morts. Dans le domaine sexuel cette condamnation de l'impudeur orgiaque dont les Cananéens étaient les tenants méprisés et maudits se marque surtout par l'horreur avec laquelle on proscrit toute mise à nu d'une partie du corps. Le simple fait de découvrir une partie du corps ou de convoiter du regard un parent est considéré comme un acte incestueux, un crime capital (*Lév.* XX, 10) ; dans la Genèse l'ancêtre tribal des Cananéens est présenté comme l'initiateur de l'impudeur qui a entraîné la malédiction et la servitude éternelles de ce peuple. Par ailleurs (*Lév.* XVIII) tout acte incestueux, toute relation avec une concubine du harem paternel mais aussi toute autre union sexuelle illicite est désignée [204] par l'expression « découvrir la nudité ». Dans l'ancien rituel (*Ex.* XX, 26) il était absolument interdit de construire des marches conduisant à l'autel afin qu'aucune « nudité » ne soit dévoilée sur ces marches qui appartenaient déjà au siège idéel de

Yahvé. La première chose que la faculté de distinguer le « bien » du « mal » révèle aux premiers hommes alors qu'ils viennent de goûter au fruit de l'arbre de la connaissance, c'est qu'ils sont « nus ». La même optique et la même tendance se retrouvent dans toutes les ordonnances et toute la casuistique relatives à ce domaine. Le péché d'Onan est considéré comme une abomination. Selon la tradition actuelle il constitue un crime contre le devoir de faire naître une descendance pour son frère. Mais à l'origine le rejet explicite d'une telle pratique était probablement lié à la lutte que les Yahvistes menaient contre certaines orgies de Moloch (*Lév.* XX, 2) au cours desquelles on offrait de la semence humaine. Toutes les formes de relations sexuelles qui, parce que orgiaques, incestueuses ou contre nature furent déclarées « taboues », sont désignées principalement sinon exclusivement par le concept spécifiquement yahviste de « folie » (*Gen.* XXXIV, 7 ; *Dt.* XXII, 21) ; dans le langage de la tradition la plus tardive et même dans les Évangiles, ce mot est la pire des injures que l'on puisse proférer à l'encontre d'un Israélite. Aussi toutes les réglementations spécifiquement israélites concernant les rapports sexuels qu'il n'y a pas lieu d'étudier ici en détail sont-elles de nature rituelle et non pas éthique. L'éthique sexuelle de l'Israël antique n'était pas plus rigoureuse en substance que d'autres réglementations sacerdotales. La violation du mariage dans le Décalogue concerne la violation du mariage d'autrui et non de son propre mariage. C'est seulement à une époque tardive, après l'exil, que l'on se mit à déclarer taboue toute relation sexuelle extraconjugale du mari — et encore uniquement au nom de la juste mesure telle que la prônent les règles de la sagesse confucéennes et égyptiennes, de Ptahotep par exemple. Il n'y a pas dans l'ancienne langue d'Israël une expression désignant « la chasteté » avec une signification éthique. Ce n'est que sous l'influence perse que la réglementation s'étendit mais au début uniquement dans les écrits non canoniques (Tobie). Selon l'ancienne conception israélite, le fait de séduire une jeune fille sans entente préalable avec le clan de cette dernière pouvait certes provoquer la vengeance, comme l'illustre le cas de Dina ; mais les codes juridiques ne prescrivent comme expiation que l'obligation d'épouser la jeune fille, c'est-à-dire de l'acquérir en s'acquittant du prix d'achat, [205] exactement comme les lois anglo-saxonnes assimilent la chose à une sorte de dégât matériel. Cette antipathie à l'égard de tout ce qui passait pour un manque de pudeur n'a rien à voir non plus avec « une pureté particulière des mœurs » comparable à celle que l'on trouve par exemple chez les Bédouins. C'est aux Arabes du désert précisément que Jérémie reproche (III, 2) de « se prostituer le long des chemins », c'est-à-dire, ainsi qu'en témoigne le comportement de Tamar, aux endroits où se tenaient habituellement les prostituées vénales et parmi elles les hiérodules des temples que les prophètes condamnent au même titre que tous les autres vestiges de l'orgiasme sexuel. À l'opposé des cultes agraires le rite des Bédouins ne connaissait pas l'orgie sexuelle homéopathique.

Le caractère spécifiquement rituel et non pas éthique de toute la casuistique sexuelle qui a subsisté très longtemps lui confère une tonalité propre, car nulle part ailleurs elle n'a connu une telle ampleur et n'a été à l'origine de tant de préjugés. La manière déjà ancienne d'évoquer et de traiter les questions sexuelles avec une franchise toute naturelle se combinait avec une crainte exclusivement rituelle devant l'acte purement physique de la mise à nu ; elle ne saurait en aucune façon être mise en rapport avec ce sentiment si particulier de la dignité qu'on tente de rattacher à des réactions de pudeur portant l'empreinte de conventions féodales ou bourgeoises. Ce mélange de spontanéité toute naturelle et de crainte rituelle peut facilement apparaître aux yeux de l'homme moderne dont le sentiment de pudeur a été marqué par des idées féodales, bourgeoises et chrétiennes comme une caricature du véritable sentiment de pudeur selon l'acception courante. L'origine historique d'une telle particularité réside essentiellement dans la lutte entreprise contre l'orgiasme que pratiquaient les prêtres résidant parmi les agriculteurs de l'Israël du Nord. On retrouve le même phénomène dans l'islam qui condamnait la nudité ; dans toutes les contrées où il fut diffusé, l'islam devint le promoteur de l'industrie ou du moins du marché des textiles.

Ce refus de l'orgiasme et de l'extase orgiaque fut également à l'origine de la position adoptée par le Sud à l'égard des virtuoses extatiques. Il ne fait pas de doute que c'est essentiellement dans l'Israël du Nord qu'existaient d'anciens *neviim* s'adonnant à l'extase collective ; ce phénomène était issu du culte de *Ba'al* phénicien ou cananéen. Pour Zacharie (XIII, 5-6) il va de soi que les faux prophètes étaient des cultivateurs et que les mutilations [206] qu'ils prétendaient s'être infligées provenaient des ongles des prostituées. Les extatiques charismatiques qui célébraient un culte orgiaque collectif se groupèrent partout en guildes et en écoles. Les écoles de *neviim* d'Élisée et celles des temps déjà plus anciens ne sont que des exemples particuliers d'un phénomène très général. L'orgiasme auquel se rattachait l'extase prophétique était essentiellement un rite homéopathique de fertilité qui était tout à fait étranger aux nomades et aux semi-nomades. Lorsque ces derniers se livraient à des orgies de viande, c'est uniquement parce qu'elles faisaient partie de l'ascèse guerrière. Il est vrai que l'Israël de la plus haute antiquité et particulièrement l'Israël du Nord connaissait l'ascèse guerrière naziréenne et l'extase guerrière des *berserk*. De même certains anciens *neviim* qui pratiquaient l'extase collective étaient également des prophètes guerriers. Mais trois faits apparaissent en toute clarté. Il faut remarquer en premier lieu que contrairement à ceux qui célébraient le culte orgiaque des *Ba'alim*, les *nazirs* pratiquant l'extase guerrière s'abstenaient de tout alcool. Ensuite la prophétie guerrière classique de l'époque de Déborah, à l'opposé de celle des *neviim*, était une prophétie individuelle. Finalement il est remarquable que le Cantique de Déborah mentionne qu'Israël a servi « des dieux étrangers ». Il ne peut s'agir là que de divinités locales, c'est-à-dire de *Ba'alim*. Plusieurs siècles plus tard, nous assistons à nouveau à la lutte de prophètes individuels, tel Élie, contre ces mêmes « dieux étrangers » et contre l'extase orgiaque collective. Le prophète que Jéhu emmène sur son char est un rékhavite, c'est-à-dire un adversaire de l'orgiasme à base d'alcool. Ce sont principalement des hommes originaires du Sud ou issus des groupements d'éleveurs de bétail qui reprennent inlassablement le même combat. Le type parfait du prophète individuel, Élie, l'ennemi juré du culte extatique de *Ba'al*, est originaire de Galaad ; c'est un nomade itinérant typique. Élisée, qui prône l'extase collective, est d'après la tradition un paysans. Amos, le premier prophète qui s'élèvera bien des années plus tard contre le culte pratiqué dans le Nord, est un berger de Teqo'a. On peut en conclure que c'est dans le Nord que sont apparus, sous l'influence de l'extase et de l'orgiasme cananéens, des *neviim* pratiquant l'extase collective ainsi que certaines formes irrationnelles et émotives de la magie ; par contre c'est du Sud, qui ne connaissait pas l'orgiasme des cultivateurs, que sont issues la Thora lévitique rationnelle et la prophétie missionnaire, à la fois éthique et rationnelle. Celle-ci dénonce les actes d'impudeur comme une abomination pour Yahvé. [207] D'une façon générale, le culte et les sacrifices comptent peu pour le Dieu de l'Alliance en comparaison avec l'accomplissement de ses anciens commandements. Cette dichotomie est sous-jacente, même si elle n'est pas toujours apparente, à toute l'histoire d'Israël depuis l'installation dans le pays. Elle prit un caractère aigu lorsque s'accentua la dimension rationnelle du système de penser des deux forces qui s'opposaient à l'orgie : les lévites et les prophètes de malheur. Ceci résultait, en partie du moins, de l'essor que connut la culture littéraire des intellectuels. Il nous faut donc analyser la façon dont les éléments fondamentaux de ces courants religieux si radicalement différents qui s'affrontaient dans un conflit tantôt latent, tantôt ouvert, exercèrent leur influence sur les littérateurs de l'ancien Israël.

18. LES INTELLECTUELS ISRAÉLITES ET LES CULTURES AVOISINANTES

La production littéraire de l'Israël préexilique était manifestement aussi riche et aussi diversifiée que celle de toute autre partie de l'univers. Il y avait des chants d'amour sensuels brûlant d'une ardeur toute guerrière, des chants d'une sensualité plus raffinée à la manière de l'amour courtois, d'autres enfin d'un charme agreste ; on les récitait à la joyeuse cour de Tirtsa et auparavant déjà ; ces chants subsistèrent tout en subissant certaines modifications jusqu'à l'époque où prévalut l'influence perse et où ils furent réunis dans le Cantique des Cantiques. En plus de quelques chants pleins de rythme à la louange du roi qui font partie de la collection des Psaumes, on a préservé également dans ce recueil un certain nombre d'hymnes religieux qui glorifient à la façon babylonienne et avec une perfection inégalée la majesté du grand Dieu céleste. Il a donc dû exister, du moins à l'époque royale, des bardes tant séculiers que religieux qui appartenaient à une couche sociale supérieure à celle des poètes populaires. Car il s'agit manifestement d'une poésie savante. Le Cantique de Déborah, ce poème de circonstance d'une exceptionnelle réussite, est à la fois un chant de victoire religieuse et une satire politique dirigée contre les anciens ennemis dans les cités et contre certains confédérés défaillants ; ce genre littéraire semble même avoir une plus grande ancienneté. De tous les systèmes de communication alors en usage dans l'ensemble du monde, c'étaient les caractères de l'alphabet qui s'apprenaient le plus facilement ; ceux-ci remontaient sans aucun doute à la fin du second millénaire comme en témoigne l'importation du papyrus à Byblos, mentionnée dans le récit de voyage de Wen Ammon, bien que le premier document où ils apparaissent soit la stèle moabite de Mécha qui date du IXe siècle. Cet alphabet a certainement été inventé pour satisfaire les intérêts mercantiles de commerçants probablement phéniciens. Mais il favorisa l'apparition en Israël [208] d'une littérature qui s'adressait à de nombreux lecteurs et l'art de l'écriture et de la lecture connut une extension extraordinaire. Cet art profita d'abord aux chancelleries royales. La charge de *mazkir* (que l'on traduit ordinairement par « chancelier » mais qui probablement était aussi l'annaliste et le « chroniqueur » royal), et l'existence de scribes à la cour de David et à celle des deux royaumes montrent que depuis David et peut-être même, ainsi qu'en témoigne une liste qui a été préservée (I *Sam.* XIV, 49-51), depuis Saül l'administration utilisait l'écriture. Salomon, qui avait institué un État fondé sur des corvées, ne pouvait se passer de fonctionnaires sachant écrire, recrutés le plus souvent parmi les prêtres mais aussi parmi les clans de laïcs instruits. Les récits royaux ultérieurs qui ont subi diverses transformations dues aux circonstances se réfèrent sans cesse à des annales royales officielles ; de même il existait certainement des chroniques du Temple de Jérusalem. Il nous faut également admettre avec Kittel que les premières chroniques du règne de David furent l'œuvre d'un conteur qui, bien qu'ayant eu accès aux archives royales, n'en a pas moins commenté les événements en toute indépendance d'esprit et selon sa propre conception.

La grande liberté d'esprit dont la tradition fit preuve à l'égard de la royauté qui indéniablement était parfois très puissante est liée à deux facteurs. D'une part les clans importants qui portaient les armes ont conservé une position de force en Israël, contrairement à ce qu'il en advint dans la plupart des autres puissances monarchiques de l'Orient. D'autre part les voyants et ceux qui avaient pour charge d'enseigner les lois de Yahvé avaient eux aussi conservé de l'importance. À cause du prestige même de l'ancien Dieu guerrier de l'Alliance, la royauté ne pouvait ignorer ceux qui tout en étant indépendants de la monarchie et extrêmement critiques à son égard incarnaient « l'esprit » de Yahvé.

C'est des écoles de *neviim* du Nord qu'émanent les histoires miraculeuses qui furent incluses dans les Livres des Rois. Mais un certain nombre de récits concernant Élie ainsi que la première version, probablement prédeutéronomique, de ceux qui font intervenir les voyants des temps les plus reculés, tel Samuel, témoignent de l'existence de cercles qui échappaient totalement à l'influence de la cour et des écoles de prophètes ; ils attestent également la présence d'autres cercles qui tout en entretenant des rapports avec la cour étaient liés aux yahvistes opposés à la monarchie [209] et leur apportaient un soutien inconditionnel. Il ne pouvait s'agir que de cercles de laïques pieux, fortunés et très influents sur le plan politique. Ainsi il existait à l'époque de Jérémie des clans éminents où se recrutaient constamment de nouveaux fonctionnaires royaux, et qui malgré cela furent, des générations durant, les protecteurs des grands prophètes de Yahvé qui dénonçaient sans nul ménagement la cour et les prêtres. Ceci ne pouvait manquer de se produire chaque fois que le prestige de la monarchie était ébranlé par des revers de politique extérieure. Ce sont sans aucun doute ces cercles laïques indépendants ainsi que les purs adorateurs de Yahvé dont ils étaient les protecteurs qui se préoccupèrent très tôt déjà de rassembler les anciennes traditions encore existantes concernant les temps prémonarchiques. On a probablement réuni dès l'époque de la première dynastie les anciennes collections de chants, tels le Livre des guerres de Yahvé et le Livre des Braves auxquels il est parfois fait allusion. Des laïques se consacrèrent à la collection et à l'examen de poèmes d'inspiration populaire qui n'étaient pas strictement guerriers et pouvaient servir la cause du yahvisme. Les anciens contes, légendes, paraboles et maximes émanent de bardes et de conteurs populaires itinérants semblables à ceux que l'on rencontre dans tout l'univers parmi les populations paysannes et semi-nomades. L'ancienne tradition ne connaît, quant à elle, qu'un « peuple hôte » [*Gastvolk*] de musiciens, les descendants de Yuval. Mais il y a toujours eu des conteurs : les anciennes légendes des patriarches semblent avoir été leur œuvre. Par contre, la longue histoire de Joseph apparaît comme une « nouvelle » édifiante, composée avec beaucoup d'ingéniosité par un poète cultivé pour des yahvistes cultivés ; c'est déjà de la poésie savante. Il existait aussi certaines relations intermédiaires et probablement même des liens directs entre les cercles laïques indépendants qui avaient reçu une formation littéraire et s'intéressaient à la politique, à la politique religieuse notamment, et les propagateurs de la poésie, des maximes et des légendes populaires. Ces liens sont soulignés par la nature même du genre littéraire du *machal* (parabole), dont certains exemples ont été préservés. En ce qui concerne l'imagination plastique, un *machal*, telles la parabole du buisson d'épines dans le récit d'Abimélekh (*Jug.* IX, 7) ou celle de l'agneau du pauvre placée dans la bouche de Nathan, supporte aisément la comparaison avec les paraboles les plus accomplies des Évangiles. Par là il diffère sensiblement [210] du *machal* rabbinique typique de l'époque tardive [1], qui est presque toujours le produit d'une pensée livresque et qui de ce fait n'est souvent remarquable au premier abord que par sa dimension « grotesque » [2]. La différence est à peu près la même que celle qui existe entre les paraboles de Jésus et celles de Paul qui, comme on le sait, commet parfois des erreurs caractéristiques dans l'emploi des images lorsqu'il a l'audace de recourir à des paraboles agricoles [3].

C'est à l'époque de Jérémie (XVIII, 18) qu'apparaissent les premiers indices de ce genre de conseils prodigués par des personnes cultivées et se rapportant aux problèmes utilitaires et pratiques de la vie quotidienne ; ces conseils annoncent déjà ceux que dispenseront plus tard les maîtres de la Ḥokhma (la Sagesse) ainsi que leurs œuvres littéraires. Mais l'intérêt que les lettrés de l'époque préexilique témoignaient à l'égard des préoccupations des plébéiens venait encore bien loin derrière celui qu'ils prenaient aux problèmes politiques de l'heure ainsi qu'aux problèmes à la fois religieux et socio-politiques qui s'y rattachaient indissolublement. Les deux paraboles que nous avons citées précédemment en sont des exemples. Il est clair qu'elles sont tout autre chose que des produits naïfs dont la valeur serait purement artistique, car elles sont au service des courants yahvistes hostiles à la monarchie. D'après les citations et les fragments qui ont été préservés on peut conclure que l'ensemble de la poésie et de la littérature populaire préexiliques qui étaient d'une richesse et d'une variété exceptionnelles fut élaboré dans une optique à la fois religieuse et politique. Si l'on n'a préservé de cette littérature que ce qui a été inclus dans le canon actuel et uniquement sous cette forme-là, il faut y voir le résultat de l'intervention extrêmement importante des couches lettrées

1. Pour des exemples voir FIEBIG, *Altjüdische Gleichnisse und Gleichnisse Jesu* (Tübingen, 1904).

2. Certains des plus anciens *mechalim* de l'époque des Tanaïtes palestiniens constituent une exception, notamment quelques *mechalim* du traité *Pirqé Avoth*. De toute façon ce jugement est relatif.

3. Cf. *Rm.* XI, 17, la comparaison tout à fait saugrenue avec la greffe.

gagnées à la cause yahviste. Cela ne se réalisa que durant l'exil mais l'essentiel était déjà achevé à l'époque préexilique et avant même que n'apparaissent les prophètes scripturaires. On peut juger de nos jours que cette entreprise commune n'est pas satisfaisante sur bien des points, notamment sur le plan littéraire — Goethe nous avait déjà rendus attentifs à certaines de ses défaillances ; elle n'en reste pas moins très significative si l'on tient compte des difficultés auxquelles il a fallu faire face. Il existait de profondes divergences de vues et de tendances entre les différents groupes de lettrés de l'époque préexilique. [211] Les prophètes de salut au service du roi, les bardes et les historiographes nationaux d'une part et les cercles de fidèles de Yahvé opprimés par le roi d'autre part se combattaient âprement. Les vestiges de l'ancienne poésie érotique recueillis dans le Cantique des Cantiques ainsi que les rares psaumes royaux anciens parvenus jusqu'à nous sont animés d'un tout autre esprit que les œuvres littéraires des intellectuels yahvistes. Naturellement il y avait également dans toutes les contrées voisines un profond contraste entre la religion du roi là où elle se manifestait sans fard et la religiosité populaire. En récompense des sacrifices qu'il lui a offerts, Ramsès IV supplie Osiris de lui prodiguer de la nourriture à satiété, de la boisson jusqu'à l'ivresse, la santé, une longue vie, la joie du cœur et de l'esprit, du bonheur pour chaque jour, des hautes eaux pour le Nil et de permettre à ses descendants de régner à tout jamais. Tous les souverains babyloniens jusqu'à Nabuchodonosor demandent dans leurs prières de pouvoir jouir de la vie et de connaître un règne long et heureux. Il en était certainement de même en Israël. À la prière pleine de piété que la tradition actuelle place dans la bouche de Salomon correspondent les inscriptions, souvent très pieuses elles aussi, de Nabuchodonosor et des autres grands souverains : dans les deux cas ces prières sont l'œuvre de prêtres. L'incroyable vantardise des grands souverains égyptiens et mésopotamiens n'était probablement pas étrangère aux rois d'Israël à l'apogée de leur puissance ; cela allait absolument à l'encontre de la nécessité, pour les plébéiens, de faire appel à un intercesseur et à un sauveur bienveillant, et ne pouvait que déchaîner le courroux extrêmement violent de Yahvé contre l'hybris des hommes. Yahvé ne fut jamais le dieu d'une dynastie comme Assur, Mardouk ou Nabou, mais il demeura toujours le Dieu de la confédération israélite. Cependant les dynasties s'étaient appropriées son culte et les rois avaient pris à leur service des bardes et des prophètes de salut yahvistes. Parallèlement aux traditions yahvistes circulaient des légendes cultuelles et étiologiques des plus variées concernant les dieux et les héros locaux ; à celles-ci s'ajoutaient nombre de mythes et de représentations empruntés directement, ou par l'intermédiaire de la Phénicie, à l'Égypte et à la Mésopotamie ; de plus, depuis toujours, Israël partageait certains mythes avec ces pays et il n'était simplement pas convenable de les déraciner. Il était difficile de faire concorder ces différents courants. Mais les cercles culturels et intellectuels [212] de la Palestine élaborèrent eux aussi certaines représentations qui ont dû également jouer un rôle décisif. Il nous faut examiner si elles pouvaient se concilier avec celles des aires culturelles voisines.

La souveraineté en titre de l'Égypte subsista presque jusqu'à la fin de l'époque des Juges. Selon les *Lettres d'Amarna* toutefois, les Pharaons ne portèrent pas atteinte à la religion indigène, et après Ramsès Ii ils ne firent que rarement usage de leur puissance politique. Mais la possibilité d'échanges culturels subsistait comme par le passé. À l'époque de Sésostris, les semi-bédouins qui étaient les maîtres de la contrée à l'est de Byblos connaissaient de réputation un sage égyptien alors en vie ; telle est du moins l'éventualité qu'envisage le conteur de l'histoire de Sinouhé. Toutefois, à l'époque où s'effondra la suprématie des Ramessides (vers 1100), le roi de la cité de Byblos ignorait tout du dieu égyptien Ammon et de son pouvoir tel que le décrit son émissaire Wen Ammon [1]. Mais il semble que les prophètes de sa cour en savaient quelque chose : c'est ce qui explique probablement l'oracle donné par l'un d'eux en faveur de cet émissaire. En tout cas les gens du sud de la Palestine étaient bien informés de ce qui

1. Le récit de voyage de Wen Ammon est relaté dans BREASTED, *Records*, IV, p. 563.

se passait en Égypte en raison du passage des caravanes. C'est ainsi que Salomon emprunta à l'Égypte la technique du combat de chars et en partie également l'art de bâtir le Temple (le « saint des saints ») [1]. Mais d'une façon encore plus significative, le récit de Joseph révèle une connaissance précise de la situation en Égypte, ce qui montre qu'il existait, quelle qu'en soit la raison, des liens avec le clergé du temple d'Héliopolis, le principal centre de la sagesse égyptienne. Le roi de Byblos reconnaît devant Wen Ammon que toute la science et tout l'art de la Phénicie sont venus d'Égypte [2]. Selon l'une des traditions, Moïse était censé ne rien ignorer de la sagesse égyptienne. Pour la tradition concernant Josué, la circoncision a été empruntée directement à l'Égypte sans l'intermédiaire de la Phénicie. Des traces de l'influence égyptienne se retrouvent encore dans de nombreux détails dont certains ne nous intéressent pas ici tandis que d'autres ont été évoqués en temps opportun. Le roi Ménephtah mentionne les guerres livrées par son armée en Palestine contre Israël. [213] Mais les relations entre Israël et l'Égypte n'ont pas toujours été hostiles ; c'est ce dont témoigne le fait que les Égyptiens soient reconnus plus tard aux côtés des Édomites qui sont de la même lignée que les Israélites, comme aptes à entrer dans la communauté israélite, et cela bien que la tradition présuppose à tort que les patriarches, en tant qu'éleveurs de bétail, étaient tenus pour impurs en Égypte [3]. Les fouilles palestiniennes ont livré d'innombrables scarabées qui, selon une formule d'Erman, sont « aussi caractéristiques pour l'Égypte que la croix pour la chrétienté ». En tenant compte de tout cela, il n'en est que plus étonnant de constater que cette suprématie égyptienne est complètement passée sous silence dans l'ensemble de la tradition et que les

1. Le saint des saints égyptien est également sombre et seul le roi, comme plus tard en Israël le grand prêtre qui est oint, est autorisé à y pénétrer.

2. Récit de voyages, Breasted, *op. cit.*, p. 579.

3. Selon Hérodote, si les Égyptiens considéraient les Hellènes comme rituellement impurs c'est parce que ces derniers consommaient de la viande de vache ; les Égyptiens ne pouvaient pas les embrasser ni même se servir de leurs ustensiles de cuisine. C'est cela et non pas la qualité d'éleveurs de bétail en tant que telle qui permet de comprendre l'épisode de *Gen.* XLIII, 32.

éléments spécifiquement égyptiens sont pratiquement absents des plus anciens fondements de la religion israélite alors qu'ils prévaudront plus tard. Eduard Meyer a cru pouvoir expliquer ce silence en alléguant la jeunesse de la tradition israélite. Celle-ci a cependant conservé certains traits très anciens comme par exemple certains liens avec la Mésopotamie interrompus depuis lors. Le silence concernant la suprématie politique du Pharaon peut s'expliquer dans la mesure où, déjà dans l'optique des Sa Gaz et des Ḥabiru à l'époque d'Amarna, elle ne se traduisait pas vraiment dans les faits ; en effet, ils avaient à faire uniquement à ses vassaux. Si l'on excepte quelques rares razzias, cela est encore plus vrai pour l'époque ultérieure. Que par ailleurs la culture égyptienne ait toujours passé pour étrangère, cela s'explique par une unique raison à la fois nécessaire et suffisante : son rejet tout à fait délibéré par les sectateurs de Yahvé. L'État égyptien fondé sur les corvées fut condamné et c'est précisément l'adoption par la monarchie israélite de ses institutions les plus spécifiques qui suscita une haine féroce dans les couches démilitarisées. On rejeta également ce qui caractérise le plus profondément la piété égyptienne : le culte des morts. À l'orientation purement terrestre de l'ancien dieu guerrier de la fédération, à sa nature résolument tournée vers l'ici-bas s'ajoutait une particularité déterminante : [214] bien que Yahvé combinât à des moments différents des traits différents, il ne fut jamais un dieu chthonien et s'opposa toujours violemment à ces divinités et à leurs cultes. À cela s'ajoutait qu'un étranger ne pouvait accéder à la compréhension des Écritures sacrées ni prétendre à la formation des prêtres égyptiens. Les maîtres de la sagesse (Ptahotep) recommandaient tous bien sûr, comme le Deutéronome, d'instruire le peuple, mais excluaient expressément de cet enseignement la doctrine secrète des prêtres ; les maîtres israélites l'ignoraient donc complètement et n'avaient probablement aucune envie de la connaître. L'attitude des Égyptiens n'était guère différente. Les ennemis vaincus devaient, comme partout ailleurs, honorer les dieux égyptiens victorieux. Mais cela ne suffisait pas pour en faire des Égyptiens. Des inscriptions témoignent de l'existence de temples consacrés aux dieux égyptiens en Syrie et inversement de temples de divinités syriennes dans l'Égypte des Ramessides. Mais cela ne modifia en rien l'opposition fondamentale entre ces deux nations, que le particularisme social et la culture des scribes égyptiens rendaient irréductible. Seul l'individu en tant qu'individu pouvait être initié à l'enseignement et à la sagesse égyptiennes, et cette intégration exigeait de lui qu'il renonçât entièrement à son indépendance intellectuelle. De plus, pour l'ensemble du peuple cela eût signifié nécessairement l'acceptation de la bureaucratie des scribes à laquelle on vouait une haine féroce. D'après l'unique mention qu'en fait Ézéchiel (VIII, 10), il apparaît que la piété yahviste rejetait comme une abomination extrêmement grave le culte égyptien des animaux que les prêtres de l'Égypte ne systématisèrent qu'assez tardivement pour mieux soumettre les masses à une domination hiérocratique. Cela allait tout à fait à l'encontre de l'attitude que les éleveurs de bétail libres adoptaient à l'égard de leurs bêtes et s'opposait tout particulièrement à la personnalité traditionnelle de Yahvé. Ce rejet de tout ce qui caractérise d'une façon marquante la culture égyptienne nous prouve en tout cas qu'il faut accepter comme une réalité historique, attestée par la tradition, l'existence de tenants de la religion yahviste tout à fait conscients et libres d'esprit, aussi bien en Palestine que dans les oasis d'Édom et de Midyan. Alors que les Bédouins tant libyens qu'asiatiques maintenaient des liens constants avec l'Égypte et qu'Israël demeura longtemps sous la domination directe de cette nation, [215] ce furent les premiers [1] et non pas les Israélites, du moins pas les fidèles de Yahvé, qui adoptèrent certains traits de la religion égyptienne. L'enseignement sacerdotal authentique tout comme la théologie spéculative développée en Égypte dès le troisième millénaire et qui, si elle était complètement naturaliste au départ devint panthéiste par la suite [2], demeurèrent tout à fait étrangers aux lévites yahvistes. Par contre, dans la piété populaire et dans l'éthique religieuse, il existe de nombreux point communs.

1. C'est vrai même pour le culte des morts.
2. ERMAN, *SBAW*, p. 1109.

Les relations avec le génie et la culture de la Mésopotamie sont plus complexes. Autrefois, à l'époque d'Amarna, l'écriture cunéiforme ainsi que la langue de la diplomatie et du commerce babyloniens prévalaient dans tout le Moyen-Orient ; elles étaient comprises par les Égyptiens cultivés. Le Cantique de Déborah nous révèle que la croyance en des esprits astraux qui intervenaient dans les affaires temporelles avait également cours en Israël. Il semble même que Nabou, le dieu des scribes, ait eu un sanctuaire dans le pays ; de nombreux détails attestent l'existence très ancienne de courants d'idées et de traits culturels communs. En premier lieu Israël et la Mésopotamie avaient un système identique de poids et mesures ainsi que des monnaies de même poids ; la plupart des lois et des mythes cosmogoniques étaient communs aux deux civilisations. Ces liens paraissent s'être relâchés avec l'apparition de la suprématie commerciale des Phéniciens à l'époque homérique. Les anciennes populations méditerranéennes adonnées au commerce maritime et à la piraterie, que mentionnent les inscriptions égyptiennes, connurent alors une éclipse relative au profit de la suprématie maritime phénicienne : il y eut d'importantes migrations de peuples. Les caractères de l'alphabet phénicien évincèrent alors en Palestine l'écriture cunéiforme et la langue babylonienne perdit lentement de son importance au profit de la langue araméenne. Certes la langue babylonienne, ainsi que Winckler l'a démontré, était encore très répandue au neuvième et même au septième siècle. Ce n'est qu'à l'époque perse que la langue araméenne prit une importance incontestée en tant que langue diplomatique de l'ensemble du Moyen-Orient. Quoi qu'il en soit Babylone passa à l'arrière-plan et y demeura longtemps. Des artisans royaux phéniciens travaillaient au Temple de Salomon. [216] Des marchands d'esclaves phéniciens accompagnèrent l'armée israélite pour faire le commerce des prisonniers. On introduisit le culte des *Ba'alim* phéniciens Moloch et Astarté. Selon les experts, les cosmogonies qui avaient cours en Palestine étaient marquées essentiellement par l'influence phénicienne. Certaines tribus israélites passèrent sous la domination phénicienne, d'autres envoyèrent des ouvriers dans les ports phéniciens. On entretenait dans l'Israël du Nord des *neviim* royaux de type phénicien.

Les cultes phéniciens ne furent détruits que par Élie et la révolution de Jéhu. Les puritains condamnèrent les anciens *neviim* extatiques. Le Deutéronome et la Loi de Sainteté interdirent les sacrifices humains phéniciens ainsi que les sacrifices gnostiques à Moloch où intervenait un onanisme raffiné.

Avec le renouveau des grandes puissances mésopotamiennes, leur influence connut un nouvel essor. À une certaine époque, les princes de Jérusalem (tel Manassé) devenus des vassaux des rois babyloniens adorèrent l'armée céleste babylonienne : les astres. Dans les récits du paradis et du déluge alors fort répandus, la Mésopotamie passait pour le centre originel du monde et les grands temples à terrasses qui s'y dressaient étaient considérés comme des tentatives pour s'approcher du Dieu du ciel. Les détails importent peu ici. Car ce qui est essentiel et ne prête à aucune discussion, c'est le fait que la sagesse sacerdotale ne fut pas adoptée. D'ailleurs la langue sacrée babylonienne (sumérienne) dans laquelle étaient rédigés la plupart des textes importants excluait tout emprunt direct par les prêtres israélites. Nous n'avons pas la moindre preuve attestant une quelconque utilisation en Palestine d'éléments de la littérature sacrée babylonienne à des fins cultuelles. Ce n'est que bien plus tard, à l'époque de la composition des Psaumes, que retentit l'écho de certains hymnes babyloniens. Les tenants du yahvisme ne se contentèrent pas d'ignorer les fondements cultuels et théologiques les plus décisifs des religions phénicienne et babylonienne, mais ils les rejetèrent en pleine connaissance de cause. Ils refusèrent d'adopter le culte babylonien des astres ainsi que l'astrologie, c'est-à-dire la clef de voûte de ce que A. Jeremias a désigné récemment comme la *Weltanschauung* [conception du monde] babylonienne. En Palestine on connaissait et on comprenait vraisemblablement aussi peu l'enseignement authentique et secret des prêtres babyloniens concernant le macrocosme et le microcosme [217] que celui des prêtres égyptiens ; il faut remarquer cependant que des spéculations et des manipulations à l'aide de nombres sacrés et de périodes de l'histoire mondiale sont à l'origine de nombreux points particuliers de la version actuelle de la tradition ; il s'agit peut-être de la conséquence d'une révision exilique et postexilique.

Il y a cependant une doctrine fondamentale, celle du déterminisme astrologique, qui paraît avoir été bien comprise et en conséquence rejetée tout à fait délibérément. Car quelle serait l'utilité de la Thora lévitique et de l'oracle prophétique si le destin de chaque individu était inscrit dans les astres ? Ce déterminisme qui ne laissait de place que pour la gnose des conventicules préoccupés de rédemption était absolument incompatible avec la charge spirituelle des lévites et nuisait à leur puissance. On rejeta donc ces doctrines qui allaient à l'encontre du concept yahviste et essentiellement politique de Dieu. Déjà Isaïe (XXIV, 23) et surtout Jérémie (X, 2), qui a dû avoir des liens très étroits avec le clergé babylonien, affirmaient que le pouvoir des astres s'évanouirait devant la puissance de Yahvé. Durant l'exil, le Deutéro-Isaïe tourne en dérision non seulement la magie qu'on pratique à Babylone, mais également (XLVII, 13) la science des astres et l'astrologie. Même après l'exil ainsi qu'à l'époque rabbinique cette affirmation avait cours : en Israël, on ne tient pas compte des planètes. Non pas qu'on doute de l'influence des corps célestes sur le cours des événements terrestres. Les prophètes eux-mêmes ne la nient pas. Pas plus que les prêtres ne mettent en question la réalité de l'oracle des morts et des représentations de l'au-delà qui s'y rattachent. Il est certain que pendant l'exil, on a parfois consulté des astrologues babyloniens et il arrive même que dans le privé un rabbin fasse fonction d'astrologue. D'ailleurs la croyance en l'astrologie était répandue dans tout l'univers, depuis la Chine jusqu'à Rome, et ce jusqu'à l'époque moderne de la civilisation occidentale. En Israël également on croyait aux étoiles. Mais il est de la plus haute importance qu'en Israël ce ne sont pas les esprits des astres qui gouvernent le destin des hommes. De la même façon en Chine, il y a à peine quelques décades, le président de l'Académie de Han-lin faisait valoir dans une pétition à l'impératrice régnante que ce n'étaient pas les constellations célestes mais bien la vertu religieuse (la fidélité au confucianisme) du souverain qui déterminait le sort du pays, tandis qu'en Inde c'est le *karma* qui décide du sort et de l'horoscope. Ceci se manifesta d'une façon caractéristique à l'époque rabbinique [218] par la croyance exprimée dans le Talmud selon laquelle tous les peuples sont asservis au destin astrologique, sauf Israël qui est l'élu de Dieu. Avant l'exil, c'étaient les *tsava* qui étaient les esprits des astres, et comme tous les *tsavaoth* ils servaient le Dieu d'Israël. Lui seul guidait le destin des humains : cela seul comptait et par là se trouvait exclue l'adoption des fondements de la culture babylonienne. C'est ainsi que, durant l'exil, les Juifs de Babylone occupèrent toutes sortes de postes, dont certains étaient même très prisés ; une seule profession leur était étrangère : celle de scribe. Cette exception très significative ne se justifiait nullement par des difficultés de langue, car les Israélites avaient appris l'araméen populaire et n'auraient eu aucune difficulté à assimiler la langue babylonienne officielle. D'ailleurs la tradition plus récente laisse entendre que les Juifs avaient toutes sortes de fonctions à la cour et qu'ils acquirent de l'influence comme eunuques des rois de Babylone et de leurs successeurs, les rois de Perse. Si les Juifs étaient exclus de la fonction des scribes, c'était sans doute pour des raisons d'ordre cultuel : il leur était impossible d'acquérir la formation dispensée par les prêtres sans contrevenir aux commandements de la religion yahviste. Sur un point toutefois, et il est d'importance, la religion israélite est en accord avec la religion officielle babylonienne et phénicienne et s'oppose à celle de l'Égypte : elle ignore l'au-delà et les spéculations qui s'y rattachent. Mais les conceptions proprement babyloniennes concernant la divinité, le syncrétisme, le panthéon des dieux, l'absorption par la divinité principale d'autres figures divines réduites au rang de « manifestations de la divinité » (hénothéisme), ainsi que la position toujours prééminente du dieu du soleil demeurèrent tout aussi étrangères à la conception israélite de la divinité que celles qui avaient cours en Égypte ; bien que différentes, ces dernières étaient pourtant plus proches de la conception israélite. Lorsque des tendances « monothéistes » se manifestent à Babylone, elles relèvent essentiellement du culte solaire ou de motifs de politique dynastique ; la plupart du temps ces deux raisons interviennent conjointement, comme ce fut le cas de la réforme introduite en Égypte par Akhenaton. Or il se trouve que Yahvé n'était ni une divinité solaire ni le dieu d'une dynastie, mais bien le Dieu fédéral de l'Alliance. De plus, le yahvisme devait rester étranger au fort courant babylonien qui, à partir des cultes chthoniens et des cultes de la végétation, tentait d'imposer la divinité de la fertilité et de la vie, commune à l'homme, aux animaux et aux plantes, [219] comme divinité de salut et tout particulièrement comme un intercesseur plein de miséricorde. Nergal, qui tout comme Yahvé était à l'origine le dieu de certains fléaux effroyables (telles les épidémies) destinés à châtier les peuples, ne fut jamais adopté par le yahvisme parce qu'il était le dieu du royaume des morts. Il en alla de même pour Adad, dont le culte de Canaan est attesté par la présence de noms théophores et qui, comme dieu de la tempête et de la guerre, présentait quelque parenté avec Yahvé ; le culte d'Adad n'exerça aucune influence notable sur la conception qu'on se faisait de Yahvé. Il existait en Israël une couche d'hommes cultivés comparables au clergé babylonien, mais il n'y avait pas à Babylone d'hommes comparables aux maîtres de la Thora. Ce refus acharné en toutes circonstances des produits les plus impressionnants de l'astronomie babylonienne se manifeste sur bien des points particuliers et illustre encore une fois avec éclat la grande indépendance de la culture palestinienne à l'égard de celle des pays voisins.

Il faut donc éviter de se représenter la Palestine, à un moment quelconque de son histoire, comme une contrée dépourvue d'une classe indigène cultivée où ne prévaudraient qu'une magie barbare et des conceptions religieuses extrêmement primitives. Dans une lettre datant à peu près du XVe siècle qu'un Cananéen adresse au prince, il proclame sa certitude que ce dernier trouve grâce auprès du Dieu suprême, parce que le souverain est un « frère » dont le cœur est rempli d'« amour », ce qui signifie probablement qu'il partage la même foi. Et l'auteur de la lettre continue dans un style quelque peu missionnaire en soulignant combien la grâce de celui qui est « au-dessus de sa tête » et aussi « au-dessus des villes » est importante pour le succès du roi. Les bergers et les paysans de l'ancienne milice israélite ne partageaient pas de telles vues. Mais tout indique qu'il ne faut pas aller jusqu'à croire qu'elles aient complètement disparu des villes les plus importantes. Si Israël est parvenu à rejeter les idées religieuses des grandes aires culturelles dont l'influence est manifeste dans toutes les autres sphères et s'il a su créer des conceptions radicalement différentes qui lui soient propres, cela suppose l'existence de couches cultivées qui recueillirent et façonnèrent rationnellement les anciens oracles et promesses du monde environnant. Il ne pouvait s'agir ni des *neviim* extatiques dont l'école n'a forgé traditionnellement que des récits miraculeux dans le genre de l'histoire d'Élisée, ni des cercles de la cour [220] qui méprisaient les *neviim*, pas plus que des bergers, des paysans et de leurs prophètes guerriers. Rien ne permet de croire comme on le fait parfois que la population rurale israélite était particulièrement « stupide ». Le paysan ne devient « stupide » que là où il est pris dans les rouages d'un grand empire dont le mécanisme bureaucratique ou liturgique lui demeure étranger, ou lorsqu'il n'est plus que le serf d'un grand propriétaire terrien, comme ce fut le cas en Égypte, en Mésopotamie, dans les États hellénistiques et ceux du Bas-Empire romain. Le plébéien israélite d'avant l'exil était, au contraire, dans les faits d'abord, puis plus tard dans ses souvenirs et ses aspirations revendicatives, un membre de la confédération, un homme libre apte à porter les armes, qui avait vaincu la chevalerie de grandes civilisations. À lui seul bien sûr, il n'eût jamais pu élaborer cette conception rationnelle qui prévaut dans les Écritures de l'Ancien Testament. Il avait fallu que d'autres s'y emploient pour lui. Mais il était capable d'assimiler la plupart d'entre elles. Et précisément l'un des secrets de l'extension prise par le yahvisme réside dans l'action conjuguée d'une couche intellectuelle enthousiaste et de tout un public constitué des groupes sociaux démilitarisés et déclassés à la suite des transformations qu'entraîna la monarchie. Il est extrêmement rare que des conceptions religieuses tout à fait nouvelles soient apparues dans les divers centres de culture rationnelle. Ce n'est pas à Babylone ni à Athènes,

Rome, Paris, Londres, Cologne, Hambourg ou Vienne qu'apparurent de nouveaux courants de pensée rationnels, prophétiques ou réformateurs, mais bien dans la Jérusalem d'avant l'exil, la Galilée de l'époque du bas judaïsme, l'Afrique, province du Bas-Empire romain, Assise, Wittenberg, Zurich, Genève, ainsi que dans les régions en marge des grandes zones de culture hollandaise, anglaise ou de basse Allemagne telles que la Frise ou la Nouvelle-Angleterre. Mais à vrai dire, cela n'a jamais pu se faire sans qu'intervienne l'influence d'une zone de culture rationnelle avoisinante. La raison en est partout la même : pour formuler de nouvelles idées religieuses, l'homme ne doit pas avoir désappris à affronter le cours des événements, à l'interroger et à se poser des questions. Et c'est précisément celui qui habite à l'écart des grands centres de culture qui est poussé à agir ainsi lorsque leur influence commence à le toucher ou qu'il se sent menacé dan ses intérêts vitaux. L'homme qui vit dans des zones saturées de culture et qui est pris dans le réseau de leurs techniques s'interroge aussi peu sur le monde qui l'environne [221] que l'enfant habitué à prendre quotidiennement le tramway ne se demande comment on réussit à le faire démarrer. Ne peut s'interroger sur le sens de l'univers que celui qui est capable de s'étonner devant la marche des événements. Or les événements qui faisaient partie de l'expérience collective d'Israël avant l'exil et qui l'incitaient à se poser de telles questions étaient les suivants : les grandes guerres de libération et l'apparition de la royauté, le développement d'un État fondé sur les corvées, l'éclosion d'une culture urbaine et la menace que faisaient peser les grandes puissances ; mais surtout il y avait l'effondrement du Royaume du Nord et la menace similaire qui pesait inéluctablement sur le Royaume du Sud, ce dernier vestige d'une grandeur inoubliée. Finalement il y avait encore l'exil. Les guerres de libération avaient établi le prestige de Yahvé en tant que Dieu de la guerre. Le déclassement social et la démilitarisation des membres de l'ancienne milice de Yahvé furent à l'origine de la légende yahviste concernant l'histoire. Mais c'est la menace d'un effondrement du royaume qui souleva pour la première fois les questions les plus cruciales de la théodicée.

C'est manifestement à la seconde période qu'appartient pour l'essentiel l'entreprise intellectuelle qui a été à l'origine des deux grandes versions de l'Hexateuque qui se combinèrent par la suite ; elles sont l'œuvre de deux groupes de lettrés religieux désignés aujourd'hui comme les « yahvistes » et les « élohistes », selon le nom divin qu'ils utilisent [1]. De toute évidence, ces compilateurs et ces écrivains œuvraient indépendamment des premiers rédacteurs des traditions et légendes purement historiques qui apparaissent dans le Livre des Juges et dans le Livre des Rois, car toutes les tentatives pour retrouver dans ces œuvres le clivage entre les deux écoles paraissent avoir échoué. Les compilateurs de l'une et l'autre école étaient certainement très cultivés, car ils citent de nombreuses étymologies de noms ainsi que des récits étiologiques témoignant d'une grande culture et dont la plupart ne sont nullement d'origine populaire. L'école deutéronomiste de Jérusalem appartient à la dernière période ; [222] l'entreprise plus spécifiquement sacerdotale d'achèvement et de révision des œuvres des époques précédentes date de l'exil et de la période qui a suivi l'exil, même si elle a déjà débuté dans les temps préexiliques.

Les compilations yahvistes et élohistes [2] ne sont pas encore confrontées au problème ardu de la théodicée qui ne pouvait manquer de surgir à la suite du déclin de l'État national. Leur monothéisme est un monothéisme « naïf ». Elles ignorent de même la lutte qui opposera les prêtres dont le pouvoir

1. Des générations de savants ont, depuis De Wette, tenté de dégager dans l'Hexateuque ce qui appartient à l'une ou l'autre collection ainsi que les interpolations ultérieures (deutéronomiques, sacerdotales et autres). Les résultats fondamentaux auxquels ils sont parvenus ne sont plus controversés même si maints détails demeurent discutables. Mais les tentatives pour diviser en de nouvelles couches les grandes collections ont eu pour résultat, en contrecoup, de favoriser les tentatives apparemment assez vaines pour remettre en question les résultats qui avaient été acquis.

2. Cf. PROCKSCH. Sa belle étude, *Die Elohimquelle, Uebersetzung und Erlaüterung* (Leipzig, 1906), analyse les relations entre les deux collections. Procksch admet qu'Élie a exercé une certaine influence sur la révision et tente avec beaucoup d'ingéniosité d'expliquer ainsi l'usage du nom *élohim*. Le problème du caractère rythmique du récit primitif est étudié par SIEVERS, *Abhandlungen der Königlich Sächsischen Gesellschaft der Wissenschaften*, XXI-XXIII (1903 à 1906).

ne fait que croître et le mouvement prophétique qui témoigne d'une totale indifférence à l'égard du culte sacrificiel. Elles ignorent également l'aversion qu'inspireront plus tard les anciens sanctuaires ruraux, les ornements du culte et les représentations imagées. Par contre ces compilations, dont l'une remonte au règne de Salomon et l'autre au moins jusqu'au VIIIe siècle, sont influencées par les problèmes sociaux qu'avait suscités la monarchie. Si bien que dans les deux collections, les légendes des Patriarches — c'est d'ailleurs par elles que débute l'Élohiste — constituent une partie importante de l'exposé. Elles relatent l'une et l'autre d'une façon détaillée la sortie d'Égypte et la conquête de Canaan sous la conduite de Moïse et de Josué, ainsi que les commandements cultuels, éthiques et légaux que Yahvé avait alors imposés à son peuple. En ce qui concerne l'ancienneté du matériel assemblé, il semble que certaines parties de ces compilations, notamment les Bénédictions, remontent à une époque reculée. Il n'est nullement prouvé que le Livre de l'Alliance et le décalogue éthique aient fait partie originellement de la compilation élohiste ni que le décalogue cultuel ait appartenu initialement à la compilation yahviste. D'ailleurs cela n'a que peu d'importance lorsqu'il s'agit de les caractériser. Car les deux compilateurs conduisent le récit de façon que celui-ci constitue un paradigme éthique et ils s'emploient, tout en n'y parvenant guère, à expurger les anciennes légendes et à en éliminer les éléments fort peu moraux. Pour ce qui est de l'époque antérieure à Abraham, les deux compilations ont utilisé à peu près le même matériel, et il serait erroné de distinguer une véritable opposition de tendances entre l'une et l'autre. [223] Pour satisfaire les aspirations de leur public, elles idéalisent l'époque où le peuple s'est constitué. De même on ne peut soutenir que l'une d'entre elles, ou encore que tantôt l'une, tantôt l'autre, ait connu une plus grande popularité. Ce n'est pas sans arrière-pensée que les deux collections attribuent non pas à un roi ou aux fondateurs de la dynastie, mais aux ancêtres légendaires, fondateurs du peuple, les promesses alors fort répandues qui assuraient qu'Israël deviendrait un grand peuple dont les amis seraient bénis et les ennemis maudits, et dont le renom serait tel pour la postérité qu'il constituerait bien plus tard encore une source de bénédictions pour toutes les nations de la terre. Il se pourrait d'ailleurs que ces rédacteurs soient à l'origine de la conception qui fait des anciens héros légendaires les ancêtres de l'ensemble d'Israël. Mais les promesses qui leur ont été faites sont inconditionnelles et ne dépendent d'aucun acte préalable d'Israël ; Dieu garantit son amitié à son peuple et s'engage à être à ses côtés en toutes circonstances. De telles vues heurtèrent aussi violemment les conceptions des prophètes ultérieurs que les promesses de salut des *neviim* royaux. Il faut ajouter que nulle part ailleurs, que ce soit dans la littérature politique, prophétique ou les hymnes et encore bien moins dans la version sacerdotale tardive qui dans la mesure du possible substitue Aaron à Moïse, l'idéalisation de ce dernier ne joue un rôle comparable. Et pourtant, le Cantique de Déborah ainsi que les Bénédictions qui furent plus tard insérées dans le Deutéronome témoignent du caractère absolu de la popularité de Moïse, de l'ancienneté de son prestige, et montrent qu'il ne s'agit pas d'une construction a posteriori. Les compilateurs reprennent d'anciennes traditions populaires qui ne devaient guère être agréables au roi. Cependant chaque école s'y prit quelque peu différemment. Pour l'une comme pour l'autre, les patriarches sont des bergers pacifiques. Mais la compilation élohiste souligne avec plus de force leur position de *gérim* soumis à une population sédentaire à laquelle ils sont liés par une *berith* ; par contre le récit yahviste, qui est manifestement d'inspiration lévitique (notamment lorsqu'il relate la demande en mariage d'Isaac), tient déjà compte de l'aversion que suscite un mariage mixte avec les Cananéens. Ce sont essentiellement les yahvistes qui voient dans le travail de la terre une conséquence de la malédiction divine. Pour eux, le paradis est un verger irrigué et planté de nombreux arbres fruitiers, pareil à une oasis dans la steppe. L'Élohiste qui a recueilli la Bénédiction de Moïse semble être informé des prétentions de la tribu de Joseph à la dignité royale, tandis que dans la Bénédiction de Jacob que mentionne le Yahviste, Juda éclipse à la fois Ruben et Joseph [224] pour devenir le porteur de la promesse. Ces traits ainsi que d'autres tout aussi spécifiques permettent d'accorder du crédit à la théorie d'éminents savants selon laquelle, dans l'ensemble, la version élohiste porte l'empreinte du Nord et la version yahviste celle du Sud ; en ce qui concerne leur ancienneté, c'est tantôt l'une, tantôt l'autre, le plus souvent pourtant la version yahviste qui apparaît comme la plus ancienne. Le fait que l'Élohiste considère Abraham, et d'une façon générale tous les héros religieux, comme des *neviim* et les protagonistes éminents du récit de Joseph comme des *nazirs*, témoigne de son origine nordique. Dans la version élohiste, l'institution d'une juridiction des anciens en Israël est justifiée étiologiquement, alors que dans la version yahviste c'est Moïse, et donc les prêtres lévites, qui rendent la justice, conformément à ce qui se passait ou du moins à ce qu'on réclamait dans le Sud. Il n'est pas difficile de découvrir des influences puritaines dans la version yahviste. Si le serpent joue un rôle éminent dans le récit de la chute et du péché originel, il ne faut pas perdre de vue que dans le récit de la sortie d'Égypte les magiciens égyptiens sont pourvus d'un bâton semblable à celui de Moïse, en forme de serpent, pareil à celui qui se trouve dans le Temple de Jérusalem ; le récit élohiste des pérégrinations dans le désert confère à ce bâton une vertu thérapeutique magique. Quand bien même il aurait existé, comme d'aucuns le prétendent, un culte du serpent ainsi que des lévites faisant fonction de « guérisseurs », le fait que ce soit précisément le serpent et sa sagesse indubitable qui sont présentés comme la source de tout mal peut apparaître comme une manifestation de l'attitude intraitable de la tradition yahviste puritaine à leur égard ; c'est cette même tradition qui provoqua sous Ézéchias la destruction des idoles. Il est difficile d'établir avec certitude si, comme l'admettent certains, la qualité d'animal divin, pour le royaume des morts, attribuée à maintes reprises au serpent a joué un rôle.

La différence d'origine des deux compilations semble également se traduire dans le traitement de la conception de Dieu. Certes, pour l'une et l'autre, il existe au départ une certitude absolue et inébranlable selon laquelle Dieu est un maître personnel, qui par son intervention décide du sort des hommes dans l'univers et qui, depuis Moïse, est lié à Israël par un serment et une *berith* dont il garantit les dispositions. Cela ne saurait être remis en question. Le Yahvé de Moïse et des anciens prophètes guerriers n'a jamais été en fait cette divinité hostile et tout à fait primitive [225] qu'on s'est plu parfois à présenter pour justifier la théorie d'une évolution linéaire. Par ailleurs il ne pouvait être spiritualisé jusqu'à devenir une puissance universelle et impersonnelle comme il en advint en Chine et en Inde. Les deux compilations lui attribuent pour les raisons évoquées précédemment certains traits universalistes, mais chacune à sa manière. Comme on l'a souvent remarqué dans la conception yahviste il est parfois représenté sous une forme résolument anthropomorphiste. Point n'est question des constructions grandioses mais abstraites des prêtres de l'exil où l'esprit de Yahvé plane au-dessus du chaos et fait surgir la lumière à l'aide d'un mot magique ; jour après jour, par son seul commandement, Dieu fait apparaître hors du néant une chose puis une autre (*Gen.* I). Yahvé a d'abord fait jaillir l'eau sur la terre jusque-là déserte et aride (*Gen.* II), puis il a façonné l'homme avec de la terre, il l'a animé en lui insufflant son souffle ; c'est ensuite seulement qu'il a fait apparaître les plantes et les animaux. Il les présente à l'homme auquel il confie la mission alors extrêmement importante de leur donner un nom. Il ne réussit dans ses efforts pour donner à l'homme une compagnie agréable que lorsqu'il crée, à partir d'une côte, la femme, que l'homme reconnaît immédiatement comme une créature de la même espèce. Dans la fraîcheur du soir, Dieu se promène, tel un cheik dans son oasis, dans le jardin d'Éden où il installe également l'homme. C'est Dieu lui-même qui interroge ce dernier lorsqu'il transgresse les ordres divins et dérobe des fruits des arbres et qui, pour le punir, le chasse et le maudit. Mais il lui faut commencer par chercher et appeler l'homme qui s'est caché. De même pour voir la construction gigantesque qui se dresse à Babylone, il lui faut d'abord descendre là-bas. A-t-il un ordre à donner, une promesse à faire, il apparaît alors personnellement devant l'homme. Contrairement à la tradition tardive, il permet à Moïse de contempler sa face, tout comme il partage la table des anciens d'Israël sur le Sinaï. C'est donc un dieu qui se révèle en personne dans une épiphanie et que font agir des motifs très humains ; et pourtant c'est lui qui a créé toute la terre et qui a manifesté sa puissance à Babylone, le centre du monde.

Cette incarnation anthropomorphique du dieu était sans aucun doute embarrassante pour la conception élohiste qui, malgré son caractère populaire, était très profondément influencée par l'ancienne culture du Nord. Pour elle, le Dieu d'Israël [226] était le Dieu céleste suprême qui ne s'aventurait pas sur terre parmi les hommes. Dans la version actuelle elle laisse complètement de côté le récit des origines et débute par les légendes des Patriarches ; on n'a pas pu déterminer avec certitude s'il en était ainsi initialement ou si la refonte tardive avait écarté les conceptions élohistes qui ne s'accordaient plus avec celles qui avaient cours à l'époque. Toujours est-il que dans la version élohiste les promesses et les commandements divins sont transmis de préférence par un rêve, un appel du ciel, par un messager (*malakh*) ou un ange du Dieu. Il en est de même parfois dans la version yahviste (*Gen.* XVIII, 2). L'idée d'un messager divin est fort ancienne. Dans le Cantique de Déborah, ce chant de l'Israël du Nord, ce messager apparaît lorsqu'est maudite la ville de Méroz. Cependant l'élohiste transforme toutes les épiphanies transmises par la tradition en une intervention similaire de médiateurs. Il s'agit là indubitablement d'un théologoumène. Dans la refonte tardive des compilations apparaissent d'autres théologoumènes qui représentent peut-être d'anciennes conceptions, telle la « majesté » impersonnelle (*kavod*) du Dieu. Celle-ci sert notamment à concilier la certitude habituelle de la population sédentaire, principalement de la population urbaine, que le Dieu réside là où l'on célèbre son culte, c'est-à-dire dans le temple, avec la représentation d'un Dieu céleste, puissant et lointain. Ce n'est pas lui-même mais sa *kavod* qui s'est fixée sous la forme d'un nuage resplendissant dans le sanctuaire (*Ex.* XL, 34), ou bien c'est une autre puissance impersonnelle qui intervient, tel le « visage » (*panim*), la « parole » (*davar*), l'« esprit » (*ruaḥ*), et très souvent, à la façon égyptienne, le « nom » (*chem*) de Dieu. Il est difficile de déterminer l'origine de tous ces théologoumènes, et à l'exception du dernier que nous venons d'évoquer, nous ne nous en préoccuperons pas davantage.

Cet effort de spiritualisation concordait avec les anciennes légendes des Patriarches dans la mesure où celles-ci, comme tous les récits populaires qui ne furent pas retravaillés dans une perspective théologique, font agir principalement les hommes et non pas, comme le récit yahviste de la création, Dieu. On dut conserver pourtant quelques épiphanies particulièrement anciennes qui étaient polythéistes à l'origine. Mais dans l'ensemble le Dieu des Patriarches devint un Dieu mystérieux qui ne se révélait qu'indirectement dans toutes sortes de coups du destin. [227] L'histoire de Joseph et le récit du sacrifice d'Isaac mettent très clairement en valeur certains traits édifiants, parfois touchants, pareils à ceux que mettent en valeur les nouvelles religieuses artistiquement élaborées. Cette sorte de paradigme est à la base d'un rationalisme qui devait conduire à la croyance en la providence. Mais d'autre part, ces théologoumènes révèlent aussi une certaine tendance à favoriser l'essor de puissances impersonnelles ; or, comme partout ailleurs, ces représentations étaient en étroite parenté avec le caractère orgiaque et extatique propre à la possession divine de l'Israël du Nord.

Il semble que par la suite l'on renonça consciemment à cette tendance théologique. Alors que les autres théologoumènes ne furent que sommairement développés avant l'exil, on préserva l'ancien théologoumène du messager divin parce qu'il contribuait à la majesté grandissante du Dieu et qu'il s'écartait des théophanies anthropomorphes par trop grossières. Il s'agissait là d'une raison d'ordre pratique. La Thora sacerdotale des lévites qui prodiguait des conseils à ceux qu'accablait l'infortune, c'est-à-dire l'ire divine, avait gagné de l'importance. Les yahvistes puritains du Sud avaient engagé la lutte contre les cérémonies orgiaques de communion avec la divinité et de possession, telles qu'elles se pratiquaient dans le Nord. Les gens s'intéressaient de plus en plus à un enseignement rationnel concernant les desseins et les commandements divins, les péchés cultuels et éthiques, ainsi qu'au moyen d'échapper à leurs conséquences ; ce besoin de théodicée devait prendre d'autant plus d'importance que la situation politique devenait plus alarmante. Le Dieu personnifié de la version yahviste, qui intervenait dans l'histoire des hommes et avait négocié personnellement avec eux, répondait mieux aux besoins de la plèbe que la représentation sublimée de l'école élohiste. On voulait connaître les motifs permettant d'expliquer les décrets divins, et on ressentait la nécessité de pouvoir faire appel à un Dieu intervenant personnellement dans l'histoire. Les prophètes préexiliques ne recevaient pas leurs ordres et leurs oracles par l'intermédiaire d'un messager, mais directement ; il ne fait pas de doute cependant que, pour le reste, ils s'inspirent souvent des conceptions élohistes. Ceci résulte de l'influence qu'exerçait le cadre de l'Israël du Nord où la prophétie s'était manifestée pour la première fois avec des conséquences qui ne sauraient être abolies. Aussi lorsque les rédacteurs « yehovistes » — c'est ainsi que les désigne Wellhausen — entreprirent d'intégrer en un tout les anciennes compilations, [228] ils firent intervenir à maintes reprises le Dieu des pères et de l'alliance en personne. Pour répondre au besoin de rationalité des intellectuels, ils le présentèrent souvent en train de parler (*Gen.* XIII, 14) ou de discuter avec ses prophètes. Ou encore ils reproduisirent littéralement le cheminement de sa pensée (*Gen.* VI, 5). Le prototype en est la description yahviste déjà ancienne des délibérations qui amenèrent Yahvé à punir les auteurs du péché originel et à détruire la tour en terrasses de Babel. Mais les motifs de ses interventions changèrent. Selon la conception primitive dont l'influence se fait encore sentir dans la compilation yahviste, ce sont, comme dans tous les anciens mythes, des intérêts égoïstes et particulièrement la jalousie du Dieu menacé par l'hubris des humains qui le poussent à agir parce que la sagesse et la puissance des hommes ne font que croître. Dans les versions ultérieures par contre, la raison déterminante de l'intervention du Dieu est sa sollicitude et sa bienveillance pour l'homme. Ainsi dans la version définitive du récit de la migration à travers le désert, Yahvé envisage les différentes attitudes possibles des Israélites selon le chemin qu'il leur fera prendre ; il n'a guère confiance en leur persévérance, et sa décision n'est dictée que par leur seul intérêt. Ce qui est caractéristique, c'est la recherche de motifs parfaitement compréhensibles et purement humains pour l'action divine, ainsi que la représentation qui fut élaborée en conséquence.

Par ailleurs, l'opposition entre la tentative des intellectuels pour sublimer la représentation du Dieu et les intérêts de la pratique pastorale apparaît très clairement. Les anciennes légendes montrent sans nulle prévention que Yahvé se « repent » de ses décisions et de ses actes. À une époque relativement ancienne déjà, les rédacteurs rationalistes se demandaient si cela pouvait se concilier avec la majesté d'un grand Dieu céleste. Aussi placèrent-ils dans la bouche de Bile'am cette sentence qui affirme que Dieu « n'est pas un fils de l'homme pour qu'il se rétracte », et ceci sera souvent répété par la suite (*Nbr.* XXIII, 19 ; I *Sam.* XV, 29). Toutefois les nécessités pratiques de la parénèse lévitique s'opposaient à la réalisation d'une telle sublimation. Une fois la décision divine définitivement arrêtée, la prière, l'examen de conscience et l'expiation n'étaient plus d'aucune utilité. Il était à craindre que cela entraînerait fatalement des conséquences néfastes aux intérêts de l'entreprise pastorale des maîtres de la Thora, comparables à celles que provoquait le déterminisme astrologique de la destinée humaine. C'est pourquoi, dans la version tardive des récits mosaïques, le prophète [229] est un intercesseur qui réussit chaque fois à apaiser l'ire de Yahvé. Celui-ci revient sur ses décisions à la suite d'une intercession ou bien du repentir et de la pénitence. Selon la tradition de Nathan et d'Élie, David et Achab réussissent dans cette même entreprise lorsqu'ils font pénitence. Un dieu anthropomorphe dont on pouvait comprendre les actes était alors plus à même, et c'est encore le cas aujourd'hui, de satisfaire les nécessités pratiques du travail pastoral auprès des masses. Le compendium deutéronomique trouva une solution à ce problème en décrétant que Yahvé faisait dépendre à l'avance son attitude de la conduite des hommes. « Voyez, je place aujourd'hui devant vous la bénédiction et la malédiction » — choisissez !

C'est pour des raisons identiques que la position adoptée face à d'autres problèmes, tel celui de la théodicée, demeura ambiguë. Le fondement ancien des relations entre Yahvé et son peuple était la *berith*. Mais le serment par lequel Yahvé s'engageait à être aux côtés de ce peuple parce que c'était le sien paraissait être remis sans cesse en question par les désastres politiques qui menaçaient Israël et qui se réalisèrent en partie. Le « yahviste » s'appuie parfois, comme dans la légende du déluge adoptée assez tardivement, sur le fait que tous les agissements de l'homme sont « définitivement mauvais depuis sa prime jeunesse ». Aussi les humains ont-ils tout naturellement mérité leurs maux. Mais comme Yahvé ne saurait se résoudre à se passer de l'odeur agréable du sacrifice, il décide, précisément parce que les humains sont irrémédiablement voués à faire le mal, de ne plus détruire l'univers entier dans un déluge (*Gen.* VIII, 21) ; ceci correspond d'ailleurs à la conclusion de la légende babylonienne du déluge. Cette condamnation pessimiste des hommes avait probablement pour origine la confession telle qu'elle était pratiquée dans le Sud par les maîtres de la Thora. Ce jugement s'opposait à celui qui avait généralement cours en Israël et qui, tout en tenant l'homme pour faillible, ne le considérait pas comme corrompu de par sa nature même. Seule la prophétie de malheur dans les derniers temps d'Israël eut de nouveau tendance à partager cette vue. L'affirmation selon laquelle nul n'était innocent devant Yahvé était une formulation plus adéquate (*Ex.* XXXIV, 7) ; elle répondait manifestement aux besoins de la pratique pastorale qui était confrontée avec la souffrance des innocents. Cela ne résolvait pas pour autant le problème des calamités réservées à Israël qui était malgré tout le peuple de Yahvé. La solution avancée consistait à rappeler que Yahvé avait posé comme condition pour l'accomplissement de ses anciennes promesses que le peuple s'acquittât de ses engagements rituels et éthiques, ce qu'il n'avait pas fait. [230] Toutes les anciennes promesses auxquelles Yahvé avait initialement souscrit inconditionnellement s'étaient graduellement transformées en engagements conditionnels dont l'accomplissement se trouvait lié à la bonne conduite d'Israël. Cela était dû sans nul doute à cette même nécessité pratique d'une théodicée rationnelle ; il s'agit là, comme nous le verrons, d'une thèse fondamentale de la prophétie. Il en résulta de nombreuses difficultés. L'ancienne conception d'une responsabilité collective de la communauté pour les actes de chaque individu, des descendants pour les actes de leurs ancêtres qui subsistait à l'encontre du vengeur du sang et de l'ennemi politique allait de soi dans une libre confédération et était très utile sur le plan pratique [1]. Mais il était à craindre que ne soit formulée la question suivante : quel profit l'individu pouvait-il trouver dans l'accomplissement des commandements de Yahvé si, malgré son innocence, les agissements d'autrui l'entraînaient inévitablement vers la catastrophe ? Pour les fautes des contemporains il existait une solution qui consistait à consacrer le pécheur au Dieu par le *ḥérem* en le lapidant. Ceci correspond à la façon dont le groupe se dégageait de la responsabilité d'un ancien crime commis à l'encontre d'une communauté de métèques en livrant les criminels ou leurs parents ; c'est apparemment ce qui advint sous David, lorsque la famille de Saül fut livrée aux Gabaonites. À l'époque tardive, la cérémonie de la bénédiction et de la malédiction à Sichem contribua également à décharger la communauté de sa responsabilité en transférant la malédiction sur la personne du pécheur. La peine capitale pour le meurtrier fut instituée pour purifier le pays en déchargeant la communauté de sa responsabilité collective en ce qui concernait les sacrilèges commis contre Yahvé ; des cérémonies spéciales d'expiation furent prévues pour le cas où le meurtrier ne pourrait être découvert. Toutefois il n'existait pas de tels expédients pour les fautes des ancêtres et c'est ce qu'exprime le proverbe populaire plein d'amertume cité par Jérémie (XXXI, 29) : « Les parents ont mangé du verjus et les enfants en ont les dents agacées. » Il pouvait là encore en découler des conséquences inéluctables et ceci était contraire aux intérêts de la pratique pastorale. Aussi comme nous l'avons mentionné précédemment, l'école

1. Sur l'évolution de cette idée, LÖHR, « Sozialismus und Individualismus im Alten Testament », *ZAW* (1906), supplément 10. Cette étude est bonne même si son titre est quelque peu trompeur.

deutéronomiste se résolut, sous l'influence des lévites qui enseignaient la Thora, à nier toute responsabilité des descendants pour les fautes des pères tant en ce qui concerne la pratique légale que la responsabilité éthique. Pourtant une difficulté subsistait : [231] à cause de la théodicée l'on ne pouvait éliminer l'idée d'une expiation de la faute des pères étant donné qu'il n'y avait point de rétribution dans l'au-delà et que l'individu n'était pas puni ou récompensé en proportion de ses bonnes ou mauvaises actions. Cette idée d'une expiation était indispensable pour la théodicée politique, particulièrement après la nouvelle expérience de la bataille de Megiddo. Les prophètes eux aussi ont invoqué sans cesse la responsabilité collective de la communauté et celle des descendants pour les fautes des pères. En fait l'idée d'une responsabilité collective n'a jamais été définitivement abandonnée. La version sacerdotale (*Nbr.* XIV, 18) juxtapose côte à côte l'assurance que Dieu dispensera sa grâce et sa miséricorde et qu'il poursuivra de sa vengeance les enfants jusqu'à la troisième ou quatrième génération. Cette dichotomie reflète l'opposition entre les nécessités pratiques d'une prophétie politique d'une part, les intérêts pastoraux des prêtres et le rationalisme de la couche cultivée de l'autre. Cependant tous étaient d'accord pour reconnaître qu'en fin de compte Yahvé était un Dieu de la juste rétribution, et c'est cette qualité-là que l'école deutéronomiste s'est plu à souligner.

Par la suite, les commandements divins eux-mêmes ainsi que l'expiation pour les sacrilèges furent de plus en plus sublimés dans le sens d'une éthique de la conviction. Ce qui importait pour le souverain céleste, ce n'était pas tant le comportement extérieur que l'obéissance inconditionnelle, et la confiance absolue en des promesses qui paraissaient problématiques. Cette idée se trouve déjà dans le récit yahviste de la vocation d'Abraham où Dieu enjoint à celui-ci d'émigrer en Canaan et lui donne la promesse qu'il aura un fils : Abraham obéit aveuglément à l'ordre qui lui est intimé et sa confiance absolue en l'accomplissement de la promesse lui est « comptée comme justice » (*Gen.* XV, 6). Ce n'est pas par hasard si cette idée apparaît pour la première fois dans une légende patriarcale. Car les semi-nomades pacifistes constituaient sans aucun doute un des piliers du parti qui se dressa contre le culte sacrificiel institué par les rois et leurs prêtres et qui avança la thèse selon laquelle ce qui agréait à l'ancien Dieu de l'alliance, ce n'était pas tant les sacrifices que l'obéissance à ses commandements ; et ce parti affirmait également que la communauté elle-même était sainte et n'avait nul besoin de prêtres. Une telle hostilité à l'encontre des prêtres trouvait tout naturellement un appui [232] auprès des tenants de l'ancienne ascèse et de l'ancienne extase guerrières, et d'une façon générale auprès de ceux qui avaient connu une époque antérieure où il n'existait pas de clergé fédéral composé de fonctionnaires héréditaires. Il ne fait pas de doute non plus que les couches intellectuelles partageaient ces sentiments. Il semble aussi que l'ordre des rékhavites que Jérémie, l'adversaire des prêtres de Jérusalem, tenait en si grande estime ait été l'un des défenseurs de cette thèse. Parmi les lévites, ceux qui n'étaient pas employés dans un sanctuaire mais subvenaient à leurs besoins en s'occupant tout bonnement de la pratique pastorale et en enseignant la Thora pouvaient adopter de telles vues. À cela s'ajoutait cette autre conception selon laquelle l'expiation véritable que Yahvé exigeait ne résidait pas dans le sacrifice offert par le pécheur ou dans des actes similaires mais dans la volonté de repentir elle-même ; cette idée se rencontrait probablement dans les mêmes cercles intellectuels et les rédacteurs de la tradition la placèrent dans la bouche des anciens voyants tel Nathan, chez qui elle apparaît pour la première fois. Cependant une autre partie des lévites, notamment ceux qui appartenaient à l'école deutéronomiste, étaient trop étroitement liés aux intérêts du culte et du sacrifice pour pouvoir accepter de telles conclusions. C'est précisément la version yahviste inspirée par les lévites du royaume de Juda qui a recueilli les prescriptions purement cultuelles pour constituer ce qu'on appela le décalogue cultuel. Mais cette idée demeura vivace notamment chez les prophètes aussi longtemps que les prêtres furent liés à la royauté. Même la version sacerdotale tardive n'a pu en effacer les traces. Bien qu'elle ait établi dans les récits mosaïques une relation entre la condamnation des lévites fils de Qorah et leur proclamation hérétique de la sainteté de la communauté et de l'inutilité des prêtres, elle n'a pas pu cependant empêcher cette doctrine de survivre avec une extrême vigueur dans les oracles scripturaux des plus éminents prophètes.

L'impératif de la confiance aveugle en Dieu prit alors une tournure résolument plébéienne étant donné la forme que la parénèse des maîtres de la Thora imprima à l'ancienne conception mythologique de la jalousie et de la haine divines à l'égard de l'hubris humaine. Lorsque les sages égyptiens célébraient l'obéissance, le silence et l'absence de présomption comme des vertus agréables à la divinité, cela leur était dicté par l'assujettissement à la bureaucratie. En Israël cela répondait [233] au caractère plébéien de la clientèle. Le Dieu des plébéiens que les maîtres de la Thora et les cercles dont étaient issus les prophètes s'employaient à conseiller et à guider vers le salut avait en horreur l'orgueil et l'arrogance des rois et des héros guerriers et considérait comme un sacrilège la vanité qu'ils tiraient de leur propre force. Yahvé condamnait, selon Amos, l'érotisme des *gibborim*, et selon Isaïe leurs joyeuses ripailles. Pour le prophète Sophonie (III, 12), il est solidement établi que seuls les pauvres ont véritablement confiance en Dieu et s'en remettent à lui pour tout, si bien qu'eux seuls échapperont à la catastrophe. Les échecs de cette caste arrogante face aux ennemis de l'extérieur, contrairement à ce qui s'était passé à l'époque de l'ancienne milice paysanne, semblaient témoigner de l'irritation de Yahvé à l'égard des grands. Seule une confiance absolue et humble en l'ancien Dieu de l'alliance, et en lui uniquement, saura peut-être le ramener, inconditionnellement comme jadis, aux côtés de son peuple. Il s'agit là encore d'un fondement essentiel de l'éthique utopique des prophètes ainsi que du Deutéronome qui, en cela, a subi leur influence. Il nous faudra y revenir tout particulièrement. Pour l'instant il nous suffit de mettre en lumière certaines circonstances qui déterminaient en Israël les particularités formelles des rapports entre l'homme et Dieu et plus spécialement l'accent mis sur cet impératif éthique rationnel.

19. LA MAGIE ET L'ÉTHIQUE

C'est surtout l'absence d'une suprématie de la magie alors qu'elle dominait partout ailleurs, ou plutôt — car pas plus en Israël que dans les autres contrées les masses ne cessèrent en fait de la pratiquer — la lutte systématique que lui livrèrent les maîtres de la Thora qui détermina sa place dans la religion vétéro-testamentaire. Il y avait en Israël des magiciens de toutes sortes. Cependant les cercles yahvistes les plus éminents, notamment les lévites, n'étaient pas des magiciens mais les détenteurs d'un savoir. Il en était de même pour les brahmanes, bien que leur savoir ait été fondamentalement différent de celui des yahvistes. Lorsque le serpent, dans la légende yahviste du paradis, incite la femme à manger le fruit de l'arbre de la connaissance, il fait miroiter aux yeux des humains la promesse « que leurs yeux s'ouvriront et qu'ils seront comme des dieux ». Et certes il n'a point menti puisque après avoir maudit l'homme et le serpent, Yahvé ajoute : « l'homme est devenu comme nous-même », c'est-à-dire comme un dieu [234] — grâce à la connaissance —, et il le chasse du jardin d'Éden, de peur qu'il ne mange du fruit de l'arbre de la vie et ne devienne immortel. Ainsi c'est la possession de ces deux choses, l'immortalité et la connaissance, qui fait de l'homme un dieu. Mais de quelle connaissance s'agit-il ? Dans les deux passages mentionnés il est question de la connaissance « du bien et du mal ». Telle est donc, selon ce rédacteur de l'époque préprophétique, la connaissance qui rend pareil à Dieu. Cela n'impliquait pas nécessairement qu'il s'agissait d'une connaissance éthique et rationnelle plutôt que d'une connaissance rituelle ou ésotérique. En Égypte, le plébéien qui n'a pas été initié aux écrits sacerdotaux est présenté comme un homme qui ne sait pas distinguer le bien du mal. Dans la légende du paradis, ce que l'homme apprend en mangeant le fruit de l'arbre de la connaissance c'est, pour autant que nous pouvons le savoir, l'interdiction purement rituelle de la nudité et non pas un enseignement éthique rationnel. Mais déjà à l'époque d'Ézéchias, Michée affirme avec force (VI, 8) que l'homme, c'est-à-dire chaque homme, « a appris ce qu'était le bien : obéir aux commandements divins, agir charitablement et être humble devant Dieu ». Il ne s'agit donc pas d'une connaissance ésotérique ou purement rituelle, mais de l'enseignement d'une éthique et d'une charité ouvert à tous. Le soin d'un tel enseignement revenait précisément aux lévites, maîtres de la Thora ; nous avons déjà vu que les relations particulières entre le peuple et Yahvé, qui s'était personnellement engagé dans l'alliance avec la fédération, avaient eu d'abord pour conséquence de mettre l'accent sur l'accomplissement de ses commandements. Ceci explique la prééminence de l'obéissance et de l'éthique sur les commandements cultuels qui, étant donné la structure de l'alliance, étaient pratiquement absents, et sur les commandements purement rituels qui à une époque plus ancienne ne s'étaient probablement développés que sous forme de quelques règles simples. Comme la communauté était collectivement responsable devant Yahvé pour les infractions de chacun de ses membres, ces problèmes éthiques revêtaient une extrême importance pour quiconque faisait partie de cette collectivité [1] et plus particulièrement pour les intellectuels préoccupés par le sort du pays. Cette conception de la nature du savoir divin avait alors commencé à se propager dans des cercles de plus en plus vastes de plébéiens yahvistes démobilisés ainsi que parmi les intellectuels qui étaient les partisans du bon vieux droit. [235] Elle prit une importance croissante. Les anciennes générations n'avaient connu le charisme divin que sous la forme de l'extase et de la prophétie guerrières. Toutes deux étaient périmées. Ainsi qu'en témoignent certaines tentatives de la tradition, il y avait une tendance qui voulait faire de Moïse un magicien dont les pratiques, tout comme celles des brahmanes de la cour indienne, pouvaient déterminer la victoire. Mais Yahvé n'avait plus depuis lors envoyé un autre prophète auquel il se serait montré face à face. Les temps avaient changé. Les oracles guerriers d'Élisée sont le dernier écho,

1 On trouve dans HEHN (*loc. cit.*, p. 348) des indications sur l'importance de ce qu'il appelle le caractère « démocratique » d'Israël pour l'éthique israélite

dans la tradition, d'une telle prophétie magique et politique. Les lévites, seuls sectateurs permanents du yahvisme, avaient conscience, à cause de leurs fonctions sociales extrêmement importantes, d'être les seuls détenteurs du savoir qui permettait d'établir quels péchés entraînaient une catastrophe et aussi comment on pouvait se racheter. Si l'expression *yid'oni* qui désigne (*Lév.* XX, 27 ; II *Rois* XXIII, 24) les esprits oraculaires qui habitent certains magiciens signifie bien un « petit » savoir, on aurait là une preuve de l'orgueil du savoir et de l'hostilité à la magie propres aux représentants du yahvisme. Certes les prophètes scripturaires israélites ont parfois donné des conseils au roi tout comme les prophètes de cour et les magiciens, mais toujours dans le sens de la Thora lévitique : obéissance à Yahvé et confiance absolue en lui. Aucun d'entre eux n'a cherché à sauver le pays par la magie.

Il y eut naturellement de tout temps, à l'intérieur même des cercles purement yahvistes, des tentatives en vue de promouvoir une magie capable de faire violence à la divinité, et ce jusqu'à une époque préexilique assez tardive. Au nombre de celles-ci figure, à côté d'autres de moindre importance, la croyance alors partout répandue dans le pouvoir magique du nom divin, c'est-à-dire la conviction que si l'on connaît le nom du Dieu et qu'on l'invoque correctement, celui-ci sera contraint d'obéir. Ce n'est pas sans raison que Yahvé, dans l'épiphanie du buisson ardent, évite de livrer son nom ; le *numen* qui lutte avec Jacob oppose le même refus. Lorsque plus tard Moïse demande à Yahvé la faveur de le voir face à face, ce dernier lui enjoint d'invoquer son nom. C'est cela qui contraint Yahvé à apparaître. Cette conception extrêmement répandue venait d'Égypte. Le nom de Yahvé est le symbole de son pouvoir tout comme le nom [236] du Pharaon est le symbole du sien. De même que dans les *Lettres d'Amarna* le roi « a placé son nom sur Jérusalem », celui de Yahvé est « invoqué » sur Israël (*Deut.* XXVIII, 10 ; *Jér.* XIV, 9), sur Jérusalem (*Jér.* XXV, 29) ou sur un prophète (*Jér.* XV, 16) ; son nom « réside » à Jérusalem où « on lui a bâti une maison », il « vient de loin » (*Is.* XXX, 27), il est « proche » (*Ps.* LXXV, 2) ; Yahvé agit par son intermédiaire au profit de tous ceux qui « aiment son nom » (*Ps.* V, 12 ; LXIX, 37 ; CXIX, 132). Il s'agit pour une part du théologoumène déjà mentionné visant à éliminer l'intervention personnelle et anthropomorphique de Yahvé. Mais d'autre part il s'agit également de la conception concernant la nature du nom qui prévalait en Égypte ; ce n'est peut-être pas un hasard si presque tous les passages caractéristiques qui vont dans ce sens se trouvent dans le Deutéronome, c'est-à-dire remontent à une époque qui dans l'ensemble présente une très grande affinité avec les formes de la religiosité égyptienne. Tout comme en Égypte où Isis s'empare du pouvoir de Râ après avoir réussi à percer le secret de son nom et où Ptah se venge parce qu'on a abusé de son nom, le caractère sacré attaché au nom divin ne fait que s'affirmer en Israël ; or à l'origine aucun tabou ne s'attachait au nom divin, contrairement à ce qui se passait dans de nombreux pays. Par la suite, les tentatives pour assujettir le Dieu majestueux en invoquant son nom furent considérées comme une grave offense qui appelait sa vengeance. À la spontanéité avec laquelle on utilisait le nom divin encore à l'époque prophétique succéda un effroi tout à fait particulier qui avait déjà dû se manifester dans des temps très reculés. L'interdiction du décalogue d'abuser du nom de Dieu qui remonte à une époque inconnue faisait allusion sans aucun doute aux tentatives pour plier le Dieu à la volonté de l'homme par la magie. Cette condamnation a peut-être été motivée elle aussi par une opposition tout à fait consciente à l'Égypte et particulièrement au culte des morts. Car nulle part l'importance des noms divins n'est aussi prééminente que dans le chapitre 125 du *Livre des Morts*, où leur emploi correct décide du sort de l'âme. À chaque porte de l'Hadès, le dieu qui monte la garde exige avant de laisser passer le mort que celui-ci connaisse son nom. Les réminiscences d'une part, la condamnation brutale de l'autre, ne sont certainement pas fortuites.

En fait le rejet de la magie signifiait surtout que contrairement à ce qui se passait ailleurs, les prêtres ne devaient pas y avoir recours systématiquement afin d'assujettir les masses. [237] À Babylone, pour répondre au besoin pressant d'une théodicée, on systématisa la magie, répondant ainsi à un motif rationnel. L'expérience de la souffrance de l'innocent ne semblait pouvoir se concilier avec la confiance accordée aux dieux que si c'étaient des démons et des esprits maléfiques et non pas les dieux eux-mêmes qui étaient les artisans du mal : la théodicée aboutissait ainsi à un demi-dualisme latent [1]. Il ne pouvait être question de cela en Israël. Déjà l'une des thèses fondamentales du premier des prophètes (Amos) était que le mal venait lui aussi de Yahvé. En Israël, où chaque malheur passait pour une punition ordonnée par le Dieu tout-puissant, l'extension que prit la protection magique contre les démons s'opposait au développement de la Thora sacerdotale purement éthique et à la confession des péchés, qui assuraient en fait le pouvoir des prêtres lévites. Ceci exerça une profonde influence sur tout le cours de l'évolution religieuse d'Israël. En premier lieu, chaque fois que dans les régions asiatiques intervient la sorcellerie, apparaît chez les Israélites « le miracle ». Le sorcier, le sauveur, le dieu d'Asie « pratiquent la magie » ; par contre le Dieu d'Israël accède aux implorations et aux supplications en « opérant des miracles ». Nous avons déjà mentionné cette opposition très profonde. Le miracle, contrairement à la magie, est une construction rationnelle. L'univers des Indiens est un jardin enchanté où règne l'irrationnel. Les miracles mystérieux des histoires d'Élisée, dont le caractère irrationnel ne le cède en rien à la sorcellerie asiatique, constituent une tentative pour suivre cette même voie en Israël. Cette tendance aurait pu facilement l'emporter. Mais la lutte opiniâtre contre toute forme d'extase orgiaque entraîna l'échec de la magie et favorisa la prééminence du miracle. Le miracle est l'œuvre délibérée de la divinité qui réagit d'une façon sensée et compréhensible ; il occupe, non seulement dans les récits yahvistes authentiques de la légende des Patriarches, mais également dans la tradition concernant Moïse et Samuel et dans l'ensemble des écrits vétéro-testamentaires, une place que ne lui reconnaît aucun autre livre sacré. Ceci explique aussi que le miracle n'intervienne que rarement dans la plupart des textes anciens. Cette absence de magie orientait toutes les

1. Voir J. MORGENSTERN, *Mitteilungen des Vereins für Alte Geschichte*, III (1905), pour qui la croyance dans les démons résulte d'un besoin de théodicée.

questions qui surgissaient quant à la cause d'un événement ou au cours du destin vers la croyance en la providence, c'est-à-dire en un Dieu qui guide le destin de l'univers [238] et particulièrement celui de son peuple d'une façon mystérieuse et pourtant, en fin de compte, intelligible. Le héros de la légende élohiste de Joseph, d'une poésie raffinée, en donne une formulation frappante : « Vous me vouliez du mal, mais Dieu l'a changé en bien » (*Gen.* L, 19). La volonté de Dieu s'emploie ici à mettre en échec les tentatives humaines pour lui échapper, exactement de la même façon que dans les récits indiens, le « destin » triomphe de tous les stratagèmes déployés afin de le déjouer. Cependant ce n'est pas le *karma* mais la providence rationnelle d'un dieu personnel qui, en Israël, détermine ce destin.

Deux traits caractérisent ce Dieu des intellectuels qui, en dernière analyse, malgré son courroux passionné, agissait rationnellement selon le plan qu'il s'était fixé. En premier lieu il était, ainsi que nous l'avons déjà mentionné, le Dieu des plébéiens. Il ne faut pas se méprendre sur cette définition. Cela ne signifie nullement que Yahvé ait été le Dieu de la « dévotion populaire », ni qu'il ait satisfait les besoins des « masses ». Bien au contraire, selon l'acception qui l'emporta finalement, il reste toujours ce Dieu qu'une couche de prophètes (prophètes guerriers et ultérieurement prophètes de la Thora) et de maîtres de la Thora tenta d'imposer au peuple. Ils se heurtèrent souvent à une vive résistance. Car en Israël comme partout ailleurs, ce que désiraient en fait les masses en détresse c'était le secours de la magie ou d'un sauveur. Par ailleurs, pas plus l'idéal de la religion yahviste que ceux qui l'incarnaient n'étaient issus spécifiquement des cercles de « pauvres ». L'Israélite qui tout en jouissant de solides revenus témoignait de sa piété était avant l'exil non seulement le héros de l'authentique tradition royale mais également celui des anciennes traditions fragmentaires de l'époque des Juges. Les légendes pieuses présentent elles aussi les Patriarches comme des gens extrêmement riches. En Israël comme partout ailleurs, la richesse, conformément aux anciennes promesses, passait pour le salaire de la piété. Il est fort probable que les lettrés cultivés qui étaient les détenteurs du savoir yahviste appartenaient pour la plupart à des clans éminents. Cependant au début de l'époque prophétique (Amos) cela n'est plus toujours le cas. Les cercles dans lesquels les lettrés espéraient promouvoir une piété authentiquement puritaine opposée à l'idolâtrie, à l'orgiasme et à la magie (et ils réussirent pleinement), étaient dans une très large mesure des cercles plébéiens, en ce sens du moins qu'ils ne détenaient aucun pouvoir politique [239] et qu'ils n'étaient pas partisans d'un État monarchique fondé sur les corvées et s'appuyant sur l'armée ni d'une suprématie sociale du patriciat : ceci ressort clairement de la révision même de la tradition. À l'exception des vestiges de récits royaux, il n'est jamais fait mention de l'héroïsme des nobles. C'est le paysan, ou le berger, pacifique et pieux, qui est partout célébré, et c'est à sa façon de voir et de penser que correspondent la présentation et l'interprétation des faits. Il n'est point question bien sûr de rechercher avec démagogie les faveurs de la masse. Tout comme en Égypte, la parénèse lévitique enjoint au juge de ne pas plus infléchir la loi en faveur de la multitude qu'au profit des grands ; on attribue les malheurs de Saül au fait qu'il se soit plié aux désirs de la populace insensée. C'est la connaissance des commandements de Yahvé qui détermine la valeur et l'autorité d'un individu. Mais l'« idéal nomade » en honneur chez les rékhavites et le souvenir de la milice paysanne prédominaient également dans l'idéal de la classe cultivée. Les confucianistes tout comme les yahvistes extrémistes étaient profondément convaincus que seul l'accomplissement des commandements du ciel garantissait le salut de l'État et du peuple. Mais tandis qu'en Chine c'étaient les vertus d'une caste éminente de prébendiers fins lettrés et esthètes cultivés qui étaient déterminantes, en Israël, à la ville comme à la campagne, on exaltait de plus en plus les vertus du plébéien idéal. La parénèse lévitique tenait compte de plus en plus des vues et des façons de penser propres à cette couche sociale qui constituait sa clientèle. Mais ce qui est extraordinaire c'est qu'en Israël, et là seulement, les couches plébéiennes devinrent les porteuses d'une éthique religieuse rationnelle.

En second lieu il était extrêmement important que Yahvé demeurât un Dieu de l'histoire et plus précisément de l'histoire politique et militaire. Ceci le distingue de toutes les divinités asiatiques et s'explique par la genèse de ses relations avec Israël. Pour ses plus fidèles adorateurs, il resta toujours le Dieu des armées de la confédération. Le fait qu'il soit en plus de cela le Dieu de la pluie et pour les spéculations de l'Israël du Nord le souverain céleste ne l'empêcha pas de demeurer pour les authentiques yahvistes, notamment pour les prophètes, le Dieu de la destinée politique. Ce n'était donc pas un Dieu auquel on pouvait tenter de s'attacher en une union mystique grâce à la contemplation, mais bien un souverain personnel, surhumain et pourtant intelligible, auquel il fallait se soumettre. Il avait édicté des commandements positifs pour qu'on les respecte. [240] On pouvait pénétrer son plan de salut, les raisons de son courroux et les conditions dont dépendait son pardon, comme pour un grand roi. Mais on ne pouvait aller au-delà. Étant donné cette hypothèse de base, il était exclu que puissent avoir cours les spéculations sur le « sens » de l'univers à la façon indienne. Pour des raisons fort diverses, ces spéculations ne dépassèrent jamais en Égypte et à Babylone certaines limites très étroites. Dans l'Israël antique, il n'y avait simplement pas de terrain favorable pour elles.

20. MYTHOLOGIES ET ESCHATOLOGIES

Si donc la rationalisation de l'image du monde était étroitement et fermement canalisée dans une seule direction, ce qui lui permettait précisément d'être menée à bonne fin, la nature particulière de Yahvé limitait elle aussi sa mythologisation. La figure de Yahvé comme celle de toute divinité était parée de traits mythiques. Il ne fait pas de doute que les plus grandioses images des prophètes et des psalmistes célébrant ses actions et ses épiphanies sont empruntées à un trésor de mythes très anciens et largement répandus. La croyance babylonienne et certainement aussi cananéenne en l'existence d'un dragon primitif, de monstres et de géants que le

Dieu devait affronter lors de la création du monde actuel survivait hors de la cosmogonie établie par les prêtres sous la forme du Léviathan, de Béhémoth, de Rahav ; elle était présente à l'intérieur même de cette cosmogonie où l'on avait attribué au chaos et aux eaux premières le nom du dragon originel de Babylone (*Gen.* I, 2, Tehom : Tiamat). L'existence d'un jardin divin irrigué, l'Éden, le fait que le premier homme apparaisse comme un cultivateur, les grands fleuves de l'univers et les montagnes arméniennes qui figurent dans la version actuelle de l'histoire originelle montrent que ces mythes ne sont pas nés dans la steppe ou dans les monts palestiniens. Le patriarche qui entretient le jardin divin ne s'accorde guère avec les rudiments de gigantomachie du sixième chapitre de la Genèse. Quant à la vision de l'esprit divin planant sur la surface des eaux qui apparaît dans la version sacerdotale la plus récente, elle appartient à un tout autre système de représentation. Selon la plus ancienne cosmogonie yahviste, Dieu ne crée pas le monde « à partir du néant ». C'est lui seul cependant qui est à l'origine de tout ce qui apparaît sur terre. Cette conception que Peisker qualifie d'une façon très heureuse de « monothéisme naïf [1] » [241] n'a rien à voir avec l'unicité et l'universalisme du Dieu. Car dans presque toutes les cosmogonies un seul Dieu crée l'univers et l'on néglige complètement les autres. Mais ce qui caractérise cette cosmogonie, c'est qu'à la légende babylonienne des origines qui a la forme d'un poème en vers s'oppose ici un simple récit en prose. Avec le temps, les images mythologiques des prophètes, et davantage encore celles des prêtres, devinrent de plus en plus abstraites et perdirent leur caractère plastique : c'est là une conséquence typique des modifications que le rationalisme théologique fit subir aux représentations mythologiques. Le résultat final fut le récit de la création d'une majesté inégalée, mais dépourvue de toute beauté formelle, que présente la version actuelle du premier chapitre de la Genèse ; c'est une création sacer-

1. PEISKER, « Die Beziehungen der Nichtisraeliten zu Jahwe nach der Anschauung der altisraelitischen Quellenschriften », *ZAW*, XV (1907), supplément.

dotale typique, née à l'époque de l'exil en réaction délibérée contre l'environnement babylonien. Tous les phantasmes de la légende originelle babylonienne, notamment la division du dragon, ont été écartés ; ce dernier a été dépersonnalisé et transformé en eaux originelles. La création s'accomplit sur une simple « parole » du Dieu qui fait jaillir la lumière et partage les eaux, de même que c'est sa parole qui s'adresse à l'homme par la bouche de ceux qui l'enseignent. C'est alors seulement que furent éliminés les derniers vestiges théogoniques et gigantomachiques du récit plus ancien qui, jusque-là, avait simplement été juxtaposé à la nouvelle version. Car il y avait une limite concernant la formation des mythes que le yahvisme ne pouvait franchir. Yahvé pouvait tolérer quelques mythes isolés, mais il ne pouvait admettre ce qui constituait précisément le véritable couronnement de tous les grands systèmes mythologiques, une théogonie. En Israël où Yahvé avait été accueilli en tant que Dieu étranger, le terrain n'était pas favorable à l'éclosion de mythes théogoniques déjà parce que Yahvé n'avait pas de compagne et que son culte était dépourvu de toute représentation. On ne le célébrait pas par un culte orgiaque issu d'une invocation mimée des démons, qui eût stimulé l'imagination artistique ou poétique et que l'on trouve généralement à la base de tout système mythique ; d'ailleurs ce culte sacrificiel très sobre n'était pas l'élément le plus important des relations entre l'homme et Dieu.

Aux traits personnels de Yahvé il faut ajouter son rôle de garant de l'ordre social et des lois ; par là même il s'opposait aux mythologies divines qui avaient cours en Canaan et dans tout le Proche-Orient et se distinguait également des grands dieux universels des aires culturelles environnantes. Le champ d'activité de ces divinités y compris Akhenaton, le dieu du soleil, était principalement la nature. [242] C'est le dieu local qui présidait aux destinées politiques tandis que les ordonnances sociales étaient garanties par une ou plusieurs divinités fonctionnelles, et tout à fait secondairement par le grand Dieu céleste. Yahvé lui aussi était à l'origine un dieu de la nature. Mais il était le Dieu de certains cataclysmes naturels bien déterminés par lesquels, selon la parénèse lévitique, il manifestait son courroux contre ceux qui lui avaient désobéi. Cette relation étroite entre son attitude et le degré plus ou moins grand d'obéissance de chaque individu s'affirma de plus en plus en Israël, avec l'importance croissante de la Thora. Il en résultait que toutes les mythologies de la nature étaient subordonnées à l'orientation sobre et rationnelle de l'activité divine. Et si pour les Israélites cultivés des mythes cosmiques devaient nécessairement se greffer sur la représentation de Yahvé, ceux-ci devaient obligatoirement subir d'importantes modifications : ils prirent une orientation éthique. Cependant ces mythes n'eurent sur la conception même de la divinité et sur la sotériologie qu'une influence mineure, bien moindre que celle qu'on aurait pu escompter.

Rien ne témoigne plus clairement de l'importance très relative des mythes cosmogoniques et anthropogéniques dans la religion yahviste que l'absence presque totale de toute allusion au mythe du « péché originel » du premier couple humain, si fondamental dans notre conception actuelle. Celui-ci n'a jamais été considéré dans la littérature vétérotestamentaire comme un événement sotériologique significatif devant déterminer l'attitude de Yahvé à l'égard d'Israël ou des hommes. On ne trouve que quelques allusions tout à fait isolées et paradigmatiques (*Os.* 6, 7). La chute d'Adam ne prit une telle importance pour l'enseignement du salut qu'à la suite de certaines spéculations précises du christianisme antique, notamment à partir de certaines conceptions qui sont issues de la gnose orientale, mais elle resta profondément étrangère à la religion israélite authentique. La chute d'Adam et d'Ève est bien entendu un mythe étiologique pour la mort, pour les rudes peines du labeur et de l'enfantement, pour l'hostilité envers les serpents et par la suite envers tous les animaux. Mais ceci épuise toute sa signification. Lorsque les rabbins considéreront plus tard le veau d'or comme une abomination plus grave que la désobéissance d'Adam — parce que dans le premier cas une alliance avait été rompue et non point dans le second —, ils seront parfaitement en accord [243] avec le fondement ancien et bien connu de l'attitude de Yahvé envers Israël que le mythe n'avait pu ébranler. Certes, Osée (*loc. cit.*) considère déjà la faute d'Adam comme la rupture d'une *berith*. Mais cette affirmation n'eut pratiquement aucune influence sur l'évolution de la religion israélite. Au contraire, c'est la nature si particulière de Yahvé qui modifia le mythe d'une façon révolutionnaire. Les tablettes d'Amarna mentionnent déjà dans un exercice destiné aux scribes le mythe babylonien de l'homme primitif Adapa, qui perdit inconsidérément l'immortalité en suivant les mauvais conseils d'un autre dieu ; mais selon ce mythe, Adapa était déjà « impur » à l'origine et n'avait pas sa place dans le ciel d'Anu. La conception israélite transforme ceci en un paradigme très impressionnant de la désobéissance et de ses conséquences.

Cette orientation nouvelle est incontestablement l'œuvre de la Thora des lévites et ne fut adoptée définitivement que dans la version définitive de l'histoire de la création. Car Ézéchiel (XXVIII, 13) et le Livre de Job (XV, 7-8) gardent encore des traces d'une conception tout à fait différente : le premier homme y apparaît comme une figure pleine de sagesse et de beauté qui vit, tel un chérubin immaculé, dans le jardin de Dieu que garnissent (à la façon babylonienne) des pierres précieuses ; ce jardin est situé au sommet d'une montagne merveilleuse que mentionnent également les Psaumes et qui est digne de Yahvé, le Dieu de la montagne. Mais à cause de son hubris, il s'est laissé prendre au piège du péché et Yahvé l'a précipité en bas. Ici le premier homme n'apparaît nullement comme le « pur fol » héros du mythe paradisiaque yahviste. Le fait qu'Ézéchiel présente à deux reprises Noé, Job et Daniel (XIV, 14-20) comme trois hommes sages et pieux des temps anciens, et considère même Daniel comme omniscient, montre que le processus de sublimation de la sagesse surhumaine des ancêtres qu'on retrouve dans toutes les traditions sacerdotales était déjà en cours ; ce courant reprendra après l'exil d'une façon tout à fait différente avec les maîtres de la *ḥokhma* ; mais il demeurera étranger aux authentiques maîtres de la Thora. Le mythe du déluge fut, selon les experts, adopté très tardivement ; le modèle babylonien satisfaisait les besoins éthiques dans la mesure où il effleurait au moins un des thèmes qui apparaissent également dans la légende des Patriarches. Les dieux reprochent à Enlil qui a déchaîné le déluge d'avoir voulu anéantir tous les hommes sans distinction, qu'ils aient péché ou non : seul le conseil secret d'Ea [244] permet au pendant babylonien de Noé de se sauver. Pour être adoptée la légende du déluge dut subir une modification caractéristique : Yahvé s'engageait à ne plus envoyer d'autre déluge, car l'homme aspire dès sa plus tendre enfance à faire le mal ; ce qui importe à Yahvé, c'est l'existence et le destin de l'humanité pour elle-même. Là encore ce serait une erreur que d'expliquer ces changements caractéristiques en attribuant aux Israélites un degré de morale particulièrement « élevé ». L'ancienne éthique israélite était simple et rude. Le fait déterminant était qu'à la suite des particularités de Yahvé qui résultaient à la fois de certaines circonstances historiques et de ses relations avec Israël, le travail pastoral auprès des couches plébéiennes avait un caractère éthique et non point magique ; aussi les mythes ne présentaient-ils un intérêt que dans la mesure où ils pouvaient servir de paradigmes. Ce dont la pastorale avait besoin pour atteindre son but ce n'était pas des histoires de magie et d'exploits héroïques, mais des miracles divins résultant d'une décision rationnelle, des manifestations de la puissance divine, des punitions et des récompenses.

Que le paradis où régnaient la paix et l'innocence ait été perdu par suite d'une faute éthique est une conception lourde de conséquences pour l'évolution ultérieure qui s'imposa en même temps que les mythes cosmogoniques. La forme extérieure du paradis a évidemment changé. Durant l'exil, la représentation « d'un jardin de Dieu » (*Éz.* XXVIII, 13 ; XXXI, 8, 9 ; XXXVI, 35) avait en réalité pour but de libérer Yahvé de sa localisation à Jérusalem et de renforcer sa position de Dieu universel. L'ancienne conception yahviste fut adoptée par les maîtres de la Thora. On n'a pu jusqu'ici établir avec certitude l'existence d'un véritable mythe du paradis à Babylone, bien qu'il y soit fait mention d'un parc divin enchanté avec des arbres couverts de pierres précieuses et même un canal creusé par les dieux. Usener[1] a démontré que le mythe d'une paix originelle entre les hommes et les animaux était largement répandu, et il est vraisemblable qu'il avait également cours à Babylone (épopée de Gilgamesh) où, comme dans la Genèse, c'est la femme qui était tenue pour responsable de la chute. Il est probable que le mythe d'un havre de paix, d'un jardin que Dieu lui-même cultive et irrigue et dont l'homme a été expulsé après avoir été condamné à cultiver la terre à la sueur de son front et à affronter les serpents, soit issu d'un pays comme la Mésopotamie ; on ne peut déterminer son ancienneté en Canaan. [245] Que ce mythe soit apparu dans un pays où l'on se livrait au jardinage, c'est ce qu'atteste la conception encore en honneur de nos jours, selon laquelle les hommes furent végétariens tant que régna la paix avec les animaux : des allusions à cette époque pacifique se retrouvent également dans l'épopée de Gilgamesh. Mais aucune des religions qui seraient susceptibles d'être la source d'un emprunt ne semble avoir connu un état d'innocence insouciante[2] ; c'est surtout dans le fait de justifier la tolérance de la « nudité » par l'ignorance que se reconnaît immédiatement l'intervention du particularisme rituel de la religion yahviste. L'importance primordiale de l'idée de *berith* devait susciter une conception propre à Israël, selon laquelle les relations pacifiques entre le premier homme et les animaux étaient fondées sur une *berith* que Yahvé avait conclue avec ces derniers ; il était prévu que Dieu puisse renouveler dans l'avenir — et renouvellerait effectivement — cette *berith* ; telle est l'idée qui apparaît déjà chez les premiers prophètes (*Os.* II, 20 ; *Is.* XI, 6). C'est cela précisément qui importait dans une telle représentation. Cette ère bénie de paix originelle qui avait été perdue

1. USENER, *Religionsgeschichtlische Untersuchungen* (Bonn, 1899), p. 210.

2. Dans le mythe babylonien de l'homme originel, Adapa n'est nullement dans un état d'innocence ; c'est un être impur dont l'entrée dans le ciel d'Anu est loin d'être acquise (cf. verset 57 de la traduction de Gunkel). Généralement l'homme originel est doué par la grâce divine d'une grande sagesse.

pourrait peut-être renaître dans l'avenir si les hommes adoptaient une conduite adéquate. Il ne fait pas de doute que cette conception eschatologique à laquelle les prophètes font appel avait déjà cours avant eux. À la fin des temps ce sera comme dans l'Éden (*Is.* LI, 3), la paix régnera parmi les hommes, les épées seront transformées en socs de charrue (*Is.* II, 4), l'arc, l'épée et la guerre seront bannis du pays (*Os.* II, 20) et par la grâce du ciel, la terre produira en abondance du blé, du moût et de l'huile (*Os.* II, 24). Ce sont là des espérances de salut, typiques de paysans pacifistes dépourvus de toute fibre militaire.

Cette attente de paix n'était pas la seule forme d'espérance eschatologique qui remontât à la période préprophétique ; il y en avait d'autres qui correspondaient à des intérêts différents, relevant de situation sociales variées. L'espérance d'avenir la plus communément répandue parmi les guerriers était différente. Chez les premiers prophètes (Amos) déjà on trouve l'attente d'un « jour de Yahvé » (*yom Yahvé*) qui devait être, [246] selon la conception de l'époque, un grand jour de salut pour Israël. Quelle en était la signification première ? Yahvé étant le Dieu de la guerre, il ne pouvait s'agir que d'une bataille victorieuse, tel le « *yom Midyan* » (*Is.* IX, 3) qui avait vu la victoire de Gédéon. En effet les anciens oracles par les sorts indiquaient aux héros guerriers, comme Gédéon et d'autres encore, le lieu et l'heure exacte où Yahvé livrerait les ennemis « entre les mains d'Israël » : c'est de là probablement que date cette façon de penser. On connaissait bien le moyen qu'utilisait le Dieu des grandes catastrophes : « l'épouvante divine » provoquée par les tremblements de terre ou les cataclysmes atmosphériques. Le jour de Yahvé était donc un jour de terreur (*yom mehuma*, *Is.* XXII, 5) qui, selon les guerriers, devait frapper les ennemis d'Israël et non point Israël (*Am.* V, 18-20). Mais il semble qu'il y ait eu également une autre conception plus pacifiste qui tenait ce jour pour un jour de repas sacrificiel et de réjouissances (*Sph.* I, 7) auxquels Yahvé convierait les siens.

Ces espérances d'avenir, tantôt plus pacifistes tantôt plus guerrières, se combinèrent alors aux promesses de la prophétie royale du salut. C'est surtout Gressmann [1] qui a fait remarquer qu'il existait dans les cours des grands monarques avoisinants « un style de cour » bien défini pour de telles prophéties. Chaque roi était célébré par les bardes prophétisant le salut comme l'annonciateur des temps bénis : les malades guériront, les affamés seront rassasiés, on vêtira ceux qui sont nus, les prisonniers seront amnistiés (comme il advint par exemple sous le règne d'Assurbanipal) et les pauvres recouvreront leurs droits (cela est signalé très souvent dans les inscriptions royales babyloniennes et en Israël dans le Psaume LXXII). C'est Dieu lui-même (à Babylone, Mardouk) qui choisit le roi (David est l'élu de Yahvé, II *Sam.* VI, 21) et qui fait de lui son prêtre (*Ps.* CX) ; il se peut aussi que le Dieu l'adopte (il en est ainsi du roi d'Israël, *Ps.* II, 7) ou même qu'il l'ait engendré. Pour témoigner de son charisme, il doit assurer le salut et le bien-être de son peuple (comme c'était le cas en Chine et dans tous les pays où prévalaient d'authentiques conceptions charismatiques). Afin d'attester l'origine divine du souverain, on dit déjà à la haute époque sumérienne, du roi Goudea, de Sargon le fondateur de la puissance babylonienne, puis à une époque tardive d'Assurbanipal le souverain assyrien, que leur père et leur mère sont inconnus et qu'un dieu les a engendrés secrètement sur une montagne. [247] Les usurpateurs notamment, mais pas eux exclusivement, ont recours à ce moyen pour légitimer leur prise du pouvoir. Il semble que cette conception ait également prévalu en Israël, car Isaïe l'invoque lorsqu'il oppose à Aḥaz, ce roi sans foi, Emmanuel, le roi sauveur qui apparaîtra bientôt, qui était peut-être déjà né et qui présente exactement ces caractéristiques. Selon le militarisme ou le pacifisme des couches sociales où naissent ces représentations, le roi sauveur est un monarque qui arrive avec des chevaux et des chars (*Jér.* XVII, 25 ; XXII, 4), ou un prince monté sur un âne, pareil à un héros charismatique israélite (*Zach.* IX, 9) des temps de

1. Cf. l'excellente étude de GRESSMANN, « Der Ursprung der israelitisch-jüdischen Eschatologie », *Forschungen zur Religion und Literatur des Alten und Neuen Testaments* (Göttingen, 1905), VI. Pour la critique, SELLIN, *Der alttestamentliche Prophetismus* (Leipzig, 1912).

l'alliance et un prince de la paix comme l'Emmanuel d'Isaïe. Dans le royaume de Juda, « l'oint » de Dieu (*ha-machiaḥ*, ce qui signifie simplement le roi) devait tout naturellement appartenir à la tribu de David et donc être originaire de Bethléem ; c'est ce rôle de « Sauveur » (*mochi'a*) qui selon ses contemporains était dévolu à Jéroboam II. Le caractère spécifique de ces espérances en Israël répondait à des préoccupations politiques. Alors que dans les grandes aires culturelles la position extrêmement forte de la monarchie remontant à des temps immémoriaux avait permis de fixer les espérances sotériologiques sur le roi régnant [1] et que d'authentiques attentes de salut « messianiques » ne s'étaient manifestées que très exceptionnellement — sous Bocchoris par exemple —, il n'en était pas de même en Israël. En Égypte certes, où les prêtres consolidaient leur position, le roi (sous le règne de la XXIe dynastie par exemple) n'était plus que le maître légitime et reconnu par Ammon ; contrairement à la version officielle accréditée dans l'Ancien Empire il n'était plus le dieu vivant ; en Mésopotamie il en fut de même durant toute l'époque historique. En Israël, particulièrement dans le Royaume du Nord où avaient lieu sans cesse des révoltes militaires et des usurpations, la conception du roi comme sauveur perdit beaucoup de crédit au profit d'autres espérances. Pour Osée, il n'existe d'ailleurs pas de roi légitime, ce qui correspond bien à la situation de l'époque. Dans d'autres passages également on opposait à la prophétie royale de salut et aux prévisions officielles d'avenir l'espoir que Yahvé lui-même prendrait un jour en main les rênes du pouvoir, qu'il anéantirait les dieux étrangers (*Is.* X, 13-14), qu'il refaçonnerait le monde [2] [248] ou encore qu'il enverrait un

1. Le Pharaon (Ramsès II) intercède auprès de la divinité pour que tombe la pluie (BREASTED, *Records*, II, 426).

2. L'espoir qui est formulé dans le Cantique de la mer Rouge c'est que Yahvé devienne un jour le maître de l'univers (*Ex.* XV) ; mais contrairement à l'interprétation de Schön, il ne l'est pas encore. Ce que l'on attend, ce n'est pas comme le croit Sellin un « jugement » de Yahvé, mais que s'enflamme son courroux. Lorsque l'idée du jugement dernier est esquissée, c'est Yahvé qui en tant que partenaire de la *berith* a engagé un procès contre les habitants du pays ; il est donc partie et non point juge (chez Osée et dans le Deutéronome).

messager miraculeux et surhumain pour réaliser tout cela. Celui-ci détruira alors tous les oppresseurs étrangers ainsi que les criminels à l'intérieur même du pays. En Israël donc et en Israël seulement, l'espoir se cristallisa sous cette forme éthique si particulière, et cela sous l'influence des relations spécifiques qui unissaient Yahvé à son peuple dans la *berith*. Il n'existe nulle part ailleurs de traces d'un tel changement d'orientation, car celui-ci ne pouvait se produire là où la magie prévalait comme instrument de salut universel. Il en résultait que le jour de Yahvé signifiait également le châtiment pour les pécheurs de son propre peuple. Le courroux de Yahvé ne laissera subsister qu'un reste, « *cheérith* »[1] ; cette idée d'un « reste » est fondamentale pour tous les prophètes et se trouve déjà chez le premier d'entre eux, Amos, comme une certitude bien établie, tandis qu'Isaïe nomme l'un de ses fils *Chear-yachuv* (« le reste converti »). Il s'agit naturellement d'un reste qui se distingue par sa conduite morale, si bien que les mythologies eschatologiques de la nature qui avaient cours dans le monde environnant furent soumises elles aussi à une réorientation éthique. Des deux représentations possibles de la personne du héros eschatologique, celle qui prévalait généralement dans les cercles yahvistes était la suivante : Yahvé réglera lui-même ses comptes avec ses ennemis. L'autre conception, qui prévoyait qu'un héros eschatologique agirait en son nom, débouchait sur la prophétie royale de salut — ce qui était très souvent le cas à Jérusalem où les descendants de David étaient les porteurs de cette espérance — ou bien aboutissait à des mythologies ésotériques. Le sauveur devenait une figure surnaturelle. Selon la prophétie de Bile'am (*Nbr.* XXIV, 17), il se lèvera telle une étoile. Il est « un père éternel » (selon la lecture habituelle mais à vrai dire douteuse d'*Is.* IX, 5). Son origine se perd dans la nuit des temps (*Mic.* V, 1). Ces allusions obscures qui durant l'exil aboutiront au « Serviteur de Dieu » du Deutéro-Isaïe ne sont développées nulle part. Dans le monde environnant les documents [249] mis au jour jusqu'ici n'ont pas

1. Cf. DITTMANN, *Theologische Studien und Kritiken*, LXXXVII (1914), p. 603.

livré d'analogie directe. L'influence de certaines conceptions iraniennes demeure très hypothétique et, de plus, Yima et les autres figures de l'ancienne religion iranienne que l'on invoquait ne sont nullement des sauveurs eschatologiques. Comme dans le passage le plus significatif (*Mic.*, *loc. cit.*), le clan de David apparaît en tant que porteur de l'espérance de salut, et comme l'idée que les grands héros divins peuvent être enlevés et transportés dans les cieux de Yahvé avait également cours en Israël (Enoch, Élie), il est probable qu'on attendait le retour de David lui-même. Ce qui est spécifique dans l'attente israélite, c'est l'intensité croissante avec laquelle on projeta dans le futur le paradis et le roi sauveur, l'un à partir du passé, l'autre du présent. Si le phénomène lui-même n'est pas propre à Israël, nulle part pourtant cette attente ne s'est affirmée avec une telle force, n'a connu un élan qui allait en s'amplifiant jusqu'à devenir le centre même de la religion israélite. L'ancienne *berith* conclue entre Israël et Yahvé, ses promesses conjointement avec la critique de la situation présente si désastreuse favorisaient cela ; mais seule la force de la prophétie fit d'Israël à un degré unique le peuple de l'« attente » et de l'« espérance » (*Gen.* XLIX, 18).

Cette attente d'une catastrophe future qui apportera à la fois le salut et le malheur, d'abord le salut et ensuite le malheur, se retrouve, du moins sous une forme embryonnaire, dans la religion égyptienne. On la considère généralement, sans preuves suffisantes (du moins jusqu'ici) [1], comme un

1. J. KRALL a évoqué les prophéties égyptiennes de malheur et de salut dans *Festgaben für M. Büdinger*. Durant le règne de Bocchoris, un agneau prophétise devant un homme du nom de Psenchor que le malheur viendra du nord-est et s'abattra sur l'Égypte ; le pays connaîtra ensuite une période de bonheur. Puis l'agneau meurt. VON WILCKEN relate dans *Hermes*, XL, la « prophétie du potier » qui annonce que le malheur viendra de l'est et qu'Alexandrie sera anéantie. Ed. MEYER, *Sitzungsberichte der Akademie der Wissenschaften*, XXXI (1905), se fonde sur l'interprétation par Lange d'un papyrus pour affirmer que la prophétie d'un roi sauveur avait également cours en Égypte. Gardiner a montré que cette lecture était erronée, tout comme celle du papyrus Golenischeft, puisque dans l'un des cas il s'agit d'un dieu et dans l'autre d'un roi de chair et de sang. Tout cela prouve qu'il existait bien en Égypte des prophéties de malheur et de salut, mais rien ne permet d'affirmer que la prophétie israélite ait emprunté à l'Égypte un schéma bien défini.

schéma bien établi de l'espérance du futur [250] que les prophètes auraient adopté, et ce serait là le caractère original de leur prédiction. Ce schéma il est vrai prévaut dans une grande partie de prophétie préexilique, mais il n'en constitue pas à lui seul le trait spécifique. Si ce schéma avait effectivement existé d'une façon isolée, on aurait de bonnes raisons de croire qu'il ait eu pour origine certaines particularités cultuelles d'une divinité chthonienne ou sidérale : la nuit et l'hiver font irruption en premier, avant que les divinités du soleil et de la végétation aient recouvré leur vigueur. Dans tout l'univers, donc également dans l'entourage d'Israël, s'était répandue la croyance en la souffrance du roi ou du héros avant qu'il n'arrive au pouvoir. Il est impossible d'établir avec certitude si ces représentations, issues des mythes cultuels de certaines divinités astrales et végétales, étaient également passées dans la croyance populaire israélite. Le récit de la jeunesse de Moïse montre notamment qu'Israël connaissait les mythes de l'enfance qui se rattachaient généralement à de telles représentations. La prophétie préexilique s'est servie de ces représentations populaires tout en les transformant à sa façon. Pour autant qu'on peut s'en rendre compte, les prêtres et les intellectuels versés dans la théologie les ont en principe ignorées et ont eu recours à des promesses plus sobres de bien-être matériel, de descendance nombreuse et respectée, de renommée illustre que l'on invoquera comme une source de bénédictions. Ils rejetaient probablement l'eschatologie populaire parce qu'elle était liée à des cultes étrangers, chthoniens, astraux ou funéraires. Lorsque apparaît une promesse annonçant la venue d'une personnalité future, il ne s'agit pas d'un roi mais d'un prophète comme Moïse (*Dt.* XVIII, 15-19). L'espoir qu'à l'avenir Yahvé lui-même reprendra en main les rênes du pouvoir, comme il est censé l'avoir fait jadis — selon la légende de Samuel qui apparut à l'époque prophétique — avant que ne s'installât la monarchie, appartient pour l'essentiel à l'époque de l'exil où l'on conféra à Yahvé (dans le Deutéro-Isaïe) le titre de Sauveur.

21. L'ÉTHIQUE PRÉEXILIQUE DANS SES RAPPORTS AVEC L'ÉTHIQUE DES CULTURES AVOISINANTES

Nous analyserons encore de façon plus précise comment la prophétie a utilisé ces promesses d'avenir. Mais auparavant, il nous faut examiner l'empreinte laissée dans le judaïsme par un courant rival : l'enseignement de la Thora à l'époque préexilique. Car la substance de l'éthique juive n'est pas l'œuvre des prophètes, [251] même si leur message joua un rôle important pour assurer son autorité. La prophétie présupposait au contraire que le contenu des commandements fût largement connu ; il serait impossible de tirer des seuls prophètes une connaissance, même approximative, des exigences éthiques que Yahvé imposait à l'individu. C'est que ces exigences portaient une tout autre empreinte, celle de la Thora des lévites. Ce sont ces derniers qui élaborèrent les structures que l'on considère généralement comme particulièrement significatives de l'éthique israélite : les « décalogues » [le décalogue éthique [1] (*Ex.* XX, 2 ; *Dt.* V, 6) et les deux dodécalogues (*Ex.* XXXIV, 14 ; *Dt.* XXVII, 15)]. On s'est presque toujours employé à prouver que ces collections étaient très anciennes et même, lorsque cela paraissait possible, qu'elles remontaient à Moïse. Pour cela, on se fondait sur la théorie qui veut qu'à l'origine de tout développement complexe, il y ait eu un phénomène simple. Or une telle théorie n'est pas toujours valable dans ce domaine. C'est ainsi que l'adoption de notre « décalogue éthique » (*Ex.* XX, 2-17 ; *Dt.* V, 6-18) comme norme commune est attestée par l'interdiction d'images taillées qui ne correspond pas à une coutume très ancienne de la communauté israélite. À cela s'ajoute la mention qui est faite de la « maison » du voisin et du témoignage devant un tribunal, ce qui présuppose des

1. Au sujet du décalogue, voir MATTHES, *ZAW*, XXIV, p. 17.

maisons fixes et une procédure judiciaire avec audition de témoins. Nulle part ailleurs à l'époque préexilique, la crainte que le nom de Yahvé ne soit invoqué en vain n'est formulée avec une telle intensité. En dernier lieu il convient de relever la formulation abstraite du dixième commandement (« tu ne convoiteras pas »), même si c'est bien plus tard seulement que la signification du mot à évolué dans le sens de l'éthique de conviction et a remplacé le sens originel plus grossier (« tu ne manipuleras pas frauduleusement »). De plus l'interdiction générale de « tuer » est en contradiction avec l'obligation de venger le sang. Par ailleurs le décalogue éthique ne contient en aucune façon l'ensemble des prescriptions fondamentales qui caractérisent l'Israël antique : la circoncision n'y est pas mentionnée et il n'y est point question de lois alimentaires rituelles. Si l'on fait exception de l'accent mis avec insistance sur le sabbat, le décalogue éthique pourrait apparaître comme un simple code de morale interconfessionnelle élaboré par des intellectuels : c'est ainsi que le christianisme y eut sans cesse recours pour définir une ligne de conduite éthique. [252] Ce n'est le cas ni pour les formules de malédiction de la cérémonie à Sichem (*Dt.* XXVII, 15-26) désignées ordinairement comme le « décalogue sexuel » ni pour l'unique liste de commandements préservée dans la formulation yahviste, que le texte désigne comme « les paroles de l'alliance » (*divré ha-berith*) (*Ex.* XXXIV, 14-26, le « décalogue cultuel »). Aux prescriptions sociales du « décalogue sexuel » assurant la protection de la veuve et de l'orphelin s'ajoutent celles qui protègent les *gérim* et qui sont caractéristiques d'Israël. Mais dans le « décalogue cultuel », à la loi de la monolâtrie interdisant d'adorer un autre *el* et de fabriquer des statues en métal fondu, s'ajoute avec une insistance toute particulière l'interdiction de participer aux sacrifices des Cananéens, et d'une façon générale de conclure une *berith* avec eux. Y sont jointes également des prescriptions en termes assez généraux concernant le repos sabbatique et les fêtes, les trois pèlerinages annuels aux sanctuaires, l'offrande des premiers-nés à Yahvé et finalement trois règles concernant la nourriture rituelle, très spécialisées et certainement très anciennes, dont l'une se reporte au repas de Pesaḥ. Étant donné d'une part que dans ce décalogue « cultuel » interviennent à la fois des fêtes agricoles de Pesaḥ et que des *berith* furent conclues avec les Cananéens au moins jusqu'à Salomon, et qu'il semble d'autre part, d'après le récit de la quête d'une femme pour Isaac, que ce soient les éleveurs de bétail yahvistes qui les premiers éprouvèrent quelques scrupules à pratiquer le *connubium* avec les Cananéens (celui-ci n'est d'ailleurs pas condamné d'une façon absolue par ce décalogue [1]), on peut conclure que cet ensemble de réglementations sous sa forme actuelle n'est certainement pas très ancien. Ceci vaut également pour ce que l'on nomme le « décalogue sexuel », puisqu'il présuppose que les images taillées ou coulées que Yahvé abhorre ne sont plus adorées que « secrètement », ce qui ne fut le cas, même en Juda, que lors de la période royale tardive. La jeunesse indubitable (mais relative) du contenu actuel de ces codes ne saurait exclure l'ancienneté des collections de lois en forme de décalogues d'Israël. Mais les différences qui existent entre les décalogues actuels qui ont précisément en commun les stipulations les plus récentes (l'interdiction d'images) rendent déjà problématique l'existence d'une forme originelle. À cela s'ajoute une autre considération : si l'on se réfère à des analogies indiennes, il apparaît que de telles constructions parénétiques proches de la catéchèse, [253] comme le décalogue d'*Ex.* XX, ne se situent généralement pas à l'origine d'une évolution, mais sont des produits relativement tardifs répondant à une intention pédagogique. Dans toute la littérature préexilique et plus particulièrement dans la littérature prophétique, il n'y a pas une seule indication sûre permettant de conclure que l'on témoignait une considération particulière ou que l'on attachait une grande importance aux déca-

1. Le *connubium* n'est dangereux que pour la fidélité à Yahvé. La formulation même semble indiquer qu'un *connubium* entre partenaires égaux ne pouvait exister que là où une *berith* avait été conclue ; cela correspond aux conditions qui avaient cours ailleurs, à Rome par exemple, et aussi aux présuppositions de l'épisode de Dina.

logues ni même qu'on les supposait connus de tous [1] [254]. Il est probable que le décalogue « éthique » était déjà connu dans l'Israël du Nord à l'époque d'Osée. Mais cela n'est pas absolument certain. Rien en tout cas ne saurait justifier la place prééminente que l'on s'accorde à attribuer aux trois décalogues et que toutes les considérations précédentes

1. Si l'on compare l'éthique propre au décalogue éthique avec celle des prophètes préexiliques, il est frappant de constater que ceux-ci ne font jamais allusion à une prééminence de cette composition et ne lui confèrent aucun prestige en tant qu'œuvre de Moïse lui-même. Les prophètes ne se gênent nullement pour faire un usage immodéré du nom de Yahvé, et de plus leur énumération des péchés et des vertus n'a pas grand-chose de commun avec celle du décalogue. À part les prescriptions de la parénèse sociale et politique qui ont une grande importance chez les prophètes et qui sont absentes du décalogue, la préoccupation essentielle de la prophétie est le combat contre les autres divinités et les images. On trouve chez *Os.* XII, 9 ; XIII, 4, des allusions au premier commandement du décalogue. Pour Amos, l'avarice représente le péché capital, suivie par la vente frauduleuse du blé (le sabbat, VIII, 5), le fait de fausser la balance (VIII, 5), de tromper le pauvre (VIII, 6) et la fornication (II, 7, où le père et le fils couchent avec la même prostituée). Les premiers vices cités relèvent de l'éthique sociale des prophètes, tandis que les derniers sont dénoncés à cause de l'opposition à la prostitution sacrée, mais aucun d'entre eux n'a un lien particulier avec l'éthique du décalogue. Par contre le blasphème, le mensonge, le vol, l'adultère que dénonce *Os.* IV, 2, sont des péchés que condamne le décalogue. Sont absents de cette énumération le sabbat et la piété filiale du dixième commandement ; dans le décalogue le mensonge n'est interdit que devant la cour. Toujours est-il que c'est jusqu'à Jérémie l'énumération des péchés la plus proche du décalogue. *Mic.* VI, 10-12 mentionne les faux poids et les fausses mesures ainsi que les biens malhonnêtement acquis, ce qui n'a pas de rapport direct avec le décalogue ; il en est de même pour les oracles d'Isaïe et de Sophonie. Isaïe dénonce encore un vice privé, l'ivrognerie (V, 11), qui est totalement absent du décalogue ; les autres passages de sa prophétie expriment essentiellement son indignation devant les agissements malhonnêtes des grands. C'est chez Jérémie que l'on rencontre à nouveau la plupart des péchés énumérés par le décalogue : le vol et le meurtre, le parjure (VII, 9), l'adultère (V, 8), la tromperie vis-à-vis de l'ami (IX, 4) et la transgression du sabbat (XVII, 22) ; ainsi se trouvent mentionnés pratiquement tous les péchés contenus dans le décalogue, à l'exception de l'invocation abusive du nom divin et du dixième commandement. Mais on ne trouve pas plus chez lui que chez les autres prophètes une allusion à la sainteté particulière du décalogue ou même à l'existence d'une telle collection. À la différence du décalogue, il y a chez Jérémie une sublimation et une systématisation de toute l'attitude morale de l'homme dans le sens d'une éthique de la conviction ; déjà Michée prend la même orientation lorsqu'il prône en plus de l'obligation de « marcher humblement avec Dieu » celle « d'aimer » la miséricorde (VI, 8) qui est tout à fait étrangère au décalogue. En conclusion nous pouvons affirmer que la prophétie ignore tout d'un « décalogue mosaïque ». Cela semble étayer l'hypothèse du caractère tardif et purement pédagogique du décalogue éthique.

paraissent contredire. Il est patent que cela vaut également pour le décalogue cultuel et le décalogue sexuel. À première vue, il ne paraît pas y avoir de grandes différences entre ces derniers et la compilation des lois sexuelles de *Lév.* XVIII, la collection des prescriptions rituelles et d'éthique sexuelle de *Lév.* XX et la collection d'ordonnances cultuelles, éthiques, rituelles et charitables de *Lév.* XIX ; celle-ci est plus complète puisqu'elle comprend les commandements de notre « décalogue éthique ». Le chap. XIX du Lévitique fait partie d'une collection qui d'après son contenu originel, même s'il a été remanié, n'est certainement pas moins ancienne que n'importe lequel des décalogues. Le problème de l'ancienneté de ces collections ne saurait être séparé de celui de leur origine.

D'éminents savants ont pensé qu'il fallait les considérer comme d'anciens éléments de « liturgies » cultuelles. Cependant les analogies contredisent catégoriquement une telle hypothèse. Nous possédons des catalogues égyptiens et babyloniens de péchés qui ont souvent été comparés aux collections israélites. Quelle est donc leur origine ? Ils ne sont pas issus du culte mais bien de la mission « pastorale » des magiciens et des prêtres. [255] Lorsqu'un homme, frappé par la maladie ou le malheur, vient demander conseil au prêtre pour apaiser le courroux du Dieu, celui-ci l'interroge sur les péchés qu'il a pu commettre. C'est pourquoi il est probable que les prêtres aient élaboré à une époque déjà ancienne des listes et des schémas stéréotypés. L'un des catalogues babyloniens de péchés qui nous ont été préservés contient de toute évidence une telle liste, et le catalogue des péchés qui apparaît dans le *Livre des Morts* égyptien a certainement la même origine ; il énumère les péchés qui feront l'objet des questions des quarante-deux juges de l'Hadès.

Nous avons vu que la Thora des lévites avait exactement la même orientation. La loi sacerdotale prescrit expressément, en s'appuyant probablement sur une ancienne coutume, la confession des péchés et, le cas échéant, la restitution à la personne lésée d'un bien mal acquis, avec un supplément de 20 %. Les prescriptions lévitiques concernant les sacrifices d'expiation révèlent aussi à quelle occasion avait lieu la

« confession » de celui qui offrait un sacrifice : au cours d'un sacrifice privé et non pas d'un culte. C'est précisément cette activité-là des lévites qui prit de l'importance avec l'accroissement de la pression extérieure et par là même du sentiment de culpabilité. La déclaration que l'Israélite doit faire selon le Deutéronome (XXVI, 13) tous les trois ans lorsqu'il offre la dîme au lévite, à l'étranger, à la veuve et à l'orphelin, affirmant qu'il s'est acquitté correctement de cette obligation, qu'il n'a pas enfreint de commandement divin et surtout qu'il n'a pas mangé de l'offrande dans un état d'impureté ou de deuil ni offert de sacrifice à un mort, a exactement la même forme que la déclaration égyptienne par laquelle on se proclame pur de tout péché. Il suffit de transformer en prescriptions positives un catalogue de questions concernant les péchés pour avoir une liste de commandements divins tels qu'ils sont énoncés dans les décalogues. C'est là leur origine ainsi que celle de toutes les collections du même genre. Les décalogues ne sont pas issus du culte commun dont étaient exclus ceux que frappait le malheur, parce qu'ils étaient poursuivis par l'ire divine, mais bien plutôt de la confession que les lévites pratiquaient pour ceux qui étaient « accablés de souffrances et de peines ». C'est d'eux que les lévites devaient essentiellement s'occuper car ils constituaient leur « clientèle ». Et ceci explique la préférence que la Thora témoigne à l'égard des couches opprimées et sa colère contre les « arrogants » qui refusent de « s'humilier » devant Dieu, c'est-à-dire devant le lévite, et de récompenser ce dernier pour ses efforts en vue de les réconcilier avec Yahvé.

[256] À vrai dire la communauté était également intéressée à la confession des péchés, mais indirectement. Et cela à cause de la responsabilité collective. Il se peut que l'obligation « de se présenter devant Yahvé », que le décalogue cultuel enjoint à tout Israélite, ait eu pour but de questionner préventivement sur leurs péchés ceux qui comparaissaient, afin de préserver la communauté du courroux de Yahvé. De toute façon cela devait renforcer la suprématie des prêtres. Lors de la cérémonie à Sichem, on maudissait au nom de la communauté ceux sur lesquels pesait le poids d'un péché (et

qui ne l'avaient pas expié grâce aux bons services d'un lévite) de peur que la communauté n'ait à souffrir du courroux divin ; il est probable que ce furent les lévites chargés de l'enseignement de la Thora qui introduisirent l'anathème contre le pécheur et qui donnèrent une orientation nouvelle à un rite déjà existant, qui à l'origine n'était certainement destiné qu'à maudire les démons. C'est à ce même but que répondait, selon les lévites qui en revendiquaient la responsabilité, la nécessité d'enseigner la Thora au peuple : il s'agissait de sauvegarder la pureté de la communauté en la préservant de tout péché et d'éloigner le courroux divin. La prescription deutéronomique ordonnant de lire publiquement la Thora tous les sept ans est aussi récente que la promulgation d'une « année de jubilé » à laquelle elle est rattachée (*Dt.* XXXI, 10-12) ; c'est ce dont témoigne l'obligation pour les *gérim* d'écouter eux aussi cette lecture. L'intérêt que la communauté prenait à la confession des péchés et à leur classification ne fit que croître avec les signes du courroux grandissant de Dieu.

Les divergences que font apparaître les différentes collections, ainsi que la coexistence singulière dans la version actuelle « du sacrifice pour le péché » et du « sacrifice d'expiation » (*ḥattath* et *acham*) qui répondaient au même objectif, s'expliquent par le fait qu'il n'existait pas une organisation unique des lévites mais qu'ils exerçaient leur fonction dans des lieux divers et renommés, si bien que jusqu'au triomphe de Jérusalem de nombreux sanctuaires lévitiques se dressaient les uns à côté des autres. C'est ainsi que dans le IIe Livre de Samuel (XX, 18) se trouve mentionné un ancien centre de la sagesse lévitique auquel le peuple pouvait adresser ses questions.

En tout cas les trois collections qu'on s'accorde à désigner comme les décalogues ne sauraient être tenues pour différentes des collections similaires. La place prééminente que leur reconnaissent ceux qui les soumettent à une analyse scientifique s'explique non seulement par la légende tardive selon laquelle l'arche de l'alliance renfermait deux tables de pierre sur lesquelles étaient gravés les commandements, [257] mais également par l'espoir de pouvoir ainsi disposer de commandements qui en substance remonteraient à Moïse lui-même. Il s'agit probablement d'un espoir tout à fait vain. Les deux seules réalisations qu'on peut légitimement attribuer à Moïse sont l'adoption de Yahvé comme Dieu de l'alliance et l'institution de l'oracle lévitique. Son œuvre ne saurait être minimisée, car c'est le caractère spécifique du Dieu de l'alliance et des lévites qui, sous l'action de certains enchaînements historiques précis, détermina tout le reste. Mais il faut renoncer à cet espoir qui conférait une place prééminente aux décalogues. Si la *berith* mosaïque a contenu des commandements qui, par leur teneur, allaient au-delà des obligations purement rituelles découlant de l'acceptation de l'alliance, il ne pouvait s'agir que d'obligations destinées à maintenir la paix à l'intérieur de la milice, à réglementer la vengeance du sang versé et à instaurer des mesures d'ordre « social et politique » ; ces dernières devaient assurer la protection de clans aptes à porter les armes mais appauvris. Pour ce qui est des fondements éthiques, les sources montrent que dans l'ancien Israël comme partout ailleurs c'était la coutume qui constituait à l'origine le critère déterminant d'une action « morale ». On ne trouve nulle part une référence à des « commandements ». On qualifiait de répréhensible (*nevala*) une action qui ne s'était « jamais vue » en Israël. La Thora lévitique fut la première qui pour les besoins de la confession des péchés entreprit de formuler et de répertorier des commandements isolés. Parmi ceux-ci le décalogue éthique (*Ex.* XX) occupe incontestablement un rang prééminent qu'aucune collection similaire n'a jamais atteint. Mais ce n'est pas parce qu'il serait d'origine « mosaïque ». C'est même le moins mosaïque de tous les décalogues. Mais il représente une tentative pour offrir un enseignement succinct aux adolescents dont l'instruction était prescrite par la volonté divine (*Ex.* XIII, 8-14 et ailleurs encore), tout comme les décalogues indiens servaient à l'instruction des laïcs et des novices. C'est à la vigueur, à la beauté plastique et à la précision de sa formulation qu'il doit sa place éminente et non pas à la sublimation et à l'élévation de ses exigences éthiques à vrai dire fort modestes. Ses caractéristiques les plus importantes, notamment l'absence de tout lien avec des prescriptions rituelles d'une part, sociales et politiques de l'autre, il les doit sans aucun doute au public auquel il s'adresse ; ce ne sont pas les autorités politiques ni les membres d'une élite cultivée qu'il veut éduquer, mais la progéniture de la bourgeoisie et de la paysannerie, ces couches moyennes qui constituent le « peuple ». [258] C'est pourquoi ce décalogue contient uniquement ce que doivent observer les divers groupes d'âge dans la vie quotidienne et rien d'autre. Chez nous également, les « dix commandements » servent essentiellement pour l'instruction élémentaire de la jeunesse et surtout du peuple. Le culte communautaire et éventuellement le culte du Temple ne sauraient en aucune façon constituer la source des nombreux *devarim* et compilations de la Thora, parmi lesquels figurent également les décalogues ; leur origine est à rechercher dans les activités pastorales et éducatives des lévites, auxquelles sera bientôt vouée, durant l'exil à Babylone, la « maison d'étude », précurseur historique de la synagogue qui à l'origine n'a rien à voir avec le « culte ».

Tout comme les brahmanes étaient apparus initialement pour assurer par le rite et la magie le salut de l'âme individuelle, de même les lévites qui enseignaient la Thora accédèrent à la suprématie et jouèrent un rôle culturel et historique de premier plan, non point à cause des fonctions qu'ils remplissaient dans le culte communautaire mais précisément en raison du travail pastoral, rituel et éthique qu'ils accomplissaient auprès des particuliers, y compris le prince ; leur participation au culte n'était probablement que secondaire, en tout cas elle ne constituait pas l'essentiel de leur activité. C'est précisément l'absence de tout culte centralisé dans l'ancienne fédération de Yahvé et de tout organe officiel pour l'institution d'un culte fédéral qui permit aussi bien aux anciens prophètes et voyants qu'aux lévites d'acquérir une réelle influence. Déjà à l'époque de la monarchie, les prêtres qui assuraient le culte devaient tenir compte de cette influence, car de larges cercles de laïques qui étaient les tenants de la tradition légale apportaient aux lévites un appui sans réserve. Certains clans éminents dont les membres étaient au service du roi avaient tendance, contrairement aux clans des anciens *zeqénim*, à considérer rationnellement le droit à la façon de la parénèse lévitique. Il semble que ce soit précisément ceux qui avec les cercles yahvistes et lévitiques d'une part, les *zeqénim* de l'autre, s'opposaient aux tentatives du roi pour s'arroger des prérogatives de sultan. La prophétesse Ḥulda était l'épouse d'un tel fonctionnaire royal. La même origine est apparente dans une collection deutéronomique qui présente les *chophetim* comme des juges laïques d'un genre différent de celui des *zeqénim* ; elle fait d'eux, aux côtés des lévites, les connaisseurs de la jurisprudence, tandis que l'ancienne tradition considère toujours les *zeqénim* comme les seuls représentants légitimes du peuple.

Les lévites étaient parvenus à s'assurer la suprématie [259] d'abord en donnant des oracles par les sorts puis en s'occupant du salut des âmes et en enseignant rationnellement la Thora. Comme leur influence ne faisait que croître et comme les laïques de tendance yahviste attachaient une importance grandissante à leurs vues, il était impossible de maintenir une séparation radicale entre le *jus* et le *fas*. Le rôle déterminant et jamais oublié que les *divré Yahvé* jouaient autrefois dans toutes les décisions importantes favorisa également leur influence dans le domaine juridique. Cette collaboration entre certains laïques yahvistes d'une grande piété et des prêtres préoccupés par des problèmes éthiques eut pour conséquence d'une part une théologisation du droit, et de l'autre une rationalisation de l'éthique religieuse. Le fruit le plus important de cette collaboration, le Deutéronome, fut élaboré sous l'influence dominante du clergé de Jérusalem après l'effondrement du Royaume du Nord. Le Deutéronome nous est déjà apparu comme : 1° la version définitive des *michpatim* ; 2° un compendium des protestations yahvistes contre l'État fondé sur les corvées et la « politique mondiale » de Salomon et un plaidoyer en faveur d'une limitation du pouvoir royal ; 3° un compendium des revendications exprimées par les prêtres de Jérusalem afin d'obtenir le monopole cultuel. À ces revendications s'ajoutaient 4° celles qui exigeaient le monopole de l'enseignement de la Thora.

D'après le Deutéronome l'Israélite doit agir (*Dt.* XVII, 10) conformément à l'enseignement prodigué dans le sanctuaire que Yahvé a choisi à Jérusalem. Les prêtres qui assurent le culte ne dispensent pas un enseignement éthique rationnel mais se préoccupent presque essentiellement de questions rituelles. Il en sera de même à l'époque du second Temple. À cette époque le « grand Beth Din » qui siégeait « dans la salle de pierres taillées » du Temple de Jérusalem — que Büchler est parvenu à localiser et dont il a découvert la signification au cours de ses brillantes recherches — était l'instance suprême qui tranchait tous les problèmes rituels de la vie quotidienne et qui, en même temps, était seul qualifié pour émettre un avis autorisé lorsque des cours séculières lui soumettaient des problèmes de *fas*. La tradition reste muette quant à l'existence à Jérusalem d'une instance unique reconnue par tous et jouissant d'une organisation formelle dans la période préexilique. Mais le clergé de la métropole, le plus cultivé du pays, défendait par cette stipulation sa prétention à être la seule autorité compétente pour interpréter la volonté de Yahvé au profit des tribunaux, des maîtres de la Thora et des particuliers.

Le Deutéronome voulait être un compendium de l'enseignement des lévites, le *Sepher ha-Tora* qui fasse autorité. Nous analyserons par la suite ses rapports avec le message des prophètes, [260] mais ce qui nous intéresse pour l'instant c'est d'étudier dans quelle mesure il répondait aux exigences de la parénèse lévitique et de la rationalisation théologique de la morale. Il n'y a pas lieu de résoudre un problème que seuls des orientalistes pourraient trancher, à savoir : est-ce que le compendium adopté sous Josias ne comprenait à l'origine (comme l'admet Puukko s'opposant par-là à Wellhausen) que des passages parénétiques ainsi que des prescriptions relatives à la concentration du culte et à l'enseignement de la Thora ? Cela signifierait que non seulement les sections proprement prophétiques, dont certaines datent de l'exil ou sont même postérieures à l'exil, mais également les *michpatim* et la législation royale, n'ont été incorporés que plus tard. Quoi qu'il en soit, il ne fait pas de doute que l'élaboration de la législation royale, tout comme celle des *michpatim*, est due à un même cercle de théologiens ou à deux cercles étroitement liés ; ils correspondent à une même optique. Les passages véritablement parénétiques du Deutéronome sont l'œuvre d'un seul auteur, apparemment un maître de la Thora appartenant au clergé du temple de Jérusalem. Mais la façon dont s'est opérée cette « découverte » ainsi que les personnes mentionnées à cette occasion nous permettent de conclure que tout cela était une entreprise soigneusement préparée par un parti qui partageait les mêmes vues.

« Écoute Israël, le Seigneur est notre Dieu, le Seigneur est un » ; cette phrase par laquelle s'ouvre aujourd'hui la prière matinale du Juif se trouve en tête de la parénèse. Yahvé est un Dieu jaloux (*Dt.* VI, 15) mais fidèle (VII, 9), il a conclu une alliance avec Israël qu'il a élu (VII, 6) et il maintiendra cette alliance durant mille générations ; il aime son peuple (VII, 13) et s'il lui a fait endurer des peines et des tourments c'est pour mettre à l'épreuve sa sincérité et sa foi (VIII, 2-3). Car son amour et sa grâce dépendent de l'accomplissement de ses commandements (VII, 12) ; dans la négative il châtiera le pécheur sur-le-champ sans lui accorder de répit et sans reporter la faute sur les générations futures (VII, 10). Il déteste particulièrement l'arrogance, l'assurance (VIII, 14) et la confiance immodérée de l'homme en sa propre force (VIII, 17) qui apparaît surtout lorsque Israël est devenu riche (VIII, 12-13). De même il déteste la bonne conscience (IX, 4) car il n'a pas élu ni favorisé Israël à cause de ses vertus. D'ailleurs Israël n'en a aucune, c'est le plus insignifiant (*Dt.* VII, 7) de tous les peuples — ceci constitue une condamnation radicale de tout orgueil national et de tout héroïsme guerrier. S'il l'a élu c'est à cause des vices [261] des autres peuples (IX, 5-6), entendant essentiellement par-là l'orgiasme sexuel (XXIII, 18) et les autres « mœurs locales » de Canaan (XII, 30). Israël ne doit pas adopter ces mœurs, en estimant qu'il s'agit d'une dette envers les dieux du pays, mais obéir aux seuls commandements de Yahvé. La magie et l'interprétation de signes quels qu'ils soient (XVIII, 10, 11), le sacrifice humain, la conclusion d'alliances (VII, 2) ainsi que le *connubium* (VII, 3) avec les Cananéens sont strictement interdits à cause du danger d'apostasie : les ennemis sont voués une fois pour toutes au *ḥérem*. Il faut lapider de sa propre main quiconque vous entraîne à commettre l'apostasie, même s'il s'agit d'un prophète (XIII, 6) de son propre frère ou encore de son fils (XIII, 7). L'homme pieux doit craindre et honorer Yahvé, il doit invoquer son nom (VI, 13) et surtout l'aimer (VII, 9) tout en ayant une confiance inébranlable en ses promesses : Yahvé est assez puissant pour tenir ses engagements envers Israël, quelle que soit la supériorité de ses ennemis (VII, 17-18), et le miracle de la manne dans le désert a montré que l'homme ne vivait pas seulement de pain mais de tout ce que Dieu a créé (VIII, 3). La puissance de Dieu est magnifiée dans de telles proportions que l'on aboutit au monothéisme : lui seul est Dieu du ciel et de la terre (IV, 39) ; les cieux et la terre, tout lui appartient (X, 14) ; des textes qui ont peut-être été ajoutés pendant l'exil proclament que lui seul est Dieu et nul autre (IV, 35). Mais Dieu ne mettra cette puissance miraculeuse au service d'Israël que si ce dernier obéit à ses commandements. Alors — et il s'agit là de promesses et de malédictions originelles qui furent considérablement développées durant l'exil (XXVIII) —, Israël connaîtra une ère de prospérité matérielle dans tous les domaines ; Yahvé anéantira les ennemis qui oseront s'approcher, il donnera de la pluie à la terre et fera d'Israël le créancier des autres nations, un peuple de patriciens. Si Israël refuse d'obéir, il fera exactement l'inverse dans tous les domaines.

On a beaucoup disserté et le plus souvent d'une façon stérile parce que l'on se plaçait sur un plan confessionnel et apologétique, pour savoir si « la crainte » a été pour Israël, à l'opposé des autres religions, le motif décisif d'un comportement éthique [1]. Or toute analyse tant soit peu objective révèle que ce motif a joué dans tout l'univers un rôle déterminant

1. Pour l'époque préexilique, voir l'étude assez remarquable dans son genre de SCHULTZ, *Theologische Studien und Kritiken*, LXIII (Gotha, 1890).

pour les religions de masse [262] à l'opposé des « religions de virtuoses ». La crainte a exercé une influence identique à celle d'un autre motif de même nature, l'espoir en une récompense ici-bas ou dans l'au-delà. De même que les lévites qui enseignaient la Thora eurent recours au système de l'expiation des fautes pour domestiquer les masses, l'Église occidentale y parvint en instituant la confession et non pas en prêchant l'amour. À la prédication exhortant l'amour pour Dieu et pour le prochain dans l'Église chrétienne correspond en Israël un enseignement identique auquel on attache une égale importance. Il s'agit avant tout d'un enseignement rabbinique. Il n'y a qu'une chose de certaine, c'est que la place qui est accordée au rite dans une religion détermine naturellement, selon son importance, la place que la crainte de commettre des infractions purement formelles qui selon la conception moderne ne sont nullement d'ordre éthique occupe dans les rapports religieux. Il est exact aussi que l'évolution de l'éthique préexilique fut fortement infléchie par la pression de la peur, on est presque tenté de dire par la « psychose de guerre », consécutive aux terribles guerres de conquêtes que menaient les grands empires [1]. Nous y reviendrons plus loin. La certitude que seul un miracle divin et non pas l'action de l'homme pouvait apporter le salut constituait la conviction fondamentale du cercle deutéronomiste.

Les règles utopiques du Deutéronome concernant la conduite de la guerre ainsi que sa définition du pouvoir royal cadrent parfaitement avec ces principes de base. Le poème de Pentaur en Égypte affirme également que seul Ammon peut apporter la victoire et non pas un million de soldats. Mais cela n'avait aucune conséquence pratique. De même le pouvoir sacerdotal instauré en Égypte correspondait aux revendications des prêtres de Jérusalem. Mais en Israël ces traits spécifiques devaient avoir de tout autres conséquences et une bien plus grande portée. Ils dépendaient entièrement du prestige de Yahvé qui seul était en mesure, sans aucun

1. Une peur du péché comparable à celle d'Alphonse-Marie de Liguori ou de certains piétistes est totalement inconnue en Israël et dans le judaïsme.

concours d'Israël, d'amener toute entreprise vers une conclusion heureuse et qui le faisait effectivement, pourvu seulement qu'on ait confiance en lui. Le prestige de Yahvé, comparable à la croyance en Ammon mais d'une tout autre ampleur, résultait incontestablement de la délivrance de Jérusalem assiégée par Sennachérib sous le règne d'Ézéchias : la cité avait été sauvée contre toute probabilité, conformément à la prophétie d'Isaïe. Les promesses de salut et les menaces de catastrophes dérivent en partie des schémas élaborés par les prophètes de salut et les prophètes de malheur. [263] Mais en partie seulement : la promesse concernant le prêt d'argent est à cette époque spécifiquement bourgeoise et hiérosolomytaine. La monolâtrie rigoureuse était déjà une exigence yahviste fort ancienne et correspondait sur le plan intérieur au monopole que les prêtres hiérosolomytains revendiquaient face à l'extérieur. La fermeture extrêmement rigoureuse vis-à-vis de l'extérieur sur le plan confessionnel correspondait en partie aux intérêts des prêtres et en partie à la piété d'une classe d'intellectuels et de bourgeois des villes, soumise cependant à la direction hiérocratique des maîtres de la Thora. L'exclusion de l'« étranger » (*nokhri*) a pour contrepartie l'égalité religieuse, sociale et éthique entre les Israélites et les pieux *gérim* qui observaient correctement le rite ; il s'agit là d'une conséquence de la démilitarisation des plébéiens. C'est à la même époque que Jérémie présentait les rékhavites, c'est-à-dire des *gérim* typiques, comme les modèles exemplaires d'une conduite conforme aux desseins divins. On peut qualifier de « plébéiens » non seulement le détachement total envers toutes les nécessités concrètes de la politique et de la sécurité militaire, le mépris de tout héroïsme, mais encore l'introduction de l'éthique de conviction dans les rapports avec Dieu : celui-ci exige l'humilité, l'obéissance et le dévouement confiant ; par-là s'explique l'interdiction « de mettre Dieu à l'épreuve », c'est-à-dire de lui demander des miracles comme signes de sa puissance (*Dt.* VI, 16, où les événements de Massa servent d'exemple, cf. *Ex.* XVII, 2, 7). Ce qui est exigé c'est avant tout un « amour de Dieu » proche du piétisme ; cette exigence fondamentale concernant les relations entre l'homme et la divinité n'était apparue auparavant que chez Osée (ou du moins ne peut être datée avec certitude que chez lui). L'attitude fondamentale envers Dieu se caractérise par une conduite pieuse et une sublimation de la dévotion, quelque peu pathétique dans la parénèse, mais qui s'oriente vers une éthique de la conviction et demeure libre de toute passion outrée ou mystique. Certes l'orientation utopique qui constitue le fondement de ce compendium a été, ainsi qu'en témoigne notre analyse précédente, déterminée d'une façon décisive par les grands prophètes, mais le compendium lui-même n'est nullement leur œuvre. Cependant les experts admettent, et c'est fort probable, que le rédacteur du Deutéronome connaissait les collections yahvistes et élohistes, et qu'il a parfois utilisé ces dernières.

Il est probable que l'œuvre deutéronomique ait été achevée vers l'époque où s'est opérée la fusion (que Wellhausen qualifie de « yehoviste ») entre la version yahviste et la version élohiste des anciennes légendes des patriarches et des traditions lévitiques concernant Moïse. [264] Dans ces versions qui furent modifiées plus tard dans des additions, des interpolations et même parfois des remaniements dus aux prêtres, on peut trouver de nombreuses insertions qui évoquent immédiatement la religiosité israélite telle qu'elle apparaît dans le Deutéronome. Le « yehoviste » a principalement réintroduit ou complété les importantes promesses faites aux ancêtres. Il manifeste tout comme le Deutéronome une méfiance à l'égard de la royauté : ce n'est pas au roi mais au peuple pieux qu'est promis, par l'intermédiaire de ses ancêtres légendaires, le salut. Cette promesse s'ajoute aux anciennes bénédictions attribuées à Bile'am et qui datent de l'époque du royaume de Salomon fondé sur les corvées. Ce sont certainement des cercles de laïques pieux préoccupés par des problèmes théologiques qui en association avec les lévites furent à l'origine de ces deux œuvres, à cette différence près que la contribution active des prêtres à l'élaboration du Deutéronome a été plus importante puisqu'il s'agit d'une œuvre parénétique qui correspond à leurs préoccupations, bien qu'elle soit basée sur la Thora des lévites.

Sur le plan religieux la parénèse du Deutéronome est caractérisée par l'accent mis sur l'idée de rétribution et de providence, par le caractère édifiant, miséricordieux, charitable, souvent misérabiliste de l'attitude de Dieu envers les créatures, et inversement par le caractère tout à fait humble et plébéien de la piété et de la dévotion. Ce sont là des traits caractéristiques de la piété populaire du Nouvel Empire égyptien qui font déjà leur apparition dans l'Ancien Empire. À cette époque déjà, selon la sagesse qu'enseigne Ptahotep, ce que Dieu préfère c'est l'obéissance. Les pierres commémoratives des artisans de l'époque des Ramessides ajoutent qu'il est « incorruptible » et qu'il témoigne de sa puissance en faveur des petits comme des grands ; mais surtout Ammon écoute le pauvre qui l'implore et tout comme Yahvé il accourt de loin pour le secourir, avec « la douce brise » du Nord qui est désirée aussi ardemment en Égypte que l'était en Palestine « le bruissement de la brise silencieuse » de l'ouest. Ces pierres commémoratives demandent également qu'on ait confiance en lui, qu'on l'aime, et elles affirment que son courroux ne se prolongera pas au-delà d'une journée. De même que dans la Thora israélite, l'homme n'est pas corrompu à tout jamais par le péché originel, mais il est insensé de nature et ne sait pas distinguer « le bien du mal ». La prière, les vœux — les mêmes moyens qu'en Israël — et surtout une conduite droite éveillent sa miséricorde. L'idée d'une rétribution a pris incontestablement une grande importance dans la religion du Nouvel Empire, [265] et là encore c'est la maladie qui constitue la forme que prend habituellement la punition divine. On voit ainsi que cette piété toute personnelle est essentiellement la même que celle qui a cours dans toutes les classes plébéiennes du monde. En Inde elle a abouti à la croyance en des sauveurs. En Égypte c'est de l'intercession et de la médiation du Pharaon que viendra le salut espéré, essentiellement le salut politique ou la pluie, ces bienfaits du ciel dont se préoccupe le groupement politique. Certes le bien-être individuel dépendait également du charisme du Pharaon. Mais entre ce dernier et les masses se dressait la bureaucratie. La religiosité personnelle des Pharaons correspondait à la morale typique, purement matérialiste, du *do ut des* : elle n'avait rien de commun avec la piété plébéienne. Et à côté de cela, il y avait la magie grossière des prêtres à laquelle avait recours celui qui dans la détresse recherchait désespérément une aide. Les prêtres égyptiens qui s'enorgueillissaient de leur théologie ésotérique se souciaient fort peu de dispenser aux masses un enseignement éthique ; de plus leurs intérêts matériels les amenaient à s'intéresser à des activités autrement rémunératrices, telle la vente de rouleaux de parchemin pour le *Livre des Morts* et de scarabées. Il existait donc en Égypte une piété populaire qui de par sa nature même était tout à fait identique à celle de l'Israël préexilique ; il est probable qu'à la suite des échanges directs et incessants entre les deux pays, ceux-ci se soient influencés réciproquement, bien qu'on ne puisse pas le prouver avec certitude. Mais cette piété ne devint jamais l'objet d'une rationalisation systématique de type prophétique ou sacerdotal. Il en était tout à fait de même à Babylone. Par leur contenu et leur esprit les anciens psaumes de pénitence qui remontent à l'ère urbaine de la Mésopotamie et qui nous sont connus par la bibliothèque d'Assurbanipal ainsi que par d'autres sources sont extrêmement proches de la piété des psaumes israélites, et l'idée d'une influence des uns sur les autres s'impose parfois irrésistiblement. La piété de Nabuchodonosor et des premiers rois perses n'était pas éloignée de la piété israélite et les prophètes de leur époque ne l'ignoraient pas qui, non sans raison, les désignaient comme les « serviteurs » de Dieu. Mais là aussi il manque cette rationalisation systématique qui eût transformé la piété des masses en une éthique de la vie quotidienne. En plus de l'enseignement rationnel de la Thora, ce qui faisait défaut dans le monde environnant ce n'était pas tant la prophétie en général que le type de prophétie spécifiquement israélite. Si cette forme de prophétie était absente des autres pays, si elle n'existait qu'en Israël, cela était dû à des circonstances purement politiques.

Comme les maîtres de la Thora se trouvaient au centre du développement [266] de l'éthique religieuse, il nous faut analyser brièvement leurs exigences, examiner s'ils ont emprunté ailleurs le contenu de leur enseignement et étudier comment ce dernier se situe par rapport à l'éthique politique des autres aires de culture.

Pour apprécier pleinement l'originalité du contenu de l'ancienne morale israélite telle qu'elle apparaît dans les décalogues ainsi que, d'une façon plus frappante encore, dans les autres *devarim* éthiques, il ne convient pas d'établir de nombreuses comparaisons avec les registres babyloniens de péchés [1] qui dans l'ensemble sont peu significatives en ce qui concerne la seule éthique et qui ne nous apprennent guère plus que ce qui est évident. Bien plus profitable est la comparaison avec la liste des péchés que mentionne le 125e chapitre du *Livre des Morts* égyptien [2]. Cette liste avait déjà été établie avant que ne se constituât la fédération israélite et reproduisait certainement les questions telles que les prêtres les formulaient lorsqu'ils interrogeaient leurs clients sur leurs péchés. S'il existe entre ces questions et les commande-

1. Le catalogue babylonien des péchés tel qu'il a été établi par ZIMMERN, *Beiträge*, I, est celui qui est le plus proche de l'éthique du décalogue puisqu'il énumère le mépris à l'égard des parents, l'offense faite à la sœur aînée, l'adultère, le meurtre, la pénétration avec effraction dans la demeure d'autrui et le fait de s'emparer des vêtements d'autrui. Déplacer les bornes, emprisonner l'esclave pour dettes, prononcer des paroles légères et obscènes, mensongères ou hypocrites qui ne figurent pas dans le décalogue, cela fait pourtant partie des vices dénoncés par la parénèse lévitique. Il n'existe cependant pas de parallèles immédiats pour le fait d'attiser des querelles entre les parents et les enfants ou parmi les frères et les sœurs ou encore pour l'injustice qui consiste à concéder de petites choses et à rester intraitable quand il s'agit de choses importantes. Le fait qu'une faute rituelle entraîne la même condamnation correspond au caractère cultuel et sexuel du décalogue d'Israël. À part cela il n'y a pas de ressemblances frappantes entre ces deux systèmes éthiques. L'insistance sur l'amour du prochain est absente notamment de la parénèse babylonienne, contrairement à celle qui avait cours en Égypte et parmi les lévites : il s'agit probablement là d'une conséquence du développement bien plus poussé de la vie commerciale dans la métropole de la Babylonie. De même (contrairement à l'Égypte) il manque la sublimation dans le sens d'une éthique de la conviction, telle que la domination du désir du dixième commandement. Si en Égypte on insiste plus sur l'intention morale, c'est probablement à cause de l'importance toute particulière que le Jugement des Morts attribue au cœur en tant que siège de la connaissance des péchés individuels.

2. Nous citons ici la traduction de PIERRET, *Le Livre des Morts* (Paris, 1882). « E » désigne l'Introduction, « S » la Conclusion, tandis que « A » et « B » désignent les deux moitiés du 125e chapitre comprenant les 21 Confessions.

ments du décalogue éthique des différences de détail considérables, il y a par ailleurs des ressemblances frappantes. À l'interdiction du décalogue d'invoquer « en vain » [267] le nom de Dieu correspondait l'assurance de n'avoir jamais « pesé sur » les décisions d'un dieu, c'est-à-dire de ne pas l'avoir contraint par la magie (B 30). À l'obligation « de ne pas avoir d'autres dieux » (initialement « de ne pas sacrifier à d'autres dieux ») répond l'exigence égyptienne « de ne pas mépriser dieu dans son cœur » (B 34), ce qui, étant donné l'orientation panthéiste de la piété égyptienne, fait intervenir davantage la conviction intime. Le commandement deutéronomique ordonnant d'aimer Dieu ne se retrouve pas sous une forme aussi catégorique dans les catalogues égyptiens. Cependant Ptahotep n'ignore pas que Dieu aime l'obéissance. Cette obéissance et le « silence » ont en Égypte une orientation nettement politique. La loyauté du sujet envers son maître (Livre 22, 27, chap. 17, 1, 3, 4, 8 et chap. 140) qui est exigée en Égypte est totalement absente du décalogue éthique alors qu'ailleurs elle se réduit au commandement de « ne pas maudire le prince de son propre peuple [1] » (*Ex.* XXII, 27 ; II *Sam.* XVI, 9 ; *Is.* VIII, 21). Il est fort probable que la piété filiale du décalogue ainsi que le devoir d'obéir à ses parents que prescrit le Deutéronome en l'accompagnant d'une menace de lapidation (*Dt.* XXI, 18-21) concernaient, comme les nombreuses dispositions du droit babylonien à l'encontre des enfants manquant de piété filiale, le respect dû aux vieux parents que leurs descendants devaient entretenir ; on retrouve cette même préoccupation chez le Siracide. À ce commandement du décalogue et du Deutéronome prescrivant la piété filiale et aux lourdes peines dont est menacé à maintes reprises dans les documents babyloniens le fils qui manque de respect à son père ou à sa mère, ne correspond dans le *Livre des Morts* (Livre 27) que l'affirmation du fils

1. Pour la tradition deutéronomique le meurtre du roi, et même celui du roi déjà rejeté par Yahvé (I *Sam.* XXIV, XXVI et XXXI), constitue à cause de la valeur magique de l'onction un grave sacrilège. C'est là une condamnation délibérée de l'usurpation et des bains de sang perpétrés dans le Royaume du Nord. Quoique Jéhu ait accompli le premier massacre de ce genre sur l'instigation et à l'aide du parti yahviste, Osée le fustige énergiquement.

selon laquelle il n'aurait commis aucun méfait envers son père. Mais par ailleurs il faut bien reconnaître qu'en Égypte l'éthique des prêtres et des scribes inculquait inlassablement le respect dû à l'âge, le respect de l'enseignement des parents et de la tradition, exactement comme en Israël : « tu te lèveras devant les cheveux blancs » (*Lév.* XIX, 32). À l'interdiction de tuer du décalogue correspond, dans le *Livre des Morts*, la promesse de ne pas avoir tué et ne pas avoir incité au meurtre (E 7 A 18). [268] L'« oppression » des pauvres et des *gérim* (*Ex.* XXIII, 9) a pour parallèle dans le catalogue égyptien la condamnation de toute violence (A 14) et de toute incitation au mal (A 20). De nombreuses inscriptions tombales de monarques et de fonctionnaires louent le mort de n'avoir pas opprimé les pauvres. À la condamnation formulée par le décalogue de l'adultère, de l'inceste, du simple regard concupiscent porté sur un parent et de l'onanisme répond ici la condamnation de toute espèce de fornication (adultère, prostitution, onanisme, A 25, 26 ; B 15, 16). L'interdiction de voler et le dixième commandement du décalogue éthique se retrouvent dans l'interdiction de voler (A 17) ou de s'approprier le bien d'autrui (A 23). L'interdiction de porter un faux témoignage est surpassée par la condamnation de tout mensonge (E 7, A 22) et de tout acte déloyal (A 30). Le détournement d'un canal (E 10) a comme parallèle en Israël la malédiction pour celui qui déplace les bornes d'un champ ; l'interdiction de fausser les poids d'une balance (E 9) fait elle aussi partie de la parénèse lévitique. À la certitude de n'avoir « pas fait de mal à autrui » (E 4) qui se trouve en tête de la confession égyptienne, et à la certitude d'une plus grande portée encore, de « n'avoir causé de tourments à personne » (A 10), de « n'avoir fait pleurer personne » (A 24) et de « n'avoir effrayé personne » correspond en Israël la prescription générale plus formelle de ne pas nuire à autrui (*Lév.* XIX, 13) ; celle-ci reste en deçà de la sublimation de la charité qui apparaît dans les prescriptions égyptiennes. On sait que le commandement général « d'aimer son prochain » n'est pas différent de l'interdiction de poursuivre un compatriote de sa vengeance qui se trouve dans le *Livre des Morts* (A 27). Par contre sont absents du catalogue égyptien des commandements positifs, tels l'obligation de prendre soin du bétail de son prochain qui s'est égaré (*Dt.* XXII, 1-4) — seul un passage loue celui qui remet sur son chemin un homme qui s'est égaré — ainsi que le commandement (*Ex.* XXIII, 4) enjoignant de ramener le bétail égaré de son « ennemi » dont il n'existe pas la moindre trace dans le *Livre des Morts*. D'après la conversation égyptienne bien connue entre « le chat et le chacal », c'est au contraire le fait de rendre le bien pour le mal qui est critiquable. D'autre part il est naturel que soient tout à fait absentes du décalogue comme de l'ancienne éthique israélite les règles empruntées aux conventions de bienséance des scribes égyptiens qui relèvent en partie du bon goût et en partie d'une éthique très sublimée. C'est de cette éthique que relèvent [269] par exemple l'interdiction, conforme à la morale des scribes égyptiens (Ptahotep), de faire honte à son contradicteur lors d'une discussion en prenant l'avantage sur lui, ainsi que l'interdiction reprise dans le *Livre des Morts* de se laisser aller à des paroles insensées et exagérées, de se laisser emporter, de juger avec précipitation, de se vanter et de rester sourd à la vérité (B 25, 29 ; A 34, 33 ; B 18, 23 ; 21, 18). Une telle éthique n'apparaîtra dans le judaïsme qu'après l'exil, lorsque ceux qui dispensaient un enseignement juif devinrent à leur tour des *sopherim* et des rabbins érudits.

Dans le domaine de la vie économique proprement dite, la morale égyptienne se caractérisait par le grand prix attaché à la conscience professionnelle ainsi qu'à la ponctualité : c'était là une conséquence toute naturelle d'une économie proche d'un socialisme d'État qui reposait sur un système de charges liturgiques et qui était régie par une organisation bureaucratique du travail. Des caractéristiques identiques, quoique moins significatives, se retrouvent à Babylone où il semble qu'à certaines époques on ait eu l'habitude de faire apprendre au prince un métier manuel, notamment celui de maçon. Par là se manifeste l'importance primordiale des constructions royales. En Égypte, dès l'époque de l'Ancien Empire, les artisans qui faisaient des œuvres d'art, notamment les tailleurs de pierre, témoignaient d'une grande fierté professionnelle. En Israël, Yahvé a investi de son esprit les artistes qui exécutaient les ornements du Temple mosaïque. À une époque fort reculée déjà le caractère fluctuant de la richesse égyptienne et la promotion très fréquente, notamment dans le Nouvel Empire, de plébéiens rejoignant les rangs de la bureaucratie firent passer au second plan les conceptions aristocratiques de la noblesse de robe et de la noblesse terrienne. C'est ainsi que Ptahotep célèbre l'activité économique comme le seul moyen d'assurer la richesse. Mais une telle optique n'avait qu'une portée limitée à cause du caractère bureaucratique de l'organisation politique et du traditionalisme très strict de la religion. L'esprit de classe des scribes se manifesta à l'époque des Ramessides par une raillerie sarcastique à l'encontre de toutes les autres professions, aussi bien dans le domaine militaire que dans le domaine économique, ainsi que par le mépris pour toute activité non littéraire, considérée comme prosaïque et vulgaire. Alors qu'il n'existait pas de distinction rigoureuse entre la liberté individuelle et la servitude, une barrière infranchissable se dressait par contre entre les lettrés et les illettrés. C'est l'éducation qui constituait le seul critère pour déterminer l'éminence du rang (*sar*). La subordination hiérarchique absolue du système bureaucratique déterminait l'idéal de vie d'un chacun. *Ma*, « la loyauté », [270] qui signifiait en même temps « la décence », « la droiture » et « la conscience professionnelle » — c'est là une contrepartie quelque peu modifiée de la vertu de la bureaucratie chinoise, le *li* — passait pour la quintessence de la perfection. Un sujet loyal se devait d'imiter son supérieur, d'adopter inconditionnellement ses vues et de respecter strictement l'ordre hiérarchique jusque dans la disposition des tombes dans une nécropole. « S'incliner toute sa vie », tel était le destin de l'homme. En conséquence de quoi la conception de la vocation professionnelle demeurait strictement traditionaliste. Il était interdit d'employer un ouvrier à une tâche autre que celle qui relevait de son métier habituel. La grève des ouvriers dans la nécropole de Thèbes, attestée par les documents, ne résultait pas de revendications sociales mais avait pour seul but d'assurer aux ouvriers le versement de leur salaire habituel, le « pain quotidien », dans le sens du *Pater noster* chrétien.

On ne trouve pas en Israël avant le Siracide une valorisation de la conscience professionnelle telle qu'elle existait en Égypte. C'est que l'organisation bureaucratique y faisait défaut et que le concept de *ma* était étranger à cette éthique religieuse qui abhorrait l'État bureaucratique fondé sur les corvées, qu'elle comparait à « une maison d'esclavage ». Nulle part l'activité économique ne se trouve promue au rang de vertu. Au contraire la cupidité constitue le vice par excellence. Ceci montre que pour l'homme pieux les ennemis sont les patriciens des villes. En Israël tout comme en Égypte on ne trouvait pas la moindre forme d'« ascétisme séculier ». Lorsqu'en Égypte on met l'homme en garde contre les femmes parce qu'un court moment de plaisir se paie par une grande infortune, il s'agit là d'une règle de prudence à la façon de l'éthique confucianiste ; on trouve d'ailleurs des échos similaires dans la littérature juive au lendemain de l'exil. Cependant en Égypte tout comme en Mésopotamie, la jouissance de la vie tempérée par la prudence demeurait le but ultime de tout effort. L'optique israélite s'en différenciait par une crainte croissante du péché ; elle se singularisait aussi par un esprit de pénitence que le destin politique contribua à promouvoir et qui prit une ampleur nulle part égalée, même pas à Babylone. La sublimation éthique était aussi intense en Israël que dans la conception égyptienne du péché ; elle était généralement, dans la pratique populaire surtout, plus élaborée et plus épurée que la conception de la faute à Babylone où dans la vie pratique on avait sans cesse recours à la magie, ce qui constituait la négation même de toute sublimation éthique [1].

[271] Bien qu'il y ait de nombreuses concordances entre l'éthique israélite d'une part et l'éthique égyptienne et méso-

1. Au sujet de la conception du péché et de son développement dans la religion babylonienne : SCHOLLMEYER, « Sumerischbabylonische Hymnen und Gebete an Samas », *Studien zur Geschichte und Kritik des Altertums*, suppl. (Paderbon, 1912) ; J. MORGENSTERN, « The doctrine of sin in the Babylonian Religion », *Mitteilungen des Vereins für Alte Geschichte*, III (Berlin, 1905).

potamienne d'autre part, il y a un point important sur lequel elles divergent : en Israël l'éthique est dans une large mesure l'objet d'une systématisation rationnelle. L'existence d'un décalogue éthique et de créations similaires qui s'opposent aux registres des péchés d'où toute systématisation est absente en constitue déjà un témoignage éclatant. De plus, aucune de ces deux aires culturelles n'a livré quelque chose qui ressemblât de près ou de loin à une parénèse éthico-religieuse systématique du genre du Deutéronome. Pour autant qu'on le sache, contrairement à ce qui existait en Israël dès avant l'exil, il n'y avait pas en Égypte et à Babylone d'éthique unifiée et structurée reposant sur des fondements religieux. En Égypte l'on se contentait d'enseigner des règles de sagesse pour la conduite de la vie qui s'ajoutaient aux questions ésotériques du *Livre des Morts*, tandis qu'à Babylone l'on faisait des compilations d'hymnes et de formules magiques qui renfermaient également certains éléments moraux. En Israël cette éthique était le produit de la Thora des lévites que de nombreuses générations avait reprise et amplifiée, et aussi, comme il nous faudra encore l'analyser, de la prophétie. La prophétie n'agissait pas tellement sur le contenu — qu'elle acceptait plutôt comme un enseignement révélé — mais elle œuvrait pour une unification systématique en orientant la vie collective du peuple et celle de chaque individu en particulier vers l'accomplissement des commandements positifs de Yahvé. Par la suite elle condamna la suprématie du rite au profit de l'éthique. La Thora lévitique de son côté marqua de son empreinte le contenu des commandements éthiques. Leur action conjuguée réussit à conférer à l'éthique ce caractère à la fois plébéien et rationnellement systématique.

Il y a un élément caractéristique de l'ancienne éthique israélite que l'on retrouve également dans d'autres éthiques et qui mérite un examen plus approfondi. Certaines des prescriptions éthiques que nous avons mentionnées plus haut présentent un esprit de charité extrêmement frappant qui les apparente dans l'ensemble à la version actuelle de la Thora. De cet esprit relèvent surtout les nombreuses prescriptions concernant les pauvres, les métèques, la veuve et l'orphelin ;

ces stipulations se trouvent déjà dans les collections plus anciennes, notamment dans le Deutéronome où le Dieu apparaît comme un juge incorruptible, [272] qui ne tient pas compte du rang de la personne et « qui fait droit au faible » (*Dt.* X, 18). Ainsi que nous l'avons vu les prescriptions formelles concernant l'esclavage pour dettes furent complétées dans la parénèse par des stipulations très importantes concernant le versement du salaire, la rémission des dettes, les limites apportées au système des gages et la charité en général. « Tu ouvriras ta main aux pauvres » (*Dt.* XV, 11) et tu secourras les malheureux, les pauvres, ceux à qui on a tout pris (*Jér.* XXII, 16) et ceux qui sont opprimés, telle est probablement la formulation la plus communément répandue de ces obligations ; il semble également qu'on puisse y ajouter les prescriptions évoquées précédemment concernant le droit de glaner et l'année de jachère. Les sources font apparaître l'importance croissante prise par ces éléments de la parénèse en même temps que l'influence hiérocratique grandissante s'exerçant sur l'éthique israélite qui à l'origine n'était absolument pas sentimentale. Quelle est la raison de cette évolution ?

Les deux pays qui attribuèrent une importance particulière à la charité sont d'une part l'Inde et d'autre part l'Égypte. En Inde, le jaïnisme et le bouddhisme s'en firent les champions. D'une façon générale la charité reposait sur le sentiment de l'unité de tout ce qui est vivant, que renforçait encore la croyance dans le *samsâra*. Or nous avons vu que la charité indienne qui s'exprimait également dans le décalogue des bouddhistes prit bientôt un caractère formel et purement rituel. En Égypte la charité était fortement conditionnée par la structure bureaucratique de l'État et de l'économie. Les rois de l'« Ancien » et du « Nouvel » Empire, les seigneurs féodaux du Moyen Empire utilisaient le travail forcé des corvées et par là même étaient intéressés à ce qu'on ménageât la puissance de travail des hommes et des animaux ; ils cherchaient à protéger ces derniers contre la brutalité aveugle des fonctionnaires. Les sources égyptiennes révèlent très clairement combien cela a contribué au développement du droit destiné à protéger les pauvres [1]. Les fonctionnaires étaient responsables devant le roi de la situation économique et démographique du pays et étaient à tout moment exposés aux doléances que les sujets pouvaient, à ce qu'il semble, adresser directement au roi. Ils se vantent dans les inscriptions de l'Ancien Empire d'avoir secouru les victimes de la famine, de ne s'être emparés d'aucun champ et de n'avoir point maltraité les subordonnés d'autres fonctionnaires ; ils affirment ne pas avoir réglé malhonnêtement les différends, ne pas avoir enlevé ni violé des jeunes filles, ne pas s'être appropriés du bien d'autrui et ne pas avoir opprimé les veuves. [273] Ils se glorifient d'avoir nourri les affamés et vêtu ceux qui étaient nus, d'avoir fait traverser la rivière à ceux qui n'avaient point de barque et rempli de bétail les étables de leurs subordonnés [2]. Il s'agit toujours de la population de la circonscription que le Pharaon leur a confiée. La plupart du temps les fonctionnaires prétendent qu'« ils n'ont jamais fait de mal à personne » et qu'ils ont toujours agi « pour le plus grand bien de tous ». Les poètes religieux et les moralistes égyptiens condamnent les présents offerts aux juges avec la même sévérité que les prophètes israélites. À la crainte inspirée par le roi qui — tel le tsar de Russie — était après tout très loin, s'ajouta la crainte que des plaintes ne s'élèvent auprès d'une autre instance : les dieux. Un monarque de la Ve dynastie affirme qu'il n'a fait de mal à personne et que nul n'a pu « se plaindre auprès du dieu de la cité ». Les Égyptiens redoutaient la malédiction proférée par les indigents directement à cause de l'intervention possible du dieu, indirectement parce que leur renom si important dans leur esprit risquait d'être terni pour la postérité. La croyance en l'efficacité magique d'une malédiction qui résultait d'une injustice réelle était communément répandue dans tout le Proche-

1. Voir par exemple BREASTED, *Records*, III, 51 : interdiction de priver un pauvre homme de son gagne-pain alors qu'il fait des corvées pour le roi (XIXe dynastie).

2. BREASTED, *Records*, I, 239, 240, 281, 328, 459, 523. Toutes ces inscriptions datent de l'époque de l'Ancien Royaume et commencent avec la Ire dynastie.

Orient ; cette « arme démocratique » se trouvait à la disposition du plus pauvre et du plus humble. Aussi les fonctionnaires égyptiens ne manquaient-ils pas de souligner que le peuple les « aimait » parce qu'ils avaient agi conformément à ses désirs. Cependant une quelconque responsabilité des grands à l'égard du peuple était encore plus étrangère, si tant faire se peut, à l'esprit des Égyptiens qu'à l'esprit des Israélites. Et pourtant un homme sera « comme Dieu » si ses ouvriers lui accordent leur confiance ; par contre s'il se comporte envers eux tel « un crocodile » il sera maudit. L'éthique de Ptahotep qui est celle d'un scribe éminent entend souligner par là que celui qui exerce la charité sera récompensé, au point que grâce au pharaon, puis plus tard grâce au dieu, sa position deviendra inébranlable. Les pierres funéraires révèlent que les petites gens, les artisans du XIIIe et du XIIe siècle, trouvaient une consolation dans l'espoir qu'à l'opposé des puissants, des guerriers, des fonctionnaires « arrogants », Ammon écoute habituellement la voix des « pauvres » et des « affligés ». [274] Car Dieu guide et protège toutes ses créatures, même les oiseaux et les poissons [1].

Les rois se comportent exactement comme les fonctionnaires non seulement en Égypte mais dans toute l'aire culturelle du Proche-Orient. Et cela dès l'époque des plus anciennes inscriptions qui nous soient parvenues. En plus de toutes sortes de transgressions à l'encontre des biens de la divinité et de l'État c'est, selon Urukaniga, l'oppression inflexible des économiquement faibles qui a attiré sur ses prédécesseurs la colère divine ; par là même il légitime sa propre usurpation. Ce qui était dénoncé dans ce cas précis, c'étaient les rigueurs entraînées par le passage à une économie basée sur l'argent dans une cité royale et plus particulièrement, comme en Israël, l'endettement et l'esclavage. Les usurpateurs, ainsi que nous l'avons vu à propos d'Abimélekh,

1. ERMAN, *SBAW*, II, p. 1086 : documents concernant la piété populaire de l'époque des Ramessides. Au sujet de la croyance de plus en plus forte en une compensation dans le Nouveau Royaume, POERTNER, « Die ägyptischen Totenstelen als Zeugen des sozialen und religiösen Lebens ihrer Zeit », in *Studien zur Geschichte und Kritik des Altertums*, IV, n° 3 (Paderbon, 1911).

règnent partout en s'appuyant sur le peuple contre les clans puissants. En Égypte ainsi que dans les grands royaumes de Mésopotamie, c'est la légende habituelle de caractère patrimonial et bureaucratique d'un état de prospérité générale qui donne son empreinte à la charité royale devenue formelle. Ramsès IV se glorifie de n'avoir pas lésé le pauvre et l'orphelin, de ne pas s'être approprié le patrimoine d'autrui. Nabuchodonosor s'exprime de la même façon. Cyrus suppose que c'est en pressurant la population de Babylone que le roi Nabunadim s'est attiré la foudre divine, et Darius, dans l'inscription de Behistum, prétend mener lui aussi une politique devant assurer le bien-être et la protection des faibles du royaume. Cette attitude était donc commune à tous les États patrimoniaux de l'Orient ainsi qu'à la plupart des monarchies du même genre. Dans le voisinage immédiat d'Israël où se faisait sentir l'influence de l'Égypte, une inscription royale phénicienne (la plus ancienne qui nous soit parvenue) s'exprime en termes identiques [1]. C'est probablement là que les scribes des rois d'Israël empruntèrent ces maximes quelque peu formelles et stéréotypées mais qui n'étaient pas nécessairement dépourvues d'effet.

Il semble que l'éthique égyptienne de la charité qui était le fruit d'une politique de bien-être général [275] et de sa projection sur le plan divin régissant le monde ait été élaborée tout à fait sciemment par les petits princes patrimoniaux et les seigneurs féodaux du Moyen-Empire ; ils s'inspirèrent de certaines prémisses d'origine très ancienne et ce sont les scribes qui poursuivirent leur tâche. Des prêtres et des moralistes systématisèrent ensuite cette éthique de la charité, conformément aux règles générales de la politique sociale hiérocratique. En tête des différentes affirmations solennelles que selon le 125e chapitre du *Livre des Morts* le défunt doit formuler dans la « salle de vérité », est inscrite la certitude de n'avoir contraint personne à travailler plus que la mesure qui lui avait été impartie (E 5). On ne saurait nier que cela répond aux préoccupations de l'administration d'un État fondé sur

1. Au sujet de l'inscription de Kalumus, voir LITTMANN, *SBAW* du 16 novembre 1911.

les corvées. Puis le mort doit jurer qu'il n'a été une source de crainte, de misère, de souffrance, de malchance, de famine, de deuil pour personne, qu'il n'a incité aucun maître à malmener son esclave (E 6) ni refusé du lait à un nourrisson et qu'il n'a pas maltraité le bétail (E 9) ni torturé un malade (B 26). La confession (B 38) se termine par la certitude d'avoir mérité la grâce divine en œuvrant charitablement, en donnant « du pain à l'affamé, de l'eau à celui qui avait soif, des vêtements à celui qui était nu et une barque à celui qui en était dépourvu ». À cela il faut ajouter l'interdiction morale déjà mentionnée de faire souffrir ou de terroriser autrui et d'une façon générale de faire du mal à son prochain ; la prescription d'agir avec bonté même à l'égard de son ennemi est présente dans l'éthique égyptienne, mais elle y est combattue. Par leur contenu ces commandements anticipent déjà dans une très large mesure la charité des Évangiles chrétiens.

L'évolution de l'ancienne charité israélite a probablement été influencée par l'Égypte, que ce soit directement ou bien par l'entremise de la Phénicie. L'influence la plus forte s'exerça à l'époque deutéronomique. Lorsque Yahvé protège le faible en tant que tel, la femme contre l'homme, la concubine contre l'épouse, le fils répudié contre le père, il agit selon une croyance déjà bien établie à l'époque prédeutéronomique (*Gen.* XVI, 5 ; I *Sam.* XXIV, 13). Elle est présente aussi bien chez le yahviste que chez l'élohiste et repose sur les mêmes fondements religieux qu'en Égypte : le pauvre et l'opprimé « crient vers Dieu » (*Dt.* XXIV, 15) qui en tant que roi céleste poursuit l'oppresseur de sa vengeance. La conception selon laquelle il fallait endurer l'oppression [276] car c'était là le moyen le plus sûr de hâter la vengeance divine prévalut dans l'éthique israélite à l'époque de l'exil ; elle se fondait sur l'impuissance sociale des classes opprimées, mais remontait probablement à l'importance attachée au renom comme source de bénédiction pour la descendance. Car si la malédiction était efficace, inversement la bénédiction du pauvre que l'Israélite traitait conformément aux lois de charité lui serait « imputée à justice devant Yahvé » (*Dt.* XXIV, 13). La parénèse des lévites, les formules de malédiction sichémites qu'ils inspirèrent, les *devarim* rattachés au Livre de l'Alliance ainsi que le Deutéronome et la loi sacerdotale ne cessèrent de promouvoir un développement toujours plus systématique de la charité. Malgré de nombreuses analogies extrêmement frappantes qui peuvent difficilement être attribuées au hasard, les exigences concrètes de la charité israélite se singularisent surtout par leur modération. Cette éthique de la charité n'était pas la revendication d'une bureaucratie patrimoniale et sacerdotale mais celle d'une communauté d'inspiration sacerdotale groupant des clans de paysans et de bergers libres. Cela n'exclut nullement la possibilité que ces exigences aient d'abord été formulées par des rois pieux qui adhéraient à une éthique de prospérité générale et suivaient par-là l'exemple de l'étranger. Naturellement il arrivait aussi en Israël que des fonctionnaires royaux oppriment la population comme cela se faisait en Égypte. Et parfois c'était le roi lui-même qui était l'oppresseur, ce qui en Égypte était officiellement impossible. Alors d'après la version paradigmatique des prêtres, Yahvé réagissait en mettant à exécution les menaces de malheur proférées par ses prophètes. Le fléau principal contre lequel il fallait lutter ce n'était pas l'oppression exercée par une bureaucratie mais celle que faisait peser le patriciat urbain et la situation était bien moins complexe qu'en Égypte. C'est pourquoi la sublimation éthique de la charité à l'époque préexilique n'était pas aussi poussée qu'en Égypte ; d'un autre côté les prescriptions individuelles étaient plus en accord avec le caractère patriarcal des relations à l'intérieur de la communauté familiale et parmi le voisinage que les abstractions des scribes égyptiens. Ce n'est qu'à l'époque pacifiste et urbaine de la Thora, juste avant et pendant l'exil, qu'apparurent les abstractions du Code de Sainteté. Par exemple l'interdiction de haïr son « prochain » (*Lév.* XIX, 17), c'est-à-dire un enfant de son propre peuple (ainsi que le *ger*, XIX, 34) et de le poursuivre de sa vengeance alors qu'on devrait s'expliquer franchement avec lui ; c'est du même esprit que relève le principe « Aime ton prochain comme toi-même » (*Lév.* XIX, 18). [277] Cette condamnation de la poursuite de la vengeance peut passer pour une réaction de la parénèse lévitique contre les promesses de certains prophètes qui encourageaient fortement la soif de vengeance politique. Le fait que la prescription d'aimer fraternellement ses compatriotes ait été renforcée par cette autre phrase : « Car je suis l'Éternel » suffit à montrer qu'il s'agit là aussi de l'injonction sans cesse répétée de s'en remettre à Dieu pour mener à bien la vengeance ; c'est à lui qu'incombait cette tâche (*Dt.* XXXII, 35) et comme on pouvait s'y attendre, il l'exécuterait sans nul ménagement. Cette obligation de confier la vengeance à Dieu qui n'a pas de véritable signification éthique répond tout à fait aux sentiments des couches plébéiennes, privées de tout pouvoir politique. L'histoire de David et de Nabal (I *Sam.* XXV, 24-33) a été manifestement conçue comme un paradigme de cette vengeance encore plus satisfaisante. Pour les maîtres de la Thora, le fait de réserver à Dieu seul la vengeance constitue tout naturellement une décision éthique qui correspond à l'abolition de la vengeance du sang sur le plan juridique. Ils considèrent le commandement positif d'aimer son prochain comme le report de l'ancien principe de fraternité clanique sur tous ceux qui partagent la même croyance. C'est l'interprétation rabbinique qui pour la première fois en fit une prescription positive ; celle-ci interdisait de haïr son prochain même en son for intérieur et de le poursuivre de sa vengeance. Sur le plan pratique cependant même en ce qui concerne leurs propres sentiments, les rabbins ne réussirent pas pleinement à appliquer cette prescription [1].

Pour l'éthique de charité israélite — et parfois égyptienne — la protection des pauvres va de pair avec l'obligation de protéger ceux qui sont affligés d'une maladie et surtout d'une infirmité. Il est interdit de les maudire tout comme il est défendu de mettre un obstacle devant l'aveugle ou de l'égarer (*Lév.* XIX, 14). La charité égyptienne prescrit elle aussi l'obligation de montrer son chemin à celui qui est égaré et

1. Dans sa polémique contre les savants protestants, Büchler présente R. Ḥanina comme un modèle de moralité juive. R. Ḥanina mourut enveloppé d'un rouleau de la loi, convaincu qu'il déchaînerait ainsi plus sûrement la vengeance de Dieu contre ses bourreaux.

interdit de faire souffrir un malade, mais elle ne s'intéresse pas à ceux qui sont atteints d'infirmités. Les prophètes de salut des grands monarques reconnaissaient généralement au souverain régnant le pouvoir de protéger son peuple contre les infirmités, la maladie et les autres maux. C'est ainsi qu'il prouvait son charisme. La parole singulière adressée à David (II *Sam*. V, 6, 8) lors de la prise de Jérusalem est certainement liée à une conception identique du pouvoir miraculeux [278] d'un souverain charismatique. Ce qui justifie pour la Thora des lévites la protection des infirmes, c'est le fait qu'ils comptaient parmi leurs plus éminents pénitents ; de plus ils avaient témoigné trop souvent de leur piété pour que l'on puisse soutenir sans réserve l'ancienne conception magique selon laquelle le malade était personnellement maudit par Dieu pour avoir commis un sacrilège. Il se pouvait qu'il expiât les fautes de ses ancêtres et le simple fait d'admettre que le sourd et l'aveugle étaient l'objet d'un mystérieux décret divin suffisait à accréditer l'idée qu'ils disposaient de forces qui faisaient défaut aux autres hommes, comme le prouve l'estime que l'on témoignait partout aux aveugles. Il paraissait certain en tout cas qu'en les blessant on s'attirait le courroux divin.

Enfin le Deutéronome comporte un certain nombre de prescriptions pour la protection des animaux, que ce soit la mère des petits oiseaux (XXII, 6-7) ou bien le bœuf foulant le grain (XXV, 4) qu'il est interdit de museler — alors que dans les plantations romaines les esclaves qui faisaient tourner la meule portaient une muselière. À cela il faut ajouter l'importance que l'on reconnaît au sabbat comme jour de repos pour les animaux ainsi qu'à l'année sabbatique où il leur est permis de se nourrir en toute liberté. Les sources israélites ne nous permettent pas de savoir dans quelle mesure ces théologoumènes étaient en relation avec la croyance propre à tout le Moyen-Orient en une paix paradisiaque qui aurait régné jadis entre l'homme et l'animal et dont on espérait le retour ou encore avec quelque ancien végétarisme rituel issu de certains cultes agricoles locaux ; il se pourrait aussi que ces théologoumènes soient simplement la conséquence du commandement d'aimer. L'ânesse de Bile'am qui sait parler n'est qu'un animal de fable populaire que l'on pouvait également trouver ailleurs (tel l'agneau prophétique sous Bocchoris en Égypte). À l'origine l'interdiction égyptienne de maltraiter le bétail venait probablement du fait que le roi était intéressé à la puissance de travail des bêtes. C'est ainsi que Ramsès II promit aux chevaux qui l'avaient sauvé lors de la bataille de Qadech qu'ils seraient dorénavant nourris au palais en sa présence, tout comme il avait promis à ses ouvriers le juste paiement de leur salaire : ceci résulte de la relation typique qui existe entre le cavalier ou l'intendant des écuries et ses montures. Le culte populaire des animaux que les prêtres systématisèrent et la possibilité pour l'âme des morts de se réincarner sous des formes animales ne furent probablement pas à l'origine [279] de cette attitude amicale envers les animaux, mais de telles conceptions favorisèrent tout naturellement une conduite charitable à leur égard. En Israël le repos sabbatique pour le bétail et les esclaves qui est absent de la légende de II *Rois* IV, 23 n'apparut qu'à l'époque royale tardive, probablement à l'époque deutéronomique. Il se pourrait d'ailleurs que l'amitié témoignée aux animaux ait subi, du moins dans son orientation générale, une influence égyptienne.

Il n'est pas exclu en fin de compte que l'éthique et la charité israélites à la fin de l'époque préexilique aient été influencées en bien des points par les grandes aires culturelles avoisinantes et il est même fort probable qu'elles ont subi directement ou par l'entremise de la Phénicie l'influence égyptienne. Il n'en est pas moins vrai que les traits spécifiques de ce type de charité ont été élaborés partout où l'intérêt que les prêtres portaient à leur clientèle affligée d'infirmités ou d'infortune était assez fort pour promouvoir une rationalisation de l'entraide pour les faibles. Même là où l'idée d'une influence étrangère paraît s'imposer, la Thora israélite n'en a pas moins transformé les commandements d'une façon très originale.

Mais quelles que soient les différences individuelles ce qu'il convient de souligner c'est l'importance du principe fondamental selon lequel la magie ne peut plus servir de substitut à l'accomplissement des commandements. L'enseignement sacerdotal égyptien par exemple pouvait instituer des commandements éthiques ou charitables de tout ordre, mais comment les prêtres auraient-ils pu leur conférer un certain poids puisqu'il existait des moyens magiques très simples qui permettaient au mort de dissimuler ses péchés au moment crucial où il se trouvait devant le juge des morts ? Et c'est bien ce qui se passait. La prière du *Livre des Morts* (chap. 30, L 1) que le défunt adresse à son propre cœur pour qu'il ne témoigne point contre lui fut renforcée plus tard par un scarabée consacré qui permettait au cœur de résister contre le pouvoir magique du juge des morts et de taire les péchés. Ainsi l'on pouvait tromper les dieux. Tout n'était pas aussi simpliste à Babylone. Mais là aussi la magie sous toutes ses formes demeurait le moyen populaire spécifique pour agir sur les puissances invisibles. Certes avec la rationalisation grandissante de la culture le sentiment du péché se développa notamment parmi la population bourgeoise et pacifiste. Mais on se servit plus tard des anciens psaumes de pénitence sumériens et babyloniens si expressifs et qui incitent au recueillement, [280] comme de pures formules magiques sans même se soucier de leur signification. C'est que dans la croyance populaire de l'époque de méchants esprits avaient succédé aux grandes divinités en tant que responsables du mal. L'ancien yahvisme par contre ignorait ce genre de magie et de ce fait les commandements éthiques qui étaient impératifs autrefois avaient nécessairement une plus grande portée pratique. Ceci résulte de l'orientation différente prise par le problème de la théodicée et du fait qu'Israël constituait un groupement de citoyens libres, collectivement responsables de l'application des clauses de l'alliance, de sorte que chaque individu avait à redouter le courroux de Yahvé s'il tolérait qu'on viole les commandements divins à l'intérieur même de la communauté. Aussi la collectivité réagissait-elle contre le péché en chassant de son sein le pécheur qui ne s'était pas réconcilié avec le Dieu ; elle le bannissait et le lapidait. L'application impitoyable de la peine capitale s'avérait nécessaire pour certains grands pécheurs car c'était le seul moyen pour la communauté d'expier la faute. Ce motif disparut complètement dans les monarchies bureaucratiques et dans les pays où existaient des magiciens professionnels. On peut rapprocher cela de la responsabilité qui incombait à la communauté chrétienne primitive ainsi qu'à la communauté puritaine d'écarter de la table du Seigneur lors de la communion tout réprouvé notoire, alors qu'il n'en est pas ainsi dans le catholicisme, l'anglicanisme et le luthéranisme. L'orientation spécifiquement éthique de la Thora des lévites ne pouvait que se renforcer sous la pression constante de cette exigence. Mais la position des lévites était, elle, déterminée par les rapports qu'ils entretenaient avec leur clientèle privée. C'est la conclusion par Moïse de l'ancienne *berith* ainsi que l'adoption de la fonction oraculaire qui avaient mis tout cela en branle. C'est donc à juste titre que Moïse passe pour l'initiateur de cette importante évolution éthique. Par ailleurs la religion israélite élabora une structure capable de résister à tout influence corrosive de l'extérieur qui lui permit de traverser l'histoire. Cette transformation eût été impossible sans l'intervention d'un phénomène unique et lourd de conséquences que nous avons déjà maintes fois évoqué : la Prophétie. C'est ce phénomène qu'il nous faut étudier maintenant.

CHAPITRE II

LA FORMATION D'UN PEUPLE PARIA : LES JUIFS

1. LA PROPHÉTIE PRÉEXILIQUE - SON ORIENTATION POLITIQUE

[281] Après la période de répit que connut la politique de conquête des grands États qui avait rendu possible la formation de la confédération israélite, les grands monarques de Mésopotamie puis ceux d'Égypte reprirent au IXe siècle leur politique d'expansion. La Syrie devint alors le théâtre d'opérations militaires inconnues jusque-là. Avant les souverains assyriens on n'avait jamais mené une guerre d'une telle cruauté et d'une telle ampleur. Les inscriptions cunéiformes sont d'un sanguinaire outrancier. Le roi relate avec la sécheresse d'un procès-verbal qu'il a recouvert de peaux humaines les murs des villes conquises. La terreur folle qu'inspiraient les conquérants impitoyables s'exprime dans la littérature israélite de l'époque qui est parvenue jusqu'à nous, et principalement dans les oracles de la prophétie classique. Au fur et à mesure que s'obscurcissait l'horizon politique, celle-ci acquit une forme typique.

Aux yeux de leurs contemporains qui évitaient de s'engager, les prophètes préexiliques [1], d'Amos jusqu'à Jérémie et

1. Il faut signaler tout particulièrement l'œuvre de G. HÖLSCHER, *Die Propheten*, 1914. Cet ouvrage est critiquable sur certains points de détail mais il est remarquable dans la mesure où il éclaire tout l'arrière-plan historique avec les méthodes de la psychologie moderne. Pour chaque prophète particulier il y a lieu de consulter les commentaires modernes.

Les dispositions extatiques des prophètes ont été analysées brillamment par H. GUNKEL, « Die geheimen Erfahrungen der Propheten », in *Suchen der Zeit*, I,

Ézéchiel, [282] passaient essentiellement pour des démagogues politiques et parfois pour des pamphlétaires [1]. Ce fait peut donner lieu à de lourdes méprises mais si on le comprend correctement, il est riche d'une connaissance indispensable pour juger le phénomène prophétique. Cela signifie en premier lieu qu'ils étaient des orateurs qui parlaient en public. C'est seulement durant l'exil qu'apparurent les prophètes scripturaires. Cela signifie ensuite que sans la politique d'expansion des grandes puissances qui menaçait leur patrie et qui constituait le thème de leurs plus impressionnants oracles, ils n'auraient jamais pu se manifester. Ils n'auraient pas pu apparaître sur le sol même de ces grandes puissances pour la simple raison qu'aucune « démagogie » n'y était possible. Bien sûr des grands monarques d'Assyrie, de Babylone et de Perse comme tous les autres souverains du monde antique y compris ceux d'Israël consultaient les oracles avant de prendre une décision politique ou encore lorsqu'il s'agissait d'élaborer les détails des mesures à prendre et de déterminer le moment favorable pour leur promulgation. C'est ainsi qu'avant chaque nomination d'un haut fonctionnaire le souverain babylonien consultait les prêtres oraculaires sur la qualification du candidat. Toutefois ceci concernait strictement la cour. Les prophètes politiques ne discouraient point dans la rue et ne s'adressaient pas au peuple. La situation politique n'était pas favorable pour de tels agissements et de plus le pouvoir ne les aurait pas tolérés. Certains indices permettent de conclure que la prophétie publique y était expressément interdite, ce qui correspond bien au régime

1903. Les *Schriften des Alten Testaments*, II, contiennent des extraits de cette étude, des traductions, certains commentaires excellents comme ceux d'H. Schmidt sur Amos et Osée, ainsi qu'une analyse introductive des particularités littéraires qui est extrêmement précieuse. Il faut voir par ailleurs : GIESEBRECHT, *Die Berufsbegabung der alttestamentlichen Propheten* (Göttingen, 1897) ; CORNILL, *Der israelitische Prophetismus* (Strasbourg, 1906) ; SELLIN, *Der alttestamentliche Prophetismus* (Leipzig, 1912). E. TROELTSCH a fait maintes remarques judicieuses sur l'éthique des prophètes de l'Ancien Testament dans *Logos*, VI, où il souligne à juste titre le caractère utopique de leur « politique ».

1. Cf. le pamphlet d'Isaïe contre Chevna (XXII, 15) et les malédictions que Jérémie adresse par écrit à Chema'ya.

des États bureaucratiques. Cela vaut surtout pour l'époque de l'exil juif où les sources nous laissent entendre que le pouvoir avait recours à de sévères répressions. On n'a pas trouvé de traces, du moins jusqu'ici, de l'existence au Proche-Orient et en Asie d'une prophétie politique comparable à celle de l'époque classique. Il en est tout autrement en Israël et dans la cité-État de Jérusalem.

L'ancienne prophétie politique de l'époque de l'alliance s'était adressée à l'ensemble des confédérés. Mais elle était épisodique. La confédération ne disposait pas d'un sanctuaire fixe valable pour toute la communauté comme celui de Dodone ou de Delphes. L'oracle par les sorts que pratiquaient les prêtres constituait la seule forme de consultation de la divinité qui passait pour classique ; pourtant il faisait appel à une technique des plus primitives. [283] L'avènement de la monarchie entraîna la disparition de la prophétie guerrière libre tandis que l'oracle fédéral perdait de son importance au profit des prophètes de cour. Ce n'est qu'avec la pression accrue de la menace extérieure sur le pays et l'extension du pouvoir royal que se développa la libre prophétie. Selon la tradition Élie s'était publiquement opposé au roi et à ses prophètes ; mais il avait dû s'enfuir du pays. Il en avait été de même pour Amos sous Jéroboam II. Là où s'étaient institués des gouvernements forts ou qui étaient assurés du soutien d'une grande puissance comme en Judée sous Manassé, la prophétie demeura silencieuse ou plutôt fut réduite au silence même après l'apparition d'Isaïe. Avec le déclin du prestige royal, lorsque la menace qui pesait sur le pays se fit plus pressante, la prophétie reprit de son importance. Elle déploya alors son activité de plus en plus près de Jérusalem. Amos, qui était l'un des premiers prophètes, avait délivré son message au sanctuaire de Béthel et Osée dans le Royaume du Nord. Pour Isaïe par contre les pâturages et le désert sont une même chose (V, 17 ; XVII, 2) : c'est là une réaction de Hiérosolomytain typique. Son lieu de prédilection semble être la cour publique du Temple où il se plaît à prophétiser. Yahvé enjoint à Jérémie d'aller dans les rues de Jérusalem et d'y parler en public. Il arrive qu'à une époque de détresse un roi, tel Sédécias, fasse secrètement appel à un prophète pour être informé de la volonté divine. Mais ordinairement le prophète affronte le roi et sa famille, s'adresse personnellement à lui dans la rue, l'interpelle publiquement ou bien exceptionnellement dicte son message à un disciple [1] qui le propage ensuite. Il arrive que des Anciens, isolément ou en délégation, consultent le prophète pour obtenir un oracle (*Jér.* XXI, 2 ; XXXVII, 3 ; XXXVIII, 14 ; XLII, 1). Le plus souvent cependant c'est de lui-même, c'est-à-dire sous l'effet d'une inspiration spontanée, que le prophète s'adresse au public sur la place du marché ou aux Anciens près de la porte de la ville. Certes le prophète interprète également le destin d'individus isolés mais en règle générale il s'agit de personnalités politiques importantes. C'est surtout du destin de l'État et du peuple qu'il se préoccupe. Et presque toujours sous forme d'invectives enflammées contre les puissants. C'est ici que « le démagogue » apparaît pour la première fois dans les annales de l'histoire, [284] à la même époque où les chants homériques mettent en relief la figure de Thersyte.

Cependant dans la *polis* de la haute époque hellénique le peuple peut assister à l'assemblée des notables en ayant tout au plus le droit d'écouter et de participer par ses acclamations ; comme l'atteste l'exemple d'Ithaque, l'assemblée se déroule sous forme de débats bien ordonnés et n'est autorisé à prendre la parole que celui à qui on a tendu le bâton. Par contre le démagogue de l'époque de Périclès est un politicien séculier qui agit sur le *démos* par son rayonnement personnel et qui s'adresse à l'*ecclesia* souveraine. À l'époque d'Homère on consulte le voyant au milieu de l'assemblée des chevaliers. Ceci n'eut plus cours par la suite. Sans doute des figures comme celle de Tyrtée ou encore la poésie guerrière et démagogique de l'époque de Solon célébrant la conquête de Salamine évoquent l'ancienne prophétie politique libre de la confédération israélite. Mais la figure de Tyrtée était étroitement liée au développement de l'armée spartiate alignant ses hoplites disciplinés, et Solon, malgré toute sa piété, était un politicien purement séculier. Son esprit lucide et profon-

1. C'est ainsi que Jérémie fait sceller un oracle par un disciple (VIII, 16). De même Jérémie adresse par écrit à Babel un oracle de malédiction.

dément « rationaliste » ne méconnaissait pas la précarité du destin de l'homme mais il croyait profondément en la valeur de son propre peuple. Par tempérament Solon était un prédicateur d'une grande distinction et d'une grande piété de mœurs. Mais il y a une parenté bien plus étroite entre la religion et la prophétie orphiques et celles d'Israël. La tyrannie qui flattait la plèbe, notamment celle des Pisistratides, essayait de nouer des relations avec ces théologiens plébéiens. Les Perses menaient parfois la même politique à l'époque où ils essayaient d'assujettir les autres nations. Au VIe siècle et au début du Ve, des « chresmologues », donneurs d'oracles itinérants, et des mystagogues de toute sorte parcouraient la Grèce et prédisaient l'avenir moyennant rétribution. Des citoyens privés ainsi que des hommes politiques, notamment des exilés, les consultaient. Toutefois il n'existe pas la moindre preuve qu'une démagogie religieuse semblable à la prophétie israélite ait joué un rôle quelconque dans la politique des États helléniques. Pythagore et sa secte dont l'influence politique fut considérable étaient les directeurs de conscience de la noblesse citadine de l'Italie méridionale et non pas des prophètes de la rue. Des philosophes éminents, tel Thalès, non seulement prédisaient les éclipses et dispensaient des conseils de sagesse mais s'engageaient à fond dans la politique de leur cité et occupaient parfois des postes importants. Cependant la qualité d'extatique leur faisait défaut. C'est également le cas de Platon et de son Académie dont l'éthique politique [285] — en fin de compte très utopique — eut une grande influence sur le cours de l'histoire, notamment sur la chute du royaume de Syracuse. Cependant la prophétie extatique et politique conserva une organisation hiérocratique dans les centres officiels où l'on répondait aux questions non moins officielles des citoyens par un oracle en vers bien venus. La structure rigide des cités s'opposait à la prophétie libre et passionnée.

À Jérusalem en revanche prédomine une démagogie purement religieuse ; ses oracles illuminent d'un éclat subit de sombres perspectives d'avenir, tel l'éclair qui jaillit dans un ciel sombre et lourd ; elle tranche d'une façon péremptoire et s'oppose à toute procédure ordonnée. D'un point de vue formel le prophète était strictement un citoyen privé. Bien sûr cela ne signifie nullement que les autorités politiques officielles ne lui accordaient pas une attention toute particulière. Ce sont des citoyens éminents au service du souverain qui font part au conseil de la cité et au roi des oracles de Jérémie qu'ils ont recueillis ; car chacun de ces oracles constituait un événement politique d'une grande importance. Non seulement parce que l'oracle exerçait une influence sur l'état d'esprit des masses mais surtout parce qu'en tant qu'anathème, en tant que bon ou mauvais *omen*, il pouvait infléchir magiquement le cours des choses. C'est avec crainte, courroux ou indifférence selon la situation que les détenteurs du pouvoir affrontaient ces puissants démagogues. Tantôt ils essayaient de les gagner à leur cause, tantôt ils suivaient l'exemple du roi Yoyaqim qui, installé dans ses quartiers d'hiver, écouta impassiblement la lecture des prophéties de malheur que lui faisaient les fonctionnaires royaux, puis jeta ostensiblement une feuille après l'autre dans les flammes de la cheminée. Tantôt aussi ils prenaient des mesures contre eux. Lorsque la monarchie se sentait forte elle interdisait la prophétie, comme en témoignent les plaintes d'Amos sous Jéroboam II. Lorsque ce prophète prédit que l'ire de Dieu s'abattra sur Israël parce qu'on essaie d'étouffer la prophétie son exigence ne diffère guère de celle d'un démagogue moderne qui réclame la liberté de la presse. En fait le message prophétique ne se communiquait pas seulement verbalement. Chez Jérémie il s'exprime par une lettre ouverte. Ou encore des amis et des disciples du prophète recueillent ses paroles et rédigent alors un tract politique. Par la suite, mais c'est déjà le cas pour Jérémie, ces tracts sont réunis et révisés ; ils constituent la plus ancienne littérature pamphlétaire et politique concernant l'actualité que nous connaissions.

La forme et le ton de la prophétie préexilique sont en accord avec le caractère spécifique de ce phénomène et avec l'ensemble de la situation qui l'a vu naître. [286] Tout est calculé afin de conférer à la démagogie propagée de bouche en bouche une prise directe sur l'actualité. Michée introduit dans ses visions les opposants des prophètes et leur permet de s'exprimer. Ils attaquent personnellement les prophètes, les clouent au pilori et à maintes reprises on signale de violentes polémiques. Ces conflits suscitent la même démesure et une passion aussi effrénée que les luttes des factions à Athènes ou à Florence et parfois même les dépassent en malédictions, menaces, invectives personnelles, désespoir, colère et soif de vengeance. C'est le cas notamment pour les imprécations enflammées et les pamphlets oraculaires de Jérémie. Dans une lettre aux exilés de Babylone (XXIX, 23) il dénigre ses adversaires en faisant allusion à leurs mœurs impures. La malédiction que Jérémie profère contre son ennemi Ḥananya entraînera la mort de ce dernier. Lorsqu'en dépit de toutes les abominations d'Israël, Yahvé tarde à mettre à exécution les menaces qu'il avait proférées à l'encontre de son propre peuple et qu'il avait pourtant placées dans la bouche du prophète, celui-ci entre en fureur ; devant les railleries de ses ennemis, il demande à Dieu qu'arrive enfin le jour de malheur qu'il avait annoncé (XVII, 18), qu'il exerce sa vengeance contre ceux qui le persécutent (XV, 15) et qu'il ne leur permette pas de se repentir (XVIII, 23) pour que leur châtiment soit d'autant plus exemplaire. Jérémie semble souvent prendre un réel plaisir à se représenter l'atrocité du malheur annoncé qui s'abattra inéluctablement sur son propre peuple. Mais il est vrai par ailleurs qu'à l'opposé des démagogues et chefs de factions d'Athènes ou de Florence il ne manifeste pas, après le désastre de Megiddo ou après que la catastrophe annoncée pendant des dizaines d'années se fut abattue sur Jérusalem, la moindre trace de triomphe devant la réalisation de sa prédiction. Plus de traces non plus du sombre désespoir mentionné précédemment. Au contraire du fond de la détresse surgit un nouvel espoir en la miséricorde divine et en des temps meilleurs. Et malgré la colère qui l'emporte devant l'obstination de ceux auxquels il s'adresse il écoute la voix de Yahvé ; celle-ci le met en garde afin qu'il ne perde pas en proférant des mots ignobles le droit d'être son porte-parole. Que ses paroles soient nobles et alors Yahvé tournera vers lui le cœur des hommes (XV, 19). Certes le prophète qui est détaché des conventions sacerdotales et sociales et qui refuse de se soumettre à toute discipline, qu'elle soit ascétique ou contemplative, donne libre cours à sa passion ardente ; en lui s'ouvrent tous les abîmes du cœur humain. Et cependant malgré toutes les faiblesses humaines [287] dont ces titans de l'ire sacrée n'étaient pas dépourvus, ce ne sont pas leurs problèmes personnels mais la cause de Yahvé, le Dieu jaloux, qui domine souverainement les débats tumultueux et passionnés. À l'attaque véhémente du prophète répond une réaction non moins véhémente de ceux contre lesquels il vitupère. De nombreux versets, de Jérémie notamment, font parfois penser aux élucubrations monstrueuses d'un malade en proie au délire de la persécution et montrent les ennemis en train de chuchoter, de rire, de menacer et de ricaner. Cela correspond bien à la réalité. Les opposants des prophètes les interpellent en pleine rue, les insultent et les frappent au visage. Le roi Yoyaqim obtient de l'Égypte qu'elle lui livre le prophète de malheur Uriyahu et le fait mettre à mort ; et si Jérémie qui fut à maintes reprises incarcéré et menacé de mort parvient à échapper à ce sort c'est uniquement à cause de la crainte qu'inspire son pouvoir magique. La vie et l'honneur des prophètes sont constamment en danger et leurs opposants n'attendent que l'occasion propice pour les supprimer par la violence, la ruse, le sarcasme, la contre-magie et surtout par la contre-prophétie. Après que Jérémie a déambulé pendant huit jours avec un joug sur les épaules pour attirer l'attention sur le caractère inéluctable de l'asservissement par Nabuchodonosor, Ḥananya se dresse devant le prophète, lui arrache le joug et le brise afin de détruire publiquement le mauvais augure. Sur quoi Jérémie s'éloigne consterné pour reparaître cette fois avec un joug de fer ; il prie alors ironiquement son adversaire d'essayer ses forces sur ce joug et lui prédit sa mort prochaine. Les prophètes sont emportés et broyés dans les violents remous que suscite l'affrontement des partis et des intérêts de classe surtout en ce qui concerne la politique étrangère. Il ne pouvait en être autrement. Ce qui est en jeu c'est l'existence ou la disparition d'un État national face à l'hostilité de deux puissances mondiales, l'Assyrie et l'Égypte. Nul ne pouvait éviter de prendre parti et quiconque était engagé dans la vie publique ne pouvait éluder le choix : il lui fallait se ranger d'un côté ou de l'autre.

Jésus lui non plus ne put se dérober à cette question : était-il légitime de s'acquitter du tribut romain ? En fait qu'ils le veuillent ou non les prophètes œuvraient toujours au profit de l'une ou l'autre des factions qui s'affrontaient avec violence en matière de politique intérieure et qui défendaient en même temps une certaine politique extérieure ; aussi passaient-ils toujours pour des hommes de parti. Au lendemain de la seconde chute de Jérusalem, Nabuchodonosor décida du sort de Jérémie [288] en tenant compte du fait que le prophète avait œuvré en faveur de la fidélité au roi. Si durant plusieurs générations le clan de Saphan a pris la défense des prophètes [1] et du mouvement deutéronomique, on peut supposer à bon droit que des intérêts partisans en matière de politique extérieure y trouvaient leur compte. Ce serait cependant une grave erreur de croire que ce sont des oppositions partisanes et politiques comme par exemple la volonté chez Isaïe d'aider l'Assyrie ou chez Jérémie de secourir Babylone qui incitèrent les prophètes à donner des oracles qui dissuadaient leurs concitoyens de contracter une alliance contre ces grandes puissances. Sous Sennachérib, ce même Isaïe [2] pour qui l'Assyrie avait été précédemment l'instrument de Yahvé s'oppose violemment au puissant souverain assyrien et à la capitulation tout en dénonçant la lâcheté du roi et des grands. Alors qu'au début il saluait presque les Assyriens comme les auteurs d'un châtiment mérité, il maudit maintenant cette dynastie impie et présomptueuse, ce peuple d'une cruauté inhumaine, dont le seul but est d'assujettir et de détruire les autres peuples. Il prédit leur perte ; lorsque celle-ci se produira plus tard elle sera saluée par les prophètes en liesse. Certes Jérémie a prôné sans relâche la soumission à la puissance de Nabuchodonosor à un degré tel qu'on qualifierait aujourd'hui son attitude de haute trahison : n'est-ce pas le cas lorsque face à l'avance ennemie (XXI, 9) il prédit la grâce

1. Cf. *Jér.* XXVI, 24 ; XIXX, 3 ; XXXVI, 11 ; XL, 6.

2. Sur la position politique d'Isaïe voir KÜCHLER, *Die Stellung des Propheten Jesaja zur Politik seiner Zeit* (Tübingen, 1906) ; PROCKSCH, *Geschichtsbetrachtung und Geschichtsüberlieferung bei den vorexilischen Propheten* (Leipzig, 1902).

et la vie sauve pour ceux qui déserteront et se rendront et l'anéantissement pour les autres ? Cependant le même Jérémie qui dans son dernier oracle d'Égypte qualifie Nabuchodonosor de « serviteur de Dieu » (XLIII, 10) et qui, après la prise de Jérusalem, reçoit des cadeaux d'un envoyé royal ainsi qu'une invitation à se rendre auprès du souverain remet au fourrier du roi Sédécias une feuille avec une malédiction prophétique à l'adresse de Babylone : il lui enjoint de la lire là-bas à haute voix et de la jeter ensuite dans l'Euphrate (*Jér.* LI, 59 s.) afin de vouer à sa perte par cette magie la cité maudite. Il ressort de tout cela que les prophètes, par leur manière d'agir, étaient objectivement des démagogues et des publicistes en matière de politique, [289] plus particulièrement de politique extérieure ; mais subjectivement ils n'étaient inféodés à aucun parti. D'ailleurs la politique en elle-même ne les intéressait pas. La prophétie n'a jamais défini une forme d'État idéal (à l'exception toutefois de l'État hiérocratique échafaudé et conçu par Ézéchiel durant l'exil) ; elle n'a jamais essayé non plus de prodiguer des conseils à ceux qui détenaient le pouvoir comme l'avaient fait les *aisymnètes* philosophes ou l'Académie afin de traduire dans la réalité les idéaux politiques qui répondaient à des préoccupations d'éthique sociale. L'État et ses agissements n'intéressaient pas en tant que tels les prophètes. Le problème qui les préoccupait n'était pas celui des Hellènes qui se souciaient principalement de devenir de bons citoyens. Mais il s'agissait, comme nous le verrons, d'un problème essentiellement et exclusivement religieux, à savoir l'accomplissement des commandements de Yahvé. Cela n'exclut pas, bien sûr, le fait que certains prophètes tel Jérémie aient analysé le rapport de force qui prévalait à leur époque avec plus de clairvoyance que les prophètes de salut. Seulement ce n'est pas cela qui déterminait leur attitude. Car un tel rapport de force n'existait que par la volonté de Yahvé et celui-ci pouvait le modifier. Lorsque Isaïe exhorte son peuple à résister aux assauts de Sennachérib il va à l'encontre de toute prévision politique tant soit peu réaliste. Ceux qui prétendent qu'il avait été informé — avant le roi lui-même ! — des circonstances qui avaient contraint Sennachérib à battre en retraite font appel à une explication rationaliste comparable aux tentatives pour expliquer le miracle des Noces de Cana par l'emploi de liqueurs que Jésus aurait secrètement apportées.

Tout aussi insatisfaisantes sont les hypothèses échafaudées non sans ingéniosité par certains adeptes du pan-babylonisme qui font état de relations entre les prophètes de Yahvé et certains partis de « prêtres et de bourgeois » qui jouaient un rôle dans la politique intérieure des grands empires, surtout en Mésopotamie. Il ne fait pas de doute que les relations internationales, tout comme l'affrontement des fractions politiques, avaient presque toujours des répercussions sur le plan religieux à l'intérieur du pays. Les partisans de l'Égypte pratiquaient des cultes égyptiens, ceux de l'Assyrie, de Babylone et de la Phénicie les cultes de ces différents pays, et lorsque intervenait une alliance politique l'adoration des dieux respectifs était la confirmation pratiquement indispensable de l'engagement. Tout grand souverain, quelle que fût par ailleurs sa tolérance, l'exigeait comme signe de soumission politique. De plus il existe assez de témoignages qui tendent à prouver que Nabuchodonosor, après la première et la seconde prise de Jérusalem [290] et aussi après la déportation des partisans de l'Égypte, ne répugna pas à se servir de l'influence des partisans de Yahvé pour consolider sa domination tout comme le firent plus tard Cyrus et Darius. Il semble qu'au lendemain de la bataille de Megiddo, Néchao ait tenté de suivre la même voie [1] sans parvenir toutefois à rallier les prophètes à la cause égyptienne. En pourvoyant aux besoins religieux de Samarie après la chute du Royaume (II *Rois* XVII, 27) les Assyriens mettaient en pratique une de leurs anciennes maximes qui conseillait de gouverner en s'appuyant sur les prêtres locaux. Après que la politique religieuse des grands empires eut pris ce tournant la domination étrangère cessa d'inspirer aux prophètes une terreur religieuse et cela a été probablement un élément déterminant dans la prise de position de Jérémie. Mais on ne saurait évi-

1. Ceci est confirmé par le fait que le roi qu'il a placé sur le trône porte un nom théophore (Yahviste).

demment comparer l'influence et l'importance de ces facteurs avec le rôle décisif que certaines considérations de « politique religieuse » jouèrent dans l'attitude que les oracles helléniques et tout particulièrement l'Apollon de Delphes adoptèrent envers les Perses. Là aussi depuis l'ascension prodigieuse de Cyrus et de Darius les oracles tenaient compte d'une donnée fondamentale : le destin favorisait la Perse. Mais à la dévotion et à la flatterie prodiguées au roi et à Mardonius ainsi qu'aux présents somptueux venait s'ajouter ce calcul justifié qu'en cas de victoire des Perses ces derniers parviendraient avec l'aide des prêtres à domestiquer les citoyens désarmés. Ce genre de considérations matérielles était tout à fait absent chez les prophètes. Jérémie refusa l'invitation de se rendre à Babylone, et il y a loin de son appréciation clairvoyante du rapport de force à l'assertion de certains tenants du pan-babylonisme qui prétendent qu'il existait un parti international constitué d'une part de prêtres et de bourgeois et d'autre part de membres de la noblesse militaire. Cela est proprement impensable et nous verrons que l'attitude des prophètes face aux alliances avec des peuples étrangers en général, et tout particulièrement leur constante opposition [291] à un pacte avec l'Égypte, était dictée par des motifs purement religieux.

En matière de politique intérieure l'attitude des prophètes même lorsqu'ils s'engageaient très en avant n'était pas plus déterminée par des considérations d'ordre politique ou social que lorsqu'il s'agissait de politique extérieure. De par leur origine les prophètes appartenaient à des couches sociales extrêmement variables. Il est faux de prétendre qu'ils soient issus, pour la majorité, de milieux prolétariens incultes pour qui les restrictions tenaient lieu de privilèges [1]. De plus leur position concernant l'éthique sociale n'était nullement déterminée par leur ascendance. Car quelle que soit la diversité de l'origine sociale des prophètes leur attitude demeure absolument identique. Ils ne cessèrent de réclamer passionnément l'obéissance aux commandements de charité et d'éthique

1. C'est ce qu'on a prétendu à propos d'Amos (par exemple von Winckler). Küchler s'élève à juste titre contre une telle hypothèse.

sociale de la parénèse lévitique en faveur des petites gens et ils couvrirent de malédictions et d'invectives les grands et les riches. Mais Isaïe, qui parmi les anciens prophètes se distingue par sa véhémence, était originaire d'un clan éminent, avait des liens d'amitié très étroits avec des prêtres de haut rang et s'entretenait avec le roi dont il était à la fois le conseiller et le médecin ; il était sans aucun doute en son temps une des personnalités les plus en vue de la ville. Sophonie était un des descendants de David et un arrière-petit-fils d'Ézéchias tandis qu'Ézéchiel était un prêtre éminent de Jérusalem. Ces prophètes étaient donc des Hiérosolomytains fortunés. Michée, lui, venait d'une petite bourgade, Jérémie d'un village et appartenait à un clan de prêtres ruraux qui possédaient des terres ; il faisait peut-être même partie de l'ancienne maison des Élides [1]. Il acheta de la terre à des parents appauvris. Seul Amos était un petit éleveur de bétail : il se présente comme un berger qui se nourrit de fruits du sycomore — la nourriture des pauvres — et vient d'une petite ville de Juda ; mais il a manifestement une solide culture : ainsi c'est précisément lui qui connaît le mythe babylonien de Tiamat. Mais Isaïe qui couvre les grands d'effroyables malédictions n'en dénonce pas moins le règne du peuple ignorant et indiscipliné comme le pire de tous les maux ; quant à Jérémie, bien qu'il soit d'origine plus démocratique [292] et qu'il dénonce de façon plus véhémente encore les méfaits de la cour et des grands, il attaque violemment les ministres plébéiens de Sédécias. Pour lui aussi il va de soi que les petites gens n'entendent rien aux devoirs religieux. Des grands par contre on est en droit d'exiger cette connaissance et c'est justement pour cela qu'ils méritent la malédiction. Un facteur personnel a pu motiver la violence exceptionnelle dont le prophète fait preuve à l'égard des prêtres de Jérusalem si l'on suppose qu'il descend effectivement de ce prêtre Evyathar

1. En faveur de cette hypothèse naturellement indémontrable on peut invoquer le fait que Jérémie mentionne à plusieurs reprises Silo comme le sanctuaire le plus éminent du culte authentique de Yahvé et que le prophète compare la destruction de Jérusalem avec la dévastation de Silo qui avait eu lieu bien des siècles auparavant et qui était presque oubliée.

que Salomon avait exilé à 'Anathoth pour favoriser Tsadoq. Mais cela pouvait tout au plus renforcer les véritables causes de son attitude. En tout cas nul prophète ne se fit le champion d'un « idéal démocratique ». À leurs yeux le peuple avait besoin d'être guidé et ce sont les qualités du guide qui importaient essentiellement (*Is.* I, 26 ; *Jér.* V, 5). De plus nul prophète n'invoque une quelconque « loi naturelle » d'origine religieuse et encore bien moins le droit à la révolte ou à la légitime défense des masses opprimées par les grands. Tout acte de cette nature leur serait apparu comme le comble du sacrilège. Ils désavouent leurs prédécesseurs plus violents : Osée condamne avec force la révolte de Jéhu, œuvre de l'école d'Élisée et des rékhavites ; il prédit la vengeance de Yahvé. À la seule exception d'ailleurs significative d'Ézéchiel qui durant l'exil jeta les bases théologiques d'un État idéal pour les temps futurs, nul prophète n'élabora un programme social et politique. C'est bien plutôt de la parénèse lévitique que relèvent les exigences d'éthique sociale qu'ils présupposent plus qu'ils ne les proclament ; ils estiment que nul n'en ignore l'existence ni le contenu. Les prophètes ne sont donc pas quant à eux les champions d'un idéal démocratique et social ; c'est le contexte politique, notamment l'existence d'une vive opposition sociale et politique contre la royauté qui avait institué la corvée et contre les *gibborim*, qui conféra à leur message essentiellement religieux une tonalité particulière et qui influença également leur façon de voir. Mais ceci se faisait par l'intermédiaire des couches intellectuelles qui cultivaient le souvenir des anciennes traditions de l'époque pré-salomonienne et dont la position sociale était très proche de celle des prophètes.

2. CARACTÉRISTIQUES PSYCHOLOGIQUES ET SOCIOLOGIQUES DES PROPHÈTES SCRIPTURAIRES

Un principe fondamental était commun à tous les prophètes en tant que groupe social, c'était la gratuité de leurs oracles. Par là même ils se distinguaient des prophètes royaux qu'ils maudissaient [293] parce qu'ils entraînaient le pays à sa perte et de tous ces prophètes qui tiraient profit de leur science à la façon des anciens voyants et des oniromanciens, gens méprisables qu'ils condamnaient. L'indépendance interne des prophètes était totale ; ce n'était pas tant le résultat que l'une des causes principales de leur façon d'agir. Comme ils annonçaient essentiellement le malheur nul ne pouvait savoir en les consultant s'il ne s'attirerait pas, tel le roi Sédécias, une prédiction néfaste et un mauvais sort. Or l'on ne débourse pas d'argent pour ce genre de prédictions et l'on ne s'expose pas à de telles prophéties. C'est donc de leur propre chef et sans en avoir été priés que les prophètes assénaient à leur auditoire des oracles souvent redoutables. Cependant en tant que principe propre à une couche sociale, cette pratique gratuite correspond exactement à celle des couches intellectuelles les plus éminentes. Que ce principe ait été adopté plus tard par des couches intellectuelles plébéiennes tels les rabbins et à leur suite les apôtres chrétiens constitue une exception de grande importance pour la sociologie des religions. De même ce n'étaient pas les plébéiens qui constituaient la « communauté » des prophètes, pour autant qu'on peut utiliser ce terme (mais nous y reviendrons plus tard). Au contraire, si tant est qu'on leur ait apporté un soutien personnel, celui-ci émanait de quelques maisons éminentes et pieuses de Jérusalem qui furent leurs protecteurs parfois pendant plusieurs générations. Jérémie était sous la protection du clan qui avait participé à la « découverte » du Deutéronome. C'est parmi les *zeqénim*, ces gardiens des pieuses traditions et surtout du respect traditionnel pour la prophétie, qu'ils trouvaient le plus facilement un appui. Il en fut ainsi pour Jérémie lors de son procès capital et pour Ézéchiel que les Anciens consultèrent dans l'exil. Les paysans ne leur apportèrent jamais leur soutien. Certes les prophètes dénoncèrent avec véhémence l'esclavage pour dettes, la saisie des vêtements et d'une façon générale la violation des commandements de charité à l'égard des petites gens. Dans sa dernière prophétie Jérémie place tout son espoir dans les paysans et les bergers qui incarneront la piété dans les temps à venir. Mais cette vision n'est propre qu'à Jérémie. Les paysans, pas plus que la petite noblesse terrienne, ne comptaient au nombre de ses partisans ; en fait l'*'am ha-arets* lui fut de plus en plus hostile et il fut combattu par son propre clan. En tant que strictes yahvistes les prophètes s'élevaient contre l'orgiasme des cultes agraires et surtout contre les sanctuaires ruraux de *Ba'al* auxquels la population campagnarde tenait autant pour des raisons économiques [294] que par conviction. Le roi ne leur accorda jamais son soutien car ils étaient les sectateurs de la tradition yahviste qui condamnait la royauté. Par réalisme politique la royauté avait fait des concessions aux cultes étrangers, elle s'adonnait aux beuveries et aux orgies et elle avait institué avec Salomon un État fondé sur les corvées. Salomon ne joue pas le moindre rôle dans aucune prophétie. Lorsqu'on mentionne un roi c'est toujours David, le pieux souverain. Osée considère les monarques du Royaume du Nord comme illégitimes car ils ont usurpé le trône sans le consentement de Yahvé. Pour Amos le naziréat et la prophétie ont été institués par Yahvé et non par un roi. Nul prophète certes ne nie la légitimité de la dynastie de David. Cependant le respect qu'on lui accorde demeure conditionnel. La prophétie d'Emmanuel chez Isaïe était probablement l'annonce d'un usurpateur envoyé par Dieu. Néanmoins pour Isaïe c'est l'époque de David qui représente l'apogée de l'histoire nationale. La violence des attaques stigmatisant le comportement de tel ou tel souverain de l'époque ne fit que croître. Rares sont les éclats de rage et de mépris aussi démentiels que ceux dont Jérémie accable Yoyaqim (XXII, 19) : il lui annonce qu'il sera mis en terre comme un âne et il accuse la reine mère de s'adonner publiquement au culte d'Astarté et de soulever sa jupe par-dessus sa tête afin que chacun puisse voir sa nudité (XIII, 18 sq.). Isaïe voue à sa perte le pays dont « le roi est un enfant et qui est mené par les femmes » ; il affronte sans le moindre égard le roi adulte. D'Élie la tradition prophétique a retenu intentionnellement ses conflits avec Achab. Les rois vouent aux prophètes une haine non moins féroce. Ils ne les tolèrent qu'en période d'insécurité et dès qu'ils se sentent en sécurité ils n'hésitent pas, tel Manassé, à les persécuter d'une façon sanglante. Ce qui suscite la colère des prophètes à l'encontre des rois c'est non seulement le culte des divinités étrangères qui répond à des mobiles politiques, mais surtout leur politique mondiale qui, autant par ses moyens que par ses présupposés, constitue un sacrilège. Ils dénoncent en premier lieu l'alliance avec l'Égypte. Bien que des prophètes de Yahvé en fuite tel Uriyahu (*Jér.* XXVI, 20) aient trouvé asile en Égypte, que la souveraineté égyptienne fût sans nul doute la moins dure et ne fît pas de propagande religieuse, c'est précisément cette alliance que les prophètes condamnèrent avec une violence extrême. Isaïe en livre la raison : c'est « une alliance avec le *cheol* », c'est-à-dire avec les divinités du royaume des morts [295] qu'ils abhorrent [1]. On voit par là que les prophètes se situent dans la ligne même de la tradition sacerdotale et que leur prise de position politique, dans ses moindres manifestations, est essentiellement d'ordre religieux et ne répond à aucun souci de réalisme politique. Les prophètes s'emportent non seulement contre les rois mais aussi contre les grands et tout particulièrement les *sarim* et les *gibborim.* Ils les maudissent pour l'iniquité de leurs tribunaux ainsi que pour leur conduite impie et leur débauche. Mais il apparaît clairement que cette opposition n'était pas déterminée par ces différents vices. Le roi et les cercles politico-militaires n'avaient que faire des exhortations et des conseils purement utopiques des prophètes. Les États helléniques des VIe et Ve siècles qui consultaient régulièrement les oracles ne les suivaient pourtant pas lorsqu'il s'agissait de prendre des décisions très importantes, telle la guerre contre les Perses ; or ces oracles avaient une orientation strictement politique. Les rois de Juda ne pouvaient en règle générale tenir compte des conseils des prophètes et cela pour des raisons d'ordre politique. Quant aux nobles qui comme partout ailleurs étaient fort éloignés des croyances prophétiques, leur sens de la dignité ne pouvait que les amener à rejeter catégoriquement les conseils absolument indignes de Jérémie au sujet de Babylone. Ils méprisaient ces extatiques qui hurlaient dans la rue. Par ailleurs il ne fait pas de doute que l'opposition populaire contre la caste guerrière et le

1. Duhm prétend sans preuves valables que dans un autre passage, parmi les divinités que Yahvé entend détruire, se trouve mentionné Osiris.

patriciat de l'époque royale entretenue par les couches intellectuelles déterminait en partie l'attitude des prophètes. L'avarice, c'est-à-dire l'exploitation usuraire des pauvres, était le plus grand des vices. Quant à l'armée royale, les prophètes ne s'intéressaient nullement à elle. Le royaume futur sera un royaume de paix. Cependant cela ne faisait point d'eux des pacifistes, partisans d'un « petit Juda ». Amos promit à Juda la souveraineté sur Édom et sur les peuples « sur lesquels le nom de Yahvé a été invoqué » (IX, 12). Les vieilles espérances populaires d'hégémonie mondiale renaissaient sans cesse. Mais de plus en plus prévalut l'opinion que ce n'est que par un miracle divin, tel celui de la mer Rouge jadis, et non par la puissance militaire que se réaliseront les aspirations politiques d'Israël. Et certainement pas à l'aide d'alliances politiques. Les prophètes dénoncèrent sans relâche et avec force [296] de telles alliances. Là encore la raison en est d'ordre religieux. Il ne s'agit pas uniquement du danger de cultes étrangers. Mais Israël a conclu une alliance avec Yahvé et l'on ne saurait faire appel à un autre dieu ni mettre sa confiance dans le secours des hommes. Ce manque de foi provoquerait le courroux de Yahvé. Puisque Yahvé avait voulu que le peuple soit assujetti à Nabuchodonosor, puisque tel était son dessein, il fallait, selon Jérémie, s'y soumettre. C'était un sacrilège que de conclure des alliances défensives contre les grands monarques alors que ceux-ci ne faisaient qu'exécuter sa volonté. S'ils n'avaient point été mandatés Dieu viendrait au secours d'Israël sans l'aide de qui que ce fût ; c'est là ce qu'enseignait Isaïe qui fut probablement le premier à dénoncer sans relâche toute tentative pour conclure une alliance. Il apparaît clairement que toutes les prises de position des prophètes aussi bien dans le domaine de la politique extérieure que dans celui de la politique intérieure étaient déterminées par des raisons strictement religieuses et non par un souci de réalisme politique. Quant à leur attitude envers les prêtres, elle était en fin de compte également déterminée par des raisons religieuses.

Avant Ézéchiel aucun prophète ne parle favorablement des prêtres. Ainsi que nous l'avons déjà mentionné, Amos reconnaît comme seuls instruments de Yahvé les *nazirs* et les *neviim* mais ne dit mot des prêtres. D'ailleurs le simple fait que la libre prophétie ait pu voir le jour apparaît déjà comme un symptôme significatif du déclin de la puissance sacerdotale. Si la position des prêtres eût été la même qu'en Égypte, qu'à Babylone ou qu'à Jérusalem au lendemain de l'exil, il ne fait pas de doute qu'ils auraient étouffé une concurrence aussi dangereuse. Mais étant donné l'absence dès l'origine d'un sanctuaire central et d'un sacrifice officiel de la confédération, et comme le prestige des anciens prophètes et voyants royaux était solidement établi, cela était tout à fait impossible. Des clans puissants de laïques pieux soutenaient les prophètes de sorte que les prêtres étaient contraints de les laisser agir, en dépit de la violence des antagonismes qui les opposaient. Ce serait pourtant une erreur que de croire qu'il en fut toujours ainsi. Isaïe avait des liens étroits avec certains prêtres de Jérusalem. Ézéchiel avait tout à fait la même optique que les prêtres. C'est chez Amos à Béthel qu'éclatent pour la première fois des conflits personnels d'une violence inouïe avec les prêtres qui assurent le culte ; c'est chez Jérémie à Jérusalem qu'ils se manifestent pour la dernière fois. Le procès de ce dernier (*Jér.* XXVI) apparaît presque comme le prologue de celui qui devait avoir lieu au même endroit six cents ans plus tard, et il se peut que la tradition concernant le déroulement de cette affaire [297] ait eu effectivement quelque influence ultérieure. Jérémie était passible de la peine de mort pour avoir prédit que le Temple connaîtrait le même sort que le sanctuaire de Silo qui avait été détruit par les Philistins. On le traîna devant le tribunal des fonctionnaires et des Anciens et ce furent les prêtres et les prophètes de salut qui tinrent le rôle d'accusateurs. Mais la différence entre les époques se manifeste dans les verdicts : en dépit de l'accusation des prêtres Jérémie fut acquitté, conformément aux vœux des Anciens qui invoquaient le précédent de Michée ; celui-ci, alléguaient-ils, avait fait sous Ézéchias une prophétie semblable[1]. Quoi qu'il en soit, cet épisode indique que les prophéties dirigées contre le Temple étaient rares et surtout

1. Cela ne concorde pas avec la version actuelle de *Mic.* I, 55.

que de tels oracles n'impliquaient en fin de compte aucun doute quant à sa légitimité. Plus tard bien sûr, Jérémie se consola aisément de la disparition de l'Arche Sainte à l'époque de Nabuchodonosor. Sa prophétie cependant considère la destruction du Temple comme une catastrophe ; il en brandit la menace (XXVI, 13) pour le cas où le peuple s'obstinerait dans ses abominations. En fait nul prophète n'a attaqué directement le Temple. Amos qui n'hésite pas à dénoncer comme sacrilèges les sacrifices de Béthel et de Gilgal (IV, 4 ; V, 5) ne vise probablement que certaines pratiques cultuelles profondément honnies par tous les représentants de la piété des bergers. Le peuple ne doit pas se rendre en de tels lieux, mais « rechercher Yahvé » qui, selon Amos, a son siège à Sion, tandis que pour Osée, Juda est le seul sanctuaire qui n'ait pas été souillé. Si dans ses derniers oracles le prophète Isaïe témoigne d'une telle confiance en l'invincibilité de Jérusalem, c'est sans aucun doute en raison de la présence du Temple. C'est d'ailleurs dans une vision au Temple qu'il avait entrevu dans sa jeunesse la cour céleste (*Is.* VI). Malgré sa prophétie de malheur, Michée a la certitude que Sion restera dans l'avenir le centre de la prophétie authentique et de la Thora de Yahvé. Ce que dénoncent les prophètes, c'est l'impureté du culte qu'on y célèbre et surtout la souillure qu'entraînent les agissements des hiérodules. Osée met toute son énergie à combattre les cultes de *Ba'al*, et toute la prophétie préexilique poursuivra cette lutte. Mais les prophètes ne se préoccupent jamais de la correction du culte sacerdotal. Apparemment Jérémie a d'abord accueilli favorablement le Deutéronome, c'est-à-dire la centralisation du culte au Temple de Jérusalem ; il le condamnera par la suite comme le produit de « la plume mensongère des scribes » (VIII, 8), [298] car ses auteurs s'obstinent à défendre un culte trompeur (VIII, 5) et rejettent les paroles des prophètes (VIII, 9). Ce qu'il entend par-là est précisé ailleurs : le Temple en lui-même est inutile et subira le même sort que Silo si le peuple ne se résout pas à changer de conduite. Il condamne tout particulièrement certaines injustices d'ordre éthique et social, et surtout le crédit attribué aux « mensonges inutiles » des prêtres de Sion (VII, 8). C'est là son reproche fondamental :

les prêtres refusent d'obéir aux commandements divins que le prophète révèle sous l'inspiration de Yahvé. Il y a aussi le fait que les prêtres s'adonnent eux-mêmes au péché. C'est la réaction typique de celui qui est porteur d'un charisme personnel et qui refuse de reconnaître dans le charisme attaché à une fonction une qualification suffisante pour l'enseignement lorsque le prêtre qui enseigne est un personnage indigne. Les prophètes qui ne participaient pas au culte considéraient tout naturellement l'enseignement de la parole de Dieu (*davar*), telle qu'elle leur était communiquée, comme la chose la plus importante sur le plan religieux ; ils attachaient plus de prix à l'activité éducative (Thora) des prêtres qu'à la célébration du culte (*Jér.* VIII, 6 ; XVIII, 18), même à Jérusalem (*Mic.* IV, 2). Ce qu'ils exigeaient du peuple, c'était l'obéissance aux *devarim* et à la Thora et non pas des sacrifices. Ils ne se préoccupaient pas des commandements rituels, comme le sabbat et la circoncision qui prirent plus tard dans l'exil une importance décisive. Pour Amos déjà, qui n'était qu'un berger, Yahvé n'a que faire du sabbat de ce peuple désobéissant [1], et Jérémie (IX, 24) oppose à la circoncision extérieure la « circoncision du cœur » qui seule importe. Ceci n'implique pas un rejet mais à coup sûr une forte dépréciation de tous les rites. Là encore les prophètes ont repris à leur compte les conceptions que les intellectuels ont élaborées à partir de la Thora : Yahvé, selon ce postulat du moins, était un Dieu qui récompensait d'une façon juste et morale les mérites de chacun ; le bonheur terrestre d'un individu évoqué par *Is.* III, 10 était comme pour le peuple « le fruit de ses actes ». Les anciens prophètes opposaient ainsi cette notion massive et éthique du juste salaire des œuvres au ritualisme tout aussi massif des prêtres. La condamnation par Amos et Jérémie de l'importance que les prêtres attachaient au sacrifice [299] devint si radicale qu'elle aboutit à une dépréciation totale. Yahvé n'avait pas exigé de sacrifices et par là même ceux-ci étaient inutiles (*Jér.* VI, 20 ; VII, 21). Amos affirmait que dans le désert on n'avait pas fait de

1. On s'accorde à reconnaître que Jérémie n'est pas l'auteur de *Jér.* XVII, 19.

sacrifices (v, 25). Lorsque le peuple désobéit et que ses mains sont couvertes de sang, alors, selon *Is.* I, 11, Yahvé a horreur de ses sacrifices et de ses jeûnes. Les relations qu'Isaïe entretenait avec les prêtres et la valeur qu'il attribuait au Temple nous permettent de conclure avec certitude que de telles paroles n'impliquaient pas de sa part ni des autres prophètes une condamnation absolue du culte et des sacrifices. Quoi qu'il en soit leur attitude vis-à-vis du sacrifice est si réservée qu'elle n'est pas loin de l'hostilité. Tout au long de la prophétie retentit l'écho de « l'idéal nomade », parce que la tradition des lettrés idéalisait ce passé sans royauté. Amos, le berger qui promet à Juda de riches vignobles (IX, 13), n'est certes pas plus un rékhavite que Jérémie, le seul prophète qui ait eu personnellement des relations avec ce groupe ; la piété de ce dernier était citée en exemple en Israël, mais à un âge avancé il acheta un arpent de terre. En opposition avec les temps présents si prospères, où les grands pleins d'arrogance refusent de suivre les voies de Yahvé, l'époque du désert apparaît comme la seule période de piété authentique. À la fin des temps, Israël sera dévasté et redeviendra un désert ; alors le messie-roi et les survivants se nourriront de ce qu'offre la steppe, le miel et la crème.

On a souvent qualifié l'attitude des prophètes comme une condamnation de la « culture ». Il ne faut pas en conclure qu'eux-mêmes étaient incultes. La prophétie ne peut se concevoir que sur les planches sonores de la scène internationale et politique de son temps, en rapport avec une culture raffinée largement répandue ; les prophètes entretenaient des relations avec une couche cultivée très importante, même si par ailleurs, pour des raisons politiques précédemment évoquées, ils ne sortaient pas du cadre étroit d'un petit pays, un peu comme Zwingli qui ne sortit guère des limites de son canton. C'étaient des lettrés qui dans l'ensemble connaissaient bien la culture spécifique de l'Égypte et de la Mésopotamie, notamment l'astronomie. Leur façon d'utiliser les chiffres sacrés, tel le nombre « 70 » chez Jérémie, nous permet de conclure qu'ils avaient plus qu'une vague connaissance de cette science. En tout cas, la tradition ne nous livre aucun indice qui nous permettrait de conclure à l'existence de certaines tentatives de fuite hors du monde [300] ou à une condamnation de la culture à la façon de l'Inde. En plus de la Thora, les prophètes connaissaient la *ḥokhma* ou *'etsa* (*Jér.* XVIII, 18) des sages qui enseignaient tout un art de vivre. Cependant par leur niveau de culture, ils devaient s'apparenter plutôt aux orphiques et aux prophètes populaires de l'Hellade qu'aux sages éminents comme Thalès. Ils ne pouvaient que se sentir étrangers à toutes les valeurs esthétiques et autres d'un art de vivre raffiné ainsi qu'à toute sagesse séculière. Ils étaient certes encouragés dans leur refus par la tradition anti-chrématistique des puritains pieux de leur entourage qui étaient hostiles à la cour, aux fonctionnaires, aux *gibborim* et aux prêtres. Mais la raison profonde d'une telle attitude était essentiellement d'ordre religieux, car elle résultait de leur façon d'élaborer leurs expériences. Ce sont ces dernières qu'il nous faut étudier maintenant.

Sous l'angle psychologique, il ne fait pas de doute que la majorité des prophètes de l'époque préexilique étaient des extatiques, c'est du moins ce qu'attestent les témoignages d'Osée, d'Isaïe, de Jérémie et d'Ézéchiel ; on peut même avancer sans grand risque d'erreur qu'ils l'étaient tous, bien qu'il y ait eu des différences de nature et de degré. Déjà leur genre de vie, pour autant que nous pouvons le connaître, était quelque peu exceptionnel. Jérémie obéit à l'ordre de Yahvé et ne se marie pas, car le désastre est imminent. Sur l'ordre répété de Yahvé, Osée épouse une prostituée. Sur l'ordre de Yahvé (VIII, 3), Isaïe a des relations avec une prophétesse et donne à leur enfant le nom qui lui avait été prescrit antérieurement. Les noms étranges et symboliques des enfants des prophètes jouent d'ailleurs un grand rôle. L'extase prophétique était accompagnée ou précédée par une variété d'états ou d'actes pathologiques. Il ne fait pas de doute qu'à l'origine, c'étaient précisément ces états pathologiques qui constituaient la preuve la plus probante du charisme prophétique et qu'ils se manifestaient, peut-être sous une forme moindre, même lorsque la tradition les passe sous silence. Un certain nombre de prophètes cependant nous décrivent expressément de tels états. La main de Yahvé « s'abat lourdement » sur eux. L'esprit de Dieu « s'empare » d'eux. Ézéchiel (VI, 11 ; XXI, 19) frappe des mains et des pieds et se bat les flancs. Jérémie (XXIII, 9) vacille sur ses jambes comme un homme ivre. Lorsque l'esprit de Dieu s'empare du prophète, son visage devient grimaçant, il perd le souffle et parfois il tombe à terre inconscient, frappé pour un certain temps de cécité [301] et de mutisme tandis que son corps se tord dans d'horribles convulsions (*Is.* XXI). À la suite d'une vision Ézéchiel reste paralysé (III, 15) durant sept jours. Les prophètes se livrent à d'étranges activités qui apparaissent comme prémonitoires. Ézéchiel, tel un enfant, mime un siège à l'aide de briques et d'une poêle de fer. Jérémie brise publiquement une cruche, enterre une ceinture pour la déterrer ensuite lorsqu'elle est en décomposition, se promène avec un joug sur la nuque ; d'autres prophètes arborent des cornes de fer tandis qu'Isaïe, pendant longtemps, se montre nu. Certains prophètes encore, tel Zacharie, se mutilent ; Dieu enjoint à d'autres, comme Ézéchiel, de consommer une nourriture répugnante. Parfois ils clament, *qaro*, leur message à tue-tête à l'aide de paroles incompréhensibles, d'imprécations, de menaces et de bénédictions tandis que la salive coule de leur bouche (*hittihp*, « baver », signifie prophétiser). Parfois aussi ils se contentent de murmurer et de bégayer. Ils décrivent des hallucinations visuelles et auditives mais également diverses sensations gustatives anormales. Certains ont l'impression de planer dans les airs (*Éz.* VIII, 3), d'autres ont des visions précises d'événements qui se déroulent loin dans l'espace, comme celle que l'on prête à Ézéchiel exilé à Babylone au moment de la chute de Jérusalem. Ils perçoivent aussi des événements éloignés dans le temps ; c'est ainsi que Jérémie prévoit clairement le destin de Sédécias (XXXVIII, 22). Ils goûtent des mets étranges. Mais surtout ils entendent des sons (*Éz.* III, 12 ; *Jér.* IV, 19), des voix (*Is.* XL, 3), des paroles isolées ou des dialogues ; le plus souvent ce sont des paroles et des commandements qui leur sont adressés. Dans leurs hallucinations ils voient des éclairs éblouissants dans lesquels apparaissent des créatures surhumaines et toute la splendeur céleste (*Is.* VI et *Am.* IX, 1). Ou bien ils voient des objets tout à fait quelconques et sans importance : un panier de fruits, un fil à plomb ; et soudain ils réalisent, le plus souvent après qu'une voix s'est adressée à eux, que ces objets révèlent symboliquement des décisions fatales et inéluctables de Yahvé (c'est notamment le cas d'Amos). Parfois ils sombrent, comme Ézéchiel, dans un état d'autohypnose. Ils agissent et parlent sous la contrainte. Jérémie se sent divisé et a conscience de la dualité de son moi. Il implore son Dieu pour qu'il le dispense de prophétiser. Bien qu'il ne veuille pas parler il est obligé de dire des paroles qui, il le sent bien, ne viennent pas de lui-même ; cette contrainte lui apparaît comme un destin horrible. S'il refuse de parler, de terribles souffrances l'assaillent, [302] une chaleur torride l'accable, et ne pouvant supporter le poids qui l'oppresse, il doit renoncer à son mutisme. Pour Jérémie celui qui n'est point harcelé et qui parle, non pas sous la contrainte mais de son « propre cœur », ne saurait être un véritable prophète. Jusqu'à présent, on n'a trouvé aucune trace d'une prophétie extatique et oraculaire comparable ni en Égypte ni en Mésopotamie ni dans l'Arabie préislamique ; dans le voisinage immédiat d'Israël, elle n'est apparue qu'en Phénicie où il y avait tout comme en Israël une prophétie royale ; elle s'est manifestée également dans les sanctuaires des Hellènes où les devins délivraient des oracles que les prêtres contrôlaient très étroitement et interprétaient. Mais il n'existe nulle part de tradition témoignant de l'existence d'une libre démagogie et d'une extase prophétique comparables à celles des prophètes israélites. Cela ne saurait s'expliquer par l'absence de dispositions favorables. Il ne fait pas de doute que dans les empires bureaucratiques comme celui des Romains, la police religieuse serait intervenue ; d'autre part, pour les Hellènes de l'époque historique, ce genre d'aptitudes prophétiques étaient dépourvues de tout caractère sacré et passaient pour une maladie honteuse. Ils ne tenaient pour légitimes que les oracles traditionnels réglementés par les prêtres. La prophétie extatique n'apparaît en Égypte qu'à l'époque des Ptolémées et en Arabie qu'à celle de Mahomet.

Il n'y a pas lieu de classer et d'analyser, pour autant qu'on peut le faire, les différentes prédispositions d'ordre physiologique, psychologique et éventuellement pathologique des prophètes. Les tentatives entreprises jusqu'ici, notamment pour ce qui est d'Ézéchiel, ne sont guère convaincantes. D'autre part, pour notre propos, cela ne nous paraît pas être d'un intérêt capital. En Israël comme dans tout le reste du monde antique, certaines prédispositions psychopathiques avaient un caractère sacré. Le contact avec les aliénés était encore interdit à l'époque rabbinique. Le fonctionnaire royal qui contrôlait les prophètes était appelé le responsable « des fous et des prophètes » (*Jér.* XXIX, 26) ; la tradition nous rapporte que l'officier de Jéhu, apercevant le disciple du prophète qui offrait ses services pour l'onction du roi, se demanda ce que pouvait bien vouloir ce fou. Mais ce qui nous importe ici c'est quelque chose de tout à fait différent. Il nous faut souligner en premier lieu l'aspect émotionnel de l'extase prophétique, en tant que telle, qui se différencie ainsi de toutes les formes d'extase apathique de l'Inde. Dans la première partie de notre étude, nous avons déjà noté que le caractère essentiellement auditif de la prophétie classique, à l'opposé de l'extase apathique éminemment visuelle des anciens voyants, pouvait s'expliquer par des causes purement historiques ; [303] il s'agit de l'opposition entre la conception yahviste du Sud concernant la révélation de Yahvé et celle du Nord. La « voix » incarnée du Dieu remplaçait l'ancienne épiphanie que le Nord, conformément à sa représentation de la divinité, ne pouvait que rejeter ; l'épiphanie ne s'accordait pas non plus avec la qualité psychique de la piété du Nord qui avait sublimé l'orgiasme en une extase apathique. La reconnaissance de plus en plus exclusive du caractère auditif de l'inspiration comme seule preuve d'authenticité était liée à l'intensité croissante des passions politiques qui agitaient les auditeurs ; c'est à elle que répondait une prophétie de type émotionnel. Une seconde caractéristique tout aussi importante est le fait que les prophètes révélaient eux-mêmes le sens de leurs expériences et de leurs visions extraordinaires ainsi que la signification des discours et des actes qu'ils avaient exécutés sous la contrainte. Malgré leurs dispositions psychologiques apparemment très différentes, leurs interprétations allaient toujours dans le même sens. Déjà le seul fait de donner une interprétation, même si cela nous paraît aujourd'hui aisément concevable, n'avait rien d'évident. Cela suppose en effet qu'on n'attachait pas de valeur aux expériences extatiques en tant que telles et qu'elles ne suffisaient pas à prouver le caractère sacré de la personne qui avait ce genre de dispositions ; on leur attribuait une tout autre signification, celle d'une mission. Et cela est encore plus frappant lorsqu'on considère l'homogénéité des interprétations. Ce dernier point exige de notre part une analyse plus approfondie et plus détaillée.

C'est en certaines occasions seulement que les prophètes parlaient sous l'emprise directe de l'extase (*Is.* XXI, 3-4 ; *Jér.* IV, 19). La plupart du temps, ils relatent leurs expériences extatiques et font précéder leurs oracles par ces mots : « Yahvé m'a dit. » Il y a différentes nuances. C'est ainsi qu'Ézéchiel, qui est un authentique prophète extatique, jusqu'à un degré pathologique d'ailleurs, analyse certaines de ses visions en de longues dissertations. Par contre, il existe de nombreux vers très brefs que les prophètes exiliques ont dû lancer à la face de ceux auxquels ils les destinaient, sous l'emprise d'une exaltation passionnée et même de l'extase. Les visions extatiques les plus actuelles sont celles dont le prophète fait l'expérience sans en avoir été sollicité [1], sous l'inspiration contraignante de Yahvé ; [304] cela se produit surtout lorsque le pays se trouve dans une situation extrêmement grave ou que le prophète est profondément ébranlé par les péchés de ses compatriotes. Inversement, il y a chez les prophètes classiques quelques cas relativement rares où l'on vient les consulter. Ils ne donnent alors que très exceptionnellement une réponse immédiate. Tout comme Mahomet, ils réfléchissent longuement au problème tout en priant. Jérémie s'y est employé une fois pendant dix jours avant d'entrer en extase (*Jér.* XLII). Même dans ce cas le prophète ne révèle pas directement à ceux qui se pressent autour de lui ses expériences visuelles ou auditives, car elles sont souvent obscures et ambiguës. Il essaie en méditant d'en découvrir le sens. Ce n'est que lorsqu'il en a saisi la signification qu'il se met à parler. Parfois il a recours au discours divin :

1. Ézéchiel (VIII, 1) entre une fois en extase en présence des Anciens qui le consultent.

à travers lui, Yahvé parle directement à la première personne ; parfois il relate les paroles de Yahvé. Le discours humain prédomine chez Isaïe et chez Michée, le discours divin chez Amos, Osée, Jérémie et Ézéchiel. Enfin tous les prophètes s'appliquent particulièrement à interpréter certains événements et surtout ceux de leur existence quotidienne dans lesquels ils voient des manifestations extrêmement significatives de la volonté divine (surtout *Jér.*, XXXII). Mais ce qui caractérise incontestablement les prophéties les plus marquantes de l'époque préexilique, c'est le fait qu'elles aient été prononcées ou même, comme c'est le cas pour Isaïe (V, 1), chantées sous le coup d'une très forte émotion. On peut certes trouver quelques vers isolés dont l'ambiguïté a été intentionnellement préservée, comme ce fut le cas pour le fameux oracle de l'Apollon de Delphes concernant Crésus, et aussi quelques rares tentatives d'élaboration intellectuelle, notamment chez Ézéchiel. Mais ce sont là des exceptions. On prétend à juste titre reconnaître certaines règles de style que les prophètes ont consciemment respectées dans leur poésie. Généralement ils ne nomment pas la personne dont il est question, sauf lorsqu'il s'agit de la maudire. Mais cela ne modifie en rien l'actualité et la charge émotionnelle de leur prophétie. Certes l'idée que l'on se faisait de la divinité limitait le contenu de l'expérience. Le fait que chez les prophètes la voix de Yahvé soit incarnée signifie d'une part que le prophète se sentait absolument « plein de Dieu », et d'autre part que la majesté traditionnelle de Yahvé excluait la possibilité pour lui de « s'incarner » dans la créature ; aussi avait-on recours au terme le plus approchant [1]. Quoi qu'il en soit, [305] tous les oracles helléniques qui nous sont parvenus et qui furent toujours délivrés sur commande, n'atteignent pas et de loin, en dépit de leur perfection formelle et de leur modération, la puissance et l'émotion des prophéties spontanées d'Amos, de Nahum, d'Isaïe, de Zacharie et de Jérémie.

1. SELLIN, *loc. cit.* p. 227, fait remarquer à juste titre qu'en règle générale, on ne nous donne pas de détails quant à la forme sous laquelle la parole divine touche le prophète. Ce qui importe c'est que le prophète parvienne à donner de ses desseins une interprétation qui puisse s'imposer.

Dans la tradition elle-même, bien qu'elle soit fragmentaire, la puissance du rythme est encore dépassée par l'éclat des images et des visions à la fois concrètes, évocatrices, frappantes, concises et pourtant exhaustives, et qui sont souvent d'une majesté impressionnante ; ceci les classe parmi les productions les plus grandioses de la poésie mondiale. La puissance poétique ne leur fait défaut que lorsqu'il s'agit d'exalter les exploits grandioses du Dieu invisible en faveur d'Israël, à partir d'une vision vague du futur et à l'aide d'images fantastiques mais imprécises. D'où peut donc naître une telle émotion, alors que dans la plupart des cas cette expérience extatique et pathologique était déjà ancienne et avait perdu de sa force ? Ce qui est certain, c'est qu'elle ne naît pas du caractère pathétique des expériences psychopathologiques en tant que telles, mais de la conviction passionnée du prophète d'avoir réussi à capter le sens de l'aventure qu'il a vécue. Cela signifie, pour parler plus clairement, que le prophète n'était pas un malade en proie à l'extase qui avait des visions, faisait des rêves et entendait des voix mystérieuses. Il était convaincu que la voix divine incarnée lui avait révélé clairement ce que Yahvé avait voulu signifier par ce rêve éveillé, cette vision ou cette expérience extatique, et qu'elle l'avait chargé d'un message qu'il lui fallait communiquer à ses contemporains à l'aide de paroles intelligibles. Les accents si pathétiques par lesquels s'exprime le prophète sont souvent une espèce d'émotion consécutive à l'extase, mais encore de nature à demi extatique ; cette émotion du prophète naît de la certitude d'avoir assisté en personne — comme le proclament les prophètes — « au conseil de Yahvé » et de la conviction d'être son « porte-parole », de rapporter ce que Dieu lui a confié ou ce qu'il dit en quelque sorte à travers lui. Le prophète type se trouve apparemment dans un perpétuel état de tension et de sombre méditation où les événements les plus banals et les plus insignifiants de la vie quotidienne peuvent devenir des énigmes angoissantes, [306] car ils sont susceptibles d'avoir une signification. Il n'était absolument pas nécessaire que le prophète ait une vision extatique pour qu'il soit plongé dans un tel état de tension. Lorsque celle-ci se relâchait — et elle se relâchait lorsque le prophète, interpellé par une voix divine, découvrait en une révélation subite la signification de sa vision — le prophète rompait son silence. La pythie et le poète sacerdotal qui interprétait ses paroles ne faisaient qu'un en Israël, où le prophète à lui seul incarnait les deux, ce qui explique son élan passionné. À cela s'ajoutent encore deux autres circonstances extrêmement importantes.

En premier lieu les dispositions prophétiques n'étaient stimulées ni par l'usage des moyens traditionnels auxquels avaient recours les *neviim* et la pythie pour atteindre l'extase ni par une quelconque influence de la masse ou d'une communauté extatique. On ne trouve rien de tout cela chez les prophètes classiques de nos collections scripturaires. Ils ne recherchaient pas l'extase. Elle s'emparait d'eux. Il n'est mentionné nulle part que l'un d'eux ait été admis dans une guilde de prophètes par l'imposition des mains ou quelque autre cérémonie ni même qu'il ait fait partie d'une quelconque communauté. Au contraire, c'est toujours Yahvé qui éveille directement la vocation prophétique, et les prophètes classiques nous relatent l'expérience visuelle ou auditive qui a été à l'origine de leur vocation. Aucun d'entre eux n'a recours à des stupéfiants, et ils ne manquent pas une occasion d'en maudire la pratique qu'ils assimilent à l'idolâtrie. De même les prophètes préexiliques n'ont pas recours au jeûne pour stimuler l'extase, alors que la tradition mentionne le jeûne de Moïse (*Ex.* XXXIV, 28). C'est pourquoi l'extase émotionnelle — il faut bien insister là-dessus — ne se manifeste pas chez eux de la même façon que dans la communauté chrétienne primitive. À l'époque des apôtres, l'esprit ne soufflait pas sur l'individu isolé mais sur l'assemblée des fidèles ou encore sur un ou plusieurs des participants. Telle était du moins la règle générale, et seule cette forme d'expérience passait pour authentique. L'esprit se « déversait » sur la communauté pendant qu'on prêchait l'Évangile. C'est au sein de cette assemblée et non dans quelque pièce isolée qu'apparaissent la glossolalie et les autres « manifestations de l'esprit » ainsi que la prophétie de l'époque. Toutes ces manifestations résultaient de l'influence de la masse ou plus précisément du fait qu'il y ait un rassemblement de masse ;

cette présence de la collectivité apparaissait généralement [307] comme une condition nécessaire [1]. Si l'on attachait dans le christianisme primitif une valeur religieuse à la communauté en tant que dépositaire de l'esprit, et si ce phénomène a conservé une importance aussi grande dans l'histoire de la culture, c'est justement parce que le rassemblement des frères était le plus apte à produire de telles extases sacrées. Il en va tout autrement pour les anciens prophètes. C'est précisément lorsqu'ils sont seuls que l'esprit prophétique s'empare d'eux. Et souvent il les contraint à se réfugier dans la solitude, à fuir dans les champs ou le désert, comme ce sera encore le cas pour Jean et Jésus. Lorsque la mission du prophète l'oblige à sortir dans la rue, à se mêler à la foule, c'est à nouveau en fonction de l'interprétation qu'il donne à son expérience. Mais cette apparition publique du prophète, et il faut insister là-dessus, n'est nullement motivée par la croyance que c'est là seulement, sous l'influence de la force suggestive de la masse, qu'il est capable de parvenir à l'extase sacrée. À l'opposé des premiers chrétiens, les prophètes ne sont pas membres d'une communauté spirituelle qui leur apporte son soutien. Ils savent bien qu'ils sont incompris et haïs par la masse de leurs auditeurs ; ceux-ci ne les soutiennent pas et ne les protègent jamais comme le feraient des sympathisants partageant les mêmes idées, tels les apôtres dans la communauté chrétienne primitive. À l'opposé de ces derniers, les prophètes ne désignent pas une seule fois leurs auditeurs ou les personnes auxquelles ils s'adressent comme leurs « frères ». Un sentiment de tragique solitude assombrit l'humeur des prophètes préexiliques, qui dans l'ensemble sont extrêmement durs et aigris ; lorsqu'ils sont plus sensibles, comme Osée, ils cèdent à la mélancolie. Ce ne sont pas des foules en extase, mais un ou quelques disciples fidèles (*Is.* VIII, 16) qui partagent leurs transes solitaires et

1. Ceci vaut pour la glossolalie ainsi que pour la prophétie concernant les problèmes de l'heure. Ceci se retrouvera chez les anabaptistes et les quakers du XVIe et du XVIIe siècle ; de nos jours cela se reproduit dans les églises noires d'Amérique (même dans celles de la bourgeoisie noire, par exemple à Washington, où j'en ai été le témoin).

leurs tourments tout aussi solitaires. Ce sont ces disciples qui ont généralement recueilli leurs visions et transcrit l'interprétation que leur dictaient les prophètes ; ce fut notamment le cas de Baruch, fils de Nériya et disciple de Jérémie (*Jér.* XXXII, 12). Parfois ils recueillirent les prophéties afin de les transmettre à ceux auxquels elles étaient destinées. Mais lorsque le prophète de l'époque préexilique pénètre dans la foule pour s'adresser à elle, il a généralement le sentiment d'affronter des gens que les démons incitent au mal ; il doit faire face à des individus qui s'adonnent aux cultes orgiaques de *Ba'al*, à l'idolâtrie, [308] qui commettent des péchés d'ordre social ou éthique ainsi que des actes politiques graves et insensés : ils résistent aux décrets de Yahvé. Le prophète sait qu'il affronte ses ennemis mortels, ceux que son Dieu a voués à un destin effroyable. Son propre clan le hait et c'est contre son village natal que Jérémie brandit une malédiction (*Jér.* XI, 22-23). Après s'être débattu seul avec ses visions pour en forcer la signification, le prophète de malheur s'arrache à la solitude ; puis il retourne à sa demeure, solitaire, objet d'horreur et de crainte, de haine et de raillerie, couvert de sarcasmes et de menaces, de crachats et de coups. Les expériences sacrées de ces prophètes sont donc absolument individuelles[1] ; ni eux ni leurs auditeurs ne pensaient qu'elles étaient suscitées par l'influence émotionnelle de la masse. Ce n'est pas une influence extérieure mais bien une disposition personnelle d'origine divine qui permettait au prophète d'atteindre l'extase. C'est précisément à l'époque des prophètes que la conception qui attachait tant de prix à l'extase et la tenait pour sacrée passa progressivement au second plan. En effet la prophétie et la contre-prophétie s'affrontaient dans la rue ; toutes deux fondaient leur légitimité sur l'extase en ne cessant de se maudire. « Où donc est la vérité de Yahvé ? » Personne ne pouvait échapper à cette question. On en conclut que l'extase seule était insuffisante pour

1. Il ne faut pas oublier qu'entre toutes les oppositions il y a des états intermédiaires et que l'on retrouve chez les chrétiens des phénomènes semblables. Chez eux également, c'est à partir d'individus particuliers que se propage la « contagion » psychique.

prouver l'authenticité d'un prophète. L'extase perdit de son importance, du moins pour la prédiction. On ne mentionna plus qu'exceptionnellement les expériences émotionnelles par lesquelles passait le prophète en extase et on les considéra uniquement comme des moyens au service d'une fin. Car à l'opposé de l'Inde, cela n'avait aucune importance et ne constituait nullement une preuve d'authenticité. Ce n'est qu'après avoir été interpellé par la voix incarnée de Yahvé que le prophète lui-même acquiert la certitude d'être l'instrument du Dieu invisible. Il invoque cette révélation pour fonder sa légitimité et non pas la nature sacrée de l'expérience extatique. Aussi les prophètes ne s'entouraient-ils pas d'une communauté qui aurait pratiqué l'extase collective ou qui aurait suscité des réveils extatiques comme voies de salut. On n'en trouve pas la moindre trace [309] dans la prophétie yahviste classique. La nature même de son message s'y opposait. Jamais ceux à qui s'adressait le message prophétique n'exigeaient comme preuve de l'authenticité des prophètes que ceux-ci parviennent à atteindre une certaine extase ou encore qu'ils soient capables d'entendre la voix de Yahvé. Contrairement aux sources chrétiennes primitives qui requièrent de la communauté la possession du *pneuma*, on n'exige nulle part de ceux auxquels s'adresse la révélation prophétique qu'ils parviennent eux-mêmes à une certaine extase ou encore qu'ils soient capables d'entendre la voix de Yahvé. Le charisme prophétique est plutôt une lourde charge, dévolue aux seuls prophètes qui y voient bien souvent l'origine de leurs tourments. À l'opposé des premiers prophètes chrétiens, ils ne cherchaient jamais à faire descendre l'esprit sur l'assemblée, car ce charisme était leur privilège. C'est en effet un libre présent que leur a consenti la grâce divine et qui n'a nécessité aucune qualification personnelle. Dans les récits décrivant la première extase qui a décidé de leur vocation et fait d'eux des prophètes, celle-ci n'apparaît jamais comme le fruit de l'ascèse, de la contemplation, de la perfection éthique, d'actes de pénitence ou d'un quelconque mérite. Bien au contraire, en vertu du caractère profondément individuel d'une telle expérience, elle se présente toujours comme un événement inopiné et immotivé. Yahvé arrache

Amos à son troupeau, un ange de Yahvé pose un charbon ardent sur la bouche d'Isaïe, Yahvé lui-même touche de son doigt la bouche de Jérémie, et les voici consacrés. Il arrive que le prophète, tel Jérémie, soit saisi de panique et tente de se dérober à la charge que le charisme fait peser sur lui ; parfois, tel Isaïe, il propose avec enthousiasme ses services à Dieu qui est en quête d'un prophète. À l'opposé des prophètes indiens ou helléniques du type de Pythagore ou des orphiques, mais aussi des puritains rékhavites, nul prophète israélite n'a jamais songé à emprunter une voie de salut ritualiste ou ascétique qui renchérirait sur l'éthique de la vie quotidienne. On ne trouve rien de la sorte. Ceci témoigne de l'influence énorme qu'exerça la conception de la *berith*, qui définissait clairement ce que Yahvé exigeait de son peuple, en liaison avec la Thora des lévites qui avait décrété que ces impératifs divins avaient une valeur intemporelle. La circonstance particulière qui avait fait que la Thora ne résultait pas de la quête de salut individuel d'une couche de lettrés et de penseurs éminents, mais de la confession et de l'expiation des péchés instituées par ceux qu'animait un souci pastoral, portait ici ses fruits. Si l'on ne tient pas compte de cette circonstance particulière, toute l'évolution ultérieure demeure incompréhensible. Cela se manifeste également [310] dans la définition de la qualification prophétique. Ainsi que nous l'avons vu, l'extase en tant que telle ne suffit plus à légitimer le prophète, il faut encore qu'il ait perçu la voix de Yahvé. Mais qu'est-ce qui prouvait aux auditeurs que le prophète avait bien, comme il le prétendait, entendu la voix de Yahvé ? Les réponses à une telle question étaient en partie d'ordre historique et en partie d'ordre religieux et éthique. Ce sont les circonstances historiques ainsi que les menaces que Yahvé faisait peser qui amenèrent Jérémie (XXIII, 29) à prendre pour critère l'opposition traditionnelle à la prophétie de salut de la cour. Cela s'explique par la lutte sociale menée contre les *gibborim* et contre la royauté qui avait institué la corvée. Le prophète authentique ne saurait annoncer le salut à ces puissants qui commettent des abominations. Mais l'attachement aux commandements de Yahvé tels que chacun les connaissait (XXIII, 22) relevait d'impératifs éthiques. Seul le prophète qui exhortait le peuple à vivre selon la morale et qui condamnait le péché en proférant des menaces de malheur n'était pas un prophète de mensonge. C'est par la Thora que l'on connaissait généralement les commandements de Yahvé. Celle-ci restait donc le présupposé nécessaire, le fondement indispensable de toute prophétie, et si elle n'est évoquée que rarement d'une façon explicite, c'est que nul n'aurait songé à remettre ce principe en question. Les maîtres de sagesse dans la Grèce du VIe siècle enseignaient, eux, l'absolue nécessité de se soumettre à la loi morale ; d'ailleurs, par son contenu, celle-ci est très proche de la loi des prophètes — tout comme l'éthique sociale de la législation des *aisymnètes* helléniques s'apparente d'une façon intrinsèque au Livre de l'Alliance. Mais la différence réside dans le fait qu'en Grèce tout comme en Inde, les prophètes religieux authentiques et les messagers de salut faisaient dépendre celui-ci de certaines conditions rituelles ou ascétiques et qu'en fait ils annonçaient essentiellement le salut pour l'au-delà. Les prophètes israélites annonçaient au contraire le malheur, et le malheur ici-bas à cause des péchés contre la loi de Yahvé à laquelle chaque membre d'Israël était tenu de se soumettre. Comme à la suite de l'alliance contractée avec Yahvé la tâche spécifique d'Israël consistait précisément dans l'application d'une éthique de la vie quotidienne, les menaces et les promesses eschatologiques agissaient par leur puissance pathétique en faveur de l'observance de ces commandements simples, auxquels chacun était en mesure d'obéir, et que, selon les prophètes, les non-israélites eux-mêmes appliqueraient à la fin des temps. Le grand paradoxe d'ordre historique c'est que cette éthique de la vie quotidienne, qui devint plus tard l'éthique officielle de l'Occident chrétien et dont le contenu ne se distingue des règles de vie de la haute époque hellénique [311] et de la période hellénistique que dans le domaine sexuel, ait pu constituer la mission spécifique d'un peuple élu par un Dieu, le plus puissant de tous, et qu'elle ait été inculquée à l'aide de promesses et de châtiments utopiques. C'est d'une conduite conforme à l'éthique et notamment à l'éthique de la vie quotidienne, que dépendait le salut particulier promis à Israël. Une telle exigence peut paraître banale et même absolument normale, mais c'est ici seulement qu'on en a fait le fondement d'une prophétie religieuse ; cela est dû à des circonstances particulières.

En vertu de leur élection, les prophètes revendiquaient certaines qualités spécifiques. L'expression « esprit de Yahvé » (*ruaḥ*) n'apparaît que rarement ; c'est uniquement avant l'exil, chez Isaïe (XXX, 1), qu'elle désigne une qualité spécifiquement prophétique, bien que l'expression « homme de l'esprit » (*Os.* IX, 7) se rencontre parfois chez un prophète scripturaire. Ce n'est qu'à partir d'Ézéchiel, puis dans le Deutéro-Isaïe et chez les prophètes postexiliques que le terme apparaît fréquemment. Il semble que l'hostilité des anciens prophètes à l'encontre des *neviim* professionnels les ait amenés à éviter ce terme ou à ne l'utiliser que rarement. À cela s'ajoutait que, dans le langage ordinaire, le terme de *ruaḥ* désignait essentiellement l'extase irrationnelle et passagère, alors que les prophètes devaient leur prestige au fait qu'ils étaient capables à tout moment de comprendre lucidement et de communiquer clairement les intentions de Yahvé. C'est chez Ézéchiel que le *ruaḥ* reparaît pour la première fois comme un mystérieux pouvoir divin qu'il serait sacrilège de mésestimer, comme dans les Évangiles. Durant l'exil (*Deutéro-Isaïe* XL, 13 ; XLII, 1 ; XLVIII, 16) « l'esprit » devint une puissance transcendante et cosmique (*Gen.* I, 2) que le Trito-Isaïe désigne pour la première fois comme le « saint-esprit » (LXIII, 10). Mais si le charisme prophétique désigne avant tout l'aptitude à comprendre rationnellement les desseins de Yahvé, il suppose également des qualités absolument différentes et irrationnelles, tel un pouvoir magique. Isaïe est le seul parmi tous les prophètes scripturaires à être mentionné comme conseiller médical lors de la maladie du roi Ézéchias ; le prophète exige du roi Aḥaz, qui doit faire face à une situation politique très grave, qu'il lui demande d'attester par un miracle l'authenticité de son oracle politique. [312] Lorsque le roi se dérobe, Isaïe prononce ses fameuses paroles concernant la « jeune femme » qui porte déjà dans ses flancs Emmanuel, le prince sauveur. Une analyse de la situation laisse apparaître qu'il ne s'agit pas seulement d'une prophétie, mais bien d'une révélation devant hâter le salut promis à Israël. Le prophète dévoile les résolutions prises par Yahvé à la suite du manque de foi du souverain. Par leur parole, les prophètes ont le pouvoir de tuer (*Os.* VI, 5 ; *Jér.* XXVIII, 16). Jérémie remet à un messager une formule de malédiction contre Babylone, dont la lecture puis l'immersion dans l'Euphrate doivent provoquer la catastrophe prédite. Ce n'est jamais par une manipulation sympathique ou magique que s'accomplit le miracle, mais par la simple parole prononcée ou mise par écrit. Et surtout, alors que Jésus a tellement conscience de son pouvoir magique, ce sentiment passe tout à fait à l'arrière-plan dans les témoignages que les prophètes livrent d'eux-mêmes. Ils n'invoquent jamais un tel pouvoir pour attester leur élection et ne le revendiquent d'ailleurs jamais comme un attribut personnel. Bien sûr Jérémie sait que Yahvé (I, 10) l'a placé au-dessus de toutes les nations pour qu'il les mène à leur perte et pour qu'il leur offre la « coupe de colère » (XXV, 15). Mais le sentiment qu'il a de sa propre valeur s'accompagne toujours de la conscience de n'être que l'instrument de Dieu. Si ce qu'annonce le prophète doit se réaliser, ce n'est pas grâce à sa propre volonté mais à la suite d'une décision divine que lui a communiquée une voix incarnée, la Parole de Yahvé (*Jér.* XXIII, 29). Les prophètes ne revendiquent rien d'autre que la connaissance des desseins et du pouvoir miraculeux de Dieu. Celui-ci n'entreprend rien, affirme Amos, sans en référer préalablement à ses prophètes. Telle est l'origine du sentiment qu'ils ont de leur propre valeur. Dans une certaine mesure, les prophètes revendiquent également le pouvoir d'influencer les décisions de Yahvé. Chez Amos déjà le prophète apparaît parfois comme un intercesseur, jouant un rôle identique à celui que la tradition attribue à Moïse et à Abraham. Mais Yahvé ne se laisse pas toujours fléchir. Il lui arrive de déclarer que même si Moïse ou Samuel venaient plaider devant lui, sa décision n'en serait pas moins irrévocable. Jamais le prophète n'ose même envisager la possibilité d'influencer Yahvé par la magie. Au contraire, ce serait commettre un péché capital à l'encontre de cette divinité redoutable. Le prophète n'a pas la moindre velléité de se transformer en sauveur ou en virtuose religieux exemplaire. [313] Il ne cherche pas à devenir l'objet d'un culte hagiolâtre. Jamais il ne se prétend exempt de tout péché. Les obligations éthiques qu'il s'impose ne diffèrent en rien de celles qui sont exigées de tout un chacun. Le critère le plus sûr pour distinguer un prophète de mensonge, c'est non seulement l'absence de tout appel au peuple afin qu'il amende ses voies et qu'il prenne conscience du malheur qui menace, mais aussi le fait que lui-même ne se soumette pas aux commandements divins ; c'est là un critère dont l'importance ne s'est jamais démentie et qui a grandement influencé la nature même de la religion d'Israël. Mais Jérémie par exemple ne prétend nullement être à l'abri de toute faute morale. Lorsque à l'instigation de Sédécias il raconte un mensonge aux partisans de l'Égypte (XXXVIII, 27) afin de ne pas compromettre le roi, il ne fait que se plier à l'éthique des Patriarches ; Yahvé lui-même avait pris « l'esprit de mensonge » à son service. L'obligation de s'en tenir à la stricte vérité n'est pas aussi impérieuse dans l'ancienne éthique israélite, celle du décalogue ou dans l'éthique d'Homère qu'elle l'est dans la morale indienne ; les exigences du Siracide par exemple sont bien plus rigoureuses. Cela montre en tout cas que le prophète qui de par sa vocation entendait faire preuve d'une foi inconditionnelle établissait une différence entre sa fonction et sa conduite personnelle. Il est peu probable que la Thora eût approuvé la haine et la colère excessives dont certains prophètes accablent leurs adversaires. Certes Yahvé semble parfois faire dépendre l'effet de ses paroles sur le cœur du peuple des paroles « nobles » que le prophète doit prononcer. Mais par ailleurs Jérémie se sait « impur » et faible. Nul prophète ne se croit investi de sainteté ; il n'est jamais qu'un moyen pour transmettre les commandements divins, un instrument au service de la mission qui lui a été confiée. Nulle part ailleurs on ne rencontre d'une façon aussi caractéristique le type du prophète entièrement voué à sa mission. Même pas dans l'ancienne communauté chrétienne. Aucun prophète n'appartenait à une association ésotérique comme le feront plus tard ceux qui prêchent l'Apocalypse. Et aucun d'entre eux n'a pensé à fonder une communauté. L'absence de toute condition favorable à la constitution d'une nouvelle communauté cultuelle, comme celle qui se formera autour du culte de *Kyrios Christos*, et l'hostilité inévitable des prophètes à une telle entreprise constituent sur le plan sociologique une différence fondamentale avec la prophétie chrétienne primitive. Les prophètes se tiennent au milieu de leur peuple et s'intéressent au destin de cette collectivité politique. [314] Leurs préoccupations sont purement d'ordre éthique et non d'ordre cultuel, à l'opposé des missionnaires chrétiens qui instituèrent la communion surtout comme une médiation de la grâce. Il s'agit là d'une particularité du christianisme primitif empruntée aux mystères de l'Antiquité tardive qui était absolument étrangère aux prophètes. Tout cela était en rapport avec le caractère spécifique des relations qui existaient entre les Israélites et le Dieu au nom duquel parlaient les prophètes ; cela était lié également à la signification de la prophétie. Par là se manifeste l'importance des idées concernant la religion élaborées par les intellectuels israélites et surtout par la Thora des lévites. Apparemment les prophètes n'ont pas révélé une nouvelle conception de Dieu ni un nouveau moyen de salut ni même de nouveaux commandements ; du moins ce n'était pas leur intention. Ils présument que leur Dieu est connu de tous et qu'il a fait connaître à l'homme « ce qui est bien » (*Mic.* VI, 8), c'est-à-dire l'obéissance aux commandements de Dieu qu'enseigne la Thora. Isaïe qualifie sa propre prophétie de « Thora de Dieu » (XXX, 9). Les prophètes se réfèrent sans cesse à la transgression de ces commandements déjà bien connus.

3. ÉTHIQUE ET THÉODICÉE DES PROPHÈTES

Mais au centre de leur prophétie, il y a également les problèmes du monde environnant. La peur d'une guerre faisait que le peuple les assaillait de questions sur les causes du courroux divin, sur les moyens de se concilier les bonnes grâces du Dieu et sur les espérances pour l'avenir national en général. La panique devant l'ennemi, la rage et la soif de vengeance, la peur de la mort, de la mutilation, de la dévastation, de l'esclavage et de l'exil (qui apparaît déjà chez Amos) tout comme le problème de la légitimité de la résistance ou de la soumission à l'Égypte, à l'Assyrie, à Babylone, ou d'une alliance avec ces pays, tels étaient les sentiments et les problèmes qui agitaient la population et qui avaient une répercussion sur les prophètes. Cette insécurité collective marquait très profondément leurs conceptions, même lorsqu'ils paraissaient en public sur leur propre initiative.

À la question concernant le pourquoi de la catastrophe, ils répondaient inlassablement que c'était Yahvé, le Dieu d'Israël, qui en avait ainsi décidé. Cette réponse peut sembler très simple, elle ne s'impose pourtant pas d'elle-même. Car bien qu'il entrât déjà de nombreux traits universalistes dans la représentation que l'on se faisait de la divinité, du moins dans l'optique des intellectuels, il n'en est pas moins vrai que l'opinion populaire se serait plutôt ralliée à l'une des hypothèses suivantes : [315] ou bien les divinités étrangères étaient actuellement les plus fortes, quelle qu'en soit la raison, ou bien Yahvé ne voulait pas secourir son peuple. Mais la révélation prophétique allait bien au-delà de cette dernière hypothèse en affirmant que c'était Yahvé lui-même qui avait intentionnellement amené le malheur sur son peuple. « Se pourrait-il qu'il arrive un malheur dans une ville sans que Yahvé en soit l'auteur ? » demande Amos (III, 6). Selon les circonstances et surtout selon qu'apparaisse au premier plan la figure du Dieu irascible de l'alliance ou celle du souverain de l'univers plein de noblesse, on affirmait que ces décrets divins avaient été rendus nécessaires par la situation présente, comme le présupposent la plupart des oracles, ou bien que ce destin fatal avait été prévu par Yahvé depuis les temps anciens (*Is.* XXXVII, 26). Quelle que soit l'hypothèse retenue, l'assertion d'Amos qui épouvantait tant l'opinion populaire n'avait pu naître que des fondements historiques particuliers du yahvisme. Ce qui importait, et Amos le souligne amplement (IV, 10), c'est que Yahvé ait été de tout temps le Dieu des catastrophes naturelles, et qu'il pouvait, comme il l'avait fait à maintes reprises, envoyer la peste et toutes sortes de maux effroyables contre ceux qui déchaînaient son courroux. Et surtout, il n'avait jamais cessé d'entraîner les ennemis d'Israël dans des désastres militaires, assurant par là-même le salut de son peuple ; cependant il n'intervenait qu'après avoir laissé Israël faire la longue expérience d'un malheur semblable. C'est pour cela, et uniquement pour cela, que les prophètes devinrent des politiciens : la catastrophe politique se pressait, menaçante, devant la porte. Ce danger constituait l'une des préoccupations majeures d'Isaïe. Alors qu'initialement les catastrophes politiques avaient été éclipsées par les catastrophes naturelles et cosmiques qui paraissaient plus redoutables, elles prirent désormais une importance croissante dans la prophétie de malheur. C'est à Yahvé et à nul autre dieu qu'il fallait les imputer. Mais c'était lui également qui avait choisi Israël parmi toutes les autres familles de la terre. « C'est pour cela précisément, dit Yahvé, selon le paradoxe délibéré qu'Amos place dans sa bouche, que je vous punirai pour toutes vos fautes » (*Am.* III, 2). Israël seul est associé à Dieu par la *berith*, et Osée, qui a peut-être été le premier à souligner l'opposition entre le peuple de Dieu et les nations impies (IX, 1), compare la rupture de l'alliance à un « adultère ». Yahvé avait fait sous la garantie du serment certaines promesses à ses ancêtres et il les avait tenues dans la guerre comme dans la paix ; de plus il avait fait bénéficier son peuple d'une incommensurable bénédiction. Aussi les prophètes l'exhortent-ils à ne pas rompre son alliance et lui de son côté demande (*Jér.* II, 5) [316] de quelle forfaiture — c'est-à-dire de quelle trahison de l'alliance — il s'est rendu coupable aux yeux des Anciens d'Israël. Cependant la réalisation des promesses avait pour conditions non seulement qu'Israël lui restât fidèle en le considérant comme son seul Dieu, qu'il ne se tournât pas vers d'autres cultes, mais surtout, d'après la majorité des prophètes (Amos, Jérémie, Michée et également Isaïe), qu'il exécutât les commandements que Yahvé lui avait imposés. Plus particulièrement ceux qu'il n'avait imposés qu'à lui seul. Selon Amos déjà, il existe des iniquités pour lesquelles Yahvé, en tant que souverain du monde, punit également les autres nations, notamment les voisins d'Israël. Parmi elles (*Am.* I, 3) figure une espèce de loi religieuse universelle qui était censée valoir également pour les peuples palestiniens. Naturellement Yahvé punit surtout les exactions perpétrées à l'encontre d'Israël : la dévastation barbare de Galaad par les Damascènes, le rapt de prisonniers par Gaza et Tyr et leur vente aux Édomites, les guerres impitoyables des Édomites et la cruauté des Ammonites qui éventraient des femmes enceintes. Il n'y a là rien d'original. Mais Yahvé punit également l'iniquité commise par un tiers à l'encontre d'un autre peuple : par exemple le fait que les Moabites aient brûlé le cadavre d'un roi édomite. Par là se manifeste la communauté culturelle des peuples palestiniens que l'on interprète ordinairement comme une parenté tribale. Il s'agit peut-être aussi de rapports relevant d'un droit international. L'iniquité des Édomites est condamnée en tant que violation des liens « fraternels » qui unissent Édom à Israël ; Tyr est ouvertement accusée de ne pas avoir respecté un « accord fraternel », probablement donc une convention de droit international passée entre les belligérants et qui concernait le traitement des prisonniers. Il existait certainement des accords semblables avec les autres peuples du voisinage dont la violation provoquait la vengeance de Yahvé. L'orientation purement éthique s'accentua avec l'essor que connut la conception universaliste de Dieu. Isaïe dénonce l'excessive cruauté dont font preuve les potentats mésopotamiens dans la conduite de la guerre et affirme qu'elle provoque le courroux de Yahvé. De plus l'hubris de ces souverains du monde ne pouvait qu'exciter la jalousie de Yahvé.

Israël lui-même, selon Amos, est puni pour toutes ses fautes et s'attire les foudres divines en violant le « droit » et la « justice », c'est-à-dire les institutions sociales qui lui sont propres. Au nombre de celles-ci figurent, d'après la plupart des prophètes, les impératifs d'entraide fraternelle [317] que la parénèse lévitique avait élaborés et qu'elle avait incorporés dans les anciennes collections de lois. Amos juxtapose (II, 12) d'une façon caractéristique les tentatives pour amener le *nazir* à enfreindre ses obligations rituelles et l'oppression dont sont victimes les *neviim* avec la violation des commandements du Livre de l'Alliance concernant le traitement des Israélites emprisonnés pour dettes et la saisie des vêtements. Or ce sont là précisément des éléments de l'ancienne organisation militaire et sociale dont Yahvé avait été le garant à l'époque de la confédération. Ici apparaissent en toute clarté les liens qui unissent Yahvé à Israël en tant que partenaire contractuel de la confédération. D'autres prophètes dénoncent dans leurs oracles non seulement les péchés individuels les plus courants (essentiellement ceux qui ont été commis à l'encontre du décalogue) mais encore l'absence d'esprit fraternel sous toutes ses formes, de même que dans l'éthique de charité commune au Proche-Orient et à l'Égypte ils condamnent tout particulièrement l'oppression des pauvres dans les tribunaux et par l'usure. Dans ces justifications du courroux divin de même que dans les paradoxes délibérés d'Amos se manifeste l'influence de la culture intensive des intellectuels. Il existe également des justifications d'ordre éthique et social pour les punitions infligées par Dieu. La bureaucratie patrimoniale des grands empires avait fait naître dans tous les pays voisins l'idéal patriarcal et charitable du bien-être public, et partout s'était répandue la croyance que c'était la malédiction que le pauvre appelait sur son oppresseur qui provoquait le malheur. Cette idée s'était également répandue en Israël, probablement par l'entremise des Phéniciens. Dans leurs inscriptions les rois de Mésopotamie reprochent à leurs opposants vaincus d'avoir commis des injustices sociales envers leurs sujets (c'est déjà le cas d'Urukaniga et de Cyrus). Dans les sources chinoises il est fait mention très souvent des mesures illégales imposées aux sujets et des mœurs contraires à la tradition lors d'un changement de dynastie ou de la conquête d'un État par un autre souverain. Une telle justification est toujours le produit de couches intellectuelles d'orientation cléricale ou ritualiste au sein d'États bureaucratiques. Mais ce qui est particulier à Israël, c'est précisément que l'exigence d'une conduite charitable de la part des classes dirigeantes et surtout des fonctionnaires royaux ait été librement acceptée, alors que partout ailleurs elle résulte du développement d'un appareil bureaucratique national et de la couche cultivée correspondante [1]. [318] Or c'est précisément cette royauté patrimoniale que les intellectuels israélites pieux rejetaient au profit de l'ancien idéal des chefs de district. Ce qui est unique d'autre part, c'est que la justification d'une telle attitude se trouvait dans les menaces de malheur des prophètes qui prédisaient non seulement le châtiment du souverain lui-même, mais également celui du peuple qui depuis la *berith* était collectivement responsable pour les péchés des rois et des grands. Ceci était lié au caractère particulier de la constitution politique et religieuse d'Israël.

Les œuvres prophétiques témoignent encore de l'éminente valeur intellectuelle de la jurisprudence et de la sagesse israélites. En plus de leurs oracles, les *divré Yahvé*, les prophètes reconnaissent comme fondements valables de la moralité, premièrement le *ḥoq* qui est, comme nous l'avons vu, une ancienne coutume instituée par les oracles juridiques des *ḥoqequim*, ensuite la Thora qui est l'enseignement rationnel que dispensent les lévites (*Am.* II, 4 ; *Is.* XXIV, 5) et finalement le *michpat*, qui est le droit qui découle des verdicts (*Is.* XVI, 5) prononcés par les *sarim* et les *zeqénim*. Même s'ils se sont parfois opposés avec une extrême violence aux juges, aux *sarim*, aux *ḥoqeqim* et aussi aux maîtres de la Thora qui selon eux ne prononçaient que des paroles vaines, les prophètes ne mirent jamais en question le caractère impératif de ces normes, pas plus qu'ils ne rejetèrent le principe de la *ḥokhma*, c'est-à-dire des règles de vie élaborées par les maîtres de sagesse. Leur position est bien sûr toute différente. En effet jamais un prophète n'a prétendu révéler de nouveaux commandements, comme Jésus le fit parfois avec

1. Les commandements de charité de la Thora n'étaient pas une sublimation de l'éthique de voisinage des paysans ; celle-ci comme toute morale paysanne était bien éloignée d'une telle sentimentalité. Ces commandements relevaient de l'idéologie de la royauté égyptienne et proche-orientale, de ses scribes et de ses prêtres.

beaucoup d'insistance : « il est marqué, mais moi je vous dis ». Au contraire ils s'élevèrent contre la falsification de l'authentique volonté de Yahvé que ce dernier avait révélée depuis fort longtemps, et dénoncèrent comme une entreprise criminelle « la plume mensongère des scribes » et les « sentences fallacieuses » que rendaient les *ḥoqeqim* qui lésaient les pauvres (*Is.* X, 1). Ils fustigèrent également les verdicts injustes des juges qui se laissaient corrompre. Il arrive parfois que le prophète qui siège au conseil de Yahvé se prévaut de son éminence pour dénier toute valeur à la *ḥokhma* ou aux commandements (*mitswoth*) que les maîtres « n'honorent qu'avec leurs lèvres » (*Is.* XXIX, 13-14). Le scepticisme encore plus radical dont Jérémie fait preuve à l'encontre des maîtres eux-mêmes [319] ne modifie en rien le fait que les commandements positifs de la Thora des lévites et ceux des prophètes sont fondamentalement identiques.

Mais pour les prophètes, l'importance de la Thora dépassait de loin la simple présentation des commandements et de leur contenu. Leur conception fondamentale selon laquelle Yahvé infligeait de terribles châtiments à la suite de violations de la règle morale, et tout particulièrement de l'éthique sociale, était issue en fait de la pratique de la confession et de l'expiation instaurée par les lévites ; elle était influencée également par le développement que celles-ci connurent grâce à la parénèse éthique et rationnelle. De même la conception selon laquelle c'était le peuple en tant que collectivité et non pas l'individu qui était tenu pour responsable des péchés et des fautes qui provoquèrent la vengeance divine était d'origine pré-prophétique, quelle que soit par ailleurs l'ancienneté du rituel sacerdotal de pénitence qui apparaît dans la version actuelle des Écritures et auquel étaient soumises des communautés entières. Cette conception très importante résultait de la nature particulière d'Israël qui constituait une association d'hommes libres collectivement responsables depuis la *berith* ; et cela on ne l'avait pas oublié. Les oracles d'Amos présupposent cette théodicée du malheur. Mais comme toute théodicée, celle-ci n'avait été à l'origine qu'une représentation propre aux seules classes intellectuelles. Qu'un visionnaire tel Amos la révèle publiquement avec une passion implacable, qu'il l'utilise pour justifier la catastrophe imminente, c'est là assurément un phénomène tout à fait nouveau ; ceci permet de comprendre l'impression très forte que causa sa prophétie et d'expliquer pourquoi ce sont précisément les oracles de ce prophète qui furent les premiers à être conservés. À cela s'ajoutait naturellement l'accomplissement du désastre lui-même tel qu'il avait été prédit à une époque de triomphe politique et de prospérité économique sous Jéroboam II. Il ne faudrait pas se méprendre sur la signification de notre affirmation précédente qui établissait une relation entre la position de la prophétie classique et le déclin de la puissance des deux royaumes de plus en plus menacés. Ce n'est absolument pas cela qui détermina l'apparition de prophètes de malheur. Élie s'était déjà dressé face au roi en authentique prophète de malheur, et il se peut que des prophètes aient déjà brandi avant Amos des prophéties de malheur contre le peuple. Les visions de malheur avaient une origine « endogène ». Il suffit de jeter un coup d'œil sur les écrits de ces prophètes pour se rendre compte qu'on a affaire à des personnalités dont le tempérament dur, aigri, passionné et sombre est souvent une disposition personnelle sans rapport avec la situation du moment. Ils pensent que le monde est condamné au moment même [320] où il semble resplendir de toute sa force et de toute sa félicité. Amos ne mentionne pas l'Assyrie par son nom : il n'est question que de « l'ennemi » et de l'exil qui aura lieu « au-delà de Damas ». Ceci est déjà assez clair. Ce qui amène le prophète à croire que c'est précisément de là que viendra le malheur, c'est l'existence d'un culte des divinités mésopotamiennes (v, 27). Les sombres pressentiments des prophètes se fondent non pas sur la situation mondiale mais sur la corruption qui les entoure. Isaïe éprouve de semblables appréhensions précisément après la retraite de Sennachérib, alors que jusque-là il avait été sûr de la victoire (XXII, 14). Lorsqu'enfin le désastre se produit, les prophètes semblent plutôt soulagés : pour la corruption qui les cernait de toutes parts, l'heure de l'expiation et aussi celle de la rédemption semblent être venues. C'est pourquoi il paraît extrêmement téméraire de se risquer à parler d'un « type de personnalité » qui aurait des prédispositions affirmées pour cette expérience émotionnelle que constitue la prophétie. Car même les fragments des oracles qui nous sont parvenus laissent apparaître des différences de tempérament fondamentales, telle la passion impétueuse et enflammée d'Amos qui jamais ne se relâche, la tendresse et la chaleur de l'amour d'Osée qui s'efforce de convaincre, la fougue, la détermination, la noblesse et l'assurance d'Isaïe ainsi que l'enthousiasme passionné et vibrant qui l'animent. Quant à Jérémie, son âme tendre est profondément troublée par les idées dépressives et les obsessions qui l'assaillent, mais sous la contrainte de la vocation prophétique, il se ressaisit en un héroïsme désespéré. À cela s'oppose l'intellectualisme d'Ézéchiel qui, s'il s'excite jusqu'à l'extase, ne cède pourtant pas à l'émotion. On ne saurait estomper de tels contrastes, et pourtant ils ne modifient en rien la nature même de la prophétie de malheur. C'est ce que prouve d'une façon éclatante le fait que dès que le Temple est définitivement détruit, elle cesse sur-le-champ, tandis que commencent la consolation et la prédiction de salut. La prophétie de malheur était donc née de l'abomination et de l'horreur profonde qu'inspirait l'abandon de Yahvé et de ses commandements ainsi que de la peur effroyable des conséquences d'un tel abandon. Elle s'appuyait sur une foi inébranlable dans les promesses de Yahvé et sur la conviction désespérée que le peuple les avait gâchées ou s'apprêtait à les gâcher. Il est certain cependant que le même prophète de malheur n'entretenait pas toujours des vues identiques quant à la probabilité et à l'imminence de la catastrophe. Tantôt, et c'est vrai pour Amos, pour Jérémie et aussi pour le jeune Isaïe, tout espoir semble vain. Tantôt le salut paraît possible, [321] probable et même certain ; ou bien le prophète est convaincu — et c'est le cas le plus courant — du retour de temps meilleurs après le malheur. Pas un seul prophète n'a rejeté d'une façon permanente et absolue un tel espoir. Et d'ailleurs, s'il tenait à avoir une quelconque influence sur ses auditeurs, cela lui était interdit. Or malgré le caractère « endogène » de leur extase, les prophètes ne méprisaient nullement une telle influence. Ils savaient que Yahvé avait fait d'eux des « gardiens » chargés d'« éprouver » les autres.

Pour Jérémie, seul le prophète qui stigmatisait les péchés du peuple et annonçait le malheur était un vrai prophète. Le malheur cependant ne pouvait être absolu et définitif ; il dépendait forcément des péchés. La position qu'adoptaient les prophètes, que ce soit Isaïe ou encore Jérémie, variait selon les circonstances. Lorsqu'ils étaient animés d'un souci pédagogique, ils présentaient Yahvé comme un Dieu qui pouvait en venir à regretter ses décisions. Lorsqu'ils parlaient sous l'emprise de la violence que leur inspirait la corruption, tout leur paraissait vain et désespéré. L'histoire paradigmatique de Jonas révèle l'importance des perspectives pédagogiques et des préoccupations pastorales pour les maîtres de la Thora. Cette histoire qui est issue des cercles intellectuels prend le contre-pied de l'idée d'une prédestination et d'un destin de malheur telle que l'a conçue Isaïe, et qui a pour but de montrer que la prophétie de malheur ne saurait être immuable ; ainsi se trouve justifiée la versatilité des décisions de Yahvé. Les extatiques, perdus dans leurs visions, sont certes restés étrangers à ce genre de considérations qui revêtaient une importance décisive pour les maîtres de la Thora préoccupés du salut des âmes, et bien plus encore pour les rédacteurs sacerdotaux. Rien ne nous autorise cependant à nous fonder là-dessus pour affirmer que ce sont les rédacteurs sacerdotaux qui ont placé les prédictions de salut dans la bouche des prophètes. Car Amos aussi bien qu'Osée et qu'Isaïe témoignent souvent de préoccupations pédagogiques qui chez Jérémie (VII, 23), malgré le pessimisme du prophète, sont affirmées avec force et constituent un véritable principe. Chez les premiers prophètes déjà, notamment chez Amos, apparaissent certaines catégories définies de salut, tel ce « reste » qui se convertit au moment voulu ; ceci exclut toute hypothèse d'une interpolation. Bien plus, l'espérance traditionnelle de la parénèse ainsi que la certitude toute spontanée et jamais abolie qu'il était impossible que le désastre [322] fût le projet final conçu par Yahvé pour Israël faisaient sans cesse renaître l'idée du salut, même si la forme en demeurait imprécise et s'il n'était réservé qu'au « reste » qui se convertira. Les préoccupations pédagogiques favorisaient de plus en plus cet espoir de salut, même si le prophète dans son isolement et son angoisse n'avait que la vision d'un sombre destin. Toujours est-il qu'il ne paraît guère possible d'affirmer que les positions qu'ils adoptèrent étaient nettement déterminées par certaines prédispositions psychiques pour « l'hypocondrie politique ».

Si la prophétie de malheur semble relever principalement des dispositions psychiques des prophètes que conditionnent à la fois leur personnalité et leurs expériences, il n'en est pas moins vrai que c'est essentiellement le destin historique d'Israël qui détermina la place de cette prophétie dans l'évolution religieuse. Il y a d'abord le fait que la tradition a précisément conservé, et cela va de soi, les oracles prophétiques qui se réalisèrent ou semblèrent s'être réalisés ou encore dont on pouvait espérer la réalisation. Par ailleurs le prestige de plus en plus inébranlable de la prophétie en général reposait sur quelques cas rares mais très impressionnants pour les contemporains, où les oracles s'accomplirent et où les prophètes eurent raison contre toute attente. Ceci est vrai en premier lieu pour les prophéties de malheur d'Amos concernant le Royaume du Nord alors que ce dernier était encore florissant, puis pour les oracles de malheur d'Osée concernant la dynastie de Jéhu et de Samarie. À cela s'ajoutent les oracles de salut d'Isaïe alors que Jérusalem était investie par Sennachérib. Contrairement à toute vraisemblance et avec l'entêtement d'un somnambule, il exhortait ses concitoyens à tenir bon. Et bien que le roi fût finalement obligé de se soumettre sans l'avouer, il n'en demeura pas moins certain que le siège de Jérusalem ne se termina pas par une capitulation, car Sennachérib lui-même n'affirme rien de tel dans son récit. Finalement il y eut la prise et la destruction de Jérusalem qui confirmèrent les terribles oracles de malheur du jeune Isaïe, de Michée et surtout de Jérémie et d'Ézéchiel. À cela s'ajoute le retour de l'exil que les prophètes avaient annoncé. Et depuis lors, le prestige de la prophétie qui avait été durement atteint par la grande déception au lendemain de la bataille de Megiddo demeura inébranlable. On oublia tout à fait que la grande majorité des oracles, même parmi ceux qui avaient été recueillis dans la collection qui nous a été léguée, ne se réalisèrent jamais. La prophétie pouvait en effet s'appuyer sur le fait que les premiers prophètes, tel Amos, n'avaient cessé de proclamer vigoureusement que Yahvé était libre de revenir sur ses décisions ; [323] aussi ses partisans purent-ils se retrancher derrière cet enseignement. La pratique de la pénitence instituée par les lévites présupposait d'ailleurs cette même possibilité, dans la mesure où le pardon des péchés garantissait que le malheur qui menaçait serait écarté. C'est pourquoi même si Yahvé demeura pour les prophètes essentiellement un Dieu de la colère qui se venge parfois d'une façon implacable, il était également un Dieu de la miséricorde et du pardon. C'est cela précisément qui, selon eux, le distinguait de toutes les autres divinités. Une certaine tendresse anime les prophéties de miséricorde, que l'on trouve notamment chez Osée et Jérémie, mais aussi dans certains oracles d'Isaïe. Yahvé recherche ardemment la fidélité d'Israël comme l'amant qui s'inquiète de celle de sa bien-aimée.

Mais dans l'ensemble, la stature de Yahvé revêt chez les prophètes, même lorsqu'ils soulignent sa bienveillance, une majesté bien plus éclatante que dans les œuvres littéraires émanant des maîtres de la Thora, le Deutéronome par exemple. Un Dieu qui se servait des grands potentats comme instruments pour punir les péchés d'Israël et disposait d'eux à sa guise devait nécessairement s'élever à un degré d'universalisme et de majesté auquel ne pouvait prétendre l'ancien dieu de la confédération d'Israël ni le dieu bourgeois et plein de miséricorde des lévites. Tous les prophètes sans exception préféraient le nom de Yahvé Tsevaoth, c'est-à-dire son titre de Dieu des armées de la confédération, ainsi ils se rattachaient délibérément aux temps héroïques. À ces traits s'ajoutèrent alors ceux d'une très importante divinité du ciel et de la terre. Les grands souverains jouèrent pour Israël un rôle analogue à celui qu'assumait pour les Hellènes, dans *La Cyropédie* de Xénophon, le *basileus* perse, bien qu'il fût l'ennemi du pays. Leur cour constituait le modèle de la cour céleste où l'ancien prince guerrier n'était plus accompagné d'une escorte de « fils de Dieu », mais où il avait à son service une légion d'esprits célestes dont la parure elle-même était empruntée à des modèles babyloniens et égyptiens.

Sept esprits correspondant aux sept planètes entouraient son trône ; parmi eux il y en avait un qui était vêtu de lin et tenait une plume : c'était le protecteur des scribes. Ses espions, montés sur des chevaux portant les couleurs des quatre dieux du vent babyloniens, parcouraient l'univers et faisaient des rapports. [324] Le Dieu du ciel, lui, s'avance dans tout l'éclat d'une splendeur surnaturelle, sur un char où se dressent des chérubins qui ressemblent manifestement aux figures hiératiques de Babylone. Certes il lui arrive encore de citer les esprits de la nature comme témoins à charge contre Israël, comme dans un procès, parce que celui-ci n'avait pas tenu ses engagements. Mais en règle générale, c'est lui qui règne souverainement sur tout l'univers des créatures. La miséricorde et la générosité dont il fait preuve parfois ne l'empêchent aucunement d'agir lui aussi comme un souverain terrestre, c'est-à-dire d'une façon tout à fait amorale. De même que les souverains patrimoniaux de l'Inde envoyaient leurs agents provocateurs, il fait, lui, intervenir son « esprit de mensonge » pour aveugler ses ennemis. Les prophètes eux-mêmes frémissent parfois d'horreur devant lui. Isaïe qualifie de « barbare » le décret que Yahvé a pris à l'encontre de l'Assyrie après s'être pourtant servi de cette nation comme d'un instrument. Ézéchiel (XX, 25), qui ne se scandalise nullement des plans établis par Yahvé pour détruire les ennemis auxquels il avait lui-même fait appel, accuse cependant la divinité d'avoir institué des lois pour corrompre son propre peuple. Pour la tradition, il est tout à fait naturel qu'il prodigue sciemment des conseils fallacieux aux rois israélites qui lui désobéissent. Seul Osée (XI, 9) est heurté par tout cela, et si la variante qui est au centre du débat entre Wellhausen et ses contradicteurs est exacte, il fait dire à Yahvé qu'il n'agit pas sous l'emprise de la passion, « car il est saint et non pas corrupteur ». Mais le mépris d'Israël pour la parole parfaitement intelligible des prophètes dont il ne tient absolument pas compte convainc Isaïe que cela correspond au dessein de Yahvé lui-même qui encourageait le peuple dans son obstination, précisément afin de hâter sa perte. C'est ainsi qu'est née cette idée qui devait prendre une telle importance dans le Nouveau Testament et plus tard dans le calvinisme. Cette conduite engagée et passionnée différencie grandement Yahvé du dieu de l'univers hellénique, tel qu'il apparaît chez Xénophane par exemple. Au bout du compte, il reste un Dieu redoutable. Ses agissements paraissent souvent n'avoir pour seule fin que la glorification de sa propre souveraineté sur toutes les créatures ; ce trait le rapproche des grands monarques d'ici-bas. Son portrait d'ensemble demeure donc flou. Le même prophète tantôt le pare d'une pureté et d'une sainteté surhumaines, tantôt le présente comme l'ancien Dieu guerrier au cœur inconstant. S'il conserve encore certains traits hautement anthropomorphiques, les prophètes dont l'expérience prophétique est la plus intense n'osent pourtant plus conférer à leur vision de la splendeur divine des traits par trop réalistes, surtout lorsqu'il s'agit de la personne même du Dieu ; par là même, ils diffèrent des anciens narrateurs yahvistes. [325] Ils voient bien quelque chose « comme un trône », mais non pas un véritable trône : Isaïe quant à lui n'aperçoit que les pans du manteau royal, mais pas Dieu lui-même.

Si la nature de Yahvé demeure ambiguë, il en est de même pour sa résidence. Qu'il ait créé les cieux et la terre et assigné leur place aux constellations célestes, ainsi que l'affirme déjà Amos, ne l'empêche aucunement, selon ce même prophète, de « rugir depuis Sion ». Dans la vision d'Isaïe, la splendeur divine emplit le Temple. Une telle localisation aurait dû porter atteinte au prestige de Yahvé lors de la destruction du Temple. De nombreux sanctuaires avaient été dévastés par les envahisseurs qui s'étaient emparés de leurs idoles sans que les dieux puissent se défendre. Était-il concevable que Yahvé connût un sort identique ? Les prophètes hésitaient. Dans certains oracles tardifs postérieurs à la retraite de Sennachérib, Isaïe a la certitude absolue et inébranlable que Jérusalem où réside Yahvé ne pourra jamais être investie ; il contredit ainsi les menaces qu'il avait précédemment proférées. Mais après qu'Amos et Osée eurent annoncé que Yahvé lui-même avait décidé de détruire le Royaume du Nord, la chute de Jérusalem fut présentée, aussi bien dans les premiers oracles d'Isaïe que chez Michée et chez tous les prophètes à partir de Jérémie, comme l'accomplissement d'une décision délibérée de Yahvé. Lorsque en fin de compte cette prédiction se réalisa, cela ne diminua en rien le prestige du Dieu ; bien au contraire celui-ci ne fit que croître. Les dieux des grands souverains victorieux ne pouvaient être les artisans d'une telle catastrophe. Ils étaient souillés par les abominations que constituaient l'existence de hiérodules, le culte des idoles ou encore le culte abject de certains animaux tel celui que pratiquaient les Égyptiens. Les divinités des autres peuples étaient tout au plus des démons et « n'existaient pas » en face de Yahvé. Osée avait été le premier à condamner le culte des idoles et à le tourner en ridicule ; par la suite les intellectuels expliquèrent avec de plus en plus de logique que l'idole était une œuvre humaine sans aucune valeur religieuse et qu'en aucun cas elle ne pouvait être le siège d'une divinité. Toutefois aucun prophète, pas même le Deutéro-Isaïe à l'époque de l'exil, n'a prétendu que les autres dieux n'existaient pas. La théodicée du malheur qu'enseignaient les prophètes hissait Yahvé au rang de Dieu suprême qui décidait seul du cours du monde. [326] Mais ce qui est extrêmement important, c'est qu'il conservait les anciens traits du Dieu redoutable des catastrophes ; et, en second lieu, que la théodicée du malheur était mise en relation avec la pratique de la confession des péchés qu'avait instituée la Thora des lévites. À cela s'ajoutait le fait qu'Amos avait donné une nouvelle orientation à l'idée de *berith*, jusqu'à faire de Yahvé lui-même l'instigateur de toute catastrophe. Il résulte de cela que, selon la conception des prophètes, il n'existait pas de démons aux côtés de Yahvé ni des démons indépendants de lui et hostiles qui auraient pu accabler aussi bien les individus qu'Israël. C'est Yahvé seul qui décide du destin particulier de chaque peuple de l'univers ; ainsi que nous l'avons vu, ce monisme constitue le fondement essentiel de toute la prophétie. La croyance populaire en l'existence de démons, qui était alors répandue dans le monde entier, ne s'infiltra dans le système religieux des intellectuels que dans le judaïsme tardif après l'exil, et ne connut son essor que sous l'influence du dualisme persan. Les prophètes n'ignoraient certainement pas la croyance en l'existence de démons qui avait cours en Babylonie. Mais celle-ci leur paraissait tout aussi dénuée de valeur que les doctrines astrologiques, mythologiques et ésotériques du monde qui les entourait. Par ailleurs, le fait que Yahvé ait été le Dieu d'un groupement politique, celui de l'ancienne confédération, et qu'il le soit resté conformément à la conception puritaine, eut pour conséquence de lui conserver une caractéristique que tout l'universalisme cosmique et historique qu'il adopta ultérieurement ne parvint pas à extirper : à savoir qu'il était un Dieu de l'action et non pas de l'ordre éternel des choses. Cette caractéristique détermina d'une façon décisive la nature des rapports religieux entre Dieu et sa créature.

Les expériences personnelles des prophètes furent elles aussi façonnées par les caractéristiques immuables qu'ils attribuaient au Dieu. Leur imagination leur fait toujours entrevoir un roi céleste d'une redoutable majesté. Ceci concerne d'abord leurs expériences visuelles. Le rôle de la vision, comme nous l'avons vu, varie selon les différents prophètes. Elle est extrêmement importante chez le plus ancien d'entre eux, Amos, qu'on appelle pour cette raison le « voyant » (*ḥozé*). Les visions ne sont pas absentes chez les autres prophètes, notamment chez Isaïe et Ézéchiel. Les prophètes voient également autre chose que la splendeur divine. Ils perçoivent très nettement une armée qui s'avance au loin et franchit un col, ou encore, depuis Babylone, un homme dont le nom est mentionné, qui meurt au Temple de Jérusalem. Il arrive aussi qu'un être de feu resplendissant saisisse le prophète par les cheveux [327] et le transporte de Babylone à Jérusalem. Mais il s'agit toujours pour le prophète de prendre conscience de l'intervention directe du Dieu et roi tout-puissant. Lorsque le prophète aperçoit un rameau d'amandier ou un panier de fruits, cela a nécessairement une signification car Dieu les fait apparaître comme symboles. Ces visions l'assaillent parfois dans ses rêves, mais le plus souvent ce sont des rêves éveillés. Cependant, ainsi que nous l'avons mentionné précédemment, les expériences auditives des prophètes surpassent de loin et d'une façon tout à fait caractéristique leurs expériences visuelles. Soit que le prophète entende une voix qui lui parle, qui lui donne des ordres ou le charge de proclamer ou de faire quelque chose, soit, et c'est le cas pour Jérémie, qu'une voix parle à travers lui, qu'il y consente ou non. Ce n'était nullement un hasard si les expériences auditives l'emportaient sur les visions. Cela était lié d'abord à la tradition du Dieu invisible qui excluait qu'il puisse révéler quelque chose de lui-même ou de son apparence. Mais cela venait également du fait qu'il n'existait pour les prophètes qu'une seule possibilité de prendre conscience d'une relation avec ce Dieu. Il n'y a pas chez eux la moindre tentative mystique pour se débarrasser de tout ce qui est lié au monde des sens et des objets, tentative à laquelle aboutit en Inde l'extase apathique. On ne trouve pas non plus chez eux l'euphorie sereine et bienheureuse des possédés de Dieu, il n'est que rarement question d'une communion intime avec Dieu et jamais ne se manifeste ce sentiment de fraternité envers toutes les créatures, cette miséricorde, cette compassion propre aux mystiques. C'est dans le monde impitoyable de la guerre que vit, règne, parle et agit leur Dieu et les prophètes n'ignorent pas qu'ils appartiennent à une époque tragique. Certains prophètes éprouvent ce sentiment tragique au plus profond d'eux-mêmes. Il n'en est pas toujours ainsi et ce n'est pas vrai pour tous les prophètes, mais souvent ils éprouvent ce sentiment au moment même où ils sont le plus proches de Dieu. Parmi les prophètes préexiliques Osée se réjouit de ce que l'esprit de Yahvé se soit emparé de lui, et Amos fonde son assurance et sa fierté sur la certitude d'être informé de tous les plans divins. Isaïe aspire à la prophétie comme à une charge honorifique. Cependant lui aussi ressent parfois que cette charge est très lourde, étant donné le caractère effroyable de certaines révélations et la sévérité de certaines résolutions divines. Pour Jérémie, la mission prophétique constitue une charge écrasante. [328] Il n'éprouve jamais la proximité de Yahvé comme une présence sereine du divin en lui, mais plutôt comme une lourde tâche, comme un ordre et souvent comme une exigence impérieuse qui ne lui laisse aucun répit. Jérémie se sent violenté par Yahvé comme une jeune fille que viole un homme ou encore comme un lutteur plaqué à terre. Ce fait si important pour l'histoire religieuse et si fondamentalement différent de toute la prophétie indienne et chinoise ne résultait pas tellement de certaines prédispositions psychiques des prophètes, mais surtout de la signification que le prophétisme juif était contraint de donner à ses expériences. Il y était contraint par la nature même de la croyance à laquelle il était indissolublement lié et qui constituait comme un a priori intangible qu'aucun prophète ne pouvait ignorer, puisque c'est elle qui permettait de distinguer les expériences qui pouvaient être considérées comme authentiquement prophétiques. La force extraordinaire de cette prophétie tout comme la fermeté de ses limites internes reposaient sur ce fondement. À cause de cet a priori, il était exclu que les prophètes soient des mystiques. Leur Dieu était tout à fait intelligible pour l'homme et devait l'être. Car c'était un souverain et l'on s'efforçait de savoir comment on pourrait obtenir sa grâce.

Ni les prophètes ni (pour autant que nous pouvons le savoir) leur public ne s'inquiétèrent jamais du « sens » du monde et de la vie ; ils ne cherchèrent pas à justifier ses contradictions pas plus que son caractère éphémère et inachevé, le poids des souffrances et des fautes. En Inde par contre, c'était précisément ce genre de questions qui donnaient l'impulsion décisive à toute connaissance du sacré. À cela s'ajoute bien sûr que ce n'était pas la quête du salut, de la rédemption, de la perfection de l'âme individuelle face à un monde imparfait qui poussait les prophètes et leur public vers Dieu. De plus, jamais le prophète ne se sent divinisé par son expérience, jamais il ne s'unit à Dieu ni ne parvient à se soustraire aux tourments et à l'absurde de l'existence, comme c'était le cas pour l'Indien rédimé qui voyait là le véritable sens de l'expérience religieuse. Il n'a jamais la certitude que la souffrance ou même la servitude des péchés lui seront épargnées. Il n'y a pas de place pour une union mystique ni même pour la béatitude et le calme intérieur de l'*arhat* bouddhique. De plus ni la gnose ni l'interprétation métaphysique du monde ne pouvaient entrer en ligne de compte pour un prophète. Car l'essence même de Yahvé n'était nullement surnaturelle, si l'on entend par là quelque chose qui dépasse l'entendement. [329] Les motifs de ses actes n'échappaient point à la compréhension humaine. Au contraire, c'était précisément la tâche des prophètes et des maîtres de la Thora que de comprendre les décrets de Yahvé à partir des motifs qui les justifiaient. Yahvé était même prêt à plaider sa cause devant le tribunal du monde. C'est avec une grande simplicité et apparemment de façon exhaustive qu'Isaïe (XXVIII, 23-29) décrit la manière dont Yahvé administre le monde à l'aide d'une parabole empruntée à l'économie rurale. C'était là une théodicée tout aussi satisfaisante que les paraboles identiques de Jésus qui, sous ce rapport, reposent sur des présupposés rigoureusement semblables. C'est d'une part le caractère rationnel de la marche du monde qui n'est déterminée ni par un hasard aveugle ni par des forces magiques mais obéit à des motifs intelligibles, et d'autre part la nature rationnelle de la prophétie elle-même dont les oracles, à l'opposé de l'ésotérisme gnostique, pouvaient être compris de tous, qui apparaîtront plus tard aux juifs comme les traits spécifiques de leur prophétie. Il était impossible que les voies de Yahvé soient « impénétrables » par principe, même s'il était hors de doute que son horizon ne pouvait être comparé à celui de ses créatures. C'est ce principe de l'intelligibilité des décrets divins qui excluait toute interrogation quant à un sens du monde que Yahvé n'aurait pas encore révélé, et aussi sa stature de souverain plein de majesté qui excluaient l'idée que la communion mystique puisse être le type de relation religieuse unissant l'homme à Dieu. Nul authentique prophète de Yahvé, et d'une façon générale aucune créature, n'aurait pu se risquer à revendiquer quelque chose de la sorte et encore bien moins sa propre divinisation. Il était exclu que le prophète connaisse jamais une paix intérieure durable dans ses rapports avec Dieu : la nature même de Yahvé rendait cela impossible. Le prophète pouvait tout au plus se libérer du sentiment d'oppression qui l'accablait. Mais ce n'est que dans le futur, comme une promesse, qu'il pouvait espérer connaître une nouvelle félicité. Cela déterminait la sélection des tempéraments aptes à la prophétie. Rien ne permet d'affirmer qu'il n'y ait pas eu en Palestine comme en Inde des individus faisant des expériences mystiques et apathiques. On ne saurait même prétendre avec certitude que des prophètes tels Osée et d'autres encore ne se soient pas laissé tenter par de telles expériences. Une extase émotionnelle de type israélite se serait probablement transformée en Inde en ascèse et mortification passionnées ; [330] si ceux qui en faisaient l'expérience s'étaient conduits en démagogues, ils auraient passé pour des barbares et non pour des saints et n'auraient exercé aucune influence. De même les expériences mystiques et apathiques de l'Inde ont dû subir une transformation inverse en Palestine. La religion yahviste ne leur conférait aucun caractère de sainteté, si bien qu'elles ne devinrent pas l'objet d'un enseignement. Finalement, la possession extatique de Dieu, qui avait pour conséquence l'anomie, fut très fermement condamnée. Selon Jérémie, celui qui néglige la loi de Yahvé et ne s'efforce pas de ramener le peuple vers lui ne peut être qu'un prophète de mensonge.

La possession mystique d'attributs divins et transcendants se trouva ainsi écartée en faveur de l'action au service d'un Dieu surnaturel, mais en principe intelligible. De même les spéculations concernant la raison d'être du monde furent rejetées au profit de la simple obéissance aux commandements positifs de Dieu. Le besoin d'une théodicée philosophique ne se faisait nullement sentir, et lorsque ce problème qui préoccupait sans cesse les Indiens vint à se poser, on le résolut de la façon la plus simple qui se puisse imaginer. La pensée des prophètes préexiliques jusqu'à Ézéchiel ne remontait pas au-delà de l'exode d'Égypte. Non seulement les Patriarches ne jouent qu'un rôle occasionnel des plus modestes — à l'opposé du Deutéronome —, mais de plus, « l'homme originel » d'Ézéchiel renvoie à une version du mythe d'Adam très différente de celle qui fut adoptée plus tard. Osée (IX, 10) ignore manifestement la légende du veau d'or : le sacrilège à Ba'al-Peor prend chez lui une importance capitale. Le courroux de Yahvé a pour unique motif son alliance avec Israël, qui constitue un groupement dont tous les membres sont solidaires et responsables les uns pour les autres comme ils le sont pour les actes des ancêtres ; mais les prophètes ne font jamais intervenir la nature pécheresse de l'homme ou le péché originel d'Adam. L'homme paraît extrêmement apte à exécuter les commandements divins, même si malheureusement il ne s'y emploie pas avec constance et doit faire sans cesse appel à la miséricorde de Yahvé. Les prophètes ne se préoccupent pas au premier chef de la qualification morale des individus, mais des conséquences que les agissements impies des représentants qualifiés du peuple, princes, prêtres, prophètes, Anciens et patriciens, et ensuite de tous leurs autres compatriotes, [331] pouvaient et devaient nécessairement entraîner pour la collectivité. C'est Ézéchiel (XIV et XVIII) qui le premier souleva expressément le problème : pourquoi donc les justes doivent-ils souffrir avec les impies et quelle sera leur compensation ? Pour Jérémie (XXXI, 29), c'est dans le royaume futur seulement que chaque homme n'expiera plus que ses propres méfaits et qu'on ne dira plus « Les pères ont mangé du verjus et les enfants en ont eu les dents agacées ». Le Deutéronome, ainsi que nous l'avons vu, avait rompu avec le principe de la solidarité collective. Ce qui caractérise précisément la prophétie, c'est qu'elle est entièrement préoccupée par le destin collectif du peuple et non par le sort de l'individu ; c'est par là précisément qu'elle est restée conservatrice. Cependant Amos déjà espère qu'à la fin des temps un « reste » d'hommes pieux échappera à la catastrophe et sera épargné. Ézéchiel lui aussi apporte une réponse, qui en fait n'en est pas une, au problème de la théodicée : au jour du malheur, Yahvé épargnera les justes et récompensera ceux qui ont été charitables, qui n'ont pas pratiqué l'usure et qui ont restitué les biens donnés en gage ; tous ceux qui se seront convertis à temps échapperont à la mort. Mais le peuple de pécheurs ne sera pas sauvé, malgré la piété de certains individus (XIV, 18). Un seul espoir demeure, c'est que, une fois passé le temps de la vengeance, Dieu fera connaître des temps meilleurs au « reste de Jacob » qui lui sera demeuré fidèle. Dans l'intervalle, les prophètes estiment qu'il en est des rapports avec Yahvé comme de la vengeance du sang, des luttes intestines et de la guerre, c'est-à-dire que l'individu est responsable de ce que font les autres membres de la tribu ou du clan ou encore des actes des ancêtres qui n'ont pas été expiés. Dans le passé, l'alliance avait été sans cesse violée et il n'était guère difficile de montrer qu'il en était de même dans le présent. Ainsi donc, Dieu était toujours dans son droit et aucun problème de théodicée ne se posait. Il n'en résultait pas non plus l'attente d'un au-delà. La représentation des jours derniers comme jours de jugement fait son apparition, mais n'est pas systématiquement développée [1] : le « courroux » divin suffit à tout motiver. Pour les prophètes préexiliques comme pour les Babyloniens, le royaume des ombres de l'Hadès [332] est le séjour inévitable de tous les morts que Yahvé n'a pas appelés à ses côtés, comme il l'a fait pour certains grands héros. La mort en tant que telle était considérée comme un mal, une mort prématurée, violente et soudaine comme un signe de la colère divine. Chez Isaïe (V, 14) le *cheol* ouvre son gouffre béant, et être sauvé du *cheol* ne signifie pas pour Osée (XIII, 14) échapper à l'« enfer », mais simplement à la mort physique. L'horizon prophétique comme l'horizon officiel de Babylone se limitent strictement à ce monde-ci et s'opposent totalement aux mystères helléniques et à la religion orphique qui font sans cesse intervenir les promesses d'un au-delà. Ce qui préoccupait ces religions c'était le salut individuel, tandis que la prophétie israélite, même si elle se rattachait à la préoccupation lévitique du salut des âmes, ne s'intéressait qu'au destin collectif du peuple. Là se manifeste encore une fois l'orientation politique des prophètes. De même la prophétie néglige totalement les mythes babyloniens du voyage vers l'Hadès. Ceux-ci ne concernaient d'ailleurs nullement le destin futur de la communauté pieuse et ne cadraient pas avec la croyance en Yahvé. Ce n'est que dans un poème de l'exil attribué par erreur à Isaïe qu'apparaissent certaines différences quant au sort réservé aux morts dans l'Hadès ; cela est dû sans aucun doute à l'influence de conceptions babyloniennes tardives. Et même ici l'Hadès conserve encore son caractère homérique : tous les morts, même les grands rois, sont des ombres impuissantes, et seuls certains grands criminels sont soumis à des peines particulières (*Is.* XIV, 19 sqq.). Les commandements de Yahvé qui étaient tout à fait concrets et positifs étaient entièrement tournés vers ce monde-

1. Cf. SELLIN, *loc. cit.* p. 125.

ci ; il en était de même pour ses anciennes promesses. Seuls les problèmes actuels et concrets concernant l'action à l'intérieur du monde pouvaient se poser et exiger une réponse. Tout autre problème se trouvait exclu. Pour saisir la portée d'une telle orientation, il faut bien se rendre compte de la prodigieuse économie de forces psychiques que cela entraînait. Pour Bismarck, l'abandon de toute spéculation métaphysique au profit de la lecture du psautier à portée de main sur la table de chevet constituait une des conditions requises pour une vie active que ne viendrait pas interrompre la méditation philosophique. De même chez les juifs et les communautés religieuses qui étaient sous leur influence, il y avait cette barrière infranchissable et jamais complètement démantelée qui interdisait toute spéculation quant au sens du cosmos. Agir conformément aux commandements divins et non pas s'interroger sur le sens du monde, voilà ce qui était profitable pour l'homme.

[333] Ce n'est pas la particularité des commandements qui confère à une éthique son caractère spécifique — la morale quotidienne d'Israël n'était pas différente de celle des autres peuples —, mais bien l'option religieuse fondamentale qui la sous-tend. Celle-ci avait été profondément influencée et marquée par la prophétie israélite.

L'exigence religieuse fondamentale des prophètes, ce n'était pas l'observance de règles particulières, quelles qu'aient été par ailleurs leur importance et la conviction du véritable prophète d'être le gardien de la morale, et bien que des prophètes comme Isaïe (III, 10) aient attaché une énorme importance à la justification par les œuvres. Ce qui était décisif, c'était la foi et à un bien moindre degré l'amour. Pour Osée (III, 1) certes, qui représente les vues du Royaume du Nord, l'amour est le lien fondamental qui rattache le Dieu à son peuple, tandis que d'autres prophètes également, notamment Jérémie (II, 1), évoquent avec lyrisme l'amour conjugal qui unissait jadis Yahvé à Israël. Mais ce n'est pas cela qui prime et surtout une communion d'amour avec Dieu ne constitue jamais l'état de sainteté par excellence. Nous en avons déjà analysé les raisons.

Ce sont les prophètes, et tout particulièrement Isaïe (VII, 9), qui furent les premiers à formuler avec une telle insistance au sein d'Israël la nécessité de la foi. Ceci est en accord avec la nature même de l'inspiration prophétique et avec la signification qu'on lui prête. Les prophètes entendent la voix de Dieu et celle-ci exige d'eux-mêmes et du peuple à qui elle s'adresse à travers eux essentiellement la foi. Le prophète devait d'ailleurs demander qu'on ait foi en lui et dans les prédictions que son Dieu l'avait chargé de révéler. La foi des prophètes juifs n'avait donc rien à voir avec cette attitude intérieure que Luther et les réformateurs désignent comme telle. Elle ne signifiait en fait qu'une confiance inconditionnelle en l'omnipotence de Yahvé et en la sincérité de sa parole, ainsi que la certitude que celle-ci se réalisera même si tout semble s'y opposer. Les plus grands prophètes, tels Isaïe et Ézéchiel, fondèrent précisément sur cette conviction la position qu'ils adoptèrent. Les vertus qui en découlent sont surtout l'obéissance et l'humilité auxquelles Yahvé attache une importance toute particulière. L'humilité signifie la condamnation catégorique non seulement de l'hybris au sens hellénique, [334] mais en fin de compte de toute confiance en ses propres capacités et de toute autosatisfaction. Cette conception ne pouvait manquer d'avoir de lourdes conséquences sur le développement intérieur de la piété juive. La crainte de provoquer la jalousie des dieux par un trop grand bonheur et de s'attirer leur vengeance par une confiance trop arrogante en ses propres forces, qui apparaît dans les règles de sagesse depuis Homère jusqu'à Solon et Hérodote, n'a que des effets limités en Israël, car elle se heurte à une vue intelligente et réaliste du destin de l'homme. Les exigences d'« humilité » formulées par les prophètes auraient heurté la dignité du héros antique ; de même la croyance sincère en la providence qui exigeait qu'on rende hommage à Dieu seulement et qu'on se soumette servilement à ses décrets ne pouvait triompher qu'au voisinage des grandes monarchies du monde et non pas dans les États libres. Chez les prophètes, en revanche, cette exigence d'humilité devint prédominante. Si ces grands potentats connaissaient l'échec et si leur royaume s'écroulait, c'est parce qu'ils s'attribuaient le mérite de la victoire au lieu d'y reconnaître l'œuvre de Yahvé. En Israël même, les grands qui se comportaient ainsi couraient à leur perte. Yahvé est aux côtés de celui qui suit avec humilité et une totale soumission ses voies, et celui-là n'a rien à craindre. Ceci devint également le fondement de la politique prophétique. Les prophètes étaient des démagogues mais certainement pas des politiciens réalistes ni des hommes de partis. Nous revenons ainsi à ce que nous avons mentionné au début.

L'attitude politique des prophètes obéissait à des motifs purement religieux, puisqu'elle était déterminée par les rapports entre Yahvé et Israël ; d'un point de vue strictement politique leur position était donc tout à fait utopique. En fait, c'est Yahvé seul qui mène le monde selon ses desseins. Étant donné la conduite de son peuple, il ne peut concevoir pour un proche avenir que de sombres et redoutables desseins. Les grands rois et leurs armées sont, comme nous l'avons vu, ses instruments. Leurs agissements sont voulus par Dieu ; Isaïe qualifie de « barbare » la volonté de Yahvé de détruire ceux qu'il avait lui-même appelés à son service. Nabuchodonosor est pour Jérémie le « serviteur » de Dieu et à cause de cette désignation le Livre de Daniel, qui est une œuvre postexilique tardive, affirme qu'il est converti au yahvisme.

Le caractère original de ces vues et surtout le fait qu'elles aient été adoptées par la piété israélite témoignent à nouveau du particularisme d'Israël. Dans une situation tout à fait semblable, alors que les Perses étaient sur le point d'attaquer, l'Apollon de Delphes avait également donné un oracle de malheur à son propre peuple : [335] il lui avait conseillé de fuir jusqu'à l'extrémité de la terre. Mais c'était là un coup du destin et non pas la conséquence d'une transgression religieuse. Dans toute l'Antiquité ainsi que dans la poésie hellénique primitive apparaît cette idée qu'un Dieu en courroux, même s'il s'agit du propre Dieu de la collectivité, pouvait attirer le malheur sur son peuple notamment lors d'une guerre. La conception encore plus singulière d'un Dieu universel qui entreprend de punir le peuple pécheur en lançant les ennemis contre la cité afin que celle-ci soit menacée de destruction ou même effectivement détruite n'est pas propre à la prophétie israélite. On la trouve chez Platon dans le fragment du *Criton* et dans le *Timée*, deux écrits qui portent indéniablement la marque du choc terrible que provoqua la chute de la puissance d'Athènes. Platon invoque les mêmes vices, la recherche inconsidérée des richesses et l'hubris pour justifier l'intervention divine. Mais ces constructions théologiques échafaudées par le fondateur d'une école philosophique n'auront aucun effet sur l'histoire religieuse. Les rues de Jérusalem et les jardins de l'Académie, sites propices à la révélation, étaient en effet très différents. La démagogie effrénée des prophètes était tout à fait étrangère à l'éminent penseur et pédagogue politique de la jeunesse cultivée d'Athènes, au conseiller occasionnel des tyrans et réformateurs de Syracuse. Malgré la crainte superstitieuse de l'ecclésie athénienne qui cédait facilement à l'émotion, cette assemblée bien ordonnée où les délibérations suivaient un ordre rationnel n'était pas favorable aux oracles extatiques. Et surtout la représentation spécifiquement israélite de Yahvé à la fois comme Dieu des catastrophes et comme allié d'un peuple privilégié était totalement inconnue à Athènes ; or c'est elle essentiellement qui donnait à cette conception une dimension pathétique, celle d'un châtiment à l'encontre du peuple qui avait violé le contrat passé avec ce Dieu redoutable. Aussi, malgré le rôle considérable que jouèrent dans l'Antiquité hellénique les oracles lorsqu'il s'agissait de prendre certaines décisions politiques, ils ne furent pas à l'origine d'une théodicée prophétique comme celle que développèrent les prophètes scripturaires pour interpréter les événements tragiques de l'histoire. Certes la vision de la catastrophe ne résulte pas d'une telle manière d'interpréter l'histoire. C'est ainsi que Yahvé certifie à Jérémie que le prophète n'a pas appelé le malheur sur Juda mais qu'il l'a seulement prédit. Il lui avait fallu s'exécuter, quelque peine qu'il en ait éprouvée. [336] Isaïe, comme nous l'avons vu, se révolte intérieurement contre certaines menaces de désastre qui pèsent sur l'Assyrie. Mais une fois que le mal s'est abattu sur Israël, l'interprétation suit les voies tracées par les intellectuels israélites et surtout par les maîtres de la Thora qui se fondaient sur l'ancienne idée d'alliance.

Ce qui compte pour Israël ce sont les commandements de la parénèse. Yahvé sévit contre les autres peuples qui avec insolence ont bafoué sa majesté. Les fameuses malédictions d'Isaïe contre l'Assyrie se fondent, d'après les raisons qui sont avancées, uniquement sur le fait que le prophète, frappé par le comportement de ces rois, était convaincu qu'il était impossible que Yahvé laissât subsister indéfiniment un tel état de choses. Aucune considération d'ordre politique et réaliste n'intervenait donc dans l'attitude apparemment changeante du prophète à l'égard de l'Assyrie. Et si son attitude varie à l'égard de Jérusalem c'est également pour des raisons purement religieuses. À l'origine la cité corrompue semblait vouée à la chute. La piété de Sédécias, sa foi en Yahvé font naître chez le prophète la conviction que Jérusalem ne pouvait disparaître. Bien que le retrait de Sennachérib renforçât cette conviction, le prophète fut tellement impressionné par les sacrilèges qu'on continuait à commettre comme si rien ne s'était passé qu'il céda à nouveau au pessimisme : une telle chose ne pourra jamais être pardonnée. Pour d'autres prophètes également c'est le comportement religieux des couches dirigeantes qui était décisif. Il semble parfois que plus un seul d'entre eux n'espérait en un quelconque salut. Tel fut le cas à certains moments d'Amos, d'Isaïe et de Jérémie. Mais ce désespoir n'est définitif chez aucun d'entre eux. À l'utopie de leur politique s'ajoutait leur espérance pour l'avenir ; celle-ci constitue l'arrière-plan de toute leur sphère de pensée et donne une cohésion interne à leurs idées.

4. LES PROPHÈTES ET L'ESCHATOLOGIE

L'imagination des prophètes abonde en effroyables désastres guerriers et aussi en cataclysmes cosmiques devant se produire dans le futur. Malgré cela, ou plutôt à cause de cela, ils rêvent tous d'un royaume de paix pour l'avenir. Chez Osée déjà, puis également chez Isaïe et chez Sophonie, ce royaume futur revêt beaucoup de traits qui l'apparentent aux représentations habituelles du paradis à Babylone et dans le Proche-Orient. On a prétendu à tort qu'il était possible de trouver chez les prophètes les doctrines astronomiques babyloniennes de la révolution périodique de la terre, [337] déterminée par la précession des équinoxes [1]. Les prophètes adaptèrent le mythe d'un état originel et les espérances en un royaume futur aux présuppositions particulières des relations entre Israël et Yahvé. Ce mythe et ces espérances ne sont pas nécessairement liés aux doctrines astronomiques babyloniennes, car ils étaient répandus pour ainsi dire dans le monde entier ; on les retrouve encore à l'époque antique dans la quatrième *Églogue* de Virgile sous la forme caractéristique du retour de l'âge d'or après l'âge de fer. Yahvé scellera une nouvelle alliance avec Israël, mais aussi avec ses ennemis et même avec les bêtes sauvages. Cette espérance de paix alterne sans cesse avec l'attente d'une revanche sur l'ennemi : Emmanuel est le fils d'un roi miraculeux et eschatologique ; ce prince de la paix qui gouverne jusqu'aux extrémités de la terre se nourrit de crème et de miel. Aucun prophète n'a osé promettre que la mort disparaîtra. Mais tout homme (Trito-*Isaïe* LXV, 20) « accomplira ses jours ». À côté de telles vues qui résultent manifestement de la transposition de mythes populaires d'un état originel dans les spéculations intellectuelles, on trouve les espérances futures plus grossières des bourgeois et des paysans. Ce qu'ils désirent avant tout c'est le bien-être sous toutes ses formes ainsi que la vengeance contre les ennemis. Une fois que celle-ci aura été accomplie, les chevaux et les chars, tout l'appareil de la pompe royale ainsi que les palais des grands dignitaires disparaîtront et un sauveur entrera dans Jérusalem monté

1. C'est à tort qu'on a voulu voir dans le « grand jour de Yahvé » de Sophonie (I, 14) une allusion aux grands jours du monde. Avant l'exil seules des connaissances très générales concernant ces questions étaient parvenues jusqu'en Israël.

sur un âne, à la façon des anciens chefs de district. Alors l'appareil militaire sera superflu et les épées seront transformées en charrues.

Comment alors concilier ces conceptions tantôt plus bourgeoises, tantôt plus paradisiaques d'une ère de salut avec les menaces de malheur qu'ont brandies tous les prophètes préexiliques ? On a souvent cru pouvoir dégager un schéma unique prévoyant d'abord une catastrophe effroyable et ensuite une félicité indicible qui caractériserait toute prophétie et l'on a prétendu que ce schéma avait été emprunté à l'Égypte. L'existence d'un schéma unique en Égypte ne paraît pas suffisamment corroborée par les exemples que l'on a produits jusqu'ici et qui, en fait, ne sont qu'au nombre de deux [338]. Il est probable qu'il faille tout autant souligner l'influence exercée en Palestine par les cultes végétaux et astraux et par leurs mythes cycliques (*Is.* XXI, 4 sqq.). Dans ces mythes, il fallait d'abord la nuit totale, le plein hiver, avant que ne puissent réapparaître le soleil ou le printemps. Il ne fait pas de doute que cela a pu influencer l'imagination d'hommes tout à fait en dehors du cercle limité des membres de ces cultes, bien qu'il ne soit pas certain que les prophètes aient subi une telle influence. Car en premier lieu ce prétendu schéma ne se retrouve pas chez tous les prophètes. C'est précisément chez les plus anciens d'entre eux que les oracles correspondant à ce schéma font parfois défaut. On ne trouve chez Amos (IX, 14) qu'un exemple de péripétie. À part cela ne subsiste que l'espoir, peut-être vain, qu'un reste de convertis survivra par la grâce de dieu ; mais la plupart de ses oracles ne contiennent que des menaces de malheur. Chez Osée, il semble que le sort du Royaume du Nord et celui du Royaume du Sud soient différents. Chez Isaïe on trouve des oracles de malheur sans prophétie de salut, tandis que la prophétie de salut du jeune Emmanuel n'est pas associée à un oracle de malheur. C'est essentiellement dans l'un de ses oracles qu'apparaît une authentique péripétie où le malheur se transforme en salut, puisque Jérusalem sombre dans l'Hadès pour être sauvée ensuite. Il faut voir là, sans nul doute, l'influence de certains mythes cultuels. D'autre part il existe chez presque tous les prophètes une alternative qui s'écarte complètement de ce schéma et qui est caractéristique du Deutéronome : le peuple connaîtra le salut ou le malheur selon son comportement (à l'époque pré-deutéronomique, *Am.* V, 4-6 ; *Is.* I, 20 ; à l'époque post-deutéronomique, *Jér.* XVII et XVIII ; *Éz.* XVIII). La seule chose qui soit valable pour tous les prophètes, c'est qu'aucun d'entre eux n'a délivré exclusivement des oracles de malheur, et aussi que dans certains cas la prophétie de salut est associée à la menace de malheur comme une péripétie après que le courroux divin se fut apaisé et que Yahvé, dans sa pitié, eut voulu récompenser un reste de fidèles. Mais par ailleurs, dans de nombreux oracles, la catastrophe paraît inéluctable ; elle s'accomplira fatalement, quelles que soient les circonstances, comme un décret du destin fixé depuis longtemps. En fin de compte, lorsqu'on considère l'ensemble des oracles d'un prophète, on a nécessairement l'impression que le malheur et le salut, la catastrophe puis la rédemption se produiront irrémédiablement. Le malheur est inéluctable [339] parce qu'il est la conséquence des péchés des ancêtres, qui sans nulle raison rompirent l'alliance (*Jér.* II, 5). Mais la plupart des prophètes ainsi que les maîtres de la Thora ne s'arrêtèrent pas à cette vue fataliste. La voie du repentir qui peut écarter le mal est ouverte, même si un « reste » seulement s'y engage. Lorsqu'on examine les différents oracles, il est impossible de dégager un schéma unique. La prophétie varie selon l'importance des péchés et selon la situation historique. La *moïra* (destinée) hellénique et l'*heïmarméné* (le sort fixé par le destin) hellénistique sont étrangers à la prophétie qui ne connaît que Yahvé ; les résolutions de ce dernier varient suivant la conduite des hommes. Deux vues prévalaient essentiellement. Selon la première, au « jour de Yahvé », ce jour que l'espérance populaire se représentait comme un jour d'effroi et de désastre, de défaite militaire pour les ennemis mais de lumière pour Israël, le malheur s'abattra également sur le peuple de Yahvé, du moins sur les pécheurs. À la façon dont Amos proclame cela, il semble bien que ce soit lui qui ait introduit cette importante conception. Certes on continua à voir en ce jour l'avènement du salut. La conviction selon laquelle en même temps ou auparavant un grand châtiment s'abattrait sur Israël est partagée par tous les prophètes. Tout comme la conception d'un « reste » à qui le salut sera accordé, conception que l'on trouve déjà chez Amos, mais qui n'est pleinement développée que par Isaïe qui choisit le nom de son fils en conséquence. Ces deux conceptions forment ensemble un schéma qui prévoit le malheur pour le peuple (ou les pécheurs) et le salut pour un « reste ». Aussi le renversement du malheur en salut ou bien encore la combinaison des deux représentent-ils en fait le type autour duquel la promesse prophétique a toujours gravité. Il est peu probable qu'il s'agisse d'un schéma emprunté à l'Égypte, mais cela peut s'expliquer bien plus simplement comme une conséquence de la transformation du « jour de Yahvé » en jour de malheur. Étant donné qu'une menace de malheur irrémédiable qui ne laisserait subsister aucun espoir aurait été dépourvue de toute signification pédagogique, ce type de renversement devait nécessairement s'imposer, au moins au rédacteur qui opérait la sélection du matériel. En ce qui concerne les prophètes eux-mêmes, il faut se garder de croire qu'une intention essentiellement pédagogique les animait lorsqu'ils brandissaient des menaces de malheur. [340] Ils révélaient les visions et les paroles qu'ils percevaient. Ce n'étaient pas de véritables « prédicateurs » appelant leurs auditeurs au repentir, comme il devait en apparaître à l'époque des Évangiles et au Moyen Âge. Bien sûr ils incitaient aussi ceux qui les écoutaient au repentir et à la pénitence. Jérémie considère même la dénonciation des péchés comme l'une des caractéristiques du véritable prophète. Par ce principe fondamental, ils se différenciaient de tous les mystagogues. Osée, dès le début, appelle avec passion ses auditeurs au repentir et Jérémie en fait autant (VII). En règle générale cependant, le contenu le plus immédiat des grandes visions et perceptions auditives consiste simplement dans le rappel des décisions de salut et de malheur que Yahvé a déjà décrétées pour son peuple et éventuellement dans l'énumération des motifs qui l'ont amené à agir ainsi. Quant au peuple, on exige de lui très fermement et très clairement, sans nulle précaution oratoire, qu'il soit prêt à subir les conséquences de ses propres transgressions ou de celles de ses ancêtres [1]. Cependant, en règle générale, les véritables exhortations parénétiques, les accusations et les appels au repentir des prophètes tout comme leurs avertissements ne sont pas présentés comme les paroles du Dieu, mais comme celles des prophètes eux-mêmes agissant sur l'ordre de Yahvé. Quoi qu'il en soit, ce schéma où le malheur précède le salut relève de la nature même de la prophétie israélite et s'explique très bien sans que l'on ait besoin de faire intervenir un emprunt à une tradition étrangère.

La vigueur passionnée de l'accusation et des menaces brandies par les prophètes ainsi que la tournure souvent très générale de leurs exhortations contrastent avec la Thora dont le ton est plus édifiant dans le Deutéronome et plus énergique dans l'ancienne parénèse ; la Thora est aussi plus concrète et elle énumère des exigences très précises. Ce contraste n'est pas dû seulement à des différences de tempérament, mais tout au contraire ce sont les espérances des prophètes qui parce qu'elles concernent l'actualité la plus immédiate déterminent leur état d'esprit. Le malheur ou le salut annoncés ne sont que très rarement rejetés dans un futur lointain. Ils peuvent se produire à tout moment. En règle générale, il est probable ou même certain qu'ils sont imminents. Elle est déjà enceinte, proclame Isaïe, la jeune femme qui doit enfanter le prince eschatologique. Chaque expédition militaire des souverains assyriens, et plus particulièrement un événement comme l'invasion des Scythes, pouvait signifier l'approche de cet « ennemi du Nord » [341] — probablement une figure mythique de l'attente populaire — qui, pour Jérémie notamment, était l'annonciateur de la fin des temps. Cette attente était également entretenue par les péripéties effroyables et souvent fatales des États qui s'affrontaient dans la lutte.

1. Chez Amos (à l'exception d'un passage) et dans un passage d'Osée (v, 4) le malheur paraît inéluctable, vraisemblablement parce que le contenu de la vision menait à une telle conclusion. Il en est de même à plusieurs reprises chez Isaïe et très souvent chez Jérémie.

C'est précisément l'imminence de l'accomplissement des espérances eschatologiques qui détermina d'une façon décisive la signification pratique et éthique de la prophétie. L'attente et l'espérance eschatologiques étaient certainement très répandues dans toutes les populations du voisinage. Mais comme toujours en pareil cas, leur caractère vague et imprécis n'exerçait pratiquement aucune influence sur la conduite des individus. Les conteurs, les mimes des mascarades cultuelles et peut-être les intellectuels gnostiques y avaient recours dans leur conventicule ésotérique pour exercer temporairement ou personnellement une influence limitée. Nulle part on n'attribuait à ces espérances une actualité immédiate ou encore une efficacité dont les hommes devaient tenir compte dans leur manière de vivre. Les révélations des prophètes royaux de salut ou encore celles des chresmologues itinérants des Hellènes suscitèrent des espérances concernant l'actualité immédiate. Mais dans le premier cas c'étaient des cercles de courtisans très restreints, et dans le second quelques particuliers, qui en tenaient plus ou moins compte. En Israël cependant, étant donné la structure politique et la situation dans laquelle se trouvait le pays, chacun des Anciens, comme le révèle le procès capital de Jérémie, se rappelait encore après cent ans un oracle de malheur comme celui de Michée, et toute la population s'affolait lorsque s'élevait un prophète qui brandissait d'effroyables menaces. Car le malheur prédit concernait le présent et menaçait l'existence de tous, si bien que chacun était contraint de s'interroger sur ce qu'il fallait faire pour l'écarter. De plus ces menaces s'appuyaient sur une prophétie que légitimait l'accomplissement extrêmement frappant de certains oracles de malheur jamais oubliés. Cette prophétie avait le soutien de l'ancienne et puissante opposition contre la royauté. Nulle part ailleurs une attente aussi actuelle n'était représentée par des démagogues virulents qui ne prenaient d'égards pour personne ; et en même temps elle était reliée à l'idée si ancienne et si traditionnelle de l'alliance entre Yahvé et Israël.

Pour les cercles d'authentiques sectateurs de Yahvé, c'était précisément l'imminence de la fin annoncée qui était déterminante. L'étude du Moyen Âge et de la Réforme ainsi que de la communauté chrétienne primitive nous fait comprendre l'influence puissante [342] que pouvaient exercer de telles espérances. Celles-ci furent tout aussi déterminantes pour la manière de vivre des cercles de gens pieux en Israël. Elles seules permettent, en dernière analyse, de comprendre l'indifférence à l'égard du monde et l'utopie des prophètes. S'ils s'opposent à toute alliance, s'ils s'élèvent sans relâche contre les agissements futiles et la superbe arrogance de ce monde, si Jérémie reste célibataire, c'est pour des raisons identiques à celles de Jésus qui donne ce conseil : « Rendez à César ce qui est à César » ou de Paul qui recommande à chacun de conserver son métier, de rester marié ou célibataire, et à celui qui avait une épouse de n'en faire aucun cas. Toutes ces choses qui appartiennent au présent n'ont aucune importance car la fin est irrémédiablement proche. Comme dans la communauté chrétienne primitive, le caractère imminent de l'attente marquait profondément la personnalité même des prophètes et de leurs partisans et c'était cela qui conférait à leur révélation une telle emprise sur leurs auditeurs. Bien que le Jour de Yahvé tardât à venir, chaque nouveau prophète durant plus de mille ans, jusqu'à la chute de Bar Kokhba, rencontrait la même croyance passionnée qui avant l'exil s'était limitée à un cercle restreint. Là aussi c'était précisément le caractère irréel de l'attente qui lui conférait une telle efficacité, une telle influence sur la vie, et qui laissa les traces les plus profondes dans la religion. L'irréalité seule rendait la vie supportable en suscitant l'espoir. Et surtout il était plus facile de renoncer définitivement à tout espoir en un au-delà et à toute véritable théodicée — malgré l'interrogation lancinante sur les raisons du malheur et le postulat d'une juste compensation — à une époque où chaque homme devait s'attendre à être encore lui-même le témoin d'un événement eschatologique. Ces hommes si passionnés issus d'Israël vivaient dans une atmosphère d'attente inlassable. Le salut devait suivre immédiatement l'accomplissement du malheur. Rien n'en témoigne d'une façon plus éclatante que l'attitude de Jérémie lorsque la chute de la ville paraît imminente : il achète un champ car les temps nouveaux tant espérés sont proches, et il recommande aux exilés de jalonner leur route de signes afin de retrouver le chemin du retour.

Le salut tant espéré fut progressivement sublimé. Les deux espérances eschatologiques qui avaient coexisté jusque-là, d'une part l'attente chiliastique d'un paradis cosmique [343] à la fin des temps qui apparaît chez Osée et chez Isaïe, et d'autre part l'espoir si massivement bourgeois et matériel du Deutéronome selon lequel Israël deviendra une nation de patriciens hiérosolomytains tandis que les autres peuples s'endetteront et deviendront ses esclaves et ses métayers, passent manifestement au second plan pour ne réapparaître qu'à l'époque postexilique, la première chez Joël, la seconde dans le Trito-Isaïe (LXI, 5-6). En plus de l'espérance politique d'une victoire d'Israël et de sa suprématie sur les autres peuples (*Mic.* IV, 13), et en plus des anciennes promesses paysannes d'une riche récolte et d'une grande prospérité (Amos), on trouve également chez les prophètes un idéal plus pacifiste, l'espoir en un royaume de paix. Le Temple en sera le centre (Isaïe) et constituera le siège unique de la Thora, de la sagesse et de l'enseignement pour toutes les nations (Michée). L'espoir déjà formulé par Osée (II, 19 sq.) que Yahvé, par une nouvelle alliance, garantira un jour à Israël « le pardon, la miséricorde et la connaissance », s'infléchit chez Jérémie (XXXI, 33-34) et Ézéchiel (XXXVI) jusqu'à acquérir une dimension éthique : Yahvé conclura avec les membres de son peuple une *berith* plus clémente que l'ancienne alliance si rigoureuse avec ses commandements draconiens. Il enlèvera leur cœur de pierre pour le remplacer par un cœur de chair et de sang, il mettra en eux un nouvel esprit afin qu'ils suivent d'eux-mêmes ses voies. « Je dépose ma loi en eux, je l'inscris dans leur cœur. » Alors « les hommes n'auront plus besoin d'enseigner la loi » car chacun connaîtra Yahvé. Et tant que subsistera l'ordre cosmique ils ne cesseront d'être son peuple. On trouve ici une allusion même lointaine au fait que l'existence du péché peut constituer en tant que telle un problème de théodicée. Tout cela n'est en fait qu'une sublimation hautement éthique des espoirs jadis formulés dans un poème attribué (à vrai dire très hypothétiquement) à Amos (IX, 11). L'idée de cette « nouvelle alliance » fondée sur la seule conviction a eu également une grande importance pour le développement du christianisme. Les prophètes qui espèrent que Yahvé supprimera le péché l'intériorisent ; celui-ci apparaît désormais comme une conception globale et comme un état d'esprit franchement hostile à Dieu. Ce qui importe pour Jérémie c'est la « circoncision du cœur » et non pas quelque attitude extérieure. Tout cela est très proche de certaines paroles bien connues de l'Évangile. Ainsi apparaît non plus seulement une utopie sociale mais une utopie purement religieuse. [344] Chez Jérémie l'intériorisation et la sublimation des promesses futures vont de pair avec la formulation d'espérances extrêmement modestes sur le plan extérieur. Alors que le Deutéronome présupposait l'existence d'une cité-État où les hommes pieux constituaient le patriciat et que la prophétie, lorsqu'elle évoquait ces espérances, présentait les juifs au moins comme les maîtres spirituels et les guides du monde, tout cela a disparu chez Jérémie. Il ne mentionne qu'une seule fois Sion (XXXI, 6) comme siège du culte de Yahvé. Bien sûr il n'ignore pas l'idéal d'un peuple de maîtres sous sa forme sublimée. Mais avec l'âge il devient plus modéré. Ce sont des bergers et des paysans pieux (XXXI, 24) que Yahvé bénira dans le futur, et le prophète est comblé à la pensée qu'un jour on pourra à nouveau semer et récolter dans le pays. Un certain idéal de bonheur domestique menaçait d'éclipser les grands espoirs eschatologiques d'une domination mondiale. C'était une époque de détresse où les envahisseurs semaient la dévastation ; la prophétie de Jérémie à la fin de sa vie exprime la résignation. Il met en garde ses contemporains contre une fuite en Égypte et leur conseille de se soumettre au destin que leur a réservé Yahvé, de rester dans le pays, d'obéir au roi de Babylone et à ses représentants. Alors qu'il avait cru d'abord en un prompt retour des exilés, il leur conseille plus tard de s'installer dans leur nouveau lieu de séjour. Après l'assassinat de Gedalya et après sa propre déportation en Égypte, Jérémie semble avoir perdu tout espoir, comme en témoigne le testament émouvant, profondément résigné, qu'il dicta à son fidèle disciple Baruch : « Vois, je fais venir le malheur sur toute chair, dit l'Éternel ; à toi, Je te donnerai ta vie pour butin où que tu ailles » (XLV, 5). Selon une tradition judaïque tardive, il aurait été lapidé en Égypte. Une vue si foncièrement pessimiste et une attitude tellement soumise n'auraient pas pu servir de fondement à la volonté de survie de la communauté en exil. Déjà le simple fait d'avoir conseillé aux exilés de s'installer à Babylone l'entraîne dans une diatribe violente avec le contre-prophète Chema'ya, comme en témoignent les lettres courroucées qu'il adresse à Babylone. Ézéchiel, au contraire, le plus important des prophètes emmenés en exil, proclame l'imminence du retour. En fait seule une telle espérance était capable d'assurer la cohésion de la communauté. [345] Si la prophétie exerça une influence aussi décisive, ce ne fut pas grâce à des promesses eschatologiques sublimées mais grâce aux espérances grossières qui continuèrent à subsister chez tous les prophètes. L'expérience nous enseigne que les représentations eschatologiques qui n'annonçaient pas l'imminence du Jour du Jugement et de la Résurrection n'ont guère eu plus d'effet que les espérances de salut purement séculières rejetées dans un futur lointain. Ce qui importait, c'était précisément que le « Jour de Yahvé » soit annoncé comme un événement dont chacun pouvait encore espérer ou bien redouter être lui-même le témoin en son temps et que d'énormes révolutions soient en vue dans ce monde.

Aux différentes formes qu'assumèrent les espérances eschatologiques correspondirent différentes représentations de la personnalité du sauveur. Celui-ci n'apparaît pas chez Amos qui met uniquement l'accent sur le « reste » du peuple qui doit être sauvé. Mais chez les autres prophètes, les espérances de salut abondent en images d'un libérateur qui ressemble aux anciens héros de l'alliance, aux *chophetim* et au « sauveur » de la tradition ; sur lui se greffent les représentations eschatologiques que proposent les civilisations voisines. Cependant ces dernières n'offraient pas ce dont on avait besoin. Car parmi toutes les figures possibles d'un sauveur ou d'un libérateur, les prophètes écartaient tout autant l'incarnation et l'engendrement divin que l'apothéose, qui étaient incompatibles avec le caractère spécifique de Yahvé tel que la tradition l'avait défini. La conception selon laquelle le rôle de sauveur pouvait échoir à un souverain étranger (Cyrus) n'est apparue qu'à l'époque de l'exil (Deutéro-Isaïe). En Israël, il fallait que la figure du sauveur soit en relation avec le « Jour de Yahvé », c'est-à-dire avec un événement eschatologique tout à fait concret dont la nature était déterminée, comme nous l'avons vu, par le caractère particulier et traditionnel du Dieu des catastrophes. Les religions et les cultes des grandes cultures environnantes, telle la religion iranienne, ne connaissaient pas de sauveur ayant cette dimension eschatologique. Ces cultures proposaient surtout des spéculations concernant un sauveur préexistant qui avait un caractère astral (dans l'oracle de Bile'am, *Nbr.* XXIV, 17) ou qui avait la stature du premier homme (ceci apparaît le plus clairement chez *Job* XV, 7, et il y a certaines allusions dans *Is.* IX, 5 ; *Mic.* V, 1). Même si l'on trouve parfois chez les prophètes de lointains échos de ces légendes cultuelles [346] et de mystérieuses allusions à ces spéculations intellectuelles, aucun d'entre eux pourtant n'a osé se fonder sur de telles représentations qui conduisaient nécessairement à des mystères ésotériques, et cela déjà par crainte de nuire à la majesté absolument unique de Yahvé. Le sauveur ne pouvait être qu'une créature de Dieu. Il ne restait donc que l'espoir du retour d'un prince libérateur, tel que le présente la légende de Barberousse ; le monde environnant, pour autant qu'on le sache, ignorait un tel espoir mais il pouvait facilement se développer à partir de la prophétie du roi sauveur ; en Israël c'était l'espoir d'un retour du roi David. Un second espoir subsistait, celui de l'apparition en Israël d'un nouveau libérateur, que ce soit un prince de la lignée de David ou quelque enfant miraculeux. On attribuait à ce libérateur certains traits qui, en Mésopotamie notamment, caractérisaient les rois tant qu'ils étaient en vie et particulièrement les usurpateurs, c'est-à-dire une origine surnaturelle : nul humain ne les aurait engendrés. De telles espérances se rencontrent chez presque tous les prophètes et notamment chez Isaïe qui annonce la venue de l'enfant Emmanuel, le fils de la « jeune femme ». Aucun prophète, pas même ceux qui comme Amos et Osée prophétisent dans le Royaume du Nord, ne met en cause la légitimité de la lignée davidique. Sion est pour Amos la résidence de Yahvé ; pour Osée, Juda n'est pas souillé par les péchés d'Israël ni par le scandale que constitue la présence des usurpateurs. Il ne paraît d'ailleurs pas avoir cru à la chute de Juda. Chez Isaïe également il semble que le « reste » ait initialement signifié Juda. Pour Michée le roi sauveur viendra de Béthel Ephrath, la patrie du clan davidique. Il est fort probable que l'espoir qu'Isaïe a mis dans l'enfant sauveur Emmanuel signifie que le prophète a retiré sa confiance à la figure royale impie [1] ; Jérémie et Ézéchiel, eux, ne comptent plus guère sur l'ancienne dynastie royale. À côté du clan de David on trouve également chez Ézéchiel (XXI, 32) l'espoir en la venue de celui « à qui appartient le jugement et à qui Je (Yahvé) le remettrai ». Si les promesses des prophètes peuvent paraître hostiles à la royauté, [347] c'est dans le même sens que l'opposition populaire encouragée par les intellectuels : le prince sauveur n'est pas nécessairement un roi guerrier qui venge Israël et persécute ses ennemis, bien que cela puisse être parfois le cas. Mais en règle générale c'est Yahvé qui exécute lui-même le châtiment. Le sauveur peut également emprunter les traits d'un prophète ou d'un maître ; ceci corroborait la conception préexilique qui présentait la Thora comme le bien suprême que Sion offrira au monde à la fin des temps ainsi que la prédiction du Deutéronome selon laquelle Yahvé suscitera en Israël « un prophète comparable à Moïse ». Moïse (selon Osée) et Samuel (selon Jérémie XV, 1) furent les archégètes de leur propre vocation. Leur figure conserve une dimension essentiellement religieuse, car s'ils prodiguent des conseils et des avertissements ils ne sont pas, à l'opposé des souverains et des chefs d'armées, des meneurs de foule ; tous deux paraissent ainsi qualifiés pour ce rôle de sauveur. On leur associait naturellement la figure légendaire d'Élie, le premier prophète de

1. Il est étonnant que Hölscher ait cru qu'Emmanuel n'était pas une figure eschatologique mais un personnage réel et bien connu (peut-être l'épouse ou le fils d'Isaïe), car autrement les signes miraculeux « ne prouveraient rien ». Mais précisément il n'est pas question de prouver quoi que ce soit. La conséquence de l'incrédulité d'Achab c'est l'événement qui apparaît dans une vision mais qui est attendu pour des temps proches : sa destitution au profit de l'enfant sauveur.

malheur au sens précis que ce terme prendra par la suite, qui s'était dressé contre le roi. Mais la conception traditionnelle du « Jour de Yahvé » comme une catastrophe politique et naturelle ne permettait pas qu'une figure purement spirituelle prenne la place du roi sauveur populaire. C'est pourquoi la représentation proprement eschatologique d'un maître apportant le salut n'apparaît qu'à l'époque de l'exil, et ce n'est que bien plus tard que l'espoir d'un retour d'Élie, le magicien hostile à la royauté, acquit une certaine popularité comme en témoigne le Nouveau Testament. Il apparaît ainsi que la spéculation concernant cette figure eschatologique joue chez les prophètes un rôle tout à fait mineur. Ce qui importe à leurs yeux c'est le bouleversement radical qu'entraînera bientôt l'intervention prodigieuse de Yahvé lui-même dans l'histoire. En cela les prophètes diffèrent du Deutéronome où, comme dans un traité de morale parénétique, se succèdent toute une série de promesses de bénédiction et de promesses de malédiction. Les prophètes ne se préoccupent guère en fin de compte de savoir si les hommes prendront part à ce bouleversement radical et là-dessus leurs opinions varient. Le miracle absolu est au cœur de toute attente prophétique et lui confère cette dimension pathétique si particulière. Aussi la figure du Messie est-elle très souvent floue et changeante jusque dans les diverses prédictions d'un même prophète d'avant l'exil. [348] De plus les promesses jouent un rôle variable selon les prophètes ; ce rôle est pratiquement nul chez Jérémie qui, comme Amos, met avant tout l'accent sur le « reste » du peuple qui sera converti ; on ne trouve chez lui qu'une seule prédiction véritablement messianique. Il en est de même pour Ézéchiel son contemporain. Le prestige de la dynastie de David avait subi une importante éclipse. Nous nous trouvons déjà sur la voie de ce bouleversement radical qui fera du « peuple d'Israël » la « communauté des juifs ». Depuis la chute du Royaume du Nord, Juda se détache et apparaît déjà chez Osée comme le porteur des promesses ; la prééminence de Juda s'accentue encore chez les prophètes tardifs, même s'ils n'abandonnent pas l'espoir d'une réunification de tout le peuple à la fin des temps.

Avant d'étudier cette transformation qui aboutit à la communauté des juifs, il nous faut encore examiner brièvement le problème suivant : quelle est l'influence que les prophètes préexiliques exercèrent sur l'évolution de l'éthique par rapport aux autres forces qui intervinrent ? Les prophètes, ainsi que nous l'avons vu, reprirent tous les commandements fondamentaux de la Thora des lévites. L'idée d'une alliance entre Yahvé et Israël ainsi que les caractéristiques essentielles de leur conception de la divinité existaient déjà avant eux. De même il y avait déjà eu auparavant des couches sociales qui s'étaient dressées contre la royauté et qui avaient dénoncé la culture matérielle et esthétique des classes dominantes. Il est fort probable que les cercles rékhavites ne furent pas les seuls à témoigner de leur scepticisme à l'égard du sacrifice. Une question demeure : faut-il attribuer aux seuls prophètes l'essor prodigieux que connaît le plan divin de bénédiction et de malédiction qui sous-tend l'éthique ? Ont-ils contribué à la sublimation du péché et de la conduite requise par la divinité dans le sens d'une éthique de la conviction ? Ou bien faut-il y voir un résultat de la culture des intellectuels de l'époque préexilique ? Selon des critères intrinsèques, tout porte à croire que ces conceptions sont issues des efforts conjugués de la prophétie, de la rationalisation progressive de la Thora lévitique et des cercles de laïques pieux et cultivés. Cela est confirmé par le rapprochement grandissant entre le registre prophétique des péchés et les commandements du Décalogue. Les prophètes eux-mêmes étaient, par rapport à leur temps, des hommes cultivés qui entretenaient des relations amicales, [349] bien que parfois tendues, avec les cercles qui devaient former par la suite l'école deutéronomiste. Il est probable que les maîtres de la Thora aient mis l'accent sur la casuistique systématique d'ordre moral tandis que les prophètes luttaient en vue de faire prévaloir une éthique de la conviction et lançaient le mot d'ordre d'un ressaisissement moral d'Israël. Il suffit de comparer les conceptions édifiantes et bourgeoises des rédacteurs du Deutéronome ainsi que leur enseignement avec les oracles d'Isaïe pour écarter une idée qui avait d'ailleurs été très sérieusement avancée selon laquelle le prophète aurait composé lui-même cette œuvre parénétique et l'aurait transmise scellée à ses disciples. Cela est proprement impensable et si l'alternative « bénédiction ou malédiction selon le comportement du peuple » est conforme à la pédagogie populaire des maîtres de la Thora, elle est par contre étrangère aux visions de catastrophe imminente d'Isaïe et des prophètes ultérieurs. La différence fondamentale réside dans l'imminence absolue des événements redoutables annoncés par les prophètes ; ces derniers étaient entièrement préoccupés par les catastrophes politiques. Ils s'opposaient ainsi à la parénèse moralisatrice des maîtres de la Thora, qui encourageaient d'une part la rétribution individuelle de la piété et des péchés de ceux qui constituaient leur clientèle, et d'autre part les espoirs et les craintes futurs et quelque peu prosaïques de la bourgeoisie. Toutefois le Deutéronome ne saurait se concevoir sans la prophétie. Car c'est précisément dans un prophète futur que cette œuvre met tous ses espoirs. Les règles concernant la guerre sont toutes empreintes de naïveté et animées d'un esprit prophétique ; elles sont purement utopiques et ne s'expliquent que par l'adoption d'une conception de la foi dont les prophètes avaient une expérience directe. Seulement tout se trouve transposé dans la vie quotidienne et dans un autre climat. De même — et nous ne pouvons ici pousser l'étude plus avant — la version actuelle de la tradition et de la Thora, pour autant qu'on peut les considérer comme des œuvres préexiliques, sont marquées par l'influence prophétique, à des degrés très divers d'ailleurs, bien qu'il soit certain que ce ne sont pas des rédacteurs prophétiques qui les ont élaborées. Et surtout sans le prestige éclatant de ces démagogues connus et redoutés par tous, la conception de Yahvé comme souverain de l'univers qui détruit Jérusalem pour la rebâtir à nouveau aurait pu difficilement prévaloir ; [350] elle était en effet aussi éloignée des représentations populaires concernant les relations qu'entretenaient Israël et son Dieu que des représentations cultuelles et sacerdotales. Si l'on ne tient pas compte des expériences bouleversantes confirmant les paroles prophétiques de malheur qui avaient été prononcées publiquement et qui étaient encore dans la mémoire collective près de cent ans plus tard

(*Jér.* XXVI, 18), il est tout à fait impossible d'expliquer pourquoi le peuple ne fut pas ébranlé dans sa foi sous le coup des terribles péripéties politiques, pourquoi au contraire, par un paradoxe unique dans l'histoire, ses convictions s'en trouvèrent solidement et définitivement renforcées. Toute la structure interne de l'Ancien Testament serait impensable sans l'orientation que lui imposèrent les oracles des prophètes ; comme ce livre est sacré non seulement pour les juifs mais aussi pour les chrétiens et comme l'on a souvent interprété la mission du Nazaréen à la lumière des anciennes promesses faites à Israël, l'ombre de ces figures imposantes s'étend à travers des millénaires jusqu'à l'époque présente. D'autre part, sans l'interprétation grandiose des desseins de Yahvé et la confiance inébranlable en ses promesses en dépit de — ou précisément à cause de — toutes les épreuves qu'il infligeait à son peuple conformément aux sinistres prédictions, jamais Israël n'aurait connu cette évolution interne qui transforma un groupement politique en un groupement confessionnel. C'est encore une fois le caractère imminent et l'intensité émotionnelle de l'attente eschatologique qui furent décisifs en la matière. C'est de cette espérance précisément dont on avait le plus besoin dans l'exil. Sans elle la Thora, les exhortations édifiantes et les consolations des intellectuels du Deutéronome eussent été vaines. La soif de vengeance et l'espoir qui animaient les croyants les poussaient à agir, mais seule la prophétie qui donnait à chacun l'espoir d'être encore lui-même le témoin de l'accomplissement de ces promesses passionnées pouvait assurer la cohésion religieuse d'une communauté en pleine décomposition politique. Comme les prophètes n'avaient pas encouragé la formation d'une nouvelle communauté religieuse et que c'est la sublimation de la religion traditionnelle dans le sens d'une éthique de la conviction qui constituait la substance même de leurs messages eschatologiques et leur conférait une portée à la fois pratique et morale, rien ne s'opposait à ce que le nouveau groupement confessionnel, dans la mesure même où il s'isolait rituellement, se considérât comme le continuateur direct de l'ancienne communauté rituelle du peuple. Une pareille prétention était interdite au christianisme.

5. DÉVELOPPEMENT DU PARTICULARISME RITUEL D'ISRAËL DUALITÉ ENTRE MORALE INTERNE ET MORALE EXTERNE

[351] La prophétie et le ritualisme transmis par la tradition israélite contribuèrent à développer les éléments qui valurent au judaïsme sa place de paria parmi les nations. L'éthique israélite notamment prit un caractère exclusif à la suite de l'évolution de la Thora sacerdotale. L'éthique égyptienne était elle aussi exclusive, dans la mesure où comme n'importe quelle éthique de l'Antiquité elle ignorait l'étranger. Il ne semble pas toutefois que les Égyptiens aient condamné le mariage avec un étranger ou qu'ils l'aient déclaré rituellement impur. En revanche ils paraissent avoir évité tout contact avec la bouche et la vaisselle des peuples qui mangeaient de la viande de vache, se rapprochant par là des Indiens. En Israël il n'existait à l'origine aucune ségrégation rituelle à l'encontre de l'étranger et ce n'est que lorsque le groupe évolua vers une association confessionnelle que ce caractère exclusif, qui dans le fond ne s'écartait guère de ce qui était en usage chez les autres peuples, prit une coloration particulière. La transformation de la communauté israélite s'était amorcée sous l'influence de la Thora et de la prophétie dès avant l'exil. Elle se traduisit d'abord par l'inclusion grandissante des métèques (*gérim*) dans l'ordre rituel. À l'origine le *ger* n'était absolument pas concerné par le rite. La circoncision n'était pas une institution particulière à Israël, mais à l'intérieur de la communauté elle était requise uniquement pour l'armée. L'institution du sabbat comme jour de repos s'était probablement répandue au-delà du cercle des Israélites de plein droit et peut-être même au-delà du cercle des adorateurs de Yahvé ; le sabbat était devenu progressivement un commandement fondamental de la parénèse. Que le *ger* puisse être circoncis et qu'il puisse en conséquence prendre part au repas de Pesaḥ (*Ex.* XII, 48), c'est là une innovation qui résultait certainement de la transformation

pacifiste des cercles de pieux yahvistes. Peu à peu cela se transforma en obligation pour le *ger* (*Nbr.* IX, 14). Auparavant déjà on avait interdit à l'étranger sous peine de mort de consommer du sang (*Lév.* XVII, 10) et de faire des sacrifices à Moloch (*Lév.* XX, 2), et surtout on l'avait contraint d'observer le repos sabbatique. Le Deutéronome puis la doctrine sacerdotale de l'époque de l'exil supprimèrent définitivement toutes les différences rituelles entre les Israélites de plein droit et les *gérim* : une « seule loi » devait régir à tout jamais l'Israélite et l'étranger (d'où la prescription d'*Ex.* XII, 49 qui a été manifestement rajoutée par la suite). Pour le Deutéronome (XXIX, 11), [352] les *gérim* font partie de l'alliance avec Yahvé, et dans le Livre de Josué (VIII, 33) cette disposition se trouve même incorporée dans la cérémonie de la malédiction et de la bénédiction à Sichem. Une prescription tardive du Deutéronome (XXXI, 12) stipule expressément que la Thora devait être lue publiquement pour les *gérim*. Cette évolution fut l'œuvre des paysans et des fermiers démilitarisés qui habitaient la ville ainsi que des prêtres extrêmement intéressés par une clientèle de *gérim* parmi lesquels se trouvaient des yahvistes d'une piété exemplaire, comme les éleveurs de bétail, alors que les « notables » apparaissent dans le récit de la révolte de Qoraḥ comme les opposants des prêtres. Les classes qui étaient privées de droits politiques ou qui jouissaient de droits moindres constituaient ici comme ailleurs un champ d'action extrêmement important pour les lévites et durant l'exil pour les prêtres. C'est probablement de l'exil que datent les prescriptions recueillies dans la version actuelle du Deutéronome (XXIII, 8) concernant l'admission de plein droit d'un étranger, notamment d'un Égyptien et d'un Édomite, dans la communauté rituelle. L'ancienne association qui unissait les guerriers sédentaires aux tribus hôtes des *gérim*, avec lesquelles ils avaient conclu une alliance, cède le pas à une organisation purement rituelle et même territoriale, en théorie du moins, qui revendique Jérusalem pour capitale.

Quant à la forme que la communauté de Yahvé devait prendre dans l'avenir il n'y avait point d'opinion unanime à ce sujet. Peu de temps après la première déportation Jérémie recommanda aux exilés de s'installer à Babylone. Par contre, après la destruction de Jérusalem il enjoignit à ceux qui étaient restés dans le pays d'y demeurer. Dans cette éventualité se serait constituée sous la suzeraineté de Babylone une communauté rurale avec Mitspa pour centre. Mais Jérémie se heurta à l'opposition extrêmement violente d'Ézéchiel (selon l'interprétation probablement correcte de XXXIII, 25). Pour Ézéchiel, qui était un prêtre, Jérusalem demeurait le seul sanctuaire légal, et si l'on ne s'accrochait pas aux promesses concernant Sion, il ne pouvait y avoir d'espoir pour le futur. D'un point de vue pratique il avait indéniablement raison. Le commandement ayant trait à l'unité rituelle du peuple, y compris les *gérim*, fut mis en relation avec la pureté rituelle de la terre déjà proclamée à l'époque d'Amos. C'est cette terre que Yahvé avait promise à Israël à l'exclusion de toute autre. Le zèle confessionnel croissant des prêtres de l'exil requérait théoriquement que l'on ne tolérât point qu'une personne rituellement impure puisse s'y installer définitivement. [353] Ainsi au moment même où Israël perdait son territoire et alors que le peuple s'établissait de plus en plus parmi les nations étrangères, on fixa rituellement la valeur idéale de cette assise territoriale et politique : c'est uniquement à Jérusalem qu'il était possible d'offrir des sacrifices et seuls ceux qui étaient rituellement purs pouvaient s'installer définitivement sur le territoire d'Israël. Mais tous les adorateurs de Yahvé qui répondaient à cette condition, que ce soient des Israélites, des *gérim* ou des néophytes, étaient désormais égaux sur le plan confessionnel.

La nature purement religieuse de la communauté telle que la définissaient les promesses prophétiques exigeait qu'une séparation confessionnelle se substituât à l'opposition politique envers les autres peuples et que celle-ci soit renforcée. Ceci se traduisit d'abord par le développement des prescriptions éthiques. Primitivement, comme chez tous les peuples de la terre les responsabilités de l'Israélite étaient différentes selon qu'il s'agissait d'un membre de sa tribu ou d'un étranger. Les Patriarches ne s'offusquaient point de ce que l'on cherchât à duper et à tromper un étranger appartenant à une ethnie proche comme l'Édomite (Ésaü) ou un nomade de l'Est (Laban). Yahvé avait ordonné à Moïse de mentir au Pharaon (*Ex.* III, 18 ; IV, 23 ; V, 1) et d'aider les Israélites à subtiliser des biens égyptiens lors de la sortie d'Égypte. À l'intérieur même d'Israël subsistaient des barrières entre les tribus et cela entraînait des conséquences identiques. Le *ger* était protégé juridiquement dans le cadre de la *berith* conclue avec sa communauté, mais sur le plan éthique il n'était protégé que par la parénèse lévitique. Cependant il n'existait pas à cette époque une quelconque « xénophobie ». Parmi les *gérim* se trouvaient également, ainsi que l'indique la tradition, des communautés cananéennes (dont Gabaon constitue le paradigme). C'est le puritanisme yahviste en lutte contre l'orgiasme sexuel d'une part, et l'établissement d'un royaume national sous Salomon d'autre part, qui accentuèrent d'abord l'opposition contre les Cananéens, y compris les *gérim* cananéens. Les exilés considéraient tous les Cananéens comme des ennemis ; Yahvé les avait condamnés à la servitude à cause de leur impudeur sexuelle, et à l'extermination à cause de la sainteté de la terre et de peur qu'ils n'incitent Israël à abandonner son Dieu (*Ex.* XXIII, 23 sq. ; XXXIV, 15). De telles vues excluaient toute alliance avec eux à moins que, conformément à la disposition prévue par la tradition de Sichem, ils n'acceptent de se faire circoncire et entrent ainsi dans la communauté rituelle. [354] Comme il paraît certain que les Cananéens pratiquaient la circoncision il ne peut s'agir là que d'une interpolation tardive. L'attitude d'Israël envers les non-Israélites dans les temps anciens avait été déterminée au contraire par des mobiles purement politiques tant dans le domaine cultuel que rituel. À l'origine la commensalité n'était pas condamnée et il n'existait pas d'incompatibilité en ce qui concerne les sacrifices étrangers. Le repas pris en commun avec les Gabaonites n'était certes pas un « repas sacrificiel » mais simplement une commensalité résultant de la *berith*. Toujours est-il que les Israélites acceptaient dans certaines occasions rituelles de la nourriture étrangère. Le récit du repas que Joseph et ses frères prirent à l'écart des Égyptiens (*Gen.* XLIII, 32) montre que le refus de ces derniers de partager la table avec des étrangers constituait à l'époque où s'est forgée cette tradition une caractéristique qui les opposait à Israël. L'interdiction du repas sacrificiel pris en commun avec des étrangers (*Ex.* XXXIV, 15 ; *Nbr.* XXV, 1 sq.), que le puritanisme yahviste renforça progressivement, n'eût pas été nécessaire si de tels repas n'avaient pas existé primitivement en Israël comme dans toutes les autres nations. On ne saurait affirmer avec certitude que le contrat passé entre Jacob et Laban et qui comportait des sacrifices (*Gen.* XXXI, 53 sq.) ait été rangé dans cette catégorie par l'Élohiste pour qui Laban était le serviteur de dieux étrangers. Mais les récits d'Élisée prouvent encore qu'un sectateur de Yahvé, qui, tel Na'aman, était au service d'un étranger, était autorisé à participer au culte du dieu de son roi sans doute parce que cela était considéré comme un acte politique. Un tel comportement eût constitué une abomination pour le judaïsme confessionnel tardif qui, face aux exigences du culte royal et impérial, choisira le martyre. Ce n'est qu'à l'époque de la confessionnalisation qu'on tira toutes les conséquences de la stricte monolâtrie qui résultait de la *berith*.

De même le *connubium* avec un étranger est mentionné sans ambages. Un Israélite peut épouser une captive et notamment d'après le contexte une Cananéenne. Le fait de considérer celle-ci comme une concubine et la décision selon laquelle le fils de la servante ne pourra pas hériter en Israël résultent comme partout ailleurs d'une certaine évolution ; à cette époque en effet les tribus qui possédaient des biens dotaient leurs filles et exigeaient pour les enfants de ces dernières le monopole de la légitimité. [355] C'est de là peut-être que datent les premières réticences à l'égard d'un mariage avec quelqu'un d'étranger au groupe ; pour des raisons confessionnelles celles-ci s'intensifièrent rapidement chez les gens pieux à l'époque des mariages avec des princesses étrangères. Mais c'est durant l'exil seulement que fut décrétée l'interdiction des mariages mixtes. Même la lignée de David compte encore, comme l'indique l'histoire de Ruth, une étrangère.

L'attitude adoptée envers les non-Israélites se reflète clairement dans l'évolution du comportement de Yahvé à leur égard [1]. Celle-ci fut d'abord déterminée par des motifs purement politiques. En eux-mêmes les non-Israélites lui sont indifférents. Lorsqu'une guerre éclate il est bien sûr aux côtés d'Israël. Mais il n'éprouve aucune haine pour les étrangers en tant que tels même lorsqu'ils adorent d'autres dieux. Si des étrangers prêtent secours à Israël lors d'une guerre ou s'ils l'aident en d'autres circonstances (tel Ḥovav qui guida les Israélites à travers le désert, *Nbr.* x) et surtout s'ils trahissent leur propre peuple au profit d'Israël (tel Raḥav et les espions, *Jos.* II), ils reçoivent le privilège de demeurer comme *gérim* en Israël. Il n'est jamais question de combattre des peuples étrangers pour la seule raison qu'ils sont étrangers. Au contraire Yahvé désapprouve ouvertement ceux qui, par une politique peu avisée, les persécutent traîtreusement (à Sichem par exemple). Le Dieu pacifiste des patriarches se réjouit manifestement de la générosité d'Abraham à l'égard de Lot lors du partage pacifique de la terre (*Gen.* XIII) et exauce Abraham lorsqu'il intercède pour Abimélekh. Yahvé semble parfois s'indigner de ce que Israël récompense la générosité des peuples étrangers à son égard en cherchant à leur nuire. Dans l'ancienne tradition il ne reproche jamais aux autres peuples d'adorer leurs propres dieux. Par ailleurs ce n'est qu'exceptionnellement que la tradition a reconnu la légitimité des autres dieux comme dans le récit de Jephté et dans la version primitive du sacrifice du prince de Moab par son père. Ce sont là des attitudes largement répandues à l'époque et qui ne sont que légèrement modifiées par les liens particuliers que la *berith* a instaurés entre Yahvé et Israël. Mais selon la légende des Patriarches (*Gen.* XXVII, 40), Yahvé a également fait une promesse, plus modeste certes, à Édom où se trouve l'un de ses anciens sanctuaires ainsi qu'à Ismaël qui passait lui aussi pour un adorateur de Yahvé.

1. À ce sujet voir l'étude intéressante de Pelsker. L'importance des règles internationales de la guerre parmi les peuples de la Palestine ne saurait être attestée avec certitude.

[356] Ces conceptions furent soumises à un processus de rationalisation qui répondait au besoin théologique d'une théodicée. Cette dernière allègue l'alliance avec Yahvé afin de justifier le châtiment infligé par ce dernier à Israël et d'expliquer la gravité de la situation politique ainsi que les défaites. Yahvé ne s'intéresse pas plus qu'avant aux autres peuples. Seulement il se sert d'eux comme d'« instruments divins » afin de châtier Israël pour sa désobéissance ; mais dès que son peuple s'est amendé il l'aide à reprendre le dessus. Tel est le schéma type de la version actuelle du Livre des Juges. C'est Israël, et Israël seul, qui importe aux yeux de Yahvé, les autres nations n'étant que des moyens pour atteindre son but. Pour pouvoir ainsi disposer des peuples il fallait qu'il puisse les contraindre à agir selon son bon vouloir. Aussi devait-il déterminer, en partie du moins, leur destin. Il ne faisait pas cela pour les désavantager. Les frontières qu'il assigna au territoire qui revenait à Israël ne répondaient certes pas aux intérêts des autres peuples mais elles leurs furent finalement favorables. Les relations pacifiques qui l'unissent alors à Moab et à Édom s'expriment clairement dans les explications qu'avance le Deutéronome : c'est lui Yahvé qui a donné Sé'ir aux enfants d'Ésaü et Moab aux enfants de Lot (*Deut.* II, 4-9) pour qu'ils s'y installent ; il était donc interdit de leur faire la guerre. Son attitude envers les étrangers se rapproche en bien des points de celle qu'il adoptait à l'égard d'Israël. D'après la version sacerdotale de l'Exode, c'est Yahvé qui endurcit le cœur du Pharaon (*Ex.* VII, 3) — ceci correspond bien à la mentalité du Deutéronome — afin que la puissance divine soit d'autant plus éclatante. Les étrangers — tel le Pharaon — ne connaissent certes pas Yahvé d'une façon subjective (*Ex.* V, 2) ; cependant la croyance que c'est lui qui a fait venir de loin les Philistins et les Araméens devait remonter bien au-delà de l'époque des premiers prophètes car ces derniers la présupposent. Ce n'est qu'avec l'universalisme croissant de la conception de Dieu que la position privilégiée d'Israël devint un paradoxe et on tenta de la justifier en invoquant à nouveau la *berith*. Celle-ci fut dorénavant présentée comme une promesse partiale de la divinité résultant d'un amour gratuit, mais subordonnée à

l'obéissance d'Israël ; elle apparut également comme une conséquence de la confiance inconditionnelle que les ancêtres avaient témoignée à l'égard de Yahvé ainsi que de l'abomination cultuelle des autres peuples. La *berith* qui avait été la forme sociale du groupement politique à un moment précis de l'histoire [357] servit alors de fondement pour l'élaboration d'un système théologique. C'est précisément lorsque Yahvé apparaît de plus en plus comme le souverain des cieux et de la terre, comme le Dieu de tous les peuples, qu'Israël devient le « peuple élu ». C'est sur cette élection que furent fondés les droits et les devoirs particuliers à la fois éthiques et rituels des Israélites, tels qu'ils apparaissent chez Amos. Le dualisme entre la morale interne du groupe et sa morale externe, qui a cours dans toute collectivité, reposa désormais dans la communauté yahviste sur ce fondement pathétique.

Dans le domaine économique cela se manifesta d'une façon éclatante par l'interdiction de l'usure ainsi que par les mesures de protection sociale et de secours fraternel que prônait la parénèse. Car à l'origine elle avait dénoncé seulement l'exploitation du pauvre — probablement d'un frère qui s'était appauvri (*Lév.* XXV, 36) — et ne concernait que les Israélites de plein droit (*'am*). Le Deutéronome autorise expressément l'usure à l'encontre de ceux qui ne sont pas des coreligionnaires (*nokhri*). Il s'agissait primitivement de l'usure à l'encontre du *ger*, comme l'indiquent les promesses deutéronomiques qui ont trait à cela, ainsi que les menaces de malheur qui vont de pair et qui mentionnent le *ger* au lieu du *nokhri*. Bien sûr, l'usure reste toujours de l'usure. Mais si l'on interprète correctement *Deut.* XXIII, 20, Yahvé couronnera également de succès cette entreprise comme toutes les autres activités de l'Israélite, à condition toutefois que son frère n'en soit pas la victime. Les autres dispositions d'ordre éthique et social, tels l'année sabbatique, le coin du champ abandonné au pauvre, le droit de glaner, sont réservées uniquement aux *gérim* et aux *evyonim* (les pauvres) d'Israël. Le « prochain », c'est toujours le compatriote ou celui qui partage la même foi. Cela vaut également pour la parénèse d'orientation éthique : on ne doit pas haïr dans son cœur un membre de son propre peuple, mais « l'aimer comme soi-même » ; « l'ennemi » dont il faut ramener le bétail égaré (*Ex.* XXIII, 4), ce n'est pas un étranger au sens politique du mot mais, comme l'indique le chapitre XXII (1) du Deutéronome, un compatriote avec qui l'on est en mauvais termes. Certes l'attitude bienveillante et juste d'un Israélite envers un étranger peut augmenter le renom d'Israël et par-là elle est agréable à Yahvé. Les commandements éthiques ne concernent cependant que le frère. Le droit d'asile reste sacré comme jadis. Pour ce qui est du reste Yahvé ne condamne que les abominations ignobles perpétrées à l'encontre des étrangers, car elles nuisent au renom d'Israël.

La dichotomie entre l'éthique interne au groupe [358] et celle qui prévalait dans ses rapports avec l'extérieur a conservé toute son importance dans le jugement que la religion porte sur l'activité économique. Jamais une activité rationnelle fondée sur la légalité formelle n'aurait pu être valorisée dans le judaïsme comme elle l'a été dans le puritanisme, car le dualisme de l'éthique économique s'y opposait ; on avait décrété en effet qu'une même conduite était parfaitement licite à l'égard de l'étranger et strictement prohibée vis-à-vis d'un coreligionnaire. Cela eut une importance décisive et créa des difficultés pour les théoriciens juifs de l'éthique. Si Maimonide est enclin à penser que la religion permet le prélèvement d'intérêts sur les étrangers, cela se comprend non seulement par la situation historique dans laquelle se trouvaient alors les juifs, mais également par son refus de cautionner des actes moralement « neutres » qui mettent en danger tout formalisme éthique. L'éthique judaïque tardive a condamné l'usure envers les non-juifs parce qu'elle était une exploitation éhontée d'autrui. Mais devant les injonctions sans nuances de la Thora, et étant donné la situation sociale dans laquelle se trouvaient maintenant les juifs, de telles recommandations ne pouvaient avoir qu'un effet limité ; de toute façon le dualisme concernant l'intérêt subsista. Les difficultés théoriques que rencontraient les penseurs préoccupés par des problèmes d'ordre éthique sont bien sûr une question secondaire. Cependant sur le plan pratique ce dualisme qui pénétrait toute l'éthique signifiait que l'idée spécifiquement puritaine selon laquelle il fallait « faire ses preuves » sur le plan religieux par une ascèse rationnelle à l'intérieur du monde ne pouvait se développer en Israël ; il ne lui était pas possible de se fonder sur quelque chose qui était en soi-même condamnable et n'était « permis » qu'à l'égard d'une certaine catégorie de personnes. Ainsi dès l'abord se trouvait exclue toute la conception religieuse du métier comme « vocation » qui est présente dans le protestantisme ascétique, sans que la très haute estime dans laquelle on tenait traditionnellement la poursuite acharnée de la tâche assignée, dont témoignera Jésus ben Sira notamment, puisse y changer quoi que ce soit. La différence saute aux yeux. Certes les rabbins, surtout à l'époque où ils faisaient du prosélytisme, ont insisté très vigoureusement pour que les juifs se conduisent honnêtement et honorablement envers les nations qui leur ont donné asile. Sur ce point l'enseignement talmudique ne diffère en rien des principes éthiques d'autres communautés religieuses. Le christianisme antique (Clément d'Alexandrie) inclinait vers un dualisme en matière d'éthique économique identique à celui qu'avait institué la législation de l'Ancien Testament concernant l'usure. Le puritain convaincu qui combattait pour sa foi [359] abhorrait aussi farouchement celui qui ne la partageait pas — s'inspirant en partie de l'esprit de l'Ancien Testament — que le code sacerdotal d'Israël haïssait le Cananéen. Jamais un puritain n'aurait pu croire et affirmer qu'un roi qui ne partageait pas sa foi puisse être un « Serviteur de Dieu » comme le déclare expressément la prophétie israélite à propos de Nabuchodonosor et de Cyrus par exemple. Mais dans le domaine de la morale économique, les sectes chrétiennes du XVIIe et du XVIIIe siècle (notamment les baptistes et les quakers) mirent un point d'honneur à faire preuve, particulièrement dans leurs transactions commerciales avec les impies, d'honnêteté, de correction et de respect de la légalité au lieu de la malhonnêteté, de l'exploitation et du manque de parole qui étaient courants à l'époque. Ils étaient fiers d'être les promoteurs du système des prix fixes, de livrer toujours à leurs clients une marchandise effective à un juste prix, même lorsque ces derniers envoyaient leurs enfants faire des achats ; les dépôts et le crédit étaient sûrs chez les membres de ces sectes, et c'est précisément pour cela que les impies traitaient avec leurs banques, leurs maisons de commerce et leurs entreprises de préférence à toute autre ; en un mot c'est leur éthique économique supérieure, déterminée par leur religion, qui assura leur supériorité sur la concurrence des impies, en vertu du principe selon lequel « l'honnêteté est la meilleure des politiques ». Ce principe prévalait encore dans l'activité de la classe moyenne des États-Unis durant ces dernières décennies. Et il en était de même pour les jaïns et les parsis en Inde, à cette différence près pourtant que les contraintes rituelles empêchaient toute tentative de rationalisation de l'activité économique. Il était exclu tant pour le puritain pieux que pour le jaïn ou le parsis de stricte observance qu'ils se mettent au service d'un capitalisme colonial, d'un capitalisme de pourvoyeurs de l'État ou encore d'un capitalisme de financiers ayant pris à ferme les impôts et les droits de douane ou détenant un monopole d'État. Ces formes spécifiques du capitalisme antique, du capitalisme non européen et du capitalisme qui a précédé le développement de la bourgeoisie moderne, paraissaient moralement répréhensibles aux puritains, car c'étaient des méthodes grossières d'accumulation d'argent qui déplaisaient à Dieu. L'éthique économique juive était absolument différente. En premier lieu il était impossible qu'elle ne soit pas marquée par l'éthique des Patriarches qui faisait intervenir à l'égard des étrangers la maxime : « Qui trompe-t-on ? » En tout cas il n'existait aucun motif sotériologique justifiant une rationalisation éthique des relations économiques avec l'extérieur : on ne pouvait en espérer aucune récompense [*Prämie*] sur le plan religieux. [360] Ceci fut lourd de conséquences pour la forme qu'allait prendre l'activité économique des juifs. Depuis l'Antiquité le capitalisme paria des juifs comme celui des castes de marchands en Inde se complaisaient précisément dans certaines formes de capitalisme d'État et d'exploitation — auxquelles il convient d'ajouter l'usure et le commerce proprement dits — que le puritanisme abhorrait. Dans le judaïsme comme dans l'hindouisme, ce genre d'activités ne se heurtait à aucune condamnation éthique. Certes celui qui avait pris à ferme les droits de douane pour le compte d'un prince juif impie ou, ce qui est pire, d'une puissance étrangère, et exploitait usurairement son propre peuple, était violemment fustigé par les rabbins qui le considéraient comme impur. Mais lorsque les victimes étaient des étrangers cette façon d'acquérir des biens était considérée comme moralement licite, à cette réserve près pourtant que les moralistes condamnaient bien sûr tout acte malhonnête. C'est pourquoi il était impossible que l'activité économique puisse être l'occasion pour un individu de « faire ses preuves » sur le plan religieux. Si Dieu « bénissait » l'entreprise économique des siens, ce n'était pas parce qu'ils avaient fait leurs preuves dans ce domaine mais bien parce que les juifs pieux menaient en dehors de leur activité professionnelle une vie qui lui agréait ; c'est ce qui apparaît déjà dans l'enseignement deutéronomique concernant l'usure. Car, comme nous le verrons par la suite, le juif pieux devait faire ses preuves dans un tout autre domaine que celui de la maîtrise rationnelle du monde et particulièrement de l'économie. Nous examinerons également les éléments propres à la manière de vivre des juifs et déterminés par leur religion qui leur permirent de jouer un rôle dans le développement de notre économie. Toujours est-il que ce n'est pas en Orient, dans l'Europe du Sud et de l'Est, dans toutes ces régions où les juifs séjournèrent très souvent et très longuement, que se développèrent les traits spécifiques du capitalisme moderne, pas plus dans l'Antiquité qu'au Moyen Âge ou à l'époque moderne. Leur véritable contribution au développement de l'Occident fut essentiellement la conséquence de leur statut de peuple-hôte et toléré auquel les contraignait leur isolement volontaire.

Ce statut de peuple-hôte se fonda sur la ségrégation rituelle qui s'était développée à l'époque deutéronomique et qui fut institutionnalisée par la législation d'Esdras et de Néhémie.

L'effondrement de l'État national et l'exil eurent des conséquences différentes pour l'Israël du Nord et pour Juda. En Samarie les rois assyriens, après avoir déporté les guerriers, implantèrent des colons mésopotamiens qui, [361] comme le rapporte la tradition, adoptèrent très rapidement « les dieux du pays », c'est-à-dire le culte de Yahvé qui s'y pratiquait ; ils y auraient été incités par des miracles prodigieux accomplis par ce dernier. Nabuchodonosor qui aurait bien aimé se servir de Jérusalem comme place forte contre l'Égypte hésita longuement puis se décida, à contrecœur semble-t-il, à détruire complètement la cité ; il fit déporter en plusieurs vagues le patriciat urbain, les familles qui avaient des charges officielles, c'est-à-dire la noblesse de cour, les guerriers bien entraînés ainsi que les artisans royaux, les dignitaires et probablement les notables ruraux. Il restait essentiellement dans le pays de petits cultivateurs, et comme il n'y avait plus à Babylone depuis fort longtemps déjà une population paysanne importante, nul colon de Mésopotamie ou d'ailleurs ne vint s'établir en Israël [1]. Les exilés de Babylone paraissent avoir connu des fortunes diverses. Il est certain que la plupart d'entre eux — pas tous probablement — furent installés dans la campagne proche de la capitale où, comme nous l'apprennent les inscriptions des grands souverains mésopotamiens, ils durent creuser ou remettre en état un canal. Ils étaient donc regroupés dans des localités qui leur étaient propres, payaient des impôts au roi pour les terres ainsi mises en culture et exécutaient les corvées qu'on leur infligeait. Les prophètes évoquent ces corvées (*Is.* XLVII, 6 ; *Jér.* V, 19 ; XXVIII, 14 ; *Lm.* I, 1 ; V, 5). Les déportés se plaignent de leur misère et même à une occasion de la famine (*Is.* LXI, 19). Il ne serait pas étonnant, selon Klamroth, que leur sort ait empiré sous Nabounâ'id et que l'oppression ait augmenté par rapport à celle qu'ils avaient connue sous Ewil-Merodakh ; les inscriptions de Cyrus laissent entendre que ce roi avait également augmenté les corvées de son propre peuple. L'emprisonnement de certains individus que semblent attester les écrits prophétiques a probablement été motivé par leur refus de se soumettre au roi ; ils étaient encouragés dans

1. C'est ce que souligne à juste titre KLAMROTH, « Die jüdischen Exulanten in Babylonien », *BWAT*, X (Leipzig, 1912). Je me réfère souvent à cet ouvrage remarquable. Son seul point faible est que l'auteur s'emploie à découvrir dans les passages prophétiques plus de renseignements concernant la condition effective de la communauté de l'exil que ceux-ci ne peuvent en livrer ; par ailleurs il accepte sans aucun esprit critique le sombre tableau de la misère des exilés.

une telle attitude par l'activité que déployèrent certains des prophètes de salut (*Jér.* XXIX, 21) au moins jusqu'à la chute de Jérusalem sous Sédécias. Toujours est-il que l'oppression n'a pas pu, objectivement, être très dure [362] car la lettre de Jérémie aux chefs de la communauté exilée présuppose que les déportés aient été libres de choisir leur profession et de s'établir là où ils l'entendaient. C'est ainsi qu'un nombre toujours croissant d'exilés s'installa dans la capitale elle-même où ils s'adonnèrent, selon les documents de Murashu mis au jour et publiés par l'expédition de l'université de Pennsylvanie, aux occupations les plus variées, à l'exception toutefois des tâches purement politiques qui étaient confiées à ceux qui avaient reçu une formation de scribes ; cette formation était réservée aux seuls Babyloniens et les juifs en étaient exclus au même titre que les autres étrangers [1]. Les noms juifs augmentèrent en Babylonie à l'époque des Perses et on trouve alors des juifs propriétaires terriens, collecteurs d'impôts et employés au service de notables babyloniens et perses. Finalement ils sont de plus en plus nombreux dans les affaires et particulièrement dans le commerce de l'argent. C'est d'ailleurs à Babylone qu'est apparu pour la première fois, dès l'époque d'Hammourabi, le type du « financier ». L'absence de différences ethniques et — après que les exilés eurent adopté la langue populaire araméenne — linguistiques importantes a empêché dès le début que n'éclatent des persécutions comme en Égypte ou que se développe une vie de ghetto telle que la décrivent à la même époque les papyrus d'Assouan. La communauté connut une prospérité croissante. De tous les peuples étrangers c'est elle qui semble avoir joué, après les Perses, le rôle le plus important. Un nombre considérable d'exilés firent fortune, ainsi qu'en témoignent les contributions importantes qu'ils offrirent pour la construction du Temple au retour de l'exil, et nombreux furent les riches qui préférèrent rester à Babylone pour ne pas perdre leurs biens. Tout cela eut lieu sous la domination perse qui fut nettement favorable aux juifs ;

1. S. DAICHES, *The Jews in Babylon in the time of Ezra and Nehemia according to Babylonian inscriptions* (Londres, 1910).

d'ailleurs le roi prit pour confidents des eunuques juifs, tel Néhémie. Il est absolument impensable que l'administration babylonienne ait systématiquement opprimé les exilés. On n'a aucune preuve d'une telle intolérance religieuse, et même si certains grands souverains tenaient beaucoup à ce que les vaincus vénèrent leurs dieux, ils n'intervenaient comme tous les potentats antiques que lorsque la raison d'État l'exigeait. [363] De plus ces monarchies orientales ne connaissaient pas de véritable culte impérial à la façon de la Rome du Bas-Empire ; le souverain exigeait certes qu'on se prosternât devant lui et qu'on lui obéisse inconditionnellement, mais il avait les dieux au-dessus de lui. Cette circonstance favorisait un climat de tolérance. Cependant ainsi qu'en témoignent les prophéties de malheur et la jubilation du Deutéro-Isaïe à l'approche de la guerre avec les Perses, la haine était très forte. Il apparaît que la communauté avait acquis au cours de l'exil une grande cohésion. Ce fut avant tout l'œuvre des prêtres qui ne furent déportés en grande masse qu'avec la dernière vague d'exilés, après la destruction de Jérusalem. Jusque-là, Nabuchodonosor avait certainement espéré les gagner à sa cause.

Ce sont les « Anciens » qui détenaient l'autorité dans la communauté des exilés ; c'est eux que la lettre de Jérémie (XXIX, 1) cite en premier, avant les « prêtres et les prophètes ». Il se peut que l'administration babylonienne les ait considérés comme les représentants officiels et permanents de la communauté. Le roi Ewil-Merodakh avait certes gracié après une longue captivité l'avant-dernier roi de Judée, Yoyakhin, et l'avait invité à la cour. Le prestige des descendants de David, le clan royal, s'en trouva accru dans la communauté des exilés ; mais au début cela n'alla guère plus loin. En fait ce sont surtout les prêtres, et quelques prophètes dont nous reparlerons plus tard, qui apparurent au premier plan et cela pour des raisons identiques à celles qui feront croître la puissance des évêques à l'époque de la grande migration des peuples. Leur importance est déjà soulignée dans le Livre d'Ézéchiel. Ézéchiel avait une ascendance sacerdotale. Son plan de l'Israël futur laisse apparaître le discrédit dans lequel était tombée la royauté. Pour cette communauté qui avait des fondements théocratiques le prince (*nasi*) était essentiellement un patron d'église. C'est chez Ézéchiel que le grand prêtre du Temple de Jérusalem apparaît pour la première fois comme la figure centrale de l'ordre hiérocratique futur. Les détails à la fois utopiques et schématiques de son projet ne nous intéressent pas pour l'instant. Après avoir souligné le rôle éminent du grand prêtre, il faut avant tout insister sur les conséquences pratiques extrêmement importantes qu'entraînait la différenciation de statut entre les *kohanim*, qui avaient la responsabilité du culte, et les lévites qui n'étaient pas qualifiés pour le culte sacrificiel. Mais c'est là naturellement que surgissent des difficultés. Chez Ézéchiel ce sont encore les tsadoqites hiérosolomytains qui en tant que seuls *kohanim* jouent un rôle décisif. [364] Cela les autres clans sacerdotaux ne pouvaient l'accepter et tout accord était exclu. Seul le cours ultérieur des choses amena un compromis avec les prêtres non tsadoqites, les aaronites. Sous la domination perse les prêtres devinrent les chefs incontestés. Cela était lié à la politique extrêmement conséquente des souverains perses qui mirent partout en selle le clergé et l'utilisèrent pour domestiquer les peuples qui étaient sous leur dépendance. D'une part Cyrus vénérait les dieux babyloniens, mais d'autre part il se vantait d'avoir réinstallé dans leurs anciens lieux de culte toutes les divinités que les Babyloniens avaient déposées et dont ils avaient ramené les statues et les trésors à Babel. De la même façon il permit le retour des Israélites dans leur pays. Mais il ne fut pas aussi conséquent que Darius dans son utilisation des prêtres à des fins politiques. La politique perse avait d'abord cherché à s'appuyer sur les descendants légitimes de David. Deux d'entre eux, Chechbatsar et Zorobabel, se succédèrent comme *nasi* à la tête de ceux qui rentraient de l'exil. Mais Darius dût renoncer à son projet probablement parce que, lors des troubles occasionnés par le faux Smerdis, le clan de David se révéla comme un allié peu sûr sur le plan politique. Le prophète Aggée avait alors prédit à Zorobabel que la couronne de David serait bientôt restaurée. On n'a pas pu établir avec certitude si Zorobabel avait agi en conséquence. Toujours est-il qu'on n'a plus de traces de lui depuis lors et qu'il ne fut plus question pour les Perses de faire appel à son clan. En règle générale, Darius avait pour principe de chercher un appui politique auprès des clans sacerdotaux des différentes nations. Des documents révèlent qu'il restaura les anciennes écoles sacerdotales en Égypte. C'est de cette époque que date l'organisation de type ecclésial de la religion égyptienne avec ses synodes et sa place éminente dans la vie nationale. Il en fut de même pour le culte d'Apollon en Asie Mineure. On a établi avec certitude que dans l'ancienne Grèce les Perses surent gagner à leur cause l'oracle de Delphes et toutes sortes de prophètes plébéiens. C'est uniquement l'issue des batailles de Marathon, de Salamine et de Platée qui empêcha la culture hellénique, libre de toute influence sacerdotale, d'adopter la doctrine de la métempsycose ainsi que d'autres mystères orphiques et de se soumettre à la domination d'une hiérocratie sous protection perse. [365] La politique perse à l'égard des prêtres israélites prit à partir de Darius, et encore plus systématiquement à partir d'Artaxerxès, une orientation analogue et connut un succès croissant. Les prêtres n'avaient aucun intérêt à ce que soit restauré le pouvoir royal du clan de David et préféraient détenir l'autorité suprême en matière de politique sociale et de politique intérieure, au besoin même sous la domination de régents étrangers qui ne comprenaient rien aux affaires de la communauté. Cela concordait avec les intérêts de la politique perse. La création d'un « grand prêtre », personnage totalement inconnu avant l'exil, fut l'œuvre commune de la prophétie exilique d'inspiration sacerdotale et de l'entreprise sacerdotale de révision et d'interpolation des commandements rituels. Ce grand prêtre qui était le représentant de la hiérocratie, et dont on exigeait un degré particulier de pureté, avait seul le droit de pénétrer dans le saint des saints et était seul qualifié pour accomplir certains rites. Si la version sacerdotale des *michpatim* et de la Thora mentionne le prince (*nasi*) c'est pour interdire qu'on le maudisse, mais pour le reste elle s'en désintéresse complètement. Tout cela allait exactement dans le sens de la politique perse. De plus les prêtres avaient préparé d'une façon systématique la collaboration avec la royauté perse telle qu'elle se réalisa sous Artaxerxès. Ils avaient d'abord établi avec beaucoup de zèle la liste des clans sacerdotaux habilités à exercer les charges dévolues aux prêtres, puis celle des lévites et serviteurs du culte maintenant séparés d'eux et qui ne pouvaient prétendre à des fonctions sacerdotales, enfin celle des membres de la communauté. C'est à cette époque que furent élaborés des registres des clans, très complets, dont certains contredisent ouvertement l'ancienne tradition. Ces registres, qui représentent une partie non négligeable de la version actuelle de la tradition telle que les prêtres l'ont élaborée, constituèrent par la suite la seule preuve permettant d'attester une qualification rituelle. La tâche des prêtres consista également à établir et à fixer par écrit aussi bien l'ordre du culte que les commandements rituels pour la conduite de la vie ; aussi révisèrent-ils toute la tradition historique qui avait été mise par écrit jusque-là ainsi que la Thora lévitique. Dans ses grandes lignes la Thora prit donc au ve siècle sa forme actuelle. Ces travaux préliminaires ayant été achevés, les prêtres, forts de l'appui de la cour d'Artaxerxès, obtinrent tout d'abord que Néhémie, qui était à la fois l'eunuque juif et le favori du roi [366], se voie confier les pouvoirs d'un régent pour réorganiser la vie publique à Jérusalem et pour protéger la cité en l'entourant de murailles et en instituant un synœcisme. Ils obtinrent ensuite qu'Esdras, le prêtre, puisse invoquer l'autorité royale pour décréter que la constitution élaborée par les prêtres de la communauté en exil à Babylone aurait désormais force de loi à Jérusalem. Esdras contraignit les représentants de la communauté à se soumettre à cette loi en leur présentant solennellement un document. Ce qui nous intéresse au premier chef c'est que la ségrégation rituelle de la communauté devint ainsi une réalité. Elle fut instituée dans l'exil après que les Israélites du nord déportés en Assyrie eurent été presque totalement absorbés par leur entourage si accueillant et que les prêtres et les maîtres de la Thora se furent rendu compte de l'importance primordiale de telles barrières rituelles.

L'interdiction absolue de contracter un mariage mixte constitua la disposition d'ordre pratique la plus importante de cette nouvelle loi. Esdras eut recours à des moyens théâtraux pour la faire adopter et il la fit appliquer immédiatement dans toute sa rigueur, allant jusqu'à exiger la dissolution des mariages mixtes déjà consommés. Ainsi qu'en témoignent les anciennes sources bibliques (*Gen.* XXXIV, 3-8 ; *Jug.* III, 5, 6 ; *Dt.* XXI 10 sq.) et les mariages mixtes de la lignée de David (Ruth !), cette prohibition n'avait pas cours jusque-là. De plus parmi ceux qui étaient installés en Israël, non seulement des clans éminents, des nombreux prêtres et lévites, mais également la famille du grand prêtre, s'étaient rendus coupables d'une pareille abomination (*Esdr.* X, 18). Dans la version sacerdotale cette lutte contre le *connubium* s'exprime par toute une série de théologoumènes, telle l'interdiction de semer dans un champ des graines de diverses espèces, de mélanger des espèces différentes lorsqu'on file et de faire des croisements d'animaux. Il n'est pas exclu que certaines de ces interdictions soient issues d'anciennes superstitions dont l'origine nous est inconnue. Mais il est fort probable qu'elles constituent toutes des théologoumènes tardifs qui sont l'œuvre de prêtres formalistes horrifiés par le « mélange » avec des non-juifs. On a pu par exemple établir avec certitude qu'à l'époque préexilique on se servait très couramment du mulet. Le second facteur après le *connubium* qui intervint d'une façon décisive dans cette ségrégation comparable à la fermeture d'une caste, c'est la commensalité. Nous avons vu qu'elle aussi se pratiquait très couramment avec des étrangers qui avaient d'autres rites ; mais comme partout ailleurs il s'agissait uniquement d'étrangers qui étaient liés à Israël d'une façon permanente par une *berith* [367] ou bien temporairement par les lois de l'hospitalité. Dans le récit de Joseph qui mentionne le repas séparé des Hébreux et des Égyptiens, c'est à ces derniers et non pas aux Hébreux qu'on impute le refus de la commensalité. L'insistance extraordinaire avec laquelle la loi sacerdotale souligne les prescriptions alimentaires entraîna des difficultés sensibles dans la pratique.

Pas plus dans le décalogue cultuel qui contient pourtant une prescription alimentaire très particulière et très riche de conséquences, l'interdiction de faire cuire le chevreau dans le lait de sa mère, que dans d'autres codes qui datent sans aucun doute de l'époque préexilique ne sont mentionnées les prescriptions alimentaires tardives si caractéristiques d'Israël ; il y a toutefois une exception, c'est l'interdiction de consommer un certain nombre d'espèces animales (*Lév.* XI). C'est ainsi qu'il est interdit de consommer : premièrement le nerf sciatique, ce qui aura pour conséquence plus tard d'empêcher pratiquement la consommation de toute la partie arrière de la bête ; deuxièmement la graisse (*Lév.* III, 17 ; VII, 23, 25), et lorsque par la suite cette interdiction sera limitée aux seuls quadrupèdes, les Israélites seront contraints d'utiliser la graisse d'oie ; troisièmement le sang de sorte qu'il fallut saler la viande puis la passer sous l'eau ; quatrièmement la viande d'une bête crevée ou lacérée ; cette interdiction contribua avec la précédente à la réglementation de l'abattage rituel. La forme même de certaines de ces interdictions (par ex. *Lév.* III, 17) nous autorise à les classer parmi les innovations introduites par les prêtres. La consommation de la viande d'âne est présupposée dans II *Rois*, VI, 25. L'interdiction de manger de la viande d'un animal crevé ou lacéré ne vaut chez Ézéchiel (IV, 14 ; XLIV, 31) que pour les prêtres tandis que dans le Trito-Isaïe (LXVI, 3) seul le sacrifice du sang de porc est considéré comme une abomination. Certaines de ces interdictions semblent remonter à une époque très ancienne, soit comme tabous sacrificiels au profit du dieu [1], soit comme tabous sacerdotaux de pureté ; ceci vaut probablement pour l'interdiction de consommer du porc, du lièvre et du sang, conformément à la tradition de Samuel (I *Sam.* XIV, 33). L'existence d'une légende étiologique qui constitue dans l'ensemble une indication sûre d'ancienneté n'est attestée qu'en ce qui concerne la coutume de ne pas manger le nerf sciatique ; il s'agit d'une explication métaphysique (fondée sur la croyance en l'âme), donc relativement tardive, de l'interdiction du sang. [368] L'interdiction de cuire un chevreau dans le lait de sa mère que mentionne le décalogue cultuel, et qui dans le judaïsme tardif a été étendue à toute cuisson commune du lait et de la viande, semble avoir pour origine un tabou local du culte sichémite.

1. *Jug.* XIII, 4 semble indiquer que les laïcs n'étaient astreints à respecter l'interdit de la consommation de « l'impur » que lorsqu'ils s'y étaient engagés par un vœu.

Il se peut que l'interdiction de consommer une bête crevée ou lacérée soit en rapport avec des prescriptions concernant le sacrifice. L'interdiction de telle ou telle espèce animale n'est justifiée par aucune légende étiologique mais plutôt par une sorte de distinction scientifique pas très ancienne qui résulte d'une schématisation sacerdotale. Celle-ci s'apparente étroitement à une schématisation similaire établie par Manou (V, § 11) ; elle augmenta considérablement le nombre des viandes interdites. Ce serait une entreprise vaine que de tenter de découvrir les raisons précises qui ont déterminé chaque interdiction particulière. Il a été attesté qu'on élevait encore des troupeaux de porcs en Palestine à l'époque des Évangiles. Et même plus tard les soies de porcs ne furent pas considérées comme impures, seule la consommation de la viande passa pour telle. Ce n'est qu'à l'époque talmudique que tous les éleveurs de petit bétail y compris les éleveurs de chèvres, qui apparaissaient jadis comme les représentants de la piété yahviste, furent considérés comme impurs non pour avoir consommé de la viande de porc mais parce que leur manière de vivre ne respectait pas les prescriptions lévitiques de pureté. Il s'agissait vraisemblablement, comme dans le cas de l'interdiction de la viande de cheval par l'Église en Germanie, de bannir les repas sacrificiels des cultes étrangers. Mais cette interdiction qui était assez largement répandue — notamment en Inde et en Égypte — a pu également être empruntée à d'autres peuples.

Bien plus que le rejet d'un certain nombre de plats de viande fort prisés partout ailleurs, c'est l'interdiction de la consommation du sang ainsi que le souci croissant d'éviter la consommation d'une bête qui n'aurait pas été rituellement abattue qui modifièrent radicalement les possibilités de la commensalité, surtout lorsque à l'époque postexilique se fit sentir la nécessité d'une méthode spécifique et contrôlée d'abattage rituel (*chaḥot*). Toute bête qui n'avait pas été correctement abattue fut considérée comme une charogne (*névéla*), même lorsque cela était dû par exemple à une encoche dans la lame du couteau (car alors la bête avait été lacérée) ou encore à une négligence du « sacrificateur » dont l'art exigeait un long apprentissage. [369] La nécessité d'habiter à proximité d'un « boucher rituel » fit qu'il fut très difficile pour les juifs pratiquants de vivre isolés ou dans de petites communautés. De nos jours aux États-Unis, cela eut pour conséquence une forte concentration de juifs orthodoxes dans les grands centres urbains alors que les juifs « réformés » avaient la possibilité de vivre isolés à la campagne où ils tiraient grand profit de l'exploitation usuraire des Noirs ruraux. La formulation et la casuistique des prescriptions alimentaires et de l'abattage rituel ne furent élaborées qu'à la fin de l'Antiquité mais leurs fondements remontent à l'enseignement des prêtres de l'exil. Cette ritualisation des habitudes alimentaires rendit très difficile la commensalité. Celle-ci n'a jamais été formellement interdite par le judaïsme officiel. Les recommandations du Livre des Jubilés (apocryphe) (XXII, 16) de se séparer des Gentils et de ne pas manger avec eux ne furent pas plus écoutées que ne l'avait été l'affirmation de l'impureté de toutes les maisons des Gentils et de tout contact personnel avec ces derniers. À l'époque tardive le juif qui s'apprêtait à accomplir un rite cultuel était seul tenu à se séparer rigoureusement de tout ce qui relevait du paganisme (*Jean*, XVIII, 28). Cependant les récits des écrivains helléniques et romains s'accordent à constater que les juifs pratiquants avaient énormément de scrupules à partager la table d'un non-juif, ce qui leur a valu sans aucun doute le reproche de *odium generis humani* [1].

À l'époque de l'exil, la stricte observance du sabbat apparut comme l'un des commandements rituels de « différenciation » les plus importants parce qu'à l'opposé de la simple circoncision cette observance constituait un signe sûr et visible aux yeux de tous qui permettait de conclure que la personne qui observait ce jour prenait effectivement au sérieux son appartenance à la communauté ; alors que les fêtes cultuelles étaient liées au sanctuaire de Jérusalem, le

1. Les juifs de stricte observance n'hésitaient pas à cause des règles alimentaires à offrir l'hospitalité aux non-juifs mais refusaient celle des païens et des chrétiens. Les synodes francs dénoncèrent une telle attitude qu'ils jugeaient humiliante pour les chrétiens et exhortèrent à leur tour les chrétiens à décliner l'hospitalité juive.

sabbat constituait la seule fête libre de tout appareil cultuel. Le repos sabbatique rendit naturellement très difficile toute coopération avec les non-juifs [370] dans les ateliers et contribua grandement par son caractère insolite à la séparation entre les juifs et le monde environnant. Le récit majestueux de la création dans la version sacerdotale attribue au sabbat un mythe étiologique très impressionnant en vertu des six jours durant lesquels Dieu a œuvré. La ritualisation du sabbat donna lieu à de larges interpolations dans le texte du décalogue. L'interdiction yahviste de tout travail dans les champs (*Ex.* XXXIV, 21) et la prescription élohiste plus générale du repos du septième jour (*Ex.* XXIII, 12) se traduisirent dès lors par la condamnation de toute activité et par l'interdiction de quitter sa demeure (*Ex.* XVI, 29) — qui fut assouplie plus tard par la délimitation d'un chemin du sabbat avec toutes sortes de possibilités d'échapper à la contrainte ; à cela s'ajoutaient désormais l'interdiction d'allumer du feu (*Ex.* XXXV, 3) si bien qu'il fallait déjà cuire le vendredi (pour la lampe il y avait certaines possibilités de circonvenir cette défense), l'interdiction de porter un fardeau et d'enterrer une bête de somme, d'aller au marché et de conclure une quelconque affaire et enfin l'interdiction de se battre et de parler trop fort (*Jér.* XVII, 22 ; Trito-*Isaïe*, LVIII, 13 ; *Néh.* X, 32 ; XIII, 15). Si à l'époque des Séleucides on déclara qu'il était impossible pour un juif d'accomplir son service militaire c'est essentiellement à cause de l'observance du sabbat et des lois alimentaires. Cela signifiait la démilitarisation définitive des juifs pieux à l'exception de la guerre sainte où, selon les Maccabées, la fin justifiait les moyens.

Il existe certaines indications concernant l'ébauche d'un costume spécial semblable à ce que les *tephillin* seront plus tard pour les juifs d'une piété exemplaire ; mais à cette époque du moins, les choses en restèrent là.

Dans le judaïsme tardif comme dans le christianisme primitif on dénonça toute participation à des activités qui auraient pu profiter, ne serait-ce qu'indirectement, au culte sacrificiel païen ainsi que la fréquentation d'individus qui auraient pu entraîner une participation indirecte à un tel culte. Les objections les plus importantes sur le plan pratique furent formulées par les rabbins mais elles reposaient sur la prophétie et la Thora. Le refus de prendre part à un repas sacrificiel, qui constitue un exemple unique dans l'Antiquité, détermina en grande partie la situation politique de parias des juifs. Ce qui caractérise cette tendance à la ségrégation, c'est qu'elle fut propagée par la communauté exilée de Babylone [371] et par ceux qui réorganisèrent cette communauté à son retour en Palestine. Or cette communauté était fort différente de la communauté exilée en Égypte qui, d'après les noms les plus fréquemment cités, comprenait surtout des Israélites du Nord et qui, de ce fait, continuait la tradition syncrétique du Nord. La communauté de Babylone était d'origine judaïque et strictement yahviste, comme en témoignent les multiples noms formés à partir de la racine *ya* (et non pas *el*) durant l'exil à Babylone. C'est au sein de cette communauté que se poursuivait la tradition prophétique, tandis que les opposants juifs de la prophétie s'étaient tournés vers l'Égypte et y avaient entraîné de force Jérémie. Les prophètes n'avaient cessé de dénoncer avec véhémence toute alliance politique avec l'Égypte. Lorsqu'on considère la situation des exilés de Babylone, qui était bien plus favorable dans l'ensemble que celle de exilés d'Égypte, puisqu'ils étaient moins rejetés par leur entourage, et lorsqu'on remarque par ailleurs que ce sont précisément ces juifs de Babylone qui instituèrent les barrières rituelles les plus importantes pour se protéger contre le dehors, que ce sont eux qui dotèrent la communauté d'une organisation tournée vers l'intérieur et qui devinrent plus tard les représentants de l'enseignement talmudique, on mesure l'importance tout à fait exceptionnelle de la prophétie et des espoirs qu'elle suscitait pour la formation et la préservation du judaïsme. Évidemment il y avait également des prêtres dans la communauté égyptienne. Mais le clergé babylonien, qui était influencé par la prophétie et qui cultivait la tradition deutéronomique, fut le seul artisan de la survie. En Palestine la population urbaine, qui s'opposait à la fois aux riches clans ruraux et aux prêtres fortunés, appuyait la tradition puritaine. Dès le début de la période postexilique apparurent des antagonismes sociaux qui devaient avoir d'importantes conséquences. Les Samaritains s'opposèrent immédiatement à ceux qui rentraient d'exil. Cette population qui selon la tradition (II *Rois* XVII, 24) était composée de colons originaires des villes mésopotamiennes et araméennes et qui avait fusionné avec la population indigène adorait, sous l'impulsion des prêtres du Nord, Yahvé, mais souvent en même temps que d'autres divinités. Les classes dominantes comprenaient d'une part les fonctionnaires ou autres dignitaires attachés à la cour du gouverneur, qui résida toujours à Samarie, et d'autre part les riches clans des campagnes et des bourgades [372] qui s'intéressaient aux cultes ruraux. Lorsque débuta, probablement sous Darius, la construction du Temple de Jérusalem, ils voulurent coopérer à l'entreprise, mais, comme l'a démontré Rothstein [1], Zorobabel, se conformant à un oracle de Aggée (II, 10), les repoussa (*Esdr.* IV, 3), à la suite de quoi ils réussirent à faire arrêter la construction du Temple. Leur hostilité à l'égard des Hiérosolomytains persista et ils s'opposèrent notamment à la fortification de la ville. Ces adversaires, qui inspiraient aux Hiérosolomytains une peur constante (*Esdr.* III, 3), furent nommés *'ammé ha-aratsoth*. Mais la situation sous Néhémie laisse apparaître qu'une grande partie des classes possédantes de la cité de Jérusalem et de la campagne environnante, qu'il s'agisse de laïques, de prêtres, de fonctionnaires, ou même de la famille du grand prêtre elle-même, étaient alliées par mariage aux ennemis du puritanisme babylonien, souscrivaient à leurs vues ou bien adoptaient des positions changeantes (*Néh.* V, 1 ; VI, 17 sq.). Cette situation n'évolua guère. D'après Flavius Josèphe, il semble qu'à l'époque hellénistique encore, un frère du grand prêtre ait eu des liens de parenté avec le gouverneur de Samarie et se soit établi là-bas [2]. C'est grâce aux pleins pouvoirs que leur avait concédés le roi qu'Esdras et Néhémie parvinrent enfin à se faire obéir des grands. Les plébéiens de Teqo'a prirent certes part à la construction des remparts, mais les nobles de la cité (*adirim*) s'y refusèrent (*Néh.* III, 5).

1. « Juden und Samaritaner », *BWAT*, III (Leipzig, 1908). À l'époque de Jérémie (XLI, 5) des gens de Silo et de Samarie venaient prendre part aux sacrifices du Temple.
2. Il se peut que cet incident ait déjà eu lieu à l'époque de Néhémie.

Les classes possédantes de Jérusalem exploitèrent les petits propriétaires tout aussi usurairement qu'avant l'exil, au point qu'il en résulta un conflit aigu (*Néh.* V, 7). Néhémie s'entoura d'une escorte, il s'appuya sur ses importantes ressources financières personnelles, sur celles des exilés de Babylone et aussi sur les masses. Afin de contraindre les riches de Jérusalem à remettre les dettes, Néhémie (V, 7) convoqua une grande assemblée (*Qehila Gedola*). De même, afin d'obtenir la dissolution des mariages mixtes, Esdras réunit (X, 8) « l'assemblée des exilés » (*Qehal ha-Gola*) et brandit des menaces de sanctions spirituelles, telle que l'exclusion de la communauté et le *ḥérem* des biens, [373] à l'encontre de ceux qui refuseraient d'y participer. Il est impossible de savoir avec certitude si dans ce cas, le *ḥérem* signifiait que leurs biens seraient déclarés tabous c'est-à-dire boycottés ou qu'ils seraient effectivement détruits. Les conflits se multipliaient dans le pays, comme le révèle le tableau brossé par Néhémie. Dans les annales d'Esdras (VI, 21), le terme *nivdalim* (ceux qui se mettent à part) désigne la communauté des exilés de stricte observance ainsi que ceux qui se sont joints à eux. Mais c'est Néhémie qui fut indiscutablement l'artisan de cette organisation communautaire.

Sur le plan formel les efforts de Néhémie aboutirent à un double résultat : premièrement la création d'un synœcisme groupant les clans et une partie de la population rurale qui, ayant été rédimée, se trouvait dans la cité de Jérusalem maintenant fortifiée ; deuxièmement la constitution d'une communauté qui acceptait de se soumettre à certaines obligations minimales, définies par un serment de solidarité contresigné et scellé par Néhémie, par les représentants des prêtres et des lévites ainsi que par les « chefs » du peuple (*raché ha-'am*). Cet engagement consistait notamment (*Néh.* X) : 1° à mettre fin au *connubium* avec les *'ammé ha-aratsoth* ; 2° à ne rien acheter au marché le jour du sabbat ; 3° à délier le débiteur de ses dettes la septième année ; 4° à verser chaque année au temple une capitation d'un tiers de *chéqel* ; 5° à fournir du bois pour les besoins du temple ; 6° à pratiquer le rachat des premiers-nés conformément à la loi sacerdotale ; 7° à verser aux prêtres du Temple des dons en nature et la dîme aux lévites ; 8° à assurer l'entretien du Temple. Dans le récit des Chroniques, cette alliance fraternelle est précédée par l'octroi de la loi mosaïque, c'est-à-dire des prescriptions cultuelles et rituelles dans la version élaborée par les prêtres de l'exil. Mais bien que cette loi prévît un rôle cultuel éminent pour le grand prêtre, celui-ci n'avait pris absolument aucune part à cet accord et son nom ne figurait pas parmi les garants de la communauté constituée par Néhémie. L'ambiguïté de cette nouvelle fondation apparaît ainsi très clairement et elle sera présente dans tout le développement ultérieur de l'histoire juive. Car il s'agissait d'une part d'une communauté religieuse à laquelle chacun était formellement libre d'adhérer, et d'autre part cette association de pratiquants exemplaires prétendait qu'elle était en mesure de maintenir l'héritage sacerdotal d'Israël et par là même d'avoir des responsabilités politiques. En fait c'était le satrape perse, le régent hellénistique et leurs fonctionnaires ou bien un envoyé spécial du roi, tel Néhémie, qui détenaient le véritable pouvoir politique. [374] Esdras n'avait accédé à de telles responsabilités qu'en vertu de l'autorité que lui avait accordée le roi perse. L'authenticité de la mission que le roi aurait, selon le chroniqueur, confiée par écrit à Esdras, le chargeant de mettre à exécution la loi du « Dieu du ciel » (*Esdr.* VII, 23) et le cas échéant de recourir à la force (VII, 26), ne saurait être garantie, mais il est certain qu'il n'aurait pas pu tenir tête au grand prêtre si le roi ne lui avait pas conféré les pleins pouvoirs. Apparemment le roi n'accordait aucune prérogative d'ordre temporel ou judiciaire aux fonctionnaires de la nouvelle communauté. Il semble qu'au retour de Néhémie à Jérusalem, le gouverneur résidant à Samarie administrait la justice, tandis que dans les districts des fonctionnaires juifs s'occupaient des affaires locales. Ce système ainsi que l'obligation de verser des impôts au roi ne semblent pas avoir connu de modifications durables. La prétendue lettre du roi n'exempte d'impôts que les prêtres, les lévites et les serviteurs du Temple. Mais il n'est nullement question d'un droit de la communauté à se gouverner elle-même. Ce n'est que durant certains interrègnes, lorsque gouvernait un prince juif de stricte observance et qui savait se faire obéir, que la dîme des prêtres et des lévites fut effectivement obligatoire. Le recours à la coercition religieuse, telle que la mise au ban de la communauté pour ceux qui ne payaient pas la dîme et plus tard le déclassement rituel qui faisaient d'eux des *'am ha-arets*, devait garantir la rentrée des impôts. Les documents reflètent clairement l'ambiguïté d'une situation qui allait être à l'origine de conflits sans cesse renouvelés. Les juifs constituaient une communauté purement religieuse, et c'est semble-t-il en toute liberté qu'ils s'étaient engagés à verser les redevances qui leur incombaient. En 408-407, les juifs de la Haute-Égypte adressèrent une pétition pour la reconstruction de leur temple de Yahvé tant au gouverneur de Samarie qu'à celui de Jérusalem, après avoir écrit auparavant (en vain) au « grand prêtre et aux prêtres de Jérusalem, ses collègues ». Apparemment ils ne savaient pas trop quelle était l'instance compétente. Il n'est pas étonnant par ailleurs que les prêtres de Jérusalem n'aient pas daigné leur répondre.

Car la constitution d'une communauté juive signifiait la séparation rituelle d'avec les Samaritains et d'avec tous les Israélites et demi-Israélites [375] habitant le pays qui n'avaient pas été formellement acceptés dans la communauté. Cela signifiait surtout la coupure avec les Samaritains, bien que ceux-ci aient adopté toute la Thora dans la version sacerdotale de l'exil et aient eu pour prêtres des descendants d'Aaron. Ce qui entretenait la discorde c'était le monopole du culte que détenait Jérusalem. Or les exilés de Babylone se distinguaient des autres Israélites précisément parce qu'ils attachaient une extrême importance à ce monopole. Comme en témoignent les documents d'Éléphantine, la communauté des exilés d'Égypte avait construit son propre temple : le grand prêtre Onias, qui avait mis à profit les luttes intestines et confuses des Maccabées pour s'enfuir en Égypte, n'avait pas hésité à y construire un temple. L'influence des exilés de Babylone fut déterminante durant tout un millénaire ; rien n'en témoigne plus clairement que le fait qu'ils aient réussi à faire triompher les principes qu'ils n'avaient cessé de défendre depuis leur retour. Ce qui fut déterminant ce n'est pas tellement la supériorité économique des exilés de Babylone, car par la suite ils furent au moins rattrapés par la communauté d'Alexandrie ; bien plus important est le fait que ce soient les clans sacerdotaux les plus éminents et les cercles dirigeants influencés par la prophétie, ceux-là mêmes qui avaient été les créateurs du Deutéronome, qui furent déportés à Babylone où ils assurèrent la continuité de la tradition. À cela s'ajoutaient des circonstances particulières d'ordre ethnique et surtout linguistique : les juifs babyloniens, tout en utilisant la langue araméenne usuelle, restaient en pleine communauté avec la mère patrie, contrairement aux juifs qui résidaient dans les territoires de langue hellénistique ; ceci influença d'une façon caractéristique le destin de la mission chrétienne qui recrutait ses prosélytes dans les deux aires. Dans une perspective sotériologique, le monopole du culte détenu par Jérusalem prit une grande importance lorsque les juifs s'installèrent dans la diaspora, car pour la première fois le sacrifice apparut comme le sacrifice de la communauté tout entière. En même temps que le sacrifice à Jérusalem devenait quotidien les particuliers, eux, cessèrent complètement d'offrir des sacrifices ; *ḥattath* et *acham* ne subsistèrent qu'en théorie, du moins pour les juifs de la diaspora : les particuliers, au lieu de sacrifier eux-mêmes, versaient une redevance fixe au Temple de Jérusalem. Sur le plan pratique, la victoire de cette conception babylonienne favorisa grandement la diffusion du judaïsme dans l'univers. Les juifs de la diaspora tenaient absolument à ce que le culte de Jérusalem se déroulât conformément aux prescriptions de Yahvé. Mais en tant que peuple-hôte dans un pays étranger, ils pouvaient naturellement acquérir [376] une liberté de mouvement exceptionnelle, à condition de ne pas être astreints à construire eux-mêmes des temples sur une terre étrangère.

Conformément à ce principe la *gola* considéra tout autre temple comme illégal. Si bien que l'opposition contre les Samaritains ne fit que s'accentuer. À l'époque des Ptolémées, il y avait en Égypte des juifs et des Samaritains qui se livraient une âpre concurrence. Nous ne nous intéresserons pas davantage au sort des Samaritains. Pour l'histoire des religions cependant il est très intéressant de comparer leur destin avec celui des juifs afin de déterminer négativement ce qui faisait défaut à la religion sacerdotale israélite orientée vers la seule Thora pour devenir une « religion universelle ». Les *bné Yisraël*, comme ils se nommaient eux-mêmes, restèrent exclusivement attachés au rite. Il leur manquait en premier lieu un lien avec le prophétisme juif qu'ils récusaient ; aussi leur espérance messianique consistait-elle essentiellement en l'attente d'un prince de ce monde, le *ta'eb* (celui qui reviendra), et était-elle dépourvue de la dimension pathétique propre à la théodicée prophétique et à l'espérance d'une révolution sociale future. Il leur manquait ensuite, malgré l'existence de synagogues, la reprise et la continuation de la loi par cette couche plébéienne de guides populaires que représentaient les rabbins ainsi que la *Michna* qui fut leur œuvre. La signification de cette dernière nous apparaîtra plus tard. Les pharisaïsme dont l'esprit inspira le Talmud ne s'implanta pas chez eux. Ils rejetèrent l'espoir d'une résurrection, se rapprochant ainsi des sadducéens de Jérusalem qui tout comme eux étaient favorables à l'hellénisme. Ce qui manquait également aux Samaritains, c'était la dimension confessionnelle qui se développa sous l'impulsion conjuguée de la sotériologie prophétique et rabbinique d'une part et du rationalisme spécifique des pharisiens d'autre part. Ils connurent encore des « réveils » au Moyen Âge (XIVe siècle) et au XVIIe siècle, leurs colonies étaient répandues à travers l'Orient jusqu'en Inde, mais ils ne surent pas promouvoir une éthique religieuse nationale qui aurait pu triompher en Occident. Ils n'ont survécu jusqu'à notre époque que sous la forme d'une très petite secte ; les Samaritains sont notamment les plus grands escrocs de l'Orient et leurs falsifications ont même trompé d'authentiques savants.

Le résultat de toute cette évolution fut que « les juifs », selon la dénomination officielle appliquée désormais à cette collectivité, devinrent une communauté confessionnelle rituellement séparée, qui recrutait ses membres par la naissance et par le prosélytisme. [377]. Car la ségrégation rituelle allait de pair avec l'accueil très favorable fait aux prosélytes. C'est le Trito-Isaïe (*Is.* LVI, 3, 6) qui est le véritable prophète du prosélytisme. Alors que le code sacerdotal mentionne l'égalité du *ger* avec l'Israélite de vieille souche mais exclut expressément « l'étranger » (*ben nekhar*) de la célébration de Pesaḥ (*Ex.* XII, 43) le Trito-Isaïe, lui, exhorte l'étranger qui observe le sabbat et les autres commandements de Yahvé à entrer dans l'alliance et à participer ainsi au salut d'Israël. Apparemment il y eut déjà des prosélytes au début de l'exil. Ils devinrent certainement encore plus nombreux à l'époque perse, lorsque les juifs accédèrent à certaines fonctions dans l'entourage du roi. L'histoire d'Élisée et de Na'aman (II *Rois* V) semble avoir été recueillie dans les Chroniques royales en tant que paradigme de l'attitude très laxiste — mais tolérée à l'époque — des courtisans juifs envers les divinités des royaumes étrangers ; une telle attitude sera sévèrement condamnée plus tard en réaction contre le culte impérial de l'époque romaine et hellénistique. C'est peut-être pour Néhémie personnellement que fut décrétée l'admission dans la communauté d'eunuques exclus auparavant ainsi que le mentionne le Trito-Isaïe. À l'époque postexilique fut formulé l'un des principes fondamentaux de la Thora selon lequel les clans étrangers qui avaient accepté de se soumettre aux exigences de la loi devenaient après trois générations les égaux absolus des juifs de vieille souche et n'étaient exclus uniquement que du *connubium* avec les prêtres. Les anciens principes concernant le traitement des *gérim* furent appliqués aux étrangers qui tout en ne s'étant pas soumis à l'ensemble des exigences de la loi avaient des relations amicales avec la communauté. À l'intérieur même de la communauté juive, le chroniqueur ne distingue que trois couches sociales : les *kohanim* (les prêtres, c'est-à-dire les descendants d'Aaron), les lévites et une sorte de caste déclassée qui disparut par la suite, les *nethinim* (les serviteurs du Temple qui aux côtés d'autres catégories exécutaient les tâches les plus humbles). Mais les membres des couches sociales privilégiées pouvaient légitimement s'allier par le *connubium* avec tous les autres juifs de vieille souche et partager leur table. À l'origine ils étaient seulement tenus d'observer quelques règles de purification spécifiques relativement simples qui furent renforcées par le grand prêtre.

Nous verrons par la suite comment les clans de prêtres éminents se différencièrent des simples descendants d'Aaron ; de même il nous faudra expliquer comment le concept d'*'am ha arets* prit une nouvelle signification rituelle, alors qu'au lendemain de l'exil il avait désigné les habitants des campagnes et surtout les Samaritains exclus du *qehal ha-gola*, [378] cette communauté qui s'était constituée pour l'observance des rites. Toujours est-il que les juifs, en adoptant la loi rituelle introduite par la communauté des exilés de Babylone et en constituant une communauté de la *gola*, devinrent un peuple paria, avec Jérusalem pour centre du culte et pour siège de la principale communauté et avec un réseau international de communautés annexes.

Ce qui constitua dès le début la caractéristique sociale du judaïsme la plus riche de conséquences, c'était que l'observance scrupuleuse du rite était extrêmement difficile pour les paysans. Étant donné les conditions de vie à la campagne, les paysans avaient déjà des difficultés à observer le sabbat, l'année sabbatique et les prescriptions alimentaires. Et de plus à la suite de la casuistique croissante dont les commandements concernant la vie pratique furent l'objet, l'étude du rite devint la condition indispensable et requise pour toute conduite conforme à la loi. Aussi la Thora sacerdotale ne pénétra guère dans les localités rurales. D'ailleurs il était pratiquement impossible pour les paysans, contrairement aux citadins, d'observer les prescriptions de pureté lévitiques que propageaient des hommes d'une piété exemplaire. Ce surcroît de difficultés imposé aux paysans n'était pas compensé par quelque attrait supplémentaire. Le calendrier des fêtes élaboré par les prêtres de l'exil et imposé par Esdras avait dépouillé toutes les anciennes fêtes de leur relation primitive avec le cycle des travaux agraires et des récoltes. De plus les juifs qui vivaient parmi des peuples étrangers ne pouvaient pas facilement mener une existence rituellement correcte dans les localités rurales. Il fallait donc que le centre de gravité du judaïsme se déplaçât de plus en plus vers la ville où les juifs se transformeraient en un peuple paria — et c'est bien ce qui advint.

6. L'EXIL - ÉZÉCHIEL ET LE DEUTÉRO-ISAÏE

Mais sans les promesses des prophètes, jamais une communauté confessionnelle de plus en plus civile ne se serait placée délibérément dans cette situation de paria et n'aurait connu ce succès universel dans ses efforts pour gagner à sa cause des prosélytes. Ce paradoxe inouï d'un Dieu qui non seulement refuse de protéger le peuple qu'il a élu contre ses ennemis mais l'abandonne, le pousse même dans l'opprobre et l'esclavage, et qui n'en est adoré qu'avec plus de ferveur est sans précédent dans l'histoire et ne s'explique que par le prestige éclatant [379] du message prophétique. Ce prestige dépendait de circonstances purement extérieures comme l'accomplissement de certaines prédictions des prophètes, ou plus exactement il reposait sur le fait que certains événements avaient été interprétés comme leur accomplissement. Ce prestige était fortement ancré au sein même de la communauté exilée à Babylone. Alors que les partisans de l'Égypte avaient contraint Jérémie à les suivre en usant de violences et qu'ils le haïssaient — on prétend même qu'ils le lapidèrent — malgré l'accomplissement terrifiant de ses oracles ou encore à cause de cet accomplissement, la communauté de Babylone, qui s'était d'abord moquée d'Ézéchiel en le faisant passer pour fou, révise complètement son jugement lorsque arrive la nouvelle atterrante de la chute de Jérusalem. Tous ceux qui ne sombrèrent pas dans un complet désespoir se tournèrent vers lui pour écouter ses conseils et ses paroles de consolation. Les Samaritains rejetaient tout naturellement une prophétie qui sans relâche avait prédit la chute de l'ancien royaume de Samarie et s'était intéressée exclusivement au sort de Jérusalem. La prophétie au contraire jouit d'un prestige accru dans la communauté des exilés lorsque s'accomplirent les prédictions de salut auxquelles les déportés s'étaient accrochés à Babylone et qui se réalisaient maintenant par le retour des exilés et par la fondation à Jérusalem d'une communauté de la *gola*. Cette communauté apparut comme le « reste » dont Amos, et surtout Isaïe, avaient prédit le salut et dont la survie avait constitué dans l'exil l'objet d'une prophétie qui annonçait désormais la délivrance. Immédiatement après la chute de Jérusalem, alors que venaient de s'accomplir pleinement les terribles menaces de Yahvé, une transformation s'était opérée chez Jérémie et surtout chez Ézéchiel qui tous deux proclamèrent le salut. Si pour le mélancolique Jérémie cette attente future consistait essentiellement en une consolation vibrante et en l'espoir modeste de pouvoir à nouveau cultiver paisiblement le sol de la terre natale, Ézéchiel, lui, en proie à l'extase, se grisait de rêves ou les ennemis étaient anéantis par une terrible catastrophe tandis qu'Israël était le témoin de miracles extraordinaires et était promis à un avenir glorieux. Ézéchiel ne pouvait se risquer à proférer ouvertement des menaces contre Babel comparables à celles qu'avaient brandies les prophètes extatiques de salut jusqu'à la chute de Jérusalem et qui avaient entraîné une intervention énergique du gouvernement ; Jérémie, lui, exhortait ses contemporains à la patience et à l'obéissance [1]. [380] Les Perses n'avaient point encore manifesté leur présence. Aussi Ézéchiel s'abandonnait-il à de mystérieux présages de salut. Les oracles de malheur à l'encontre des voisins d'Israël qui, tels Tyr, Sidon, Ammon, Moab, Édom et les villes philistines s'étaient réjouis de sa perte et à l'encontre de l'Égypte, l'allié qui n'avait pas respecté ses engagements, laissaient espérer qu'Israël serait restauré dans son ancienne gloire par le seul pouvoir de Yahvé. Les menaces contre l'Égypte utilisent certains thèmes mythiques d'une catastrophe universelle. Gog semble être un roi barbare qui a pour modèle un prince du centre de l'Asie Mineure (de Tuval et de Méchekh, *Éz.* XXXVIII, 2) et dont la stature a grandi démesurément jusqu'à faire de lui un seigneur des pays du Nord, l'ancien berceau de toutes les migrations de peuples. C'est lui qui le jour venu entraînera tous les peuples barbares contre le saint peuple de Yahvé désormais restauré ; sur sa terre et lors d'un massacre effroyable où Israël n'aura pour tâche que de nettoyer la Terre Sainte souillée et transformée en un

1. Au sujet d'Ézéchiel, voir HERRMANN, *Ezechielstudien* (Leipzig, 1908).

immense charnier, Yahvé anéantira Gog et tous les ennemis d'Israël auxquels il aura fait lui-même appel (XXXVIII et XXXIX). Et qu'adviendra-t-il alors ? À l'origine Ézéchiel avait pensé au retour de David ou de l'un de ses descendants (XXXIV, 23). Mais il fut déçu par la conduite indigne du clan royal, et ayant pris conscience que seule la puissance sacerdotale pouvait maintenir la cohésion de la communauté il modifia son idéal. Il était lui-même un tsadoqite et ainsi, après vingt-cinq années de captivité, il mit finalement tout son espoir en une théocratie rationnellement organisée. C'en est fini de l'espoir en la royauté. Mais ceux qui sont demeurés fidèles à Dieu sont assurés de connaître une grande prospérité matérielle et Yahvé conclura avec eux (Jérémie) une nouvelle alliance, une alliance éternelle avec son peuple. Il donnera à Israël un cœur vivant de chair et de sang au lieu du cœur de pierre qui l'a conduit à sa perte (XXXVI, 26-27) et Israël occupera, pour l'honneur du nom de Yahvé, une place éminente au-dessus de toutes les nations. Ézéchiel n'entre plus en extase comme autrefois, il n'a plus de visions fantastiques et des impressions auditives mystérieuses mais il dépeint la société future en une large fresque et sculpte ses visions avec art et avec une certaine recherche pour en faire une construction intellectuelle, une utopie (chap. XL) : il est le premier des prophètes scripturaires au véritable sens du mot[1].

[381] Ainsi que nous l'avons déjà mentionné, Ézéchiel n'était pas seulement un écrivain, car en tant que prêtre il était également le conseiller pastoral et même le guide religieux et politique aussi bien des exilés pris individuellement que des « Anciens » qui dans l'exil étaient les représentants éminents des croyants. Il se considérait lui-même comme le « gardien » du peuple. Dans son expérience pastorale il était

1. Rien ne permet d'affirmer que ces sections ont été rajoutées tardivement puisque le jugement dernier ne correspond pas aux projets de politique ecclésiastique des prêtres de l'exil ni à leur réalisation sous Esdras et Néhémie. Cette évolution depuis les visions apocalyptiques, à demi pathologiques et eschatologiques d'un homme en proie à l'extase jusqu'aux projets subtils pour un état futur de l'intellectuel n'a rien d'exceptionnel.

forcément confronté au problème de la faute qui avait entraîné le malheur d'Israël, il ne pouvait éluder la question de la culpabilité et de la responsabilité collectives dont s'était préoccupée la Thora. Il est clair qu'il tenta de prendre position. Dans les tourments que lui fait subir sa paralysie pathologique (IV, 5), il a parfois la certitude d'avoir pour mission d'expier l'ancienne faute collective du peuple. Mais à d'autres moments il se laisse entraîner par une colère folle, et comme ses prédécesseurs il accuse alors l'ensemble du peuple de s'abandonner irrémédiablement à la corruption et paraît annoncer dans ses oracles de malheur la catastrophe finale qui n'épargnera personne. Mais lui-même ne pouvait se résigner à une telle vision et devant la souffrance en partie imméritée des exilés alors que la communauté de Jérusalem persiste dans ses errements politiques et son égoïsme économique, seule la *gola* lui paraît porteuse d'espérance et de salut futur (XI, 16) tandis que ceux qui sont restés dans la patrie sont responsables de tout le malheur. Mais après la chute de Jérusalem une telle conviction ne répondait plus aux besoins de la théodicée, bien qu'elle ait renforcé et déterminé la conscience que la communauté en exil avait de son rôle dans une perspective religieuse. Parmi les exilés la différenciation sociale ne fit que s'accentuer ; ceux qui étaient bien situés furent de plus en plus enclins à l'indifférence et à l'assimilation tandis que croissait le ressentiment des gens pieux et pauvres. L'idée selon laquelle il fallait encore expier collectivement les fautes que les ancêtres avaient commises dans des temps lointains était à la fois insupportable et indéfendable. La nécessité d'une récompense pour ceux qui étaient restés fidèles à Yahvé se fit pressante ; Ézéchiel, tout comme l'école deutéronomiste avant lui, rompit résolument avec l'ancienne conception de la responsabilité collective (XVIII et XXXIII) [382] et récusa en même temps cette autre conception issue probablement de l'astrologie babylonienne, selon laquelle Yahvé rendait impitoyablement coup pour coup si bien que « nos péchés sont sur nous » (XXXIII, 10) comme un destin. Une telle conception ruinait toute entreprise pastorale et devait fatalement conduire à la magie et à la mystagogie. D'ailleurs un individu ne pouvait être condamné à porter à tout jamais le poids d'une faute, que ce fût la sienne propre ou celle de ses ancêtres. Yahvé pardonne à chacun selon sa conduite : le juste qui observe les *michpatim*, les commandements de charité et les *ḥuqoth* de Yahvé vivra ; une conversion sincère efface même les fautes graves. C'est là le fondement religieux de l'esprit de pénitence qui prévaut depuis lors dans la *gola*. En même temps se trouve esquissée une distinction entre d'une part la piété des humbles auxquels est promis le salut, et d'autre part la frivolité des riches et des puissants, qui par la suite s'accentuera dans la religion juive, notamment dans les Psaumes. Cependant la nécessité d'établir des signes de différenciation afin de maintenir fermement la communauté entre les mains du clergé auquel Ézéchiel lui-même appartenait contraignit le prophète à donner à son exigence d'une conduite irréprochable une orientation cultuelle et rituelle. C'est ainsi que sont juxtaposés sans aucune transition l'exigence éthique — la belle image de la transformation du cœur de pierre en cœur de chair et de sang — et le formalisme sacerdotal ; la première est un héritage de l'ancienne prophétie, particulièrement de la prophétie de Jérémie, et le fruit d'une expérience religieuse personnelle tandis que le second répond uniquement aux intérêts du prêtre.

Le cas est le même pour les premiers prophètes postexiliques. Le sentiment national d'Aggée et de Zacharie, les prophètes de salut d'une courte période d'espoir sous Zorobabel, les amène à se tourner vers la royauté et le Temple. Les visions nocturnes de Zacharie, un prêtre cultivé, sont des compositions artistiques : les esprits des planètes dans les sept yeux (III, 9), l'« accusateur » et les anges dans le ciel témoignent de certaines influences babyloniennes ; le fait qu'il se retranche derrière l'autorité des anciens prophètes (I, 6) et qu'il cite les anges de Yahvé en tant que messagers divins au lieu de se fier à son inspiration personnelle prouve qu'il s'agit ici d'une composition littéraire. Le prophète veut à tout prix éviter l'ancienne incarnation naturaliste. En réalité toute sa prophétie converge vers la construction du Temple dont l'achèvement marquera l'avènement du salut. [383] Inversement les oracles du Trito-Isaïe (LXVI, 1) rejettent ouvertement le Temple car ce sont les cieux qui constituent le véritable temple de Yahvé ; c'est là une réminiscence de l'indifférence dont certains anciens prophètes témoignaient à l'égard du culte ; elle va de pair avec l'insistance avec laquelle le Trito-Isaïe affirme que les tâches sociales et humanitaires sont plus importantes que le jeûne (LVIII, 1 sqq.). L'idolâtrie et la pratique de cultes étrangers constituent comme avant l'exil le principal sacrilège. Mais par ailleurs ce même prophète insiste beaucoup sur l'accomplissement des rites extérieurs et des ordonnances qui régissent la vie, car c'est ce qui constitue maintenant l'unique signe d'appartenance à la communauté. Chez lui reparaît cet espoir que le Jour de Yahvé (LXVI, 12 sqq.) apportera la consolation à Israël et le malheur à ses ennemis ; son effroyable soif de vengeance se manifeste dans l'image grandiose du Dieu qui franchit les montagnes (LXIII, 1) et tel un vigneron s'avance éclaboussé du sang des Édomites. De même on trouve chez Joël (II, 20) l'intervention déjà classique de « l'ennemi du Nord » et un récit haut en couleur du jugement des nations (III, 1 sqq.). Mais dans l'ensemble l'évolution qui s'était amorcée à cause de la situation d'une communauté de petits-bourgeois face à un patriciat hostile ou indifférent était parvenue à son but : pour le Trito-Isaïe et les autres prophètes de l'époque, tel Malachie, ce sont uniquement les gens pieux qui sont les porteurs des promesses de salut et Yahvé est le Dieu des humbles (*Is.* LVII, 15). Dans le Deutéro-Zacharie (IX, 9) le futur roi apparaît monté sur un âne, car il est le prince des pauvres et des humbles. L'affirmation d'Habaque (II, 4) selon laquelle le juste vit par sa foi n'est pas sans rappeler les conceptions d'Isaïe, mais elle n'atteint pas leur grandeur à la fois utopique et actuelle. Car tout est transposé en termes petits-bourgeois. Joël (II, 12) prend prétexte de ce que les sauterelles ont dévasté le pays pour délivrer un sermon de pénitence original mais qui en fin de compte invite les fidèles au jeûne, au sacrifice, à une journée de contrition et de prières. Malachie, lui, voit dans les mariages mixtes la cause de la colère de Yahvé. Certes Yahvé aime son peuple (*Mal.* I, 2), mais l'homme pieux attend un salaire (*Is.* LVIII, 6-9). Malachie (III, 16) reprend l'idée perse selon laquelle Dieu dresse une comptabilité des actions des hommes. Le Deutéro-Zacharie paraît avoir emprunté la théorie des quatre royaumes du monde. Le prophète Joël par contre peint un tableau très réaliste du paradis de la fin des temps [384] tel que se le représentaient l'espérance et l'utopie préprophétiques. C'est une ère de prospérité et d'opulence qui répond aux anciennes aspirations populaires. Cette prophétie tardive constitue un mélange original de culture littéraire et d'ardeur religieuse impressionnante, tout en s'adaptant par ailleurs aux mœurs et aux besoins très prosaïques de bourgeois membres d'une communauté qui, dans l'ensemble, avait une vie paisible et confortable bien que relativement modeste. Il existe des documents témoignant explicitement de l'activité politique et publique de certains prophètes de l'époque de Néhémie ; ce dernier combattit violemment les prophètes de salut de son temps. Mais de nombreux oracles et chants prophétiques de cette époque présentent un caractère purement littéraire comme au temps de l'exil déjà à partir de la dernière période d'Ézéchiel, et comme de nombreux psaumes qui par un pur hasard n'ont pas été inclus parmi les chants prophétiques. Cela ne signifie pas qu'ils n'aient eu aucune influence sur le développement religieux, bien que ce ne fût pas toujours le cas à leur époque.

La prophétie littéraire de l'exil a essentiellement construit la théodicée la plus radicale et, on peut dire, la seule théodicée authentique et sérieuse que le judaïsme antique ait jamais produit. C'est une apothéose de la souffrance, de la misère, de la pauvreté, de l'humiliation et de la laideur, si cohérente qu'elle ne sera même pas égalée par le message du Nouveau Testament. L'écrivain [1] (*Is.* XL à LV) [385] que l'on désigne de

1. Bien qu'il ait été prouvé que ce passage de la version actuelle du Livre d'Isaïe a été rédigé à l'époque de l'exil et que son auteur ne saurait être assimilé à celui des passages suivants (Trito-Isaïe), une question n'en demeure pas moins : peut-on attribuer les chapitres que l'on reconnaît comme étant l'œuvre du Deutéro-Isaïe à un seul auteur ou faut-il attribuer à un autre les chants de l'*'eved Yahvé* ? En plus du commentaire de Duhm sur Isaïe, il y a lieu de consulter : SELLIN, *Die Rätsel des deuterojesajanischen Buchs* (1908), GRESSMANN, *Eschatologie* (1905), LAUE in *Theologische Studien und Kritiken* (1904), et GIESEBRECHT, *Der Knecht Jahwes des Deuterojesaja* (1902). Il y a lieu de men-

nos jours comme le « Deutéro-Isaïe » et qui est à l'origine d'une telle représentation a certainement gardé l'anonymat pour échapper à la censure [1] babylonienne qu'il devait redouter à cause de son espoir passionné (et vain) en la destruction de Babel par Cyrus.

L'attitude de la religion d'Israël envers la pauvreté et la souffrance a passé par différentes étapes sans que la dernière toutefois ait évincé complètement la précédente. À l'origine on admettait ici comme partout ailleurs que l'homme fortuné, bien portant et jouissant d'une certaine réputation

tionner tout particulièrement la critique très pénétrante des hypothèses de Sellin par ROTHSTEIN in *Theologischen Studien und Kritiken* (1902). Parmi les ouvrages récents il faut signaler STAERK in *BWAT*, XIV (1912) ; celui-ci établit une différence entre les quatre chants d'Isaïe (XLII, 1 ; XLIX, 1 ; L, 4 ; LII, 13) et les autres chants du serviteur de Dieu où l'*'eved* désigne sans aucun doute le peuple d'Israël. Dans les quatre chants il s'agit selon Staerk d'un individu particulier, d'un héros ou encore d'un martyr conçu comme un sauveur universel ; ainsi l'espérance qu'on avait conçue pour la lignée de David se trouve reportée sur les prophètes. Cette critique souvent pertinente ne remet pas en cause les principales théories avancées par Sellin, qui défend l'hypothèse de Yoyakhin en même temps que l'unité du Deutéro-Isaïe. Un lecteur sans parti pris ne pourra manquer d'être progressivement convaincu par l'unité de la conception de cet ouvrage qui fut composé chapitre après chapitre sous le coup des espoirs enthousiastes que faisait naître Cyrus. À l'encontre de cette hypothèse qui fait de Yoyakhin le serviteur divin, il y a le fait que ce dernier est un homme qui a le don d'enseigner la Thora, qu'il s'agit d'un prophète et non pas d'un roi. Ce livre apparaît comme l'œuvre poétique et religieuse d'un penseur éminent par ses qualités intellectuelles et son enthousiasme qui s'adresse à un petit cercle de gens partageant les mêmes vues. On peut en conclure que si l'accent est mis tantôt sur l'interprétation individuelle et tantôt sur l'interprétation collective, cela répond à l'intention délibérée de cette théodicée prophétique. Ce qui nous paraît important dans l'hypothèse de Sellin c'est que l'auteur, après la mort de Yoyakhin, aurait reporté les chants qui se rapportaient primitivement au roi sur le peuple d'Israël, et c'est alors seulement qu'il les aurait intégrés aux passages apparus sous l'enthousiasme déclenché par l'approche de Cyrus ; ainsi lors de la rédaction finale du Deutéro-Isaïe, l'auteur considérait non plus Yoyakhin mais le peuple d'Israël, et particulièrement son noyau de gens pieux, comme le porteur des qualités originellement attribuées au roi. Seuls des philologues pourront trancher le débat qu'a fait naître cette composition d'une grande richesse spirituelle. En tout cas l'ambiguïté que nous avons soulignée ici correspond bien à l'intention de l'auteur lors de la rédaction finale.

1. Il est étonnant que Hoelscher se soit joint à Duhm pour affirmer l'origine non babylonienne de l'œuvre (il se base notamment sur *Is.* LII, 11 et XLIII, 14) et pour avancer l'hypothèse de l'Égypte (surtout Syène à cause de XLIX, 12). Cela ne paraît pas tenir à cause de l'intérêt que cette œuvre manifeste pour Cyrus et d'une façon générale pour tout ce qui concerne la Babylonie.

était dans les bonnes grâces de Dieu. Les Patriarches ainsi que Bo'az, Job et d'autres hommes pieux étaient des gens fortunés. La ruine, la maladie, la misère passaient pour des signes de la colère divine. [386] Pour les amis de Job cela paraît indiscutable et même les prophètes brandissent ces menaces comme un châtiment divin. Nous avons vu cependant comment le passage à une culture urbaine avait entraîné un changement d'attitude à l'égard des différentes couches sociales ; les paysans et les bergers israélites qui avaient porté les armes devinrent des périèques pacifistes, des pauvres (*evyonim*) menacés d'esclavage pour dettes ; de pieux voyants remplacèrent les prophètes guerriers ; le roi, le système des corvées, les chevaliers, des patriciens qui prêtaient de l'argent ou vivaient du revenu de leurs terres se substituèrent aux princes qui régnaient en patriarches dans les campagnes. À cela s'ajoute que l'éthique de charité des royaumes environnants influença la parénèse des maîtres de la Thora. De toute évidence la conduite des gens riches et éminents n'était ni rituellement ni moralement irréprochable ; de plus, leur prestige décrut en même temps que faiblissait l'hégémonie de l'État. Le prophète Sophonie met déjà en rapport avec sa piété la pauvreté du « reste » qui survivra après le jour du jugement. Mais l'éthique préexilique ne valorisait pas pour autant la pauvreté et ne l'assimilait pas à la piété. Le pauvre, le malade, l'infirme, l'orphelin, la veuve, le métèque et l'ouvrier salarié avaient droit à la charité car celle-ci constituait un devoir mais ils ne pouvaient pas se prévaloir d'une élévation morale supérieure et d'un degré de religiosité exceptionnel. Le règne de la plèbe était considéré comme une punition. Cependant sous l'influence de la parénèse lévitique Yahvé apparut de plus en plus comme un Dieu qui aide les malheureux et les opprimés à obtenir justice sans invoquer pour cela un quelconque droit à l'égalité au nom d'une loi naturelle. Les prophètes et le Deutéronome présentent Yahvé comme un Dieu qui exècre par-dessus tout l'orgueil alors qu'il prise l'humilité, cette vertu spécifiquement plébéienne qu'il considère comme la vertu par excellence. C'est à partir de telles représentations et en accord avec sa conception universaliste de Dieu que le Deutéro-Isaïe, dans la détresse de l'exil, développa ces idées jusqu'à leur ultime conséquence. Pour lui le riche en tant que tel (LIII, 9, dont la lecture est à vrai dire incertaine) s'identifie si totalement avec le mécréant que le prophète dit simplement que le serviteur de Dieu qui avait pourtant été un homme juste est mort « comme un riche ». Souvent les hommes pieux de l'exil sont précisément les gens que l'ennemi opprime et maltraite. Comme les agissements des ancêtres ne suffisaient plus à justifier cela, le Deutéro-Isaïe dut créer une nouvelle théodicée. Yahvé est pour lui le Dieu de l'univers. [387] Il ne nie pas radicalement l'existence d'autres dieux mais Yahvé les convoquera devant son trône et brisera leur arrogance. Lui seul est le créateur de l'univers, lui seul gouverne l'histoire du monde dont le cours obéit à ses intentions cachées. Mais le destin ignominieux d'Israël est l'un des moyens, et certainement le plus important, pour la réalisation du plan divin de salut universel. Pour Israël lui-même c'est un moyen de purification (*Is.* XLVIII, 10). Yahvé ne purifie pas ses fidèles comme « on épure de l'argent » mais il les éprouve dans « le creuset de l'adversité » pour en faire le peuple élu. Et cela non seulement au profit d'Israël, comme dans tout le reste de la prophétie, mais également au profit des autres peuples. Ce thème est développé dans les chants très controversés du « Serviteur de Dieu » (*'éved Yahvé*). La conception de cette figure particulière est floue, du moins dans la version définitive du texte ; le Serviteur de Dieu apparaît tantôt comme un personnage unique, tantôt comme la personnification du peuple d'Israël ou plutôt de son élite pieuse. Diverses hypothèses ont été émises quant à l'identité de ce personnage et l'on a suggéré qu'il pouvait s'agir du roi Yoyakhin qui avait été déporté à Babel alors qu'il était encore adolescent ; après de longues années d'emprisonnement il avait été gracié puis invité à la table royale, et c'est d'ailleurs sur sa libération que se termine le Livre des Rois. Cependant à moins de vouloir mettre en rapport les différents chants avec des personnages extrêmement variés tous qualifiés en tant que Serviteurs de Dieu, cette hypothèse n'est guère plus convaincante que les autres et l'on ne saurait trancher avec certitude s'il s'agissait d'un individu unique ou de la personnification d'une collectivité. L'auteur semble avoir associé un destin et des souffrances qui étaient le lot commun de son public, telles les chevilles « percées » des prisonniers, avec les traits d'une figure eschatologique d'origine inconnue. C'est manifestement un souci de forme et d'art qui l'amena à passer de ce porteur unique d'un destin de souffrance à une collectivité vicariante et vice versa, si bien qu'il est parfois difficile de dire dans un passage précis quelle interprétation l'auteur avait lui-même en vue. Israël est le serviteur de Yahvé (XIX, 3) et dans un passage précédent il est déjà dit que Yahvé a rédimé son serviteur Jacob (XLVIII, 20). Mais dans le passage qui suit immédiatement (XIX, 5-6), le Serviteur de Yahvé reçoit pour mission de convertir Jacob et de relever les tribus d'Israël. [388] Car Yahvé a fait de lui son disciple afin qu'il s'adresse en temps opportun à ceux qui sont las (L, 4). Plus loin (LIII, 11, bien que l'interprétation en soit incertaine) sa science est présentée comme une source de salut. C'est là ce qu'on disait habituellement des prophètes ou des maîtres de la Thora, si bien qu'on sera enclin à voir dans le Serviteur de Dieu une personnification de la prophétie. D'autant plus que les prédictions de l'auteur, qui n'ignore nullement la magie et l'astronomie des sages de Babylone et les rejette en pleine connaissance de cause, affirment que le Serviteur de Dieu est destiné à être une « lumière pour les nations » (XIX, 6) et à porter « le salut jusqu'aux extrémités de la terre ». Comme le confirment encore d'autres passages ce qui s'exprime ainsi c'est le sentiment exacerbé que les prophètes ont de leur propre importance ; et maintenant que grâce à Cyrus la réalisation des anciennes promesses paraît imminente la prophétie se sent investie d'une puissance universelle et supranationale. Dans d'autres passages au contraire il s'agit indéniablement d'un souverain et non pas d'un prophète. Mais Moïse, l'archétype du prophète, avait été également un théocrate et un meneur d'hommes, et c'est précisément à l'époque de l'exil qu'on avait exhumé la figure de Malkitsédeq, à la fois prince et prêtre, et homme d'une grande sagesse. La mission universelle répondait à l'universalisme de Dieu. Même si le Deutéro-Isaïe ne s'en est pas préoccupé outre mesure, ce n'est pas un hasard si le compilateur tardif du Livre d'Isaïe dans sa version actuelle a fait suivre ses écrits immédiatement par ceux d'un écrivain anonyme (le Trito-Isaïe) postérieur à l'exil, qui est le porte-parole le plus zélé d'une propagande religieuse à l'échelle du monde et de l'égalité religieuse de tous les prosélytes qui consentent à se plier aux commandements de Yahvé (Is. LVI, 6-7). En fait le Deutéro-Isaïe reconnaît déjà la nécessité et la grandeur d'une mission universelle ; de tous les prophètes de salut, c'est encore lui relativement qui proclame le moins que le salut promis aux juifs consiste en leur suprématie sur les autres nations et l'anéantissement de leurs ennemis ; il s'oppose par-là au Trito-Isaïe (LX, 10, 14, 15) qui prédit l'asservissement des Gentils en compensation de l'opprobre qu'Israël a dû subir si longtemps. Certes le Deutéro-Isaïe décrit avec force détails le jugement de Babel (XLVII), l'humiliation que connaîtront les ennemis d'Israël (XIX, 23-26 et ailleurs) et les représailles dont ils seront victimes. Mais cela ne constitue pas l'essentiel de sa prophétie de salut. Car pour lui Dieu a également caché sa face à son peuple à cause de l'impiété des ancêtres et il enjoint à Israël de rechercher le Seigneur, [389] de se convertir et de renoncer aux pensées et aux voies impies. Cependant le fait de considérer le malheur comme le salaire du péché ainsi que les appels occasionnels au repentir sont tout à fait éclipsés par la signification sotériologique positive que le prophète attribue à la souffrance en tant que telle. S'opposant radicalement à la prophétie préexilique il valorise précisément la souffrance gratuite. Là encore la formulation varie si bien que c'est tantôt Israël ou les prophètes, tantôt un personnage eschatologique unique qui semblent assumer cette souffrance décisive pour le salut. Ceux qui connaissent la justice et la doctrine (la Thora) sont exhortés à ne pas craindre les outrages et les menaces des hommes (LI, 7). Le prophète se glorifie à la première personne d'avoir reçu de Dieu le don d'enseigner (L, 4) et d'avoir néanmoins offert son dos aux coups de ceux qui le frappaient, son visage à ceux qui lui arrachaient la barbe, de n'avoir point dérobé sa face « aux ignominies et aux crachats », de l'avoir rendu « semblable à un silex » (L, 6-7), car il savait que le Seigneur était avec lui et ne le laisserait pas mourir. Ici apparemment le Serviteur de Dieu paraît représenter la prophétie en tant que telle. Mais dans d'autres chants cette figure apparaît à nouveau dans une dimension individuelle et sotériologique très prononcée. Nombreux sont ceux qui sont horrifiés par le Serviteur de Yahvé car il est plus laid que les autres hommes (LII, 14, que certains exégètes considèrent comme une glose). Il est « le plus méprisé et le plus abandonné » des hommes, il est accablé de souffrances et de douleur et devant lui on détourne la tête car il compte pour moins que rien (LII, 3-4) ; Dieu paraît l'avoir marqué et frappé pour lui faire expier ses fautes. « C'est ce que nous pensons de lui » est-il écrit, si bien qu'il peut s'agir ici soit d'Israël, objet de mépris, soit des prophètes rejetés par leur propre peuple. Que le Serviteur de Dieu plaide pour les pécheurs (LII, 11) ne constitue pas une innovation dans la prophétie (*Jér.* XV, 1 ; *Éz.* XIV, 14). Le fait qu'il offre sa vie pour « porter les péchés de la multitude » pourrait à la rigueur être rapproché, encore que très difficilement, de ce que croyaient les anciens Hommes de Dieu israélites, tel Moïse qui était prêt à sacrifier sa vie pour expier les fautes de son peuple (*Ex.* XXXII, 32). Le recours à un sacrifice expiatoire de substitution était une conception très rarement admise dans l'Israël antique. Dans le récit des convulsions extatiques d'Ézéchiel (IV, 5) [390] s'exprime déjà l'idée que le prophète doit expier les nombreuses années d'infamie d'Israël par autant de jours de paralysie, à la place de son peuple qui est devenu la risée des nations (V, 15). Mais le Deutéro-Isaïe met l'accent (LIII, 12) sur le fait que le Serviteur de Dieu, à cause de ses souffrances, a passé pour un pécheur et a été enterré parmi les impies bien qu'il n'en fût pas un. Il a pris ainsi sur lui les péchés de la multitude ; il fut « transpercé et torturé pour nos péchés » et Yahvé le « chargea de toutes nos iniquités » (LIII, 5-6). Son action salvatrice est attestée par le fait que sous la torture « il s'est tu, semblable à un agneau qu'on mène à la boucherie », offrant ainsi son âme, c'est-à-dire sa vie, en sacrifice expiatoire (LIII, 7-10). Comme pour Job plus tard, le comble de la souffrance ne réside pas dans le fait qu'il se soit sacrifié ou qu'il ait été sacrifié malgré lui mais qu'il ait passé en outre pour un pécheur poursuivi par la colère divine. De telles conceptions ne s'opposent pas au système de pensée que le Deutéro-Isaïe avait fait sien et rien ne nous autorise à croire qu'elles soient d'origine étrangère. Elles apparaissent comme le résultat d'une synthèse cohérente et d'une réinterprétation rationnelle de certaines conceptions qui avaient déjà cours. Les descriptions purement extérieures, notamment celle du corps « transpercé », nous amènent à croire que l'auteur pensait à un type de martyr juif. Mais on ne saurait tenir pour vraisemblable l'hypothèse selon laquelle il se serait référé à une figure eschatologique issue d'un mythe populaire qui avait cours dans l'un des cultes répandus à l'époque, que ce soit celui de Tammouz (comme on le pense souvent) ou bien celui d'un autre dieu mortel, tel Hadadrimmon de Megiddo que le Deutéro-Zacharie (XII, 11) mentionne en se référant à cette même image du « corps transpercé ». Si effectivement il y a eu un tel emprunt ou une telle influence, ce qui reste encore à démontrer, le changement fondamental de signification n'en serait que plus impressionnant. Ces dieux mortels n'étaient pas le moins du monde concernés par les péchés de la communauté et ils n'étaient nullement préoccupés par la nécessité de les expier. Il en va tout autrement ici. Conformément à l'essence même du yahvisme, le Dieu ou le fils de Dieu qui meurt pour des raisons cosmiques, théogoniques ou mythiques, devient un serviteur de Dieu qui s'offre lui-même en sacrifice afin d'expier les fautes. [391] Quel que soit son sacrifice cependant ce n'est pas lui le rédempteur, mais Yahvé lui-même (*Is.* LIV, 8). Conformément aux promesses d'autres prophètes, ce dernier conclura avec son peuple un pacte de paix plus durable que les montagnes (LIV, 10) et renouvellera ainsi la grâce accordée à David (LV, 3). Yahvé a besoin du sacrifice de l'innocent pour être à même de réaliser cette alliance et c'est cela en fait qui est étranger aux représentations traditionnelles. Pourquoi devait-il précisément avoir recours à un tel moyen ? « Car mes pensées ne sont pas vos pensées, et mes voies ne sont pas vos voies » (LV, 8). Il s'agit donc d'un mystère que seul un cercle d'initiés pouvait comprendre, ce qui semble témoigner encore une fois de l'influence de certains mythes eschatologiques sur l'imagination du prophète [1]. Cependant ainsi que cela a été relevé à maintes reprises aucun des mythes actuellement connus concernant la mort et la résurrection de dieux de la végétation ou d'autres divinités et héros n'a eu cette orientation sotériologique. Généralement ils étaient libres de toute éthique. Cette orientation est donc, pour autant qu'on puisse le savoir, l'œuvre originale des prophètes, leur création spirituelle. Mais il faut analyser de plus près sa forme et sa nature. Son originalité ne réside point, ou du moins très secondairement, dans le fait que la souffrance ait pour fonction d'expier des péchés antérieurs car cette même conception, conformément à la tradition prophétique, apparaît également dans le Deutéro-Isaïe. D'ailleurs au fur et à mesure que le prophète fait passer au premier plan la figure du Serviteur de Dieu, il proclame avec d'autant plus de force que sa souffrance est imméritée. À vrai dire les autres nations et les impies ne sont certainement pas meilleurs que ce peuple que Yahvé a élu et qu'il fait souffrir. De plus Isaïe insiste moins que les autres prophètes sur la rupture de l'ancienne alliance. En revanche il s'appuie sur les promesses faites à Abraham et à Jacob (LI, 2), ce que font rarement les prophètes antérieurs. Mais cela également est secondaire. Le problème qui le préoccupe ce n'est ni la *berith* ni les promesses, mais la théodicée de la souffrance d'Israël dans une perspective universelle d'un ordre du monde institué par un Dieu plein de sagesse. Compte tenu de cette préoccupation, quelle signification attache-t-il à la glorification de la souffrance, [392] de la laideur et du mépris subi ? Ce n'est pas par hasard bien sûr mais à dessein que le prophète préserve

1. La vocation « dès le ventre maternel » (*Is.* XLIX, 1) correspond d'une part à la terminologie royale babylonienne et d'autre part à la vocation providentielle de Jérémie dans le ventre de sa mère (*Jér.* I, 5). En étudiant la diction même de l'auteur, SELLIN, *loc. cit.*, p. 101, a relevé certaines réminiscences des lamentations et des hymnes babyloniens (cela avait déjà été avancé par KITTEL in *ZATW*, 1898, « Cyrus und Deuterojesaja »).

l'ambiguïté de la figure eschatologique qui passe sans cesse de l'incarnation d'Israël à celle de la prophétie — et vice versa — de sorte qu'Israël apparaît tantôt comme l'instrument, tantôt comme l'objet de la délivrance. La signification de tout cela c'est précisément l'exaltation de la condition imposée à un peuple paria, ainsi que de la patience et de la persévérance que celle-ci exige. C'est par-là que le Serviteur de Dieu et le peuple dont il est l'archétype deviennent les sauveurs du monde. Bien que le Serviteur de Dieu puisse être conçu comme un sauveur personnel il ne se qualifie qu'en assumant librement la condition de paria du peuple exilé et en supportant sans se plaindre et sans résister la misère, la laideur et le martyre. Tous les éléments utopiques de la prédication évangélique tels que « ne résiste pas au mal par la force » sont déjà préfigurés ici. La condition de peuple paria en tant que telle et son acceptation patiente deviennent ainsi le degré suprême de la religiosité et de la vénération de Dieu ; elles sont hissées au rang d'une mission décisive pour l'histoire universelle. Cette exaltation enthousiaste de la souffrance comme instrument de salut pour le monde apparaît au prophète comme l'ultime et suprême accomplissement de la promesse faite à Abraham où il était dit que son nom serait un jour « une bénédiction pour toutes les nations ».

Cette éthique misérabiliste de la non-résistance, tout à fait originale, réapparut dans le Sermon sur la Montagne. La conception du martyre et de la mort sacrificielle du Serviteur de Dieu innocent contribua à la naissance de la christologie [1]

1. La péricope du serviteur divin apparaît très souvent dans les Synoptiques et dans les Actes ainsi que dans l'Épître aux Romains et dans la première Épître aux Corinthiens ; Jean l'utilise également. Tout cela prouve que Paul n'avait qu'à puiser dans la tradition pour trouver l'idée d'un sauveur qui meurt en sacrifice expiatoire. Jésus se réfère à la révélation prophétique, *Mt.* XXVI, 24 (= *Is.* LIII, 7, 8). À maintes reprises il est affirmé dans un strict parallélisme avec le Deutéro-Isaïe que Jésus est l'élu (*Act.* IX, 15 = *Is.* XLII, 1) de Dieu qui en a voulu ainsi (*Mt.* III, 17 = *Is.* XLII, 1), que Jésus n'a jamais péché (*Jean* VIII, 46 = *Is.* LIII, 5), qu'il est l'Agneau de Dieu (*Jean*, I, 29, 36 = *Is.* LIII, 4), la lumière des peuples (*Jean* I, 5 = *Is.* XLII, 6), qu'il vient soulager ceux qui souffrent et qui sont dans la peine (*Mt.* XI, 28 = *Is.* LI, 1), ceux qui mènent une vie humiliante (*Ph.* II, 7 = *Is.* LIII, 2, 3), que l'on méprise (*Jean* I, 10 = *Is.* LIII, 2, 3), ceux qui sont méconnus (*Act.* VIII, 32 = *Is.* LIII, 7), accusés (*Mt.* XXVI, 63) et maltraités (*Mt.* XXVII, 26) et qui supportent leurs souffrances en silence, comme un agneau ; Jésus intercède pour ceux

[393] en relation avec certains écrits apocalyptiques tardifs, telle la doctrine du « fils de l'homme [1] » dans le Livre de Daniel, et encore avec d'autres mythes. Toujours est-il que cette parole du Christ sur la croix : « Mon Dieu, mon Dieu, pourquoi m'as-tu abandonné ? » se trouve en tête du Psaume 22, qui du début à la fin reprend la prophétie d'humilité du Deutéro-Isaïe ainsi que la prédiction du Serviteur de Dieu [2]. Si effectivement ce n'est pas la communauté chrétienne mais Jésus lui-même qui le premier a appliqué ce verset à sa propre personne, il est légitime de conclure non pas qu'il était au comble du désespoir et de l'amertume — c'est cette façon paradoxale d'interpréter le verset qui a cours habituellement — mais au contraire qu'il éprouvait une assurance messianique au sens du Deutéro-Isaïe et qu'il partageait l'espérance formulée à la fin du Psaume.

Dans la littérature canonique juive par contre ce Psaume est la seule œuvre qui se rattache entièrement à la sotériologie du Deutéro-Isaïe alors que certaines citations et certaines allusions isolées apparaissent à différentes reprises dans les

qui ont blasphémé (*Luc* XXIII, 24 = *Is.* LIII, 5), offre sa vie en rançon pour les pécheurs (*Mt.* XX, 28 = *Is.* LIII, 10), ce qui lui vaut d'être glorifié par Dieu (*Jean* XIII, 31 ; XIV, 13 ; *Act.* III, 13 = *Is.* XLIX, 5 ; LV, 5). Tout à fait caractéristique est le passage de l'Épître aux Romains IV, 25 (= *Is.* LIII, 5-12) où Paul fonde l'interprétation extrêmement ambiguë de la Septante. Parfois le rôle des apôtres est également illustré par des images empruntées au Deutéro-Isaïe (*Act.* XIII, 47 = *Is.* XLIX, 6). Cf. E. HUHN, *Die messianischen Weissagungen des israelitisch-jüdischen Volks*, II (1900).

1. Fréquemment on utilise à la place du « serviteur de Dieu » simplement « le fils de l'homme » ; il s'agit là d'un emprunt qui s'est effectué par l'intermédiaire des mystères.

2. La lecture du verset 17 où il est question de « mains et de pieds » n'est pas exacte. On ne saurait affirmer avec certitude si le serviteur est ici ligoté ou encore si ses os ont été percés comme ceux d'un prisonnier. Mais la traduction de la Septante semble aller dans ce sens, tout comme les versets suivants où se trouve mentionnée la distribution de vêtements par tirage au sort. Cependant la communauté chrétienne a dû voir dans ces versets une allusion à une crucifixion, car toute la présentation des Évangiles est manifestement influencée par le Psaume 22. Il est donc probable que le supplicié aux membres transpercés du Deutéro-Isaïe était présent à l'esprit de l'auteur ou du moins que le Psaume 22 était habituellement interprété ainsi. La communauté chrétienne avait par ailleurs utilisé les chants du serviteur de Dieu et ce Psaume comme l'annonce du Christ et s'en était inspirée pour sa conception de la Passion.

Psaumes. Certes la tonalité propre au Deutéro-Isaïe, le sentiment de n'être qu'un « ver de terre » (XLI, 14) et le fait d'attacher une valeur positive à l'abaissement de soi-même et à la laideur ont profondément marqué le judaïsme et par la suite le christianisme, où son influence se retrouve jusque dans le piétisme. Inversement la conception d'un serviteur de Dieu qui souffre et meurt volontairement en innocente victime pour les péchés des autres hommes a immédiatement et complètement disparu du judaïsme. [394] Ceci s'explique par diverses circonstances. Pour le Deutéro-Isaïe la rédemption et le salaire pour la souffrance endurée patiemment n'allaient pas tarder. Cyrus (XLV, 1), l'oint du Dieu de l'univers, était aux portes de Babylone et allait détruire la cité. Mais celle-ci ne fut pas détruite et Cyrus se comporta comme son souverain légitime. Certes il y eut le retour de l'exil. Les circonstances cependant ne permirent pas que ce retour fût ressenti comme une rédemption. D'ailleurs il était impossible que cette théodicée intellectuelle devienne la doctrine de l'ensemble de la communauté des croyants pas plus que n'y parvinrent les théories élaborées par les intellectuels indiens au sujet de la rédemption. Certes dans le Deutéro-Isaïe et les Psaumes, le juste innocent au corps transpercé qui sera récompensé à la fin des temps apparaît comme le symbole d'Israël. Le Livre de Daniel (XI, 33 et XII, 3) et surtout le Livre de la Sagesse apocryphe utilisent abondamment le Deutéro-Isaïe. Dans ces œuvres, conformément au statut social de leur auteur, les prophéties de la souffrance du Serviteur de Dieu et de sa prééminence retrouvée se rapportent aux maîtres de la Thora ou aux justes du peuple d'Israël. Mais leur adaptation du Deutéro-Isaïe n'est guère satisfaisante et surtout il n'y est fait aucune mention d'un martyr qui accepte librement de souffrir et d'expier sans se plaindre les péchés du peuple d'Israël ou même du monde entier. Job ignore tout de la théodicée de la souffrance élaborée par le Deutéro-Isaïe et de l'importance de cette souffrance aux yeux de Dieu. De plus l'espérance naïve et populaire en un Messie ne prend pas appui sur cette théodicée. Il en va de même pour la littérature rabbinique primitive d'après laquelle le Messie meurt au combat mais ne souffre pas en rédempteur. C'est seulement dans le Talmud (Sanhédrin 98 *b*) que se trouve une figure semblable et ce n'est que vers le IIIe siècle après Jésus-Christ, à une époque d'oppression extrêmement dure, que la doctrine du Messie souffrant et du mérite de la souffrance en tant que telle réapparut au premier plan [1]. Ainsi qu'en témoignent des citations plusieurs fois reprises, ce qui avait survécu jusque-là et s'était même renforcé dans certaines promesses c'était l'esprit dans lequel le Deutéro-Isaïe avait pris certaines attitudes bien connues [395] à l'égard de la souffrance muette. La situation pathétique de ce peuple de parias qui souffrait et espérait avec patience et ce regard étranger que les juifs jetèrent sur le monde tout au long de l'histoire trouvèrent dans ce livre extraordinaire leur justification la plus solide jusqu'à ce que cette œuvre de l'exil agisse comme un des ferments les plus actifs de la croyance dans le Christ qui était en train de s'élaborer.

Le fait que les prophètes de l'exil et aussi un grand nombre de prophètes postexiliques aient été des écrivains religieux et non plus des démagogues aux prises avec les problèmes religieux et politiques de leur temps n'eut pas seulement une influence sur la forme stylistique mais sur la conception même du charisme prophétique. Dans l'ensemble la prophétie ancienne [2] n'a pas utilisé la terminologie des anciens extatiques de l'Israël du Nord concernant l'« esprit » (*ruaḥ*) de Yahvé qui s'empare des prophètes. Cette conception comme nous l'avons vu leur était étrangère. C'est la voix incarnée de Yahvé qui s'adresse à eux ou qui parle à travers eux car ils sont en quelque sorte les instruments de Dieu et ne peuvent résister à ses paroles. Là où le Dieu lui-même est appelé « esprit » c'est pour marquer son grand éloignement de l'homme. La « main » de Yahvé empoigne directement le prophète qui proclame alors, comme Isaïe, la « Thora de Dieu ». Ce qui caractérise tous les prophètes, quoique à des

1. DALMANN, « Der leidende und sterbende Messias der Synagoge im ersten nachchristlichen Jahrhundert », *Schriften des Inst. Jud.*, IV (Berlin, 1888). L'idée de la souffrance vicariante était extrêmement répandue à l'époque rabbinique (4 *Mac.* VI, 29 ; 17, 22).

2. Chez Osée le prophète est « l'homme de l'esprit ».

degrés divers, c'est une certaine prédisposition émotionnelle et extatique ainsi que leur intérêt pour les problèmes de l'heure. Leur conception des rapports entre Dieu et l'homme guide leurs interprétations et contrôle les manifestations de leur émotion. Un changement se produisit lorsque les prophètes se détournèrent des problèmes politiques de l'heure. Dans ses oracles tardifs Ézéchiel a déjà perdu toute sa férocité originelle. L'extase émotionnelle est absente dans le Deutéro-Isaïe. Dans le Trito-Isaïe (LXI, 1), « l'esprit prophétique du Seigneur » (*ruaḥ adonai Yahvé*) est en permanence « sur » le prophète et le contraint à enseigner. Un certain emportement passionnel ressurgit lorsque le prophète entend exercer une influence sur des décisions politiques concernant l'actualité la plus immédiate ou lorsque, laissant libre cours à sa soif de vengeance, il fustige ses ennemis politiques comme c'est le cas dans les prophéties du vigneron du Trito-Isaïe. Mais même la prophétie de salut concernant les problèmes de l'heure sous Zorobabel [396] diffère de la prophétie préexilique. Les visions nocturnes qui naissent des rêves, que la prophétie préexilique avait rejetées ou dépréciées, reparaissent au premier plan comme dans les visions des anciens « voyants ». Zacharie était simplement un prêtre et non pas un démagogue. L'« esprit » qui intervient à nouveau chez Aggée, Joël et le Deutéro-Isaïe est à la fois une espérance prophétique concernant l'avenir et un théologoumène pour écarter les anciennes représentations anthropomorphiques considérées maintenant comme trop embarrassantes. Mais c'est sur la communauté que se pose l'esprit. L'explication que Yahvé prodigue à Ézéchiel (XXXIX, 29) (qui est peut-être une interpolation) selon laquelle il a déversé son esprit sur la maison d'Israël, de sorte qu'après l'avènement du salut il ne s'éloignera plus de celle-ci, devient chez le Deutéro-Isaïe (XLIV, 3) une promesse pour le futur : Dieu déversera son esprit, c'est-à-dire l'esprit prophétique (comme l'indique XLII, 1), sur la postérité d'Israël. C'est tout « le peuple qui est dans le pays » qui devient le dépositaire de l'esprit. Lorsque le Trito-*Isaïe* (LXIII, 10-11) déclare que l'« esprit-saint » accordé par Yahvé au peuple à l'époque de Moïse a été offensé par les transgressions d'Israël, et lorsque

Aggée (II, 5) promet le retour de l'esprit de Yahvé en se référant aux promesses de ce dernier lors de la sortie d'Égypte, ils ne pensent pas du tout, comme l'indique le texte, que les soixante-dix Anciens puissent être saisis par un esprit extatique et prophétique (*Nbr.* XI, 25) ; ce qu'ils soulignent c'est la sainteté spécifique d'Israël qui leur apparaît comme un état permanent du peuple fidèle à l'alliance (*Ex.* XIX, 5). C'est de là bien sûr que les opposants des prêtres (les qoraḥites) de l'époque préexilique avaient déduit que tous les membres de la communauté avaient un même degré de sainteté et la même qualification charismatique.

Chez les prophètes de l'époque postexilique, Joël (II, 28) et le Deutéro-Zacharie (XII, 10), la conception de l'« esprit » prend une forme essentiellement différente. Certes le Deutéro-Zacharie ne laisse entrevoir à la communauté, aux « citoyens (*yochev*) de Jérusalem » et au clan de David qui se trouve à leur tête, que l'esprit de la prière pour le Jour de Yahvé. Mais cet esprit est censé se manifester par des lamentations passionnées sur celui qui a été « transpercé », comparables à celles qui avaient cours dans les cultes végétaux ; la figure eschatologique du pieux Serviteur de Dieu et du martyr qu'avait exaltée le Deutéro-Isaïe reparaît ainsi dans des élans extatiques de pénitence. Chez Joël c'est l'ancien esprit prophétique, émotionnel et extatique qui, [397] à l'aube du Jour de Yahvé où ne seront sauvés que ceux qui invoquent son nom, se déversera sur tous les membres de la communauté, sur leurs fils et leurs filles, sur leurs serviteurs et leurs servantes ; alors les Anciens feront des rêves, les jeunes gens auront des visions et les enfants prophétiseront. Le prophète reprend ici les anciennes traditions de l'extase laïque ; pour lui l'espérance finale est liée à l'avènement universel du don prophétique. Cette conception joua un rôle important dans le développement du christianisme. Le récit du miracle de la Pentecôte se réfère d'une manière explicite à ce passage qui est longuement cité (*Act.* II, 16). La mission chrétienne attacha une très grande importance à ce miracle à cause du retour de la prophétie universelle et parce qu'il paraissait certain que le « Jour du Seigneur » (selon l'interprétation chrétienne) annoncé par Joël était proche. Pour les premiers chrétiens c'est ce passage, et ce passage seulement, de la littérature prophétique juive qui légitimait l'« esprit » en tant que phénomène extatique de masse ; cela caractérisait la communauté chrétienne et l'opposait violemment à la prophétie préexilique.

7. LES PRÊTRES ET LA RESTAURATION CONFESSIONNELLE APRÈS L'EXIL

Dans l'évolution du judaïsme, de tels passages révèlent simplement que l'« esprit » authentique de l'ancienne prophétie était en voie de disparition. Cette éclipse ne s'explique pas par quelque loi psychique « immanente » et mystérieuse. Il disparut parce que la police du pouvoir sacerdotal parvint à contrôler la prophétie extatique à l'intérieur de la communauté juive tout comme les autorités épiscopales et presbytériennes maîtrisèrent la prophétie pneumatique dans la communauté chrétienne primitive. Le charisme extatique et prophétique n'a pas disparu du judaïsme. Les visions qu'on prête à Daniel et à Énoch ainsi que beaucoup d'autres expériences apocalyptiques ont un caractère extatique, même si leur signification et l'état psychique des visionnaires diffèrent grandement de l'ancienne prophétie et même si le souci de la forme artistique et littéraire l'emporte sur l'expérience émotionnelle authentique. Mais de tous ces écrits tardifs le Livre de Daniel fut le seul qui réussit à être reconnu officiellement et à être inclus par la suite dans le canon. Les autres furent seulement tolérés et passèrent pour des œuvres privées non classiques et même hétérodoxes. Ce sont les sectes et les communautés célébrant des mystères qui encouragèrent désormais les activités des visionnaires. [398] De même la prophétie religieuse et politique survécut jusqu'à la fin du second Temple. Le don de la prophétie conserva son caractère divin aux yeux du peuple et les prophètes avaient une grosse clientèle. Mais les prêtres ne cessaient de s'opposer à eux. Les représentants de la prophétie politique se montrèrent hostiles à la réforme sacerdotale d'Esdras et de Néhémie. Il ne reste rien des oracles de ces prophètes car les prêtres ne retenaient que ce qui était en accord avec l'organisation sacerdotale de la communauté. Le fait que les oracles se contredisaient entraîna un certain discrédit du charisme prophétique. Déjà les oppositions entre les oracles d'Isaïe et de Michée, d'Isaïe et de Jérémie, de Jérémie et d'Ézéchiel avaient dû ébranler la croyance selon laquelle chaque extase prophétique en tant que telle offrait la garantie intrinsèque de transmettre une révélation divine. À quoi pouvait-on donc reconnaître l'authenticité de la prophétie ? L'expérience avait montré que certains faux prophètes possédaient eux aussi un pouvoir miraculeux (*Dt.* XIII, 3). À la suite du rédacteur du Deutéronome (XVIII, 22) on répondait à cette question en se référant à l'accomplissement de la prédiction. Mais cela ne pouvait être un critère pour le temps qui précédait la réalisation de la prophétie, c'est-à-dire précisément pour l'époque qui importait. C'est pourquoi Jérémie proposa un deuxième critère (XXIII, 22) : seul le prophète qui fustigeait les pécheurs, qui ramenait la communauté à Yahvé et à sa loi était un authentique prophète. À cela correspondra dans la communauté chrétienne primitive l'importance de plus en plus décisive du critère éthique. Le respect solidement établi pour l'œuvre accomplie de la Thora lévitique porta ses fruits dans la communauté juive comme le fera plus tard l'acceptation de « l'Ancien Testament » dans la communauté chrétienne. À l'intérieur de la communauté postexilique les prêtres réussirent à détruire complètement le prestige de l'ancienne extase des *neviim*. Un résultat patent en est le mépris du Deutéro-Zacharie pour les prophètes en qui il voit les porteurs de l'esprit d'« impureté » (XIII, 1 sqq.). Au « Jour de Yahvé » les prophètes seront chassés du pays en même temps que les idoles. Quiconque prétendra être un prophète sera confondu par ses parents et poignardé comme un imposteur ; il aura honte de ses visions et ne portera plus le manteau de poil (le manteau des prophètes), il reconnaîtra qu'il n'est qu'un paysan et que ses prétendus stigmates sont l'œuvre des ongles des prostituées. C'est sous la forme de cette raillerie et de ce mépris de la prophétie à l'égard d'elle-même [399] que les rédacteurs sacerdotaux contraignirent leurs dangereux concurrents à se suicider. Tout comme l'Église chrétienne établie, le judaïsme officiel considérait que l'époque prophétique était révolue et que l'esprit prophétique avait cessé de se manifester. C'est là l'évolution qui s'est produite partout où la hiérocratie sacerdotale triomphante a voulu se défendre contre des novateurs religieux. L'expression *ruaḥ ha-qodech* (dans la Septante : *pneuma tò hagion*, « l'esprit saint »), qui apparaît pour la première fois dans un sermon de pénitence extrêmement prophétique du Trito-Isaïe (LXIII, 11), est reprise dans un Psaume de pénitence profondément pessimiste (LI, 13) pour désigner l'état d'esprit de celui qui bénéficie de la grâce de Yahvé. C'est la colombe, ce symbole d'Israël, le peuple persécuté (*Ps.* LXXIV, 19), que les rabbins utilisèrent pour représenter cet état de grâce qui diffère autant de la *pneuma* émotionnelle chrétienne que de l'ancien esprit prophétique dont Malachie, selon une doctrine tardive, avait été le dernier représentant. Et pourtant si Dieu le désire, une mystérieuse voix céleste peut se faire entendre (*bath qol*), soit comme un appel sonore, soit comme un doux murmure. Mais il ne faut pas être un prophète pour entendre une telle voix. Car elle s'adresse selon les circonstances aussi bien aux pécheurs qu'aux justes ou à ceux qui enseignent la loi ; à la manière du Nouveau Testament elle annonce aussi bien le malheur que le bonheur et la grandeur, ou encore, elle appelle à la conversion. Percevoir cette voix n'est pas le privilège d'un individu, car personne ne peut la « posséder » ni être « possédé » par elle comme les prophètes l'avaient été par l'esprit de Yahvé. Qu'Israël puisse percevoir cette voix (Yoma 9 *b*) constitue certes une grâce, mais une grâce moindre que l'ancien esprit prophétique.

C'est le rationalisme croissant du peuple établi sur les terres (relativement) pacifiées de l'empire perse puis dans le monde hellénistique qui a permis aux prêtres d'étouffer la prophétie. À cela vint s'ajouter la mise par écrit de la tradition tenue pour authentique ainsi que la modification de l'enseignement et de la discipline des mœurs qui en résultait. Aussi lorsque les événements politiques de l'époque des Maccabées provoquèrent la réapparition des chefs populaires qui s'opposèrent aux clans sacerdotaux éminents et à l'indifférence hellénistique des riches et des intellectuels, ces démagogues se révélèrent être d'une tout autre trempe que les prophètes des temps passés.

La forme particulière de la piété dans cette communauté juive d'où avait été banni le charisme prophétique [400] fut déterminée presque essentiellement par la structure sociale que nous font connaître les récits de Néhémie. Les hommes « pieux », ceux qu'on appelait les *ḥasidim* au début de l'époque des Maccabées, ceux qui sont désignés comme les *'anavim* dans les Psaumes, contribuèrent d'une façon décisive à promouvoir l'évolution nouvelle de la religion juive. Ils représentent essentiellement — sinon exclusivement — un *démos* urbain de fermiers citadins, d'artisans et de commerçants ; comme c'est souvent le cas dans l'Antiquité ils s'opposèrent très violemment aux clans des possédants qu'ils soient de la ville ou de la campagne, qu'il s'agisse de clans séculiers ou de clans sacerdotaux. Cela n'était en soi rien de nouveau. Seules étaient nouvelles l'intensité et la forme que prit cet affrontement. Cela était dû essentiellement au caractère urbain du *démos*. Les hommes pieux qui dans la prophétie préexilique représentaient uniquement ceux envers qui devait s'exercer la charité que prêchaient les cercles prophétiques, lévitiques et particulièrement les cercles deutéronomiques, commencèrent eux aussi à faire entendre leur voix : ils affirmaient qu'ils étaient les élus de Yahvé et excluaient ainsi leurs adversaires. Parmi nos sources, c'est surtout dans les Psaumes que s'exprime très clairement leur sentiment religieux.

APPENDICE

LES PHARISIENS

1. LE PHARISAÏSME COMME RELIGION DE SECTE

[401] Dès l'époque des Maccabées, une transformation extrêmement importante du judaïsme s'était amorcée ; l'essor du pharisaïsme allait le marquer d'une façon définitive. Des précurseurs étaient déjà apparus lors du soulèvement national des Maccabées. Les pharisiens étaient essentiellement animés par la volonté de réagir contre l'hellénisation [1] à laquelle avaient succombé les classes dirigeantes. Les Psaumes parlent des *ḥasidim* comme d'hommes « pieux » c'est-à-dire qui conservent les coutumes des pères. C'étaient les partisans de Juda Maccabée qui même s'ils contrevenaient à l'interprétation stricte de la loi en combattant le sabbat insistaient tout particulièrement sur l'ancienne fidélité à la loi. Il paraît erroné de croire que ceux que le Talmud appelle « les saints des temps anciens » (*ḥasidim ha-richonim*) aient constitué une secte organisée, bien que certains passages pourraient le faire croire [2] (*Mac.* VII, 12). Mais il est probable que la *synagoge asidaion* des livres des Maccabées soit simplement le *qehal ḥasidim* des Psaumes, le rassemblement des gens pieux qui s'opposaient à l'hellénisme et soutenaient le mouvement [3]. Les dix-huit bénédictions mentionnent, indépendamment des *tsadiqim*, les *ḥasidim*, ce qui tend déjà à

1. Le Psaume XII, 2 évoque probablement le danger de l'hellénisation.
2. *Mac.* VII, 12.
3. Même si leur rôle militaire était, comme l'admet Wellhausen, de moindre importance.

prouver qu'ils ne constituaient pas une secte. [402] On leur attribue certaines particularités telles que l'habitude de se réunir une heure avant la prière rituelle afin de méditer. Le mouvement prit fin à l'époque de Yosé Qatnutha lorsque les souverains maccabéens furent contraints de s'adapter aux nécessités d'un petit État séculier qui prit, d'une façon accusée, les traits d'un royaume hellénistique. Se rendant compte que cela était politiquement inévitable, les hommes pieux en arrivèrent à la conviction que l'assujettissement à une puissance étrangère était encore préférable à un prétendu roi juif qui jouirait du prestige national mais serait inévitablement amené à trahir la loi. Par-là s'explique leur démarche auprès d'Auguste après la mort d'Hérode pour lui demander qu'Archélaüs ne devienne pas roi. Dès lors le mouvement pharisien prit la relève des *ḥasidim* [1].

On appelait *paruch* (pluriel *peruchim*, araméen *perichaya* et le dérivé hellénique *pharisaioi*) celui qui « se tenait éloigné » des personnes et des choses impures. Telle avait été également la signification de l'ancien mouvement hassidique. Mais les pharisiens donnèrent à leur mouvement la forme d'un ordre, d'une « confrérie » (*ḥavura*), dans laquelle n'étaient admis que ceux qui s'engageaient formellement devant trois membres de l'ordre à respecter les règles lévitiques de pureté les plus strictes. N'importe quelle personne qui vivait en fait comme un « Pharisien » n'était pas forcément admise dans l'ordre comme « *ḥaver* ». Or c'est précisément l'organisation d'un ordre qui constituait la caractéristique essentielle de ce mouvement. Il avait des ramifications dans toutes les villes où résidaient des juifs. Menant une vie aussi pure que les prêtres, ses membres prétendaient au même degré de sainteté que ceux d'entre eux qui observaient la loi et se sentaient supérieurs à ceux qui s'y dérobaient. Le charisme des prêtres en tant que tel fut déprécié au profit de la qualification religieuse personnelle qu'attestait la conduite dans la vie. Naturellement cette transformation se fit graduellement. Au IIe siècle encore, à l'époque de la rédac-

1. ELBOGEN, *Die religiösen Anschauungen der Pharisäer* (Berlin, 1904).

tion du Livre des Jubilés, les lettrés et les maîtres étaient les guides spirituels de la bourgeoisie et en règle générale il s'agissait de membres des clans sacerdotaux et lévitiques. Confrontée aux réalisations nationales et religieuses des hommes pieux [403] l'aristocratie adopta une attitude versatile et souvent choquante car elle était inévitablement entraînée à des compromis politiques. Cela modifia radicalement la situation.

Si cette confrérie eut une importance capitale pour l'évolution ultérieure du judaïsme c'est que ses membres se séparaient non seulement des hellénisants mais bien plus encore des juifs non observants. De là surgit l'opposition entre les « saints » pharisiens et les *'ammé ha-arets* [1], « les gens de la campagne », « les ignorants » qui ne connaissaient ni ne respectaient la loi. Cette opposition s'intensifia à un tel degré qu'elle faillit aboutir à une ségrégation rituelle de caste. Le *ḥaver* devait s'engager à ne pas avoir recours aux services d'un prêtre ou d'un lévite qui n'observait pas le rite et à ne pas partager un repas avec des impies ou des *'ammé ha-arets ;* il lui fallait éviter le *connubium* ou n'importe quelle association avec eux et limiter au strict nécessaire tout contact. On n'avait jamais pris jusque-là des mesures aussi draconiennes. Il en résulta très fréquemment une haine féroce entre les *ḥaverim* et les *'ammé ha-arets* dont témoignent les discours enflammés de Jésus de Nazareth contre les pharisiens. Il s'agissait bien ici d'une secte et plus précisément d'une secte essaimée dans diverses localités, si bien qu'un *ḥaver* qui arrivait dans une place étrangère muni de lettres de recommandation de sa confrérie se voyait immédiatement accueilli dans une communauté de frères ; cette communauté le favorisait sur le plan social et pratiquement aussi — quoique involontairement — sur le plan économique comme le font toutes les sectes et notamment les sectes protestantes et baptistes à l'époque moderne. Paul a appris des phari-

1. Le nom d' *'am ha-arets* a un sens technique bien défini depuis la rédaction des livres d'Esdras (XI, 1) et de Néhémie (X, 31). Ceux que l'on désigna ainsi apparurent comme une « masse » inférieure sur le plan religieux, par opposition aux *ḥasidim*, puis aux pharisiens à partir de l'époque des Maccabées.

siens la technique de la propagande et de la constitution d'une communauté indestructible. C'est à cette confrérie que l'on doit pour une très grande part l'essor puissant de la diaspora juive à partir de l'époque des Maccabées et la résistance tenace que ses communautés opposèrent au monde environnant qui leur était étranger et dont elles tenaient à se séparer. L'importance historique qu'elle a revêtue pour la diaspora [404] ainsi que pour la formation de la spécificité juive est encore plus manifeste lorsqu'on considère les résultats pratiques auxquels parvinrent les pharisiens.

Les opposants des pharisiens se recrutaient dans l'aristocratie héréditaire juive, celle des clans patriciens éminents, et surtout dans la noblesse sacerdotale (les *tsadoqites*, « les sadducéens »). Cette opposition n'était pas apparente sur le plan de la forme ou dans la conduite extérieure car les pharisiens pieux exigeaient avec la plus grande insistance qu'on prélevât rigoureusement la dîme conformément à la loi sacerdotale. Mais en fait elle apparaît déjà dans cette exigence qui voulait que le prêtre, s'il entendait officier, menât une vie correcte selon des critères pharisiens. À cela s'ajoutaient les institutions communautaires que les pharisiens imposèrent officiellement en tant que confrérie ou encore sous le poids de leur influence. Car c'est à la « communauté » qu'incombe désormais la responsabilité des questions religieuses et non plus aux prêtres et aux lévites que qualifie un charisme héréditaire. Mis à part une série de petites différences rituelles, c'est essentiellement cela qui ressort des innovations suivantes.

La confrérie institua des eucharisties (« repas fraternels ») semblables aux institutions chrétiennes de même nature qu'elles préfigurent. Le repas était également accompagné de bénédictions. Les pharisiens furent à l'origine de la procession de l'eau, procession très populaire et du même type que celle du gourou touché par la grâce divine en Inde. Et surtout ils créèrent la synagogue qui devint bientôt l'institution centrale du judaïsme tardif et qui remplaça, pour les juifs de la diaspora, le culte sacerdotal. Ils instituèrent en outre à différents degrés un enseignement de la loi qui marqua d'une façon décisive le judaïsme. De plus ils modifièrent lentement mais profondément la signification du sabbat et des fêtes. Les fêtes célébrées à la maison ou à la synagogue remplacèrent les cérémonies au Temple — le même processus nous était déjà apparu comme un symptôme d'une émancipation de l'influence brahmanique en Inde — et il en résulta inévitablement dès avant la chute du second Temple une dépréciation du sacrifice et du sacerdoce. Lorsque les juifs avaient désormais des problèmes et qu'ils avaient besoin de conseils ou lorsqu'ils s'interrogeaient sur les exigences rituelles, c'est le maître versé dans la loi qu'ils allaient consulter et non plus le prêtre. Les décisions des *sopherim* qui avaient reçu la formation requise par les pharisiens [405] prirent force de loi pour les juifs — ceux qui les transgressaient méritaient le châtiment capital. De plus les *sopherim* revendiquaient le droit de pouvoir dispenser, dans certains cas précis, leurs coreligionnaires de l'accomplissement de la loi et de les délier de leurs vœux, ce qui leur valait naturellement une grande popularité. Or précisément la manière dont les *sopherim* de formation pharisienne rendaient leurs décisions s'accordait parfaitement, malgré la sévérité des rites de purification, avec les intérêts des couches bourgeoises, notamment avec ceux de la petite bourgeoisie parmi laquelle les membres des confréries se recrutaient principalement. La spéculation philosophique fut taxée d'hellénisme et condamnée comme dangereuse. Point n'est besoin de rechercher la raison des prescriptions rituelles, il faut simplement les accomplir : « la crainte du péché vaut mieux que toute sagesse ». Cependant ce rejet du rationalisme philosophique s'accompagnait d'un rationalisme éthique débouchant sur la vie pratique ; il correspond à celui qui se développe généralement au sein de la petite bourgeoisie. Les exigences de l'existence quotidienne et le « bon sens » dominent dans les discussions et permettent de résoudre les controverses. Or à l'époque décisive pour la formation du judaïsme, c'est-à-dire dans les deux siècles qui précédèrent le début de notre ère et les deux siècles postérieurs, les problèmes débattus n'étaient pas de nature dogmatique mais concernaient essentiellement certains aspects de la vie quotidienne ; il en résulte que l'existence ou même la possibilité d'un dogme juif ainsi que sa justification sur le plan religieux sont encore contestées de nos jours. De même que le Talmud fait l'éloge des prophètes parce qu'ils ont su « se faire comprendre » de chacun, de même son enseignement peut être compris immédiatement ; il est adapté à l'intelligence du bourgeois moyen, et dans ce sens-là il est « rationnel ». Dans la pratique les sadducéens s'en tenaient rigoureusement à la lettre de la loi, prônant par exemple l'exécution littérale de la loi du talion « œil pour œil ». Les pharisiens, tel Rabbi Chim'on ben Yoḥai, s'interrogeaient sur la *ratio* des prescriptions, éliminaient celles qui leur paraissaient absurdes ou encore en donnaient une nouvelle interprétation ; c'est ainsi que le repentir accompagné d'une réconciliation préalable remplaça le talion. En fait le pharisaïsme favorisait les intérêts économiques des hommes pieux et ceux-ci adhéraient à ce mouvement parce qu'il représentait une piété plus intériorisée. Il semble notamment que l'institution de la *kethuva* et d'autres dispositions devant assurer la sauvegarde des biens patrimoniaux soit leur œuvre. Leur attitude face à la tradition témoigne de leur rationalisme éthique. Le Livre des Jubilés, œuvre spécifiquement pharisienne [1], a retouché tout le récit de la Création et des Patriarches en l'expurgeant de ce qui pouvait paraître choquant. [406] Mais par ailleurs les pharisiens ne condamnaient pas la croyance dans les esprits qui était alors répandue dans le monde entier. L'angélologie et la démonologie que l'influence perse avait contribué à promouvoir étaient communes à tout l'Orient ; elles furent adoptées essentiellement grâce aux efforts des pharisiens et à l'encontre des couches cultivées éminentes. Ce faisant les pharisiens s'accommodaient non seulement de certaines croyances partagées par la masse mais obéissaient également à des motifs « rationnels » : le Dieu suprême se trouvait ainsi partiellement déchargé de sa responsabilité pour l'inachèvement et l'im-

1. Rédigé à la fin du IIe siècle avant J.-C. ; cf. CHARLES, *The Book of Jubilees* (Londres, 1902).

perfection du monde. La croyance de plus en plus répandue en la providence divine [1] et l'insistance sur la « grâce » de Dieu s'expliquent par des motifs analogues ; elles correspondent à l'orientation religieuse qu'adoptent généralement les couches plébéiennes. Le caractère bourgeois des couches sociales qui constituaient le principal soutien de la religion explique que l'attente d'un sauveur et d'un au-delà se soit renforcée d'une façon significative sous l'influence des pharisiens. Les pharisiens partageaient pleinement l'espérance messianique et la croyance en la résurrection des morts pour une vie meilleure tandis que les sadducéens rejetaient catégoriquement une telle croyance.

Mais par ailleurs il ne fait pas de doute que les exigences des pharisiens concernant les juifs pieux étaient considérables. Il fallait hâter la venue du « royaume céleste » ; quiconque voulait participer à son avènement devait prendre sur lui le « joug du royaume » (*ol malkhuth chamaïm*), que mentionne la prière quotidienne du *chema'*, ou le « joug des commandements » (*'ol ha-mitswoth*). Cela nécessitait un entraînement intensif comme celui auquel se soumettaient les rabbins pharisiens dans les institutions d'enseignement du judaïsme tardif. On exigeait une vie de « sainteté ». C'est uniquement par soumission à la volonté divine et non pour un quelconque salaire ou profit qu'il fallait obéir aux commandements divins, notamment à ceux qui instituaient une stricte séparation entre les hommes pieux d'une part, les Gentils ou ceux qui étaient « aussi des juifs » d'autre part. Dans cette perspective la circoncision et le repos sabbatique devinrent à cause de leur caractère particulier les commandements les plus importants, et le sabbat, [407] ainsi qu'en témoigne la lourde peine qu'entraînait sa transgression, fut considérablement renforcé.

Il est important dans notre contexte d'analyser vers quoi s'orientaient ces exigences. Le centre de gravité du phari-

1. La prédestination païenne a toujours maintenu la *beḥira*, le libre choix éthique entre le bien et le mal. Plutôt que de remettre en cause cette liberté de l'homme on a parfois préféré affirmer que l'omniscience de Dieu n'était que conditionnelle.

saïsme était essentiellement bourgeois et urbain. Mais cela ne signifie nullement que tous les pharisiens aient été des citadins. Bien au contraire un grand nombre de rabbins éminents du Talmud étaient des propriétaires fonciers. Cependant la forme de sainteté qu'ils pratiquaient et l'importance que non seulement les autorités mais que chacun d'entre eux attachait à l'éducation hébraïque (c'est-à-dire en une langue devenue progressivement étrangère) firent qu'ils recrutèrent de moins en moins d'adhérents dans la paysannerie. Ce n'est pas un hasard si le terme d'*'am ha-arets*, le non-pharisien, désignait à l'origine le « campagnard » et si les petites villes juives ne pouvaient pas jouer un rôle important : « Quel bien peut-on attendre de Nazareth ? » La *ḥavura*, l'ordre pharisien, s'était substituée chez les citadins qui ne possédaient plus de terres au groupement existant jadis entre paysans voisins et en tant que telle répondait à leurs intérêts tant d'ordre externe qu'interne. C'est principalement sous l'impulsion des pharisiens que les juifs se transformèrent en un « peuple-hôte » essentiellement urbain et rarement fixé sur ses propres terres et qu'ils essaimèrent en différents lieux.

La réorientation assez importante de la religion juive dans son ensemble, les pharisiens ne l'ont accomplie qu'en partie seulement à l'aide des forces traditionnelles qu'ils contrôlaient. Sous Jean Hyrcan, ils constituèrent un parti puissant ; Salomé Alexandra (78-69) leur livra le sanhédrin ; Aristobule les expulsa à nouveau tandis qu'Hérode essaya de se concilier leurs bonnes grâces. Leur suprématie incontestée commença à s'affirmer avec la chute du Temple : tout le judaïsme devint alors pharisien et les sadducéens apparurent comme une secte hétérodoxe. Mais auparavant déjà l'autorité religieuse avait connu une transformation qui devait être décisive pour la suprématie pharisienne. L'aristocratie de naissance avait dû s'effacer devant l'aristocratie « de la culture » : ce sont des descendants de prosélytes qui furent souvent les guides les plus éminents des pharisiens. L'accession des rabbins au pouvoir résulte essentiellement de la transformation urbaine et pharisienne du judaïsme. Au moment le plus décisif de l'évolution du judaïsme [408] les rabbins constituèrent une couche sociale d'une importance telle que seules les sectes chrétiennes primitives peuvent lui être comparées, encore que ce rapprochement soit quelque peu forcé.

2. LES RABBINS

Les rabbins ne sont nullement une institution pharisienne : d'un point de vue formel ils n'ont pas le moindre lien avec la confrérie pharisienne. Mais à l'origine ils étaient en étroite relation avec ce mouvement ; les maîtres les plus éminents, à l'époque où se constitua la *michna*, étaient sinon par la forme du moins par l'esprit des pharisiens, et « l'esprit » du pharisaïsme imprégnait tout leur enseignement. On peut remarquer dès l'abord que, selon le témoignage des sources juives, le terme de *rabbi* (de *rav*, grand, d'où *rabbi*, mon maître) ne devint un titre défini qu'après la destruction du Temple [1]. Si jusque-là le terme de *sopher*, un homme versé dans les Écritures, avait un contenu précis, c'est pourtant le « maître » que l'on respectait. Néanmoins il ne faut pas hésiter à utiliser ce terme pour les autorités scripturaires de la communauté dès avant la chute de Jérusalem car c'est probablement ainsi qu'on les désignait le plus souvent. Qui étaient donc les *rabbanim* ?

Ce n'est qu'avec l'institution du patriarcat, c'est-à-dire après la chute du Temple, qu'apparut une légitimation formelle pour le titre de *rabbi* : il fallait que le rabbin soit ordonné ; c'est également à cette époque que les académies de Mésopotamie et de Palestine fixèrent avec précision les différentes étapes de la formation rabbinique. Rien de tout cela n'existait auparavant. Pour autant qu'on peut le savoir il n'avait jamais été question jusque-là d'une légitimation officielle des rabbins. La tradition des *sopherim* qui s'imposaient par leur connaissance des Écritures et par leur interprétation qui faisait autorité était le seul critère ; leurs propres disciples, puis à leur tour les disciples de ces derniers paraissaient les mieux qualifiés. Les personnalités dont le Talmud

1. La première fois à propos de Gamaliel l'Ancien. Les autorités juives dénoncent *Mt.* XXIII, 7, 8 comme un anachronisme.

cite les sentences ne sont pas uniquement des *sopherim* ou des rabbins ayant reçu une formation. Au contraire, la tradition place intentionnellement certaines interprétations particulièrement subtiles de la Thora et de l'exigence morale dans la bouche de l'ânier d'un rabbin (Jonathan) ; certains rabbins érudits [409] allaient chercher conseil auprès d'ouvriers agricoles pieux (comme Abba Ḥilqiya) qui avaient par là même une réputation d'hommes sages. Certes on considère cela comme quelque chose d'exceptionnel. Mais cela prouve que le clivage n'était pas si important ; néanmoins l'ânier est expressément désigné comme un « ignorant » par opposition au rabbin. Il n'est pas un *rabbi.* La situation que présupposent les Évangiles permet de conclure qu'il n'existait pas à l'époque une organisation exclusive mais que l'on demandait conseil à toute personne qui se légitimait en fait par le charisme que conféraient la connaissance et l'interprétation de la loi. Des prêtres ou encore des masses décidées à se faire justice (*loi du lynch*), à l'instigation d'individus ou le plus souvent de la communauté pharisienne, intervenaient — apparemment toujours dans un sens négatif — lorsque l'interprétation les heurtait et que se formait une opposition suffisamment forte. Les récits des Évangiles montrent combien on prenait en considération la popularité d'un maître. Les instances officielles répugnaient à intervenir, même contre une doctrine manifestement erronée, lorsque le « peuple » était attaché à la personne du maître [1]. L'autorité formellement charismatique des maîtres et rabbins, qui se justifiait uniquement par leur formation et par l'enseignement qu'ils dispensaient, est comparable à celle dont jouissaient tant les jurisconsultes romains avant l'époque où une licence était obligatoire que les gourous indiens. Il y avait cependant d'importantes différences et ce sont ces particularités propres aux rabbins qu'il nous faut examiner maintenant.

Dans l'ensemble les rabbins constituaient une couche d'intellectuels plébéiens. Non pas qu'il n'y eût point parmi eux

1. C'était généralement le cas lorsque la personne concernée n'était pas seulement un maître, mais un « prophète » doué d'un pouvoir miraculeux.

des hommes éminents et fortunés. Il suffit de jeter un coup d'œil sur les personnalités qui font figure d'autorité dans le Talmud ou sur les rabbins et autres garants que l'on cite en exemple pour se rendre compte que ce sont les plébéiens, jusqu'au journalier travaillant dans les champs, qui ont la parole ; parmi les rabbins eux-mêmes, les possédants et les gens de rang élevé constituent une minorité. Cela ne fait aucun doute pour l'époque de la composition du Talmud ainsi que pour la période qui l'a précédée. D'ailleurs de nombreux mystagogues et chefs de sectes d'autres religions étaient également des plébéiens. Mais les anciens rabbins étaient différents, dans la mesure où ils exerçaient leurs fonctions [410] de conseiller et de guide dans les questions rituelles comme un à-côté en plus de leurs occupations séculières. Cela n'était pas un hasard mais résultait de l'interdiction extrêmement stricte d'enseigner et d'interpréter la loi moyennant salaire [1]. Cette interdiction qui trouvera son prolongement dans l'affirmation paulinienne : « Quiconque ne travaillera pas ne mangera point », empêche tout à fait les rabbins de devenir des mystagogues de type indien ; elle permet d'expliquer certaines particularités ainsi que des points importants de leur enseignement. On a souvent dressé la liste des professions et occupations des rabbins éminents. Il y avait naturellement parmi eux de nombreux propriétaires fonciers dont la plupart vivaient de leurs rentes et avaient ainsi le loisir de se consacrer totalement à l'étude. Il est frappant cependant de constater que parmi les plus importantes et les plus anciennes autorités du Talmud, celles de l'époque qui a précédé la chute du Temple, on trouve à côté de quelques rares commerçants de nombreux artisans : forgerons, savetiers, charpentiers, cordonniers, tanneurs, architectes, mariniers, dégustateurs de vin, bûcherons. Il convient de remarquer que les fonda-

1. Il est fréquent aussi que les gourous indiens soient des commerçants, des propriétaires terriens ou des rentiers — mais les rabbins des temps anciens étaient contraints de trouver leur subsistance autrement que par leur profession spirituelle. Les gourous indiens, eux, vivaient essentiellement du salaire qu'ils touchaient et des dons qu'on leur faisait. Au gourou correspondait, dans le judaïsme oriental, le mystagogue hassidique et charismatique.

teurs des deux écoles les plus prestigieuses, Hillel l'Ancien et Chammaï, qui étaient engagés dans de perpétuelles discussions étaient précisément des artisans. Ce sont donc des gens qui appartenaient à la même catégorie sociale que Paul et les personnalités mentionnées dans ses lettres. Il est exact que la législation municipale juive de l'époque du Talmud privilégie le rabbin en l'exemptant d'impôts et de la plupart des corvées [1] et en lui reconnaissant le droit de vendre ses produits au marché avant les autres gens (*B.B.* 22 a). Il reste à savoir si ces privilèges existaient déjà à l'époque du second Temple ; toujours est-il que l'on considéra plus tard comme normal que le rabbin assurât sa subsistance en travaillant. Il devait travailler durant le tiers de la journée et étudier le reste du temps ou bien travailler en été puis étudier en hiver. Il y eut par la suite diverses façons de contourner la loi. [411] C'est ainsi que l'on permit aux juges de recevoir une compensation pour « la perte de temps » (*lucrum cessans*) et bien sûr il se trouvait toujours des personnes pour offrir des cadeaux. Néanmoins jusqu'au XIVe siècle, les rabbins s'acquittèrent gratuitement de toutes leurs charges ; à l'origine celles-ci constituaient pour eux une occupation secondaire. « Mieux vaut gagner de l'argent par le travail de ses propres mains que de jouir de la richesse du *Rech Galutha* (le chef de l'église !) qui vit de l'argent d'autrui », telle était la maxime des anciens rabbins. Les guides spirituels et religieux étaient donc des gens qui gagnaient leur pain par leur travail, des artisans pour la plupart. À l'exception de quelques timides tentatives dans l'Inde du Moyen Âge, c'est la première fois que l'on rencontre un tel phénomène. Étudions maintenant sa portée en comparant les rabbins avec d'autres couches sociales.

En premier lieu les rabbins [2] n'étaient ni des magiciens ni des mystagogues. Par-là ils s'opposaient fondamentalement à la grande masse de ces gens du peuple qui, en Inde ou en

1. Dans le Talmud il s'agit du rabbin ordonné.

2. À moins que nous ne donnions des précisions, nous entendrons toujours par « rabbins » ceux de l'époque qui a fourni la matière pour la composition du Talmud.

Extrême-Orient, pourvoyaient au salut des âmes. Ils agissaient par leur enseignement écrit et oral et n'avaient point recours à la magie ; leur autorité reposait sur leurs connaissances et leur formation intellectuelle et non point sur quelque charisme magique. Ceci résultait en premier lieu de la place que la magie occupait dans le judaïsme postprophétique. L'idée selon laquelle la créature pouvait grâce à la magie contraindre la divinité à servir ses vues avait radicalement disparu. La conception prophétique de Dieu avait exclu une fois pour toutes une telle hypothèse. Aussi le Talmud considère-t-il la magie dans son acception première comme un abominable blasphème. Par la suite toute forme de magie parut suspecte. Elle fut strictement limitée et ne subsista que sous deux formes, l'exorcisme et la guérison des malades par des formules magiques ; en de telles occasions elle pouvait être tolérée et parfois même considérée comme légitime car il ne s'agissait point ici de contraindre Dieu mais les démons, et ceux-ci jouaient un rôle notoire dans le pharisaïsme. Mais normalement ces tâches n'incombaient point aux rabbins. Par ailleurs le judaïsme, et notamment le judaïsme pharisien [412], ne niait aucunement le charisme du miracle. Dans les Évangiles, les pharisiens et tous ceux qui sont versés dans les Écritures ne cessent de réclamer de Jésus un « signe ». Mais seul le prophète dispose d'un pouvoir miraculeux et c'est par-là qu'il se légitime en tant qu'envoyé de Dieu, à condition toutefois que ce soit bien Dieu et non pas les démons qui l'aient pourvu de ce don. Cependant les rapports entre les rabbins versés dans les Écritures et la prophétie étaient extrêmement tendus ; c'est d'ailleurs le cas de n'importe quelle couche de lettrés qui s'adonne rituellement à l'étude de la loi et qui, par là même, ne peut que s'opposer au charisme prophétique. Certes ils ne nièrent point la possibilité d'apparition de nouveaux prophètes, du moins pas à l'origine. Mais ils redoublèrent de mises en garde contre les faux prophètes. Ce qui fut décisif c'est que la prophétie juive avait nécessairement une vocation missionnaire et devait délivrer un message que lui avait confié un Dieu surnaturel. Le prophète ne pouvait cependant agir en vertu d'une quelconque qualification ou possession divines.

Le faux prophète était celui qui parlait et enseignait sans « avoir été mandaté ». À quoi le reconnaissait-on ? Qu'est-ce qui permettait de distinguer un vrai prophète d'un faux ? C'est essentiellement le critère de *Jér.* XXIII, 9 qui est déterminant pour l'interprétation rabbinique. Lorsque le prophète parle au nom de faux dieux ou lorsque ses prédictions ne se réalisent pas (*Dt.* XIII, 2-3 ; XVIII, 20-22) il ne peut s'agir que d'un faux prophète. De même chaque prophète est tenu de se soumettre à la loi et aux commandements divins et quiconque s'emploie à en écarter autrui est un faux prophète. Seul celui qui engage le peuple à s'écarter du péché peut être un véritable envoyé de Dieu. Car ce ne sont pas les visions et les rêves qui attestent l'authenticité du prophète, mais c'est sa soumission aux commandements divins clairement définis par la loi qui prouve qu'il n'est point un « rêveur ». L'ancienne tradition sacerdotale, en rappelant que des visions avaient incité le peuple à célébrer le culte orgiaque de *Ba'al*, avait déjà discrédité les visions et les rêves. De même certains miracles pouvaient être accomplis au nom des démons. Le pouvoir d'accomplir des miracles ne prouvait donc pas à lui seul l'existence d'un authentique charisme prophétique. Et même lorsque l'enseignement du prophète semble présenter les signes d'une mission divine, le charisme et le pouvoir de faire des miracles ne constituent pas à eux seuls une preuve suffisante. [413] En s'appuyant sur son pouvoir miraculeux, le prophète dont l'enseignement était conforme à la loi pouvait à la rigueur s'arroger le droit dans certains cas bien précis de dispenser ses auditeurs de l'accomplissement des commandements, mais pas plus ; les rabbins revendiquaient d'ailleurs ce même droit. Ce qui nous intéresse principalement c'est que la volonté de maintenir l'éthique définie par la loi et la dénonciation des péchés demeurent en dernière instance les critères décisifs qui permettent de juger l'authenticité d'une prophétie.

De même les rabbins ne fondaient point leur autorité sur des mystères pratiqués dans leurs cercles. S'ils empruntèrent aux prêtres babyloniens et parfois aussi égyptiens toute une série de conceptions et de pratiques d'ordre cosmologique, mythique et magique, en les modifiant quelque peu pour les besoins du calendrier rituel, ils rejetèrent précisément le contenu ésotérique fondamental de la sagesse des prêtres babyloniens ; ils écartèrent aussi bien l'astronomie que l'astrologie ou la divination (examen du foie et interprétation du vol des oiseaux). Celle-ci fut strictement interdite (*Dt.* XVIII, 11) mais il arrivait que la population la pratiquât. De même parmi les professions énumérées dans le Talmud, il est fait mention d'un astrologue et il est arrivé, comme partout ailleurs, que l'on ait établi des horoscopes. Mais la doctrine rabbinique défendait expressément la consultation des Chaldéens. « Pour Israël, il n'y a point de sort. » Les prêtres juifs avaient également réussi à éliminer les concurrents ; l'ancienne doctrine rabbinique, du moins à l'époque talmudique primitive, avait rejeté résolument cette science païenne ainsi que le déterminisme astral dans lesquels elle voyait une atteinte à la majesté et à la liberté de décision divines. Étant donné leur position sociale les rabbins ne disposaient d'ailleurs point d'une tradition et de connaissances scientifiques pour s'adonner à de telles pratiques.

Les rabbins n'étaient ni des magiciens ni des prophètes ni des philosophes ésotériques ni des astrologues ni des augures et ils ne dispensaient pas une doctrine ésotérique du salut ou un enseignement gnostique. À l'époque classique le Talmud condamnait non seulement la gnose spécifique du Proche-Orient avec ses démiurges et son absence de normes mais toute gnose. Ce qui était déterminant, c'était le fait que la quête du salut mystique et gnostique [414] tendait à dévaloriser la loi et la conduite conforme à l'éthique. On tenait en suspicion non seulement les formes particulières de mystique qui avaient cours dans les couches intellectuelles éminentes mais toute quête purement mystique du salut ; en s'abandonnant à cette « rêverie », l'homme courait le risque que les démons ne l'égarent. Cela s'appliquait également à la possession extatique divine, conformément à la lutte acharnée que les prophètes avaient livrée à l'orgiasme. Tout comme le Talmud qui voit dans l'intelligibilité du message des prophètes un élément permettant de se prononcer sur leur authenticité, l'interprétation rabbinique écarte tacitement mais d'une façon très conséquente tous les moyens irrationnels qui font appel à l'enthousiasme pour atteindre Dieu. Cela ne saurait s'expliquer comme une conséquence de la « condition de classes », car en Orient comme en Occident la plupart des mystagogues recrutèrent précisément leur public dans la petite bourgeoisie dont les prédispositions pour une religion mystique et extatique se sont manifestées partout avec plus ou moins d'ambiguïté. Mais il faut y voir une conséquence du caractère historique de la tradition juive telle qu'elle avait été établie par la loi sacerdotale d'une part, la prophétie de l'autre. Il en était ainsi en tout cas pour le juif qui ne voulait pas renoncer à son attachement à la loi c'est-à-dire pour le pharisien. L'étude absorbante de la loi suffisait déjà à le détourner des formes irrationnelles de la quête de salut grâce au contenu éthique et rationnel de la Thora. De plus les Écritures saintes palliaient tout ce qui pouvait paraître absent de l'étude stricte de la loi. Les accents pathétiques des grands prophètes, l'enthousiasme exaltant de l'historiographie nationale, la gravité sobre mais passionnée des mythes de l'homme et de la Création, la puissance émotionnelle des Psaumes, de Job et des autres légendes, la sagesse des Proverbes constituaient un cadre absolument unique pour la vie religieuse intime et pour toutes les émotions imaginables. L'originalité des Écritures ne réside pas dans la nature même de ces expériences puisque certaines caractéristiques se retrouvent dans les textes sacrés les plus divers répartis dans le monde entier ; ce qui est unique c'est la concentration de ces divers éléments dans un espace aussi exigu et ensuite le caractère populaire ainsi que l'intelligibilité des textes sacrés. Leur clarté absolue permettait à chacun de les comprendre. Ce qui importe ce n'est point que des motifs babyloniens d'ordre mythique [415] et cosmologique aient été intégrés dans les récits bibliques mais bien qu'ils aient été transposés du domaine sacerdotal dans celui de la tradition populaire. C'est la conception prophétique de Dieu immédiatement intelligible et en même temps pathétique et grandiose qui est à l'origine de cette mutation : les événements relatés tout comme la « morale » qui en découlait devaient être parfaitement intelligibles pour tous et compris par chaque enfant[1]. L'enfant grec, comme tout enfant, pouvait comprendre les héros homériques et l'enfant indien les récits du *Mahābārata*. Mais le contenu éthique du *Bhagavad-Gītā* échappe à tout enfant même s'il est indien, et c'est aussi le cas pour l'authentique doctrine de salut du Bouddha. Il en est de même pour la cosmologie et l'anthropologie indiennes qui sont le produit d'une réflexion très poussée. Au contraire, dans les Écritures saintes juives s'exprime un « rationalisme » d'ordre éthique, pragmatique et cosmologique qui est immédiatement populaire et qui dans les passages essentiels précisément est formulé de telle sorte qu'un enfant puisse le saisir ; aussi nul autre livre sacré au monde ne peut leur être comparé à l'exception peut-être des récits de Jésus de Nazareth, ou encore, mais pour des raisons tout à fait différentes, la doctrine qui est enseignée aux jeunes Chinois. Le paradigme de ce Dieu unique et supraterrestre qui conduit le destin du monde comme un père et comme un roi, qui se montre parfois miséricordieux et parfois implacable, qui aime son peuple mais le châtie durement lorsqu'il désobéit, qui se laisse fléchir par la prière, l'humilité et une conduite morale, est, parmi tous les mythes cosmogoniques et anthropologiques, celui qui permet le mieux d'expliquer rationnellement les événements du monde et de la vie ; lui seul peut répondre aux conceptions naïves des masses et des enfants dont la spontanéité n'a pas été tuée par les spéculations philosophiques. Cette rationalité et cette intelligibilité qui caractérisaient le pragmatisme religieux et la doctrine du salut aussi bien des mythes, des hymnes que des prophètes, étaient familières à toute la communauté grâce à l'enseignement, à la prédication et à la lecture ; aussi la pensée rabbinique se vit-elle contrainte d'emprunter la même voie. Il n'est guère possible qu'un ésotérisme gnostique réservant le salut à une élite puisse éclore sur un tel sol, ou encore, [416] s'il y parvenait il lui serait difficile de s'y développer. L'ésotérisme pouvait cependant se greffer sur certaines visions

1. Même lorsque la compréhension n'était pas immédiate, comme dans le problème de Job, elle paraissait du moins s'imposer avec évidence.

obscures des prophètes dont on avait oublié la signification originelle et qui promettaient au peuple privé de la miséricorde divine un avenir meilleur. En fait c'est bien à partir de ces visions prophétiques que se développèrent des spéculations religieuses et philosophiques que nous étudierons par la suite. Il faut cependant remarquer que les eschatologies proprement spéculatives qui se développèrent en relation avec la littérature d'Énoch et de Daniel et l'adoption de spéculations perses et babyloniennes concernant le sauveur, telles que la doctrine du « Fils de l'Homme » et de Matathron, étaient connues du cercle des rabbins pharisiens mais qu'elles leur demeurèrent étrangères. Ce sont précisément des conventicules d'*'am ha-arets* qui développèrent — non pas exclusivement mais en grande partie — ces doctrines, et c'est à eux sans nul doute que Jésus ou ses disciples empruntèrent leurs conceptions du « Fils de l'Homme », et non pas à la doctrine pharisienne ou rabbinique. Selon cette dernière le messie ne pouvait être qu'un roi terrestre promis aux juifs pour les temps futurs, qui avec l'aide de Dieu réconcilié fera retrouver à son peuple son ancienne suprématie tandis que les ennemis d'Israël seront anéantis, ou bien réduits à le servir (dans les Psaumes) ou encore se convertiront. Parfois en relation avec la résurrection le messie était présenté comme un roi dans le royaume duquel les hommes pieux ressusciteront et mèneront une vie nouvelle et pure. Cependant toutes ces espérances qui auraient pu facilement se prêter à des spéculations métaphysiques débouchant sur l'ésotérisme n'étaient précisément que des espérances pour les temps futurs. Il est clair que de telles attentes pouvaient et devaient ajouter une dimension grandiose et pathétique à la piété des juifs qui en prenaient conscience. L'existence de ces espérances constitue d'ailleurs la différence fondamentale avec la religion indienne du salut. Si par suite de certains signes et bouleversements exceptionnels ou encore sous l'influence de certains prophètes eschatologiques leur accomplissement paraissait proche, elles pouvaient devenir — et elles sont effectivement devenues — la source d'un enthousiasme extrêmement puissant et en certaines circonstances des plus effrénés. Mais dans l'existence quotidienne ou encore lorsque les circonstances étaient telles qu'on ne leur prêtait plus aucune attention, ces espérances se réduisaient inéluctablement [417] à une nostalgie pathétique de la fin de la misère et de la souffrance, qui conférait à la religion juive ce caractère d'une « foi ». L'ordre du monde, le peuple juif et les gens pieux eux-mêmes se voyaient reprocher leurs insuffisances mais on finissait par se réconcilier avec soi-même et avec le destin. Il en fut ainsi à l'époque talmudique, après la chute du temple, sous Hadrien, lorsque les espérances messianiques furent rejetées dans un avenir très lointain. La seule question qui importait alors aux yeux des juifs et influençait leur comportement était de savoir quelle conduite leur permettait d'espérer la prompte venue du sauveur ainsi que leur propre participation au royaume des ressuscités. L'enseignement rabbinique s'appuyant sur le paradigme sacerdotal des récits sacrés et sur les prophètes répondait à cela en mettant l'accent sur la loi qui prit par là même une importance accrue. Aussi les rabbins considéraient-ils les péchés de la communauté et des autorités dirigeantes, notamment l'apostasie, comme les plus graves parce qu'ils repoussaient la venue du messie à une époque ultérieure et trahissaient de ce fait les espoirs de tous les hommes pieux. Par ailleurs les promesses universalistes de la Thora et des prophètes, selon lesquelles tous les peuples devaient se rallier à Dieu et à Israël, constituèrent l'une des principales justifications du prosélytisme. Cependant pour les particuliers seuls comptaient la loi et son accomplissement. C'était la seule voie de salut. Mais elle était ouverte à tous. Car les rabbins étaient tout aussi opposés à l'ascèse qu'à la doctrine à la fois mystique et intellectuelle d'un salut réservé à une élite.

3. LA DOCTRINE ET L'ÉTHIQUE DU JUDAÏSME PHARISIEN

Le judaïsme antique aussi bien que le pharisaïsme ignoraient tout du dualisme de l'esprit et de la matière, de l'esprit et du corps, de l'esprit et de la chair ou de la pureté divine et de la corruption du monde, élaboré par l'intellectualisme hellénistique ; le néoplatonisme avait érigé ce dualisme en un système où le corps n'était plus que le « cachot » de l'âme, une souillure dégradante. Certains cercles intellectuels judéo-hellénistiques (Philon) empruntèrent ce dualisme, et le christianisme de Paul en fera le fondement de sa vision éthique du monde. [418] Tout cela est étranger au judaïsme pharisien et talmudique. Certes Dieu est le créateur, le maître du monde et des hommes ; ceux-ci sont l'œuvre de la divinité mais non pas ses descendants, ils n'émanent point d'elle. Dieu a créé et non engendré les hommes et le peuple élu. Pour le judaïsme prophétique, cela résulte de l'universalisme de Dieu et des attributs de puissance qu'on lui reconnaît en conséquence. Il règne en souverain absolu sur son propre peuple, car il est le maître de l'histoire du monde. On a prétendu que ce « dualisme » qui rendait superflue toute théodicée était une doctrine spécifiquement juive ou sémitique, et on l'a opposée à d'autres conceptions. Mais la morale pratique n'en tenait compte que dans la mesure où il lui fallait souligner l'impuissance totale de l'homme face à Dieu, de sorte qu'il était absolument exclu que la créature puisse agir sur la divinité par la magie ; elle faisait également intervenir cette doctrine lorsqu'il importait que la foi prenne la coloration spécifique d'une obéissance quelque peu enfantine envers les monarques du monde. Cela était certes assez important. Mais il n'en résultait aucunement un « rejet » ou une « dépréciation » du monde.

Le Dieu juif est un monarque patriarcal : il agit comme un « père » miséricordieux avec ses enfants qui furent créés à son image. Comme l'indique le récit de la Création, le monde n'est pas mauvais mais bon. L'homme est faible comme un enfant, sa volonté est chancelante, aussi est-il enclin à pécher, c'est-à-dire à désobéir au père qui l'a créé. Cela n'est pas seulement le fait de l'individu mais également comme on se plaît à le souligner de la collectivité. Les individus aussi bien que le peuple dilapident inconsidérément l'amour et la miséricorde divins à la fois pour eux et pour leurs descendants pour longtemps et peut-être même à tout jamais. C'est ainsi que par leur désobéissance Adam et Ève ont exposé tous leurs descendants à la mort, à la douleur de l'enfantement, à la domination de l'homme sur la femme, à la contrainte d'un dur labeur. Mais précisément les rabbins avaient tendance à juger encore bien plus sévèrement la désobéissance du peuple, le culte du veau d'or et des *Ba'alim* que la faute d'Adam, car ce sont eux qui avaient entraîné la chute du peuple juif. Quelle que soit la sévérité des reproches adressés au peuple rebelle, l'idée d'un « péché originel », [419] d'une corruption des créatures et des sens est tout à fait absente du pharisaïsme. L'idée selon laquelle le salut religieux exigeait que l'on se retirât du monde lui était absolument étrangère. Certes l'interdiction des images est l'une des origines de l'attitude négative du judaïsme à l'égard de la culture artistique et sensorielle. Mais tout comme l'interdiction de prononcer le nom de Yahvé, elle se justifiait primitivement par l'hostilité aux idoles et par des raisons magiques ; elle avait ensuite été intégrée à l'idée de la majesté de Dieu et de son omniprésence dans la création, et le pharisaïsme y avait vu essentiellement un critère déterminant de l'opposition à l'idolâtrie des peuples étrangers. Il ne s'agissait point d'une condamnation du plaisir des gens ou d'un idéal de vie recluse.

Le judaïsme pharisien ne rejeta nullement la richesse et ne crut jamais qu'elle puisse être dangereuse ou que sa jouissance spontanée puisse compromettre le salut. La richesse était d'ailleurs requise pour accéder à certaines fonctions sacerdotales. De plus les prophètes et les Psaumes avaient stigmatisé avec véhémence ceux qui sans aucun sens de leur responsabilité tiraient profit de leur puissance économique pour exploiter leurs frères ; en agissant ainsi ils faisaient éclater l'ancienne éthique de voisinage sanctifiée par les commandements de Yahvé ainsi que les rapports fraternels qui s'étaient instaurés entre les membres de la confédération. L'éthique de petits-bourgeois des pharisiens ne pouvait que concorder avec ces vues. Les anciennes dispositions contre l'usure, en faveur des esclaves et de ceux qui s'étaient endettés, tout comme les importantes mesures prises par les prêtres telles l'année sabbatique et la rémission des dettes dans l'année jubilaire furent développées avec une certaine casuistique. Cependant rien n'incitait les pharisiens à réglementer rigoureusement l'activité économique ni à élaborer une ascèse intramondaine ou encore une ascèse sexuelle. Il arrivait, certes, que d'aucuns se demandent s'il ne vaudrait pas mieux que le rabbin demeurât célibataire pour se consacrer à l'étude en toute sérénité. Mais cela n'avait rien à voir avec l'ascèse bien qu'il soit remarquable que l'obligation de travailler, qui a une telle importance pour le salut de la communauté, ait pu l'emporter sur l'ancienne obligation d'engendrer une descendance. Par ailleurs, les exigences de pureté tant dans le domaine du culte que dans celui de la magie qui sont propres au judaïsme n'expriment aucune prévention à l'égard des relations sexuelles et du plaisir qu'elles procurent. Avec franchise et spontanéité il est dit que l'ancien guerrier d'Israël doit disposer de temps pour « se réjouir avec sa femme », et cela est encore valable pour les juifs de l'époque du Talmud. [420] La lutte sans merci que les pharisiens livrèrent contre la « prostitution », considérée comme le plus grand péché après le meurtre et l'idolâtrie, a pour origine celle que les prêtres menèrent contre l'orgiasme des *Ba'alim*. La limitation sévère des relations sexuelles à la seule femme légitime correspond aux injonctions indiennes (et autres) de même nature ; quant à la dénonciation radicale de toute forme d'onanisme (y compris l'onanisme *matrimonialis*), elle doit être rapprochée de la malédiction biblique qui, elle, était déterminée par la lutte acharnée contre l'orgiasme et l'onanisme du culte de Moloch [1]. Si l'on recommandait avec une telle insistance de se marier jeune — quiconque repoussait le mariage au-delà d'une certaine limite d'âge était considéré comme un pécheur — c'est parce que ce peuple qui reconnaissait ouvertement l'importance de la sensualité était convaincu (tout comme Luther) qu'autrement le péché serait inévitable. Les relations sexuelles continuèrent à être considérées avec la plus grande franchise et à être traitées comme un phénomène naturel. Les anciens tabous interdisant toute nudité qui avaient probablement pour origine la lutte contre l'orgiasme furent renforcés pour marquer l'opposition avec le gymnase hellénique ; ils s'accordaient parfaitement avec

1. *Lév.* XVIII, 21.

le fait de mentionner librement le comportement sexuel et de le réglementer pour répondre aux nécessités de la pureté lévitique et de l'hygiène. L'islam ainsi que d'autres religions ritualistes qui se préoccupent de pureté connaissent des prescriptions analogues. Dans ce domaine le judaïsme va plus loin que la pratique catholique de la confession et que la littérature qui s'y rapporte. Cela a quelque chose de choquant et parfois même de rebutant pour notre sensibilité érotique moderne ainsi que pour le sens de la dignité d'une aristocratie féodale ou intellectuelle ; à vrai dire ce sens de la dignité fait défaut aussi bien au judaïsme qu'aux directeurs de conscience catholiques qui imposèrent leur pouvoir sur les âmes [*Kaplanokratie*]. Les rabbins et les laïques pieux ignoraient tout d'une quelconque interdiction de consommer de l'alcool et de la viande, alors que l'Indien de stricte observance et plus particulièrement les membres des couches sociales les plus éminentes s'en abstenaient : c'est que l'ancien orgiasme des *Ba'alim* qu'avaient combattu les prêtres et les prophètes était principalement d'ordre sexuel, c'était un rite de fertilité et non pas un orgiasme à base d'alcool.

Si la femme et le vin réjouissent le cœur de l'homme, il en est de même pour la richesse et pour tous les plaisirs de ce monde qui sont rituellement permis ; l'attitude fondamentale des anciens rabbins à l'égard du monde s'exprime pour l'essentiel dans la sentence du Talmud qui affirme que le paradis appartient « à celui qui fait rire son compagnon ». Il ne saurait être question en tout cas [421] de trouver dans le judaïsme pharisien une règle de vie ayant l'ascèse pour fondement. Le judaïsme qui requérait un ritualisme très strict tout comme la religion officielle de l'Inde était également une foi fondée sur la confiance en Dieu et en ses promesses, sur la crainte du péché qui signifiait la désobéissance à la volonté divine et qui ne pouvait manquer d'avoir des conséquences redoutables ; mais il n'exigeait absolument pas une vie ascétique. Sur un point certes le comportement requis semble se conformer à des principes rationnels d'ascèse : il demandait un contrôle de soi vigilant et une maîtrise de soi absolue. Le premier principe était la conséquence inévitable de la nécessité pour le juif d'accorder sans cesse sa conduite aux exigences d'une loi qui comportait un nombre exceptionnellement élevé de commandements rituels et d'interdictions : Moïse était censé avoir institué six cent treize commandements et la casuistique rabbinique les avait encore multipliés. Le second principe découlait en partie de raisons analogues et en partie de l'ancienne opposition à l'orgiasme. Alors que Yahvé, le Dieu de l'Israël antique, s'abandonnait plus que toute autre divinité à des colères passionnées, les rabbins considéraient, comme les Sages chinois, que tout emportement avait une origine démoniaque, compromettait le salut et constituait donc un péché. L'attitude qui prédomine dans le Talmud paraît différer grandement de la religiosité des Psaumes qu'animent une colère et une haine passionnées ainsi qu'un violent ressentiment contre les impies qui prospèrent ; elle s'oppose également à l'imagination débridée et vengeresse du Livre d'Esther ainsi qu'à la haine évyonite de la richesse de l'Évangile selon saint Luc telle qu'elle s'exprime par exemple dans la prière de Marie. Évidemment le Talmud n'ignore pas la rationalisation religieuse du besoin de vengeance contre les ennemis ou contre ceux que favorise le sort qui fait passer au second plan le désir de vengeance personnelle contre l'injustice, car Dieu l'exécutera avec d'autant plus de rigueur dans ce monde ou dans l'autre ; les rabbins en saisissent parfaitement le principe et le rejettent énergiquement tout comme ils condamnent cette sublimation encore plus poussée qui pardonne complètement à l'ennemi afin de pouvoir l'humilier devant autrui et le mépriser. Car nul commandement n'est souligné avec plus de force que celui qui enjoint de ne pas humilier autrui.

Dans les relations familiales le fait d'avoir évité de couvrir de honte les parents qui ont commis une injustice à l'égard de leur enfant apparaît comme un acte de piété digne des plus grands éloges. [422] Mais cela s'applique également à celui qui commet une injustice au cours d'une discussion ou d'une querelle. La défaite inexorable du judaïsme après la chute du Temple amena certainement les rabbins à se pencher sur le problème éthique du ressentiment et de la vengeance refoulée et sublimée. Le christianisme primitif, où la réflexion intellectuelle n'avait pas tellement cours, a beaucoup moins réfléchi à ces questions ; aussi y rencontre-t-on maints exemples frappants et affirmés d'une éthique du ressentiment comparable à celle que le judaïsme talmudique combattait.

Toujours est-il que la lutte des rabbins contre l'intériorisation de la vengeance est très impressionnante sur le plan éthique et témoigne d'une très grande maîtrise du sentiment moral. Cela prouve essentiellement que les rabbins avaient compris eux aussi combien le besoin de vengeance condamné à l'impuissance représentait un facteur important dans le judaïsme tardif. Comme le montre cette analyse le contrôle de soi vigilant était déjà exceptionnellement développé chez les juifs dans l'Antiquité. Mais il est certain qu'il ne reposait pas sur une règle de vie ascétique.

Certes il existe dans le judaïsme des institutions ascétiques. En dehors des prescriptions cultuelles d'abstinence et de pureté qui concernaient les prêtres, il y avait notamment des jeûnes rituels à certaines époques bien précises. Mais il s'agit là de prescriptions cultuelles essentiellement destinées à apaiser la colère divine. La plupart du temps le jeûne individuel répondait à des préoccupations analogues au point que celui qui jeûnait passait pour un pécheur. Une règle de vie ascétique aurait pu sans aucun doute se greffer là-dessus : l'idée d'une nécessité de la pénitence ainsi que les sermons appelant au repentir sont propres au judaïsme antique ; il s'agit là d'une conséquence extrêmement importante de sa conception de Dieu. Le sacrifice sacerdotal perdant progressivement de sa valeur, les individus en vinrent à considérer une vie de pénitent comme une voie de salut. Aussi faut-il considérer comme de grands pénitents ces quelques hommes qui apparaissent dans l'histoire juive et qui sont de grands jeûneurs (en fait un seul cas se trouve attesté : celui de Rabbi Ze'éra). Si certains pharisiens faisaient encore des vœux comme autrefois les *nazirs*, c'était uniquement pour être agréables à Dieu ou encore pour détourner sa colère. On sait que Paul a fait un vœu d'une durée limitée, probablement afin de prévenir ses crises d'épilepsie, et qu'il l'a accompli alors qu'il était déjà chrétien. [423] Mais ce n'est que bien plus tard que se constitua une secte ascétique, les « éplorés de Sion », qui étaient des qoraḥites et qui ne nous intéressent pas pour l'instant. Par contre ce qui dans le judaïsme pharisien s'apparente en fait à une « ascèse » est issu tout simplement de la tentative du pharisaïsme pour atteindre la pureté lévitique. Ces efforts pouvaient varier en intensité. Le résultat le plus fréquent était d'accentuer le repli sur lui-même du pharisaïsme et la recherche systématique d'une observance correcte des rites, mais ceci n'exigeait nullement que les juifs se retirent de l'activité économique et sociale quotidienne. Il pouvait arriver également que le principe soit poussé à l'extrême pour aboutir à une surenchère sur la morale en usage dans le monde. C'est là ce qui constitue le fondement de ce mouvement si caractéristique, l'essénisme, et le fait apparaître comme une secte pharisienne extrémiste.

L'essénisme existait déjà au IIe siècle avant Jésus-Christ mais son ancienneté et ses liens éventuels avec les rékhavites ne sauraient être établis avec certitude ; de même certaines questions extrêmement importantes concernant sa doctrine ne peuvent être résolues que d'une façon tout à fait hypothétique. Mais la poursuite de la pureté lévitique absolue aussi bien sur le plan extérieur que sur celui de la conviction apparaît comme l'élément fondamental de sa doctrine. Les esséniens constituaient un ordre tout comme la confrérie plus large des pharisiens. Mais les conditions d'admission dans l'ordre étaient beaucoup plus strictes, car il y avait des vœux solennels, un noviciat et plusieurs années de mise à l'épreuve. L'organisation de l'ordre était elle aussi plus rigide et plus monacale : celui qui était à la tête d'une communauté locale (le *michmar*) disposait d'une autorité inconditionnelle et l'excommunication dépendait d'un Conseil de cent membres. Chez les esséniens tout comme dans la communauté juive officielle l'apostolat servait essentiellement à collecter des fonds pour la caisse de l'ordre. Si les apôtres se déplaçaient toujours par deux comme les premiers chrétiens, c'était probablement dans le but de permettre un contrôle réciproque de la rectitude rituelle.

4. L'ESSÉNISME, SES RELATIONS AVEC L'ENSEIGNEMENT DE JÉSUS

Les esséniens s'isolèrent des juifs moins purs en refusant non seulement le *connubium* et la commensalité mais toute espèce de contact. Ils condamnèrent les prêtres qui ne menaient pas une vie correcte et d'ailleurs ils n'accordèrent, semble-t-il, que peu de considération aux prêtres en général et s'en méfièrent même énormément ; [424] cette attitude résultait probablement de la position particulière qu'ils adoptèrent à l'égard du sacrifice. La poursuite acharnée de la pureté rituelle se traduisit par l'importance que revêtirent le baptême des novices et des bains rituels répétés dans toutes les occasions imaginables ainsi que par le caractère de plus en plus strict des commandements spécifiquement pharisiens. La peur de la souillure rituelle et le respect minutieux des prescriptions de pureté furent poussés à l'extrême. Toute étude autre que celle de la loi et de la cosmologie bibliques était considérée comme dangereuse parce qu'impie et toute jouissance purent profane était condamnable et devait être bannie. Pour les esséniens le sabbat n'était pas un jour de joie comme pour les pharisiens mais un jour de repos absolu : les relations sexuelles étaient limitées au mercredi de peur que l'enfant ne vienne au monde le sabbat. Les prescriptions vestimentaires (*tsitsith*) devaient être absolument respectées. La prière du matin était précédée d'un temps de méditation obligatoire. Non seulement le meurtre d'autrui mais le seul fait de blesser quelqu'un involontairement était considéré comme une grave souillure. Le commandement condamnant le vol fut renforcé jusqu'à la condamnation de toute activité lucrative car celle-ci aurait constitué un poids sur la conscience ; de plus la légitimité du gain en général devint sujet à caution. Aussi les esséniens s'abstenaient-ils autant du commerce que de la guerre ; ils condamnaient la possession d'argent et d'esclaves et limitaient les possessions permises à ce qu'exigeait la stricte satisfaction des besoins personnels ou à ce qui pouvait être obtenu par le travail de la terre ou le travail manuel et artisanal. Ils accentuèrent en conséquence les anciennes prescriptions sociales d'entraide jusqu'à instituer un véritable acosmisme économique fondé sur l'amour fraternel. Il est fait mention non seulement de l'agape, le repas fraternel auquel pourvoyaient les possédants, mais aussi de maisons et de dépôts communs et Philon nous informe de l'existence d'un « trésor » commun ; il est probable que les surplus dépassant les besoins personnels y étaient déposés afin d'être utilisés pour les œuvres charitables qui connaissaient alors un grand développement. Par contre on ne saurait affirmer avec certitude qu'ils organisèrent une communauté pleinement communiste ni que ces institutions furent totalement développées dans tous les cercles esséniens. Car si les esséniens étaient établis principalement en Palestine ils n'y vivaient pas toujours en communauté cénobitique. Au contraire l'obligation d'accueillir et de secourir des frères en voyage (probablement des compagnons artisans) constituait à côté de la nécessité d'aider les pauvres une de leurs institutions fondamentales [425] et c'est essentiellement à cela que servait la caisse commune.

Pour les esséniens la colère et toutes les passions étaient inspirées par les démons ; ils s'en méfiaient bien plus encore que les pharisiens, au point qu'ils enjoignirent aux hommes pieux, comme antidote radical, de prier pour ceux qui les avaient offensés, c'est-à-dire « d'aimer leurs ennemis ». La sanctification du nom divin les amena non seulement à refuser le serment mais à développer une véritable doctrine ésotérique et une discipline du secret. Cette discipline exigeait de celui qui voulait accéder au charisme recherché qu'il soit rituellement chaste. D'où la pratique très stricte de la continence et une profonde aversion pour le mariage, qui n'allait pourtant pas jusqu'à sa condamnation ; comme nous l'avons vu, certains rabbins pharisiens estimaient eux aussi qu'il n'était pas souhaitable que l'homme se marie. C'est le don de la grâce auquel on accède à l'aide de la doctrine secrète et après maints efforts qui paraît constituer le motif central du mode de vie particulier des esséniens. C'est ici qu'apparaît un élément qui, on peut l'avancer sans aucune hésitation, est étranger à la fois au pharisaïsme et au judaïsme. Selon

Josèphe la doctrine secrète était contenue dans des écrits sacrés que l'on prenait bien soin de tenir cachés ; celui qui devenait membre de la secte devait jurer d'une part de ne la communiquer à aucune personne étrangère et d'autre part de ne rien cacher à ses frères de l'ordre. Le contenu de cette doctrine secrète semble avoir consisté en une réinterprétation allégorique des récits sacrés, en une croyance très forte en la divine providence, en une angélologie plus explicite que dans tout autre système et en une certaine forme de culte solaire — c'est là l'élément étranger le plus frappant. Cette doctrine a également recours aux concepts de ciel et d'enfer pour substituer la promesse de l'immortalité à la croyance pharisienne en la résurrection. Sur le plan du rite, les esséniens se distinguaient par leur refus de sacrifier des animaux ; ils s'excluaient ainsi du culte au Temple mais ils maintenaient un lien avec celui-ci en y envoyant des dons. Le charisme auquel ils devaient parvenir grâce à la discipline du secret était selon toute vraisemblance le don de prophétie que leur reconnaît Josèphe et qui était probablement en relation avec leur croyance en la divine providence. En plus de cela ils étaient renommés pour leur thérapeutique, [426] notamment pour leur connaissance du pouvoir des racines et des minéraux. Leur religiosité s'exprimait essentiellement dans la prière ainsi que dans une dévotion et un recueillement très intenses.

Il saute aux yeux que les éléments de la doctrine et de la pratique esséniennes qui ne constituent pas une accentuation et un dépassement du ritualisme de pureté pharisien ne sont pas issus non plus du judaïsme. L'angélologie, même celle qui avait cours chez les pharisiens, était d'origine perse tout comme le dualisme assez prononcé de la doctrine du corps et de l'âme, bien qu'une influence hellénistique ne soit pas exclue. Le culte solaire, qui est absolument étranger au judaïsme, a une origine perse et babylonienne, et l'on peut s'étonner de ce que le judaïsme traditionnel l'ait toléré. L'inclination vers le célibat, la hiérarchie de l'ordre et la condamnation du sacrifice animal pourraient provenir par une filiation quelconque de l'Inde, mais elles pourraient aussi, comme les ablutions et les sacrements, êtres dues à l'influence des mystères hellénistiques et orientaux ; l'élaboration d'une doctrine secrète relève peut-être de la même influence. L'ordre essénien représente en fait une fusion de la religion sacramentelle des mystères et du ritualisme de pureté des lévites. Ce qui le distingue des mystères de salut qui avaient cours dans le Proche-Orient c'est l'absence de tout sauveur personnel comme objet du culte : pour les esséniens comme pour le judaïsme pharisien l'espérance messianique intense concernait des temps futurs. Logiquement la secte aurait dû être considérée comme hétérodoxe. En raison de son caractère ritualiste le judaïsme passa outre, tout comme l'hindouisme en pareil cas. Étant donné que les liens avec le Temple furent maintenus et que la loi mosaïque continua à être scrupuleusement observée, conformément aux exigences des pharisiens pour qui la fidélité à la loi était fondamentale, la communauté juive voulut bien fermer les yeux sur les innovations manifestement hétérodoxes de cette secte et la tolérer comme une confrérie juive qui se distinguait par une doctrine et des vœux particuliers mais sans grande importance. Pour des raisons identiques elle adopta aussi longtemps qu'elle le pût la même attitude à l'égard [427] de la communauté nazaréenne des judéo-chrétiens demeurés fidèles au temple de Jérusalem et à la loi.

Il n'y avait pas non plus de différences tranchées entre la manière de vivre des pharisiens et celle des esséniens. Certes le pharisaïsme authentique de cette époque n'a pas donné naissance à une organisation coopérative fermée sur elle-même qui aurait condamné tout gain — au contraire, dans les Évangiles, les pharisiens incarnent le « lucre ». Mais on y trouve de nombreux éléments isolés qui témoignent d'une mentalité semblable. En premier lieu l'acosmisme fraternel. On désigne du nom d'*ḥachaïm* (ceux qui restent mystérieux) des gens fortunés qui ont pour principe de faire secrètement des dons importants pour les pauvres et de leur offrir l'hospitalité sans révéler leur propre identité. Ils n'agissaient pas ainsi occasionnellement et d'une façon inorganisée mais puisaient dans une caisse constituée à cet effet. D'après le Talmud il semble qu'il en existait une dans presque toutes les villes. Ceci est conforme à la prescription talmudique interdisant de faire honte à quelqu'un ainsi qu'au principe repris et renforcé plus tard par Jésus, « que ta main gauche ignore ce que fait ta main droite », car alors seulement le don mérite une récompense céleste. Par là s'exprime un trait marquant de la charité talmudique qui caractérise encore la philanthropie juive moderne, contrairement à la philanthropie puritaine par exemple ou à la charité chrétienne usuelle.

La poursuite de la pureté absolue entraîna la condamnation de toute jouissance terrestre ; telle était l'attitude du *qadoch* (le « saint » à la façon des esséniens) et aussi de certains ermites *bannaïn* (« bâtisseurs », des ermitages). Ces phénomènes de refus total du monde sont aussi étrangers au pharisaïsme authentique que les règles esséniennes correspondantes et peuvent également s'expliquer par des influences non juives. Sur le plan du rite, on trouve certains échos de la pratique des anciens *ḥasidim* et des esséniens chez les *wathiqin* qui — pour ne mentionner qu'un exemple parmi beaucoup d'autres — réglementèrent très strictement la prière du matin de façon qu'elle se terminât avec le lever du soleil. Car le judaïsme pharisien, malgré la stricte observance des rites et le refus de tout contact avec les impies, restait exposé à l'invasion des rites les plus variés et les plus hétérogènes, [428] tel le culte solaire. Si le pharisaïsme était absolument incompatible avec le développement d'une véritable doctrine ésotérique il ne pouvait cependant s'opposer à la diffusion d'espérances messianiques, de prophéties apocalyptiques et eschatologiques qui étaient dans l'air et dont l'effet était le même ; celles-ci imprègnent tout l'environnement dans lequel se déroulent les récits et les mythes des Évangiles.

L'organisation, le comportement religieux et l'éthique des esséniens ont été souvent mis en relation, notamment par les juifs, avec les pratiques de la communauté chrétienne primitive. Tout comme cette dernière les esséniens connaissaient le baptême, le repas fraternel (agape), le communisme acosmique et fraternel, le secours aux pauvres, l'apostolat (au sens juif du terme), l'aversion à l'égard du mariage (pour ceux qui étaient véritablement membres de la communauté), le charisme ainsi que la prophétie conçue comme un degré de sainteté que l'on a réussi à atteindre. Ils désignaient également du terme d'*ecclesia* leurs réunions communautaires. Leur éthique tout comme celle du christianisme primitif était strictement pacifiste ; elle exigeait que l'on aimât son ennemi et laissait entendre aux pauvres qu'ils avaient de bonnes raisons de croire en leur salut alors que celui des riches paraissait fort compromis ; c'est également l'enseignement qu'on retrouve dans les passages évyonites des Évangiles. Il s'y ajoutait des éléments empruntés à l'éthique pharisienne commune qui étaient proches de l'éthique des premiers chrétiens. L'éthique essénienne tout comme celle de la communauté chrétienne primitive représentent sur bien des points un renforcement de la morale pharisienne commune, bien que le caractère de cette accentuation diffère dans l'un et l'autre cas. En ce qui concerne précisément la pureté rituelle (lévitique) le message de Jésus annonçait une voie nouvelle. Cet enseignement grandiose et impressionnant : « Ce n'est pas ce qui entre dans la bouche qui souille l'homme, mais ce qui en sort et qui vient d'un cœur impur », signifiait que ce qui était décisif pour Jésus, c'était la sublimation dans le sens d'une éthique de la conviction et non pas le fait de renchérir par ritualisme sur les lois juives de pureté. L'anxiété avec laquelle les esséniens cherchaient à s'isoler de ceux qui étaient rituellement impurs contraste avec la volonté affirmée de Jésus de les fréquenter et de partager leur table. Cependant les conceptions éthiques qu'on trouve de part et d'autre étaient répandues, sous des formes extrêmement variées, dans l'aire d'origine des deux communautés et des institutions semblables se retrouvaient soit dans la *ḥevra* pharisienne [429] soit dans diverses communautés cultuelles. Mais ce qui importe plus que tout, c'est que les esséniens, pour autant qu'on le sache, rejetèrent l'épiphanie et le culte d'un sauveur personnel pour les temps présents et n'attachèrent point une aussi grande importance à « l'esprit » (*pneuma*) que les premiers chrétiens.

Certes le judaïsme ainsi que la doctrine pharisienne n'ignoraient pas le *pneuma* comme charisme et comme signe permettant d'authentifier un état de grâce exemplaire. « L'esprit de Yahvé » est présent en chaque maître ; il s'empare du héros (Samson) et du roi sous la forme d'un charisme de *berserk*, de Saül sous la forme d'une colère frénétique, du voyant, du prophète et du faiseur de miracles comme un charisme de la vision, de la révélation prophétique et parfois même du miracle. Pour absoudre valablement le peuple, le grand prêtre devait être animé de l'esprit saint qui abandonne le roi ou le héros qui pèchent ; lui seul permet au prophète de voir et d'entendre et au maître d'enseigner. Dans le Talmud il est désigné comme le *ruaḥ haqodech*, dans la Septante (*Ps.* LI, 13 ; *Is.* LXIII, 10-11) comme le *pneuma tò hagion* ; sa contrepartie démoniaque est la doctrine de l'« esprit impur », l'esprit de Ba'al Zevul, « le prince des démons » (*Mt.* XII, 24), auquel les scribes font allusion dans les Évangiles. Par crainte de mentionner le nom divin, les rabbins désignent souvent l'esprit saint par le terme de *chekhina*. Une doctrine se développa selon laquelle « l'esprit divin » qui planait à la surface des eaux au début de la Création avait été créé dès le premier jour. C'est la colombe, le symbole d'Israël persécuté, qui dans le Talmud est parfois considérée comme le messager de l'esprit divin.

Dans la littérature talmudique, l'esprit saint apparaît quelquefois comme l'intercesseur des hommes auprès de Dieu, comme le *synegor* c'est-à-dire le *paraclet* [1] qui vient au secours de l'humanité. Mais la doctrine selon laquelle les temps prophétiques étaient révolus donna naissance à l'idée que l'esprit saint avait disparu depuis Malachie. On ne pouvait plus faire appel à lui mais uniquement à la *bath qol*, l'esprit, auquel le rabbin avait recours pour interpréter correctement la loi divine. Joël (II, 28) avait conçu la pureté et la sainteté des élus après la venue du messie de la façon suivante : [430] l'esprit saint s'emparera alors de chacun, les fils et les filles prophétiseront, les vieillards auront des rêves, les jeunes gens des visions et il se répandra même sur les serviteurs et les servantes. Le jaillissement de l'esprit saint chez tous les hommes passait donc pour un signe de l'avènement du messie et de l'imminence du Royaume de Dieu. Cette conception fut déterminante pour la représentation chré-

1. Philon utilise l'expression *synegor* pour le *logos* qui soutient le grand prêtre.

tienne primitive du miracle de la Pentecôte. Les rabbins ne pouvaient pas prétendre qu'ils étaient investis de l'« esprit » puisque celui-ci était un don prophétique irrationnel d'origine divine ; ils ne pouvaient pas non plus l'exiger comme signe de la grâce des membres de leur communauté.

Aussi quelle qu'ait été l'autorité dont jouissaient les rabbins et les maîtres ils ne pouvaient prétendre accéder au rang de « surhommes » dans l'ordre de l'esprit. Ils fondaient leur autorité sur la parole contenue dans la Thora et les Prophètes. Toute tentative d'un culte du pasteur des âmes comparable à l'adoration du gourou en Inde, en Asie et dans le christianisme était vouée à l'échec à cause de la conception juive de la divinité ; pour celle-ci tout ce qui tendait à diviniser une créature constituait une abomination païenne. Il était exclu aussi que le rabbin soit vénéré comme un saint ou un mystagogue comme cela arrive parfois dans certains cultes chrétiens ou asiatiques. Il exerçait une charge religieuse mais il ne pouvait accorder la grâce ; à l'origine, cela relevait dans une faible mesure du charisme des prêtres et demeura le privilège essentiellement formel des *kohanim*, qui étaient qualifiés par leur origine charismatique* et qui étaient seuls habilités à dispenser la « bénédiction sacerdotale ». Le mouvement hassidique en Europe orientale fut le premier à créer avec le *tsadiq*, ce virtuose de la mystique hassidique, une figure comparable au mystagogue asiatique qui secourt ceux qui sont dans la détresse ; mais les prétentions du *tsadiq* se heurtaient à l'opposition violente des rabbins qui les dénonçaient comme hérétiques. Le rabbin ne dispensait pas la grâce sacramentelle et il n'était pas non plus un sauveur charismatique. Sa seule particularité religieuse était qu'il détenait la « connaissance ». Comme celle-ci était extrêmement prisée le rabbin prenait le pas sur les Anciens et sur les parents, car « la connaissance est au-dessus de tout ». Son importance et son autorité personnelle reposaient avant tout sur l'exemple qu'il donnait par sa conduite. [431] Mais celle-ci se caractérisait uniquement par un souci constant d'obéir strictement à la parole divine.

* Cf. *infra* p. 536, 3).

Même dans l'exercice de ses fonctions et dans sa sphère d'activité le rabbin restait un serviteur de la « parole divine ». Il n'était pas un prédicateur mais un « maître ». Il enseignait la loi à un cercle étroit de disciples mais ne faisait pas des sermons et n'exhortait pas publiquement la communauté au repentir. Certes il enseignait également à la synagogue. Mais dans le judaïsme antique, pour autant qu'on le sache, il ne prêchait publiquement que le sabbat précédant les grandes fêtes et à la néoménie. Le rabbin avait alors pour mission de rappeler à la communauté pieuse les obligations rituelles qui lui incombaient à cette époque de l'année ; il devait également prodiguer des conseils à tout fidèle qui s'interrogeait sur ses obligations rituelles. Il incombait aux rabbins non seulement de former des disciples mais également de donner des *responsa* à la façon des juristes romains, d'intervenir parfois en arbitres et, pour ceux d'entre eux qui faisaient partie du *Beth Din*, de faire office de juges. Par contre le sermon public d'orientation religieuse et éthique du sabbat après-midi était extrêmement irrégulier. Toutefois lorsqu'il avait lieu ce n'était pas au rabbin local mais à une tout autre personnalité qu'il appartenait de le prononcer, à savoir le *magid*, le maître itinérant ; ce personnage qui avait une formation rabbinique était très populaire à l'époque tardive mais il avait déjà fait son apparition bien auparavant. Sophiste itinérant, hôte des membres fortunés de la communauté, il allait d'une communauté à l'autre probablement comme Paul qui prêchait dans toutes les synagogues. Certes les orateurs itinérants n'étaient pas les seuls à prendre la parole. Car la très grande liberté d'enseignement et de prédication permettait à toute personne qui se sentait qualifiée et que la communauté tenait pour telle de prêcher. C'était aussi le cas des scribes qui considéraient la prédication comme une nécessité rituelle mais qui estimaient que cette charge ne leur incombait pas. Par ailleurs le rabbin était tenu d'accomplir uniquement des tâches qui ne présentaient aucun caractère sacerdotal et qui étaient purement techniques ou rituelles. Dans le judaïsme antique cela signifiait essentiellement que le rabbin était responsable du bain rituel (*miqwé*) et qu'il devait surveiller, en certaines circonstances même exécuter, la *cheḥita*, l'abattage rituel. Cependant c'est l'interprétation de la loi qui demeura sa tâche principale et son jugement faisait autorité.

[432] La technique particulière de cette interprétation de la loi correspondait à la spécificité sociale de la petite bourgeoisie qui lui apportait tout son soutien ; c'est de cette classe sociale qu'étaient issus nombre de rabbins des temps anciens. Nous avons déjà relevé que le « bon sens commun » et le rationalisme à la fois d'ordre éthique et pratique qui correspondent à la mentalité des couches bourgeoises en général exercèrent une profonde influence sur l'interprétation rabbinique de la loi. C'est la *ratio* des stipulations et non plus la lettre de la loi qui importait désormais tandis que les nécessités contraignantes de la vie quotidienne, notamment de l'économie, jouaient un rôle déterminant. Par contre il était absolument impossible que puisse se développer une pensée véritablement constructive et rationnelle — c'est-à-dire une pensée juridique comparable à celle des juristes romains. Cela signifie pratiquement que les rabbins n'étaient pas capables de forger des concepts rationnels. Ils ne constituaient pas comme les jurisconsultes romains une classe d'éminents juristes purement laïques ; c'étaient simplement des plébéiens qui enseignaient les rites religieux. Les liens internes qui les rattachaient aux commandements positifs de Dieu étaient bien plus contraignants que tous ceux qui pourraient rattacher les juristes au droit positif ; à cela s'ajoutaient les formes et les limites typiques de tout rationalisme petit-bourgeois. L'interprétation des mots et les analogies purement descriptives tiennent lieu d'analyse conceptuelle tandis qu'une casuistique s'appliquant à des cas concrets remplace la synthèse et l'abstraction. Les *responsa* des premiers rabbins qui avaient toujours été suscitées par des cas pratiques ainsi que des besoins rationnels et qui s'étaient préoccupées essentiellement de problèmes particuliers et concrets connurent une sorte d'élargissement « théorique » lorsque, après la chute du Temple, les grandes écoles rabbiniques de Mésopotamie et de Palestine devinrent des centres spécialisés dans la formulation des décisions rabbiniques et le restèrent pour l'ensemble du monde civilisé jusqu'après la chute des

Carolingiens. En même temps la dignité de rabbin fut liée à l'ordination (l'imposition des mains) à laquelle procédaient le patriarche ou ses représentants légitimes ; on institua un programme d'études avec des cours, des questions posées au maître et discutées avec lui, des prébendes pour les études et des internats. L'organisation particulière de la confrérie pharisienne avait apparemment disparu ; le titre de *ḥaver* désigne dès lors celui qui se plonge avec un zèle particulier dans l'étude de la loi, c'est-à-dire le notable type du judaïsme tardif. Le terme de *peruchim* est réservé aux élèves. L'« esprit » du pharisaïsme [433] triomphe dans le judaïsme. Il ne s'agit plus de l'esprit qui anime une confrérie mais tout simplement de celui qui préside à l'étude des Écritures. À maintes reprises il est affirmé que Dieu lui-même « étudie » la loi qui est valable pour tous les temps afin de s'y conformer, un peu comme le créateur de l'univers en Inde pratique l'ascèse afin de pouvoir créer le monde. Dès lors pouvait se développer une pensée systématique détachée des cas particuliers et concrets. Ce qui la caractérise c'est à la fois la volonté de se rattacher à la tradition des anciens rabbins et la structure sociale du judaïsme.

Le ritualisme de pureté des pharisiens eut pour effet de renforcer les barrières rituelles qui excluaient les étrangers et plus particulièrement les autres juifs. Craignant de se souiller par le *connubium*, la commensalité ou tout contact étroit avec le reste des juifs, la communauté essénienne se retrancha de la collectivité et l'on ignore si elle fut le seul conventicule à agir ainsi. De même la confrérie pharisienne rompit tout lien avec les *'am ha-arets*[1]. Le judaïsme hiérosolomytain et ceux qui étaient influencés par les prêtres de Jérusalem

1. L'Évangile de Luc mentionne d'une façon frappante (VII, 36 ; XI, 37 ; XIV, 1) que Jésus a mangé à plusieurs reprises chez un pharisien (même chez un chef pharisien, c'est-à-dire chez un responsable de la synagogue) ; les deux Évangiles plus anciens sont muets sur ce point. Il se peut que ceci soit tendancieux, car Luc insiste également dans les Actes sur la conversion des pharisiens, et de plus le fait que Pierre ait partagé la table des Hellènes d'Antioche a pour Paul une énorme importance. Un pharisien véritablement observant aurait refusé la commensalité avec un *'am ha-arets* ou un juif ne respectant pas scrupuleusement la loi (selon *Jean* VIII, 48, les juifs considéraient Jésus comme un « Samaritain »).

rompirent toute relation avec les Samaritains et avec ceux qui continuaient à adhérer à la croyance en Yahvé qu'entretenaient les anciens cultes locaux où l'influence des prophètes et du clergé hiérosolomytain était nulle. Les Samaritains, bien qu'ils ne refusassent aucunement de contribuer au sacrifice du Temple de Jérusalem, en furent formellement exclus. Il en résulta une organisation très structurée des anciens sectateurs de Yahvé qui étant donné son origine rituelle ressemblait à une espèce de caste. De plus les privilèges héréditaires des clans de prêtres et de lévites n'avaient point été abolis à l'intérieur du judaïsme ; il ne leur était pas absolument interdit de se marier avec un membre d'un autre clan mais ils étaient soumis à l'obligation de l'hypergamie. À cela s'ajoutait la condamnation rituelle de certaines professions dont on avait horreur ou que l'on réprouvait, et cela contribua également à la formation de strates religieuses. [434] Les âniers et les chameliers, les marchands de poteries, les convoyeurs de marchandises par terre et par mer, les propriétaires d'entrepôts étaient tenus pour méprisables ; on les rejetait probablement parce qu'il ne leur était pas possible de mener une vie rituellement pure et parce que au début c'étaient des ouvriers d'origine étrangère établis parmi les Hébreux qui exerçaient ces professions. Il y avait également les magiciens et devins de toutes sortes que le Deutéronome avait maudits. Les gens rituellement purs réprouvaient les métiers de colporteur, de barbier, de vétérinaire, de tailleur de pierres, de tanneur, de tisserand, d'orfèvre, de vacher et de cardeur. Une telle attitude s'explique par le fait que certaines de ces professions amenaient ceux qui les exerçaient à entretenir des relations quelque peu suspectes avec les femmes ; il ne fait pas de doute cependant que ce qui fut déterminant, en plus des préjugés sociaux traditionnels, c'est l'idée généralement admise qu'il était impossible de concilier ces occupations avec l'observance des rites ; de plus certaines de ces professions, telle l'orfèvrerie, avaient été introduites par des immigrants. Le grand prêtre ne pouvait pas être choisi dans une famille exerçant l'une de ces professions. Mais il ne semble pas que tous les membres de ces professions aient été mis au ban de l'ordre pharisien ou du moins qu'ils l'aient été durant toute la période talmudique : on trouve parmi les rabbins célèbres au moins un tisserand (Rabbi José), et, ainsi que nous l'avons déjà mentionné, un astrologue. La littérature talmudique mentionne l'existence de synagogues réservées aux membres de certaines professions artisanales qui avaient été jadis au service du roi, tels les chaudronniers et les collecteurs de redevances ; dans les synagogues ordinaires les places étaient réparties entre les différents corps de métiers. De fait les métiers qu'exerçaient les artisans royaux étaient très souvent des professions héréditaires attribuées à un clan et les artisans eux-mêmes étaient des étrangers que le roi avait fait venir, ce qui explique leur position particulière. Parmi les professions méprisées il en est que les juifs eux-mêmes exerceront au Moyen Âge, et la condamnation de ces professions par le judaïsme antique ne témoigne pas de l'existence d'une véritable ségrégation de caste. Cependant certains éléments très importants d'une telle ségrégation étaient présents dans la structure interne de ce judaïsme.

5. SÉGRÉGATION RITUELLE CROISSANTE DES JUIFS

C'est essentiellement dans ses rapports avec les autres nations que le judaïsme correspondit progressivement au type de peuple-hôte [*Gastvolk*] (peuple paria), rituellement séparé. Et cela par sa propre volonté et non point à la suite d'une contrainte extérieure. La diffusion générale de « l'antisémitisme » dans l'Antiquité est une réalité. [435] Il faut pourtant noter que ce rejet graduel des juifs se développa exactement au même rythme que le refus de plus en plus prononcé des juifs eux-mêmes d'établir des liens avec les non-juifs. L'aversion à l'encontre des juifs dans l'Antiquité n'était donc nullement une antipathie « raciste » ; l'ampleur prodigieuse que connut le prosélytisme en est la preuve manifeste. C'est plutôt l'attitude négative des juifs eux-mêmes envers leur entourage qui détermina la nature des relations mutuelles. L'Antiquité connaissait certes toute une floraison de rites qui paraissaient anormaux et absurdes ; ce n'est pas là qu'il faut chercher l'origine de l'antisémitisme. L'indifférence que les juifs affichaient à l'égard des dieux de la cité qui les protégeait et leur accordait l'hospitalité a probablement été ressentie comme une attitude offensante et impie. Mais cela non plus ne fut pas déterminant. En allant au fond des choses il apparaît que l'on reproche essentiellement aux juifs « leur haine des autres hommes », leur refus fondamental du *connubium*, de la commensalité et de toute espèce de fraternisation ou de contact étroit, même sur le plan des affaires, avec le reste des hommes. On ne saurait non plus sous-estimer le fait que la *ḥevra* permettait à chaque juif pharisien de trouver un appui illimité auprès des autres membres de la confrérie ; les conséquences économiques de ce facteur ne pouvaient échapper à l'attention de la concurrence païenne. L'isolement social des juifs, ce « ghetto » au sens le plus fort du terme, résultait à l'origine d'un libre choix et d'une libre décision et cela ne fit que se renforcer avec le temps. D'abord sous l'influence des *sopherim* puis sous celle des pharisiens. Les premiers s'employèrent essentiellement à maintenir la pureté de croyance des juifs. Les pharisiens, eux, défendaient avant tout une doctrine rituelle, une confession et non pas — ou du moins pas en premier lieu — une nationalité. En même temps qu'ils s'isolaient de ceux qui étaient rituellement impurs, ils faisaient une propagande effrénée pour le compte de leur communauté auprès de ceux qui étaient à l'extérieur et s'employaient activement à faire des prosélytes. Jésus les interpelle ainsi : « Hypocrites qui parcourez terres et mers pour faire un prosélyte » (*Mt.* XXIII, 15). En fait les pharisiens les plus zélés pensaient être agréables à Dieu en s'efforçant de faire chaque année un prosélyte. Dans l'ensemble la propagande juive, tout comme la propagande chrétienne primitive de l'époque post-apostolique, se propageait par l'entremise de volontaires [436] et non par celle des autorités établies. L'attitude de ces dernières, ainsi que celle de la littérature officielle, était versatile. L'ancienne tradition fixée dans la loi (*Ex.* XII, 48) avait conservé les traces de l'époque où la religion yahviste de la confédération s'était répandue grâce à l'accession à la pleine citoyenneté de tribus et de clans de *gérim* du voisinage ainsi que de métèques et de clients qui résidaient à l'intérieur d'Israël et jouissaient de sa protection. La situation légale des métèques était clairement définie et il était également précisé à quels droits rituels ils pouvaient prétendre par la seule circoncision. La prophétie (*Is.* XIV, 1) prédisait que des étrangers viendraient se joindre à Israël rétabli sur sa terre et « s'associeraient à la maison de Jacob ». Ce passage, en relation avec la promesse faite à Abraham et l'espoir maintes fois répété que tous les peuples de la terre viendraient se joindre à Israël pour adorer son Dieu, tend à prouver que Dieu se réjouissait de cette propagande et que c'était peut-être même un moyen de hâter la venue du Messie. Cependant dans les Écritures saintes les vues sur ce problème divergent. Les légendes de Ruth et de Jonas sont résolument favorables au prosélytisme mais une autorité aussi prestigieuse qu'Esdras lui est hostile. Ce dernier mit sur pied une organisation à base familiale tant de la prêtrise que de la *polis* nouvellement instituée à Jérusalem, ce qui constitua un obstacle pour l'admission dans la confédération d'individus isolés ; de plus il attacha une extrême importance à la pureté du sang afin de favoriser l'isolement souhaité du peuple saint.

6. LE PROSÉLYTISME DANS LA DIASPORA

La petite bourgeoisie pharisienne réagit d'une façon absolument différente et ses représentants, surtout ceux de la diaspora, se prononcèrent en faveur de la propagande. La plupart des maîtres estimaient qu'il était incontestablement méritoire d'amener un païen à se placer sous la protection de la *chekhina* (la demeure divine). Aussi eut-on bientôt recours à l'ancien concept de « métèque » pour justifier une propagande qui le cas échéant renonçait à exiger l'acceptation immédiate de toutes les obligations rituelles, notamment de la circoncision, et qui encourageait l'affiliation provisoire de demi-juifs en tant que simples « sympathisants ». L'obligation de se faire circoncire constitua naturellement un très sérieux obstacle pour la propagande parmi les hommes adultes ; aussi le nombre des femmes parmi les prosélytes [437] fut-il bien supérieur à celui des hommes. On distingua trois et non deux étapes de l'intégration à la communauté. Tout d'abord le *ger tochav*, le « sympathisant », le demi-converti qui adoptait la foi monothéiste et l'éthique juive du Décalogue mais n'acceptait pas le rituel juif. Il était libre d'agir à sa guise dans le domaine rituel et il n'avait aucun rapport formel avec la communauté. Deuxièmement le *ger ha-cha'ar*, le « prosélyte de la porte » ; c'était théoriquement l'ancien métèque qui dépendait de la juridiction juive : il faisait vœu devant trois membres de la confrérie de ne pas adorer d'idole, de respecter les sept lois *noaḥides*, le sabbat, le tabou du porc et les jeûnes rituels, mais il n'était pas tenu de se faire circoncire. Il était membre passif de la communauté et avait le droit dans certaines limites de participer aux fêtes et aux cérémonies à la synagogue. Enfin, en troisième lieu, le *ger tsédeq* ou *ger ha-berith* (le prosélyte de la justice) qui après s'être soumis à la circoncision et s'être engagé à respecter les obligations rituelles devenait membre de plein droit de la communauté : ses descendants pourtant ne seront considérés comme juifs à part entière qu'à la troisième génération.

En instituant cet usage on espérait que le *ger tochav* et surtout le *ger ha-cha'ar*, tout en refusant pour eux-mêmes la circoncision se résoudraient finalement à faire circoncire leurs enfants qui deviendraient ainsi des juifs à part entière ; et dans bien des cas c'est ce qui advint. Car cet usage répondait parfaitement aux intérêts du monde environnant notamment à ceux du monde hellénistique. Ce n'étaient certes pas les rites qui exerçaient un attrait sur les peuples environnants, car étant donné le caractère de la religiosité hellénistique il aurait fallu que le judaïsme offrît des promesses et des moyens de rédemption d'ordre sacramentel ou magique à la façon des mystères ; or tel n'était pas le cas du judaïsme qui ignorait les voies de salut et les expériences de sainteté irrationnelles. Mais ce qui constituait sa force d'attraction c'étaient sa conception grandiose et majestueuse de Dieu, la condamnation absolue du culte des divinités et des idoles considéré comme fallacieux, son éthique qui frappait par sa pureté et sa vigueur ainsi que les promesses simples et claires pour les temps futurs : il s'agissait là d'éléments rationnels.

Le judaïsme attira à lui ceux dont la religiosité avait besoin d'une éthique de pureté et d'une conception puissante de Dieu. [438] Le fait que la vie soit nettement structurée par l'accomplissement des rites exerçait à lui seul une prodigieuse force d'attraction ; ce fut notamment le cas lorsque l'effondrement des États nationaux hellénistiques entraîna le déclin de l'ordre militaire traditionnel qui réglementait la vie du citoyen dans la *polis*. L'ère du rationalisme intellectuel avec sa rationalisation de plus en plus « bourgeoise » de la religiosité hellénistique, surtout dans les derniers siècles de la République romaine, fut aussi la grande époque du prosélytisme juif. Celui qui par tempérament ou par expérience était enclin à rechercher le salut par des voies mystiques et irrationnelles se tenait à l'écart du judaïsme et adhérait aux religions de mystères et au christianisme. C'est probablement dans les couches sociales qui avaient intérêt à se rattacher à la confrérie pharisienne que se recrutèrent la plupart de ceux qui adoptèrent pour eux-mêmes ou pour leurs enfants le rituel juif dans sa totalité ; il s'agissait essentiellement de petits bourgeois, notamment d'artisans et de petits commerçants. Bien que le judaïsme ait été une *religio licita* le converti se voyait privé, selon le droit administratif romain, du *jus bonorum*, tandis que la loi juive l'empêchait d'exercer une fonction publique car il n'était pas autorisé à participer au culte de l'État. De son côté la diaspora juive avait tout intérêt non seulement à augmenter le nombre de ses membres, mais également à se gagner des « sympathisants » de l'extérieur, notamment parmi les cercles de gens influents détenant une charge publique ; de ce point de vue aussi la solution adoptée était judicieuse. Elle aboutissait pratiquement à un compromis entre l'exigence confessionnelle et le particularisme ethnique. Celui qui était né dans la communauté juive et celui qui depuis plus de trois générations s'était soumis à la loi jouissaient d'un statut privilégié dans la communauté et étaient favorisés par rapport aux convertis, à leurs enfants et petits-enfants. À l'extérieur de la communauté il y avait, tout comme les « laïques » par rapport aux *Bhikchou* en Inde, des prosélytes non circoncis qui étaient liés par un vœu ainsi que de simples sympathisants. Les juifs de naissance et les convertis qui s'étaient fait circoncire devaient obligatoirement accomplir les rites, les prosélytes qui s'étaient engagés par un vœu devaient en exécuter certains, les « sympathisants » aucun. Mais parfois s'exprimaient des conceptions encore plus libérales. Certains formulaient des doutes [439] quant à la nécessité d'imposer la circoncision, qui n'avait été prescrite qu'au peuple juif, également aux non-juifs qui voulaient se convertir, et se demandaient si un bain de purification rituel, c'est-à-dire le baptême, n'était pas suffisant. Il semble que certaines *responsa* rabbiniques aient parfois légitimé le mariage mixte avec un prosélyte incirconcis. Cependant de telles vues étaient des opinions isolées.

7. LA PROPAGANDE DES APÔTRES CHRÉTIENS

L'état d'esprit qui prévaut à l'époque se révèle clairement dans les luttes que la mission paulinienne déchaîna dans la communauté chrétienne primitive ainsi qu'au sein du judaïsme. Les récits du Nouveau Testament qui portent la marque d'une authenticité absolue en ce qui concerne les aspects les plus importants de ce problème font apparaître que, contrairement à ce que l'on croit encore communément de nos jours, ce ne fut pas le début de la Mission parmi les païens et les prosélytes incirconcis qui provoqua les passions et fut à l'origine du conflit. Les chefs des communautés hiérosolomytaines pour qui l'accomplissement des rites et le culte du Temple revêtaient une grande importance avaient adopté une position extrêmement réaliste tout en ce conformant à l'attitude traditionnelle envers les prosélytes incirconcis. Ils avaient défini pour ceux-ci une éthique minimale, et deux émissaires avaient été dépêchés à la communauté missionnaire d'Antioche (*Act.* XV, 23-29) pour l'en informer. Ils leur demandaient de renoncer à l'idolâtrie, au sang, aux animaux étouffés et à la fornication, mais ils n'étaient soumis à aucune autre obligation rituelle. En se conformant à ces prescriptions ils devenaient, selon la désignation du passage précité, des « frères d'entre les païens ». Cette attitude n'avait rien de répréhensible aux yeux des pharisiens. Mais voici qu'on apprend à Jérusalem que Paul faisait également du travail missionnaire parmi les juifs authentiques et qu'il les incitait à ne plus observer les rites. À la suite de cette lettre, Jacques et les Anciens lui demandent, au nom de la communauté de Jérusalem, de s'expliquer (*Act.* XXI, 21 sqq.) et pour écarter tout soupçon de se soumettre à l'épreuve traditionnelle de pureté au Temple, en se faisant assister de quatre pénitents liés par un vœu ; Paul s'exécute. Mais de nombreux juifs de la diaspora présents au Temple l'aperçoivent et tentent de le lyncher, en l'accusant premièrement de faire de la propagande contre la loi et le culte du Temple, c'est-à-dire d'inciter des juifs à l'abandon de la loi, et deuxièmement d'avoir introduit dans le Temple un incirconcis, Trophime (ce que Luc conteste) [1]. [440] Il en résulte une telle agitation que Paul est arrêté. On ne lui reproche pas sa mission parmi les païens et les prosélytes incirconcis ; bien au contraire Jacques et les Anciens l'en félicitent ouvertement (*Act.* XXI, 20). Paul prêche presque exclusivement dans les synagogues et il ne fait pas de doute, comme on l'a souligné à maintes reprises, que c'est la masse des prosélytes incirconcis qui constitue le gros des troupes de ses communautés missionnaires. Par là même, le judaïsme a ouvert la voie à la mission chrétienne. Ce compromis des dirigeants hiérosolomytains au sujet des prosélytes n'a certes pas résolu les difficultés de la mission chrétienne. À la fois les Anciens de Jérusalem et Paul louvoyaient, hésitant à s'engager plus avant. Il semble que Pierre et Paul s'étaient prononcés à Antioche en faveur de la commensalité avec des prosélytes incirconcis ; puis, sous l'influence de Jacques, Pierre s'était rétracté (*Gal.* II, 11-13). Paul de son côté, contrairement à la façon dont il avait agi avec Tite (*ibid.* II, 3), circoncit Timothée [2] afin qu'il puisse

1. *Act.* XXI, 28. Seul le passage d'*Act.* XXII, 21 paraît adopter un autre point de vue (la foule est indignée parce qu'il se présente comme un sauveur envoyé chez les païens). Mais si une version est authentique c'est bien celle qui décrit l'attitude de Jacques et rapporte les motifs de la tentative de lynchage. De plus les juifs ne devaient guère se réjouir de la tentative de débauchage de leurs prosélytes non circoncis.

2. *Act.* XVI, 3. Timothée avait une mère juive tandis que son père était grec.

être reçu à la table des juifs d'Asie Mineure. Ce n'est que petit à petit que certains Hiérosolomytains se rangèrent aux vues de Paul ; apparemment Pierre attendit la mort de Jacques pour s'y rallier. Par contre l'ancienne communauté évyonite de Palestine qui était restée fidèle à la loi considérait Paul comme un apostat. D'après les sources (*Act.* x, 45-47), si les chefs de la communauté de Jérusalem acceptèrent de faire des concessions c'est parce que l'esprit s'empara tout aussi bien des païens convertis que des judéo-chrétiens et se manifesta de la même façon. Cet événement s'était produit lors d'une prédication de Pierre à Césarée qui après cela estima qu'on ne pouvait plus leur refuser le baptême et la pleine égalité. [441] Quelle que soit la valeur historique de certains détails, l'essentiel est certainement exact et souligne l'importance de la mutation. Dans le judaïsme, seul l'esprit prophétique dont les prédictions étaient conformes à la loi était tenu pour légitime. Pour le christianisme primitif, l'esprit et ses manifestations, ainsi que les dons qu'il conférait, suffisaient en eux-mêmes pour déterminer l'ampleur requise du lien avec le rituel juif. Mais il ne fait pas de doute par ailleurs que cet « esprit », le *pneuma*, avait une dynamique essentiellement différente du *ruaḥ ha-qodech* du judaïsme traditionaliste.

La concurrence que se livraient le judaïsme et le christianisme dans leur prosélytisme missionnaire cessa pratiquement avec la destruction du premier Temple et d'une façon définitive avec celle du second Temple sous Hadrien, après que de nombreux prosélytes eurent trahi les juifs durant la dernière guerre. D'ailleurs il y avait toujours eu au sein de la communauté juive une certaine réticence à l'égard du prosélytisme ; celle-ci prit désormais de plus en plus d'importance.

On réglementa les conditions d'admission des prosélytes et l'accord d'une cour rabbinique siégeant au complet fut dorénavant requis. Une opinion se fit jour selon laquelle les prosélytes constituaient une plaie pour Israël au même titre que la lèpre. Les sentiments antijuifs qui se renforçaient entraînèrent la diminution du nombre des conversions. Les empereurs intervinrent : étant donné que la conversion constituait un obstacle à l'exercice des charges administratives, elle ne saurait être tolérée. Dion Cassius nous signale l'existence de lois sévères sous Domitien. La circoncision de non-juifs fut interdite et assimilée à une castration. Non seulement les conversions complètes mais également les conversions partielles diminuèrent rapidement ; dès le IIIe siècle on ne trouve plus que quelques rares *gérim tochavim*, et plus tard on va même jusqu'à prétendre qu'ils n'avaient obéi aux commandements du Décalogue qu'aussi longtemps qu'Israël avait existé en tant qu'État. Les empereurs chrétiens interdirent strictement aux juifs de faire de la propagande (398 après J.-C.) et de posséder des esclaves chrétiens parce que ceux-ci auraient été exposés au zèle missionnaire de leur maître. Les mesures sévères édictées par Domitien profitèrent certainement à la propagande chrétienne qui prit partout la relève du judaïsme. Ce sont essentiellement les juifs qui sont responsables de la tension très vive des relations entre les deux communautés, [442] telle que la laissent apparaître diverses prises de position dans les Évangiles [1] et surtout la littérature tardive. Les juifs qui appartenaient à une *religio licita* profitèrent de la condition précaire des chrétiens, que nul privilège ne dispensait du culte obligatoire de l'empereur, pour les dénoncer aux autorités publiques. Aussi les chrétiens les considéraient-ils comme les premiers responsables des persécutions. Les barrières dressées de part et d'autre devinrent alors infranchissables : le nombre des juifs qui se convertirent au christianisme décrut très rapidement ; il n'y en eut pratiquement plus à partir du IVe siècle, surtout parmi les larges couches de la petite bourgeoisie, et ce bien avant que les princes de l'époque médiévale, obéissant à des mobiles d'ordre financier, ne se soient déclarés en faveur du maintien des juifs. Le christianisme s'est souvent fixé comme but la

1. Notamment l'Évangile de Jean où les opposants de Jésus apparaissent non pas comme des « scribes » ou des « pharisiens » mais très souvent comme des « juifs » ; d'autre part les juifs le persécutent bien plus que dans les autres Évangiles. Ils en veulent à sa vie ; une telle férocité est absente des Synoptiques. Déjà à plusieurs reprises chez Luc (XI, 14) les opposants de Jean et de Jésus ne sont pas les pharisiens mais « le peuple » ou « quelques-uns parmi le peuple ».

conversion des juifs, mais il s'agissait la plupart du temps d'un vœu pieux ; les tentatives missionnaires ainsi que les conversions forcées échouèrent toutes, quelle que soient l'époque et le lieu. Elles se heurtèrent aux promesses des prophètes, à l'horreur et au mépris qu'inspirait la religion chrétienne et surtout à une tradition extrêmement solide ; cette dernière se maintenait grâce à l'éducation rigoureuse et intensive d'une jeunesse que l'on préparait pour une vie strictement réglementée par le rite. À cela s'ajoutait la puissance d'un groupe social solidement structuré, que ce soit la famille ou la communauté, à laquelle l'apostat devait renoncer sans être assuré d'être accueilli dans une communauté chrétienne d'une égale valeur ; tout cela amena et amène encore la communauté juive à persévérer dans la situation de peuple paria qu'elle a elle-même choisie, et il en sera ainsi aussi longtemps que l'esprit de la loi juive, c'est-à-dire l'esprit des pharisiens et des rabbins de l'Antiquité tardive, refusera d'abdiquer.

BIBLIOGRAPHIE

OUVRAGES CITÉS PAR MAX WEBER

BACHER (W.), « The origin of the Jewish Colony of Syene », *JQR*, XIX, 1907, 441-444.

BAENTSCH (B.), *Altorientalischer und israelitischer Monotheismus*, Tübingen, 1906.

BAUDISSIN (W. W. Graf VON), *Geschichte des alttestamentlichen Priestertums*, Leipzig, 1889.

BAUMGÄRTEL (F.), « Elohim außerhalb des Pentateuch », *BWAT*, XIX, 1914, volume entier.

BEER (G.), « Der biblische Hades », in *Theologische Abhandlungen für H. Holtzmann*, Tübingen, 1902.

« Einleitung in der Übersetzung des Mischna-Traktats Schabbath », in *Ausgewählte Mischnatraktaten*, édit. par P. Fiebig, n° 5, Tübingen, 1908.

BENZINGER (I.), *Hebräische Archäologie*, Fribourg-en-B., 1894.

BISSING (F. W. Frhr VON), *Geschichte Ägyptens im Umriss von den ältesten Zeiten bis auf Eroberung durch die Araber*, Berlin, 1904.

1) « Versuch einer neuen Erklärung des Ka'i der alten Ägypter », 1-15 ; 2) « Prähistorische Töpfe aus Indien und aus Ägypten », in *Sitzungsberichte der Müncher (Bayerischen) Akademie der Wissenschaften, philosophisch-historische Klasse*, Munich, 1911, 1-22.

BÖHL (F. M. Th.), « Kanaanäer und Hebräer », *BWAT*, IX, 1911.

BREASTED (J. H.), *Ancient records of Egypt Historical documents*, Chicago, 1906-1907, 4 vol.

BÜCHLER (A.), *Der galilaïsche Am-ha-Ares des zweiten Jahrhunderts*, Vienne, 1906.

BUDDE (K.), « Das nomadische Ideal im Alten Testament », *Preußische Jahrbücher*, LXXXV, 1896, 57-79.
Die Religion des Volkes Israel bis zur Verbannung, Giessen, 1900.
« Die Schätzung des Königtums im Alten Testament », *Marburger Akademische Reden*, n° 8, Marburg, 1903.
Die altisraelitische Religion, Giessen, 1912.
BUHL (F.), *Die sozialen Verhältnisse der Israeliten*, Berlin, 1899.

CANA'AN (T.), « Der Kalender der palästinensischen Fellachen », *ZDPV*, XXXVI, 1913, 266-300.
CHANTEPIE DE LA SAUSSAYE, *Lehrbuch der vergleichenden Religionsgeschichte*, Fribourg-en-B., 1897.
CHARLES (R. H.), *The book of Jubilees*, Londres, 1902.
CORNILL (C. H.), *Der israelitische Prophetismus*, Strasbourg, 1906.
CUQ (É.), « Essai sur l'organisation judiciaire de la Chaldée », *R.A.*, VII, 1910, 65-101.

DAICHES (S.), *The Jews in Babylon in the time of Ezra and Nehemia according to Babylonian inscriptions*, Londres, 1910.
DALMAN (G. H.), *Der leidende und sterbende Messias der Synagoge im ersten nachchristlichen Jahrhundert*, Berlin, 1888.
« Das Land, das mit Milch und Honig fließt », *MNDP*, 1905, 27-29.
DELITZSCH (Fr.), *Babel und Bibel*, Leipzig, 1902.
DE WETTE (W. M. L.), *Beiträge zur Einleitung in das Alte Testament*, Halle, 1806-1807, 2 vol.
DHORME (E.), *La religion assyro-babylonienne*, Paris, 1910.
DIBELIUS (M.), *Forschungen zur Religion und Literatur des Alt-Testamentlichen Judentums*, Göttingen, 1906, 603-618.
DILLMANN (A.), *Handbuch der alttestamentlichen Theologie*, Leipzig, 1895.
DITTMANN (H.), « Der heilige Rest im Alten Testament », in *Theologische Studien und Kritiken*, LXXXVII, 1914.
DUHM (B.), *Die Theologie der Propheten als Grundlage für die innere Entwicklungsgeschichte der israelitischen Religion*, Bonn, 1875.

Das Buch Jesaja, Göttingen, 1892.
Die Psalmen, Tübingen, 1899.
Das Buch Jeremia, Tübingen, 1901.
Israels Propheten, Tübingen, 1916.

EERDMANS (B. D.), *Die alttestamentliche Studien*, Giessen, 1908.
Die El-Amarna Tafeln, édit. J. A. Knudtzon, Leipzig, 1907-1914, 2 vol.
ELBOGEN (I.), *Die religiösen Anschauungen der Pharisäer*, Berlin, 1904.
ERMAN (A.), « Ein Denkmal memphitischer Theologie », *SBAW*, 1911, 916-951.
EXNER (F. M.), « Zum Klima von Palästina », *ZDPV*, XXXIII, 1910, 107-164.

FIEBIG (P.), *Altjüdische Gleichnisse und Gleichnisse Jesu*, Tübingen, 1904.
FOOTE (T. C.), « The Ephod : its form and use », in *Journal of Biblical Literature*, XXI, 1902, 1-47.

GALL (A. VON), « Die Entstehung der humanitären Forderungen des Gesetzes », *ZAW*, XXX, 1910, 91-98.
GENOUILLAC (N. DE), « Textes juridiques de l'époque d'Ur », *R.A.*, VIII, 1911, 1-32.
GIESEBRECHT (F.), *Die Berufsbegabung der alttestamentlichen Propheten*, Göttingen, 1897.
Die alttestamentliche Schätzung des Gottesnamens und ihre religions-geschichtlichen Grundlagen, Königsberg, 1901.
Der Knecht Jahwes des Deuterojesaja, Königsberg, 1902.
GRAF (K. H.), *Die geschichtlichen Bücher des Alten Testaments*, Leipzig, 1865.
GRESSMANN (H.), « Der Ursprung der israelitisch-jüdischen Eschatologie », *Forschungen zur Religion und Literatur des Alten und Neuen Testaments*, vol. VI, Göttingen, 1905.
Altorientalische Texte und Bilder zum Alten Testament, Tübingen, 1909.
« Sage und Geschichte in der Patriarchenerzählungen », *ZAW*, XXX, 1910, 1-34.
Die Schriften des Alten Testaments, Göttingen, 1913.
Mose und seine Zeit, Göttingen, 1913.

GRÜNEISEN (K.), *Der Ahnenkultus und die Urreligion Israels*, Halle, 1900.

GUNKEL (H.), *Schöpfung und Chaos in Urzeit und Endzeit*, Göttingen, 1895.

Forschungen zur Religion und Literatur des Alten und Neuen Testaments, Göttingen, 1903.

GUTHE (H.), *Geschichte des Volkes Israel*, Fribourg-en-B., 1904.

HEHN (J.), « Siebenzahl und Sabbat bei den Babyloniern und im Alten Testament », *Leipziger Semitische Studien*, Leipzig, 1907.

Die Biblische und die Babylonische Gottesidee, Leipzig, 1913.

HELL (Joseph), *Die Kultur der Araber*, Leipzig, 1909.

Die Religion des Islams, Iena, 1915.

HERRMANN (J.), *Ezechielstudien*, Leipzig, 1908.

HÖLSCHER (G.), *Die Propheten*, Leipzig, 1914.

HUHN (E.), *Die messianischen Weissagungen des israelitisch-jüdischen Volks*, Tübingen, 1900.

JENSEN (P.), *Die Kosmologie der Babylonier*, Strasbourg, 1890.

Assyrisch-babylonische Mythen, Berlin, 1900.

Das Gilgamesch-Epos, Strasbourg, 1906.

Moses, Jesus, Paulus, drei Varianten des babylonischen Gottmenschen Gilgamesch, Francfort-sur-le-Main, 1909.

JEREMIAS (A.), *Handbuch der altorientalischen Geisteskultur*, Leipzig, 1913.

Das Alte Testament im Lichte des Alten Orients, Leipzig, 1916.

KAUTZCH (E.), *Die biblische Theologie des Alten Testaments*, Tübingen, 1911.

KITTEL (R.), « Cyrus und Deuterojesaja », *ZAW*, XVIII, 1898, 149-162.

Geschichte des Volkes Israel, Gotha, 1908-1912, 2 vol.

KLAMROTH (E.), « Die Jüdischen Exulanten in Babylonien », *BWAT*, X, 1912.

KLEIN (H.), « Der Klima Palästinas auf Grund der alten hebräischen Quellen », *ZDPV*, XXXVII, 1914, 217-249 et 297-327.

KLOSTERMANN (A.), *Der Pentateuch*, Leipzig, 1907.
KÖNIG (E.), « Mose, der Medizinman », *ZDMG*, LXVII, 1913, 660-664.
« Der Mondgott bei den Hebräer », *ZDMG*, LXIX, 1915, 283-288.
KRAETZSCHMAR (R.), *Die Bundesvorstellung im Alten Testament*, Marburg, 1896.
KRALL (J.), « Vom König Bokchoris », in *Festgaben für M. Büdinger*, Innsbruck, 1898, 1-11.
KRAUSS S., « Honig in Palästina », *ZDPV*, XXXII, 1909, 151-164.
KÜCHLER (F.), *Die Stellung des Propheten Jesaja zur Politik seiner Zeit*, Tübingen, 1906.
« Jahwe und sein Volk nach Jeremia », *ZAW*, XXVIII, 1908, 81-109.

LEHMANN-HAUPT (C. F.), *Israel. Seine Entwicklung im Rahmen der Weltgeschichte*, Tübingen, 1911.
LEONHARD, (R.), « Die Transhumanz im Mittelmeergebeit », in *Festschrift für Lujo Brentano*, Munich, 1916.
LEVY (J. H.), « The Tetragrammaton », *JQR*, XV, 1903, 97-99.
LITTMANN (E.), « Die Inschriften des Königs Kalumu », *SABW*, 1911, 976-985.
LÖHR (M.), « Sozialismus und Individualismus im Alten Testament », *ZAW*, Beiheft X, 1906.

MARGOLIS (M. L.), « Recent Biblical Literature », *JQRNS*, II, 1911-1912, 591-606.
MARTI (K.), *Geschichte der israelitischen Religion*, Strasbourg, 1897.
Kurzer Hand-Commentar zum Alten Testament, Fribourg-en-B., 1897-1904.
MATTHES (J. C.), « Der Dekalog », *ZAW*, XXIV, 1904, 17-41.
MEINHOLD (J.), « Die Entstehung des Sabbats », *ZAW*, XXIX, 1909, 91-112.
MERX (A.), « Die Bücher Moses und Josua », *Religionsgeschichtliche Volksbücher*, Tübingen, 1907.
MEYER (Eduard), *Die Entstehung des Judentums*, Halle, 1896.
Die Israeliten und ihre Nachbarstämme, Halle, 1906.
« Sumerier und Semiten in Babylonien », in *Sitzungsberichte der königlichen Akademie der Wissenschaften*, Berlin, 1906, Abhandlung III, 1-25.

MORGENSTERN (J.), « The doctrine of sin in the Babylonian Religion », in *Mitteilungen des Vereins für Alte Geschichte*, vol. III, Berlin, 1905.
MÜLLER (D. H.), 1) « Die Keil. Inschrift von Aschruh-Darga » ; 2) « Epigraphische Denkmäler aus Arabien », in *Denkschrift der Kaiserlichen Akademie der Wissenschaften*, Vienne, XXXVI, Vienne, 1888, 1-26 et XXXVII, Vienne, 1889, 1-96.
MÜLLER (W. Max), *Asien und Europa nach altägyptischen Denkmälern*, Leipzig, 1893.
« An Egyptian document for the history of Palestine », *JQRNS*, IV, 1913-1914, 651-656.

NOWACK (W.), *Lehrbuch der hebräischen Archäologie*, Leipzig, 1894, 2 vol.

PEISKER (M.), « Die Beziehungen der Nichtisraeliten zu Jahwe nach der Anschauung der altisraelitischen Quellenschriften », *ZAW*, Beiheft 12, Giessen, 1907.
PIERRET (P.), *Le Livre des Morts*, Paris, 1882.
POERTNER (B.), « Die ägyptischen Totenstelen als Zeugen des sozialen und religiösen Lebens ihrer Zeit », in *Studien sur Geschichte und Kritik des Altertums*, IV, n° 3, Paderborn, 1911.
PROCKSCH (O.), *Geschichtsbetrachtung und Geschichtsüberlieferung bei den vorexilischen Propheten*, Leipzig, 1902.
Die Elohimquelle, Uebersetzung und Erlaüterung, Leipzig, 1906.
PUUKKO (A. F.), *Das Deuteronomium*, Leipzig, 1909.

ROTHSTEIN (D. J. W.), « Juden und Samaritaner », *BWAT*, III, 1908, vol. entier.

SCHMIDT (H.), « Die grossen Propheten », in *Schriften des Alten Testaments*, II, Göttingen, 1915.
SCHNEIDER (H.), « Die Entwicklung der Jahwereligion und der Mosessegen in Israel und Juda », in *Leipziger Semitische Studien*, V, Leipzig, 1909.
SCHOLLMEYER (A.), « Sumerisch-babylonische Hymner und Gebete an Samas », in *Studien zur Geschichte und Kritik des Altertums*, Paderborn, 1912.
SCHRADER (E.), *Die Keilinschriften und das Alte Testament*, Giessen, 1892.

SCHULTZ (H.), « Die Beweggründe zum sittlichen Handeln in dem vorschriftlichen Israel », in *Theologische Studien und Kritiken*, vol. LXIII, Gotha, 1890, 1-59.

SCHUMACHER (G.), « Die Ausgrabungen auf dem Tell el-Mutesellim », *MNDP*, 1904.

SCHWALLY (F.), *Semitische Kriegsaltertümer*, I : *Der heilige Krieg im alten Israel*, Leipzig, 1901.

SEESEMANN (O.), *Die Aeltesten im Alten Testament* [Dissertation], Leipzig, 1891.

SELLIN (E.), *Studien zur Entstehungsgeschichte der judischen Gemeinde nach dem babylonischen Exil*, Leipzig, 1901.

« Das Israelitische Ephod in Orientalische Studien », *Th. Nöldeke zum 70. Geburtstag*, Giessen, 1906.

Die Rätsel des deuterojesajanischen Buchs, Leipzig, 1908.

Der alttestamentliche Prophetismus, Leipzig, 1912.

SIEVERS (E.), « Studien zur hebräischen Metrik », in *Abhandlungen der Königlichen Sächsischen Gesellschaft der Wissenschaften*, vol. XXI, Leipzig, 1903, 1-599.

SIMONSEN (D.), « Milch und Honig », *ZDPV*, XXXIII, 1910, 44-46.

SLOUSH (N.), « Representative government among the Hebrews and Phoenicians », *JQRNS*, IV, 1913, 303-310.

SMEND (R.), *Lehrbuch der alttestamentlichen Religionsgeschichte*, Fribourg, 1899.

SMITH (William Robertson), *Lectures on the religion of the Semites*, 2e éd., Édimbourg, 1894.

SPIEGELBERG (W.), « Die erste Erwähnung Israels in einem aegyptischen Texte », *SBAW*, 1896, 593-597.

STADE (B.), *Geschichte des Volkes Israels*, Berlin, 1887-1888, 2 vol.

« Das Kainzeichen », *ZAW*, XIV, 1894, 250-318.

Biblische Theologie des Alten Testaments, I, Tübingen, 1905 et II, Tübingen, 1911.

STAERK (W.), « Die Ebed Jahwe-Lieder in Jesaja Chap. 40 sq. », *BWAT*, XIV, Leipzig, 1912.

STEINDORFF (G.), « Israel in einer altägyptischen Inschrift », *ZAW*, XVI, 1896, 330-333.

STEUERNAGEL (C.), « Der Hexateuch », *Theologische Rundschau*, Tübingen, 1908, 230-243.

STRUNK (H.), « Das Alttestamentliche Priestertum », *Theologische Studien und Kritiken*, LXXXI, 1908, 1-26.

STUTZ (U.), *Die Eigenkirche*, Berlin, 1895.

SULZBERGER (M.), « The polity of the Ancient Hebrews », *JQRNS*, III, 1912-1913, 1-81.

TROELTSCH (E.), « Die alte Kirche », *Logos*, VI, 1916, 265-314.

UNGNAD (A.), *Die Deutung der Zukunft bei den Babyloniern und Assyrern*, Leipzig, 1909.

USENER (H.), *Religionsgeschichtliche Untersuchungen*, Bonn, 1899.

VATKE (W.), *Beiträge zur Einleitung in das Alte Testament*, Halle, 1806-1807, 2 vol.

VÖLTER (D.), *Aegypten und die Bibel*, Leyde, 1905.

VOLTZ (P.), *Mose*, Tübingen, 1907.

WEINHEIMER (H.), « Die Einwanderung der Hebräer und des Israeliten in Kanaan », *ZDMG*, LXVI, 1912.

WELLHAUSEN (J.), *Prolegomena zur Geschichte Israels*, Berlin, 1883.

Israelitische und jüdische Geschichte, 3e éd., Berlin, 1897.

Die Komposition des Hexateuchs und der historischen Bücher des Alten Testaments, 3e éd., Berlin, 1899.

Ein Gemeinwesen ohne Obrigkeit, Göttingen, 1900.

WESSELY (C. VON), « Neue Griechische Zauberpapyri », *Denkschriften der Königlichen Akademie der Wissenschaften, philosophisch-historische Klasse*, XLII, 1893, 1-96.

WESTPHAL (Dr.), « Aaron und die Aaroniden », *ZAW*, XXVI, 1906, 201-230.

WILCKEN (U.), « Zur aegyptischen Prophetie », in *Hermes*, XL, 1905, 544-560.

WINCKLER (H.), *Geschichte Israels*, vol. I, Berlin, 1895, vol. II, Berlin, 1900.

« Vorläufige Nachrichten über die Ausgrabungen in Boghaz-koï », *MDOG*, XXXV, 1907, 1-59.

ZIMMERN (H.), *Babylonische Bußpsalmen umschrieben, übersetzt und erklärt*, Leipzig, 1885.

NOTES
SUR LA PRÉSENTE TRADUCTION

1. ABRÉVIATIONS

BWAT : *Beiträge zur Wissenschaft vom Alten Testament.*
JQR : *Jewish Quarterly Review.*
JQRNS : *Jewish Quarterly Review, New Series.*
MDOG : *Mitteilgungen der Deutschen Orientalischen Gesellschaft.*
MNDP : *Mitteilungen und Nachrichten des Deutschen Palästina-Vereins.*
R.A. : *Revue d'assyriologie.*
SBAW : *Sitzungsberiche der Berliner Akademie der Wissenschaften, philosophisch-historische Klasse.*
SMAW : *Sitzungsberichte der Müncher (Bayerischen) Akademie der Wissenschaften, philosophisch-historische Klasse.*
T.S.K. : *Theologische Studien und Kritiken.*
ZAW : *Zeitschrift für die Alttestamentliche Wissenschaft.*
ZDMG : *Zeitschrift der Deutschen Morgenländischen Gesellschaft.*
ZDPV : *Zeitschrift des Deutschen Palästina-Vereins.*

2. TRANSLITTÉRATION DE L'ALPHABET HÉBREU

Nous avons cherché à éviter la complexité des transcriptions scientifiques, tout en nous efforçant d'être rigoureux. Nous avons utilisé le signe *ḥ* pour la lettre « ח ». Le signe *u* se prononce « ou », *g* et *s* sont toujours durs.

Lorsqu'il existait déjà une forme francisée, passée dans l'usage courant, nous l'avons maintenue ; lorsqu'il en existait plusieurs, nous avons opté pour celle qui était la plus proche du mot hébraïque.

א	non transcrit	ג	*g*
ב	*v*	ד	*d*
בּ	*b*	ה	*h* sauf à la fin d'un mot
ו	*w*	ע	‘
ז	*z*	פ	*ph*
ח	*ḥ*	פּ	*p*
ט	*t*	צ	*ts*
י	*y* ou *ï* suivant sa position	ק	*q*
כ	*kh*	ר	*r*
כּ	*k*	שׁ	*ch*
ל	*l*	שׂ	*s*
מ	*m*	ת	*th*
נ	*n*	תּ	*t*
ס	*s*		

Voyelles :			
	ָ	ַ	*a*
	ֵ	ֶ	*é* (accentué) ; *e* (non accentué)
	ִי	ִ	*i*
	וֹ		*o*
	וּ	ֻ	*ou*
	ְ		transcrit *e* lorsque accentué

3. TABLE DES SIGLES

Livres de l'Ancien et du Nouveau Testament

Abd.	Abdias (*Obadia*)	*Ec.*	Ecclésiaste
Act.	Actes des Apôtres	*Eccli.*	Ecclésiastique
Ag.	Aggée (*Ḥaggaï*)	*Éph.*	Épître aux Éphésiens
Am.	Amos	*Esdr.*	Esdras (*Esra*)
Ap.	Apocalypse	*Est.*	Esther
Bar.	Baruch	*Ex.*	Exode
I *Chr.*	1er livre des Chroniques	*Éz.*	Ézéchiel
II *Chr.*	2e livre des Chroniques	*Gal.*	Épître aux Galates
Cn.	Cantique des Cantiques	*Gen.*	Genèse
Col.	Épître aux Colossiens	*Hab.*	Habaquq
I *Cor.*	1re Épître aux Corinthiens	*Héb.*	Épître aux Hébreux
II *Cor.*	2e Épître aux Corinthiens	*Is.*	Isaïe
Dan.	Daniel	*Jac.*	Épître de Jacques
Dt.	Deutéronome	*Jdt.*	Judith

Jean	Évangile selon Jean	*Néh.*	Néhémie
Jér.	Jérémie	*Os.*	Osée
I *Jo.*	1re Épître de Jean	I *P.*	1re Épître de Pierre
II *Jo.*	2e Épître de Jean	II *P.*	2e Épître de Pierre
III *Jo.*	3e Épître de Jean	*Ph.*	Épître aux Philippiens
Job	Job	*Prov.*	Proverbes
Joël	Joël	*Ps.*	Psaumes
Jon.	Jonas	*Rm.*	Épître aux Romains
Jos.	Josué	I *Rois*	1er livre des Rois
Jug.	Juges	II *Rois*	2e livre des Rois
Lév.	Lévitique	*Ruth*	Ruth
Lm.	Lamentations	I *Sam.*	1er livre de Samuel
Luc	Évangile selon Luc	II *Sam.*	2e livre de Samuel
I *Mac*	1er livre des Maccabées	*Sph.*	Sophonie
II *Mac*	2e livre des Maccabées	*Tb.*	Tobie
Mal.	Malachie	I *Th.*	1er Épître aux Thessaliens
Marc	Évangile selon Marc	II *Th.*	2e Épître aux Thessaliens
Mic.	Michée	I *Tm.*	1re Épître à Timothée
Mt.	Évangile selon Matthieu	II *Tm.*	2e Épître à Timothée
Nah.	Nahum	*Tt.*	Épître à Tite
Nbr.	Nombres	*Zach.*	Zacharie

4. PROBLÈMES DE TRADUCTION

1) On sait que le texte du tome III de la *Religionssoziologie* n'a pu être ni revu ni même achevé par l'auteur avant sa mort. Aussi un grand nombre des références bibliques citées dans le texte sont inexactes, et certains mots hébraïques sont transcrits d'une façon impropre ; Weber n'a d'ailleurs pas opté pour un système cohérent de transcription. L'édition américaine, établie par H.H. Gerth et Don Martindale, a corrigé certaines citations et références erronées, mais elle a respecté scrupuleusement les mots inexistants, mal compris ou mal recopiés par Marianne Weber et ceux qui l'ont assistée pour relire le manuscrit (cf. p. 430 et 431 de l'œuvre originale) ; certains figurent même dans l'index comme autant d'expressions techniques. Nous avons tenté de rectifier dans la mesure du possible les références et les mots inexacts, et avons choisi un système de transcription cohérent.

2) Le terme de *Gastvolk* présentait quelque difficulté. Nous avons conservé la traduction littérale de « peuple-hôte », en dépit de sa lourdeur. Fréquent dans *Hindouisme et bouddhisme*, le terme est en revanche rare dans *Le judaïsme antique*, où Weber recourt le plus souvent à la catégorie voisine de *Pariavolk*, peuple paria. M. Détrois a proposé de rendre *Gastvolk* par « xénie » ce qui, une fois admis et compris, présenterait des avantages certains.

3) Nous ne sommes pas parvenu à identifier l'adjectif *keramitisch*, p. 510 [430], et nous avons choisi arbitrairement la traduction qui nous paraissait la plus significative dans le contexte : « charimastique ». Seul le manuscrit permettrait de trancher, à supposer qu'on puisse le retrouver.

TABLE DES MATIÈRES

Collection Agora

Les Lumières de Cordoue à Berlin

Une histoire intellectuelle du judaïsme (1)

Maurice-Ruben Hayoun

Des Lumières de Cordoue aux Lumières de Berlin, de l'Espagne médiévale à l'Allemagne moderne, s'est accomplie la grande aventure intellectuelle du judaïsme, commencée à Alexandrie : de ces rencontres avec la philosophie, la pensée juive est ressortie transfigurée. C'est ce cheminement de plusieurs siècles que retrace Maurice-Ruben Hayoun.

(Pocket n° 315)

Collection Agora

Le féminin et le sacré

Catherine Clément

Julia Kristeva

Deux romancières et essayistes de premier rang, deux amies, Julia Kristeva et Catherine Clément, ont décidé au milieu des années 1990 de réfléchir ensemble au rapport des femmes au sacré, ce « terrain vierge » : existe-t-il un sacré spécifiquement féminin ? Julia Kristeva décrit le sacré non pas comme « la religion, ni son envers qu'est la négation athée, mais cette expérience (…) à la croisée de la sexualité et de la pensée, du corps et du sens (…) ». Catherine Clément, elle, évoque toutes ces femmes observées lors de ses années de vie à l'étranger, capables de « se servir du sacré avec plus d'intelligence que nous ». Un dialogue vivant, un tourbillon d'érudition.

(Pocket n° 301)

Achevé d'imprimer sur les presses de

BUSSIÈRE

GROUPE CPI

à Saint-Amand-Montrond (Cher)
en décembre 2007

POCKET - 12, avenue d'Italie - 75627 Paris Cedex 13

— N° d'imp. : 71944. —
Dépôt légal : janvier 2008.

Imprimé en France